Robert Chalybaeus

# Geschichte Ditmarschens bis zur Eroberung des Landes im Jahre 1559

Robert Chalybaeus

**Geschichte Ditmarschens bis zur Eroberung des Landes im Jahre 1559**

ISBN/EAN: 9783743304840

Hergestellt in Europa, USA, Kanada, Australien, Japan

Cover: Foto ©ninafisch / pixelio.de

Manufactured and distributed by brebook publishing software
(www.brebook.com)

Robert Chalybaeus

# Geschichte Ditmarschens bis zur Eroberung des Landes im Jahre 1559

# Geschichte
# Ditmarschens

bis zur

## Eroberung des Landes im Jahre 1559.

Von

### Dr. Robert Chalybaeus,
Professor am Gymnasium zu Meldorf.

Mit einer Karte des Landes Ditmarschen.

Kiel und Leipzig.
Verlag von Lipsius & Tischer.
1888.

# Vorwort.

Bei der Bearbeitung der ditmarsischen Geschichte habe ich mir eine doppelte Aufgabe gestellt; einmal wollte ich meinen jetzigen Landsleuten ein lesbares Buch in die Hände geben, welches das Interesse an der Landesgeschichte bei diesen stärken und erneuern sollte, andererseits auch einem weiteren Leserkreise gegenüber den Anforderungen gerecht werden, welche die Wissenschaft heutzutage an ein solches Buch zu stellen berechtigt ist. Eine Geschichte Ditmarschens aber, welche diesen beiden Anforderungen auch nur einigermaßen genügte, gab es bis dahin nicht. Den alten und älteren Bearbeitungen der bitmarsischen Geschichte, welche außerdem selten zu werden anfangen, fehlt es vor allem an jedem kritischen Sinn, und dasselbe gilt auch von sämtlichen neueren Bearbeitungen. Nunmehr bin ich freilich weit davon entfernt, meine Arbeit für eine abschließende zu halten; namentlich in bezug auf die innere Entwicklung der bitmarsischen Geschichte, der Geschlechterverfassung u. f. w. bin ich zum teil von ganz neuen Gesichtspunkten ausgegangen, und wenn ich auch bemüht gewesen bin, möglichst nur auf Grund von Urkunden und Aktenstücken zu bauen und die für die bitmarsische Geschichte wichtigsten Archive, soweit es mir eben möglich war, persönlich durchgesehen und in denselben reiche Ausbeute von noch ungedrucktem Material gefunden habe, so wird eine sorgfältige Untersuchung derselben doch noch manches Neue zu Tage bringen, auch das wachsende Interesse an der Landeskunde im Lande selbst hoffentlich noch manche verborgene Schätze an das Tageslicht ziehen, welche mir, trotz vieler Mühe, die ich mir gegeben habe, nicht zugänglich gewesen sind. Dabei habe ich auch darauf verzichten müssen, meine Schrift der Öffentlichkeit in der Gestalt zu übergeben, wie ich es gewünscht und eine Zeitlang auch erreichen zu können gehofft hatte; schließlich stellte sich doch die Notwendigkeit heraus, das Ganze wesentlich abzukürzen, und so haben einzelne Abschnitte wie die Schilderung der allmählichen Bedeckung des

IV

Schlicks mit der Grasnarbe, die Beschreibung des altbitmarsischen Hauses und ein Vergleich desselben mit dem altsächsischen und friesischen, die eigentümlichen Verlobungsfeierlichkeiten bei den alten Ditmarschern u. a. m. wegfallen, anderes wie z. B. das Remedeverfahren bedeutend abgekürzt werden müssen, was ich bei Beurteilung meines Buches in wohlwollender Weise in betracht zu ziehen bitte. Ebenso wäre es in höchstem Grade wünschenswert gewesen, daß demselben eine Wappen- und Hausmarkentafel hätte beigegeben werden können.

Schließlich kann ich nicht umhin, für die mir bei Abfassung meines Buches seitens der Vorstände der Kieler Universitätsbibliothek wie namentlich des Hamburger und Lübecker Stadtarchivs bewiesene äußerst freundliche Unterstützung auch an dieser Stelle meinen besten Dank auszusprechen.

**Meldorf,** im November 1887.

**Chalybaeus.**

# Inhalts-Verzeichnis.

---

Einleitung . . . . . . . . . . . . . . . . . . . . . 1

**Erstes Buch.**
**Vorgeschichte Ditmarschens.**
**Land und Leute.**
**Erster Abschnitt.**
**Das Land.**

I. Der Name Ditmarschen . . . . . . . . . . . . . . . 5
II. Die Bildung der Marschen.
    Die Bildung der Marschinseln. Begrasung derselben. Marsch-
    bildung zwischen den Inseln und der Geest. Der Wurtenbau. Pack-
    werkbau derselben. Wurtdörfer. Anfänge der Bedeichung. Wege
    von der Geest nach den Wurten . . . . . . . . . . . 6
III. Die natürlichen Befestigungslinien der Geest. Überreste von Schanzen.
    Die Wälle von Wennebüttel. Die Hamme zwischen Giselau und
    Holstenau, das Hammholz. Die Norderhamme. Die Schanzen bei
    der Tilenbrücke. Die Süderhamme. Die Schanzen auf der Dörplinger
    Heide. Der Schloßberg bei der Delbrücke. Die Heider Schanzen. 13
IV. Bauernburgen in Ditmarschen.
    Die „hohe Burg" bei Febberingen. Die Stellerburg. Die Bökelen-
    burg. Die Melborfer Burg. Burgen an der Ostseite des Landes . 17

**Zweiter Abschnitt.**
**Die Leute.**

I. Sind die Ditmarscher Sachsen oder Friesen? . . . . . . . . 20
II. Die verschiedenen Stände bei den Ditmarschern.
    Der Adel. Die Freien. Die Hörigen . . . . . . . . . 22

**Zweites Buch.**
**Erste Periode der ditmarsischen Geschichte von Karl dem
Großen bis zur Schlacht bei Bornhöved. (ca 800—1227.)**
**Erster Abschnitt.**
**Ditmarschen als fränkische Grafschaft.**

I. Ditmarschen zur Zeit der Sachsenkriege Karls des Großen. Die Unter-
    werfung Nordalbingiens durch Karl den Großen. Die Christianisierung
    desselben . . . . . . . . . . . . . . . . . . . 27
II. Die Gründung der Melborfer Kirche . . . . . . . . . . 29
III. Ditmarschen in seinem Verhältnis zum comitatus utriusque ripae
    wie der späteren Grafschaft Stade.
    Die Grafschaften des karolingischen Reiches. Der Gau Ditmarschen.
    Die Grafschaft beider Gestade (utriusque ripae). Die ditmarsischen
    Grafen Debo und Etheler; die Gräfin Jba. Graf Udo von Stade 29

### Zweiter Abschnitt.

**Ditmarschen als bremische Grafschaft bis zur Eroberung des Landes durch Heinrich den Löwen.**

(ca 1060 bis zur Mitte des zwölften Jahrhunderts.)

I. Ditmarschen wird als bremische Grafschaft mit der Grafschaft Stade vereinigt . . . . . . . . . . . . . . . . . . . . . . . 33

II. Die Stader Grafen Heinrich der Lange, Udo III., Friedrich und Rudolf II. . . . . . . . . . . . . . . . . . . . . . . 35

III. Erzbischof Hartwig im Kampfe mit Heinrich dem Löwen um den Besitz Ditmarschens.
Hartwig, Domprobst in Bremen. Herzog Heinrich der Löwe. Fürstengericht in Magdeburg. Tagsatzung in Rameslob. Eroberung Ditmarschens durch Heinrich den Löwen. Graf Reinhold und die Stellerburg . . . . . . . . . . . . . . . . . . . 89

### Dritter Abschnitt.

**Die Ditmarscher unter schwankender Herrschaft bis zur Schlacht bei Bornhöved.**

(Von der Mitte des zwölften Jahrhunderts bis 1227.)

I. Ditmarschen kommt wieder an Bremen.
Erzbischof Hartwig und Heinrich der Löwe. Erzbischof Balduin. Sigfried, Bischof von Brandenburg. Graf Adolf III. von Holstein 43

II. Die Ditmarscher unterwerfen sich der Herrschaft des Bischofs von Schleswig.
Abfall der Ditmarscher von Bremen. Waldemar, Bischof von Schleswig. Erzbischof Hartwig II. verbindet sich mit Heinrich dem Löwen. Waldemar wird zum Erzbischof von Bremen gewählt, läßt sich als König von Dänemark ausrufen, wird gefangen . . . . 45

III. Graf Adolf III. von Holstein wird mit der Grafschaft Stade bezügl. Ditmarschen belehnt.
Hartwig kehrt in sein Erzbistum zurück und belehnt Adolf III. mit der Grafschaft Stade. Ansprüche Dänemarks auf Ditmarschen. König Knut fällt in Holstein ein. Belagerung Lauenburgs durch Adolf. Derselbe bei Stilnowe geschlagen flieht nach Hamburg. Scacco dänischer Statthalter in Ditmarschen. Gefangennahme Adolfs und Verzichtleistung auf seine Grafschaft . . . . . . . . . . . 46

IV. Ditmarschen, von der Grafschaft Stade getrennt, im Besitz des Königs Waldemar II. von Dänemark.
Pfalzgraf Heinrich wird mit Stade belehnt. Trennung Ditmarschens von der Grafschaft Stade. Schenkung des Pfalzgrafen. Ditmarschen im Besitz Waldemars II. Derselbe verbindet sich mit Kaiser Friedrich II., der ihm Nordalbingien abtritt. Adolf erobert Ditmarschen. Waldemar, gefangen, verzichtet auf dasselbe, erobert es aber bald wieder. Schlacht bei Bornhöved. Vergebliche Versuche Waldemars, sich wieder in Besitz seiner verlorenen Länder zu setzen 49

### Vierter Abschnitt.

**Die innere Entwicklung Ditmarschens während der ersten Periode seiner Geschichte.**

#### Erste Abteilung.

**Die Bedeckung der Marsch.**

I. Die Holländer-Kolonieen.
Die Bremer Erzbischöfe Friedrich, Adalbero, Hartwig. Eindeichung der Bremer Seiter-Marschen. Holländer in der Umgegend von Stade und in der Wilstermarsch. Holländerrecht. Holländer-Kolonieen in der Haseldorfer Marsch. Deiche in Nordfriesland . . . . . . . 53

II. Die ältesten Deichlinien in Süder= und Norderbitmarschen.
Die ältesten Deiche. Bestimmungen des Landrechts über die Be=
beichnungen. Schüttungen. Wehle. Die Wohnhäuser zu beiden Seiten
der Deiche. Spätere Eindeichungen . . . . . . . . . . . 57
III. Einwanderungen in die Marsch.
Friesische Einwanderer. Desgl. aus Westfalen. Wanderungen
von der Geest . . . . . . . . . . . . . . . . . . . 61

Zweite Abteilung.
Die bitmarsischen Geschlechter.

I. Die Geschlechtsnamen und Wappen.
Das Geschlecht. Die Kluft. Wappen der Geestgeschlechter. Die
Hausmarken. Wappen der Marschgeschlechter. Geschlechternamen,
welche von einem Häuptling hergeleitet sind; welchen ein weiblicher
Name zu grunde liegt; welche von Ortsnamen hergeleitet sind. Orts=
namen, welche von Geschlechternamen herrühren . . . . . . 62
II. Die Meentverfassung.
Die Geschlechtsfeldmark. Meente und Meenthaber. Die Bner=
schuldt. Die Meentverfassung in späterer Zeit. Die Binnermeenten 70
III. Die Blutrache.
Die Mannbuße. Die Frieden . . . . . . . . . . . . 72
IV. Das Geschlechtsnemede und die Eideshülfe.
Die Hauptbeweismittel bei dem bitmarsischen Gerichtsverfahren:
die Zeugenaussage, der Parteieneid, die Eideshülfe, das Geschlechts=
nemede, das Gottesurteil. Das Nemede überhaupt . . . . . . 74
Anhang zu IV.
Das Kerknemede und das Burnemede. Die dreißig Volleide . . 78
V. Die Geschlossenheit der Geschlechter.

Drittes Buch.

Zweite Periode der ditmarsischen Geschichte von der Schlacht
bei Bornhöved bis zur Einführung der Reformation.
(1227—1524.)

I. Die Gerechtsame des Erzbischofs von Bremen als Landesherrn.
Verzichtleistung Herzogs Albert von Sachsen. Die Gerechtsame
des Landesherrn. Einsetzung eines Vogtes . . . . . . . . 85
II. Der Vogt.
Die Melдorfer Burg. Die Teilung der Vogtei. Die fünf Döfften
des Landes. Abgabe der Vögte an den Erzbischof. Die Ernennung
der Vögte . . . . . . . . . . . . . . . . . . . . 86
III. Das Geschlecht der Vogtmannen.
Die Vogtmannen im Besitz der früheren Regalien des Erzbischofs.
Herr Tage Boie. Das Geschlecht der Boie. Die Vogtmannen, ein
Amtsadel. Die v. Windbergen, v. Reventlow und v. Walstorp.
Die Vögte werden anfangs aus dem eingebornen Adel genommen.
Das Verschwinden desselben . . . . . . . . . . . . . 89
IV. Die consules oder Ratgeber.
Die Ratgeber. Die consules als städtische Ratsherrn in Meldorf
von Bremen aus eingeführt. Die clavigeri (Schließer) und iurati
(Geschworenen) in den einzelnen Kirchspielen in ihrer Gesamtheit als
consules . . . . . . . . . . . . . . . . . . . . 94
V. Die Landesversammlung.
Die Volksversammlung bei den deutschen Stämmen überhaupt. Webbing=
stedt. Meldorf und sein Marktfriede. Die Beschlüsse der Landesver=
sammlung. Repräsentativer Charakter derselben . . . . . . 99

**Zweiter Abschnitt.**
**Von der Schlacht bei Bornhöved bis zum Friedensschlusse der Ditmarscher mit Graf Gerhard III.**
**(1227—1323.)**

I. Das Verhältnis der Ditmarscher zu Dänemark . . . . . . . . 102
II. Verwicklungen der Ditmarscher mit den Hamburgern. Streitigkeiten in Bremen zwischen Hilbebold und Simon. Seeräubereien der Ditmarscher. Melborf erhält Stabtrecht . . . . . . . . . . . 103
III. Die Ditmarscher und die Holsteiner Grafen Gerhard II., Heinrich I. und Johann II.
Bündnis der Ditmarscher mit dem Grafen Gerhard II.; der Hasenkrieg. Versuchter Aufstand der Ditmarscher gegen ihren Landesherrn 106
IV. Neue Verwicklungen der Ditmarscher mit den Hamburgern.
Seeräubereien der Ditmarscher. Warnungsbrief des Erzbischofs Giselbrecht. Die geplante Einsetzung eines iudex generalis. Erneuerte Verträge . . . . . . . . . . . . . . 109
V. Die Ditmarscher und Graf Gerhard III. der Große.
Bündnis der Ditmarscher mit König Erich von Dänemark. Vertrag derselben mit Graf Gerhard III. Neue Verwicklungen zwischen beiden. Einfall der Ditmarscher in Holstein. Der Überfall bei dem Dorfe Bünzen. Einfall Graf Gerhards in Ditmarschen. Die Schlacht bei Wöhrden. Das Kloster in Melborf. Friedensschluß der Ditmarscher mit den Holsteinern . . . . . . . . . . . . . 110

**Dritter Abschnitt.**
**Von dem Friedensschluß der Ditmarscher mit Graf Gerhard III. bis zur Schlacht in der Süderhamme.**
**(1323—1404.)**

I. Verhältniß der Ditmarscher zu dem Erzbistum Bremen wie der Kirche überhaupt.
Verweigerung des üblichen Willkommens. Androhung der Erkommunikation. Frömmigkeit der Ditmarscher . . . . . . . 115
II. Verhältniß der Ditmarscher zu den Holsteinern . . . . . . . 116
III. Handelsbeziehungen der Ditmarscher und Zwietracht Melborfs mit den nörblichen Kirchspielen . . . . . . . . . . . . . 117
IV. Erneute Kämpfe der Ditmarscher mit den Holsteinern.
Graf Nikolaus. Das Treffen bei Tippersölo. Reiterausrüstung der Ditmarscher . . . . . . . . . . . . . . 120
V. Die Kämpfe mit Herzog Gerhard IV. 1403 und 1404.
Einfall des Herzogs Erich von Sachsen in Ditmarschen. Bündnis zwischen Herzog Gerhard IV., Graf Albrecht und der Stadt Stabe. Einfall des Herzogs in Ditmarschen. Erbauung der Marienburg. Tod des Grafen Albrecht. Raubzug der Norbfriesen in Ditmarschen. Einfall der letzteren in Norbfrieslanb. Versuchte Vermittlung der Hansestädte. Erneuerung des Kampfes zwischen dem Herzog und den Ditmarschern. Versuchte Eroberung der Marienburg. Die Schlacht in der Süderhamme. Die ditmarsische Beute. Der St. Oswalbstag. Die Landessiegel. Friedensvertrag zwischen den Holsteinern und Ditmarschern . . . . . . . . . . . . 122

**Vierter Abschnitt.**
**Von der Schlacht in der Süderhamme bis zur Einsetzung der Achtundvierziger.**
**(1404—1447.)**

I. Kämpfe der Ditmarscher mit den Norbfriesen.
Kort Wiberich. Hebbeken Volkess. Die Norbfriesen hulbigen dem

Herzog Heinrich. Treſſen bei Vorchjanb. Verheerungen der Land=
ſchaft Eiderſtedt durch die Ditmarjcher. Vertrag der Eiderſtedter mit
dieſen . . . . . . . . . . . . . . . . . . . . . 130
II. König Erich von Dänemark.
Bündnis der Ditmarjcher mit König Erich. Otto Schinkel auf
der Tilenburg. Kaiſer Siegismund ſieht die Ditmarjcher für reichs=
unmittelbar an. Verhandlungen über das Herzogtum Schleswig.
Siegismund ſpricht daſſelbe dem bäniſchen König zu . . . . . 133
III. Neue Streitigkeiten der Ditmarjcher mit den Hamburgern. Rablef
Karſtens und Kruje Johann.
Die Vitalienbrüder. Rudolf Maeß und Kruje Johann. Die
Hamburger unter Martin Swartekop. Rablef Karſtens . . . . 136
IV. Vermittlungen der Lübecker und Lüneburger zwiſchen den Hamburgern
und Ditmarjchern wie zwiſchen den ſtreitenden Parteien in Ditmarjchen.
Der Vertrag der acht nördlichen Kirchjpiele mit Hamburg . . . . 140
V. Die Einſetzung der Achtundvierziger als höchſten Gerichtes in Heide.
Die Wahl der Achtundvierziger. Die Viernndzwanziger des Süder=
itrandes. Die Ausſchließung deſſelben von der Wahl der Achtund=
vierziger. Die Fünfzahl der Döffſten. Das Landrecht des Süder=
ſtrandes. Verſammlung der Achtundvierziger in Heide. Die Siegel
berſelben . . . . . . . . . . . . . . . . . . . . 143
VI. Das Landrecht vom J. 1447.
Die erſten Paragraphen beſſelben gegen die Geiſtlichkeit gerichtet.
Proteſt des Hamburger Dompropſtes. Vertrag der Ditmarjcher mit
demſelben . . . . . . . . . . . . . . . . . . . . 148

Fünfter Abſchnitt.
Von der Einſetzung der Achtundvierziger bis zur Schlacht
bei Hemmingſtedt.
(1447—1500.)
I. Vergleich der Ditmarjcher mit Herzog Adolf VIII. . . . . . . 150
II. Händel der Ditmarjcher mit König Chriſtian I.
Ausſterben der Schauenburger in Holſtein. Heinrich Reventlow
auf der Tilenburg. Ermordung des Stallers John Johnſen durch
Poppen Swyn. Streitigkeiten der Ditmarjcher mit den Stabern.
Graf Gerhard von Oldenburg. Bündnis der Ditmarjcher mit den
Lübeckern. Graf Gerhard und die holſteiniſche Ritterſchaft. Bündnis
der letzteren mit den Ditmarjchern. König Chriſtian beſtätigt ihre
Freiheiten. Aufſtand der Nordfrieſen gegen Chriſtian. Vergleich deſ=
ſelben mit den Ditmarjchern. Abſchluß eines förmlichen Schuß= und
Trußbündniſſes. Der König läßt ſich von Kaiſer Friedrich III. mit
Ditmarjchen belehnen. Inforporation beſſelben in das Herzogtum
Holſtein. Verhandlungen des Königs mit dem Markgrafen Albrecht
Achilles von Brandenburg. Dr. Günther Milwitz. Buſſo v. Alvens=
leben. Verſammlung in Neumünſter. Kaiſer Friedrich gebietet den
Lübeckern, dem König gegen die Ditmarjcher beizuſtehen. Herzog
Karl der Kühne von Burgund. Zuſammenkunft bitmarjiſcher Abge=
ſandten mit dem Biſchof von Lübeck. Schreiben der Lübecker an den
Kaiſer. Einmiſchung des Abminiſtrators von Bremen. Verhand=
lungen König Chriſtians mit den Ditmarjchern. Appellation der=
ſelben bei Papſt Sirtus IV. Tagſatzung zu Hamburg. Feſtſetzung
eines Waffenſtillſtandes. Beſtätigung der bitmarſiſchen Verfaſſung
durch den Papſt. Vergleich der Königin Dorothea mit den Dit=
marjchern. Kaiſer Friedrich widerruft die Belehnung des Königs mit
Ditmarjchen . . . . . . . . . . . . . . . . . . . 152
III. König Johann und Herzog Friedrich von Holſtein.
König Johann. Innere Unruhen in Ditmarjchen. Landesfeinde.

Vertrag der Ditmarscher mit König Johann und Herzog Friedrich.
Tagsatzung zu Itzehoe. Verhältniß Ditmarschens zu Bremen. Neue
Bündnisse der Ditmarscher. Die Helgoländer Händel. Einfall der
Ditmarscher in Friesland. Neue Zerwürfnisse mit den Hamburgern 164
IV. Einfall des Königs Johann und des Herzogs Friedrich in Ditmarschen.
Neue Forderungen des Königs von den Ditmarschern. Rüstungen
der Fürsten. Die große Garde. Einfall in Ditmarschen. Die Schlacht
bei Hemmingstedt. Der Ort, an welchem der Hauptkampf stattgefunden
hat. Die Beute der Ditmarscher . . . . . . . . . . . . 168

Sechster Abschnitt.
**Verhältniß der Ditmarscher zu den Holsteinern und den Hanse-**
**städten in den Jahren 1500—1524.**
Eroberung der Tilenburg. Einfall der Strandmannen in die
Wilstermarsch. Vergleich der Ditmarscher mit den Holsteinern und
Dänen. Bündniß des Königs mit dem Grafen von Ostfriesland.
Befestigung Meldorfs. Fehde der Lundner mit den Neuenkirchnern.
Krieg zwischen den Lübeckern und König Johann. Seeräuberei
Jakobs. Neue Streitigkeiten der Hamburger mit den Ditmarschern.
König Christian II. und die Ditmarscher. Der bitmarsische Laub-
sturm. Herzog Friedrich und die Lübecker. Bündniß des Herzogs
mit den Ditmarschern . . . . . . . . . . . . . . . . 179

**Viertes Buch.**
**Dritte Periode der ditmarsischen Geschichte von der Ein-**
**führung der Reformation bis zur Eroberung des Landes.**
(1524—1559.)
Erster Abschnitt.
**Die Einführung der Reformation in Ditmarschen.**
I. Die kirchliche Bewegung im Lande.
Hussitenverfolgungen. Der Ablaßprediger Arcimbold. Die Ge-
richtsbarkeit des Hamburger Dompropstes. M. Nikolaus Boie zu
Melborf. Heinrichs von Zütphen frühere Lebensverhältnisse. Sein
Auftreten in Melborf und sein Tod. Stillstand der Reformation.
Nikolaus Boie der Ältere in Wesselburen. Vertreibung der Domini-
kaner aus Melborf. Zweiter Prediger daselbst. Das Melborfer
Gymnasium . . . . . . . . . . . . . . . . . . . . 191
II. Die neue Kirchenordnung.
Einsetzung der vier Superintendenten. Der Prozeß des Ham-
burger Dompropstes mit den Ditmarschern . . . . . . . 201
III. Das Auftreten der Reformatoren gegen die Geschlechterbündnisse.
Die alten Bundesbriefe der Geschlechter. Entwurf zu einem neuen
Bundbriefe. Widerstand der Geschlechter. Ermordung Peter Swyns.
An die Stelle des Nemede tritt der Zwölfmanneneid . . . . 205
IV. Das neue Landrecht . . . . . . . . . . . . . . . . 209
V. Die Einigung der vier Döften mit den Strandmannen . . . . 211
VI. Zusatzartikel zu dem Landrecht.
Die acht Artikel vom J. 1543. Bestimmungen über Totschlag
vom J. 1554 . . . . . . . . . . . . . . . . . . . . 212
VII. Ditmarsia libera.
Abschaffung der vier Vogteien. Die achtundvierzig Regenten . . 213

Zweiter Abschnitt.
**Die Geschichte Ditmarschens von 1524—1550.**
(Vorbereitende Ereignisse vor der Eroberung des Landes.)
I. Verwicklungen mit König Christian II.

König Christian II. sammelt ein Heer und eine Flotte. Die Ditmarscher bewachen ihre Grenzen. König Christian wird gefangen
gesetzt . . . . . . . . . . . . . . . . . . . . . . 215.
II. König Christian III.
Graf Christian von Oldenburg. Vertrag der Lübecker mit König
Christian III., in welchen die Ditmarscher eingeschlossen werden.
Feindselige Absichten des Königs auf Ditmarschen. Erneutes Bündnis
mit Lübeck. Versuche des dänischen Königs, die Ditmarscher zu unter-
werfen. Protest der Ditmarscher. Pfalzgraf Friedrich. Unterhand-
lungen der Ditmarscher mit demselben. Verhandlungen zwischen
König Christian III. und den Ditmarschern. Ende König Christians II. 216
III. Wiben Peters.
Wiben Peters beschwert sich über Rechtsverweigerung seitens der
Landesversammlung und erklärt sich zum Landesfeind. Der erste
Druck des Landesbuches. Wiben Peters begiebt sich nach Holstein.
Verhandlungen desselben mit König Christian III. Er macht von
dem Bremer Gebiet aus Einfälle in Ditmarschen und plündert. In
Holstein gefangen wird er von dem Lobing zu Rendsburg freige-
sprochen, die Ditmarscher in die Kosten und Ersatz verurteilt. Die
Appellation der letzteren an das Göding. Wiben Peters setzt sein
Verfahren gegen die Ditmarscher fort und erwirkt ein kaiserliches
Mandat gegen dieselben. Verhandlungen vor dem Erzbischof von
Bremen. Appellation der Ditmarscher an die Kaiserliche Majestät.
Klage der Ditmarscher bei dem Kammergericht wegen Landfriedens-
bruches seitens Wiben Peters'. Derselbe als Seeräuber auf Helgo-
land; er wird von den Ditmarschern erschlagen . . . . . . . 222
IV. Die Ditmarscher und das Bremer Erzstift.
Peter Nanne. Von Bremen aus wird von den Ditmarschern die
Zahlung einer Reichssteuer verlangt, von diesen aber nur unter be-
stimmten Bedingungen genehmigt. Sie verweigern ebenso die von
Bremen geforderte Heeresfolge. Die ausgesprochene Zusammengehörig-
keit Ditmarschens mit Holstein . . . . . . . . . . . . 230
V. Die Angelegenheit Hans Fehrinks und Heinrich Junkes. Die Brüder
Wiben Peters' . . . . . . . . . . . . . . . . . . 232

Dritter Abschnitt.
Die Eroberung Ditmarschens im Jahre 1559.
I. Herzog Adolf und König Christian III. in ihrem Verhältnis zu den
Ditmarschern.
Herzog Adolf. Kriegsplan Abam Tratzigers. Der Erzbischof von
Bremen sucht bei Kaiser Karl V. die Belehnung mit Ditmarschen
nach. Briefwechsel des Herzogs mit König Christian III. Der
Melborfer Superintendent Heinrich Schmedenstedt . . . . . . 236
II. Die Rüstungen Herzog Adolfs, des Königs Friedrich und des Herzogs
Johann . . . . . . . . . . . . . . . . . . . . . 242
III. Kriegserklärung der Fürsten an die Ditmarscher und Maßnahmen
der letzteren . . . . . . . . . . . . . . . . . . . 249
IV. Der Einfall in Ditmarschen.
Einfall im Kirchspiel Albersdorf. Rekognoscierung gegen die
Tilenbrücke und die Süberhamme. Einfälle der Eiderstedter. Ver-
spätete Vermittelungsversuche der Lübecker . . . . . . . . 253
V. Die Erstürmung Melborfs.
Beschluß des Kriegsrates. Scheinangriff bei der Tilenbrücke und
der Süberhamme. Melborf wird von allen Seiten angegriffen. Oberst
Schönewiese fällt. Eroberung der Stadt. Der Graf von Olden-
burg. Meuterei unter den Soldaten . . . . . . . . . . . 257
VI. Die Eroberung der Südermarsch.

Die Ditmarscher verschanzen sich bei Hohenwöhrden. Der Feind zieht gegen Brunsbüttel. Die Ditmarscher werden umgangen und müssen ihre Schanzen verlassen. Friedensunterhandlungen mit dem Süderstrand. Vierhundert auf einer Wurtstelle eingeschlossene Ditmarscher ergeben sich. Süderditmarschen ist unterworfen . . . . 261

VII. Die Kriegsoperationen in Norderditmarschen.
Die Ditmarscher beschließen, das feindliche Lager vor Meldorf anzugreifen. Das Unternehmen wird vereitelt. Sie wenden sich vergeblich mit der Bitte um Hülfe an das Bremer Erzstift. Der Feind bezieht sein altes Lager bei Albersdorf. Scheinangriff auf Hemmingstedt. Die Tilenbrücke wird genommen. Angriff auf Heide. Das Treffen bei Heide. Herzog Adolf wird verwundet. Heide wird in Brand gesteckt. Der Feind bezieht ein Lager an der Au. Beiderseitige Verluste. Die Ditmarscher versuchen von Wöhrden aus einen Angriff auf das feindliche Lager, kehren aber um . . . . . . . . . 264

VIII. Die Kapitulation der Ditmarscher.
Es entsteht Zwiespalt unter den Ditmarschern. Mangelhafte Rekognoscierungen derselben. Es erscheinen zwei Prediger als Unterhändler im feindlichen Lager. Eine in Wöhrden abgehaltene Landesversammlung beschließt sich zu unterwerfen. Neue Gesandtschaft an den König und die Herzöge. Herzog Adolf rät selbst zur Annahme der angebotenen Unterwerfung. Die Friedensbedingungen. Erster Entwurf und Milderung derselben. Abreise des Königs. Antwort der Ditmarscher. Abschluß der Kapitulation. Huldigungseid der Ditmarscher. Abmarsch des feindlichen Heeres. Protest des Bremer Erzbischofs . . . . . . . . . . . . . . . . 272

IX. Die neue Ordnung der Verhältnisse im Lande.
Reformierung des ditmarsischen Landrechtes. Ernennung von drei Landvögten und 24 Räten. Gerichtstage zu Meldorf, Heide und Lunden. Säumigkeit der Ditmarscher in Erfüllung der Friedensbedingungen. Klage der vier Köften gegen die Westerdöfte. Der Prozeß des Barthold Peters gegen die Ditmarscher. Wiederaufbau der verbrannten Kirchen und Pfarrhäuser. Einsetzung von drei Superintendenten und Einführung der schleswig-holsteinischen Kirchenordnung. Maßregeln des Königs Friedrich gegen Übergriffe der Hamburger . . . . . . . . . . . . . . . . . . . . . . 281

X. Die Teilung des Landes.
Vermessung des Landes. Verordnungen wegen der Teiche und Außenbeichslandereien. Die Besitzverhältnisse der Ditmarscher nach dem ersten Landregister. Die Teilung des Landes in drei Teile. Das neue Landrecht vom J. 1567. Die Huldigung in den drei Teilen. Nach dem Tode des Herzogs Johann findet eine Teilung in Norder- und Süderditmarschen statt . . . . . . . . . . . . . 286

XI. Versuche, die neue Ordnung der Dinge zu stören.
Johann Tope aus Lunden. Die Herzogin Christine von Lothringen. Thebe Ewelens. Ritter Wilhelm von Grumbach. Tope auf dem Friedenskongreß zu Köln. Der Herzog von Terranova. Tope durch einen hessischen Obrist verraten. Hans Tope. Johann Tope in Lüneburg verhaftet, aber wieder entlassen . . . . . . . . . 291

Schluß . . . . . . . . . . . . . . . . . . . . . . . . . . . . 295

Anmerkungen . . . . . . . . . . . . . . . . . . . . . . . 297

# Einleitung.

Der Name Ditmarschen hat nicht nur für den zwischen West- und Ostsee geborenen Nordalbinger, sondern für jeden Deutschen, für jeden, der ein Interesse an eigenartiger, kräftiger Entwicklung eines Volksstammes hat, einen besonderen Klang; und dies ist keine neue Erscheinung, Ditmarschens Geschichte ist bereits seit drei Jahrhunderten Gegenstand mannigfacher Untersuchungen und Darstellungen gewesen. Es erklärt sich dies aber leicht einerseits durch die ungewöhnliche Widerstandsfähigkeit des kleinen, in historischer Zeit im ganzen einige zwanzig Quadratmeilen umfassenden Staates nach außen, und andererseits durch eine Reihe eigentümlicher Institutionen im Innern, die zum teil ihresgleichen nicht haben, zum teil gerade urwüchsig deutsch sind. Beides, das kraftvolle Auftreten des Volkes gegen jeden, der es wagt, ihm die angestammte Freiheit und Unabhängigkeit seiner Väter zu rauben, und die Eigentümlichkeiten der Verfassung des Bauernvolkes, welche sich noch erhielt, als sonst in deutschen Landen jede Spur einer solchen schon längst verschwunden war, stehen aber in einem bestimmten natürlichen Zusammenhange. Schon die Lage des ditmarsischen Landes zwischen Eider und Elbe, gegenüber der See, umringt von feindlichen Gewalten, mußte seine Bewohner zu außerordentlichen Kraftanstrengungen zwingen, ungewöhnliche Maßregeln waren notwendig, um sich sowohl der rastlos andrängenden und die Werke der Menschenhand mit immer erneuter Wut vernichtenden Meereswogen, wie der von allen Seiten offen gezeigten Mißgunst und der sich andrängenden Landeshoheit der benachbarten Fürsten zu erwehren. Und eben die Entschiedenheit und Opferfreudigkeit, mit welcher die Ditmarscher Jahrhunderte hindurch alle Angriffe zurückgewiesen, nichts für höher geachtet haben als ihre Selbständigkeit, die Klugheit und so zu sagen diplomatische Gewandtheit, mit welcher sie das Errungene sich zu sichern und in Gefahren Bundesgenossen zu werben gewußt haben, bis sie endlich der Übermacht des hereinbrechenden Verhängnisses — freilich nicht ohne eigene Schuld — erlagen, das bildet eben die Geschichte des ditmarsischen Volkes. So entwickelte sich jenes freilich oft mit hochfahrendem Wesen und sträflicher Rücksichtslosigkeit gepaarte Bewußtsein der eigenen Volkkraft im Volke, welches die Landleute von sich sagen ließ:

„Ditmarschen schölen Buern syn?
Se mögen wol wesen Heren;"

so entstand jene eigentümliche freie Volksverfassung, die sich trotz des Ab=
hängigkeitsverhältnisses zum Erzstift Bremen in voller Mächtigkeit bis
zum Ende des „Freistaates" in der Mitte des sechzehnten Jahrhunderts,
ja teilweise noch erhalten hat in der heutigen Deichverfassung, deren
Grundlagen dieselben bleiben mußten, wie Ebbe und Flut im Laufe der
Jahrhunderte dieselben geblieben sind.

Erstes Buch.

# Vorgeschichte Ditmarschens.

———

## Land und Leute.

# Erster Abschnitt.

# Das Land.

## I.

### Der Name Ditmarschen.

Die älteste uns überlieferte Form des Namens Ditmarschen findet sich in der freilich erst bei Adam von Bremen (1, 11), also zwei Jahr-hunderte nach ihrer Abfassung, dem heiligen Ansgar zugeschriebenen Lebens-beschreibung des ersten Bischofs der Bremer Kirche Willehab zum Jahre 782 als Thiadmaresgaho, nach Müllenhoffs (in Kolsters Melborfer Schul-programm vom Jahre 1852: „Über die Burgen und Döffte des alten Ditmarschens" gegebenen) Erklärung: „der Gau der großen Niederung". Daselbst heißt es p. 7: „das deutsche mari, meri ist zwar dasselbe Wort mit dem lateinischen mare, aber ursprünglich nicht in derselben Bedeutung. Es ist vielmehr Meer, nur insofern dasselbe flaches Uferland bedeckt und überströmt. Deshalb wird meri auch durch palus," (häufig auch durch den Plural paludes) „Sumpf, wiedergegeben (môr, Moor, althochdeutsch muor, steht zu meri oder mari im Verhältnis des Ablautes); man ver-gleiche die Bezeichnung: Harlemer Meer u. a. So ist auch Thiobmeri oder Diobmeri gebildet und im Genitiv zu gaho gestellt als Gau der Niederung des Volkes d. h. der großen Niederung, denn thiod (Volk) steht im Altsächsischen in der Zusammensetzung oft für groß."[1]

Ebenso wird in der ältesten uns erhaltenen Ditmarschen betreffenden Urkunde[2] aus dem Jahre 1059 ein Grundstück bezeichnet als gelegen in pago (Gau) Thietmarcsen. Hiermit stimmt auch die Benennung der Einwohner des Landes als Thedmargói, d. h. Bewohner des Gaues der großen Niederung bei Adam von Bremen II. 15. Das Land hat also seinen Namen von der meerüberströmten großen Uferfläche oder vielmehr von den später als Marsch bezeichneten fünf großen Niederungen,[3] welche einst aus dem weiten Meerbusen der Niederelbe, der sich ursprünglich von der holsteinischen bis zur hannoverschen Geest erstreckte, und weiter nördlich aus den Nordseewatten sich gebildet und an beiden Ufern, namentlich aber vor der das ursprüngliche Festland von Ditmarschen bildenden hohen Geest*) sich vorgelagert haben.

---

*) Geest (vgl. Neokorus I 82: „bewile de gantze Düsibt unbe also vast bat halve Land Ditmarschen sülvest Geest, bat is sandig, holtig unbe Heide ist") be-zeichnet das trockne Land, das aridum im Gegensatz zur palus; friesisch wird „gast" gebraucht von Kühen, welche keine Milch geben, im holsteinischen Niederdeutsch mit anderem Vokal: güst. Vgl. Grimm Wörterbuch IV, 1. 2058.

## II.
### Die Bildung der Marschen.

Die Bildung unserer Marschen, wie die Marschbildung überhaupt, ist nicht an allen Orten auf gleiche Weise vor sich gegangen, denn einerseits sind dieselben einfach durch Anschlickung entstanden, welche sich unmittelbar an die Geestabhänge (so im Süden von Meldorf) oder die Dünen, welche vor denselben entstanden waren, (wie an den Dünenstrich von St. Michaelisdonn bis zum Averlacker Donn), anlehnt, andererseits ist aber die Marsch auch sowohl dem Elbstrome wie dem Meere zu als eine Reihe von Inseln aufgetaucht.[4] Denn einmal war es und ist es das Erdreich, welches der Elbstrom und dessen Nebenflüsse nach starken Regengüssen oder im Frühjahr bei plötzlich schmelzendem Schnee von den Abhängen der Gebirge mit fortreißen, von dem die schwereren Teile, Steine und Sand, sich natürlich bald senken und festsetzen und so an einzelnen Stellen Erhöhungen des Flußbettes und Verseichungen des Flusses selbst herbeiführen, während die feineren und zugleich fetteren Teile von der Strömung weitergeführt und erst in der Nähe der Mündung des Flusses abgesetzt werden, weil erst dort die Strömung nicht mehr die ganze Breite des Flusses einnimmt. Wo die Marschbildung aber an der offenen Meeresküste stattgefunden hat oder noch stattfindet, ist es wohl weniger das von dem Elbstrom mitgeführte Erdreich, welches sich anjetzt, denn dieses dürfte nur zum kleineren Teile in die See gelangen, als einerseits das aus näheren oder entfernteren Gegenden, wohl selbst von der holländischen Küste, oder wo die schon gebildete Marsch an einzelnen Stellen verliert, abgerissene Land, andererseits das durch die Geestgewässer in das Meer geführte Erdreich, welches von der Flut wieder zurückgebracht wird. So setzte der Elbstrom an seiner Mündung an der jetzt holsteinischen und der hannoverschen Geest immer mehr fette Teile oder Schlickerde ab und zwar, was besonders bemerkenswert ist, nicht unmittelbar am Rande der Geest, dem sogenannten Klef,[5] selbst, sondern in einer gewissen Entfernung von demselben, die Geestufer wurden von der eigentlichen Strömung des Flusses nicht berührt. Denn auch die leichteren, fetteren Teile, die bis dahin von dem Strome mitfortgeführt waren, mußten sich senken, sobald sie aus der eigentlichen Strömung heraustraten, und noch ehe die Wellen der in die Flußmündung einbringenden Flut sie an die Ufer der Geest bringen konnten. So bildeten sich denn in einiger Entfernung von der Geest die ersten von der gewöhnlichen Flut nicht mehr überschwemmten Erhöhungen und bedeckten sich deshalb bald mit einer Grasnarbe. Aber auch an der offnen Meeresküste haben sich solche Inseln gebildet, wohl größtenteils durch die festen Bestandteile, welche, durch die größeren oder kleineren Gewässer von dem höher gelegenen Landrücken in das Meer getragen und durch den Anbrang der Wogen aufgehalten, von der Flut zurückgebracht sich senkten. Eine nicht unbedeutende Anzahl unserer Köge hat sich um Inseln als ursprünglichen Kern gebildet. Und dieser Prozeß währt noch fort, so ist eine solche schon begrünte Insel Drieschen, jetzt wohl 80—85 ha umfassend, vor dem früheren Dieksand in der Bildung begriffen.⁶ Waren diese Inseln aber erst mit einer Grasdecke benarbt, so erhöhten sie sich allmählich immer mehr, besonders an der westlichen Seite, denn von Westen und Nordwesten her wehten die Stürme, welche das schlickreiche Wasser noch oft über das schon begraste Land ergossen. Daher kommt es, daß die Marsch im Westen höher ist als im Osten, je näher dem Meere, um so höher und wenigstens 8—10 Fuß über der gewöhnlichen Fluthöhe liegt. Hinter den Marsch-inseln fand nun später und langsamer eine weitere Marschbildung statt, indem die Flut durch die zwischen den Inseln gebliebenen Stromrinnen bis an den Geestrand herantrat, daselbst sich beruhigte und die mitein-gebrachten festen Bestandteile sinken ließ. Die Ströme zwischen den Inseln wurden aber teils durch das aus dem inneren Lande abfließende Geestwasser, wie noch heute bei der Miele, teils, und zwar in erhöhtem Grade, durch die Gewalt des der Elbe oder dem Meere zur Zeit der Ebbe wieder zu-eilenden Außenwassers offengehalten. Namentlich wenn das letztere bei höheren Fluten über das vorliegende Marschland geströmt war, mußte bei der Ebbe alles durch die Stromrinnen zurückfließen. Aber diese Erhöhung des Marschlandes zwischen den vorliegenden Inseln und den Geestabhängen, dem Klef, ging nur langsam von statten,⁷ solange die Ströme zwischen den Inseln noch freien Umlauf hatten und bei der zurücktretenden Ebbe, namentlich nach höheren Fluten, unterstützt durch die von der Geest herabkommenden Flüsse und Auen, manches wieder fortrissen, was sich noch nicht hinreichend gesetzt hatte. Da war es denn die Menschenhand, welche die allmähliche Aufschlickung der hinter den Inseln entstehenden Wattenfläche zu rascherer Festigung nötigte.

Wir müssen uns nämlich diese Marschinseln wenigstens schon in den ersten Jahrzehnten unserer Zeitrechnung bewohnt denken, als die römischen Flotten die Küsten der Nordsee umsegelten und in die Mündungen der Ems, Weser und Elbe einfuhren. Der römische Schriftsteller Plinius (gest. im Jahre 79 nach Chr.) macht uns von den die Küsten der Nord-see zwischen Ems und Elbe bewohnenden Chauken eine Beschreibung, welche ohne Zweifel zum großen Teil auch auf die ältesten Zeiten unserer Marsch-gegenden paßt. „Im Norden," heißt es daselbst,⁸ „habe ich das Volk der Chauken mit eigenen Augen gesehen, bei denen in unendlicher Ausdehnung zweimal binnen vierundzwanzig Stunden in gleichen Zwischenräumen der Ozean sich in Bewegung setzt, abwechselnd ein Gebiet bestrittener Natur in seinem Schoße bergend, so daß man nicht weiß, ob man sich auf dem Lande oder auf dem Meeresboden befindet. Dort bewohnt ein armes Geschlecht hohe Erdhügel oder von Menschenhand bis zur Höhe der höchsten Flut aufgeworfene Dämme, auf denen die Hütten erbaut sind, Schiffenden ähnlich, wenn die Wogen die Umgebung bedecken, Schiffbrüchigen, wenn das Wasser zurückgetreten ist. Zur Zeit der Ebbe machen sie um ihre Hütten herum Jagd auf die Fische, welche mit den Fluten des Meeres flüchten" (oder in den Prielen zurückgeblieben sind, wem fiele dabei nicht das Hantieren unserer Krautfänger*) und -fängerinnen ein?). Was Plinius

---

*) Kraut, ditmarsische Bezeichnung für Krabben (Garnele, crangon vulgaris), welche zur Ebbezeit in großen Mengen in den Watten der Nordsee gefangen werden.

freilich weiter über das Leben dieser Küstenbewohner, wie er ja ausdrück=
lich berichtet, aus eigener Anschauung erzählt, paßt allerdings auf bit=
marsische Verhältnisse nicht, denn er fährt fort: „sie besitzen kein Vieh,"
während es in Ditmarschen jedenfalls das ergiebige Grasland war, welches
die Bewohner der Geest nach den neugebildeten Inseln lockte, denn diese
waren, natürlich anfangs nur im Sommer, ohne Zweifel die ersten Be=
wohner der Marschinseln, welche sie zur Ebbezeit mit ihrem Vieh zu Fuß
erreichen konnten. „Auch kennen sie," heißt es bei dem römischen Schrift=
steller weiter, „keine Milch als Nahrung, wie ihre Nachbarn, ja sie kennen
nicht einmal den Kampf mit wilden Thieren" — den Seehund wohl
ausgenommen, welcher sich auf dem Vorland der Inseln sonnte — „denn
es giebt dort nicht einmal einen Strauch. Aus Schilf und Moorbinsen
flechten sie sich Taue, um daraus Fischnetze herzustellen, und indem sie
den mit den Händen aufgefangenen Schlamm mehr an der Luft als an
der Sonne trocknen, kochen sie ihre Speise mit Erde (Torf, den sie freilich
auf den Marschinseln selbst nicht fanden), um sich ihre von dem Nord=
wind erkalteten Glieder zu wärmen. Zu trinken haben sie nichts als
Regenwasser, welches sie in Gruben in ihren Höfen auffangen. Wenn
diese Schilderung des Plinius in ihrem letzten Theile, die Viehtränken
ausgenommen, allerdings nicht auf die bitmarsischen Verhältnisse paßt, so
ist sie doch heute noch ein fast getreues Bild von dem Leben und Dasein
der Halligbewohner an der schleswigschen Westküste, in der Hauptsache
läßt sie aber auch auf die ursprünglichen Verhältnisse unserer Westküste
schließen. Denn auch bei uns wurden auf den sich bildenden Marschinseln
zum Schutz von Menschen und Vieh künstliche Erdhügel errichtet, welche
hoch genug waren, auch bei höheren Sommerfluten nicht überschwemmt zu
werden, in welchen sich auch die Viehtränken befanden, indem man Löcher
grub, in welchen das Regenwasser sich sammelte, wie man solche Erdwälle
in den Kögen, z. B. im Westen des Friedrichs=Kooges südlich von Eben=
dorf, noch heute deutlich über dem Marschboden sich erheben sieht. Jeden=
falls dauerte es aber nicht lange, daß auch Wohnungen für die Sommer=
zeit auf den Erhöhungen erbaut wurden zum Schutz für Menschen und
Vieh bei ausbrechendem Unwetter. Diese künstlichen Erhöhungen wurden
bei den Ditmarschern, den Wurstfriesen, Eiderstedtern und den anderen
Nordfriesen „Wurten" genannt, während bei den übrigen Südfriesen die
Bezeichnung „Warf oder Werfft" üblich ist. Letztere bezeichnet wohl
einen aufgeworfenen Erdhügel und kommt auch in unserem Lande vor,
z. B. im Dusenddüwelswarf bei Dehling in der Bauerschaft Epenwöhrden.
Nach dem mittelniederdeutschen Wörterbuch von Schiller und Lübben be=
zeichnet Wurt „wohl" ursprünglich jede (natürliche oder künstliche) Er=
höhung, die Sicherheit und Schutz gegen aufsteigendes Wasser gewähren
soll, und ist stammverwandt mit Werder d. h. Insel; sodann besonders
die Stätte für landwirtschaftliche Gebäude oder einen Platz zum Hausbau,
überhaupt jede Hofstätte, besonders eine eingezäunte, sie sei bebaut oder
nicht. Dem entgegengesetzt sagt Waitz, daß in Norddeutschland jedes frei=
belegene Haus mit dem dazu gehörigen Lande zu Hof, Garten oder sonstigem

Gebrauch, die mit einem Zaun umgebene Hofstätte, eine Wurt genannt worden sei, was bei den Skandinaviern den Namen Toft führte. Demnach hätte die Bezeichnung Wurt mit dem Wasser nichts zu thun und müßte den künstlichen Erhöhungen erst später gegeben sein, als sie schon zu Hofstätten geworden waren, vielleicht trugen diese früher ganz allgemein die Bezeichnung Warf oder Werfst. Für die Erklärung von Waiz spricht auch der Umstand, daß die Ditmarscher urkundlich noch im sechzehnten Jahrhundert als „Wurtleute“ b. h. Hofbesitzer bezeichnet werden, so in einer bremischen Urkunde, [12] der Erklärung der Befehlshaber von Rotenburg an den Befehlshaber der gemeinen bremischen Landschaft in betreff Peter Nannes und seines gefangenen Sohnes vom Jahre 1540, wo die „Worthlübe“ zwischen den Slachten, den Geschlechtern, und den achtundvierzig Verwesern des Landes genannt werden, also offenbar die den Geschlechtern nicht angehörenden Landeseingesessenen bezeichnen.

Das Erdmaterial zu diesen künstlichen Erhöhungen nahm man aus dem die Inseln, auf denen die Wurten errichtet wurden, umgebenden, noch nicht mit einer Grasnarbe bedeckten Schlick. Man kann noch heute bei manchen Wurten, z. B. bei der südlich von Wesselburen liegenden Wurt Haffenbüttel, eine flache, muldenartige Vertiefung in unmittelbarer Nähe der Wurt deutlich erkennen. Daß diese Vertiefungen nicht wieder die Höhe der übrigen Marsch erreicht haben, läßt darauf schließen, daß die zur Aufschlickung nötige Zeit gefehlt hat, sonst hätte sich dies ja nach und nach wieder ausgleichen müssen, es muß also, was besondere Beachtung verdient, in verhältnismäßig kurzer Zeit nach Errichtung der großen Dorfeswurten die tägliche Überschwemmung des die Wurten umgebenden Terrains durch die gewöhnliche Flut mittels vorgezogener Deiche gehemmt worden sein. Aber diese Wurten sind nach den für die prähistorischen Verhältnisse unserer Westküste geradezu Epoche machenden Entdeckungen Hartmanns [14] nicht bloß aus aufgeschütteter Kleierde aufgeführt, sondern außerdem mit einem Packwerk versehen worden, welches hauptsächlich aus Sumpf- und Moorpflanzen, Eichen- und Birkenzweigen und Dünger besteht, der von dem die Wurt mit deren Außenländereien beweidenden Vieh gewonnen wurde. In dem Packwerk befinden sich außer Knochen, Scherben von Gefäßen (auch mit Speiseresten), Handmühlen — ausgehöhlten Steinen — Stücken von Gerätschaften aller Art auch Eisenschlacken, ein Beweis, daß die Wurten erst zu einer Zeit entstanden sind, in welcher die Bereitung des Eisens aus dem auch bei uns in feuchten Ländereien sich vielfach findenden Raseneisenerz schon bekannt war, die Einwohner also ihre Eisengeräte selbst angefertigt und die Schlacken zur Erhöhung und Befestigung ihrer Wurt, natürlich von der Geest aus, dahin gebracht haben. Dies Packwerk ist jetzt natürlich vermodert und bildet eine Schicht von dunkler Farbe, wie man sie schon früher oft bei dem Graben von Brunnen oder beim Häuserbau in alten Wurten gefunden hatte, ohne daß man sich über ihre Entstehung klar geworden war. Bei einer Untersuchung der Haffenbüttler Wurt stieß ich auf eine solche Schicht schon in einer Tiefe von kaum 2 m, die Arbeiter nannten sie einfach „Mist“. In der Kattrepeler Wurt wurde sie im Jahr 1850 beim Brunnengraben 8 Fuß tief, bei Darenwurth in einer Tiefe von 6 Fuß gefunden, und seitdem Hartmann seine Forschungen bekannt gemacht hat, mehren sich die Mitteilungen über solche aufgefundene Düngerschichten in einer solchen Weise, daß es außer Zweifel erscheint, daß die Herstellung der Wurten mittels solcher Packwerke eine allgemeine gewesen ist. Nun aber beträgt die Höhe der jetzt noch nachweisbaren Wurten bis über 20 Fuß, und die von Hartmann hauptsächlich untersuchte Wurt von Fahrstebt — es hatte an einer Seite ein Abbau stattgefunden, welcher in höchst lehrreicher Weise einen Durchschnitt der Wurt gewährte — zeigte deutlich einen Packwerkbau von drei Etagen über einander, die untere von 2 m, die mittlere von 0,8 und die oberste von 1,7 m, zusammen also von 4,5 m, gleich 16 Fuß, 20 Fuß über dem umliegenden Flachland, welches also 4 Fuß tiefer liegt, als die Stelle, auf welcher die Wurt selbst errichtet worden ist. Hieraus geht nun, was auch von vorn herein als wahrscheinlich anzunehmen war, mit voller Evidenz hervor, daß die Wurten nicht gleich anfangs zu der vollen Höhe errichtet worden sind, sondern im Laufe der Jahre, vielleicht langer Jahre, eine mehrmalige Erhöhung erfahren haben.

Natürlicherweise waren die Wurten anfangs nur im Sommer von Menschen und Vieh bewohnt, bei Eintritt der rauheren Jahreszeit zogen sich diese wieder auf die Geest zurück. Wie lange es aber nun gebauert hat, daß diese Wurten zu bleibenden Wohnstätten erweitert wurden, so daß sie ganze Dörfer auf ihrem Rücken tragen konnten, das läßt sich nicht auch nur annähernd bestimmen; stellenweise zeigen sie ziemlich bedeutende Dimensionen, so umfaßt die Fahrstebter Wurt einen Flächenraum von 4,75 ha mit 32 Gebäuden, die Haffenbüttler ist ca 7 ha groß. Auf solchen erweiterten Wurten siedelten sich die von der unfruchtbareren Geest herabsteigenden Landleute nun nicht mehr einzeln, sondern gruppenweise[*]) an, und zwar nicht mehr zu vorübergehendem Sommeraufenthalte, sondern sie erbauten sich förmliche Hofstätten, und die Wurten trugen nicht bloß Wohnungen für Menschen und Vieh, sondern gaben auch für stürmische Tage die nöthige Weide für das letztere her. [15] Ein weiterer Schritt, der zu natürlich war, als daß er lange Zeit auf sich hätte warten lassen können, war nun der, daß gegen höhere Fluten, welche nicht ausblieben, ein anfangs jedenfalls nur niedriger Damm um die Wohnstätten, ebenso auch bald zum Schutz der begrasten Außenländereien gegen die andringenden Meeresfluten aufgeworfen, ebenso der Versuch gemacht wurde, den Bau von Sommerfrüchten auf dem reichen Ertrag bringenden Marschlande zu unternehmen. Damit war aber bereits der Anfang zu einer regelrechten Bedeichung des dem Meere abgewonnenen Landes gemacht. So entstand denn, und zwar in ziemlicher Entfernung von der Geest, allmählich eine ganze Reihe von Wurtdörfern, südlich von Meldorf die Dörfer Ammerswurth, Elpersbüttel,

---

*) Die später als Geschlechternamen vorkommenden Bezeichnungen der Butenmannen (Außenmannen) im Kirchspiel Hemme, wie der Lundner Wurthmannen, der Büsumer Oster- und Westerwurdigmannschafte deuten auf solche gemeinschaftliche Wanderungen von der Geest nach den Wurten hin.

Eesch, Norder- und Süder-Puienwurth, Trennewurth, Helie westlich von Darenwurth, Marne, Fahrstedt, Schmedeswurth bis nach Tielshörn, wo der Wurtenbau aufhörte, und nördlich von Meldorf (Epenwöhrden, Thaling= buren, Baröfleth, Harmswöhrden, Oldenwöhrden, Wesselburen, Poppen= wurth, Hemme und Hemmerwurth, Flebenwurth, Darenwurth, Witten= wurth, Ortschaften, welche ja zum großen Teil durch ihren Namen ihre Entstehung bekunden.

Anfangs wurde aber das hinter den Marschinseln mit ihren Wurten= bauten geestwärts liegende niedrigere Land größtenteils von der täglichen Flut noch überströmt, war also noch nicht bewohnbar. Von den einzelnen Wurtstellen aus oder wo mehrere zusammen auf einer Marschinsel lagen, wurden nun Wege [16] und zwar in möglichst gerader Richtung nach der zunächst liegenden Geest (wie bei Wöhrden der Perienweg, der Marner, Helier und Barlter Geestweg und die bis zum Ebbelacker Tielshörn gehende Landscheide) oder nach der mit der Geest zusammenhängenden näher gelegenen Düne, wie bei Amuerswurth und Elpersbüttel, und zwar in ziemlich breitem Maßstabe angelegt, weil das noch unbedeichte Land wenig Wert hatte; wo aber der Weg sich der Geest näherte und das noch un= benarbte Land anfing, ward der Weg zum Damm. Eine gefährliche Prozedur war es freilich, namentlich wenn der von den Inseln und dem Festlande aus zu gleicher Zeit angefangene Damm geschlossen werden und die von beiden Seiten heranbrängende Flut nun vor ihm stillstehen sollte. [17] War das Werk aber mit vieler Anstrengung zu stande gekommen, so hatte das Wurtdorf eine sichere Verbindung mit dem Festlande, und sofort fing dann durch das Sinken des Kleinieberschlages an beiden Seiten des geschlagenen Dammes die Aufschlickung an, und bald war die Insel laubfeste Marsch. Noch heute kann man diese alten Wege deutlich von denjenigen unterscheiden, welche weiter in die Marsch hineinführen; kein so breiter Weg geht weiter als bis an die erste Wurtstelle, von da an giebt es nur gewöhnliche schmalere und gekrümmte Wege, welche offenbar aus Feldwegen entstanden sind. Indem nun aber durch die Aufschlickung zu beiden Seiten des Dammes die Umspülung der Inseln aufhörte, fing auch das alte Strombett zwischen den Inseln an aufzuschlicken, und es trat allmählich mit Ausnahme der Stellen, wo die Geestwasser ihren Ab= fluß in die See hatten, auch eine feste Verbindung der einzelnen Inseln unter einander ein — die Marsch war fertig, eine ungeheure Wiesenfläche, welche durch die vorspringenden Geestzungen in vier große Niederungen geteilt war.

Wenn wir mit dem am weitesten nach Westen vorspringenden Geest= vorgebirge, auf welchem Meldorf liegt, beginnen, [18] so erstreckt sich erstens nördlich vor demselben die Niederung des Fieler Seees, reichlich 4000 dit= marsische Morgen = 5000 ha umfassend, und zweitens südlich davon die des Windberger Seees von gegen 2000 Morgen. die Abflüsse beider Seeen vereinigen sich westwärts von Meldorf zur Miele, welche dem Hauptorte des Landes den Namen Milinthorp gegeben hat und die nach Westen von demselben gelegene Niederung noch bis 1559 überströmte, so daß damals

jede größere Flut das Wasser noch bis an den westlichen Fuß des Geest=
vorgebirges, auf welchem Meldorf liegt, herantrieb. Nördlich von der
Fielersee=Niederung erstreckt sich drittens die große Niederung der Brock=
landsau, gegen 4800 Morgen umfassend; endlich viertens im Süden die
Kubensieer und die Burger Niederung, mit welcher das Thal der Holstenau
in Verbindung steht, zusammen den drei obengenannten an Flächeninhalt
fast gleich, in ältester Zeit zusammenhängend, bis, wir wissen nicht anzu=
geben, wann, das Hohe Moor von einer Sturmflut losgerissen an die
Grenze Ditmarschens und der Wilstermarsch auftrieb [19] und so die Tiefe
des Kubensees von der weiter westlich gelegenen Marsch trennte. Zwischen
diesen vier bezüglich fünf großen, jetzt zusammen gegen 20 000 bitmarsische
Morgen [20] = 25 000 ha ausmachenden Niederungen, welche sich in
früheren Zeiten aber viel weiter nach Westen und Südwesten erstreckten,
lag nun die bitmarsische Geest in der Form einer Reihe von Halbinseln
ausgebreitet. Von diesen umfaßten die beiden im Norden des Landes ge=
legenen die Landstrecke zwischen den der Eider zufließenden Gewässern der
Giselau und der Brocklandsau, von einander geschieden durch die in gleicher
Richtung fließende Tilenau, verbunden nur durch zwei Brücken, die Tilen=
brücke bei Tellingstedt und die Brücke der Tilenhamme in der Nähe der
Mündung der Aue in die Eider. Die südöstliche dieser beiden den Nord=
osten des bitmarsischen Landes bildenden Halbinseln, zwischen der Giselau
und der Tilenau, umfaßt das Kirchspiel Albersdorf und die eine Hälfte
von Tellingstedt, die nordwestliche die andere Hälfte dieses Kirchspiels nebst
Hennstedt und Delve, so daß die letzteren fast eine abgeschlossene Insel
bildeten, namentlich nach Westen, als die schiffbare Verbindung des Hafens
beim Ulendamm mit der Eider noch existierte. Die dritte Halbinsel zwischen
der Brocklandsau=Niederung und den Abflüssen des Fielersees wurde ge=
bildet durch die Kirchspiele Heide und Weddingstedt; die vierte zwischen
dem Fieler und dem Windberger See bildete die Halbinsel von Meldorf,
und endlich die fünfte lag zwischen dem Kubensee, der Wolbers= (oder
Walburgs=, jetzt Burger Au genannt) und der Holstenau mit den Kirch=
spielen Süderhastedt, Burg und St. Michaelisdonn. Die hohe Geest aber,
von der diese fünf halbinselartigen Vorsprünge ausgehen, ist wiederum auf
eigentümliche Weise von dem benachbarten holsteinischen Territorium getrennt,
indem von dem fast in der Mitte gelegenen Landrücken in südwestlicher
Richtung die Holstenau mit der Wolbersau und dem Helmschen Bek als
Wilsterau in die Stör und von da in die Elbe fließt, während die Gisel=
au erst in süd=, dann in nordöstlicher Richtung der Eider zuströmt. Nur
auf der Höhe, von welcher diese beiden durch Moorgrund strömenden Flüsse
sich süd= und nordwärts ergießen, gab es einen trocknen Eingang in das
Land Ditmarschen; dasselbe war also fast ganz von Wasser umgeben, im
Nordosten die Giselau, im Norden die Eider, im Westen das Meer, im
Süden die Elbe, im Südosten der Holstengraben, dann mit geringer Unter=
brechung der Kubensee, die Walburgs= und die Holstenau. So führte also
zu der Zeit, in welcher die Wilstermarsch noch nicht aus der See aufge=
taucht war, der einzige Landweg nach Ditmarschen von Osten her da, wo

die früher weit wasserreicheren Quellen der Gieselau und Holstenau sich auf einige hundert Schritt nähern, von Hanerau und Hademarschen kommend über den Albersdorfer Vierth und Tensbüttel gerade auf Meldorf, die Hauptstadt des Landes, zu. Aber auch der Teil des Meldorfer Kirchspiels, in welchem Meldorf selbst nebst Wolmersdorf, Nindorf und Farnewinkel liegen, ist durch die von Tensbüttel herkommende Delbrückau, später Süber= miele genannt, und die dem Windberger See entströmende Süderau, welche nachdem erstere die Nordermiele oder Fielerau in sich aufgenommen hat, erst jenseits Meldorf sich vereinigen, gewissermaßen wieder eine Insel, welche nur an zwei Stellen, auf der für die Verteidigung des Landes so wich= tigen Delbrücke und da, wo die Au die sich südlich von Meldorf nach Gudendorf hinziehende Düne durchbricht, auf der Pohlen= oder Babenbrücke, zugänglich war.

III.

### Die natürlichen Befestigungslinien der Geest. Überreste von Schanzen.

Die ditmarsischen Flüsse haben, weil sie insgesamt im Moorgrunde liegen, mit geringen Ausnahmen keine Furten, die Gieselau fließt nur bei Albersdorf über Sand hin, und deshalb liegen auch dort die Überreste einer uralten Befestigung zwischen dem ditmarsischen Dorfe Wennebüttel und dem holsteinischen Beldorf. Dämme aber durch die moorigen Niede= rungen zu schlagen, war eine Arbeit, welche man erst in späterer Zeit unternahm. (Ein Beweis hierfür ist, daß der für den Verkehr mit Hol= stein später so wichtige Damm über die Moorniederung der Holstenau bei Hohenhörn erst im Ausgange des sechzehnten Jahrhunderts, der Brickel= damm über den Helmschen Bach, auf dem man jetzt von Norden und Westen aus in das Kirchspiel Burg gelangt, erst am Ende des vorigen Jahrhunderts geschlagen worden ist. So bildeten eben diese Grenzflüsse bis zu einer gewissen Höhe hinauf natürliche Befestigungslinien, und zum Schutze des Landes brauchten bloß die Höhen zwischen den nach verschiedenen Seiten hin und in früheren Zeiten reichlicher sich ergießenden Flüssen künstlich durch Wall und Graben befestigt zu werden, um so jeden Ein= gang in das Land zu verschließen. [21] Die Befestigung an der Gieselau bei Wennebüttel ist noch erhalten und besteht in einem Wall, der von dem Nordufer der Au ausläuft und an seinem nördlichen Ende schanzen= förmig umbiegt. Von der Mitte dieses Walles läuft ein Seitenwall bis über die Landstraße. Nahe davor liegt auf der Beldorfer Feldmark eine Erhöhung, welche mit einem etwa 30 Fuß breiten, aber nicht sehr tiefen Graben umgeben ist, um dessen südliche Seite ein halbmondförmiger Wall läuft. Das ist der häufig erwähnte Kuckswall, auf welchem nach dem Waffenstillstande der Ditmarscher mit den Holsteinern vom 5. Mai 1500 alle künftigen Streitigkeiten durch beiderseitige Schiedsrichter beigelegt werden sollten. [22]

Zwischen der Gieselau und der Holstenau lag aber ein Gesamtbe= festigungswerk des ganzen Landes, die Hamme; so nannte man, wohl von

„hemmen" abzuleiten, Wälder und Sümpfe oder sumpfige Holzungen, Ge=
büsch, Gestrüpp auf Sumpfboden, durch Kunst verstärkte natürliche Ver=
teidigungslinien des Landes. Von dieser Hamme ist nun nichts weiter er=
halten als Reste zerstörter Walbungen und biesseits wie jenseits der Grenze
unzählige Totenhügel, sogenannte Hünengräber. Aber alle die Toten, welche
unter denselben begraben sind, sind vor der historischen Zeit Ditmarschens
gefallen, als Wodans Schlachtjungfrauen noch die erschlagenen Helben auf
ihren tautropfenden Rossen nach Walhall trugen — die Gijelau wie die
Walburgau sind beibe nach ben Namen von Walkyren benannt (Gisila
heißt Speerjungfrau, Walburg die Kriegesburg), auch ber Name Habe=
marschen als „Kampfesnieberung" ober Marsch bes Kriegsgottes Habu,
altnorbisch Höbr, weist auf bort in alter Zeit geschlagene blutige Kämpfe
hin. In geschichtlicher Zeit ist hier nicht mehr gekämpft worden, vermut=
lich weil für die Ditmarscher die Verteidigungslinie von ber Gijelau bis
zur Holstenau zu ausgebehnt geworden war, indem die Wassermenge in
bem oberen Teil ber Flüsse mehr und mehr abgenommen hatte. Es be=
stand biese älteste Befestigungslinie aber wahrscheinlich aus einem Wall
mit bazu gehörenben nach beiden Auen hinlaufenden Gräben, hinter benen
zur ferneren Abhaltung bes Feindes ein großer Wald lag, bas Hemme=
holt genannt, wie es auch auf ber Landkarte vom Süberteil Ditmarschen
aus bem Jahre 1648 bei Dankwerth noch verzeichnet steht; in bem jetzigen
Grünthal ist noch ein Rest besselben erhalten. [24]

Aber außer biesen ben Eingang in bas Land verteidigenden ersten
Befestigungslinien gab es noch eine Anzahl anderer, welche zusammen fast
ganz Ditmarschen umfaßten. Wandte ber durch bas Hemmeholz hindurch=
gebrungene Feind sich rechts, so stand ihm freilich bas ganze Kirchspiel
Albersborf offen, aber die Kirchspiele Tellingstedt, Hennstedt und Delve
waren fast ganz umgeben von ber Eiber und der vorzugsweise sogenannten
Au, *) sowie ber Tilenau und nur auf einem schmalen Landstreifen zwischen
ben Quellen der letztgenannten Flüsse zugänglich. Und biesen Landstreifen
verteidigte die Norberhamme durch einen Wall mit bem in solchen Fällen
immer sogenannten Landgraben, ber sich von ber Tilenbrücke bis zum
Bennewohlber See, einem Bassin ber sogenannten Au, erstreckte. Von
ben alten Befestigungen baselbst sind jetzt nur sehr geringe Spuren mehr
vorhanden. Eine aus bem Jahre 1830 stammenbe Beschreibung ber=
selben [25] schilbert ben bamaligen Zustand folgenbermaßen: „Bei=
nahe 210 Ellen nörblich von ber Tilenbrücke sieht man mehr ober
minder beutliche Spuren von einer breidoppelten Schanze, von welcher die
vorberste sich in einer Länge von 300 Ellen zu beiden Seiten bes Weges
erstreckt und in ihrem Laufe ein= und ausgehende Winkel bilbet und außer=
bem mit brei runden geschlossenen Schanzen versehen ist. Die zweite

---

*) Von ber späteren Befestigung, welche ben Paß bei der Aubrücke becken
sollte und aus zwei Bastionen und einem mit breiten Gräben versehenen Außen=
werk bestand, sind noch beutliche Spuren vorhanben. Vgl. übrigens die Landes=
beliebung vom 3. April 1594 die Aubrücke betreffenb, mitgeteilt von Dahlmann
Neokorus I. 604.

Verschanzung, ungefähr 112 Ellen weiter nördlich, ist auf einer Anhöhe gelegen und erstreckt sich ebensoweit nach beiden Seiten vom Wege wie die erstgenannte, doch nicht ganz in derselben Richtung, sondern vielmehr inklinierend gegen den linken und divergierend gegen den rechten Flügel; auch diese ist gleich jener mit drei runden Schanzen versehen. Rechts vom Wege vor der Verschanzung findet man Löcher oder Wolfsgruben. Die dritte Verschanzung, ungefähr 500 Ellen weiter nördlich an dem Wege nach Schalkholz, bildet aus- und eingehende Bogen, der Wall ist mit einem ziemlich tiefen Graben versehen und hat eine Länge von 537 Ellen. Diese Verschanzung ist am Fuß einer Anhöhe belegen, ihr rechter Flügel erstreckt sich 48 Ellen über den Weg bis in das Moor." Hinter diesen bedeutenden Verschanzungen lag das Schalkholz, dessen Name offenbar auf ein altes Verbot, daselbst Holz zu schlagen, hinweist. Die durch die Norderhamme verteidigten drei Kirchspiele Tellingstedt, Hennstedt und Delve wurden deshalb auch kurz die Norderhamme, die Bewohner derselben Nordhamminger genannt, was zu mancherlei Mißverständnissen Anlaß gegeben hat.

Wenn aber der Feind, anstatt sich gegen Norden zu wenden, nach Nordwesten zog, so stieß er auf ein anderes Bollwerk, das der Süderhamme. Die Kirchspiele Lunden, Hemme, Neuenkirchen, Wesselburen, Heide und Heinmingstedt wie ein Teil des Kirchspiels Meldorf sind wiederum durch das Meer, die Eider und die Fielau so mit Wasser umgeben, daß nur auf einer schmalen Höhe, zwischen den Moorthälern der Aue und der Fielau, bei Nordhastedt ein einziger Zugang sich befindet. Hier war nun die Süderhamme angelegt, welche für die stärkste Befestigung des Landes galt, von der Neokorus sagt, daß sie den Teil Ditmarschens geschützt habe, in welchem die Besten und Vornehmsten des Landes gewohnt hätten. Hinter dieser Befestigung lag der Riesenwohld, der aber schon in früherer Zeit stark gelichtet worden war. Schon der älteste Name von Nordhastedt — Repharstede — weist auf eine systematische Rodung (Rebning) des Waldes mit der Meßschnur (Rep) hin, ebenso bezeichnen außer dem Hauptorte die Namen Osterwohld, Westerwohld, Binnenwohld, tom Rise deutlich Ortschaften, welche im Riesenwohld angelegt worden sind.

Am Südende der Grenzwaldung lag Heristedt (jetzt Süderhastedt), die alte Heerstätte d. h. der Sammelplatz des allgemeinen Aufgebotes der Ditmarscher. Bei dem weiter östlich der Grenze zu belegenen Schafstedt finden sich noch Spuren eines Ringwalles, welcher wohl als eine Vorpostenstellung vor dem Gros gedient hatte. Auch die Hofstelle Speeresdiek, südlich von Süderhastedt, ist mit alten Wällen umgeben. [26] Von dem Hauptbefestigungswerke sind keine Spuren mehr vorhanden.

Eine fünfte Befestigungslinie, welche freilich in der Geschichte nirgends erwähnt wird, ist noch vorhanden und besteht aus drei Reihen ziemlich tiefer Gräben. [27] Wandte sich nämlich der in das Land eingedrungene Feind nach Süden, so konnte er einen Teil des Kirchspiels Süderhastedt ungehindert durchziehen, stieß dann aber auf ein Werk, welches ihm die Kirchspiele Burg, Eddelack, Brunsbüttel, Marne und Barlt wie einen Teil

des Kirchspiels Meldorf, nämlich Süder-Meldorf-Marsch, verschloß. Dasselbe lehnte sich an der einen Seite an den nordwärts zur Miele fließenden
Fredebek und an der anderen an den in die Holstenau sich ergießenden
Quickborn an, durch welchen die Walburgsau mit dem Kudensee in Verbindung steht.

Eine sechste Befestigung, von welcher auch nicht unbedeutende Reste
noch erhalten sind, lag in einer Ausdehnung von ungefähr 75 m quer über
der Landstraße von Linden nach der Hohnerfähre in der sogenannten Dörp-
linger Heide und scheint den Weg über den Geestrücken, der die an beiden
Seiten desselben liegenden Moore von einander trennt, gesperrt zu haben.
Ein vierfacher Wall mit dazwischen liegenden Gräben, dessen vorderste Linie
mit einer Art von Bastion versehen ist, um welche herum sich eine Anzahl
von Löchern befindet, ist noch kenntlich. Auffallend ist freilich, daß diese
Befestigung in keiner der bekannten Chroniken erwähnt wird, und deshalb
könnte man geneigt sein, der Volkssage Glauben beizumessen, welche diese
Befestigung wie die südlich von Glüsing (wo noch am Anfang unseres
Jahrhunderts ein Wall sichtbar war, während jetzt nur noch der dazu
gehörende Graben existiert) gelegenen, welche mit einander in Verbindung
gestanden zu haben scheinen, von den Schweden in ihren Kämpfen gegen
die Russen im Jahre 1713 aufführen läßt,*) wenn nicht zahlreiche Totenhügel in der Nähe auf Kämpfe hindeuteten, welche dort in vorhistorischer
Zeit zwischen den Ditmarschern und ihren nördlichen Nachbarn stattgefunden
haben. Möglich ist es freilich, daß aus früheren Zeiten schon vorhandene
Befestigungen im vorigen Jahrhundert benutzt und verstärkt worden sind,
worauf die Spuren der vorliegenden Bastion allerdings schließen lassen.

Auch der alte Wall kurz vor der Delbrücke, jetzt Schloßberg genannt, nordöstlich von der Au, der mit einem breiten Graben umgeben
ist, während östlich davon ein halbkreisförmiger zweiter Wall mit einem
Graben sich befindet, wo im Anfang des fünfzehnten Jahrhunderts die
Marienburg gebaut wurde, gehört jedenfalls einer weit älteren Zeit an
und hat zur Verteidigung dieses so wichtigen Punktes gedient.²⁹

Endlich findet sich noch eine Viertelmeile östlich von Heide eine
doppelte Reihe von Verschanzungen, offenbar bestimmt, den Zugang zu
diesem Orte zu decken, dessen ältester Teil also frühestens aus der Mitte
des fünfzehnten Jahrhunderts stammen kann, da Heide als Ortschaft nicht
früher existierte, die erhaltenen Reste sind aber zum großen Teil erst im
dreißigjährigen Kriege errichtet worden. Es erstrecken sich zu beiden Seiten
vom Wege bedeutende Wälle gegen Norden bis an die Moore, und gegen
Süden bildet der weiter östlich gelegene Wall zwei Bastionen, welche
mittels einer Courtine mit einander verbunden sind; mit Flanken versehen
erstreckt er sich in einer Länge von ca 720 m gegen einen Arm der
Tilenau (dem ehemaligen Landgraben). Vor der einen Bastion befindet
sich ein Außenwerk und vor dem Wall zwei ähnliche Werke. Die ganze

---

*) Ebenso sind die Schanzen bei Farnewinkel nach der Ueberlieferung erst im
Jahre 1713 von den Russen angelegt worden.

Verschanzung, besonders die Außenwerke sind mit einem ziemlich breiten, doch an mehreren Stellen nicht mehr kenntlichen Graben versehen. Von dem daselbst befindlichen Blockhause, Hammhaus genannt, ist keine Spur mehr vorhanden. Übrigens wird die Heider Schanze in den Chroniken vielfach mit der Süberhamme verwechselt, was namentlich auch mit dem Hammhause der Fall ist. Im Jahre 1404, als Herzog Gerhard in der Süberhamme die Niederlage erlitt, hat jedenfalls daselbst kein festes Gebäude gestanden. Bolten (IV, 131) erwähnt das Hammhaus als eine viereckige Schanze nahe vor Heide auf dem Wege nach Tellingstedt, wo sich damals der Galgen befand, und erzählt, daß sich in demselben ein Turm befunden habe. Dasselbe ward 1539 von den Steinen des in Lunden niedergerissenen Klosters erbaut und lag aller Wahrscheinlichkeit nach an der Stelle, wo jetzt die Chaussee die Schanze durchschneidet.

Eine westlich von Heide noch erhaltene viereckige Schanze stammt erst aus der Zeit des breißigjährigen Krieges.

## IV.
### Bauernburgen in Ditmarschen.

Aber auch an der Seeseite sehen wir eine Anzahl von starken Befestigungen in uralter Zeit errichtet, freilich nicht um feindliche, in seeräuberischer Absicht unternommene Landungen abzuwehren, was ohne weittragende Geschütze nicht möglich gewesen wäre, sondern um an den am meisten bedrohten Stellen, wo gefahrlose Landungsplätze waren, Menschen und Vieh rasch auf kürzere oder längere Zeit hinter den Schutz sicherer Wälle bergen zu können. Von solchen Befestigungen — Bauernburgen —, wie sie in Nordfriesland und an zahllosen anderen Stellen auch mitten im Lande existiert haben und in ihren Resten noch deutlich erkennbar sind, finden wir Spuren im Norden von Ditmarschen in der Nähe des Dorfes Fedderingen, [29] wo man eine Stelle noch jetzt als „de hohe Borg" bezeichnet, nicht weit davon lag eine Holzung, Borchholt genannt, wie wir eine solche in der Nähe aller alten Bauernburgen finden. Diese Burg lag auf der hohen Geest, wo ein breiter Eiderarm die Geestinseln der Kirchspiele Lunden und Hemme von der Hennstedter Geest trennte und die weit vorspringenden Geestvorgebirge, auf denen die Dörfer Cleve und Wiemerstedt liegen, einen geeigneten Landungsplatz boten.

Eine zweite Burg war die Stellerburg, [30] an demselben Eiderarm auf der Geest nicht weit von dem Rande der Marsch gelegen, von dieser jedoch teilweise noch durch eine Strecke Moorboden getrennt und konstatiertermaßen durch eine jetzt 6 bis 7 Fuß unter der Oberfläche liegende Steinstraße mit dem nördlichen Teile der Landschaft verbunden. Selbst da, wo früher außerdem noch das angetriebene sogenannte weiße Moor den Marschgrund bedeckte, bemerkt man Spuren derselben beim Ziehen von Gräben und hat noch in den zwanziger Jahren unter dieser Steindecke ein abgebrochenes Hirschgeweih gefunden. [31] Von dieser Burg ist der Wall noch vollständig erhalten, er hat eine ovale Form, deren nördliches Ende etwas schmaler ist als das südliche, in der Mitte mißt sie ungefähr 60 m, die Länge beträgt ca 90, der Kamm des Walles ca 220 m. [32] Die erst später durchstochene breite Einfahrt befindet sich am südöstlichen Ende. Die Brust= wehr behauptet auch jetzt noch eine ziemliche Herrschaft über das vorliegende flache Terrain, welches in nur geringem Maßstabe gegen Norden nach Stelle zu sich erhebt. Von steinernen Gebäuden, wie sie die Sage von der Stellerburg kennen will, hat sich auch nicht die mindeste Spur ge= funden, wohl aber ist man bei einer Untersuchung des inneren Grundes im Juni 1880 [33] auf eine alte Feuerstätte gestoßen. In der Mitte be= findet sich eine runde Vertiefung, welche von der Sage als Dortjen=Soob oder Kuhle bezeichnet wird und wohl nichts anderes gewesen ist als die alte Tränkestelle in der Burg.

Auch in der Nähe des Windberger Sees, wo in früheren Zeiten das Meer die Bucht zwischen den Geesthöhen von Wolmersdorf, Krumstedt und Windbergen ausfüllte, ehe die Düne südlich von Meldorf sich davor= legte, und einen bequemen Hafen bildete, hat wohl eine solche Burg ge= legen; Viethen (p. 30) nennt uns ein „gegen Barlt auf dem Cleve gelegenes“, zum Kirchspiel Süderhastedt gehöriges Dorf Borkholt, von dem aber nur der Name und die Reste einiger steinerner Brunnen übrig seien.

Die wichtigste Bauernburg Ditmarschens, die wie die Stellerburg in ihren Hauptteilen vollständig erhalten ist, ist aber die Böklenburg, [34] welche an der weiten Elbbucht lag, deren Wellen, ehe das Hohe Moor sich vorlegte, den Fuß des äußersten südöstlichen Geestvorgebirges von Süder= ditmarschen bespülten. Diese Burg besteht aus einem hohen, jetzt bewalde= ten kreisförmigen Ringwalle, der oben auf dem Kamme ungefähr 305 m beträgt und einen innern Raum von ca 100 m Durchmesser umschließt. Eine Einfahrt war früher nicht vorhanden, seit dem Jahre 1818, in welchem das Innere der Burg zum Kirchhof eingerichtet wurde, befindet sich ein Eingang an der Südseite. Bei Bolten (II. 304) ist auf der im übrigen vollständig der Phantasie des Zeichners angehörenden Abbildung eine Tränkestelle am inneren Fuße des Walles angegeben. Auch bei der Böklenburg lag in südwestlicher Richtung ein Holz, Borchholt genannt, dessen Name noch in dem Dorfe Bokholt erhalten ist, mit (wenigstens seit 1227) landesherrlicher Nutznießung, aus welchem früher niemand ohne allgemeine Beliebung Holz hauen durfte, nachmals war es Eigentum der Vogtmannen. Das Verbot des Hauens deutet offenbar darauf hin, daß diese Waldbestände, denn wir dürfen sicher einen Rückschluß auch auf die anderen denselben Namen führenden machen, öffentliches Eigentum waren und ohne Zweifel mit der Bestimmung der Burgen selbst zusammenhingen, um für den Notfall das erforderliche Material zu Palisaden, Faschinen u. dgl. sofort zur Hand zu haben. Auch der Böklenburg hat sich die stets geschäftige Sage in hohem Grade bemächtigt, aber die Untersuchungen haben auch nicht den geringsten Anlaß zu der Annahme gegeben, daß da= selbst ein festes steineres Gebäude gestanden habe, wie die Sage meldet, was freilich die Möglichkeit nicht ausschließt, daß in den Bauernburgen

überhaupt zum Schutz gegen die Witterung hölzerne Blockhäuser sich be=
funden haben. Erwähnt wird übrigens die Böklenburg zuerst in verhält=
nismäßig später Zeit und zwar in Verbindung mit dem von Karl dem
Großen an der Südgrenze des ditmarsischen Landes errichteten festen Platz,
der Esselveldoburg (Echehoe, dem späteren Itzehoe) im Jahre 1032. [35]
In diesem Jahre wurde nämlich Holstein und Ditmarschen durch einen
Überfall der wendischen Wagrier, welche damals im östlichen Holstein jen=
seits der Schwentine, des Plöner Seees, des Stockieees und der Quelle
der Bille wohnten, heimgesucht. Udo, einer der slavischen Fürsten, war
von einem Sachsen erschlagen worden. Sein Sohn Gottschalk wurde da=
mals auf einer Klosterschule zu Lüneburg erzogen; als er aber von der
Ermordung seines Vaters hörte, sagte er sich von dem christlichen Glauben
und seinen Studien los und eilte zu seinem Volke zurück. Mit einer
Schar ergrimmter Landsleute durchzog er, um den Mord seines Vaters
zu rächen, ganz Nordalbingien, verwüstete alles, namentlich die christlichen
Kirchen, mit Feuer und Schwert und kam so auch nach Ditmarschen, nur
Echehoe und die Bokeldeborg (notissima illa praesidia werden sie von
Helmold genannt, der vermutlich die letztere für etwas anderes gehalten
hat, als sie in Wirklichkeit war), wohin sich eine Anzahl Bewaffneter mit
Weibern und Kindern geflüchtet hatte, wurden von den Slaven nicht er=
obert. Gerade die Zusammenstellung dieser beiden Burgen, obwohl wir
uns unter den karolingischen Burgen jedenfalls auch noch keine nach Art
des späteren Mittelalters angeführten Gebäude vorzustellen haben, mag
aber auch dazu beigetragen haben, daß man in späterer Zeit an ein festes
Schloß gedacht hat, welches daselbst gestanden habe.

Sehen wir nun aber, wie sich eine Reihe solcher Bauernburgen auf
den höchsten Punkten der Geest im Westen befunden hat und zwar gerade
an den Stellen, wo ein Meerbusen einen günstig gelegenen Landungsplatz
für feindliche Fahrzeuge bot, so liegt die Vermutung sehr nahe und wird
beinahe zur zwingenden Gewißheit, daß auch auf dem so weit nach Westen
vorspringenden Meldorfer Geestvorgebirge, vor welchem sich gerade der be=
deutendste Hafenplatz befand, dem, wie wir später sehen werden, Meldorf
seine hervorragende Bedeutung für das ganze Land Ditmarschen verdankte,
sich ebenfalls eine solche Bauernburg befunden hat. Die Existenz einer
mittelalterlichen Burg in Meldorf ist nun außer Zweifel, wir werden auf
dieselbe wie auf die sagenhaften Überlieferungen, welche sich an die anderen
Burgen angeschlossen haben, im weiteren Verlauf unserer Geschichte mehr=
fach zurückkommen; möglicherweise ist gerade die spätere Meldorfer Burg
auf derselben Stelle erbaut worden, auf welcher der alte Ringwall sich
befunden hatte, und hat deshalb die Erinnerung an jenen verwischt.

Auch an der Ostseite des Landes deuten einzelne Namen auf die
Existenz von Bauernburgen hin, [36] so die Namen der Wiesen Burgkrug und
Burghaken bei dem Dorfe Offenbüttel, nordöstlich von Albersdorf, und die
Koppeln Langenborstel und Kurzenborstel ebendaselbst; noch etwas weiter nördlich
bei Süderrade (der Name weist auf die Rodung eines Waldes hin) findet sich
der Name Oldenburg, die gewöhnliche Bezeichnung prähistorischer Befestigungen.

Diese so eigentümlich gestalteten Bodenverhältnisse des bitmarsischen Landes wie die denselben sich anschmiegenden, mit strategischem Geschick angelegten Befestigungen bilden aber in einem Maßstabe, wie es wohl kaum irgendwo anders vorkommt, die Grundlage der ganzen bitmarsischen Geschichte.

## Zweiter Abschnitt.

# Die Leute.

### I.

#### Sind die Ditmarscher Sachsen oder Friesen?

Nach der Beschreibung des Landes kommen wir zu den Bewohnern desselben, und hier treten wir denn sofort an eine seit drei Jahrhunderten, solange es eine bitmarsische Geschichtschreibung giebt, lebhaft, ja man kann sagen, nicht ohne Leidenschaft auf beiden Seiten ventilierte Frage heran: Gehörten die Ditmarscher dem Stamme der Sachsen, oder dem der Friesen an?

Durch urkundliche Beweise läßt sich diese Frage natürlich nicht erledigen, folgt man aber unbefangen der Geschichte Ditmarschens, so lehrt diese ohne Zweifel, die Ditmarscher sind ursprünglich Sachsen, aber an verschiedenen Stellen der Westküste stark mit friesischen Elementen durchsetzt, freilich ohne daß wir, wie es mehrfach geschehen ist, eine so massenhafte gleichzeitige Einwanderung von Friesen annehmen dürfen, daß sie sogar auf die Verfassungsverhältnisse Ditmarschens Einfluß gehabt hätte. Der Beweis hierfür kann natürlich nur im Fortlauf der Geschichte an den betreffenden Stellen geführt werden. Jedenfalls fällt auch der Umstand bedeutend ins Gewicht, daß die Ditmarscher ebenso wie die Holsaten und Sturmaren als Nordalbinger [37] stets zu den Sachsen gerechnet worden sind, wenn sie auch mit den sächsischen Stammesgenossen jenseits der Elbe, den Ostfalen, Engern und Westfalen, in keiner engeren politischen Verbindung gestanden zu haben scheinen. [38]

Friesische Geschichtschreiber von dem Ostfriesen Ubo Emmius an, der im Jahre 1590 [39] eine Geschichte der Friesen herausgab, bis in die neueste Zeit, sind es nun ausschließlich, welche auch die ältesten Bewohner Ditmarschens für die friesische Nationalität in Anspruch nehmen, während die Ditmarscher selbst sich niemals zu den Friesen gerechnet haben.

Mit dem zweiten und dritten Jahrhundert unserer Zeitrechnung begann unter den zahlreichen Völkerstämmen Niederdeutschlands ein Scheidungs-
prozeß, als dessen Niederschlag zwei Hauptstämme übrig blieben, die Friesen
und die Sachsen. Friesen hießen fortan die Anwohner des schmalen
Küstensaumes der Nordsee mit der ihm vorgelegten Kette der in älteren
Zeiten weit zahlreicheren und größeren Inseln und Halligen von der Sink-
fala bei Brügge in Flandern bis nach Tondern im Herzogtum Schleswig,
„echte Wassermenschen, welche sich nur dort heimisch fühlen, wo Land und
Meer im Streite liegen"; die Sachsen hingegen waren die Inhaber des
Binnenflachlandes. Und zwar erfolgte bei beiden die Entwicklung in
analoger Weise, beide Namen bezeichnen ursprünglich einen unbedeutenden
Stamm, der der Friesen an der alten Rheinmündung, der der Sachsen
an der Westküste Schleswig-Holsteins. Der Name der Friesen rückte fast
über die ganze Nord- und Westküste Germaniens von Westen nach Ost und
Nord, der Name der Sachsen umgekehrt vom Norden nach dem Süden
und Westen vor. Aber die Sachsen befanden sich durchweg auf der hohen
Geest, nur an einer Stelle berührten sie das Meer und durchbrachen die
langgestreckte Linie der Friesen, da wo die Geest sich am weitesten nordwärts
zum Meere vorschiebt und das ganze Gebiet mehr Fluß- als Seeland ist,
in dem links von der Elbmündung in die See hinausragenden Lande
Hadeln (Hadelowa heißt die Kampfesinsel, auch der Name der südwärts
anstoßenden Landschaft Wigmodi heißt soviel wie Kriegsland). So läßt
sich auch annehmen, daß die bitmarsische Geest ursprünglich eine sächsische
Bevölkerung gehabt hat, die aber, wie ich oben nachzuweisen versucht habe,
in Ditmarschen bei der allmählichen Bildung der Marsch auch die ursprünglichen Ansiedler der Marschinseln geliefert haben wird. Freilich
haben, in welcher Zeit wissen wir nicht, zahlreiche Einwanderungen von
Friesen stattgefunden,[40] vielleicht in Folge von starken Deichbrüchen und
Überschwemmungen, welche zu wiederholten Malen die Bevölkerung der
Marsch stark gelichtet haben; im Süderstrande (namentlich den Kirchspielen
Marne und Brunsbüttel) haben diese ein sogar noch heute bemerkbares
Übergewicht bekommen, was sich im Verlauf der bitmarsischen Geschichte
auch in hohem Grade bemerkbar macht. Auch auf Büsum ist die friesische
Nationalität stark vertreten; schon Neokorus sagt (1, 223), es lasse sich
leicht erkennen, daß die Büsumer eine andere Art Volk seien, und hebt
namentlich ihren Mutwillen und ihre Streitlust hervor, Charaktereigen-
schaften, die wir namentlich auch bei den friesischen Geschlechtern des
Süderstrandes kennen lernen werden.

Daß sich die bitmarsische Nationalität in gar manchen Beziehungen
selbständig entwickelt hat und von der sächsischen abweicht, darf uns bei
der eigentümlichen Beschaffenheit des Landes, welche natürlich auf alle
Verhältnisse ihren Einfluß geltend gemacht hat, nicht Wunder nehmen;
dies zeigt sich nicht nur bei einer großen Anzahl von Rechtsbestimmungen,
worauf wir im Verlauf unserer Geschichte wiederholt zurückkommen werden,
sondern ist auch bei anderen Dingen, z. B. bei dem Bau des Hauses,
der Fall.

## II.
### Die verschiedenen Stände bei den Ditmarschern.

Überall auf deutschem Boden begegnen wir verschiedenen Ständen der Bevölkerung, schon bei Tacitus [41] tritt uns eine solche Gliederung entgegen. Die germanischen Stämme zerfallen in Adlige, Freie und Hörige, und außerdem nahmen noch einzelne fürstliche Männer (principes) den anderen Abligen und Freien gegenüber im Gemeinwesen eine hervorragende Stellung ein. Von diesen letzteren, welche als Richter und Vorsteher des Volkes wie als Häupter eines Gefolges erscheinen, finden wir in geschicht= lichen Zeiten in Ditmarschen keine Spur, die später zu erwähnenden Ge= schlechtshäupter lassen sich nicht mit ihnen vergleichen, denn Tacitus be= richtet ausdrücklich, [42] daß sie zur Handhabung des Rechtes in der Volks= versammlung gewählt worden seien. Ein Adel (milites) existierte aber in Ditmarschen noch bis an das Ende des dreizehnten Jahrhunderts, dann verschwindet er allerdings aus der ditmarsischen Geschichte.

Der Ursprung des Adels (der Edelinge oder Etßelinge) bei den germanischen Stämmen ist in Dunkel gehüllt, er gehört den ältesten Zeiten des Volkes an, es waren Geschlechter, welche von altersher von dem Volke höher geehrt wurden als die anderen. Daneben ist es wahrschein= lich, daß größerer Grundbesitz in den Händen des Adels war, [43] seine Thätigkeit war aber wohl in hervorragender Weise eine kriegerische, und somit stimmt es recht gut, wenn Nitzsch den Namen Ethelingstede, [44] wie er in einer Urkunde vom Jahre 1140 ca [45] für das spätere Tellingstedt vorkommt, eben mit jenem alten Adel der Etßelinge in Verbindung bringt. Nitzsch geht nämlich von der Voraussetzung aus, daß die Verhältnisse Ditmarschens ähnlicher Art gewesen seien, wie sie uns von Helmold in seiner Slavenchronik [46] von dem an der Ostgrenze Holsteins gegen das slavische Wagrien gelegenen Falderagau (in der Nähe des heutigen Neu= münster) geschildert werden. Dort hatte die wehrhafte Mannschaft dieses Grenzbistrikes im fortwährenden Kampfe gegen die von Karl dem Großen daselbst angesiedelten Obotriten ritterliche Lebensweise angenommen, und eben weil sie den beschwerlichen und kostbaren Kriegsdienst zu Roß leistete, eine hervorragende Stellung unter den anderen freien Volksgenossen erlangt, die nach alter Weise zu Fuß Heeresfolge leisteten. Ebenso, folgert Nitzsch nun weiter, habe der ditmarsische Adel in Ethelingstede zusammengewohnt, um die Wacht an der Ostgrenze des Landes, am nördlichen Ende des Riesenwohlds, zu halten, während am Südende des Waldes Heristede oder Herstede (später Süderhastedt) die Heerstätte bezeichnet habe, wo der Versammlungsort des übrigen Heeres *) gewesen sei.

---

*) Heer und Volk sind in den älteren Zeiten keine getrennten Begriffe, das Heer ist das bewaffnete Volk, die wahren Volksgenossen; bewaffnet, wie sie allzeit einhergingen, stellten sie versammelt das Heer dar — darum bezeichnen die Wörter, welche Heer bedeuten, auch noch später nichts anderes als das Volk. Der wahre Freie, das vollberechtigte Mitglied der Volksgemeinschaft heißt bei den Langobarden hariman. (Waitz, deutsche Verfassungsgeschichte II, p. 213.)

Dagegen macht nun Handelmann[47] geltend, daß man nicht berechtigt sei, von jener reisigen Mannschaft des zwölften Jahrhunderts, der Vorläuferin des spätmittelalterlichen niederen Abels und Rittertumes Holsteins, ohne weiteres auf den hohen Abel der Urzeit, die Ethelinge, zu schließen. Die Geschichte wisse von Ethelingen in den nordelbischen Gauen nichts zu berichten, und überdies sei diese Standesbezeichnung in dem stammverwandten England längst den Prinzen von königlichem Geblüt vorbehalten worden. Handelmann nimmt deshalb an, daß der Name Ethelingstede von den seit dem achten Jahrhundert nachzuweisenden Personennamen Abelung, Abeling, Ebeling abzuleiten sei, den wir uns wohl als Führer eines Geschlechtes oder einer Gefolgschaft zu denken hätten, wie Hemmingstedt, vormals Hemmyngstede, von Hemming, ebenso Hemmingbüttel — jetzt Hemmbüttel bei Tarenwurth — und Hemminghörn im Eiderstedtischen, oder wie Hollingstedt im Schleswigschen von Holling, der als Familienname noch jetzt in Ditmarschen vorkommt, oder wie Immenstedt bei Albersdorf von Immo.

Daß in England die Bezeichnung aetheling[48] sich in späteren Zeiten auf Mitglieder des königlichen Hauses beschränkte, ist allerdings nicht zu leugnen, ebenso unzweifelhaft ist es aber, daß es ursprünglich auch andere gegeben hat, noch in dem bem Anfange des achten Jahrhunderts entstammenden Beowulfliebe wird Aetheling in allgemeiner Bedeutung gebraucht. Zugleich scheint mir aber die bei den Angelsachsen vorkommende Bezeichnung Handelmanns Behauptung, daß es in den nordelbischen Gauen keine Ethelinge gegeben habe, zu widerlegen, die Angelsachsen werden diese Bezeichnung doch ohne Zweifel aus ihrer Heimat nach England mitgenommen haben. Zahlreich ist der Abel jedenfalls schon in den ältesten Zeiten nicht gewesen, das beweist der Umstand, daß bei den Cheruskern während der Kriege mit den Römern und Markomannen der gesamte Abel untergehen konnte.[49]

Bei den Sachsen hatte der alte Abel, die Ebelinge,[50] die Eroberung des Landes durch Karl den Großen überbauert, ja er war durch denselben in jeder Weise begünstigt und durch ein höheres Wehrgeld, als früher gebräuchlich gewesen war, ausgezeichnet worden. Ebenso sonderten sich noch zu derselben Zeit die Ethelinge und Frilinge bei den Friesen scharf von einander ab, nicht nur nach dem Wehrgeld und der Buße, sondern auch nach dem Werte, welcher dem Eide eines jeden Standes beigelegt wurde, der Freie wird dem Abligen gegenüber geradezu als vilior persona bezeichnet.[51] Noch in den Gesetzen der Rustringer (aus einer Handschrift vom Jahre 1327) in der VIII. Kest kommen die friesischen Ethelinge vor, freilich mit der historischen Fiktion, daß ihre Rechte ihnen durch Karl den Großen, Papst Leo und Bischof Liudger verliehen worden seien; hatte sich dort die Bedeutung der Ethelinge freilich gänzlich verändert, so hatte der Name derselben sich doch erhalten.[52]

Finden wir aber solche Ethelinge sowohl bei den Sachsen wie bei den Friesen noch in historischer Zeit, so ist anzunehmen, daß es auch in Ditmarschen in den älteren Zeiten einen Volksabel, die Ethelinge, gegeben

hat. Damit soll freilich in keiner Weise die Behauptung aufgestellt
werden, daß die in geschichtlicher Zeit in Ditmarschen vorkommenden
milites mit jenen alten Ethelingen identisch seien; die milites treten uns
als ein eigentlicher Ritterstand, als ein Adel, der auf dem Dienst in Staat
und Heer beruht, entgegen, der aber jedenfalls aus jenem alten Adel her=
vorgegangen war. Es liegt ja in der Natur der Sache, daß ein großer
Unterschied stattgefunden haben muß zwischen den Völkern, welche durch
die Völkerwanderung aus ihren Wohnsitzen aufgescheucht oder verdrängt
in ferne Länder gezogen und zu monarchischer Verfassung übergegangen,
und denen, die wie die Ditmarscher ruhig in ihren alten Wohnsitzen ge=
blieben waren. Denn einmal mußten die furchtbaren Kämpfe, welche die
wandernden Völker zu bestehen hatten, gerade unter den Adelsgeschlechtern
mächtig aufräumen, andrerseits mußte aber auch der eingeborne Volksadel
ein Gegenstand steten Mißtrauens seitens der zur Königsgewalt gelangten
Ethelinge sein, aus deren Zahl eben jene hervorgegangen waren und denen
sie früher gleich gestanden hatten. Bei den Bajuwaren existierten, als sie
in ihre späteren Wohnsitze in Baiern einzogen, neben dem Hause der
Agilolfinger, welches eine königliche Stellung einnahm, nur noch fünf
andere adlige Geschlechter. [53] Dies Alles mußte bei den Ditmarschern,
welche ihr Land garnicht verlassen hatten, sich ganz anders gestaltet haben.
Jedenfalls findet sich in den älteren Zeiten der Geschichte Ditmarschens
ein abgesonderter Stand der milites vor.

Die Freien, Frilinge, bildeten den eigentlichen Kern des Volkes,
freie Söhne freier Eltern; mit der persönlichen Freiheit hing aber auch
freier Grundbesitz zusammen, nur durch diesen nahm der Freie seine Stellung
in der Gemeinde ein. [54]

Von Hörigen, liten oder lazzen, welche bei der Eroberung des
Landes dem Lose der Unfreiheit verfallen waren, deren Zahl sich auch durch
freigelassene Sklaven vermehrte, denn diese blieben regelmäßig Hörige, [55]
findet sich bei den Ditmarschern allerdings keine Spur, und doch müssen
wir das Vorhandensein derselben in früheren Zeiten annehmen, weil sie
sich bei fast allen germanischen Völkern (nur die Skandinavier und die
gotischen Stämme machen eine Ausnahme), [56] namentlich auch bei den
Sachsen und Friesen finden. Die Hörigen bildeten einen besonderen Stand
für sich, der sein eigenes Recht hatte und eine besondere Stellung in der
Gemeinde einnahm. Sie besaßen ihr Eigentum nicht als ein freies, sondern
hatten ihren Herren, dem sie einen Zins von Feldfrüchten und Herden ent=
richten mußten. In geschichtlichen Zeiten ist in Ditmarschen jede Spur
von ihnen verschwunden; auf Freilassungen in größerem Maßstabe deuten
nur ein paar Geschlechternamen aus dem Kirchspiel Delve hin, von denen
später die Rede sein wird.

Zweites Buch.

# Erste Periode der ditmarsischen Geschichte

## von Karl dem Großen bis zur Schlacht bei Bornhöved.

### (ca 800—1227.)

# Erster Abschnitt.

# Ditmarschen als fränkische Grafschaft.

## (von ca 800 bis ca 1060).

## I.

### Ditmarschen zur Zeit der Sachsenkriege Karls des Großen.

Die älteste Geschichte Ditmarschens bis in die Mitte des elften Jahrhunderts ist vollständig in Dunkel gehüllt, welches auch schwerlich jemals erhellt werden dürfte. Wenn uns nun aber auch nichts Bestimmtes darüber berichtet wird, so ist es wegen der eigentümlichen Abgeschlossenheit ihres Landes wenigstens zweifelhaft, ob die Ditmarscher in dem Maße wie die anderen Nordalbinger an dem gewaltigen Nationalkrieg der Sachsen gegen Karl den Großen teilgenommen haben. Jedenfalls haben aber auch sie, wohl als die äußersten und der Lage und Natur ihres Landes nach am schwersten zu unterwerfenden zuletzt, aber auch sie, wenn auch mit widerstrebenden Herzen, dem Joche des fränkischen Eroberers sich beugen müssen. Harte Kämpfe gab es freilich für die Franken in Nordalbingien zu bestehen, war doch auch nach Wittukinds Unterwerfung der Kampf in den nördlichen Gauen des Sachsenlandes lange nicht beendet. Noch fast ein volles Jahrzehnt hindurch mußten dort fränkische Heere einen Eroberungskrieg im vollen Sinne des Wortes führen. Nachdem Karl in den Jahren 795—798 in mehreren Sommer- und Winterfeldzügen die im Süden der Elbe wohnhaften Stämme der Sachsen endlich zu voller Unterwerfung gebracht hatte, setzte er bei Barbewiek über die Elbe, um nun auch schließlich die Nordalbinger, welche wohl zur Stellung von Geiseln und allgemeinen Friedens- und Huldigungserklärungen von dehnbarer Deutung hatten gezwungen werden können, trotzdem aber noch unlängst einige fränkische Abgesandte erschlagen hatten, zu dauernder Unterwerfung unter die fränkische Oberhoheit zu zwingen. So zogen um die Wende des achten und neunten Jahrhunderts fränkische Kriegerscharen, vereint mit slavischen Obotriten, Karls neuen Bundesgenossen, bald unter des Königs eigener Führung, bald unter dem Oberbefehl seiner Söhne in das Land zwischen der Niederelbe und Ostsee. Bei der Sventana, der bei Neumühlen in den Kieler Hafen mündenden Schwentine, erlagen 4000 Nordalbinger den Waffen der fränkischen Streiter und ihrer Verbündeten. Diesen Sieg benutzte Karl zur Wegführung ganzer Scharen aus den nordalbingischen Gauen in die Gebiete des Mains und Rheins. Durch solche Strenge brach er endlich den Freiheitssinn der Nordalbinger und ihren Widerstand gegen das Christentum wie die Rechtseinrichtungen der Franken, und es gelang ihm, die einzelnen Völkerschaften, Gaugemeinden und Volkshäupter durch vertragsmäßiges Übereinkommen allmählich zur Niederlegung der Waffen und zu einem friedlichen Verhalten zu zwingen, ohne daß ein förmlicher Friede geschlossen wurde. Um das Jahr 804 war jeder Wider= stand gebrochen, die Nordalbinger, also vermutlich auch die Ditmarscher, versprachen, den Heerbann zu leisten, und unterwarfen sich den Grafen, welche Karl zur Leitung der Rechtspflege in den einzelnen Gauen einsetzte. Dabei wurde ihnen Bewahrung des heimischen Rechtes wie Freiheit von Tribut und Abgaben mit Ausnahme des Zehnten an die Kirche zuge= sichert. ⁵⁷ Gerade dieser letztere war es aber, welcher die Unterworfenen fortwährend zum Treubruch trieb, weshalb Karls Verfahren in dieser Be= ziehung von einsichtsvollen Männern auch entschiedene Mißbilligung erfuhr. ⁵⁸ Aber hier kannte Karl keine Rücksicht, an der Spitze des Kapitulars vom Jahre 782 de partibus Saxoniae steht der Grundsatz, die Kirchen Christi, die im Sachsenlande gebaut worden, sollen nicht kleinere, sondern größere Ehre genießen als bisher die heidnischen Heiligtümer, deshalb wird nicht nur die Zerstörung und Beraubung derselben, wie die Tötung eines Priesters mit Todesstrafe bedroht, sondern diese traf schon denjenigen, welcher in Feindschaft gegen die Christen verharrte und mit den Heiden Rat gegen sie pflog, wer sich der Taufe entzog, ⁵⁹ einen Toten verbrannte und dessen Asche in einem Leichenhügel beisetzte. *) Die Unterwerfung unter die fränkische Herrschaft und die Annahme des Christentums seitens der unter= worfenen Völkerschaften gingen eben Hand in Hand, letztere betrachteten die fränkischen Könige als wesentliche Stütze ihrer Machtstellung. So wurden denn sofort nach oder eigentlich schon während der Eroberung Nordalbingiens kirchliche Einrichtungen ins Werk gesetzt, christliche Glaubens= boten drangen vom Süden vor, auch in den Thietmaresgau, aber die Bewohner erschlugen den einen derselben mit Namen Atrebanus.

Schon Karl der Große hatte den Plan gefaßt, als Mittelpunkt der kirchlichen Einrichtungen für die nördlichen Landschaften des Frankenreichs, also auch für Nordalbingien, an der Grenze seines Reiches jenseits der Elbe ein Bistum zu Hamburg (Hammaburg) zu errichten, es war daselbst eine Kirche gebaut worden, aber erst nach Karls Tode wurde Hamburg durch Ludwig den Frommen im Jahr 834 zum Erzbistum erhoben und das Gebiet der Nordalbinger demselben untergeordnet. Als aber nach Ludwigs Tode und der Teilung des Reiches dem Erzstift durch König Karl den Kahlen die Einkünfte, welche es bis dahin aus dem Kloster Thurholt in Flandern bezogen hatte, entzogen wurden, ward Hamburg, zumal es von normannischen Seeräubern verwüstet worden und deren An=

---

*) An den Rändern der Hünengräber finden sich häufig Urnen mit Asche ein= gegraben, welche also offenbar später daselbst beigesetzt sind. Noch im Jahre 996 sah sich der Erzbischof Libentius von Bremen veranlaßt, durch ein Mandat (vom 7. Mai) dem dominus Johannes zu Milbinthorpe zu befehlen, daß er alles Ernstes die Bestattung der Toten in heidnischen Grabhügeln verhindern solle.

griffen stets ausgesetzt war, von den Geistlichen verlassen. Deshalb vereinigte König Ludwig der Teutsche im Jahr 804 Hamburg mit dem vakanten Bistum Bremen, und diese Vereinigung wurde durch den Papst Nikolaus I. bestätigt. [60] Die Aufsicht über das nordelbische Land wurde unter die Erzbistümer Bremen und Verden geteilt, Ditmarschen der ersteren Diöcese zugewiesen.

## II.
### Die Gründung der Meldorfer Kirche.

Schon ehe diese kirchliche Einrichtung ins Werk gesetzt wurde, sehen wir die Bremer Bischöfe in dem Westen Nordalbingiens thätig. Adam von Bremen berichtet uns, [61] daß Bischof Willerich, der Nachfolger des ersten von Karl dem Großen eingesetzten Bremer Bischofs Willehab (eigentlich Vilhead, ein Northumberländer, welcher vom 13. Juni 787 [62] bis zu seinem am 8. November 789 erfolgten Tode den Bremer Bischofssitz inne hatte, sein Nachfolger lebte bis zum 4. Mai 838) sich der jungen Kirche in Nordalbingien mit Eifer angenommen und namentlich die Kirche zu Milinthorp häufig besucht habe. Es ist dies die erste Erwähnung von Meldorf, wohin sich also bremische Glaubensboten jedenfalls zur See begeben und daselbst auf dem hohen Geestvorgebirge (ähnlich wie in Bremen, wo die erste Kapelle auch auf der höchsten Düne vor dem Orte errichtet wurde) dem heiligen Johannes dem Täufer zu Ehren das erste Gotteshaus gegründet hatten. Aller Wahrscheinlichkeit nach ist also Bischof Willehab, der vor seiner Erhebung zum Bischof von Bremen schon sieben Jahre hindurch als Presbyter an der unteren Weser geprebigt hatte, der Gründer der Meldorfer Kirche, und die Gründung derselben fällt in die Jahre 780—790. Der (bei Bolten I. 421 erwähnten) Tradition zufolge hat dies erste Gotteshaus in Ditmarschen nicht an derselben Stelle gestanden, welche der jetzige auch Johannes dem Täufer geweihte prachtvolle Dom einnimmt, sondern in dem südlichen Teile der Stadt, dem Sandberg, was nur eine Verdrehung von St. Johannisberg oder St. Hansberg ist, denn nicht nur ist auf der Dankwerthschen Karte von Süderditmarschen (p. 300) ein Hügel unmittelbar südlich von Meldorf als St. Johannisborg (soll natürlich —berg heißen) bezeichnet, sondern in Bruin und Hogenbergs Städtebuch III p. 38 findet sich eine Mühle im Süden der Stadt auf dem mons Sancti Johannis verzeichnet, und, was weit wichtiger ist, noch auf einer Karte von Meldorf aus dem Jahre 1827, welche sich im Archiv der Meldorfer Kirchspielschreiberei befindet, wird der Sandberg Johannisberg genannt.

## III.
### Ditmarschen in seinem Verhältniß zum comitatus utriusque ripae wie zu der späteren Grafschaft Stade.

Wenn nun auch Kaiser Karl in seinem weiten Reiche, welches sich von den Küsten des abriatischen Meeres bis zu der Ost- und Nordsee erstreckte, daß eigentliche Rechtsleben der einzelnen Völkerstämme soviel wie möglich bestehen ließ und sich nur eifrig bemüht zeigte, alles in sichere Bahnen zu leiten, so daß es sich naturgemäß entwickeln konnte, so mußte er gleichwohl darauf bedacht sein, in dem äußeren Staatsorganismus eine gewisse Übereinstimmung zu begründen und dadurch die monarchische Reichs= gewalt zu befestigen. So ward das Ganze in eine große Anzahl von größeren und kleineren Bezirken geteilt, bei deren Begrenzung Karl sich soviel wie möglich an die älteren bestehenden Verhältnisse, an die natürlich oder geschichtlich entstandenen Landesteilungen hielt. In diesen Bezirken, Gaue genannt, ernannte er lebenslängliche Vorsteher, comites oder Grafen, und in gewissen Grenzbezirken Markgrafen, bald aus Eingebornen, auf deren Treue er sich verlassen konnte, bald aus fränkischen Geschlechtern. Die Gebiete dieser Grafen fielen bald mit den bestehenden oder neuge= schaffenen Gauen zusammen, bald umfaßte ein Gau auch mehrere Graf= schaften, doch war ersteres jedenfalls das Gewöhnlichere, so daß die Be= nennungen Grafschaft (comitatus) und Gau (pagus) abwechselnd ohne Unterschied gebraucht werden. Die Hauptthätigkeit der Grafen teilte sich in die Leitung der Gerichte, wobei es unvermeidlich war, daß die Grafen= gerichte mit den alten Gemeindegerichten in Kollision gerieten, [63] und in die Führung des Heerbannes. Dabei lag die Sorge für die königlichen Einkünfte und Güter, wie für die kirchlichen Angelegenheiten und die Aufrechterhaltung des Friedens gleichfalls in den Händen der Grafen. Als Stellvertreter des Königs in ihrer Grafschaft konnten sie dieselben Strafen wie dieser verhängen, sie hatten also den Königs= oder Blutbann, d. h. die Entscheidung über alle wichtigeren Straffälle, welche an Leib und Freiheit gingen, auch gehörte die Entscheidung über den freien Grund= besitz vor ihr Gericht; bei gerichtlichen Entscheidungen bezogen sie den dritten Teil des „Friedensgeldes", d. h. der Buße für den gebrochenen Frieden.

Als ein solcher Gau wird nun Ditmarschen in der ältesten dit= marsischen Urkunde vom Jahre 1059 ausdrücklich bezeichnet. [64] In der= selben genehmigt Erzbischof Adalbert von Bremen eine Vergebung von Grundstücken, teils in dem Tietmaresca genannten Gau, teils in einem Orte Statho gelegen, seitens einer Nonne Rikuur an die Hamburger Kirche um ihrer Sünden willen. Als Gau stand aber Ditmarschen unter einem Grafen, und es ist die gewöhnliche Annahme, daß es als solcher mitsamt der weiter südlich an der Elbe gelegenen Haseldorfer Marsch, auch die sieben Kirchspiele genannt, einen Teil der Grafschaft gebildet habe, welche gewöhnlich nach der Burg ihrer Grafen die Grafschaft Stade ge= nannt wird, obwohl diese Bezeichnung urkundlich erst im Jahre 1195 vorkommt. [65] Der alte Name dieser Grafschaft war nach Helmold (II. 6) cometia utriusque ripae, die Grafschaft beider Gestade d. h. der Unter= elbe. Wahrscheinlich war auch diese Grafschaft schon von Karl dem Großen errichtet worden und zwar zum Schutz der Elbmündung gegen die nor= mannischen Seeräuber, nach ihren Schiffen Askomannen genannt, welche noch bis in die Zeit der Ottonen alle Küsten und namentlich die Mün=

bungen der Flüsse unsicher machten, und eben um dieses Schutzes willen
waren die beiden Ufer des Elbstromes zu einer Grafschaft vereinigt
worden. Daß aber auch die Stade gegenüberliegenden Marschinseln damals bereits bewohnt waren, ist an und für sich wahrscheinlich und wenigstens seit dem Jahre 1100 nachgewiesen, [66] aus welchem eine erzbischöf-
liche Bulle über die Zehnten von zwei Dörfern, Uppensleth und Brocksee
genannt, die zur Kirche in Aßleth eingepfarrt waren, erhalten ist. Ein
Teil des alten Kirchspiels Aßleth ist aber das weit später entstandene
Colmar; noch heute liegt hier am äußeren Deiche ein Distrikt mit Namen
Eßleth. Daß aber Ditmarschen in der erwähnten Urkunde von 1059
nur als Gau, nicht als Grafschaft bezeichnet wird, nimmt Dahlmann [67]
als Beweis der Zugehörigkeit desselben zur Grafschaft Stade, was aber
nur dann stichhaltig wäre, wenn ein Gau eine Unterabteilung einer Grafschaft bedeutete, was aber nicht der Fall ist. Auch das Zeugnis des
Albert Cranz, auf welches Dahlmann besonderes Gewicht legt, indem dieser
sagt, Ditmarschen habe immer zur Grafschaft Stade gehört, [68] verliert
an Bedeutung, wenn man bedenkt, daß diese Worte erst am Ende des
fünfzehnten Jahrhunderts geschrieben sind zu einer Zeit, wo der König
von Dänemark Ansprüche auf Ditmarschen machte und Cranz also im
Interesse der Hamburger Kirche alle Ursache hatte, die uralte Zusammengehörigkeit dieses Landes mit der Grafschaft Stade besonders zu betonen,
und eine viertehalbhundertjährige Verbindung beider sich doch nicht mit
besonderem Unrecht als eine fortwährende (semper annexa) bezeichnen
ließ. Sodann steht aber dem Cranz'schen Zeugnis, wenn man dessen
Worte buchstäblich verstehen will, das Helmolds entschieden entgegen, zu
dessen Zeiten Ditmarschen doch bereits mit der Stader Grafschaft vereinigt
war, welcher dennoch von den Besitzungen Heinrichs des Löwen (l. II. c. 6)
folgendermaßen spricht: „quid dicam de amplissima potestate episcopi
Hartwici, qui de antiqua Utonum prosapia descendit? Nobile illud
castrum Stathen cum omni attinentia sua, cum cometia utriusque
ripae et cum cometia Thetmarcie." Hier sind die beiden Grafschaften doch
deutlich genug unterschieden. Ebenso ist in der Urkunde vom Jahr 1145, [69]
in welcher König Konrad II. einen Vergleich zwischen dem Erzbischof
Friedrich von Magdeburg und dem Domherrn Hartwig von Bremen bestätigt, ausdrücklich von einem comitatus Dithmaringensium neben dem
comitatus Nortlandiae die Rede, daß aber mit der Grafschaft Nortland
nichts anderes gemeint sein kann als die Grafschaft Stade, wird Gegenstand einer späteren Erörterung sein.

Der erste und einzige bitmarsche Graf, der mit Bestimmtheit als
dem Stader Grafenhause angehörend bezeichnet wird, ist eben der letzte,
der im Jahre 1144 von den Ditmarschern erschlagene Graf Rudolf.
Wenn der Chronist Albert von Stade (ad an. 1112) den Ekbert, Sohn
der Ida, vermutlich aus ihrer ersten Ehe mit Lippold dem Immebinger,
und Stiefsohn ihrer späteren Gatten, der bitmarsischen Grafen Dedo und
Etheler, einen Verwandten seines Mörders, des Grafen Udo von Stade,
nennt, so beweist dies nichts für die Abkunft der beiden Grafen oder

eines der beiden aus dem Stadeschen Hause, denn Ekbert war mit Ubo
verschwägert, die Gemahlinnen von beiden waren Schwestern, Töchter des
Grafen Heinrich IV. zu Weerl. [70]

Zieht man deshalb aus dem Vorhergehenden ein Resultat, so ist
es jedenfalls das Richtigste, so lange nicht das Gegenteil bewiesen wird,
anzunehmen, daß Ditmarschen ursprünglich eine selbständige Grafschaft gebildet hat, und daß es erst später (als erlebigtes Reichslehen durch eine
Schenkung Kaiser Heinrichs IV. an den Erzbischof von Bremen) mit der
Grafschaft Stabe vereinigt worden ist. Der Umstand freilich, daß die
Grafen, von denen es beglaubigt ist, daß sie in Ditmarschen gewesen sind,
sämtlich einen gewaltsamen Tod durch die Ditmarscher gefunden haben, ist
allerdings geeignet, die Vermutung aufkommen zu lassen, daß die früheren
über Ditmarschen gesetzten Grafen ihren Wohnsitz nicht im Lande selbst
gehabt haben, sonst würden die Bewohner desselben sich wohl allmählich
daran gewöhnt haben. Es können aber auch besondere Umstände eingetreten sein, durch welche aufgestachelt die Ditmarscher ihren Herren ein
blutiges Ende bereitet haben, wie dies wenigstens bei dem letzten ausdrücklich berichtet wird.

Von den früheren bitmarsischen Grafen sind uns nur zwei
Namen überliefert, die schon vorher genannten Debo und Etheler der
Blonde, welche beide kurz nach einander um die Mitte des elften Jahrhunderts ihr Leben auf gewaltsame Weise durch die Ditmarscher verloren. [71]
Beide waren nach einander vermählt mit Iba, einer schwäbischen Edelfrau
und Verwandten des kaiserlichen Hauses, [72] welche wohl als Erbin ihres
ersten Gatten Besitzerin der zur Grafschaft Stabe gehörenden Güter um
Elstorp, südwestlich von Harburg, geworden war. Diese war in erster
Ehe vermählt mit Lippold aus dem berühmten Hause der Immedinger,
der deshalb von Dahlmann (Neokorus I. p. 570) irrtümlich auch als
bitmarsischer Graf bezeichnet wird. [73] (Ein Sohn dieser Iba, vermutlich
aus ihrer ersten Ehe, war Ekbert, auf den die Mutter nach dem Tode
ihres dritten Gatten, da ein zweiter Sohn Borchard in den geistlichen
Stand getreten war, die gesamte Erbschaft an Land und Leuten übertragen
wollte; eine Tochter aus einer der späteren Ehen hatte den Grafen Elimar
von Oldenburg geheiratet. Da zog gegen Ekbert der eigene Schwager
Ubo II., der Sohn des Staber (seit 1037) Grafen Luther, zu Felde,
und Ekbert verlor bei Wibstede (unweit Elstorp) Schlacht und Leben.
Was die Veranlassung zu der Fehde zwischen den beiden Verwandten gegeben hat, ist uns nicht überliefert, wir wissen also nicht, ob die Grafschaft Ditmarschen dabei eine Rolle gespielt hat oder nicht. Die Schlacht
muß aber während des Pontifikates des Papstes Leo IX., also während
der Jahre 1049—1054 und demnach noch zu Lebzeiten des Vaters
Ubos II. Luther Ubo, der außer der Grafschaft Stabe auch die Markgrafschaft Nordsachsen besaß, stattgefunden haben, denn die Gräfin Iba
begab sich nach dem Tode ihres Sohnes verzweiflungsvoll nach Rom zu
ihrem Oheim, eben jenem Papst Leo IX. Dieser, ein geborner Teutscher,
vereinigte mit ritterlichem Geiste und edlem Äußeren aufrichtige Frömmig-

keit und chriſtliche Milde, und ſo bewog er ſeine Nichte, jeden Gedanken der Rache aufzugeben und dem Mörder ihres Sohnes Verzeihung zu teil werden zu laſſen. Und Jba that nicht nur dies, ſondern ſeßte denſelben ſogar zum Erben ihrer Allodialbeſißungen ein, freilich unter dem ent= ſchiedenſten Widerſpruch ihres Schwiegerſohnes, des Oldenburgers. Wie ſich aber nach der Ermordung der beiden mit Jba vermählten ditmarſiſchen Grafen und nach dieſer Schenkung die Verhältniſſe Ditmarſchens geſtaltet haben, darüber fehlen uns jegliche Nachrichten. Daß die Grafſchaft Dit= marſchen mit zu den Allodialbeſißungen der Gräfin Jba gehört hat, alſo mit den anderen Beſißungen an den Grafen Udo gefallen iſt, kann nur als höchſt unwahrſcheinlich bezeichnet werden, [74] wir müſſen deshalb an= nehmen, da uns von keinem ditmarſiſchen Grafen weiter berichtet wird, daß es nach der Ermordung des Etheler bis zur Verleihung des Landes an Bremen keine weiteren Grafen in Ditmarſchen gegeben hat. Es iſt auch begreiflich, daß niemand es gewagt hat, unter dem trößigen Volke als Graf zu wohnen.

---

## Zweiter Abſchnitt.

# Ditmarſchen als bremiſche Grafſchaft bis zur Eroberung des Landes durch Heinrich den Löwen.

### (ca 1060 bis zur Mitte des zwölften Jahrhunderts.)

### I.

#### Ditmarſchen wird als bremiſche Grafſchaft mit der Grafſchaft Stade vereinigt.

Seit 1043 ſaß auf dem erzbiſchöflichen Stuhle von Hamburg=Bremen Adalbert, ein ſtolzer, ehrgeiziger Mann aus einem vornehmen ſächſiſchen Geſchlecht, der, dem fränkiſchen Königshauſe mit größter Anhänglichkeit ergeben, die hohe Gunſt, in welcher er bei demſelben ſtand, dazu zu be= nußen bemüht war, ſein Erzſtift zu einem Patriarchat des geſamten Nordens zu erheben. Als er daher von dem Erzbiſchof von Köln, welcher ſich auf hinterliſtige Weiſe der Perſon des unmündigen Königs Heinrich IV. bemächtigt und auf dieſe Weiſe das Reichsregiment an ſich gebracht hatte,

zur Teilnahme an der vormundschaftlichen Regierung herangezogen worden
war, mußte er den Einfluß, den er schon bei dem Vater besessen hatte,
dem jungen Könige gegenüber durch nachgiebiges und einschmeichelndes
Wesen so zu befestigen, daß er an dessen Hofe allmächtig wurde. Schon
früher hatte er die gräfliche Gerichtsbarkeit in den außerhalb seiner Diöcese
liegenden Comitaten über den Fivelgau und Hunesgau in Friesland für
das Bremer Bistum zu erwerben gewußt,[75] jetzt gelang es ihm, am
24. Oktober 1062 nicht nur die Grafschaft des Grafen Bernhard in den
Gauen Emsgau, Westfalen und Engern, sondern unter demselben Datum
auch die des Markgrafen Uto II. von dem jungen König als Geschenk
zu erhalten.[76] Mit dem Grafen Bernhard, der seine Grafschaft im Ems=
gau mit gewaffneter Hand zu behaupten suchte, war Adalbert deshalb in
Streit geraten, mit dem Markgrafen Udo fand ein Abkommen auf güt=
lichem Wege statt. Derselbe hatte sich jedenfalls schon im voraus des
Versprechens seitens des Erzbischofs versichert, daß er von ihm wieder mit
der Grafschaft belehnt werden solle. Da wir nun den Markgrafen Udo
nachher zugleich in dem Besitz der Grafschaft Ditmarschen finden, es aber
als höchst unwahrscheinlich bezeichnet werden muß, daß die letztere schon
vorher in seinem Besitz gewesen ist, so bleibt nur die Annahme übrig,
daß im Jahre 1062 Adalbert durch eine Schenkung des Kaisers zugleich
mit der Belehnung mit Stabe auch in den Besitz der nach dem Tode des
letzten Grafen Etheler erledigten Grafschaft Ditmarschen gekommen, und
daß die letztere sodann durch die Belehnung seitens des Erzbischofs mit
der Grafschaft Stade in der Hand des Markgrafen Udo vereinigt worden
ist. Diese bildete aber keine kompakte Masse,[77] sondern war überall von
den Immunitäten der Bremer Kirche durchbrochen, woraus es sich um so
mehr erklärt, daß Adalbert bemüht war, diese Besitzungen in seine Hand
zu bringen. Daß Udo, wenn auch mit Widerstreben, in die Schenkung
seitens des Kaisers eingewilligt hatte, läßt sich daraus abnehmen, daß bei
einer schon früher im Juni 1062 erfolgten Schenkung eines Hofes Liest=
munde,[78] welcher in der Grafschaft Udos belegen war, die ausdrückliche
Übereinstimmung des Markgrafen erwähnt wird. Die Schenkung der
Grafschaft Stade an das Erzstift und die nachherige Rückbelehnung mit
derselben lag übrigens im Interesse des Grafen Udo selbst, wenn die
haereditas Idae mit einbegriffen war, welche der kaiserliche Schenkungs=
brief allerdings nicht ausdrücklich erwähnt. Er sicherte sich einerseits da=
durch gegen etwaige Ansprüche anderer, wie solche im Jahr 1112, als
Markgraf Friedrich gefangen war, auch wirklich von Idas Enkel, dem
Grafen Elimar II. von Oldenburg, freilich vergebens, erhoben wurden;
anderseits konnte die Art des ursprünglichen Erwerbes für den Grafen
Udo keine angenehme sein,[79] welche durch den Lehnsauftrag seitens des
Erzbischofs doch in etwas verwischt wurde. Daß Udos Verfahren dem
Erzbischof gegenüber nicht aus persönlichem Wohlwollen hervorgegangen
war, zeigt wenigstens sein Verhalten nach dessen Sturz, indem sowohl er
wie Herzog Magnus jenen damals zwangen, einem jeden ein Drittel seiner
Herrschaft förmlich abzutreten, worunter wir bei Udo jedenfalls die Graf=

schaft Stade und das mit derselben nunmehr verbundene Ditmarschen anzunehmen haben. Die Zustimmung Udos zu der kaiserlichen Schenkung
wurde von dem Erzbischof übrigens auch noch durch eine Prelatie aus
den Gütern der Kirche gewonnen, deren jährlicher Ertrag auf 1000 Pfund
Silbers geschätzt wurde.[80] Namentlich letzteres wird von Adam von
Bremen hart getadelt, derselbe beschuldigt den Erzbischof geradezu, das
Erzstift arm gemacht zu haben. Aber Adalbert handelte mit Vorbedacht,
er strebte vor allem danach, die sächsischen Fürsten, namentlich die aus
dem Billingschen Hause zu demütigen, und schien sein Ziel erreicht zu
haben, als ein jäher Sturz seine stolzen Pläne zertrümmerte.

## II.

### Die Stader Grafen Heinrich der Lange, Udo III., Friedrich und Rudolf II.

Die Grafschaft Stade war an Bremen gekommen und mit der
Grafschaft Ditmarschen vereinigt ein Bremer Lehen in der Hand Udos II.
Dieser starb am 4. Mai 1082 mit Hinterlassung von vier Söhnen, von
denen ihm der älteste, Heinrich der Lange, und nach dessen im Jahre 1087
erfolgtem Tode Udo III. im Besitz der Grafschaft folgten. Von ersterem
zeugt eine in Gemeinschaft mit seiner Mutter an das Kloster Herseseld
gemachte Schenkung einer in Ditmarschen belegenen Hufe.[81] Udo III.
hinterließ bei seinem im Jahre 1106 erfolgten Ableben einen unmündigen
Sohn Heinrich (als Markgraf der Zweite genannt). Weil derselbe bei
dem Tode seines Vaters noch minorenn war, folgte in der Markgrafschaft
sein Vaterbruder Rudolf I. (gestorben 1124) und Friedrich in der Grafschaft, dem diese von Graf Udo III. schon im Jahre 1095 übergeben
worden war, als Björn, der Bruder des dänischen Königs Erich Eiegod,
sich Ditmarschens bemächtigen wollte und auf einer Eiderinsel, vermutlich
der, auf welcher die Rendsburger Altstadt liegt, Befestigungen anlegte.[82]
Dieser Graf Friedrich galt aber für unfrei; seine Großmutter, eine vornehme Engländerin, hatte auf der Elbe Schiffbruch gelitten und deshalb
nach dem barbarischen Gebrauch jener Zeit ihr Eigentum und selbst ihre
persönliche Freiheit an den Besitzer des Landes verloren. Und obwohl
die Markgräfin Oda, Gemahlin Udos II., sie standesgemäß verheiratet
hatte, haftete dennoch an ihren Enkeln der Makel unfreier Geburt. Hierauf
fußend machte denn Markgraf Rudolf I. selbst Ansprüche auch auf die
Grafschaft und nahm im Bunde mit Lothar, dem Herzog von Sachsen,
den Grafen Friedrich im Jahre 1112 sogar gefangen. Da lud aber
Kaiser Heinrich V. die Übelthäter nach Goslar vor sein Gericht und sprach
die Reichsacht über sie aus, zugleich wurden beider ihrer Länder für verlustig erklärt, Sachsen an Otto von Ballenstädt, die Markgrafschaft Solt-
wedel an Helserich von Plötze verliehen, die Grafschaft Stade mit Ditmarschen ihrem rechtmäßigen Besitzer wieder zurückgegeben. Indessen kam
bald eine Versöhnung zu stande, und jene erhielten ihre Länder zurück. In
demselben Jahre, in welchem Rudolf I. starb,[83] fand denn die feierliche
Belehnung des Grafen Friedrich mit der Grafschaft, und zwar zu Melsdorf,

statt, wo der Erzbischof Adalbero zu gleicher Zeit den ihn begleitenden Vicelin zum Presbyter von Falbera (dem späteren Neumünster) und zum Apostel des östlichen Wagrierlandes weihte. [64] Die Grafschaft Stade mit Ditmarschen blieb auch in Friedrichs Besitz, wir wissen aber nicht, ob derselbe in Meldorf residiert hat. Erst nach seinem Tode vermochten die Söhne Rudolfs I. ihr Anrecht auf die Grafschaft Stade geltend zu machen, während die Markgrafschaft, in deren Besitz Heinrich II. nach erlangter Mündigkeit schon vor dem Tode seines Oheims getreten war, nunmehr von jener getrennt blieb. In den Besitz der seinem Hause erb- und eigentümlich gehörenden Grafschaft Stade gelangte Heinrich nicht wieder; er starb übrigens schon im Jahre 1128, wie man glaubte, an Gift. Während nun die Markgrafschaft an den ältesten Sohn Rudolfs I., Udo IV., kam und nach dessen Tode (er ward am 15. März 1130 in einer Fehde mit Albrecht dem Bären bei Aschersleben erschlagen) von dem Kaiser Lothar als erledigtes Reichslehen eingezogen und eben seinem Widersacher aus dem askanischen Hause verliehen wurde, ward nach Friedrichs Tode Udos jüngerer Bruder Rudolf II. mit der Grafschaft Stade seitens des Bremer Erzbischofs belehnt. Außer diesen beiden Söhnen hatte Markgraf Rudolf I. noch einen Sohn Hartwig, welcher in den geistlichen Stand getreten war, und eine Tochter Liutgard hinterlassen, welche zuerst mit Friedrich von Somerschenburg und, nachdem diese Ehe geschieden worden war, mit dem dänischen König Erich Lam vermählt war. Dieser Rudolf schlug nun seine Residenz in Ditmarschen selbst auf und zwar, wie Hans Detlef erzählt, auf der Böklenburg, um die gräfliche Autorität auch im Norden Ditmarschens geltend zu machen, wo dieselbe bisher eigentlich nie recht anerkannt worden sei, eine Bemerkung, welche offenbar einen Widerspruch enthält, denn dazu würde ihm der Wohnsitz in einem im Süden des Landes gelegenen Orte wenig genützt haben. Aber die Ditmarscher bereiteten auch dem Grafen Rudolf und seinen Plänen ein blutiges Ende. Dieses unzweifelhaft historischen Ereignisses hat sich nun aber die Sage bemächtigt und in ihrer Weise ausgeschmückt. In der Erzählung des Chronisten Karsten Schröder herrscht eine greuliche Verwirrung, welche wohl geeignet ist, über die Glaubwürdigkeit dieses Gewährsmannes überhaupt gerechte Zweifel aufkommen zu lassen. [65] Bei Neokorus (I. 321), der den hergebrachten Traditionen gläubig folgt, heißt es nun, daß Rudolf von seinem Wohnsitze, der festen Böklenburg, aus mit ungewöhnlicher Härte verfahren sei, was um so größere Erbitterung unter den Ditmarschern hervorgerufen habe, weil sie in jener Zeit durch Mißwachs und Teuerung, große Fluten (1124) und harte Winter (1126) ohnehin in die größte Not versetzt waren. Neokorus schwankt nämlich, ob er den Tod Rudolfs in das Jahr 1127 oder 1144 setzen soll, gerade wie seine Quelle Karsten Schröder fol. 2 die Ermordung des Grafen, welche er schon vorher zum Jahre 1144 erzählt hat, in einem anderen Excerpt zum Jahre 1127 wieder erzählt. Trotz der im Lande herrschenden Not habe der Graf nicht nur den rückständigen Zins von dem vergangenen Jahre, sondern zugleich von dem laufenden verlangt, weil er die Bewohner Ditmarschens für über-

reich gehalten habe, dazu allerdings verführt durch den Übermut eines
reichen Ditmarscher Bauern Namens Claus Maes aus dem Bobimanns=
geschlecht, [86] zwischen Schafstebt und Eggestebt „up Heine Virt" ange=
sessen. Dieser vom Grafen zur Tafel geladen und dabei durch allerlei
Kurzweil und Saitenspiel ergötzt, habe den Grafen wieder eingeladen und
dabei statt der Sessel Säcke mit Korn hingestellt, auf denen die Gäste
sitzen sollten, und statt des Kurzweils mit Saitenspiel erst seine Schweine,
dann die Schafe, das Jungvieh, die Kühe und endlich die Pferde aus
den Ställen gelassen, die mit ihrem Springen, Brüllen und Wiehern die
Gäste unterhalten sollten. Hierauf sei der Graf namentlich von seiner
Gemahlin angestachelt worden, nunmehr die volle Schatzung ernstlich zu
fordern, und diese sei denn auch abgeliefert worden. Es wird auch hinzu=
gefügt, daß die Bauern zum Zeichen ihrer Dienstbarkeit „enen klawen"
d. h. ein hölzernes Halsband, wie man es dem Hornvieh anlegt, am Halse
hätten tragen müssen. [87] Da sie nun gewohnt gewesen, dem Grafen das
Tributkorn auf Martini Abend zu bringen, hätten sie eine Anzahl mit
Kornsäcken gefüllter Wagen vorausgeschickt, damit ihr Anschlag nicht ge=
merkt oder verraten würde. Auch hätten sie die schmucke Tochter eines
Bauern, auf welche der Graf sein Auge geworfen, auf einem Wagen mit=
gebracht, auf den anderen aber starke Männer in und unter den Säcken ver=
steckt gehabt. Indem die Wagen nun rasch aufeinander gefolgt seien, hätten
sie nicht alle zusammen auf dem Hofe auffahren können, sondern etliche
innerhalb des Thores halten müssen, so daß dasselbe nicht geschlossen werden
konnte. Jeden Wagen hätten aber kräftige Männer begleitet, um die
Kornsäcke in die Burg zu tragen. Indem der Graf nun nichts Arges
vermutet, sondern die Wagen nach Belieben habe auffahren lassen, sei auf
einmal die verabredete Losung erschollen: „Röhret be Hände, sniedet be
Sackbände!", die in den Säcken Verborgenen seien urplötzlich zum Vor=
schein gekommen, sie und die Wagenführer mit ihren Begleitern hätten die
Burg gestürmt. Als die Gräfin, namens Walburg, dies gesehen, sei sie
in Verzweiflung aus dem Fenster in die vor dem Schlosse vorbeifließende
Au gesprungen, nach anderen nach furchtbaren Verstümmelungen seitens der
Ditmarscher, und daher habe die Au den Namen Wolbers= oder Wal=
burgau erhalten. Der Graf habe sich in das innerste Gemach der Burg
geflüchtet und sei erst am dritten Tage, verraten durch das Geschrei einer
zahmen Elster, die ihm in das Versteck gefolgt, endlich aufgefunden und
ermordet worden. Hierauf habe man die Burg dem Erdboden gleichge=
macht. Also Neokorus, Hans Detlef weiß die Sache noch ausführlicher
zu berichten, Viethen nennt als Mörder des Grafen Jürgen aus dem
Geschlechte der Ediemannen aus Wöhrden. [88]

Weist nun schon die Losung der Ditmarscher mit ihren Endreimen
auf ein altes Volkslied hin, so hat schon Bolten die ganze Erzählung
einer entschiedenen Kritik unterworfen. Vor allem fließt die Wolbers=
oder Walburgau, welche übrigens, wie schon oben erwähnt worden ist,
ihren Namen von einer Walkyre trug und urkundlich bereits im Jahre
1139 vorkommt, [89] garnicht so nahe bei der Burg vorbei, daß die Gräfin

aus den Fenstern in dieselbe hätte hineinspringen können. Sobann habe ich schon oben nachgewiesen, daß die Böklenburg garnicht die ständige Residenz des Grafen gewesen sein kann; will man also der Tradition, welche auch die Erbauung der Kirche zu Burg durch Hartwig, den Bruder Rudolfs, mit dessen Ermordung in Verbindung setzt, zu liebe daran fest= halten, daß sie die Stätte sei, wo der Graf sein Leben verloren hat, so müßte man annehmen, daß er sich dorthin geflüchtet habe und von seinen Verfolgern in diesem Versteck aufgefunden und erschlagen worden sei. Das Wahrscheinlichste jedoch ist, daß, wenn Graf Rudolf als regierender Graf seinen Wohnsitz in Ditmarschen mit der ausgesprochenen Absicht genommen hat, die Grafengewalt, welche bis dahin nur in den südlichen Teilen des Landes anerkannt worden war, auch in den nördlichen zur vollen Geltung zu bringen, kein anderer Ort als Meldorf, schon damals der unbestrittene Hauptort des Landes, in welchem eine mittelalterliche Burg gelegen hat, welche in noch weit späterer Zeit erhalten, also entweder garnicht zerstört oder wieder aufgebaut worden war, der Sitz des Grafen Rudolf gewesen ist, wie Melodorf nach dem Jahre 1227 der des Vogtes war und wahr= scheinlich schon weit früher der Ort gewesen ist, an welchem die Landes= versammlung unter dem Schutze des Marktfriedens tagte. Auch das von der Sage überlieferte Datum ist bemerkenswert. Dieselbe verlegt die Er= mordung Rudolfs in den Herbst auf Martiniabend, damit diese zu der Kornlieferung im Herbst paßt, während geschichtlich der 15. März als Todestag des Grafen Rudolf überliefert ist, dasselbe Datum, an welchem sein Bruder Udo im Jahre 1130 fiel; Martini war in späterer Zeit der gewöhnliche Zahlungs= und Lieferungstermin im Lande und spielt als solcher noch heutzutage eine Rolle. Die Ermordung Rudolfs wird nun von den ältesten Nachrichten übereinstimmend in das Jahr 1144 gesetzt, und wir werden auch an demselben festhalten müssen. Wenn Dahlmann (I. 577) dagegen geltend macht, daß der Neujahrstag der Ditmarscher, wie überhaupt im Norden Deutschlands, damals noch der 25. März ge= wesen, mithin Rudolf im Jahre 1145 erschlagen worden sei, so hat dies doch auf die Bestimmung der Chronologie der Ermordung des Grafen selbst keinen weiteren Einfluß; etwas anderes ist es, daß derselbe urkund= lich noch am 25. Juli (a. d. VIII. Cal. Aug.) des Jahres 1144 bei einer seitens seiner Mutter, der Gräfin Richardis, dem Kloster zu Neu= münster gemachten Schenkung eines zu Elmshorn belegenen Gutes als an= wesend angeführt wird. [90] Versteht man den Wortlaut der Urkunde so, daß der Graf wirklich persönlich anwesend gewesen ist, so bleibt allerdings nichts anderes übrig als anzunehmen, daß ein Irrtum in der Jahresbezeichnung der vielleicht erst später ausgestellten Urkunde stattgefunden hat und daß statt 1144 das Jahr 1143 zu lesen ist, denn daß Rudolf im Januar 1145 nicht mehr am Leben war, also nicht erst am 15. März dieses Jahres hat ermordet werden können, geht aus anderen Urkunden, von denen später die Rede sein wird, mit Bestimmtheit hervor. Mit dem Grafen Rudolf scheint auch eine nicht unbedeutende Anzahl Burgbewohner von den ergrimmten Ditmarschern umgebracht worden zu sein. [91]

Der Sage nach wurde zum Andenken an die Ermordung des Grafen Rudolf von dessen Bruder Hartwig, damals Dompropst in Bremen, bei der Bökkenburg eine Sühnekapelle erbaut. Das Kirchspiel Burg führt noch heute den Apostel Petrus im Wappen, zu dessen Füßen befindet sich ein kleiner Schild mit einem aufrechtstehenden Schlüssel im roten Felde; dieser deutet darauf hin, daß das Geschlecht der Volingmannen, welche urkundlich am Ende des 13. Jahrhunderts in Brunsbüttel und als Dik-boligmannen auf Büsum vorkommen (Neokorus I. 224), die Burger Kirche gegründet hat. Der Schlüssel der Volingmannen ist aber mehrfach mit dem Bremer Schlüssel verwechselt worden (vgl. Neokorus I. 206), obwohl der einfache Schlüssel der Stadt Bremen angehört, nicht aber dem Stift, und schräg liegt, während das letztere zwei gekreuzte goldene Schlüssel im blauen Felde führt; aus diesem Wappen mit dem Schlüssel ist aber möglicherweise die ganze Sage von der Gründung der Kapelle durch Hartwig von Bremen entstanden.

## III.

### Erzbischof Hartwig im Kampfe mit Heinrich dem Löwen um den Besitz Ditmarschens.

Bei Rudolfs kinderlosem Tode war nur sein jüngerer Bruder Hartwig, damals Dompropst in Bremen,[92] von dem Mannstamme des gräflich Stabeschen Hauses übrig. Früher war dieser Kanonikus zu St. Mauritz in Magdeburg, wo auch sein Großvater mütterlicherseits Stiftsvogt, sein Großoheim Hartwig, von dem er wohl selbst den Namen führte, Erz-bischof gewesen war, sein Vater, Markgraf Rudolf, sein Grab gefunden hatte und seine Mutter Richardis als Witwe lebte, denn dort lagen die von ihrem Vater ererbten Güter. In den Jahren 1142 oder 43, jeden-falls nach dem 2. September 1142, denn unter diesem Datum hat Hartwigs Vorgänger in Bremen noch als praepositus eine Urkunde unter-zeichnet,[93] war Hartwig als Propst des Domkapitels nach Bremen über-gesiedelt, vielleicht schon nicht ohne Rücksicht auf den kurz oder lang bevor-stehenden Antritt der Erbschaft seines Bruders, der kinderlos war und bei dessen wildem Fehdeleben leicht ein verhängnisvoller Fall eintreten konnte, wie es ja bei so manchen Gliedern des Stabeschen Grafengeschlechtes bereits der Fall gewesen war.[94] Der Chronist Albert von Stade erzählt uns nun,[95] daß gleich nach Rudolfs Tode zwischen Hartwig und dem Bremer Erz-bischof Adalbero eine Vereinbarung zu stande gekommen sei, dahin lautend, daß Hartwig seine gesamte Erbschaft dem Bremer Erzstift übergeben habe unter der Bedingung, daß er dafür mit der bremischen, das soll jedenfalls bedeuten: stabischen, Grafschaft belehnt werde. Da erhob die sächsische Regierung für den damals noch unmündigen Sohn Heinrichs des Stolzen, den nachmaligen Herzog Heinrich den Löwen, und wohl mit seiner Be-willigung, wenn nicht auf seine Veranlassung, Protest gegen das Verfahren Hartwigs; das durch die ganze Bremer Diöcese hindurch sich erstreckende

Land sollte nicht wieder in geistliche Hände übergehen, am wenigsten in die des Bremer Erzbistums, welches sich dem sächsischen Herzogtum so feindlich gezeigt hatte. Sächsischerseits ward nach der Darstellung des Albert von Stabe (ad an. 1144) am Hofe Kaiser Konrads des Dritten geltend gemacht, der Erzbischof Abalbero habe einst der Mutter des Herzogs, der verwitweten Herzogin Gertrud, das Versprechen gegeben, daß nach dem Tode des Grafen Rudolf von Stabe ihr Sohn die Grafschaft desselben erhalten solle. Darüber hätte aber jedenfalls kein Streit entstehen können, denn Bischof Abalbero war damals noch am Leben (er starb am 25. August 1148), und so nimmt Philippson (Geschichte Heinrichs des Löwen I. 104) an, daß falls, wie überliefert ist, die Vormünder Heinrichs des Löwen ihre Forderungen auf ein gegebenes Versprechen begründet haben, dasselbe nur von dem Grafen Rudolf selbst gegeben worden sein könne. Es würde auch sehr wohl zu dem Charakter des wilden Kriegsmannes passen, wenn man ihm die Absicht zuschreibt, sein Land lieber dem Welfen als der Kirche zu hinterlassen, jedenfalls konnte ein von Abalbero gegebenes Versprechen sich nicht auf die Allobialgüter des gräflich Stadeschen Hauses beziehen. Herzog Heinrich, obwohl erst 16 Jahr alt, trug sich schon damals mit hochfliegenden Plänen, er wollte die alte Herzogsgewalt, welche in den anderen Teilen des deutschen Reiches bereits ihrem Untergang entgegenging und welche vor allem das Billingsche Haus in Sachsen niemals besessen hatte, wieder aufrichten, und dazu mußte jede Gelegenheit benutzt werden, welche sich bot, dem sächsischen Herzog früher unterworfene Landstriche wieder in seinen unmittelbaren Besitz zu bringen. Gegen solche Ansprüche der sächsischen Regierung sah sich also Hartwig genötigt, den Schiedsspruch des königlichen Hofes anzurufen, und begab sich deshalb gegen Ende des Jahres 1144 nach Magdeburg, wo der König die Feier des Weihnachtsfestes mit einem großen Hoftage verbinden wollte. [95] König Konrad hielt nun diesen Erbstreit für eine vorzügliche Gelegenheit, die Rechte, welche sein Vorgänger Lothar über die nordalbingischen Lande ausgeübt hatte, [96] als Ausfluß nicht der Herzogswürde, sondern des Königtumes zu bezeichnen und demgemäß für sich in Anspruch zu nehmen, was er zugleich dazu benutzen konnte, den ihm verhaßten Welfen zu schwächen. Deshalb mußte er als Vorsitzender des Gerichts die in Magdeburg anwesenden Fürsten dazu zu bestimmen, daß sie die Staber Grafschaft dem Propsten Hartwig und dem Erzbischof Abalbero zusprachen. [97] Von diesen wurde nun Pfalzgraf von Somerschenburg, Schwager Hartwigs und zugleich Vormund des jungen Herzogs, [98] zum Lenker des stabischen Gerichts- und Heerbannes ernannt. Aber trotz des Ausspruches des Fürstengerichtes fühlten sich Hartwig und Abalbero nicht sicher in ihrem Besitz, [99] und um sich weiteren Schutz zu verschaffen, übergaben ersterer und seine Mutter Richarde noch auf demselben Reichstage dem Erzbischof Friedrich von Magdeburg einen großen Teil ihrer Allobialbesitzungen auf dem rechten Elbufer, welche das Magdeburger Domstift vorher zu Lehen gehabt hatte, zum Eigentum, wofür Hartwig und seine Mutter von dem Erzbischof außer bedeutenden Geldsummen das Versprechen erhielten, [100] „daß er

Hartwig mit guter Treue beistehen wolle bis zur wirklichen Besitzergreifung nicht nur der Grafschaft Ditmarschen, sondern auch der Grafschaft Nort-land [101] und der Besitzungen, welche dem Grafen Friedrich und der Frau Iba angehört hätten, und aller derer, auf welche dem erlauchten Klerikus Ansprüche zuständen." Der König selbst sowie alle auf dem Reichstag anwesenden Fürsten unterzeichneten den Vertrag. [102] Und es zeigte sich sehr bald, daß Adalberos und Hartwigs Mißtrauen gerechtfertigt gewesen war. Die sächsische Regierung erneuerte ihre Ansprüche bei König Konrad, und dieser gestattete wirklich, offenbar, um mit dem Welfen nicht ganz zu brechen, daß die Streitfrage wieder aufgenommen werde, und zwar sollten Heinrich und Adalbero selbst eine Art von Gerichtshof zusammen-bringen, der den Streit entscheiden sollte. Die Versammlung fand denn auch zu Ramesloh statt, sie konstituierte sich gleichsam als königliches Schöffengericht; als Sachwalter der beiden Parteien traten Hartwig und Friedrich von Somerschenburg auf, welcher seinen vormundschaftlichen Pflichten treu geblieben, damals übrigens von Liutgarde, der leichtfertigen Schwester Hartwigs, schon geschieden war. [103] Als eigentliche Richter fungierten unter anderen Bischof Ditmar von Verden, Markgraf Albrecht von Branden-burg und eine nicht unbedeutende Anzahl von Rittern. Es dauerte aber nicht lange, so ward die Ruhe gestört, es kam zu scharfem Wortwechsel und schließlich zu Thätlichkeiten, indem die Leute des Herzogs mit gezückten Schwertern auf ihre Gegner eindrangen. Fast scheint es, daß die ganze Sache vorher abgekartet und der Streit von den Sachsen absichtlich her-beigeführt worden ist. Erzbischof Adalbero wurde gefangen nach Lüneburg geschleppt, entkam unterwegs zwar durch die Flucht, fiel aber, als er an den Hof des Königs eilen wollte, nochmals den Leuten des Herzogs in die Hände. Hartwig war zu Ramesloh entschlüpft, ward aber auch kurz darauf durch den Grafen Hermann von Lüchow aufgefangen und gleich-falls gefangen gesetzt. Daß er von seinen Gegnern mit dem Tode bedroht worden sei, wie Albert von Stade berichtet, ist wohl eine Erdichtung des in hohem Grade welfenfeindlichen Chronisten. Die beiden geistlichen Herren scheinen auch so lange gefangen gehalten worden zu sein, und zwar jeden-falls mit Einwilligung des jungen Herzogs, bis sie gelobten, auf die Stader Erbschaft, einschließlich Ditmarschen, keine ferneren Ansprüche zu erheben, ja der Erzbischof scheint den Herzog selbst mit derselben investiert zu haben. [104] Jedenfalls hat Herzog Heinrich Stade bis zu seinem Sturze besessen, und wenn auch Hartwig nicht aufhörte, dem Herzog den Besitz streitig zu machen, mußte dieser doch die Zugehörigkeit der Grafschaft Stade zu dem sächsischen Herzogtum als so ausgemacht darzustellen, daß noch im Jahre 1228 von Rechtsansprüchen die Rede ist, welche der damalige Herzog von Sachsen auf Stade und Ditmarschen zu haben vermeint. [105] Der Erzbischof Adalbero fügte sich in die Notwendigkeit, und auch Hartwig durfte unter der Bedingung, diese Vereinbarung anzuerkennen, nach Bremen zurückkehren, wo wir ihn im Jahre 1146 wieder in amtlicher Thätigkeit finden. [106] Beide schlossen sich auch dem Zuge, welchen der Herzog im Jahre 1147 gegen die Wenden unternahm, an und ebenso dem in demselben Jahre gegen die Ditmarscher unternommenen, die seit der Ermordung des Grafen Rudolf keinen Herrn über sich anerkannt hatten. Und wenn auch Herzog Heinrich in einer erst nach dem Tode des Erzbischofs (er starb am 25. August 1148 zu Bremen) ausgestellten, [107] aber trotzdem nachträglich mit dem Namen desselben versehenen Urkunde, in welcher der Herzog dem Kloster Neumünster gewisse Ländereien an der Wilster und Stör verleiht, die Schenkung als geschehen nach der Rückkehr von dem Siege über die Feinde des Reiches, welche den „Markgrafen" Rudolf, ihren Fürsten und Grafen erschlagen hätten, bezeichnet und Hartwig seine Mitwirkung als aus Rache für seinen gemordeten Bruder geleistet mit einer gewissen Ostentation hervorhebt, so war der Verlauf der Dinge jedenfalls sehr erklärlich und die bittere Wahrheit die, daß Hartwig sein eigenes Erbe dem übermächtigen Räuber desselben hatte miterobern helfen müssen. Der Angriff Heinrichs des Löwen auf Ditmarschen muß furchtbar gewesen sein, die Einwohner des Landes waren außer stande, längere Zeit Widerstand zu leisten, bezwungen verfielen sie gänzlich dem Kriegsrecht. [108] Sie wurden zu einem jährlichen Tribut an Weizen, Roggen, Schafen u. dgl. gezwungen, welchen die Bewohner von Süderhaftedt, Walle und Nordhaftedt, [109] also die auf der Geest wohnenden, über 200 Jahr lang an das Schloß Hanerau bis zu der Zeit, als Graf Gerhard in der Süderhamme fiel, bezahlen mußten. Daraus, daß Herzog Heinrich diesen Tribut damals dem Holsteiner Grafen Adolf II. überwies, geht übrigens hervor, daß letzterer den Herzog auf seinem Zuge gegen Ditmarschen begleitet hatte. [110] Die Verwaltung Ditmarschens übergab Heinrich der Löwe einem seiner Vasallen, dem Grafen Reinhold, nach der gewöhnlichen Annahme Grafen von Ertelenburg, wie ein solcher in der Urkunde jener Zeit häufig genannt wird, und dieser, wohl der spätere Gründer Reinholdsburgs — Rendsburgs —, brachte das Volk der Ditmarscher zu völliger Unterwerfung. An eine Rückgabe des Landes an Hartwig dachte der Herzog natürlich nicht, und die Bevölkerung des Landes war durch die erlittene Niederlage offenbar so erschöpft, daß sie an eine Auflehnung gegen die verhaßte Grafengewalt nicht dachte. Die Sage hat, wie es scheint erst seit Hans Detlefs Zeit, die uralte Bauernburg Stellerburg mit dem Grafen Reinhold in ähnliche Verbindung gesetzt wie die Böklenburg mit dem Grafen Rudolf. [111] Diese Stellerburg soll nämlich Herzog Heinrich für den Grafen Reinhold erbaut haben, hart an der Grenze der Marsch, von See, Wald und Moor umgeben. Als aber im Jahr 1164 die Nachricht kam, der tapfere Graf Reinhold sei zugleich mit dem Holsteiner Grafen Adolf bei einem Überfall der Slaven bei Demmin gefallen, soll die Stellerburg das Schicksal der Böklenburg gehabt haben. Hans Detlef erzählt uns, daß, als die Hofleute am Pfingsttage das Schloß verlassen hätten, um sich mit Spielen zu belustigen, die Ditmarscher entweder durch Bestechung des Pförtners oder durch einen Überfall mit grünen Zweigen bedeckt, auch Zweige in den Händen haltend, die Burg überrumpelt und die Thore genommen hätten; ein Teil habe die auf dem Schlosse zurückgebliebene Mannschaft niedergehauen, der andere die zurückkehrenden Hofleute verhindert, wieder in das Schloß einzubringen, wodurch dieselben gezwungen worden seien, aus Ditmarschen zu flüchten. Es wird noch hinzugefügt, daß die Posten, als sie die herankommenden Ditmarscher bemerkt, ausgerufen hätten: „De Wald be kumpt, de Wald be kumpt!" Schon Bolten (II. 182) behandelt die Erzählung, welche ganz in das Gebiet der Sage gehört, mit richtiger Kritik. Der wandernde Wald findet sich ja als häufig wiederkehrende Sage, so in der schottischen Macbethsage bei Shakespere, bei der Überrumpelung der dänischen Besatzung zu Lübeck vor der Schlacht bei Bornhöved, ferner bei der Schlacht auf der Iloheide an der Bünzener Aue, als Graf Gerhard im Jahre 1317 die Ditmarscher daselbst überfiel. [112]

Wie Heinrich der Löwe nach dem Tode des Grafen Reinhold mit den Ditmarschern verfahren ist, davon haben wir keine genauere Nachrichten, von der Einsetzung eines neuen Grafen hören wir nichts; die Ditmarscher scheinen aber auch keine Versuche gemacht zu haben, sich der Hoheit des Herzogs überhaupt zu entziehen, ihre Kraft war wohl auf längere Zeit gebrochen, und sie bezahlten ruhig den ihnen auferlegten Tribut an den Holsteiner Grafen. Dompropst Hartwig war inzwischen nach dem Tode Adalberos zum Erzbischof von Bremen erwählt worden, aber auch als solcher war er nicht im stande, seine Ansprüche auf die Grafschaft Ditmarschen gegen den allmächtigen Herzog geltend zu machen.

## Dritter Abschnitt.

# Die Ditmarscher unter schwankender Herrschaft bis zur Schlacht bei Bornhöved.

### (Von der Mitte des zwölften Jahrhunderts bis 1227).

### I.

#### Ditmarschen kommt wieder an Bremen.

Nach dem im Oktober 1168 erfolgten Tode Hartwigs war Balduin, Propst von Halberstadt, von Kaiser Friedrich I. als Erzbischof von Bremen eingesetzt worden, ein schwacher, unbedeutender Greis, aber nicht Kapellan des Herzogs, wie mehrfach berichtet wird. [113] Die Ernennung Balduins war indessen doch ein Sieg des Herzogs, indem der hervorragendste Würdenträger des Stiftes, Otto von Oldenburg, ein Verwandter Hartwigs, um die Ansprüche seines unmündigen Neffen auf einen nicht unbedeutenden Teil der Stader Grafschaft, das Erbe der Gräfin Iba, geltend zu machen, gegen Balduin aufgetreten war und die Wahl Siegfrieds, des dritten Sohnes Albrechts des Bären, der damals einfacher Kanonikus zu St. Marieen in Magdeburg war, durchzusetzen versucht hatte. Der olden= burgische Anhang wurde aber aus Bremen vertrieben, und es wäre schon damals zum Kampf gekommen, wenn der Kaiser nicht beschwichtigend da= zwischen getreten wäre. Balduin ward Erzbischof, und mit dessen Wahl war der Einfluß des Herzogs in Bremen entschieden. Doch nach der Schlacht bei Legnano 1176, als durch Heinrichs Hochverrat der Kaiser aufs höchste erbittert war, fand auch dort ein rascher Umschwung statt. Sigfried, seit 1173 Bischof von Brandenburg und als solcher von dem Kaiser bestätigt, hatte sein Ziel, die Erwerbung des Erzstiftes Bremen, nie aus dem Auge verloren. Rasch benutzte er deshalb die günstige Ge= legenheit, seine alten Ansprüche geltend zu machen, und auf dem Reichs= tage zu Gelnhausen, auf dem der geächtete Heinrich seiner sämtlichen Länder für verlustig erklärt wurde, ward Sigfried in Gegenwart des päpstlichen Legaten Petrus von Tuskulum durch den Kaiser mit dem lange um= worbenen Erzbistum feierlich belehnt. Als Bremensis electus unter= zeichnete er am 13. April 1180 [114] die Teilungsakte des sächsischen Her= zogtumes. Am 22. September d. J. wurde er inthronisiert, und am 16. November verlieh ihm Kaiser Friedrich zu Erfurt das Schloß und die Burg zu Stade cum ministerialibus et universis pertinentiis et omni iure suo. Also kam die Grafschaft Stade wieder an Bremen. Freilich enthält der Erfurter Lehnsbrief keine ausdrückliche Erwähnung Ditmarschens, aber es ist kaum zweifelhaft, daß dasselbe damals mit an Bremen gekommen ist, sei es gleich oder etwas später. Jedenfalls gelang es den Nachfolgern Sigfrieds, das kostbare Gut mit erlaubten und uner= laubten Mitteln fester an das Erzstift zu knüpfen, denn dies geht offen= bar aus der Urkunde vom 19. Januar 1199 [115] hervor, in welcher König Philipp den Erzbischof Hartwig II. mit der Burg und der Graf= schaft Stade belehnt — castrum Stadii cum comitatu et omnibus per- tinentiis suis, patrimonium Rudolfi marchionis et fratris sui Hartwici, Bremensis episcopi. Noch genauer spricht sich eine spätere Fälschung einer angeblich von König Philipp bereits im Jahre 1186 ausgestellten Belehnungsurkunde [116] aus: castrum Stadii et burgum cum ministeriali- bus et universis portinentiis et . . . . . ultra Albiam (pagum) Thiet- maroscorum et suis continentiis. Die Fälschung ist unzweifelhaft, denn im Jahre 1186 konnte Philipp, der erst 1197 auf den umstrittenen Thron kam, eine solche Urkunde noch nicht ausstellen, der Zweck der Fälschung ist aber vermutlich der gewesen, den Umfang der in der Urkunde von 1199 erwähnten Grafschaft Stade durch eine untergeschobene früher datierte genauer zu bestimmen. Ehe der Erzbischof aber im stande war, sein Recht auf die ihm von Kaiser Friedrich durch den Lehnsauftrag zu Erfurt wirklich übertragene oder von ihm nur prätendierte Grafschaft Ditmarschen geltend zu machen,

benutzte Graf Adolf III. von Holstein, obwohl er in der Erfurter Lehns=
urkunde mit als Zeuge genannt ist, die gebotene Gelegenheit, sich seiner=
seits des Landes zu bemächtigen. Dies war im Jahr 1182, indem er
auf die Grafschaft als Eigentum seines Hauses Ansprüche erhob; als recht=
lichen Vormund konnte er doch wohl nur den von seinem Vater bezogenen
Haferzins geltend machen. Wolten läßt freilich (II, 196) den Grafen
in kaiserlichem Auftrag handeln, aber dies ist wohl nur eine Verwechslung
mit einem späteren Ereignis, denn einerseits war damals seitens des
Kaisers kein Grund zu einem feindlichen Vorgehen gegen die Besitzungen
des Erzbischofs vorhanden, und andererseits ist es klar, daß Graf Adolf
seine Ansprüche auf Ditmarschen bald nachher nicht so leicht aufgegeben
haben würde, wenn sein Rechtstitel auf dessen Besitz besser begründet ge=
wesen wäre. So sah sich aber Graf Adolf schon im Jahre 1184 dazu
genötigt, Ditmarschen an den Erzbischof wieder herauszugeben, behielt aber
den alten Zins aus dem Jahre 1147.

## II.

### Die Ditmarscher unterwerfen sich der Herrschaft des Bischofs von Schleswig.

Die Ditmarscher waren also wieder Unterthanen des Bremer Erz=
stiftes geworden; dies Verhältnis war aber nicht von langer Dauer. Schon
im Jahre 1187 erhoben sie sich gegen ihren Landesherrn, als derselbe
den ihnen durch Heinrich den Löwen auferlegten Zins auch für sich in
Anspruch nahm. Aber der Erzbischof fand Unterstützung bei seinen Nach=
barn, dem Grafen Adolf von Holstein und dem Grafen von Oldenburg,
welche in bremischem Kriegssold einen Zug gegen Ditmarschen unternahmen
(1188). Gegen die Übermacht des einfallenden Feindes glaubten die
Ditmarscher nichts ausrichten zu können; um der augenblicklichen Not zu
entgehen, versprachen sie alles, hielten aber nichts und verweigerten trotz
des geleisteten Eides die hohe Geldbuße, welche sie dem Erzbischof zu be=
zahlen gelobt hatten, sobald sie hörten, daß das Heer desselben entlassen
worden sei. Ja sie wandten sich sogar an Waldemar, Bischof von Schleswig
und Verweser des Herzogtums für seinen unmündigen Neffen, mit der
Bitte, sie gegen die Ansprüche des Bremers in Schutz zu nehmen, indem
sie geltend machten, sie könnten ebenso gut als schleswigsche Unterthanen
wie unter dem Regiment des Bremers dem heiligen Petrus dienen, denn
derselbe sei Patronus beider Bistümer.[117] Bischof Waldemar, obwohl
nicht ebenbürtig geboren, war von seinem Oheim Waldemar I. als Prinz
des königlichen Hauses anerkannt und an Sohnes statt angenommen, nach
dessen Tode von Knut VI., seinem Adoptivbruder, um ihn unschädlich zu
machen, zum Bischof von Schleswig ernannt worden und galt deshalb für
einen reichen Herrn durch die Einkünfte seines Bistums wie seiner eigenen
Güter; die Ditmarscher erwarteten also, daß sie von diesem nicht so leicht
in Anspruch genommen werden würden, wie von dem durch die Verhält=
nisse seit längerer Zeit in Bedrängnis geratenen Bremer. Nach dem Urteil
der Zeitgenossen entfremdeten sie sich dadurch freilich dem deutschen Reiche

und wurden Unterthanen der durch König Knut zu hohem Ansehen gelangten dänischen Krone, aber beinahe wäre damals Ähnliches mit Lübeck geschehen. Da nach des Herzogs Heinrich letzter Erhebung Graf Adolf diese Stadt belagerte, beratschlagte man daselbst, ob man sich nicht dem dänischen Könige unterwerfen solle, der im stande sei, der Stadt wichtige Handels= vorteile zu gewähren. Aber eben die Scheu, sich dadurch dem deutschen Reiche zu entfremden, hielt die Lübecker doch von der Ausführung dieses Planes zurück. [118] Die Ditmarscher waren weniger skrupulös in ihren Entschlüssen, sie hatten ja aber auch dem deutschen Reiche stets viel ferner gestanden als das erst kürzlich von dem Kaiser mit der Reichsfreiheit be= gnadigte Lübeck. Da trat Erzbischof Hartwig II. mit dem im Herbst 1189 aus seiner Verbannung zurückgekehrten Heinrich dem Löwen in Ver= bindung, nahm ihn in Stade auf, räumte ihm die Grafschaft ein und förderte auf diese Weise dessen Unternehmen in das überelbische Gebiet, und schon um Michaelis desselben Jahres konnte Heinrich in seine Residenz Braunschweig wieder einziehen. König Knut, Schwiegersohn des Welfen, stand natürlich auf Seiten seines Schwiegervaters, er fiel in Holstein ein, und der Statthalter des Grafen Adolf, welcher damals den Kaiser Friedrich auf seinem Kreuzzuge begleitete, mußte dem Dänenkönige Geiseln stellen, daß er sich ruhig verhalten und namentlich auch die Ditmarscher unbehelligt lassen wolle. Dagegen trat Bischof Waldemar, welchem als geborenem Königssohn unter den obwaltenden Verhältnissen sogar nach der dänischen Königskrone gelüstete, auf die Seite der Gegner Heinrichs, und die staufische Partei in Bremen, die den vom Kaiser geächteten Hartwig vertrieben hatte, setzte es durch, daß dieser im Jahre 1192 abgesetzt und an seine Stelle Waldemar von Schleswig zum Erzbischof gewählt wurde, freilich ohne zu wissen, wie hohe politische Ziele sich derselbe gesteckt habe. König Knut, welcher Waldemars Pläne durchschaute, erklärte aber die Annahme des Bremer Erzbistums für Hochverrat, und so sah sich der Bischof 1192 zur Flucht genötigt. Zwar erhielt er von den Königen von Schweden und Norwegen ein Heer, landete im Sommer 1193 in Dänemark und ließ sich zum König ausrufen, auch Graf Adolf überschritt zugleich die Eider. Dennoch ließ sich Waldemar, noch ehe er seine Truppen mit den holsteinischen vereinigt hatte, zu einer Zusammenkunft mit Knut bereden und ward von demselben gefangen genommen. Damals fanden Waldemars ehrgeizige Pläne ein jähes Ende, von 1192—1206 büßte er in strenger Kerkerhaft, und als er endlich frei wurde, war alles anders geworden, Heinrich VI. tot, die Kaisergewalt zusammengebrochen, auf Dänemarks Throne sein Mündel, der gewaltige Waldemar II., der Sieger genannt, das ganze deutsche Land bis an die Elbe Dänemark einverleibt.

## III.

**Graf Adolf III. von Holstein wird mit der Grafschaft Stade bezügl. Ditmarschen belehnt.**

Nach Hartwigs II. Flucht aus Bremen hatte der inzwischen vom Kreuzzuge zurückgekehrte Graf Adolf in kaiserlichem Auftrage die Grafschaft

Stabe und den größten Teil des Bremer Erzstiftes besetzt. Wahrscheinlich durch den Einfluß des Papstes Coelestin III. gelang es aber Hartwig, in dasselbe zurückzukehren, wo er namentlich unter der Geistlichkeit noch großen Anhang hatte, und als Graf Adolf sich gleichfalls nach Bremen begab, erwirkte er nicht nur seine Lösung aus dem Kirchenbann, den der Erzbischof gegen ihn geschleudert hatte, sondern erhielt von demselben auch die Belehnung mit der Grafschaft Stabe, aus welcher er den dritten Teil der Einkünfte beziehen sollte. Unter dem 25. Oktober 1195 wurde diese Belehnung auch seitens des Kaisers Heinrich VI. bestätigt. [119] Es kann also kein Zweifel obwalten, daß Ditmarschen als der Holstein zunächst belegene Teil in die Belehnung mit einbegriffen war, einmal konnte es dem Kaiser doch nicht gleichgültig sein, daß diese Grafschaft sich so eigenmächtig von dem Reiche losgesagt hatte, andrerseits sprechen dafür die eigenen Worte Adolfs, welche er bei seiner Anwesenheit in Bremen dem Erzbischof gegenüber aussprach, [120] er sei mit Unrecht von ihm in den Kirchenbann gethan, habe er doch eher Dank als Undank verdient, durch seine Bemühungen habe der h. Petrus zu Bremen nicht nur Stabe, sondern auch die Thetmarsen, welche zur dänischen Krone übergegangen seien, wiedererhalten.

So war Ditmarschen zum ersten Male, freilich als bremisches Lehen, an Holstein gekommen. Bischof Walbemar von Schleswig saß noch in harter Gefangenschaft, ein neuer Bischof wurde, wie es scheint, nicht vor 1201 in der Person des Nikolaus gewählt, und so erhob die dänische Krone (Knut VI.) Ansprüche auf Ditmarschen. Haltbar waren dieselben freilich in keiner Weise, sie konnten höchstens darauf beruhen, daß

1) König Heinrich IV. dem König Svend Estridson im Jahre 1070 ganz Nordalbingien mit der Grafschaft Stabe angeboten hatte, wenn er ihm gegen die Sachsen Beistand leisten wolle; da König Svend aber außer stande gewesen war, diese Hülfe zu leisten, war die ganze Sache selbstverständlich hinfällig geworden, es war wenigstens zu keiner förmlichen Belehnung gekommen;

2) ebenso soll Kaiser Friedrich I. zu Lübeck im Jahr 1181 den König Walbemar I. mit Nordalbingien, also auch mit Ditmarschen belehnt haben, was aber ohne Zweifel eine Verwechslung mit der Belehnung König Walbemars II. durch Kaiser Friedrich II. ist; [121]

3) der Abfall Ditmarschens von Bremen und der Anschluß an Schleswig gab für den dänischen König jedenfalls einen nur höchst zweifelhaften Rechtsanspruch.

Graf Adolf besaß nun Ditmarschen als bremisches Lehen schon seit dem Jahre 1195, und noch im Jahre 1199 hatte der Erzbischof, wie oben erwähnt, sein Recht auf die Grafschaft Stabe, also auch auf Ditmarschen, durch König Philipp bestätigen lassen, als in demselben Jahre der dänische Krieg ausbrach. Es war um die Zeit, in welcher der Hohenstaufe Philipp und der Welfe Otto sich um die deutsche Krone stritten und durch diesen Streit die ganze deutsche Nation in zwei feindliche Heerlager geschieden ward. Der welfische König, der gleich dem Hohenstaufen das Jünglingsalter kaum überschritten hatte, fand Anerkennung namentlich in Norddeutschland und am Niederrhein, der dänische König trat wegen seiner nahen Verwandtschaft natürlich auf seine Seite. Von Schleswig und den überelbischen Besitzungen aus griff er im Jahre 1199 Norbalbingien an [122] und drang bis Reinoldesburg (Rends= burg) vor, zog sich aber vor dem Grafen Adolf zurück, als er hörte, daß dieser, unterstützt von einer großen Anzahl deutscher Fürsten, unter anderen auch von dem Bremer Erzbischof Hartwig, der also seine Politik gewechselt hatte, heranrücke. Als der Winter zu Ende war, begann Adolf sofort die Wiederherstellung der alten Burg, um sich durch dieselbe gegen weitere Angriffe des Dänenkönigs zu schützen. Aber Knut erschien im Mai des folgenden Jahres wieder vor Reinoldesburg, als die Verbündeten des Grafen abgezogen waren, und zwang ihn, die Feste zu übergeben. Hierauf erweiterte und verstärkte der König die Burg auf der Eiberinsel, legte eine starke Besatzung hinein und verband sie mit dem Südufer der Eiber, um auf diese Weise stets freien Zugang in das Gebiet des holsteinischen Grafen zu haben. Von da aus machte er nun zuerst einen Einfall in Ditmarschen und unterwarf es, ja er versuchte auch, sich des festen Lauenburg zu be= mächtigen, als dieses, von dem Grafen Adolf und dessen Verwandten Adolf von Dassel hart bedrängt, sich ihm in die Arme geworfen hatte. Knut hatte auch sofort auf die Bitte der Lauenburger einen vornehmen Holsteiner mit Namen Rabulf abgeschickt, [123] damit sie diesem an seiner statt die Burg übergeben und das königliche Banner aufstecken sollten, als die Grafen durch einen raschen Angriff sich noch vorher der durch Hunger hart bedrängten Burg bemächtigten. Hierauf unternahm Graf Adolf mit ebendemselben Adolf von Dassel einen Einfall in Ditmarschen, wo sie das Vieh wegtrieben und das ganze Land mit Raub und Brand heimsuchten. [124] Dies war aber der Anfang von dem Mißgeschick Graf Adolfs. Es er= folgte ein neuer Angriff von seiten des dänischen Königs. Im holsteinischen Lager war Zwiespalt ausgebrochen, Graf Adolf hatte einen Teil der holsteinischen Ritterschaft durch harte Behandlung schwer verletzt, andere, des Landes verwiesen, hatten sich schon früher zu Knuts Bruder Walbemar, Herzog von Jütland, begeben, und diese zogen noch andere, selbst durch Bestechungen, von der Partei des Grafen ab. So kam es, daß Graf Adolf, als er bei Stilnowe (Stellau) nicht weit von Breitenburg dem Dänenkönige sich entgegenstellte, geschlagen wurde und nach Hamburg fliehen mußte. Inzwischen eroberte Herzog Walbemar Itzehoe, Plön, auch Sege= berg und Travemünde wurden von ihm belagert, Hamburg ergab sich, auch Lübeck, letzteres namentlich dadurch gezwungen, daß eine Anzahl Lübecker Bürger in Schonen in dänische Gefangenschaft geraten war. In Ditmarschen setzte der König Scacco [125] (nach Bolten Schack von Westen= see, einer noch im vierzehnten Jahrhundert blühenden holsteinischen Familie angehörend), der zu den von Adolf vertriebenen Abligen gehörte, als Grafen ein. Da gelang es dem Grafen Adolf, nachdem er Schiffe und Mannschaft aus Stade herbeigeschafft hatte, am 30. November 1201 sich Hamburgs zu bemächtigen, die Leute des Königs wie die des Herzogs begaben sich zugleich mit dem Vogte Rabuli auf die Flucht,[129] und da Lauenburg, Travemünde und Segeberg sich noch immer hielten, glaubte Adolf, dazu verleitet durch einige Bewohner seines Landes, seine Sache stehe noch garnicht so schlecht, und blieb bis Weihnachten in Hamburg. Sofort aber auf die Kunde von Graf Adolfs Einzug daselbst hatte Herzog Waldemar ein neues Heer gerüstet und schickte sich, unterstützt von den Ditmarschern und anderen Verbündeten aus Nordalbingien und dem Slavenlande, eilends an, Hamburg zu belagern. Dies hatte Graf Adolf nicht erwartet, ein Entkommen war nicht möglich, Elbe und Alster waren zugefroren. Deshalb wußte er, von allen Seiten bedrängt, nicht, wohin er sich wenden sollte, und trat mit seinen Gegnern in Unterhandlungen, die denn auch am 26. Dezember zu dem Resultat führten, daß dem Grafen gegen Übergabe des festen Lauenburgs freier Abzug mit den Seinigen gewährt werden sollte; Guncelin, Graf von Schwerin, erhielt von dem Herzog den Auftrag, Adolf unter Zusicherung freien Geleites nach Lauenburg zu führen und die Übergabe des Platzes zu erwirken. Als nun aber die Ditmarscher, welche sich bei dem Heere des Herzogs befanden, hörten, daß Graf Adolf die Stadt verlassen habe und sich bei dem Schweriner Grafen im Lager befinde, erwachte der alte Grimm derselben wegen der seitens des Grafen in ihrem Lande verübten Verheerungen und Grausamkeiten; vielleicht auch von anderen persönlichen Feinden desselben aufgestachelt rotteten sie sich zusammen, um den Grafen Adolf zu erschlagen. Nur mit Mühe gelang es dem Grafen Guncelin und seinen Begleitern, diesen vor der Wut seiner früheren Unterthanen so lange zu schützen, bis die Vorhut des herzoglichen Heeres herankam und den Grafen rettete. Lauenburg wollte sich aber trotz der flehentlichen Bitten Adolfs nicht ergeben, und so scheuten sich die Dänen nicht, ihren Gefangenen mit Ketten belastet durch sein eigenes Land nach Dänemark zu schleppen. Er wurde auch als Gefangener schmachvoll behandelt bis zum Jahre 1203, in welchem er gegen endliche Übergabe von Lauenburg, Stellung von Geiseln und Verzichtleistung auf alle seine Rechte die Freiheit wiedererhielt. Die übrigen Jahre seines Lebens — er starb 1225 — brachte er, dem von ihm gegebenen Versprechen getreu, auf der Stammburg seines Hauses, der Schauenburg an der Weser, zu, ohne jemals wieder einen Fuß auf holsteinisches Gebiet zu setzen. Auch Travemünde und Segeberg hatten sich eine Zeitlang gehalten, schließlich sich aber genötigt gesehen, sich noch vor Lauenburg dem Herzog Waldemar zu übergeben, der nach dem am 11. November 1202 erfolgten Tode seines Bruders Knut König von Dänemark geworden war.

## IV.

### Ditmarschen, von der Grafschaft Stade getrennt, im Besitz des Königs Waldemar von Dänemark.

Auf die Nachricht von der Gefangennahme Graf Adolfs hatte sich freilich Erzbischof Hartwig sofort Stades bemächtigt, war aber schon Weihnachten 1202 von Otto IV. gefangen und dazu gezwungen worden, deſſen älteſten Bruder, den Pfalzgrafen Heinrich, mit der Grafſchaft Stade zu belehnen. ¹²⁷ Jetzt wurde aber das oberelbiſche Gebiet — Ditmarſchen und die ſieben Kirchſpiele der Haſelborfer Marſch — ausdrücklich von der= ſelben abgetrennt; Pfalzgraf Heinrich erhielt nur die Allodialbeſitzungen ſeines Hauſes in Ditmarſchen. Als deſſen Gemahlin Agnes im Jahre 1204 zu Stade verſtorben war und er wünſchte, daß ihre Aſche in dem Marien= münſter vor Stade eine Ruheſtätte finden möchte, machte er verſchiedene Schenkungen an dies Kloſter, ¹²⁸ unter dieſen auch in Ditmarſchen das Dorf Lenderen (heute Linderen) bei Tellingſtedt, Bockwold, das Holz Borchholt ſüdweſtlich von Burg und Oldenerpe, eine ſpäter untergegangene Ortſchaft ſüdlich von Meldorf.

Somit blieb Ditmarſchen im Beſitz des däniſchen Königs, welcher überhaupt fortan kein Recht des deutſchen Reiches über Nordalbingien gelten ließ und eben damals mit dem Hauſe der Welfen durch ein Ver= löbnis mit Ingeborg, der jüngſten Tochter Heinrichs des Löwen, in eine neue Familienverbindung getreten war. Trotzdem dauerte die Freundſchaft des Dänenkönigs mit ſeinem Schwager Otto IV. nicht lange. Denn kaum hatte derſelbe nach der Ermordung ſeines Widerparts neben der Kaiſerkrone auch die allgemeine Anerkennung der deutſchen Fürſten erlangt, als er ſich mit aller Kraft beſtrebt zeigte, dem deutſchen Reiche die alten Rechte, dem Kaiſertum die ihm gebührende Machtſtellung zu erhalten, wo nötig, wiederzuverſchaffen. So dachte er nun auch daran, die während der Zeit der Wirren dem Reiche entfremdeten Lande ſeinem Scepter wieder zu unterwerfen. Da trug aber der däniſche König keinen Augenblick Bedenken, ſeine Sache von der ſeines Schwagers zu trennen und ſich an den jungen Hohenſtaufen, nachmals Kaiſer Friedrich II., anzuſchließen, der unter der Aegide des Papſtes Innocenz' III., ſeines Vormundes, aus Italien heraufzog, um ſich die Krone ſeiner Väter zu erkämpfen. Uner= fahren, wie derſelbe war, und begierig, einen ſo mächtigen Bundesgenoſſen im Norden zu gewinnen, ließ er ſich bewegen, im März 1214 eine Urkunde auszuſtellen, in welcher er dem König Waldemar, „dilecto nobis domino" das Gebiet jenſeits der Elbe und Elba förmlich zu ewigen Zeiten abtrat. ¹²⁹ Es ward alſo dadurch der ſeit 1201 faktiſch beſtehende Zuſtand zum Nach= teil des deutſchen Reiches nun auch rechtlich begründet; im Jahre 1217 erfolgte auch die Beſtätigung durch den Papſt. Die Grafſchaft Stade verblieb freilich dem Welfen, ein Verſuch Waldemars im Jahre 1216, ſich auch derſelben zu bemächtigen, ſchlug fehl. Als es nun durch Kaiſer Friedrichs Krönung zu Aachen mit Ottos Herrſchaft zu Ende ging und derſelbe wenige Jahre ſpäter auf der Harzburg, dem Erbe ſeiner Väter, im 43ſten Lebensjahre geſtorben war, ſchloß ſein Bruder, der Pfalzgraf Heinrich, mit dem Erzbiſchof Gerhard von Bremen einen Vergleich, in welchem er die Grafſchaft Stade an das Hochſtift zurückgab, dieſelbe aber für ſeine Lebenszeit als Lehen zurückerhielt.

Inzwiſchen ſchaltete König Walbemar in ganz Nordalbingien als unbeſtrittener Herr. Zum Schutze ſeiner Herrſchaft baute er an der einen

Seite seines Landes das feste Schloß Travemünde, ebenso in Ditmarschen im Norden des Landes eine Feste, welche bei einigen den Namen Lin führt, [180] bei anderen Frithibiaerg genannt wird, was wohl nichts anderes bedeutet als „befestigte Anhöhe"; Lin ist aber nichts anderes wie Lunden, welches nach Bolten in dem Corpus bonor. eccles. Hamburgens. vom Jahre 1347 noch den Namen Linden führt, und es stimmt damit auch, daß in dem noch erhaltenen Erbbuche König Waldemars zum Jahre 1217 eine größere Anzahl in der Gegend von Lunden belegener Grundstücke als dem Abt Hermann von Herseseld abgekauft verzeichnet stehen — zwei Hufen in Eivingehusen (dem heutigen Zennhuien), 3 in Heem (Hemme), 2 in Metaes (Metes oder Meß), 1½ in Tharnword (Darenwurth), 1½ in Flebe, 1½ in Lae (Klein = Lehe), 1 in Hunsbüttel (Hunnengatt, jetzt Boesbüttel). [181]

So war allerdings wenig Hoffnung für das Bremer Erzstift vor=handen, wieder in den Besitz seiner früheren Besitzungen auf dem rechten Elbufer zu gelangen. Die Errichtung einer Burg in ihrem Lande mochte allerdings die Ditmarscher mit bitterem Groll erfüllen, und auch in Holstein wuchs der Haß gegen die Frembherrschaft, doch erst die Gefangennahme Waldemars durch einen seiner Vasallen, den Grafen Heinrich von Schwerin, im Mai 1223 brachte den norbalbingischen Landen ihre Unabhängigkeit wieder. Graf Adolf IV., ein Sohn Adolfs III., erschien sofort wieder im Lande, setzte sich rasch in Besitz der seinem Vater entrissenen Länder, vertrieb den Grafen Albert von Orlamünde, welchen Waldemar als Statt=halter eingesetzt hatte, und eroberte auch Ditmarschen im Einverständnis mit dem Erzbischof Gerhard II., [182] woraus hervorzugehen scheint, daß er schon damals nicht die Absicht gehabt hat, dasselbe für sich zu behalten, sondern es dem Bremer Erzstift zurückzugeben. Um seine Freiheit wieder zu erlangen, mußte Waldemar auf den Besitz sämtlicher Länder jenseits der Eider und Levensau und von da bis an das Meer verzichten, also auch auf Ditmarschen. Allein der Papst Honorius III. löste ihn, wohl von altem Haß gegen den Hohenstaufen beseelt, welcher übrigens nichts für die Freilassung seines früheren Verbündeten gethan hatte, am 26. Juni 1226 von dem geleisteten Eide, und nochmals mußten die Waffen ent=scheiden. Noch in demselben Jahre fiel Waldemar, nachdem er sich wieder in den Besitz von Rendsburg gesetzt hatte, in Ditmarschen ein. Zur Bezwingung dieses Landes gebrauchte Waldemar namentlich die Nordfriesen, welche in beständigen Fehden und Zwistigkeiten mit den Ditmarschern lebten und deshalb den ihnen geworbenen Auftrag mit wahrer Herzens=freude vollführt haben mögen. Die Ditmarscher kämpften auch mit der größten Erbitterung gegen ihre feindlichen Nachbarn und erschlugen viele derselben, mußten aber doch zuletzt der Übermacht weichen und dem Könige Treue geloben, der eine starke Besatzung im Lande zurückließ und, nach=dem er sich noch vorher des festen Itzehoes bemächtigt hatte, sich nun gegen Holstein wandte. Die Ditmarscher mußten ihm Heeresfolge leisten. Dort trat ihm aber jetzt Graf Adolf mit einem großen Heere von Bundes=genossen entgegen, der Graf von Schwerin, die mecklenburgischen Fürsten,

4*

der Erzbischof von Bremen, der nach dem Tode des Pfalzgrafen wieder in den Besitz seiner Grafschaft Stade gekommen war, das nach dem Sturze Heinrichs des Löwen zur freien Reichsstadt erklärte Lübeck, endlich auch der sächsische Herzog, alle diese hatten sich in Lübeck vereinigt, um ihre Unabhängigkeit gegen den Dänenkönig zu verteidigen. Bei Bornhöved, zwei Meilen von Segeberg, an der Grenze von Wagrien hatte sich der König gelagert. Am Maria = Magdalenentage, dem 22. Juli 1227, kam es daselbst zur entscheidenden Schlacht, und einer weitverbreiteten Sage nach war es der Abfall der Ditmarscher von dem König, ihr Übergang zu dem Feinde, dem die Deutschen im entscheidenden Augenblicke den Sieg verdankten. Nach dem Presb. Bremens. c. XVII (der die Schlacht übrigens irrtümlicher Weise in das Jahr 1212 setzt) und Neokorus (I. 350, der das Jahr 1226 für dieselbe annimmt,) war der Hergang folgender. Als die Ditmarscher im Jahr 1226 von dem Dänenkönige unterworfen worden waren, traten sie im geheimen mit Graf Adolf in Unterhandlungen und erklärten sich, falls es zum Kampfe zwischen dem Könige und den Holsteinern komme, dazu bereit, den ersteren zu verlassen und die Dänen im Rücken anzugreifen, wobei die Holsteiner dann ihren Angriff von vorn verstärken sollten. Es wurde ausgemacht, daß die Ditmarscher beim Vorrücken zum Zeichen ihres Einverständnisses ihre Schilde umkehren sollten, [133] doch bedangen diese sich aus, daß sie für den Fall des Sieges „ihre frühere Freiheit genießen sollten.“ Graf Adolf ging auf das Anerbieten der Ditmarscher natürlich mit Freuden ein und versprach ihnen namentlich, die letztere Forderung zu erfüllen. Erzbischof Gerhard war selbst in der Schlacht zugegen. Die Ditmarscher hielten auch ihr Versprechen, und nach einem entsetzlichen Blutbade erfocht Graf Adolf einen entscheidenden Sieg über den Dänenkönig, der selbst verwundet mit Mühe dem Schlachtgetümmel entrissen wurde. So einfach und natürlich dies alles klingt, müssen wir doch die Wirklichkeit des Herganges bezweifeln. [134] Eine einzige dänische Chronik, sonst König Erichs Chronik genannt, jetzt als Annalen des schleswigschen Ruhklosters bezeichnet, berichtet von diesem Abfall der Ditmarscher während der Schlacht, alle anderen schweigen davon. Ebenso ist auch der weitere Verlauf der Schlacht von der Sage ausgeschmückt und scheint erst aus der zweiten Hälfte des vierzehnten Jahrhunderts zu stammen. Waldemar, der das eine Auge verloren hat, wird von einem deutschen Ritter, es soll Graf Adolf IV. selbst gewesen sein, auf das Pferd genommen und nach Kiel gebracht, welches in der ersten Hälfte des dreizehnten Jahrhunderts noch garnicht existierte; dieselbe Erzählung wird von Harald Blaatand in der Schlacht an der Tive und dem König Niels bei Fodwig berichtet. [135] Man muß dabei in Betracht ziehen, daß der Bremer Presbyter ein entschiedener Gegner der Ditmarscher ist, der bei aller Anerkennung ihres Freiheitsinnes, wo er kann, ihre Rohheit und Treulosigkeit, ihre Irreligiosität und ihren Aberglauben hervorhebt, seine Chronik ist nur zur Verherrlichung der holsteinischen Grafen geschrieben, nur die Unterwerfung der Bauern unter die Herrschaft der letzteren kann denselben Heil bringen. Ebenso ist auch der Anteil der Lübecker an der

Schlacht wie den derselben vorhergehenden Ereignissen sagenhaft ausge=
schmückt, Lübecks Bürgermeister, der den dänischen Hauptmann zum Mai
fest einlädt und inzwischen die Besatzung in der Burg überrumpelt, wobei
sich die schon oben erwähnte Sage mit den Baumzweigen wiederholt, ist
es, der auf dem Schlachtfeld von Bornhöved den Oberbefehl führt. [136]
Nach Neokorus (I. 350) versuchte der dänische König im folgenden Jahre
noch einmal, Rendsburg zu nehmen und sich wieder in den Besitz Holsteins
zu setzen, fiel in Ditmarschen ein, um die Einwohner wegen ihrer Untreue
zu züchtigen, belagerte auch Itzehoe und Segeberg, aber alles vergeblich,
worauf er sich wieder in sein Königreich zurückzog. Doch läßt sich dies
alles nicht weiter nachweisen, das allein steht fest, daß der König im
Jahre 1229 mit dem Grafen Adolf ein förmliches Schutz= und Trutz=
bündnis abschloß. [137] König Waldemar war überhaupt fortan bis zu
seinem Tode, der ihn im Jahre 1241 als Siebzigjährigen abrief, bemüht,
mit seinen Nachbarn in Frieden und gutem Einvernehmen zu leben. Das
war auch mit den Ditmarschern seitens des Grafen Adolf der Fall, der=
selbe hatte in seinem eigenen Lande genug zu thun, so daß er nicht daran
denken konnte, anderen ihre Freiheit zu verkümmern; er bezog, wie sein
Vater vor ihm, seine Korneinkünfte aus einem Teile der Geest, und ebenso
benutzte König Waldemar in dem Kirchspiel Lunden die von dem Kloster
Hersfeld angekauften Besitzungen; das feste Schloß Lin verschwindet aller=
dings aus der Geschichte, die Ditmarscher werden sicherlich nicht lange
damit gezögert haben, sich desselben zu entledigen.

## Vierter Abschnitt.

# Die innere Entwicklung Ditmarschens während der ersten Periode seiner Geschichte.

### Erste Abteilung.
### Die Bedeichung der Marsch.

### I.
#### Die Holländer-Kolonieen.

Die älteste Urkunde, in welcher von den sogenannten Holländer=
Kolonieen die Rede ist, stammt aus dem Jahre 1106 [138] und enthält
den Vertrag des Erzbischofs Friedrich von Hamburg=Bremen mit holländischen

Ansieblern, welche als diesseits des Rheines wohnhaft bezeichnet werden. Friedrich war seit längerer Zeit der erste Erzbischof von Bremen, dessen Regierung (1104 bis 1123) eine ruhige war. Unter Lothar von Sachsen herrschte ja überhaupt in Norddeutschland Ruhe, und so konnte der Erzbischof der Bewirtschaftung seiner Güter größere Aufmerksamkeit widmen. Allerdings ist die Echtheit der Urkunde nicht unbestritten, [139] gegen die Richtigkeit des Inhalts dürften aber schwerlich triftige Zweifel geltend gemacht werden. Da heißt es denn, daß diese Holländer darum gebeten hätten, ihnen einen in den Besitzungen des Erzbischofs belegenen Landstrich zu überlassen, welcher bis dahin unbebaut und sumpfig, für die Eingeborenen unbrauchbar sei (nostris indigenis superfluum). Hier ist nun nach den bei der Schilderung von der Entstehung der Marsch oben gegebenen Erörterungen von vorn herein klar, daß mit diesen Worten nicht das im Mündungsgebiet der Weser oder Elbe belegene eigentliche Marschland gemeint sein kann, dessen allmähliche Entstehung und Aufschlickung eben die Natur selbst besorgt, sodann den Bewohnern des benachbarten Festlandes ebenso den Weg an die Hand gegeben hatte, sie bei ihrem Werke zu unterstützen, ohne daß es nötig gewesen wäre, fremde Hülfe heranzuziehen.

Erzbischof Adalbero nahm diese Kolonisationsversuche seines Vorgängers wieder auf, am 3. September 1142 schloß er wegen gewisser südlich im Bremer Nieder-Viehlande zum teil zwischen den Flüssen Ochte und Telwe gelegenen Moorländereien einen Teilungsvertrag [140] mit der verwitweten Herzogin Gertrud, dem Herzog Heinrich und dem Markgrafen Albrecht, in welchem es heißt, sie hätten dies gethan, weil sie es für besser erachtet, daß dort Kolonisten sich niederließen, aus deren Arbeit sie Gewinn ziehen könnten, als daß das Land unbebaut und fast unnütz baliege. Es wird allerdings nicht ausdrücklich gesagt, daß die Kultivierung dieser Moorstrecken Holländern übertragen worden sei, dieselbe kann also ebenso gut von Eingeborenen beschafft worden sein, welche von den schon früher angesiedelten Holländern diese Kunst gelernt hatten. In einer von Erzbischof Hartwig im Jahr 1149 ausgestellten Urkunde [141] ist aber ausdrücklich von Holländern die Rede, welche Moorstrecken bei Stade kultiviert haben, und der Name des unmittelbar vor Bremen belegenen, aus abgewässertem Moorland bestehenden Hollerlandes läßt eine ursprüngliche Bebauung durch holländische Kolonisten voraussetzen. Die in der von Erzbischof Sigfried am 18. Januar 1181 [142] ausgestellten Urkunde genannten Orte des Hollerlandes liegen aber im Kirchspiel Oberneuland bis eine Meile östlich von Bremen, so gehören also die bisher angeführten, den Holländern zur Kultivierung übergebenen Ländereien sämtlich nicht dem eigentlichen Wesermarschgebiet an, es läßt sich im Gegenteil nachweisen, daß das letztere in den erwähnten Zeiten keineswegs unbebaut und für die Unterthanen des Erzbischofs fast unnütz gewesen ist, sondern bereits in weit älteren Zeiten eine zahlreiche Bevölkerung gehabt haben muß. So ist der heilige Willehad, der mutmaßliche Gründer der Meldorfer Kirche, in seinem Todesjahr im Jahr 789 im Butjadingerlande als Missionar thätig gewesen, was doch schon auf eine dichtere Bevölkerung dieser Marschlande hinweist, er starb am 8. November zu Pleccateshem, [143] dem jetzigen Blerum an der Weser unterhalb Begesack. Ferner wird in einer Urkunde des Erzbischofs Friedrich vom Jahre 1105, [144] in welcher der Sprengel der Kirche zu Bramstedt im Wigmobigau begrenzt wird, eine Kapelle zu Thiedelsestorp, dem heutigen Debesdorf im Lande Würden an der Weser aufgeführt, welche bereits auf Veranlassung des Herzogs Bernhard II., welcher im Jahre 1059 starb, erbaut worden war, und ebenso deuten die in derselben Urkunde genannten Ortsnamen Wurthfleth, Uffenwurth und Eibenwurth (jetzt Eybwarden) auf alte Wurtdörfer hin. Gab es aber in den Wesermarschen zu der Zeit, wo die Holländer-Kolonieen seit dem Beginn des zwölften Jahrhunderts angelegt wurden, bereits Dörfer, so ist es unmöglich, daß das Land, welches den ersteren zur Urbarmachung überwiesen wurde, eigentliches Marschland gewesen ist, welches als „inculta, paludosa, nostris indigenis superflua" hätte bezeichnet werden können. Es waren eben wüstliegende, bisher garnicht oder wenigstens nur zum kleinsten Teil benutzte Moorländereien, Brüche, teils an den niedrigsten Stellen zwischen Marsch und Geest, teils wohl auch höher hinauf an den Ufern der von der Geest herabströmenden Gewässer gelegen. Wohl waren auch diese mit Gras bewachsen, aber der im Gegensatz zu dem festen Untergrunde der Marsch weiche und sumpfige Boden, sowie die den größten Teil des Jahres hindurch stattfindende Überstauung mit Moorwasser veranlaßte Schwierigkeiten, welche im Anfange nur jene durch die Natur ihres Landes in der Kultivierung derartiger Gegenden schon erfahrenen Holländer zu überwinden im stande waren, Schwierigkeiten, denen die Eingebornen jedenfalls aus dem Wege gingen, solange das weit leichter zu bewältigende Marschland noch die Arbeit mit reichem Segen lohnte. Um aber solche weiter der Geest zu oder in derselben gelegene Moor- und Bruchländereien kulturfähig zu machen, waren Eindeichungen, sogenannte Sibbeldeiche, Hinterdeiche und Wasserzüge mit Schleusen unbedingt nötig, die aber hier wiederum nicht eher angelegt werden konnten, als bis in den vorliegenden eigentlichen Marschbistrikten, nach denen die Abwässerung der Moorländereien hingeleitet werden mußte, bereits ähnliche Anstalten getroffen worden waren. Daraus geht also auf alle Fälle hervor, daß die Eindeichung der eigentlichen Marsch der Kultur der Brüche und Moorländereien voraufgegangen sein muß, wir also erstere in den Bremer Wesermarschen jedenfalls schon in das elfte Jahrhundert zu setzen haben. Dabei versteht es sich von selbst, daß die eingewanderten Holländer jene früheren Eindeichungen vielfach verbessert haben mögen. *)

Ganz dieselben Verhältnisse sind nun aber auch für die Elbmarschen anzunehmen. Hier ist von der Kultivierung von Moor- und Bruchländereien zuerst in der Gegend von Stade die Rede, indem Erzbischof Hartwig im Jahre 1149 dem Johannes und Simon einige im Stedinger-

---

*) Die Holländer waren jedenfalls in der Anlage von Deichen längst geübt, ließen doch schon die Römer zu den Zeiten der ersten Kaiser am Niederrhein Deiche anlegen, [145] welche die Friesen und Holländer doch bald zur Nachahmung anreizen mußten.

laube belegene Moorländereien übergiebt mit den Gerechtsamen der bei
Stabe ansässigen, also schon früher dahin übergesiedelten Holländer. [146]
Hier ist sogar von Holzungen die Rede, welche des Ackerbaues wegen
ausgerobet werden müssen, der entschiedenste Beweis, daß von der Urbarmachung von Marschländereien hier keine Rede sein kann. Also waren
in der Umgegend von Stabe Holländer schon in der ersten Hälfte des
zwölften Jahrhunderts ansässig, vielleicht in dem Kirchspiel Hollern, [147]
welches auch nicht am Deiche, sondern weiter landeinwärts liegt. Ebenso
finden wir am rechten Ufer der Elbe in Brüchen oder moorichten Niederungen
solche Kultivierungen durch Holländer. Und wahrscheinlich ist es Vicelin
gewesen, dessen Wirkungszeit unter die Regierungen der Erzbischöfe Adalbero
und Hartwig I. fällt, dem das Verdienst zuzuschreiben ist, diese west-
holsteinischen Sumpfländereien durch Holländer kultiviert zu haben, wenigstens
ist in späterer Zeit meistens an solchen Stellen von ihnen die Rede,
welche von Vicelin oder dessen Nachfolgern zum besten des neumünsterschen
Klosters urbar gemacht worden waren. Es sind namentlich drei Distrikte, [148]
wo wir Besitzungen des letzteren und zugleich Spuren holländischer Kolo-
nisation finden: 1. in der Gegend von Wilster und der Wilsterau, 2. an
der Stör und 3. bei Elmshorn. Von diesen haben für uns nur die
beiden ersteren Interesse. Unter dem 27. August 1139 [149] verlieh Erzbischof Adalbero dem Kloster Neumünster verschiedene Zehnten in der
Wilster- und Krempermarsch, nämlich an der Wilsterau von den Sladensee
(derselbe existiert nicht mehr, v. Wersebe findet ihn noch in den Bezeichnungen der Dörfer Seedorf und Eklack daselbst) bis zur Walburgau und
ebenso am Südufer der Stör von der Lutesau bis zum Bredenberg,
außerdem den Zehnten von den Holzungen und Moorländereien, welche
die Brüder entweder selbst oder durch ihre Bauern (coloni) sei es als
Acker, sei es als Weideland urbar gemacht hätten. In der Bestätigungsurkunde seitens des Herzogs Heinrich vom 13. September 1149 [150] wird
die Gegend ausdrücklich als ein zwischen dem Sladensee und der Walburgau
längs des Wilsterflusses belegenes Moor bezeichnet. Daß aber Holländer
bei diesen Kultivierungsversuchen beteiligt gewesen sind, geht aus einer
Urkunde vom 10. Januar 1221 hervor, in welcher Albert, Graf von
Orlamünde und Holstein, dem Kloster Neumünster den Zehnten seiner
Einkünfte aus dem Alten Lande zwischen den Sachsen und Holländern
verleiht. Dieser Gegensatz zwischen den holländischen Ansiedlern und der
früheren sächsischen Bevölkerung lebt noch fort in dem Namen des Dorfes
Sachsenbande südlich vom Paler Moor. [151] Daß in einzelnen Teilen der
Wilster- und Kremper = Marsch geltende Holländerrecht wurde erst im
Jahre 1470 vom Könige Christian I. abgeschafft. Denn diese einge-
wanderten Kolonisten bekamen oder behielten wahrscheinlich ihr eigenes
Recht, welches eben deshalb den Namen des Holländer- oder Hollischen
Rechtes führte und dann auch den anderen Kolonisten, mochten sie aus
Holland stammen oder nicht, zu teil wurde. In der obenerwähnten von
Erzbischof Friedrich im Jahre 1106 ausgestellten Urkunde sind die einzelnen
Bestimmungen verzeichnet. Noch an einer anderen Stelle finden wir solche

holländische Kolonieen, in der Haseldorfer Marsch; wann dieselben angelegt worden sind, ist uns freilich nicht überliefert, vermutlich aber doch wenigstens nicht viel später als die ihnen gegenüberliegenden auf dem linken Ufer der Elbe bei Stade, welche um die Mitte des zwölften Jahrhunderts angelegt wurden. Hier haben wir nun aber ein ganz bestimmtes Zeugniß, daß die dortige Marsch zu der Zeit bereits bewohnt war. Im Jahre 1142 existiert daselbst bereits ein Kirchdorf Bishorst; ebenso wird in der Urkunde Adalberos vom Jahre 1140 ca neben Büsum (Biusne) und Lunden eine Kirche zu Ulthaven [152] genannt, welche in der Gegend von Brunsbüttel gelegen haben und später durch die Fluten zu grunde gegangen sein muß. In derselben Urkunde werden auch Marne (Myrna) und Barlt (Barlette) als Ortschaften erwähnt, welche den Zehnten an das Hamburger Domkapitel zu entrichten haben.

So sehen wir also um die Mitte des zwölften Jahrhunderts auch an beiden Ufern der Elbe durch holländische Ansiedler Moorkulturen entstehen, welche die Kultivierung der davor liegenden Marschländereien voraussetzen lassen, so daß letztere spätestens am Ende des elften Jahrhunderts zu einem gewissen Abschluß gekommen sein muß.

Ein Gleiches war aber auch in Nordfriesland der Fall. Der im Jahre 1209 verstorbene Geschichtschreiber Saxo Grammatikus [153] schildert bei der Erzählung der Kriege zwischen Knut und Svend zum Jahre 1151 Nordfriesland als ein mit Deichen rings umschlossenes Land mit üppigem Graswuchs, reicher Viehzucht und Ackerbau. Wenn er freilich hinzufügt, daß das Wasser oft die Deiche durchbreche und die Felder überschwemme, so daß das Land, namentlich im Winter, ganz mit Wasser bedeckt sei und den Anblick der See gewähre, wie es noch heutzutage der Fall ist, so müssen wir ebenso an die aufgestauten vom Lande kommenden Gewässer wie an noch niedrige Deiche denken. [154]

Wenn wir aber auch in Nordfriesland im zwölften Jahrhundert die Existenz von kultivierten Marschländereien und Deichen ausdrücklich beglaubigt finden, so ist es doch unzweifelhaft, daß es solche in Ditmarschen zu jener Zeit auch gegeben haben muß. Auch der in solchen Dingen wohlerfahrene Verfasser der von mir schon mehrfach benutzten und citirten Aufsätze in der Ditmarsischen Zeitung vom Jahre 1832 setzt die Errichtung der ditmarsischen Deiche in das elfte Jahrhundert, freilich ohne weitere Gründe dafür anzugeben.

## II.

### Die ältesten Deichlinien in Süder- und Norder-Ditmarschen.

Verfolgen wir die Spuren des ältesten, aller Wahrscheinlichkeit nach also schon im elften Jahrhundert geschlossenen Deiches, so sehen wir deutlich, daß derselbe im ganzen von Wurt zu Wurt geschlagen worden ist, was im Anfange ja auch das Einfachste und Sicherste war. Derselbe lehnte sich an die Geestspitze, auf welcher Meldorf liegt, an beiden Seiten nach Süden und nach Nordwesten an, lief dann in ersterer Richtung [155]

von Melborf bis zum Buntenhof hart am Wege längs, bog dann nach
rechts ab, wo er noch jetzt sichtbar ist, über die Süderau, welche durch
eine Schleuse geschlossen werden konnte, ging dann ungefähr 500 Schritt
hinter d. h. westlich vom Ammersmurth, unmittelbar hinter Elpersbüttel,
dessen Mühle noch auf dem alten Deichkörper liegt, nach der Eescher Wurt,
wo die Schule auf dem Deiche erbaut ist, stieß dann nach einander auf
die Wurtdörfer Norder- und Süder-Busenwurth, ging hinter Trenne- und
Darenwurth und so dicht hinter dem Wurtdorfe Marne hin, daß dasselbe
den entsprechenden Teil des Deiches schon in sich aufgenommen hat. Von
Marne führte der Deich zu dem hohen Wurtdorfe Fahrstedt und weiter,
wo nun die durch den Deich und an demselben entstandene Dorfschaft
Kattrepel liegt, bis zur Brunsbüttler Grenze. Hier nahm der Deich-
plötzlich die Richtung nach Nordost und bildete einen Winkel, Dieckshörn
genannt, und zwar ist das Brunsbüttler gemeint zum Unterschied von
dem Ebbelacker Dieckshörn, nach welchem der Deich sich nun wandte, um
dann eine Biegung nach Osten fast im rechten Winkel zu machen, wo er
sich an das Hohe Moor zwischen der Elbe und dem Kudensee anlehnte.
Die drei Meilen lange Chaussee von Melborf nach Brunsbüttel läuft bis
zum Brunsbüttler Dieckshörn meist am alten Deich oder in geringer Entfernung von demselben hin. Also war das ganze Kirchspiel Brunsbüttel,
der westliche Teil der Kirchspiele Marne, Barlt und Süder-Melborf-Marsch
wie sämtliche Köge in jener ersten Eindeichung nicht mit einbegriffen.
Die westlich von Melborf nach der See zu liegende Strecke blieb noch
unbedeicht, die bald unterhalb der Stadt in der Miele sich vereinigenden
Abflüsse des Fieler und des Windberger Seees verhinderten noch mehrere
Jahrhunderte lang die Aufschlickung und Benarbung des Landes und hielten
die Melborfer Meeresbucht offen.

An der nördlichen Seite des Melborfer Geestvorgebirges lehnte sich
ein anderer Deich zunächst in westlicher Richtung an, welcher bei der
Hafenbrücke über die Miele bis nahe vor dem Hafen sich hinzog und auf
dieser Strecke von dem Hafenwege begleitet war. Dann wandte er sich
nach Norden neben der nach Thalingburen führenden Landstraße hart hinter
den Wurtdörfern Thalingburen, Barsfleth und Harmswöhrden nach der
Ketelsbüttler Wurt. Nördlich von Ketelsbüttel wurde noch dessen Feldmark von dem Deiche umschlossen, der sich dann an das hochliegende Wurtdorf Hohenwöhrden anschloß. Von hier aus zog sich der Deich jedenfalls
nach der Geestzunge von Lieth und nach Lohe, wovon sich allerdings keine
Spuren mehr finden. [166] Vermutlich hat dieser erste Deich schon den
östlichen Teil des Kirchspiels Wesselburen und Neuenkirchen und Hemme
größtenteils eingeschlossen und von Wurtdorf zu Wurtdorf (Hemmerwisch,
Nesserdeich, Groven, Wollersum) geschlagen, so daß der zwischen Hemmer-
deich und Grove befindliche Strom durchdämmt werden mußte, bei Lunden
an die dortige Geestzunge sich angelehnt. So blieb bei dieser Eindeichung
außer der Insel Büsum, ein Teil von Norder-Melborf, Wöhrden, die Köge
wie der westliche Teil der Kirchspiele Wesselburen, Neuenkirchen und Hemme
außerhalb des Deiches als unbegrastes Watt liegen. An diesen im großen

Ganzen von Nord nach Süd führenden ältesten Seedeich lehnte sich nun eine größere Anzahl kleinerer Deiche oder Schüttungen [157] bis an die Geest oder die näher gelegene Düne an, welche meistens mit den Kirchspielsgrenzen zusammenfielen. Der Zweck dieser Mitteldeiche war aber offenbar der, das Wasser, wenn es den Elb- oder Seedeich durchbrochen hatte, von den anderen Kirchspielen fernzuhalten, und sie waren um so notwendiger, weil, wenn sich auch annehmen läßt, daß die erste in sich abgeschlossene Bedeichung nicht ohne gemeinschaftliche Mitwirkung des ganzen Landes oder wenigstens der dabei beteiligten Kirchspiele zu stande gekommen war, die Unterhaltung der Deiche dem Einzelnen wie der Bauerschaft, wenn eine gemeinschaftliche Feldmark hinter dem Deiche lag, die Aufsicht über die Unterhaltung aber den einzelnen Kirchspielen, welche überhaupt, wenigstens nach 1227, eigentlich kleine Föderativstaaten bildeten, überlassen war. Daß aber die Ausführung der nötigen Deicharbeiten Sache der einzelnen Besitzer der dahinter liegenden Grundstücke war, geht aus mannigfachen Bestimmungen des ältesten Landrechtes von 1447 hervor, [158] so aus § 130: Wenn jemand deichen will, so darf er außer Deichs nach seinem Deiche zu soviel nehmen, wie er zu demselben benötigt ist, und binnen Deichs, also von dem daselbst liegenden Gemeinelande, der Meente, vier Ruten. Das letztere darf jedoch nur in bringenden Fällen geschehen. Ebenso heißt es in § 133: In welcher Feldmark eines Mannes Land liegt, da soll er (bei der Deichschau) seinen Deich vorweisen; in § 139: Ein jeder soll seinen schadhaften Deich ausbessern, sobald es ihm geboten wird, bei einer Strafe von 30 Mark. Ebenso wird im Landrecht II. im Artikel 155 gesagt, daß wenn jemand ohne es zu wissen den Deich eines anderen „maket" und meint, es sei sein eigener, und der andere will dann dessen Deich nicht an seiner Stelle ausbessern, so soll er berechtigt sein, die Erde von dem anderen wieder nach seinem eigenen Deiche zu fahren. Auch die Bezeichnung der Wehle, d. h. der durch Deichbruch entstandenen Wasserkuhlen binnendeichs, weist darauf hin, daß der Deich im Besitz des Einzelnen war; so befanden sich allein auf Büsum ein Swinewehl, Ikenwehl, Kerkherenwehl, Hans Johannswehl, Hamme Klaweswehl, Wittenwehl, Billenwehl u. a. m. [159] Durch die obenerwähnten Schüttungen wurde aber das eine Kirchspiel gegen die etwaige Nachlässigkeit des anderen geschützt. Bei einer späteren an die ersten Deiche sich anschließenden weiteren Eindeichung thaten nun aber diese dieselben Dienste wie die Schüttungen, es waren also später keine neuen nötig, jetzt sind dieselben durch den Ackerbau längst beseitigt. [160]

Hinsichtlich der Wohnhäuser zu beiden Seiten dieser Deiche zeigt sich nun aber ein bedeutender Unterschied betreffs ihrer Lage zu einander, wie der größeren oder geringeren Höhe ihrer Grundlage. Mit geringen Ausnahmen liegen nämlich alle Wohnungen landeinwärts von der ersten Eindeichung gruppenweise, also in Dorfform, eine solche Gruppe steht auf einer hohen Wurtstelle, welche, wenn es keine Deiche gäbe, auch durch die höchste Flut nicht unter Wasser gesetzt werden würde; alle diese Wurtdörfer liegen aber in ziemlicher Entfernung von der Geest, entweder hart an oder wenigstens nicht weit von dem ältesten Teiche entfernt. Die Wohnhäuser aber, welche näher der Geest zu liegen, stehen vereinzelt nicht bloß auf kleineren, sondern auch weit niedrigeren Wurtstellen als die Wurtdörfer. Und tragen diese meistens die Bezeichnung der Wurt noch in ihrem Namen, so heißen jene, wo sie sich zu Dorfschaften gebildet haben, nach dem in der Nähe der Geest immer weit niedrigeren, meist moorigen Boden — wisch, so Haserwisch, Höbienwisch, Jarrenwisch im Kirchspiel Wesselburen, Norderwisch, Süderwisch, Niewisch im Kirchspiel Wöhrden, ebenso Norder- und Süderwisch im Kirchspiel Marne. So ist es denn in hohem Grade bemerkenswert, daß das spätere Kirchdorf Eddelack in einer Urkunde des Erzbischofs Athalbero (um 1140) [161] als Etheletekeswisch angeführt wird, mit dem Bemerken: ubi iam tunc agricultura coeperat, was also gleichfalls auf ein weit höheres Alter der davor liegenden Teiche schließen läßt.

Indem nun aber die Elbe fortfuhr, ihren Schlick abzusetzen, erfolgte im Süden Ditmarschens, wahrscheinlich schon im zwölften Jahrhundert, eine neue Eindeichung, welche einen Teil der Kirchspiele Marne und Brunsbüttel umfaßte. Bei Marne lehnte sich der neue Deich an den alten an und ging dann eine Zeitlang in der Richtung des Elbdeichs bis zum Hohen Moor. Hier wie auch bei den späteren Eindeichungen, welche übrigens in Süder-Ditmarschen nicht vor 1559 erfolgten, findet sich nun eine neue Erscheinung betreffs der Wohnstätten. Diejenigen nämlich, welche west- oder südwärts d. h. seewärts von den oben besprochenen Wurtdörfern liegen, treten insgesamt nicht mehr gruppenweise auf, sondern liegen wie Barlterdeich, Altendeich, Krummwehl, Helse, Kattrepel und andere meistens in langer Reihe hinter einander auf langgestreckten Erhöhungen, scheinbar auf Wurtstellen. Dieselben endigen aber nicht mit den Dörfern und sind nichts anderes als der älteste Deich, und diese langgestreckten Dörfer kommen nur da vor, wo der Deich in einiger Entfernung von dem dahinter liegenden Wurtdorf gezogen war wie z. B. bei Helse und Darenwurth. Sodann folgen weiter seewärts wieder lange Reihen von Häusern, welche auch einen Deich bezeichnen, und zwar liegen diese bei den früheren, wenigstens bei den vor der Eroberung Ditmarschens gezogenen Deichen auf denselben, bei den späteren darunter, nur wenig über dem Marschboden erhaben. So gilt das erstere von dem wahrscheinlich im zwölften oder spätestens im dreizehnten Jahrhundert gezogenen Deich auf der Strecke, welche Westerdeich heißt, das letztere von dem zu Ende des sechzehnten Jahrhunderts geschlagenen Deiche, welcher nun als Mitteldeich zwischen dem Kirchspiel Marne und dem Kronprinzenkoog liegt, unter welchem sich die zu Dorfschaften gewordenen Häuserreihen hinstrecken, welche nach den entsprechenden dahinterliegenden Wurtdörfern Trennewurther, Helser, Marner und Fahrstedter Deich heißen.

So lehrt uns die Marsch mit ihren Wurten, Deichen und Dörfern die Geschichte ihrer allmählichen Entstehung selbst, freilich zeigt sie uns aber auch an gar vielen Stellen, wie das Werk der Menschenhand durch

gewaltige Fluten wieder vernichtet worden ist,*) so deutet der Name der
Dorfschaft Krummwehl, zwischen Trennewurth und Helse, noch heute auf
einen bedeutenden Deichbruch hin, der daselbst stattgefunden hat, und die
Chroniken berichten von schweren Fluten, namentlich am 17. Februar 1164,
später aus den Jahren 1170, 1173 und 1176. Allein diese alle müssen
der nicht gleich gekommen sein, welche im Jahr 1204, nach anderen 1211,
über Ditmarschen, Eiderstedt und Nordstrand sich ergoß, durch welche viele
Tausende von Menschen und eine unendliche Masse Vieh umgekommen
sein sollen.

## III.
### Einwanderungen in die Marsch.

Aus der vorstehenden Schilderung von der allmählichen Entstehung
der Deiche auf der an der Westseite Ditmarschens schon Jahrhunderte
vorher bewohnten unbedeichten Marsch geht nun aber zur Genüge hervor,
daß man nicht, wie nach Dahlmanns Vorgange [162] auch Kolster thut,
eine massenhafte Einwanderung von Friesen eben zum Zwecke der Eindeichung annehmen darf. Daß einzelne friesische Familien, sogar in
nicht geringer Anzahl, in Ditmarschen, namentlich im Süden desselben
wie auf Büsum, eingewandert sind, steht allerdings außer Zweifel,
und das mag besonders nach den großen Fluten, die übrigens
wohl meistens die friesischen Küsten ebenso heimgesucht haben wie die
ditmarsischen, der Fall gewesen sein, auch hat die Eindeichung selbst, die
Fülle des durch dieselbe gewonnenen äußerst fruchtbaren Landes sicherlich
nicht wenig dazu beigetragen, immer aufs neue fremde Ansiedler heran-
zulocken, namentlich aus den benachbarten friesischen Landstrichen, wie es
bei den späteren Eindeichungen nachweisbar der Fall gewesen ist, aber
ebenso sind solche aus Westfalen und anderen Ländern herbeigekommen.
Von solchem Zuzug berichtet Neocorus bei Nennung des Geschlechtes der
Mollermannen auf Büsum (von ihm fälschlich mit dem wunderbaren
Namen Molrinen bezeichnet, offenbar ein Lesefehler für Molrmen, dieselben
kommen in Hamburger Urkunden schon im Jahre 1383 vor), ebenso
nennt Viethen die Ribdersmannen, Webbersmannen und Bilken in Lebbering
(Kirchspiel Hennstedt) als aus Westfalen eingewandert mit der charakte-
ristischen Bemerkung: „sind von einem Manne, welcher vor zweihundert
Jahren vor der letzten Fehde sich aus Westfalen hier niedergelassen, ent-

*) In Ditmarschen wie auch im Eiderstedtischen, den Elbmarschen und an der
Ostküste Holsteins lebt in der Sage ein unheimliches Wesen, der Grendel. Man
erzählt sich da, der Teufel oder ein verwünschter Geist sei durch einen klugen Mann
aus dem Hause gebannt worden in die Watten oder in einen Sumpf. Aber immer
drängt der Unhold nach dem Deiche oder der Wurt zu, wo das Haus steht, und
bald wird jener niederstürzen und die Wurt ersteigen können, wenn es dem bösen Geist
auch nur vergönnt ist, alle sieben Jahre einen Hahnschritt vorwärts zu thun. Dann
wird er sich aber nicht wieder aufs neue vertreiben lassen. Es ist damit die Anschauung der Küstenbewohner über die rastlos gegen die Deiche und Wurten an-
bringenden Fluten ausgesprochen. Vgl. Müllenhoff in d. Nordalbing. Studien p. 172.

sproffen, daher sie denn auch von den Ditmarschern jederzeit geringer
gehalten worden sind als die wirklichen Eingebornen." Die ersten und
eigentlichen Anbauer der Marsch waren aber ohne Zweifel eingeborne
Ditmarscher, welche sich von der Geest allmählich mehr und mehr in die
fruchtbare Marsch hineingezogen haben, und zwar fand dies anfangs wohl
nur einzeln, später aber und vorzugsweise in Norderbitmarschen geschlechter=
weise statt, wie uns Neocorus (I. 211) von einer ganzen Anzahl von
Geschlechtern ausdrücklich berichtet, welche in die Marsch eingewandert sind.
„Von der Geest zur Marsch" könnte man überhaupt als Devise
der ganzen bitmarsischen Geschichte voransetzen. Hierbei ist es freilich
nicht ausgeschlossen, daß an manchen Stellen auch die Besiedlung der
zwischen den schon benarbten Marschinseln und der Geest liegenden erst
später kulturfähig gewordenen Marsch= und Moorstrecken von Westen aus
rückwärts erfolgt ist. So scheint auf den Wesselburner und Wöhrdener
Inseln ein förmlicher Ringwall [163] als Deich errichtet worden zu sein,
der sich von Wöhrden über die Wurtdörfer Büttel, Wellinghusen, Hassen=
büttel, Wesselburen und Schülp nach Strübbel und von da rückwärts
nach Wöhrden erstreckte und von der dahinter liegenden, der Geest vor=
gelagerten Marsch durch einen breiten Strom, der sich bei Ketelsbüttel
in die Nordsee ergoß, getrennt war. Neocorus berichtet aber ausdrücklich, [164]
daß die Kirche zu Neuenkirchen eine Tochter der Wesselburner gewesen,
also eine Auswanderung dahin von West nach Ost erfolgt ist.

---

## Zweite Abteilung.
### Die ditmarsischen Geschlechter.

### I.
#### Die Geschlechtsnamen und Wappen.

Leider ist die Geschichte der bitmarsischen Geschlechter, wie sie uns
Neocorus überliefert hat, und wie sie von ihm die anderen Chronisten
sämtlich fast wörtlich abgeschrieben haben, überaus lückenhaft, im grunde
ist er nur mit den Geschlechtern einiger weniger Kirchspiele einigermaßen
vertraut, und auch hier zeigen seine Mitteilungen bedenkliche Schwächen
und Lücken, deren spätere gelegentliche Ausfüllung wohl von ihm beab=
sichtigt worden, aber leider unterblieben ist. Wir dürfen dies freilich
dem wackeren Büsumer geistlichen Herrn nicht zu schwer anrechnen, denn
zu seiner Zeit (an seiner Geschichte hat er geschrieben bis 1619, sein

Name verschwindet gegen 1630) [165] hatte die Geschlechterverfassung ja längst schon jede Bedeutung verloren. Daher kommt es aber, daß wir uns nur mit Mühe und nur mit Zuhülfenahme der in den beiden Landrechten von 1447 und 1539 enthaltenen Bestimmungen ein einigermaßen deutliches Bild dieser für die gesamten Verhältnisse Ditmarschens im Mittelalter so hochbedeutsamen Einrichtung zu machen im stande sind. Freilich läßt sich auch so nirgends mit Bestimmtheit nachweisen, was aus alten Zeiten erhalten worden, was neu hinzugekommen ist, wir können nur bei dem im ganzen am Alten und Hergebrachten festhaltenden Sinn des ditmarsischen Volkes annehmen, daß, natürlich abgesehen von einzelnen Bestimmungen, die Grundzüge der Geschlechterverfassung dieselben geblieben sind. Schwerlich werden wir aber annehmen dürfen, daß eben diese Einrichtung eine uralte gewesen sei, jedenfalls ist sie keine den germanischen Stämmen überhaupt eigentümliche gewesen. [166] Es dürfte daher bei dem Mangel irgend welcher direkten Überlieferung eine mißliche Sache sein, nach dem Alter der Geschlechterverfassung zu forschen; als Ditmarschen in die Geschichte eintritt, sind sie eben da.

Die ältesten urkundlichen Bezeichnungen für die Geschlechtsgenossen sind proximi, amici, parentela und deutsch: „vrünt"; ebenso werden im Landrecht I. die Ausdrücke: ‚binnen Slachtes' und ‚buten vrundes' als Gegensätze einander gegenübergestellt. Erst in einer Urkunde von 1384 kommt der Ausdruck Geschlecht vor. [167]

Die Zahl der bitmarsischen Geschlechter ist ohne Zweifel ziemlich bedeutend gewesen, [168] bei Neokorus finden sich gegen 80, bei den anderen Chronisten und in einzelnen einschlagenden Urkunden noch gegen 30 Namen von Geschlechtern angegeben, doch ist es ebenso wahrscheinlich, wie man aus einzelnen Ortsnamen, z. B. Vollemenhusen im Kirchspiel Marne, schließen darf, daß es noch andere Geschlechter gegeben hat, wie daß unter den überlieferten Geschlechternamen sich eine Anzahl von Kluftbenennungen befindet (Kluft war eine Unterabteilung des Geschlechtes), die betreffenden Wappen lassen dies wenigstens vermuten; freilich ist hier die Möglichkeit nicht ausgeschlossen, daß in einzelnen Fällen aus ursprünglichen Kluften sich eigene Geschlechter gebildet haben.

Das einzelne Geschlecht führte ein gemeinsames Wappen, dem die Klufte entweder ein besonderes Abzeichen hinzufügten — so führte die Brusmannskluft der Büsumer Wittingmannen den steigenden Löwen derselben mit einem Kleeblatt im Maule; [169] bei den Wesselburner Bobiemannen unterschieden sich die Broteremeden (Bruderschaften, wieder eine Unterabteilung der Klufte) durch Sterne oder ein Aublatt (Calla palustris) über der dem ganzen Geschlecht gemeinsamen Zinnenmauer; oder das Wappen des Geschlechtes bildete ganz oder nur halb die eine Hälfte des geteilten Kluftschildes, während die andere das besondere Kluftzeichen enthielt, so findet sich z. B. bei den Swynen, einer hervorragenden Kluft des Lundner Wurthmannengeschlechtes der halbe zweiköpfige Adler der Wurthmannen auf der rechten, eine halbe Lilie auf der linken Seite des Wappenschildes. Ebenso sind die Wappen der Dit-

boligmannen auf Büsum, der Todiemannen in Wesselburen, der Hohen=
wöhrder und der Wallen in Oldenwöhrden wie der Boien (Bojen) in Mel=
dorf, welche sämtlich in der rechten Hälfte des Wappenschildes einen halben
Adler, in der linken verschiedene Wappenzeichen führen, ursprünglich sicher
nur Klutwappen gewesen; [170] von dem Wappen der Tilboligmannen wird
dies von Neokorus ausdrücklich bezeugt.

Die ältesten ditmarsischen Geschlechter sind nun selbstverständlich auf
der Geest zu suchen, und unter denselben ragt an Bedeutung das große
Geschlecht der Wollers= oder Wolbersmannen hervor, welches wir nach
Neokorus über die ganze Geest, die Kirchspiele Webbingstedt, Tellingstedt
und vor allem Albersdorf, verbreitet finden. [171] Dieselben führten im
Wappen zwei gekreuzte Anker, die Ringe niederwärts gekehrt, so daß die=
selben die unteren Ecken des Wappenschildes füllten, welches der Länge
nach weiß und rot geteilt war, also kein sprechendes Wappen. Den Anker
führen außerdem die Vorgisselmannen und die Vorheblemannen in Delve,
wie die Helmannen auf Büsum. Sonst sind die meisten Wappen der
Geestgeschlechter sprechende, in Delve die Mulemannen mit einem an einen
Baum (nach Neokorus auch ein Maulbeerbaum) angebundenen Maulesel,
ebendaselbst die Harbersmannen mit einem roten Herz und die Neelß=
mannen mit drei Nägeln; in Lunden die Sulemannen mit der Säule,
die Pilsmannen mit einem aufrechtstehenden Beile, die Bootsmannen mit
einem Boote, das Tankmargeschlecht mit einer Zange, in Meldorf die
Pilsen mit einem aufrechtstehenden Pfeil, die Haken mit drei Kesselhaken;
in Burg die Heidsmannen mit einem Heidestrauch; in Albersdorf die
Beiensmannen mit einem Beienbaum (Ebereiche). Vereinzelt finden sich
übrigens auch sprechende Wappen in der Marsch, so in Wesselburen die
Havermannen mit einer Hafergarbe, die Habiemannen mit einem Habichts=
fuß; [172] die Beensmannen ebendaselbst führen ein Bein, die Risemannen
in Neuenkirchen ein Reis, [173] die Isenmannen in Hemme ein Pflugeisen, in
Wesselburen und Obenwöhrden die Wennemannen eine Weinranke, in Barlt
die Ottersmannen eine Otter, auf Büsum die Mollermannen ein Mühlrad.

Die sprechenden Wappen sind nun ohne Zweifel jünger als die
nicht sprechenden, aber es läßt sich daraus kein Rückschluß auf das Alter
der Geschlechter selbst machen, denn offenbar ist ein großer Teil dieser
sprechenden Wappen aus alten Hausmarken entstanden, sie weisen also im
Gegenteil auf älteren Ursprung zurück. Die Hausmarken waren schon in
alten Zeiten*) in Ditmarschen wie bei den deutschen Stämmen überhaupt,
aber nicht bei diesen allein, in allen den Fällen gebräuchlich, wo man
jetzt seinen Namen oder dessen Anfangsbuchstaben zu setzen pflegt, sie be=
zeichneten also einerseits die Person des Besitzers als solche, andererseits
als festes Zeichen das Eigentum desselben, sowohl bewegliches als unbe=
wegliches; [174] auch wurden sie, was freilich hier nicht in Betracht kommt,

---

*) Eine solche Hausmarke, bestehend aus einer 4 und drei senkrechten Strichen,
ist in der Nähe von Burg südlich von dem Hofe Kleinhastedt im Jahre 1827 sogar
auf einem an der innern Wand eines Hünengrabes befindlichen Stein, ungefähr
2½ Zoll lang, jedoch nur roh und flach gemeißelt, entdeckt worden.

als Zeichen der Urheberschaft gebraucht.\*) Sie bestehen aus einer ein=
fachen, geradlinigen Figur und zwar meistens aus einem senkrechten Strich,
von welchem ein oder mehrere Kennstriche nach beiden Seiten in gerader
oder schräger Richtung auslaufen und so Winkel und Dreiecke bilden. Wo
sich geschwungene oder Kreislinien finden, gehören diese einer späteren Zeit
an und sind erst durch das Schreiben oder Zeichnen der Hausmarken ent=
standen. Noch heutzutage finden sich hier und anderwärts solche Zeichen
mit und ohne Namen des Besitzers oder Erbauers an der Thür der
Häuser und Scheunen und zwar als Bezeichnung des ersteren über der=
selben, des letzteren an einem der Seitenpfosten, ebenso auf dem Inventar
der Bauerstelle, besonders auch an Kirchenstühlen (so in der Büsumer
Kirche neben den betreffenden Geschlechtswappen und in größerer Zahl
namentlich in Tellingstedt),[175] auf Grabsteinen z. B. in Burg und auf
Weihegeschenken. Auch auf Urkunden findet sich die Hausmarke häufig
anstatt des Namens oder neben demselben, indessen muß schon bei Ab=
fassung des ältesten Landrechtes um die Mitte des fünfzehnten Jahrhunderts
die rechtliche Bedeutung der Hausmarke in Ditmarschen geschwunden sein,
denn es findet sich in demselben keine Spur derselben vor.

Das Wappen und die Hausmarke sind nun ursprünglich in ihrer
Form ganz verschieden, das erstere zeigt sich meistens mit Schild und
Helm und enthält, abgesehen von ganz einfachen linearen Teilungen des
Schildes, in der Regel ein Bild in demselben, welches farbig und
plastisch ist und sich vielfach als Helmschmuck wiederholt, während die
Hausmarke ursprünglich nur aus einfachen Strichen bestand. Aber die
letztere ist vielfach, freilich wohl schwerlich vor dem Ende des dreizehnten
Jahrhunderts, in das erstere übergegangen, entweder dadurch, daß sie in
einen Schild aufgenommen und erhaben in eine gewisse Breite ausge=
arbeitet, auch wohl die Spitzen der einzelnen Linien keilförmig verstärkt
wurden,[176] oder daß die ganze Figur sich in ein der Form nach ähn=
liches Bild verwandelte. Und diese Umwandlung der Hausmarken in
wirkliche Bilder war schon dadurch vorbereitet, daß die ersteren mehrfach
besondere, von der Ähnlichkeit mit irgend einem Gegenstande herrührende
Namen führten (z. B. die Wolfsangel, dem einfachen Kesselhaken ent=
sprechend), welche stellenweise z. B. im Schleswigschen auf die Häuser selbst
übertragen wurden z. B. Gußfutt (Gänsefuß), Hönfutt (Hahnenfuß)
u. dgl. m. Daß aber eine nicht unbedeutende Anzahl von Wappenzeichen
bitmarsischer Geschlechter, sprechende wie nicht sprechende, aus ursprünglichen
Hausmarken entstanden ist, ist unzweifelhaft; bei einem, dem der Stelle=
mannen in Lunden, bezeugt dies Neoorus (I. 235) ausdrücklich, indem
er uns die aus dem Geschlechtswappen herausgefallene Hausmarke neben
der später das Wappen selbst bildenden aufrechtstehenden Weinrebe, wohl
nur die stehen gebliebene ursprüngliche Damascierung des Wappenselbes,
abmalt. Auch der Habichtsfuß der Habicmannen in Wesselburen ist offen=

---

\*) So findet sich eine solche Hausmarke in dem großen bitmarsischen Landes=
siegel, bestehend aus einer umgewandten 4 und einem senkrechten Strich, offenbar
die Hausmarke des Stechers.

bar aus einer Hausmarke entstanden, in den neben dem Wappenzeichen an den Stühlen in der Kirche zu Büsum angebrachten Hausmarken erkennt man die Entstehung des Doppelablers der Westerwurbigmannen und des Schlüssels der Dilboligmannen auf den ersten Blick. Ebenso zeigt eine bei Homeyer (Haus= und Hofmarken Taf. IV. N. 11) abgezeichnete aus Norwich stammende Hausmarke, wie selbst das Gotteslamm der Lamimannen (Kirchspiel Hemme) aus einer solchen entstehen konnte. Wenn aber Nitzsch bei den drei Kesselhaken des Meldorfer Hakengeschlechtes meint, daß dieselben wegen ihrer Dreizahl nicht aus einer Hausmarke entstanden sein könnten, so zeigen westfälische Hausmarken eben jene Dreizahl.[177] Ebenso mögen auch die Anker der Geestgeschlechter aus Hausmarken entstanden sein, für den Doppelanker der Wollersmannen findet sich eine passende Hausmarke in der Kirche zu Tellingstedt und ebenso auf einem im Jahr 1559 eroberten Geschütze in Michelsens bitmarsischem Urkundenbuche.[178]

In der Marsch führt nun außer den Westerwurbigmannen eine ganze Anzahl von Geschlechtern den Adler im Wappen, bald einfach, bald doppelt, so die Jerremannen in Lunden, das Erpiengeschlecht in Wesselburen, die Itzemannen in Neuenkirchen, die Wennemannen in Barlt (bei Neokorus im Gegensatz zu den Wesselburnern Süder=Wennemannen genannt), die Vokemannen wie das Herkens Claes Geschlecht in Meldorf; die Kluftwappen, welche den halben Adler zeigen, sind schon oben angeführt worden. Da nun der ein= wie der zweiköpfige Adler sowohl bei den oft= wie bei den westfriesischen Geschlechtern sehr häufig vorkommt, wahrscheinlich wegen der präsumierten oder richtiger prätendierten Reichsfreiheit derselben, liegt die Vermutung nahe, daß eine Anzahl dieser Geschlechter friesischen Ursprunges sind, zumal sie fast ausschließlich der Marsch angehören; von den Vokemannen bezeugt Neokorus ausdrücklich, daß sie fremder Herkunft seien.[179]

Eine beträchtliche Anzahl von Geschlechtern, namentlich auf der Geest, also von den präsumtiv ältesten Geschlechtern, weist nun aber auf den Namen eines Führers oder Häuptlings, entweder unmittelbar oder mittelbar, hin. Das erste ist der Fall bei dem im Kirchspiel Meldorf eingesessenen Hennier Peters Volk, Herkens Claes Geschlecht, Witte Vakem und dem Witt Iken Geschlecht; im Kirchspiel Burg mit Voß Hennekens Volk und dem Lütke Jebemanns Geschlecht in Delve, ebenso bei den Marschgeschlechtern der Grot Hennemannen in Schülp wie der Witte Willersmannen in Marne. Andere Geschlechternamen sind von einem einfachen Vornamen gebildet, so die Sulemannen in Lunden von Sumel oder Suel, die Meldorfer Wolbricksmannen von Wolbrick, die Lundner Jerremannen von Jerre, die Delver Mulemannen von Mule, die Broersmannen von Broer oder Brober (vgl. den Familiennamen Brobersen), die Tankmarmannen und Brunomannen von Tankmar und Bruno. Dem großen Geschlecht der Wolbersmannen liegt der Vorname Wolf zu grunde, ebenso wie die Portmannen von Port abzuleiten sind, ein Port wird neben Hengest als Führer angelsächsischer oder friesischer Heerschaaren genannt. [180] Die Bokemannen in Brunsbüttel haben ihren Namen von Boke, auch dem Geschlechtsnamen der Jkemannen liegt ein Personennamen zu grunde, wie schon die Bezeichnung Witt Jkenschlacht bezeugt.*) Daß wir aber diese Geschlechtsnamen nicht aus Blutsverwandtschaft von einem gemeinsamen Stammvater hervorgegangen, also als eigentliche Patronymika, auffassen dürfen, bedarf nach der jetzt wohl allgemein an=genommenen Ansicht über die Entstehung der Geschlechter überhaupt, schon bei den alten Griechen und Römern und wo sie sich bei germanischen Stämmen finden, wohl keiner eingehenderen Erörterung; etwas anderes ist es mit den Kluften und Bruderschaften, diese bezeichneten jedenfalls blutsverwandte Abteilungen innerhalb des Geschlechtes, welche ja natur=gemäß entstehen mußten. Was den ersteren Ausdruck anbetrifft, so wird im Eiberstedtischen Landrecht von 1426 die Bezeichnung Kluft für den Verwandtschaftsgrad der von einem Ältervater (Urgroßvater) abstammenden Descendenz gebraucht. [181] Die Geschlechtsbezeichnungen Hennier Peters Volk, Boß Hennekens Volk, auch Bannesvolk genannt, weisen mit Bestimmtheit auf einen alten Häuptling, also auf einen ursprünglichen kriegerischen Charakter der Geschlechter hin. So erklärt es sich auch, daß wir auf der Geest gerade in den Kirchspielen Albersdorf, Nordhastedt und Telling=stedt das große Geschlecht der Wollersmannen verbreitet finden, von denen Neokorus selbst erzählt, daß sie ehedem im stande gewesen seien, 509 wehr=hafte Männer, also den zwölften Teil der späteren ganzen ditmarsischen Heeresmacht, ins Feld zu stellen. Auch der Chronist Karsten Schröder hebt den kriegerischen Charakter der Geschlechter hervor, indem er fol. 22 berichtet: „Es hat auch vor Einnahme des Landes fast in allen Kirchspielen viele vornehme Geschlechter gegeben, welche unter sich große Verbündnisse gehabt haben, ihre armen Vettern und Verbündete nicht zu verlassen, wenn einer dem anderen Unrecht thun wollte, auch Haut und Haar zur Verteidigung derselben darangesetzt und sich gegenseitig verpflichtet, und wenn es Not war, sind sie mit aller Mannschaft des Geschlechtes ins Feld gezogen." So erinnern diese Geschlechter an jene alten Gefolgschaften, welche Tacitus uns schildert, die freiwillig einem bewährten Führer sich als Geleit anschlossen. Nicht nur bei seinen Landsleuten, sondern auch bei den benachbarten Stämmen stand dessen Name in hohen Ehren, der durch eine zahlreiche, tapfere Gefolg=schaft hervorragte. Die jüngeren Waffengefährten schlossen sich an einen erfahrenen Führer an, um den Kriegsdienst zu lernen und ihre Treue und Tapferkeit zu zeigen. Kam es zur Schlacht, so war es Schande, dem Führer an Tapferkeit nachzustehen. Ehrlos und geschändet war, wer den Führer überlebend aus der Schlacht zurückkehrte; ihn zu verteidigen und zu schirmen, selbst eigene Heldenthaten ihm zum Ruhme anzurechnen,

---

*) Der Vorname Suwel oder Suel, welcher in dem Familiennamen Suel noch fortlebt, findet sich bei Neokorus I. 624, Michelsens ditm. Urk. p. 36; über Wolbrick: Michelsen a. O. p. 122; Jerre: Neokorus I. 624; Mule: Michelsen a. O. p. 19; Wolt: Neok. I. 249. Der Name Wollersen ist noch jetzt in Ditmarschen verbreitet; Poke: Michelsen a. O. p. 19, Bokensone, Boken Fresensone, was auch auf die friesische Abstammung der Bokemannen hinweist; Jke: Michelsen a. O. p. 2 u. 125.

war die höchste Eidespflicht. Die Führer kämpften für den Sieg, die Gefolgschaft für den Führer. Beute und Gewinn wurden brüderlich geteilt, aber dem Heerführer ward das Kostbarste als Ehrengeschenk zu teil. Aber, wie gesagt, die bitmarsischen Geschlechter erinnern nur an jene altgermanische Einrichtung der Gefolgschaften, es wäre ganz verfehlt, wollten wir die Entstehung derselben auf jene alten Zeiten zurückführen und mit den Gefolgschaften in unmittelbaren Zusammenhang bringen. Und dieser ursprünglich kriegerische Charakter lebte in einer Anzahl der- selben in den süderbitmarsischen Kirchspielen, vor allem in Brunsbüttel und Marne, noch bis in spätere Zeiten fort, in denen die fortwährenden Streitigkeiten mit den Hamburgern und die dadurch herbeigeführten Kon- flikte mit den friedlich gesinnten Bewohnern des Landes, namentlich in Norderbitmarschen, einen höchst interessanten Teil der bitmarsischen Geschichte bis in das vierzehnte und fünfzehnte Jahrhundert hinein bilden.

Eigentümlich ist es nun, daß unter den von Personennamen ge- bildeten Geschlechterbezeichnungen sich mehrere finden, denen ein weiblicher Personenname zu grunde liegt, das sind die Delver Geschlechter (merk- würdiger Weise gehören sie alle demselben Kirchspiel an) der Vorhebbe- mannen, Vorgisselmannen und Vormottemannen,*) denn diese Namen bedeuten nichts anderes als Mannen der Frau Hebbele, Gisela und Mutta d. h. Allmuth; das Vor oder Ver ist soviel wie Frau, wie es in Jungfer noch gebräuchlich geblieben ist. Mit diesen Geschlechtsnamen zu vergleichen sind die in den älteren Urkunden sehr häufigen Metronymika einzelner Personen z. B. Johannes Vorwiben fil. d. h. Sohn der Frau Wibe (Wibke ist ein in Ditmarschen noch jetzt häufig vorkommender weiblicher Vorname), Zagher Hebbelen fil., Karsten Greten fil. bei Neocorus I. 624; ferner Nykolaus Emmensone, Ywan Hibbensone, (Michelsen ditm. Urk. p. 33) u. a. m.[182] Erklärt sich diese Bezeichnung aber leicht daraus, daß es die herange- wachsenen Söhne einer früh verwitweten Frau sind, welche also benannt werden, so ist die Geschlechtsbezeichnung als solche doch daraus nicht er- sichtlich. Sollten diese Geschlechter daraus hervorgegangen sein, daß eine Anzahl von Hörigen von ihrer möglicherweise kinder- oder wenigstens sohnes- losen verwitweten Herrin zu freien Besitzern gemacht wurden, [183] so müßte man wenigstens annehmen, daß auch eine Anzahl von anderen Geschlechtern, die ihren Namen von einem männlichen Personennamen erhalten haben, einen gleichen Ursprung haben kann, und daß eben diese Geschlechter zu einer Zeit entstanden sind, in welcher der ursprünglich kriegerische Charakter der Geschlechter geschwunden war. Daß aber das letztere überhaupt der Fall gewesen ist, bezeugt der Umstand, daß den von einem Geschlechts- haupt abgeleiteten Geschlechternamen auf der anderen Seite eine große Anzahl in der Marsch, gegenübersteht, welche nach Ortschaften benannt sind. [184] Als solche Geschlechter finden sich im Kirchspiel Wöhrden die Buttler (von Büttel, früher Großenbüttel, mit dem sprechenden Wappen eines Buttes), die Nienkroger (ursprünglich ein Geestgeschlecht aus Henn-

---

*) Neocorus sagt irrtümlich Vornottemannen.

stebt mit einem Löwen im Wappen) [185] nach dem Dorfe Nienkrog, jetzt Neuenkrug benannt; ferner in bemselben Kirchspiel die Hogenworber, b. h. Hohenwöhrbner (nach Neokorus aus bem Geestborf Braaken stammend, einen halben schwarzen Abler im weißen und neun Leinkörner im schwarzen Felbe im Wappen führend), wie bie Wellinghufer mit einem weißen Wappen= schilbe, burch ben ein schwarzer Querbalken hinburchgeht. Auf Büsum finben sich bie Oster= unb Westerwurbigmannen, erstere einen abnehmenben Monb mit zwei Sternen, [186] letztere ben Doppelabler im Wappen; in Lunben bie Wurthmannen, in Schülp bie Heywischer, in Delve bie Butens mannen, in Melborf bie Epenwöhrbner mit ben brei Langhaken im Wappen. Ebenbahin gehören auch bie Dikboligmannen auf Büsum, beren älteste Klufte (Oster= unb Westerkluft) zu Diekhusen seßhaft waren.

Noch häufiger aber ist in ber Marsch bas Vorkommen von Orts= namen, welche nach Geschlechtern benannt sinb, was sich auf ber Geest nirgenbs finbet. Hierhin gehören bie nach Wurten genannten Ortschaften, also vermutlich ältesten Geschlecteransiebelungen: Ebbesmanneswurth von ben Ebiemannen im Kirchspiel Wöhrben, Bakem Warfen in Ebbelack nach ben Bokemannen, welcher Bezeichnung allerbings auch ein einfacher Per= sonenname zu grunbe liegen kann wie bei Volkerswurth im Kirchs spiel Melborf. Noch häufiger sinb bie auf — wisch sich enbigenben Ortsnamen, welche von Geschlechtern hergeleitet sinb: Wennemannswisch unb Ebesmanns= wisch in Wöhrben, Hubbimannswisch (Höbienwisch) in Wesselburen, Tobiemanns= wisch (Tobienwisch) in Neuenkirchen. Sobann eine große Anzahl von Orts= namen, welche sich auf — husen enbigen: Hobbiemannshusen, Norber=, Oster= unb Wester=Bellmannshusen (Belmhusen) sämtlich im Kirchspiel Brunsbüttel belegen, Volsemenhusen in Marne, Nannemannshusen in Wöhrben, Swynhusen in Delve u. a. m. Sobann bie mit — hove gebilbeten Ortschaften Jerremannhove unb Ebbingmannhove in bem nörblichen untergegangenen Teile bes Kirchspiels Hemme. [187] Hiermit hängt auch zusammen, baß einzelne Geschlechter, namentlich in ber Marsch, Gründer von Kirchen sinb, so bie ursprünglich in Wesselburen ansäßigen Geschlechter ber Tobiemannen unb Hubbiemannen in Neuen= kirchen. [188] Teshalb wurben noch zu Neokorus' Zeit bie Kirchengeschworen baselbst ausschließlich aus biesen beiden Geschlechtern genommen. Unb ebenso erklärt es sich wohl auch, baß bie Isenmannen auf Büsum bas Recht für sich in Anspruch nahmen, baß ber Priester ben Gottesbienst nicht eher anfangen burfte, als sie anwesenb waren. [189] Als baher einmal ein solcher wegen ihrer wieberholten absichtlichen Verspätung barauf nicht geachtet, sonbern ben Gottesbienst angefangen hatte, ehe bie Geschlechtsgenossen ber Isen= mannen erschienen waren, wurbe er von ihnen vor bem Altare niebergeschlagen.*)

---

*) Ueber ber Kirchentür zu St. Annen befinbet sich bie Hausmarke unb bas Wappen ber Russebellinger, bie Kirche ist aber keine Geschlechtsstiftung, sonbern, wie aus einer im Kirchenarchiv baselbst noch vorhanbenen Bulle bes Papstes Julius II. hervorgeht, von brei bem Russebellingergeschlecht angehörenben Männern im Jahre 1601 gebaut, baher stammt bas Wappen unb bie Hausmarke. Die jetzige Kirche ist übrigens erst im Jahre 1671 gebaut.

## II.
### Die Meentverfassung.

Wir finden also einen wichtigen Unterschied zwischen den Geschlechtern der Marsch, wenigstens der Norbermarsch, und benen der Geest, nämlich die Verbindung der ersteren mit dem Grundbesitz. [100] Wo wir in der Marsch Ortschaften begegnen, welche nach dem Namen eines Geschlechtes benannt sind, können wir mit Bestimmtheit darauf schließen, daß dasselbe diesen Ort ursprünglich allein bewohnt hat, mag es nun ganz ober zum teil aus fremder Gegend eingewandert sein, während die anderen in der alten Heimat zurückblieben. Die Geschlechtsgenossenschaft hatte sich durch eine Ackergenossenschaft verstärkt, Geschlecht und Bauerschaft fielen zusammen, die Dorffeldmark war, wenigstens im Anfange, zugleich Geschlechtsfeldmark. So war der ursprünglich kriegerische Charakter des Geschlechtes, früher zu Fehbe und Blutsachen verbunden, hinter dem einer zu bedeutenden und die ganze Kraft der Geschlechtsgenossen in Anspruch nehmenden Anlagen verbundenen Genossenschaft vollständig in den Hintergrund getreten. In: bem die Dorffeldmark zur Geschlechtsfeldmark wurde, war der Geschlechts: genosse als solcher zu den Leistungen verpflichtet, welche zum Schutz der: selben nötig waren. So berichtet uns Neokorus (I. 225) von der Hammen: kluft auf Büsum, „bat ok en Wehl vann ehr genömet," und führt p. 222 „grote Hammebiekswehl" und „Hammebiekshovenwehl" unter den ver: schiebenen Wehlen auf, woraus hervorgeht, daß auch die Deiche nach bem Geschlecht benannt wurden, also hinter demselben jedenfalls eine Geschlechts: feldmark vorhanden war. Ebenso lesen wir (I. 240) von dem Erpien: geschlecht in Wesselburen, daß es ein mächtiges Geschlecht gewesen sei, so daß die Norberhälfte der Wesselburner Bauerschaft ihm gehört und daß es eine eigne Feldmark gehabt habe. Ebenso besaßen die Brunomannen zu Lunden noch im Jahre 1537 einen Deich, die dahinterliegende Feldmark war noch neunzig Jahre später in ihrem Besitze. [101] Auch auf fremder Feldmark finden wir Geschlechtsgenossen im Besitz einer gemeinen Mark, z. B. besaß die Brobertemede der Bolbesmannen ein Moor und eine Feldmark auf der Wennemannswisch in der Bauerschaft zum Holme, Kirch: spiel Norbhastedt. [102] Dies letztere ist aber die einzige Erwähnung der Markgenossenschaft eines Geschlechtes auf der Geest, sonst hören wir daselbst nirgends von der Verbindung eines Geschlechtes mit dem Grundbesitz. Im allgemeinen findet sich freilich, abgesehen von der Geschlechtsgenossen: schaft, die Feldgenossenschaft wie überall auf deutschem Boden auch bei den Bauerschaften der Geest und war also von dort mit in die Marsch hinein: genommen worden. Außer dem gleich bei der Ansiedlung zur Verteilung gekommenen und dem Besitzer zu beliebigem Gebrauch zuständigen Stück Landes waren gewisse Länbereien ungeteilt als gemeinschaftlicher Besitz — Meente, Allmend — geblieben. Rings um die bem Einzelnen zum freien Besitz gegebenen Grundstücke — der Wurt, bem Toft — warb das Acker: land ausgewählt, im Umkreise davon lag die Gemeinweide; ersteres, in eine Anzahl gleicher Ackerbeete verteilt, warb in bestimmten Zeiträumen

verlost, aber ohne dadurch in Privateigentum überzugehen, wobei darauf
gesehen wurde, daß jeder Meenthaber in jedem Teile der aus Ländereien
der verschiedensten Güte bestehenden Feldmark ein Stück erhielt; auf die
ungeteilte Gemeinweide durfte jeder Interessent eine bestimmte Anzahl Vieh
treiben. Teils zwischen den Ackerkämpen, größtenteils aber außerhalb der
Gemeinweide lagen Wald- und durch natürliche Berieselungen entstandene
Wiesengründe und Moorbrüche, welche gleichfalls gemeinsames Eigentum
der Gesamtheit geblieben waren, von denen die einzelnen Mitglieder der
Genossenschaft nur ideelle Teile besaßen mit den durch die Markverfassung
beschränkten Gebrauchsrechten. Daß aber eine solche Markgenossenschaft
auch in Ditmarschen existiert hat, geht aus einer nicht unbedeutenden
Anzahl von Urkunden und rechtlichen Bestimmungen hervor. So enthält
das Landrecht II. unter Artikel 196 die Bestimmung, daß keine Bauerschaft, wenn sie keine „meenmarke" hat, mehr „burschult" (Einzugsgeld)
als eine Tonne eigengebrautes Bier nehmen darf, ist aber eine Meenemarke dabei, die der Einziehende mitbenutzen will, jedenfalls nicht mehr
als zwei lübische Pfund (1 Pfund = 20 Schilling). Im Artikel 230
vom Jahre 1489 wird der Preis für eine Tonne „ingebrumen Beers"
auf 14 Schilling lübsch festgesetzt. Eine Beliebung der Bauerschaft Webbing-
husen (Kirchsp. Webbingstedt) vom 25. Februar 1596 [193] setzt die „Bur-
schuldt" für den, der in die Bauerschaft einziehen und die Meenemarke
mit seinem Vieh beweiden will, auf dreißig Mark lübsch fest, auch soll es
ihm gestattet sein, so viel Torf von der Meenemarke zu graben, wie er
zu seinem Bedarfe nötig hat, er darf aber solchen weder außerhalb seiner
Hofstätte verkaufen, noch zu Markte bringen. Hat er kein Vieh, so soll
er fünf Gulden bezahlen und dafür die Erlaubnis haben, zum eignen
Bedarf sich Torf zu holen, jede Beschädigung der Meenemarke soll aber
mit einer Tonne Heiber Biers bestraft werden. Außerdem darf keiner in
der Bauerschaft den Sommer über mehr als vier Stück Rindvieh in
Grasung nehmen. Zwischen der Norbegge (Norderviertel) von Heide und
der Bauerschaft Weßlyng (Wesseln) befindet sich noch im Jahre 1584
eine Meenemarke; am 5. Juli d. J. wird eine Streitigkeit wegen der
Benutzung derselben geschlichtet nach einer im Denkelboke enthaltenen
Sentenz der Achtundvierziger vom Jahre 1448. Diese Beispiele, welche
noch bedeutend vermehrt werden könnten, mögen genügen. [194]

   Ein Rest der alten Meentverfassung ist noch vorhanden in der
Marsch in den sogenannten Binnermeenten. [195] Fast längs der ganzen
bitmarsischen Küste erstreckt sich binnendeichs ein Streifen Landes, bisweilen
10—12 Ruten breit, oft bloß von Wegebreite und dann eingenommen
von dem längs des Deiches führenden Wege. Diese Meenten sind auf
der einen Seite vom Deich, auf der anderen Seite von Abzugsgräben
(Rhinschlott genannt), die das in Privatbesitz befindliche Marschland davon
trennen, begrenzt. Auch diese Meenten sind Überbleibsel der alten Meentverfassung. Wenn ein Deich angelegt wurde, konnte dies natürlich nicht
an der äußersten Grenze des grasbenarbten Marschlandes, hart am Watt,
geschehen, so war der Außendeich von selbst gegeben. Das eingedeichte

Land ward aber mehr und mehr zum Ackerbau benutzt, um so wichtiger ward der Außenbeich für die Viehweide. Das Binnenbeichsland ward in viele Stücke geteilt, eine Beweidung war dann unmöglich, da nicht jedes einzelne Stück mit Gräben umzogen werden konnte, aber im Außenbeich gab es keine Tränke für das Vieh, wenn nicht mit hohen Wällen um= gebene Tränkestellen eingerichtet waren. Der Deich bot ferner bei starken Stürmen keine geeignete Zufluchtstätte für das Vieh, deshalb wurden schmale Strecken binnenbeichs bei Anlage desselben zu eben diesem Zwecke unbebaut gelassen, das dazu nötige Land ward aber von der Dorfschaft aus der ungeteilten Feldmark hergegeben. Als später alles Marschland Eigentum ward, blieb die Binnermeente ihrer Natur nach Gemeinheit der Dorfschaft.

### III.
### Die Blutrache.

Wenn nun aber auch zwischen den Geestgeschlechtern und denen der Marsch in bezug auf die Verbindung der letzteren mit dem Grundbesitz ein bedeutender Unterschied sich geltend machte, so waren doch sonst die Verpflichtungen, welche die Geschlechtsgenossen unter einander verknüpften, auf der Geest wie auf der Marsch dieselben. Und hier treten uns zu= nächst zwei wichtige Erscheinungen entgegen, einerseits die Blutrache, andererseits die eigentümliche Einrichtung des Nemede, bezüglich des Ge= schlechtsnemede.

Die Blutrache, diese allen germanischen Stämmen gemeinsame Ver= pflichtung der nächsten Verwandten eines Erschlagenen, den Tod desselben zu rächen, war in Ditmarschen nicht nur Sache der durch die Bande des Blutes mit demselben Verbundenen, sondern des ganzen Geschlechtes, und zwar finden wir dieselbe noch bis in die Mitte des sechzehnten Jahr= hunderts, während sie im benachbarten Holstein schon gegen das Ende des vierzehnten abgeschafft war. [190] In dem Landrecht I. § 73 und noch ebenso im Landr. II. Artikel 34 findet sich die Bestimmung, daß, wenn ein Mann erschlagen worden war und die Geschlechtsgenossen (vrunt) den= selben außerhalb der gesetzlich bestimmten Friedenszeit rächten, der eine Tote gegen den anderen gerechnet, also nicht einmal die Mannbuße bezahlt werden solle. Denn der Totschlag eines Mannes konnte abgekauft werden; in allen germanischen Rechten sind bestimmte Summen festgesetzt, welche als Wehrgeld oder Mannbuße für einen Erschlagenen zu zahlen waren. Deshalb hatten aber auch außer den nächsten Verwandten männlicher Seite, den Schwertmagen, der Brobertemede oder dem nächsten „Sibblode", die Kluft= und Geschlechtsgenossen einen Anteil an der Mannbuße, welche für den erschlagenen Geschlechtsvetter bezahlt wurde. Dieselbe betrug aber hundert Mark lübsch, von denen die eine Hälfte, die bane, [197] den Schwert= magen, die andere den Kluft= und Geschlechtsgenossen zufiel. Deshalb be= trug auch die Mannbuße für einen erschlagenen unehelich Geborenen, [198] der also keine Schwertmagen besaß, nur 50 Mark und ward bei jeder

Geburt, durch welche die Schwertseite wuchs, um 10 Mark erhöht, natürlich nur, bis sie die Höhe der gewöhnlichen Mannbuße erreichte. Im
Unvermögensfalle seitens des Totschlägers waren die Kluft- und Geschlechtsgenossen deshalb aber auch zur Bezahlung der Mannbuße verpflichtet, nur
die für den gebrochenen Frieden an das Land zu zahlende Buße von
60 Mark fiel dem Schuldigen allein zur Last.[199] Aus diesem Grunde
hatten die Kluft- und Geschlechtsgenossen aber auch das Recht der Pfändung,
um im Weigerungsfalle zu ihrem Gelde zu gelangen.[200] Es war aber
dem einzelnen Geschlechtsgenossen, wie wenigstens spätere Bundesbriefe beweisen,[201] wenn er der Geschädigte war, nicht gestattet, sich nach seinem
eigenen Gutdünken mit seinem Gegner zu vergleichen, wenn ihm auch von
diesem selbst oder von dessen Kindern die Sühne angeboten wurde, sondern
das ganze Geschlecht mußte dazu seine Einwilligung geben, der Darwider-
handelnde war den Geschlechtsgenossen gegenüber in eben dieselbe Strafe
verfallen, wie sein eigner Schade betrug. War die That nun aber in den
Augen der Geschlechtsgenossen ein wirkliches Verbrechen oder eine unehren-
hafte, so stand diesen das Recht zu, sich öffentlich und feierlich von ihm
loszusagen und ihn dem Gerichte zu überliefern.[202] Wurde derselbe dann
später erschlagen, so brauchte für ihn keine Mannbuße bezahlt zu werden.
Ausgeschlossen war ferner die Blutrache und die Buße bei übelberüchtigten
(uthganebe b. h. sich herumtreibenden) Frauenzimmern.[203] So hielten
die Geschlechtsgenossen auch auf den unbefleckten Ruf des Geschlechtes; die
Schmach, ein gefallnes Mädchen in ihrer Zahl zu haben, ward durch Totschlag gesühnt, der Bruder ertränkte die eigene gefallene Schwester unter
dem Eise, dem unehelichen Kinde hingegen ward nichts gethan, im Unvermögensfalle des der Vaterschaft Bezichtigten waren die Geschlechtsgenossen
dazu verpflichtet, für die Ernährung des Kindes zu sorgen.[204] Ebenso
haftete das Geschlecht auch für die Bezahlung der Buße bei jedem anderen
angerichteten Schaden, nur den Diebstahl ausgenommen.[205]

Doch war man schon früh bemüht, die Blutrache möglichst zu be-
schränken, und dahin zielte vor allem die Erhöhung der Buße um das
Doppelte für die verschiedenen Friedenszeiten, dem wohl der uralte, jedenfalls mit Einführung des Christentums eingeführte Gottesfrieden zu grunde
lag, der den zur Kirche ziehenden Leuten bei der anfänglich so weiten
Entfernung der Gotteshäuser vom Sonnenaufgang am Sonnabend bis
Sonnenaufgang am Dienstag, drei Tage und drei Nächte hindurch,
Sicherheit gewährte. Da heißt es denn im Landrecht I. § 70: „Ver-
geht sich ein Mann dahin, daß er einen anderen erschlägt, so soll
man den Erschlagenen nicht höher rechnen als hundert Mark und den
Frieden, wenn es Marktfriede[206] ist, für 60 Mark, ist es Landfriede
für 30 Mark, und sein Haus soll niedergebrannt werden, und er soll
sein Leben lang für einen ehrlosen Mann (Schalk) gelten." Der Marktfriede erhöhte also die Buße für den Friedensbruch um das Doppelte,
denn es war für das Land von dem größten Interesse, daß die in das
Land ziehenden Fremden, sei es um zu verkaufen oder zu kaufen,
die größtmögliche Sicherheit genossen. Neben dem Marktfrieden gab es

nun aber eine ganze Anzahl anderer Friedenszeiten: den Hausfrieden, beides Leibes und Gutes; den Deichfrieden, wenn jemand auszog zu deichen und zu dämmen, bis zu seiner Rückkehr nach Haus; den Pflug= und Erntefrieden, wenn jemand aufs Feld fuhr, um zu pflügen oder seine Garben zu holen; ferner wenn jemand zur Landesversammlung sich begab, oder wenn das Land geboten hatte, die Landwehr in stand zu setzen, wenn jemand einen Dieb verfolgte oder auf einer Pilgerfahrt begriffen war. [207] Ebenso soll, wenn zwei Geschlechter in Kampf mit einander geraten sind und ein Mann dabei erschlagen worden ist, die Buße für den Erschlagenen sofort bezahlt werden, um größeren Schaden möglichst zu verhindern; auch bestimmt das Landrecht II. Art. 35, wenn ein Mann zur Friedenszeit erschlagen worden ist und denjenigen, welche den Mann verloren haben, die nötige Bürgschaft zugesichert wird, daß die Mannbuße von dem Ge= schlecht bezahlt werden wird, sie wollen aber keine Bürgschaft annehmen, sondern bestehen auf der Blutrache und richten deshalb Schaden an, so soll der letztere so gebüßt werden, als ob sie nie Feinde gewesen wären, der Tote soll also garnicht mitgerechnet werden, weil die angebotene Mann= buße nicht angenommen worden war.

## IV.
### Das Geschlechtsnemede und die Eideshülfe.

Eine andere, wenn auch in früheren Zeiten nicht rechtlich ausge= sprochene Verpflichtung der Kluft= und Geschlechtsgenossen, welche aber im Laufe der Zeit zu einer solchen geworden war, war die Teilnahme an dem Geschlechtsnemede. [208]

Das ältere Ditmarscher Recht, wie die deutschen Rechte überhaupt, kennt drei Hauptbeweismittel:

1. die Zeugenaussage (Landr. I. § 64);
2. den Parteieneid und zwar
   a. den Eineid (Landr. I. § 35),
   b. den Eid mit Eideshelfern, und zwar mit zwei solchen (Landr. I. § 55), sodann mit zwölf,
   α. in Civilsachen (Landr. I. 38),
   β. in Kriminalsachen, bei denen der Zwölfmanneneid aber nur dann Anwendung findet, wenn das Objekt über 8, aber unter 90 Schilling beträgt (Landr. II. Art. 174).

Das Wesen der Eideshülfe [209] besteht aber darin, daß ein vorher= gehender Haupteid durch den nachfolgenden Eid einer geringeren oder größeren Anzahl von Personen in der Art bestärkt wird, daß sie ihrerseits die Reinheit des ersten Eides beschwören. Man nahm offenbar an, daß es einem glaubwürdigen Mann nicht schwer fallen könne, elf Männer zu finden, welche durch ihren Eid ihre Überzeugung bekräftigten, daß der Eid des Hauptschwörers nicht „mein", sondern rein sei. Die Auswahl der Eideshelfer steht in der Regel dem frei, der den Haupteid leistet, zuweilen wird sie durch das Los bestimmt, zuweilen dem Gegner oder dem Richter ein bestimmter Einfluß eingeräumt. An sich wählbar sind alle freien und volljährigen Leute männlichen Geschlechts — boni testimonii viri, Urkunde von 1265 —. Nach den verschiedenen Stammesrechten ist der Kreis der verwendbaren Personen übrigens verschieden, Verwandte sind ausgeschlossen, anderwärts gerabezu gefordert, ebenso Nachbarn und Standesgenossen; besondere Umstände brachten es von selbst mit sich, daß die zur Eideshülfe berufenen Leute über die streitigen Verhältnisse einigermaßen orientiert sein mußten. Gegenstand des Eideshelfereides ist aber nicht die objektive Wahrheit irgend einer bestrittenen Thatsache, sondern die subjektive Reinheit des Hauptschwurs. Der Eideshelfer hatte aber nur zu schwören, wenn er glaubte, für die Reinheit des Haupteides eintreten zu können; die Beweisführung des Hauptschwörenden galt als mißlungen, wenn auch nur ein einziger Eid zu wenig gebracht wurde.

γ. das Nemede und zwar zunächst das Geschlechtsnemede.

Das Nemede ist aber a, kein Zeugenbeweis, der Beweis durch das Nemede ist stärker als der Beweis durch Zeugen. So heißt es im Landr. I. § 123: Stieße jemand einem anderen zur Nachtzeit sein Haus ein, so daß man durch die Öffnung mit einem über die Kante gelehrten Schilde hineinkommen möchte, wie durch Nachbarn zu erweisen stände, so soll der Thäter dem Hausherrn 30 Mark und dem Gerichte 30 Mark büßen; leugnet er, so soll er dafür einstehen mit einem Nemede aus seinem Geschlechte; ebenso § 121: Dränge jemand zur Nachtzeit in eines anderen Haus und nähme etwas von seinem Gute, wie er mit seinen Nachbarn zu beweisen vermöchte, so soll man das Gut wiedergeben .... Leugnet er, so soll er es leugnen mit einem Nemede aus seinem Geschlechte.

Das Nemede ist aber b, auch keine bloße Eideshülfe, es ist stärker als der Zwölfmanneneid, denn letzterer findet statt nur bei einem Objekt unter 90 Schilling und wenn der Kläger nicht im stande ist, Beweise beizubringen, beträgt das Objekt aber 90 Schilling, und ist die Sache „bewislik" b. h. ist ein Zeugenbeweis vorhanden, so muß ein Nemede eintreten. Während z. B. bei einem Diebstahl von Weißholz — Buchenholz —, auf den eine Strafe von 8 Schilling gesetzt war (§ 141), für den leugnenden Angeklagten der Zwölfmanneneid genügte, mußte, wenn Eichenholz gestohlen war, wofür 90 Schilling dem Kläger wie dem Gericht gebüßt werden mußten (§ 140), dem leugnenden Angeklagten, falls Beweise gegen ihn vorhanden waren, ein Nemede aus seinem Geschlechte zur Seite stehen.

Überboten konnte aber das Nemede werden 3, durch das Gottesgericht, so heißt es Landr. I. § 74: Will aber der Beklagte das Eidesrecht (daselbst bestehend aus einem Nemede und 29 anderen Volleiden) überbieten, so soll er es überbieten mit einem Gottesrecht zur selben Zeit. [210] Der Grundgedanke, welcher dem Gottesgericht oder Gottesurteil zu grunde liegt, ist der, daß in Rechtsachen, welche aus irgend einem Grunde eine rechtliche Entscheidung nicht zulassen, vorausgesetzt wird, daß Gott selbst, wenn er in gehöriger Form darum angegangen, der Unschuld beistehen und die Wahrheit an den Tag bringen werde. Die Gottesurteile bestanden aus dem gerichtlichen Zweikampf, in der Wasserprobe und zwar der kalten, indem der Angeklagte an Armen und Füßen gebunden ins Wasser geworfen und wenn er nicht untersank, für schuldig erklärt wurde, oder der heißen, bei welcher aus einem Kessel mit siedendem Wasser ein Stein oder Ring herausgeholt werden mußte; endlich der Feuerprobe, wo ein glühender Gegenstand eine Strecke weit getragen werden mußte. In Ditmarschen scheint allein die letztere im Gebrauch gewesen oder geblieben zu sein, indem noch im Landr. II. Art. 39 bestimmt wurde, daß, wer von diesem Tage an das Handeisen tragen solle, es tragen solle von der Tafel bis zur Tonne 8 Ellen weit; fehlt ihm etwas an der Hand oder am Gange, so soll er straffällig sein. [211]

So steht in dem Ditmarscher Recht das Nemede als Beweismittel gewissermaßen zwischen der einfachen Eideshülfe, namentlich dem Zwölf=manneneid, und dem Gottesgericht in der Mitte. Der Ausspruch des Nemede ist also keine bloße Eideshülfe, denn indem er den beigebrachten Zeugenbeweis überbietet, bezieht sich derselbe auf den Thatbestand, und somit ist die Entscheidung des Nemede eine Art von faktischem Wahrspruch, mit dem aber die rechtliche Entscheidung seitens der Richter nicht ver=wechselt werden darf. Gegen den Ausspruch des Nemede war nach dem ältesten Landrecht keine weitere Beweisführung, das Gottesgericht ausge=nommen, möglich. Deshalb heißt es auch daselbst § 58: Wenn jemand beschuldigt würde, seiner Ehre im Recht (Gericht) nicht genügt zu haben, worin es auch wäre, und er hätte doch allermaßen Eidesrecht geleistet, so soll ihn niemand damider in Buße setzen bei der höchsten Brüche des Landes von 60 Mark lübsch. Ebenso heißt es in § 64: Wenn einem Manne aufgegeben würde, „dat he recht gheven scholde", d. h. ein Eidesrecht zu leisten, und er mit genügenden Zeugen aus denjenigen, welche ihm das Eidesrecht zuerkannt hatten, beweisen vermöchte, daß er selbiges vollkommen zu stande gebracht habe, so soll er in der Sache Recht behalten und dieser Sache halben kein Eidesrecht mehr zu leisten haben.

Der Name des ditmarsischen Nemede (im Landbr. II. heißt es auch „nempte" z. B. Art. 169) findet sich auch im altschwedischen Rechte (nämd), im Seeländer und im jütischen Rechte. In Dänemark und Schweden haben sich die näfning bis in das siebzehnte Jahrhundert er=halten, auch in verschiedene Stadtrechte, so in das Ripener vom Jahre 1269 (Art. 2) wie in die Apenraber Skraa ist das Institut der nefninge übergegangen, während der Sachsenspiegel wohl die Eideshülfe, aber nicht das Nemede kennt. Diese verschiedenen Namen bezeichnen aber alle soviel wie die Ernannten, nominati, wie es in der Vertragsurkunde der Stadt Hamburg mit den Ditmarschern vom Jahre 1265 heißt. Der Beklagte durfte sich nämlich die Mitglieder des Nemede nicht selbst auswählen, sie wurden ihm genannt d. h. gegeben, wie es ausdrücklich im Landbr. I. § 10 heißt: Wer deshalb beschuldigt wird, sagt er dazu nein, soll er nein sagen mit zwölf Nachbarn seines Hauses — welche also als Eideshelfer eintreten sollen — und mit einem Nemede aus seinem Geschlechte, welche ihm die Achtunbvierziger nennen werden. Hier geschieht dies seitens der höchsten Landesbehörde, weil es sich um eine Landesjache, des Nehmens von Geschenken seitens eines Richters, handelt, was als Landesverrat ge= ahndet wurde. Hieraus scheint hervorzugehen, daß überhaupt das Er= nennen des Nemede von den zustehenden Gerichten besorgt worden sei. Es gehörte vor allem zu der Pflicht der Achtunbvierziger, darüber zu wachen, daß in dem Lande Recht und Gericht ordentlich gehandhabt werde, wo also der Verdacht der Bestechung eines Richters vorlag, traten die Acht= unbvierziger sofort ein, ohne erst die Entscheidung der Untergerichte abzu= warten. In den ostbänischen Rechten ist die Ernennung ber unefn burch ben Kläger unbestreitbar, auch in einer Verfügung König Walbemars II. vom Jahre 1228, ²¹² welche die Eisenprobe für Schonen abschafft und an die Stelle berselben die jebenfalls schon bestehenbe Einrichtung ber unefnd als lette Instanz bei Diebstahl, Unzucht und Totschlag setzt, heißt es, baß ber Kläger 15 Männer aus ber Harbe ernennen soll, in welcher ber Be= klagte wohnt, also nach Art bes bitmarfischen Bauerschaftsnemede, woraus gefolgert werden könnte, baß überhaupt, also auch anberwärts, ber Kläger bie Mitglieder bes Nemede ernannt habe. Der Beklagte war ja, wenig= stens bei bem Geschlechtsnemebe, gegen besonbere Bosheit bes Klägers schon baburch geschützt, baß bas Nemede aus seinen Geschlechtsgenossen ge= nommen werden mußte, was allerbings erst bann seine volle Bebeutung erhielt, wenn ber Kläger bieselben auswählte; bem wiberstreiten aber einzelne Bestimmungen bes bitmarfischen Landrechtes z. B. § 76, wo aus= brücklich von einem Nemede aus bem Geschlechte, welches klagbar ist, bie Rebe ist, wo es aber vollständig sinnlos wäre, wenn ber Kläger selbst basselbe ernannt hätte. Jedenfalls bezeichnete bas Nemede aber ebenso wenig ber Angeklagte, sonst hätte § 65 bes Landrechts I. keinen Sinn, in welchem es heißt: Wenn einem Frauenzimmer — also auch bei solcher trat bas Geschlechtsnemede ein — ober einem Manne aufgegeben würbe, ein solches Nemede zu schaffen, so mag ein jeber mit seinen Freunben, aber nicht mit seinen Feinben bas Eibesrecht leisten, unb stehenben Fußes soll er bann gegen seine Feinbe Wiberspruch erheben unb beweisen, weshalb sie seine Feinbe seien; will man ihm bies nicht glauben, so soll er bafür einstehen mit zwölf Mannen. Damit ist jebenfalls bie Möglichkeit einge= räumt, baß unter ben zum Nemede Einberufenen sich Feinbe bes Ange= klagten befanben, bie er boch unter keinen Umständen sich selbst ausgesucht haben würbe, beren Ablehnung aber bem Angeklagten gestattet war. Frei= lich äußert sich bas Lanbrecht I. nicht weiter barüber, vermutlich weil es im Lanbe hinreichenb bekannt war, also als selbverständlich vorausgesetzt wurbe, wie es bei bem Nemede zu halten sei, aber im Lanbrecht II. heißt es (Art. 191, 2): „ferner, wenn es jemanbem bestimmt würbe, baß er ein Geschlechtsnemebe geben solle, mag er sein Recht leisten mit seinen Freunben unb nicht mit seinen Feinben, auch mag er fünf ablehnen, stehenben Fußes, aber er soll bies nicht thun ohne zu beweisen, weshalb sie seine Feinbe sinb; will man ihm bies nicht glauben, so soll er babei stehen mit zwölf Mannen, unb so soll man ihm wieber fünf anbere an der Stelle nennen, und dann soll er „van den benömeden rechte" — bei dem Nemede — stehen als Selbzehnter, und gebricht ihm da etwas an — spricht sich das volle Nemede nicht für ihn aus —, so ist er „nebberveltich", so hat er seine Sache verloren. Der Beklagte kann also fünf der ihm von dem Gericht zum Nemede Genannten zurückweisen und muß als Selbzehnter schwören, das Nemede bestand also aus 9 Personen, von denen vier nicht zurückgewiesen werden konnten. Es geht aber auch daraus hervor, daß der Angeklagte überhaupt mitschwören mußte, wodurch das Nemede allerdings einen der Eideshülfe ähnlichen Charakter erhält. Wie sich nun aber die verschiedenen Abteilungen eines Geschlechtes zu dem Geschlechtsnemede verhielten, geht aus § 7 des Landr. I. hervor, in welchem es heißt: „Wenn ein Geschlecht oder ein Mann sich auf das Landrecht beriefe und man ihm das nicht genießen lassen wollte und es entstände ihm daraus irgend ein Schade, den soll man ihm so hoch bessern, wie er ihn zu erhärten vermag. Ist es innerhalb des Geschlechtes, so soll er ihn erhärten mit einem Nemede aus seiner Kluft, ist es innerhalb der Kluft, so soll er ihn erhärten mit seinen nächsten Blutsverwandten, der Probertemede.

Das Nemede trat aber einmal ein für den Kläger, wenn es galt „Schaden totbringende", also die Größe eines erlittenen Schadens zu erhärten, oder für den Angeklagten, „iffte jemand scholbe rechtferbig werden," um die Unschuld des Beklagten zu erweisen. Ersteres ist z. B. der Fall in dem obenerwähnten § 7 des Landr. I, wie im Landr. II. Art. 65, wo es heißt: ‚Wenn jemand einen Schaden erlitten hat, welcher sich auf „verstighe" (d. h. 80) Mark beläuft, der soll seinen Schaden zubringen mit einem Nemede.' Letzteres findet sich bei einer großen Anzahl von Fällen. So Landr. I. § 33: „Wenn jemand durch Zeugen beschuldigt wird, die Bauerschaft durch nächtliches Läuten alarmiert zu haben und die That leugnet; § 35: wenn jemand durch Zeugen beschuldigt wird, einen zum Markt gekommenen Holsteiner beraubt zu haben, und es leugnet; § 40: wenn jemand einen Erschlagenen seiner Kleider und Waffen beraubt hat, soll er mit einem Nemede erhärten, daß er alles wieder herausgegeben hat; ebenso § 45, § 102, u. a. m. In allen diesen Fällen ist als Buße für den Geschädigten 90 Schilling und ebensoviel für das Gericht festgesetzt, und es muß die Sache trotz des Ableugnens seitens des Verklagten durch Zeugen bewiesen werden können. Übersteigt die Buße jedoch die Summe von 90 Schilling dadurch, daß sie dieselbe vervielfacht, so muß für jede einzelne Sache von 90 Schilling ein besonderes Geschlechtsnemede gestellt werden (Landr. I. § 110).

### Anhang zu IV.
### Das Kerknemede und das Burnemede.

Außer dem Geschlechtsnemede gab es aber noch zwei andere zusammengesetzte Nemeben, das Kerknemede und das Burnemede.

Überstieg nämlich die Buße die Summe von 90 Schilling an den Geschädigten wie an das Gericht, dann genügte bei dem Leugnen des Verklagten auch das einfache Geschlechtsnemede nicht mehr, es trat zu demselben das Kerknemede (Kirchnemede b. h. ein aus Genossen desselben Kirchspiels bestehendes Nemede) hinzu. Da nun hierdurch jedenfalls eine Verschärfung des Nemede eintreten sollte, so ist es allerdings nicht klar, wie diese da= durch erreicht werden konnte, daß die Mitglieder desselben aus beliebigen Eingesessenen des Kirchspiels, in welchem der Angeklagte wohnte, genommen wurden, zumal da zu der Zeit, in welcher das älteste Landrecht kodifiziert wurde, auch die Geschlechtsgenossen großenteils in eben und demselben Kirchspiel ansässig waren. Man hat deshalb angenommen, daß das Kerk= nemede aus den jedesmaligen geschworenen Vorstehern des betreffenden Kirchspiels genommen worden sei. Allein diese waren ja selbst die Richter erster Instanz, wie konnte also ein Nemede, welches für den Angeklagten zeugen und auf dessen eidliche Aussage hin die Richter ihr Urteil fällen sollten, aus eben diesen Geschworenen bestehen? Deshalb waren dieselben auch durch eine ältere Bestimmung des Landrechts von der Teilnahme an dem Geschlechtsnemede ausgeschlossen. In älteren Zeiten, wo die Geschlechts= verbindung keine lokale Bedeutung hatte, stand die Sache allerdings anders, indem die Kirchspielsgenossen jedenfalls genauere Kenntnis von den per= sönlichen Verhältnissen des Angeklagten haben mußten als entfernt wohnende Geschlechtsvettern. Das gewöhnliche Kerknemede bestand wahrscheinlich, ebenso wie das Geschlechtsnemede, aus 9 Personen, es wurde aber in be= stimmten Fällen ein volles Kerknemede, also 12 Mann verlangt. Dies letztere ist der Fall in § 123 (Landr. I.) bei einer nächtlichen Hausbe= schädigung, ebenso § 115, wenn jemand eine Frau oder Jungfrau von dem Pferde geworfen hat, wofür er eine Buße von 30 Mark an die Ge= schädigte und ebensoviel an das Land zu zahlen hat; ebenso in § 121, wenn jemand des Nachts in ein Haus einbringt und raubt, worauf eine Buße von 30 Mark gesetzt ist, während eine Beraubung bei Tage unter denselben Umständen nur mit 90 Schilling gebüßt wird. Deshalb genügt in dem letzteren Falle auch ein einfaches Geschlechtsnemede, um zu erhärten, daß der Beklagte nicht mehr genommen, als er herausgegeben hat.

Außerdem gab es noch ein Bauerschaftsnemede (burnemede), [213] welches aus Mitgliedern derselben Bauerschaft bestand, also in Sachen ein= trat, welche nur den letzteren bekannt sein konnten und wohl geringfügigerer Natur waren. So heißt es im Landr. I. § 211: Wenn jemand aus einer Kirchenbelassung oder einer Bauerschaftsbelassung klagt, die zu er= weisen steht, so soll der Gegner, welcher leugnet, im ersteren Fall mit einem Kirchnemede, im letzteren mit einem Bauerschaftsnemede leugnen. Kirchenbelassungen waren aber Zuwendungen auf den Tod, welche in der Kirche vor Zeugen aus dem Kirchspiel gemacht und in das Kirchenbuch eingetragen wurden, während die Bauerschaftsbelassungen nur mündlich vor der Bauerschaft ausgesprochen wurden. [214]

### Die dreißig Volleide.

Im allgemeinen trat also das Nemede nur dann ein, wenn die Klage durch Zeugenaussagen unterstützt war (nur der Fall im Landr. II.

Art. 33, wenn eine ganze Bauerschaft, ein ganzes Geschlecht oder eine Kluft angeklagt war, dem Gericht einen übergebenen Mann vorenthalten oder Widerstand geleistet zu haben, scheint eine Ausnahme gemacht zu haben), in ganz schweren Fällen konnte aber auch ohne Beweise des Klägers dem Angeklagten gegenüber ein verschärftes Nemedverfahren eintreten. War nämlich ein Mann erschlagen worden und der Angeklagte, dessen Thäter= schaft außer Zweifel war, leugnete die That,' der Kläger vermochte aber keine Beweise beizubringen, so daß dem Angeklagten die Bezahlung der Mannbuße von Gerichts wegen hätte auferlegt werden können, so mußte der Kläger, um zu seinem Rechte zu gelangen, außer einem vollen d. h. aus 12 Personen bestehenden Nemede aus seinem Geschlechte noch 29 Voll= eide d. h. vollzählige, also auch aus 12 Personen bestehende Eidgenossen= schaften beibringen, [215] welche aus 29 anderen „amachtigen" d. h. unbe= teiligten (im Landr. II. Art. 36 steht dafür „inbaren", eingeborenen) Geschlechtern genommen waren. [216] Zuerst mußte also das Nemede aus dem betreffenden Geschlechte den Thatbestand konstatieren, sodann kamen die anderen an die Reihe, welche durch ihren Eid die Glaubwürdigkeit der zum Geschlechtsnemede zusammengetretenen Geschlechtsgenossen des Klägers bezeugten. Konnte der Kläger nicht 29 Volleide aus anderen Geschlechtern aufbringen, so durfte das Geschlecht des Klägers zu jedem die Hälfte mit sechs seiner eigenen Mannen stellen, und wenn dasselbe nicht 12 und 6 mal 29 Männer zu stellen im stande war, durften dieselben Geschlechtsge= nossen bei mehreren Volleiden zur Hälfte gehen.

## V.
### Die Geschlossenheit der Geschlechter.

Ursprünglich müssen wir uns den Geschlechtsverband als einen streng geschlossenen denken, wie auch Neokorus (I, 103) sagt: „man hat auch nicht die, welche ditmarsischen Geblütes gewesen, mit anderen Ausländern oder Fremden vermengt, oder nur sehr selten, sondern es hoch und herrlich gehalten, daß man des Landes Art rein und unbefleckt von allerhand fremdem und knechtischem Geblüt behalten und verwahren möchte, woher der Ruhm des Geblütes entstanden. Haben ihnen lieber vergönnt, mit ihnen zu leben, zu erwerben, gewinnen und sich zu bereichern, als daß sie dieselben zu Regiment und Schwägerschaften einlassen und ihre Herrlichkeit gemein machen sollten. Wie wohl dies allmählich ganz gefallen." Welch ein Nationalstolz spricht aus den Worten des Büsumer Geistlichen! Karsten Schröder berichtet (fol. 22), daß, wenn ein Frembder, der sich im Lande niedergelassen, begehrt habe, Geschlechtsvetter zu werden, und im stande gewesen sei, ehrliche und redliche Zeugnisse seiner Geburt, seines Handels und Wandels beizubringen, derselbe als Geschlechtsvetter aufgenommen, auch nicht weniger geachtet worden sei als ihre angeborenen Geschlechts= genossen. In späteren Zeiten fand auch, wie uns Neokorus an ver= schiedenen Stellen berichtet, ein Übertritt aus einem Geschlecht in ein anderes oder eine Vereinigung zweier früher selbständigen Geschlechter statt,

letzteres wohl namentlich in dem Fall, wenn die Zahl der Geschlechtsge=
nossen des einen zu gering geworden war, so daß sie nicht mehr als selb=
ständiges Geschlecht existieren konnten. So berichtet Neokorus z. B., daß
die Mollermannen auf Büsum [217] sich aus diesem Grunde zu den Witting=
mannen geschlagen hätten, freilich unter Beibehaltung des eigenen Wappens.
Ebenso erwähnt er, daß die Epenwöhrder Schnecken [218] sich in das Witte
Bakemgeschlecht eingekauft, das heißt wohl einen Anteil an der Feldmark
derselben gekauft hätten. Ebenso befand sich unter den Kluften der Bü=
sumer Dikboligmannen eine Hubbingmannskluft, welche, wohl ursprünglich
dem Lunbner oder Neuenkirchner Geschlecht der Hubbing= oder Hobbie=
mannen angehörig, nach Büsum ausgewandert und in jenen Geschlechts=
verband aufgenommen worden war. [219]

# Drittes Buch

# Zweite Periode der ditmarsischen Geschichte

von der Schlacht bei Bornhöved bis zur Einführung der Reformation in Ditmarschen.

(1227—1524.)

# Erster Abschnitt.

# Umgestaltung der inneren Landesverhältnisse unter der Oberhoheit des Erzbischofs von Bremen.

## I.

### Die Gerechtsame des Erzbischofs von Bremen als Landesherrn von Ditmarschen.

Durch den glücklichen Ausgang der Schlacht bei Bornhöved war Gerhard II., Erzbischof von Bremen, unbestrittener Landesherr der Dit= marscher geworden, und da die Herzöge von Sachsen als Nachfolger Heinrichs des Löwen auf Ditmarschen noch nicht formell verzichtet hatten, schloß er, um auch von dieser Seite seinen Besitz zu sichern, am 13. Mai 1228 mit dem Herzog Albert zu Hamburg einen Vertrag ab, in welchem der letztere auf Ditmarschen ebenso wie auf andere Besitzungen auf dem linken Elbufer förmlich Verzicht leistete. [220]

Freilich waren die Rechte des Erzbischofs als Landesherrn nicht gerade schwerwiegender Natur. Sie bestanden zuerst bei Neubesetzung des erzbischöflichen Stuhles in einem Willkommen von 500 alten Mark, so= dann in den Fähren über die Elbe und die Eider, dem Heuwuchs auf der südlich von der Insel Büsum gelegenen Insel Tötel [221] — jetzt nur eine Sandbank — ferner der Fischerei in dem fischreichen Kudeniee, dem Burgholz bei der Böklenburg und der höchsten Gerichtsbarkeit im Lande mit den dazu gehörenden Brüchgeldern. Von letzterer war übrigens die geistliche Gerichtsbarkeit getrennt, denn wie die Meldorfer Kirche schon im Jahre 1143 von dem Erzbischof Adalbero dem Hamburger Domkapitel übertragen worden war, [222] so war bereits im Jahr 1223 die geistliche Gerichtsbarkeit über ganz Ditmarschen durch den Erzbischof Gerhard II. dem Hamburger Dompropsten übergeben worden. [223]

So werden uns wenigstens die Gerechtsame des Erzbischofs von dem Bremer Presbyter (c. XV.) aufgeführt, als Kaiser Siegismund unter dem 6. Dezember 1420 die Hauptleute, Ratgeber, Räte und die ganze Gemeinde des Landes Ditmarschen aller An= und Zusprüche von seiner und des Römischen Reiches wegen ledig sprach und an demselben Tage dem Bremer Erzbischof Johannes Slamersdorp die Regalien verlieh und

deſſen Privilegien beſtätigte. Höchſt charakteriſtiſch für das damalige Ver=
hältniß Ditmarſchens zu ſeinem Landesherrn iſt es übrigens, daß, wie
aus der beſagten Urkunde hervorgeht, und dies iſt nicht nur damals der
Fall geweſen, überhaupt die Fiktion hatte aufkommen können, Ditmarſchen
ſei jemals reichsunmittelbar geweſen. Außerdem nahm der Erzbiſchof das
Strandrecht in Anſpruch. Hatte der Landesherr, wie es ja offenbar ſeine
Pflicht war, bei der trotz aller wiederholt abgeſchloſſenen Verträge immer
wieder aufwuchernden Seeräuberei über die Sicherheit und Polizei des
Strandes zu wachen, ſo bedurfte es allerdings einer entſchiedenen Kontrole
über das Strandgut und den Seefund. [224] Endlich gehörte auch die
Heeresfolge zu den Hoheitsrechten des Bremer Landesherrn, wie die Dit=
marſcher früher ſolche den ſächſiſchen Herzögen hatten leiſten müſſen.

Da nun der Erzbiſchof als geiſtlicher Fürſt, zumal bei der weiten
Entfernung Bremens von Ditmarſchen, die richterlichen Funktionen im
Lande nicht perſönlich ausüben konnte, ſetzte er, wie es auch ſonſt üblich
war, einen Vogt (advocatus) ein, der ihn in ähnlicher Weiſe vertrat wie
früher der Graf den König, nur daß er dieſem an Rang natürlich nicht
gleichgeſtellt war. Einen Grafen wieder mit Ditmarſchen zu belehnen,
mochte dem Erzbiſchof doch wohl nicht rätlich erſcheinen, indeſſen muß die
Ernennung eines ſolchen noch im Jahr 1259 [225] nicht für unmöglich ge=
halten worden ſein, denn in dieſem Jahre verpflichtete ſich ein holſteiniſcher
Edelmann Otto von Barmſtede, der aber zu Brunsbüttel einen Hof be=
ſaß, den holſteiniſchen Grafen Johann und Gerhard gegenüber ausdrück=
lich, ſich nicht mit der Ditmarſcher Grafſchaft belehnen zu laſſen.

## II.
### Der Vogt.

Die erſte urkundliche Erwähnung eines erzbiſchöflichen Vogtes
ſtammt aus dem Jahre 1265, [226] indeſſen iſt die Einſetzung eines ſolchen
jedenfalls bald nach der Beſitzergreifung des Landes durch den Bremer
Erzbiſchof erfolgt. Dieſer Vogt hat nun ohne Zweifel ſeinen Wohnſitz
auf der Burg zu Melborf gehabt. Denn daß eine ſolche zu jener Zeit,
wo Melborf zugleich urkundlich zum erſten Male als Stadt erwähnt wird,
daſelbſt exiſtiert hat, geht ſchon daraus hervor, daß ein Viertel der Stadt
noch heute den Namen Burgviertel und eine an der Weſtſeite des Hügels,
auf dem die Stadt liegt, zur Höhe führende Straße den Namen der Burg=
ſtraße führt. Der freilich ſonſt ja ſehr unzuverläſſige bitmarſiſche Kirchen=
hiſtoriker Carſtens [227] ſchreibt über dieſe Burg: „Ich finde unter meines
Altervaters Dulv Carſtens Johann Nachrichten, wie alle Häuſer, die auf
der ſogenannten Burg geſtanden, ſein gehört und ſich die Heuerleute be=
ſchwert, daß es ihnen an Waſſer fehle, als hat er den jetzigen (Carſtens'
Schrift iſt vom Jahre 1732 datiert) Ziehbrunnen graben laſſen, aber an
breien Orten, gegen Oſten und Norden, kaum eine Rute unter der Erde
ein ſolch ſtarkes Fundament von ſtarken Steinen gefunden, daß ſie von
der Arbeit abſtehen mußten.“

Urſprünglich gab es nur einen Vogt im Lande, aber ſchon im Jahre 1281 [228] begegnen wir mehreren. Was nun dieſe Vermehrung der Vögte veranlaßt hat, iſt uns freilich nicht ausdrücklich überliefert worden, wir werden aber ſchwerlich fehlgehen, wenn wir annehmen, daß es auf den eignen Wunſch des Landes geſchehen iſt. Einmal erinnerte der eine auf der Burg zu Meldorf reſibierende Vogt doch zu ſehr an die im Lande verhaßte Grafengewalt, andererſeits vereinfachte die Vermehrung der Vögte vor allem den Rechtsgang. Man vergegenwärtige ſich, wie die Leute bei den damaligen, zu ungünſtiger Jahreszeit ganz unpaſſierbaren Marſchwegen in allen Sachen, welche vor das Forum des Vogtes gehörten, von Süden und von Norden den weiten Weg nach Meldorf machen mußten, da mochte ſich eine Teilung der Vogtei gar bald als wünſchenswert, ja als notwendig herausſtellen. Freilich beſitzen wir keine authentiſchen Nachrichten darüber, in wie viele Teile dieſelbe gegen das letzte Viertel des dreizehnten Jahrhunderts geteilt worden iſt, vermutlich aber gleich in fünf, wie ſolches wenigſtens aus ſpäteren Zeiten urkundlich beglaubigt iſt. [229] Das Land Ditmarſchen zerfiel nämlich, und zwar wohl ſchon in älteren Zeiten, in fünf Diſtrikte, Döffte oder Duffte genannt, woraus ſich die Fünfzahl der Vogteien am einfachſten erklärt. Schon der Name „Döffte" deutet auf ein höheres Alter und ſcheint eine alte militäriſche Einteilung des Landes geweſen zu ſein. [230] Wäre die Teilung des Landes in eben dieſe fünf Diſtrikte erſt nach der Teilung der einen Vogtei in die fünf vorgenommen worden, ſo würden dieſelben jedenfalls als ſolche — „Voghedyen" — bezeichnet worden ſein. [231]

Zur Amtsbefugnis der Vögte, wie früher der Grafen, gehörte natürlich auch die Aufbietung und Führung des Heerbannes. Eine jede Döffte bildete aber eine militäriſche Einheit und hatte ihre jährliche Heerſchau, bei welcher bie neu eintretende junge Mannſchaft den Fahneneib leiſtete. Genauere Nachrichten über dieſe ganze Einrichtung beſitzen wir freilich aus verhältnismäßig ſpäter Zeit. Im Landrecht II. Art. 240 heißt es, daß in bem Jahre 1531 auf St. Oswaldstag in der Landesverſammlung beſtimmt worden ſei, daß alljährlich zu Pfingſten über die einzelnen Döfften Heerſchau gehalten werden ſolle, und zwar am Montag über die Weſter- und Middelböffte auf der Ratesmede (oder nach Neokorus I. 238 auf der Ratingeßmede) zwiſchen Schülperſiel und Zennhuien; [232] am Dienstag über die Melborfer- und Oſterböffte zur Heibe und des Mittwochs über die Strandmannen, welche damals garnicht als fünfte Döffte bezeichnet wurden, während ſie ſelbſt es aber thaten, [233] auf dem Ochſenkamp bei Barlt, weſtlich von Buſenwurth.*) Dieſer im Jahre

---

*) Nach Neokorus (I. 338) gehörten zur Melborfer Döffte: bas Kirchſpiel Meldorf nebſt Barlt (welches erſt in der erſten Hälfte des fünfzehnten Jahrhunderts Kirchſpiel geworden war; im Hamburger Archiv befindet ſich unter O. 50 eine Urkunde vom 29. März 1434, in welcher Schließer und Gemeinde des Kirchſpiels Barlt eine Reihe von Beſtimmungen zum beſten ihres Kirchenbaues treffen) und Windbergen, welches noch zu Neokorus' Zeit in Melborf eingepfarrt war; zur Oſterböffte: die Kirchſpiele Hennſtebt, Delve, Tellingſtebt und Albersborf; zur

1531 von der Landesversammlung zu Heide, welche damals nur aus den

Westerdöffte: Büsum, Wesselburen, Wöhrden, Neuenkirchen; zur Mibbeldöffte: Lunden, Hemme, Neufeld, Webbingstedt, Süderhastedt, Heide und Hemmingstedt; zur Strandmannsdöffte: Döllenburg (Burg), Ebbelack, Brunsbüttel und Marne. Aus der Reihenfolge, in welcher die Kirchspiele in mehreren Urkunden aus den Jahren 1405, 1409, 1416 und 1456 (Michelsen bitm. Urkundenb. p. 26, Neokorus I. 629, ebendas. p. 633, Michelsen a. O. p. 60) unterschrieben haben, schließt Kolster (Döffte und Hammen p. 7), daß dies dösstenweise geschehen ist, und kommt zu dem Resultat, daß zu der Melborfer Döffte: Melborf und Hemmingstedt; zur Westerdöffte: Altenwöhrden, Büsum, Wesselburen und Neuenkirchen; zur Mibbeldöffte: Hemme, Lunden und Webbingstedt; zur Oster-döffte: Hennstedt, Delve, Tellingstedt, Norbhastedt und Albersborf; zur Strand-mannsdöffte: Süderhastedt, Burg, Brunsbüttel, Marne, Ebbelack und Barlt ge-hört haben. Diese burch eine eingehende Untersuchung der namentlich burch be-beutende Wasserabflüsse gebildeten Grenzen der einzelnen Döfften (Döffte und Hammen p. 10) unterstützte Einteilung weicht also von der von Neokorus gegebenen barin ab, baß bei letzterem:

1. Barlt zur Melborfer Döffte gerechnet wird, während Kolster (a. O. p. 14) es der Strandmannsdöffte zuweist, in Übereinstimmung mit der obenerwähnten Urkunde, welche die Musterung der Strandmannen auf dem Ochsenkamp bei Barlt verlegt;

2. wird Hemmingstedt von Neokorus der Mibbeldöffte zugelegt, während Kolster es zu der Melborfer Döffte rechnet. Sehr zu beachten ist, was der letztere über die Nähe von Heide sagt, baß man sich baburch nicht bestechen lassen bürfe, Hemmingstedt zu bemselben zu ziehen, benn Heide existierte, wenigstens zu der Zeit, in welche wir die Teilung der einen Vogtei in die fünf, geschweige benn die Döfften-einteilung überhaupt setzen müssen, noch garnicht. Die Lage der zum Kirchspiel Hemmingstedt gehörenden Dörfer in der Niederung, welche ohne weitere Scheidung an die von Ketelsbüttel grenzt, die aber burch ein Moor von der Mibbeldöffte ge-trennt sind, weist viel mehr auf einen Zusammenhang mit dem Süden als dem Norden hin;

3. fehlt Norbhastedt bei Neokorus ganz. Kolster teilt es der Osterdöffte zu, weil es ganz außerhalb bes Gebietes der Mibbeldöffte liegt, während sich keine natürliche Scheide gegen Albersdorf nachweisen läßt. Ebenso ist Kolster

4. der Meinung, baß Süderhastedt nicht zur Mibbeldöffte gehört hat, ist aber zweifelhaft, ob es zur Strandmannsdöffte gehört haben könne, weil es burch das Thal des Helmschen Bek vom Kirchspiel Burg getrennt ist. Letzteres ist aber boch nur im Osten des Kirchspiels der Fall und scheint weit weniger bebenklich, als wenn man mit Neokorus eine Zusammengehörigkeit von Süderhastedt mit der von ihm burch bas Kirchspiel Melborf boch vollständig getrennten Mibbeldöffte annehmen will, wie es auf der Dahlmannschen Karte im ersten Teil bes Neokorus verzeichnet ist, was wenigstens mit Rücksicht auf eine militärische Einheit gerabezu unmöglich erscheint. Daß Süderhastedt aber zur Melborfer Döffte gehört hat, wie es nach der geographischen Lage desselben möglich wäre, wird nirgends erwähnt. Dagegen besindet sich unter ben Geiseln, welche nach der Eroberung bes Landes im Jahre 1559 gestellt werden müssen (Mich. bitm. Urk. p. 210) aus der Osterdöffte als Letztgenannter Schubbinges Frentz, der nach einer Anmerkung bei Michelsen a. a. O. aus Süberhastedt stammt. Das aus Neokorus angeführte Citat ist falsch, es muß heißen II. 439, baselbst wird Schubbinges Frentz aus „Suberharstebe" im Jahre 1559 für Melborf zur Gerichtsperson bestimmt. Ferner erscheint berselbe in einem in Süberhastedt ausgestellten Kaufbrief (Original mit den Siegeln im Mel-borfer Museum) als Zeuge. Vergl. Michelsen a. O. p. 125. Demnach scheint Süberhastedt bamals zur Osterdöffte gehört zu haben, jebenfalls hat es nicht zu ben Kirchspielen gehört, welche sich um die Mitte des fünfzehnten Jahrhunderts von ben vier nördlichen Döfften als Sonderbund getrennt hatten. Vielleicht ist Süber-hastedt erst nach der Trennung der südlichen Kirchspiele, an welcher es nicht teilge-nommen hatte, vermöge seiner Lage der Osterdöffte zugetheilt worden.

vier nördlichen Döfften bestand und von der fünften im Süden des Landes belegenen nicht besucht wurde, gefaßte Beschluß darf aber nicht als eine ganz neue, damals überhaupt erst beliebte Einrichtung angesehen werden, sondern bezog sich nur auf das Verhältnis eben jener Döfften zu den Strandmannen, welche sich seit längerer Zeit in bitterer Feindschaft von jenen getrennt hatten und damals angesichts der der Unabhängigkeit des Landes seitens des dänischen Königs und der Holsteiner drohenden Gefahr im begriff standen, mit ihren Landsleuten behufs einer endlichen Beilegung der bald ein volles Jahrhundert dauernden Entfremdung in Verhandlungen zu treten. Doch Genaueres hierüber später.

Nach der Teilung der Vogtei verteilte sich nun aber die Gerichts= barkeit der fünf Vögte im Lande so, daß ein jeder in seiner Döffte „dat richtend over hals und bloedt, dat is dat blotrecht von wegen der Kerken to Bremen"[204] ausübte und natürlich die Brüchgelder einzog. Dafür bezahlten die Vögte an den Erzbischof eine bestimmte Abgabe, welche frei= lich gering genug war, in späterer Zeit betrug sie im ganzen fünfund= zwanzig Mark, und es ist kein Grund vorhanden anzunehmen, daß sie sich früher höher belaufen habe.[205] Die Ernennung der Vögte stand natürlich dem Erzbischof zu; im Königl. Archiv zu Kopenhagen befindet sich noch aus dem Jahre 1487,[206] also aus einer Zeit, in welcher die Vögte ihre alte Bedeutung schon längst verloren hatten, eine Urkunde, laut welcher der Kanonikus Hughe zu Hamburg im Namen des Bremer Erz= bischofs nach dem seligen Abscheiden der Vögte Kersten Reymers (aus dem Geschlechte der Hubbiemannen) und Hans Harrynges Pawel im Kirchspiel Wesselburen den ehrsamen Hans Wiben Kerstens zu „en part" und Hans Harrynges Robe Johann zum „anderen Teel der sülften Vogedie in der Westerndöffte in deme kerspel to Wesselburen" ernennt, mit der Maßgabe, daß dieselbe Vogtei an ihre rechtmäßigen Erben übergehen solle, insofern sie derselben vorzustehen im stande seien. Da nun gegen Ende des fünf= zehnten Jahrhunderts von zwei Teilen der Vogtei in der Westerdöffte die Rede ist, in deren jeder ein Vogt ernannt wird, so muß die Zahl der Vögte in späteren Zeiten nicht unerheblich vermehrt worden sein. Ebenso läßt der Wortlaut der obigen Urkunde keinen Zweifel darüber, daß die Vogtei in den damit belehnten Familien erblich geworden war. Daß der Erzbischof sich in späteren Zeiten überhaupt nicht mehr viel um die Sache kümmerte, geht schon daraus hervor, daß die Ernennung bezügl. die Be= stätigung der Vögte einem Offizial in Hamburg übertragen war, obwohl das Domkapitel in Hamburg in politischer Beziehung mit den Ditmarschen nicht das Mindeste zu schaffen hatte.

## III.
### Das Geschlecht der Vogdemannen und das Verschwinden des Adels.

Die Vögte wurden nun jedenfalls von vorn herein aus den Ein= gesessenen des Landes genommen und zwar, wie der Name es ja selbst

anzeigt, aus dem Geschlechte der Vogdemannen. Bei Neokorus findet sich
allerdings für dieses Geschlecht eine ganze Anzahl verschiedener Bezeich=
nungen: Vobiem, Vobiemau, Voiebigmanne, Vobimen, aber einerseits findet
sich das Wort Vogt in Urkunden aus dem letzten Viertel des dreizehnten
Jahrhunderts auch sonst häufig „Vogt" geschrieben,[237] woraus also jene
Veränderungen des Geschlechtsnamens sich erklären lassen, andererseits zeigt
sich Neokorus, wie schon oben erwähnt worden ist, über die Namen der
Geschlechter mehrfach nur mangelhaft unterrichtet. Bei Viethen werden die
Vogdemannen als „Voigbigmannen" z. B. im Kirchspiel Burg angesessen
angeführt, und in einer Urkunde vom Jahr 1384,[238] in welcher die
Kirchspiele Meldorf, Wesselburen und Büsum einen Vertrag mit den Hanse=
städten über Strandrecht und Handelsverkehr schließen, wird auch „dat
ghmene slechte der Voghebingmannen to Süden und to Norden unde wor
wi wonen in deme Lande to Ditmarschen" als ein solches bezeichnet,
welches mit den Städten paktiert. Dies Geschlecht finden wir nun bei
Neokorus (I. 265) im Besitz des Burgholzes bei der Völlenburg, während
die Fischerei im Kubensee im Besitz des dänischen Königs ist; ebenso
machen die „Voigbimannen" (Viethen p. 75) Ansprüche auf das Strand=
gut bei Büsum und zwar mit solchem Erfolge, daß dieselben auf Anraten
des Herrn Andreas Prusf (gestorben im Jahr 1532) dem Geschlechte,
welches damals in der Marsch allein zu Wesselburen ansäsig war, für
100 Mark abgekauft wurden. So finden wir also das Geschlecht der
Vogdemannen später im Besitz eines nicht unbedeutenden Teiles eben jener
Regalien, welche dem Erzbischof von Bremen bei der Besitzergreifung des
Landes zugesichert worden waren und demselben noch in der ersten Hälfte
des fünfzehnten Jahrhunderts seitens der Ditmarscher zuerkannt wurden.

Es ist demnach wohl unzweifelhaft, daß das Geschlecht der Vogde=
mannen seinen Namen, d. h. seine Entstehung, eben daher hat, daß ihm
die Vogtei in Verbindung mit den betreffenden Gerechtsamen seitens des
Erzbischofs übertragen worden ist. Die Fähre über die Elbe scheint frei=
lich nicht dazu gehört zu haben, denn von dieser berichtet eine bei Neokorus
(I. Erkurs IV. p. 592) von Dahlmann mitgeteilte Überlieferung der
zum Geschlecht der Vogdemannen gehörigen Voieschen Familie, daß der
Stammvater derselben Vage Voie zu Zeiten des Erzbischofs Hartwig II.
aus dem Lande Wursten eingewandert und im Jahre 1208 von demselben
mit der Fähre über die Elbe und außerdem mit einer Abgabe aus dem
Dorfe Ostermoor belehnt worden sei; die Fährgerechtigkeit sei auch bis
zur Eroberung des Landes in den Händen der Familie geblieben. Ge=
stützt nun auf diese freilich erst aus dem Jahre 1669 stammende und
später fortgesetzte Familientradition wie auf eine ganz flüchtig hingeworfene,
außer allem Zusammenhang stehende Bemerkung des Neokorus, welche in
der Dahlmannschen Ausgabe auf Seite 211 des ersten Teils eingeschaltet
worden ist: „Vobiem und Hobiem ut But=janer Land," macht Dahlmann,
verleitet durch den Namen des Vage Boie, diesen zum Stammvater der
Vogdemannen (obwohl wir es hier nur mit einem gewöhnlichen Vornamen
zu thun haben, welcher als Vole oder Fole[239] häufig wiederkehrt, auch

dem Geschlechtsnamen der Bokemannen zu grunde liegt) und daß Geschlecht der Vogdemannen zu Friesen, ja findet unter denselben „eine
Vereinigung der friesischen Einwanderer den eingebornen sächsischen Geschlechtern gegenüber, vielleicht eben weil sie, wie bei den Kolonisten
gewöhnlich, unter besonderen Vögten standen, denn die alten Vogdemannen
erscheinen mehr einem Volksstamme als einem Geschlechte gleich." Daß
ein Zweig der Familie Boie den Vogdemannen angehört hat, wird von
Neokorus ausdrücklich bezeugt, [240] indem er uns mitteilt, daß von den
beiden Reformatoren des Landes, dem M. Nikolaus Boie zu Meldorf
und dem anderen gleiches Namens zu Wesselburen, der eine dem Süder-,
der andere dem Norber-Vobingemangeschlechte angehört habe, aber den
obengenannten Vage aus diesem Grunde zum Stammvater der Boien
überhaupt, geschweige denn der Vogdemannen zu machen, ist schon deshalb
ganz unmöglich, weil ebenderselbe Neokorus berichtet, daß Herr Thomas
Boie einem ganz anderen Geschlechte, dem der Sulemannen, angehört
habe. [241] Es kann dies auch aus dem Grunde nichts Befremdendes
für uns haben, weil der Vorname Boie, aus dem der Familienname entstanden ist, natürlich in verschiedenen Geschlechtern üblich gewesen ist.
Jedenfalls führt die Familie Boie schon bei Neokorus nicht mehr [242] das
Wappen der Vogdemannen, „die zerbrochene Mauer", [243] d. h. eine schwarze
Mauer mit Zinnen im weißen Felde, sondern ein geteiltes Wappen, links
einen schwarzen Adler im weißen Felde, was allerdings auf friesische Abkunft gedeutet werden könnte, und rechts drei Gerstenkörner im blauen
Felde. Der von Dahlmann behaupteten friesischen Abstammung und Einwanderung der Vogdemannen stehen aber, abgesehen von der wunderlichen
Herleitung des Namens, auch sonst die schwersten Bedenken gegenüber.
Allerdings finden wir die Vogdemannen über ganz Ditmarschen verbreitet,
wie sie ja selbst in der obenerwähnten Urkunde von 1384 von sich sagen:
„to Süden und to Norden unde wor wi wonen in deme Lande tho Ditmarschen", aber wo finden wir sie? Mit einziger Ausnahme des Wesselburner Kirchspiels, wo die Spirekeu, eine Kluft der Vobiem, später eingewandert sind, finden wir die Vogdemannen durchweg auf der Geest;
Windbergen, als ausschließlicher Sitz des Geschlechtes, [244] bildet den Mittelpunkt desselben. Wie sollten aber friesische Einwanderer dazu gekommen
sein, sich auf der bitmarsischen Geest niederzulassen? Das ist einfach
unmöglich und wirft die ganze Schlußfolgerung Dahlmanns über den
Haufen.

Das Geschlecht der Vogdemannen ist eben kein Geschlecht wie die
anderen, es ist nichts anderes als eine Vereinigung mehrerer alten Geschlechter oder auch Kluften von solchen, welche als Genossenschaft die Vogtei
in ihren Händen hatten und als solche ein gemeinschaftliches Wappen, die
Zinnenmauer, nach der ursprünglichen Residenz des erzbischöflichen Vogtes,
der Melorfer Burg, führten. Die einzelnen Klufte und Bruderschaften
des Geschlechtes hatten daneben in dem oberen Teile ihres Schildes ihre
besonderen Abzeichen, so ein Aublatt, einen verschieden gefärbten Stern,
wie es ja auch sonst bei den verschiedenen Kluiten anderer Geschlechter

der Fall war, vielleicht waren diese Abzeichen von den besonderen
Wappenzeichen der Geschlechter genommen, welche in ihrer Gesamt=
heit das Geschlecht der Vogdemannen bildeten. ²⁴⁵ Als solche Klufte
dieses Geschlechtes kennen wir nun mit Bestimmtheit neben den schon eben
angeführten Spireken nur noch zwei, die von Windbergen und die von
Reventlow oder, wie der Name sich in einer Urkunde vom Jahre 1272 ²⁴⁶
geschrieben findet, Revetlow, beide dem alten Ditmarscher Abel angehörend,
nicht minder scheinen die gleichfalls in Windbergen wohnhaft gewesenen
von Walstorpe ²⁴⁷ zu den Vogdemannen gehört zu haben, sie führten noch
später als holsteinisches Abelsgeschlecht die Zinnenmauer, ebenso wie die
v. Reventlow, welche bekanntlich als holsteinisches Grafengeschlecht noch fortleben.

Bei dem entschiedenen Mißtrauen, welches die Ditmarscher allem
Fremden entgegentrugen, ist es nun von vorn herein im höchsten Grade
wahrscheinlich, daß von dem Erzbischof von Bremen anfangs Mitglieder im
Lande angesessener abligen Familien mit der Vogtei belehnt worden sind.
So finden wir in einer Urkunde vom Jahr 1319 ²⁴⁸ einen Detlef de
Wintberghe als Vogt und einen desselben Namens in dem schon mehrfach
erwähnten Vertrage von 1384. ²⁴⁹ Was war auch natürlicher, als daß
der Erzbischof sich seine Vögte aus dem eingebornen ditmarsischen Abel
aussuchte, vor allem da der Vogt auch den Oberbefehl über den Heerbann
führte. Es wiederholte sich also hier in Ditmarschen in der ersten Hälfte
des dreizehnten Jahrhunderts ganz derselbe Prozeß, den wir bei den meisten
deutschen Volksstämmen nur in weit früherer Zeit, bei den Sachsen schon
zur Zeit Karls des Großen, finden, daß der alte Volksadel in einen Dienst=
abel überging. Und der ditmarsische Abel mag jedenfalls um so bereit=
williger auf diese Auszeichnung seitens des Erzbischofs eingegangen sein,
als seine frühere höhere Stellung im Lande bereits seit längerer Zeit be=
denklich erschüttert sein mußte. Wagte doch im Jahre 1283 die bitmarsische
Landesgemeinde ein Verteidigungsbündnis mit dem holsteinischen Grafen
Gerhard zu schließen, ohne den Abel, der doch sonst in militärischer Be=
ziehung an der Spitze des ganzen Landes gestanden hatte, überhaupt zu=
zuziehen. Lange Zeit kann jedoch diese bevorrechtete Stellung des Abels
in bezug auf die Besetzung der Vogtei nicht gedauert haben, die letzte Er=
wähnung des Abels als Stand findet sich bereits in der Vertragsurkunde
der Ditmarscher mit Hamburg im Jahre 1281, ²⁵⁰ von da an verschwindet
er aus der Geschichte. Es ist höchst wahrscheinlich, daß diese Veränderung
mit der Vermehrung der Vogteien zusammenhängt, welcher wir auch in
derselben Urkunde zum ersten Male begegnen. Von einer eigentlichen Ver=
treibung des Abels aus Ditmarschen, welche man wohl angenommen hat,
muß man freilich aus sehr verschiedenen Ursachen durchaus absehen, es
wäre auch merkwürdig, wenn von einem so bedeutenden Ereignis sonst
garkeine Nachricht überliefert worden wäre; eine eigentliche Vertreibung
anzunehmen, ist aber überhaupt garnicht notwendig. Daß der Abel die
höhere Stellung, welche er früher eingenommen hatte, allmählich einbüßte,
war ganz natürlich und in der Entwicklung der Landesverhältnisse selbst
begründet.

Die Eindeichung der Marsch mußte, je weiter sie nach Norden vorgedrungen war, im Laufe des zwölften und breizehnten Jahrhunderts allmählich ganz neue Verhältnisse im Lande herbeigeführt und vor allem das
Übergewicht des naturgemäß auf der Geest eingesessenen alten Abels
gelockert, zuletzt gebrochen haben. Eben durch die Eindeichung waren
auf der Westseite des Landes ganz neue Zustände geschaffen worden,
durch welche der Schwerpunkt des Landes allmählich ganz dorthin verlegt
worden war. Unter den zahlreichen Familien und selbst den Geschlechtern,
welche sich nach und nach von der Geest nach der Marsch hingezogen
hatten, finden wir am Süderdeich des Kirchspiels Wesselburen freilich auch
das Geschlecht der Vogdemannen vertreten;[251] aber dort im Westen des Landes herrschte Freiheit und Gleichheit; wo es galt, Teiche zu bauen und
mit gemeinsamen Kräften gegen die Macht der rastlos andringenden Wogen
zu schützen und zu erhalten, da mußten die Vorrechte alter Geschlechter,
und wenn sie auch noch so alt waren, von selbst aufhören; gemeinsame
Arbeit bringt gemeinsame Pflichten und Rechte. Da galt es nicht mehr,
das Schwert zu führen und über eine Schar von Hintersassen zu gebieten,
sondern harte Arbeit, die sich in wunderbar rascher Weise reich belohnte.
Allgemeiner Wohlstand, ja, mit den früheren Verhältnissen auf der Geest
verglichen, Reichtum verbreitete sich über die Marsch, wie hätten die alten
Adelsgeschlechter der Geest, wenn sie sich auch früher durch größeren Besitz
vor den anderen Grundeigentümern ausgezeichnet hatten, noch mit den von
Tag zu Tag sich hebenden Marschbewohnern sich messen, geschweige denn
ihren alten Einfluß noch fernerhin geltend machen können? Die abligen
Familien, Klufte oder Geschlechter, also auch die betreffenden Abteilungen
der Vogdemannen, welche dem allgemeinen Zuge in die Marsch gefolgt
waren, wurden einfach Bauern, und so erklärt es sich vielleicht am natür-
lichsten, wenn wir sehen, daß bei einzelnen Kluften der Vogdemannen,
wie den Boien, die Mauer als Geschlechtswappen geschwunden ist. Aber
nicht alle Adelsgeschlechter vermochten diesen Umschwung der Verhältnisse
zu ertragen und sich denselben zu unterwerfen. Die v. Reventlow, welche
übrigens schon früher in Holstein begütert gewesen sein müssen, denn sie
kommen in holsteinischen Urkunden schon im Jahre 1223 [252] vor, fast
gleichzeitig mit den v. Ranzau, und vermutlich auch die ihnen verwandten
v. Walstorp verließen das Land, nachdem erstere anscheinend versucht
hatten, ihr historisches Recht mit den Waffen in der Hand zu behaupten.
Sie waren mit zwei anderen Geschlechtern des Meldorfer Kirchspiels, den
Meyenmannen und den Wolderichsmannen, in blutige Fehde geraten,
offenbar ohne durch die anderen Geschlechtsgenossen unterstützt zu werden,
was sich auch nur daraus erklärt, daß Zerwürfnisse ernstester Art in dem
Geschlecht der Vogdemannen entstanden waren, und wanderten aus, nachdem sie den kürzeren gezogen hatten, um sich in dem Lande Wagrien
niederzulassen. Erst in dem Jahre 1323 [253] ward bei dem Friedensschluß
der Ditmarscher mit dem Grafen Gerhard III. von Holstein, der sich
offenbar für die v. Reventlow besonders interessierte, auch dieser lang-
jährige Zwist beigelegt, fortan finden wir die v. Reventlow nur unter

bem holſteiniſchen Abel. Schon im Jahre 1272 hatten übrigens bie Brü=
ber Hartwich und Hinrich „v. Revetlow" mit Zuſtimmung ihrer Ver=
wandten und eines beſonders namhaft gemachten Herrn Johannes Wals=
torpe ihre in Ditmarſchen belegenen Güter an das Kloſter in Itzehoe
verſchenkt. [254]

## IV.
### Die consules ober Ratgeber.

Der beutſche Name für bie Conſuln iſt bei ben Ditmarſchern Rat=
geber. Dieſe Bezeichnung kommt zum erſten Male in einer Urkunde aus
bem Jahre 1345, [255] ben Friedensſchluß des Landes Ditmarſchen mit ben
Holſteiner Grafen Johann, Heinrich und Claus betreffenb, vor, inbem bie
Eingangsworte baſelbſt lauten: „Wi Voghebe, Rhatgevere, Slütere
Tzuorene (Schließer und Geichworene) unb be ghantze meynheyt to Mel=
borpe." Es ſoll hier vorläufig nur bie Bebeutung bes Wortes Ratgeber,
frieſiſch rediewa, in ſprachlicher Beziehung nachgewieſen werben. Im Alt=
ſächſiſchen heißt radgebo (althochbeutſch ratkepo, mittelhochbeutſch rat-gebe) [256]
nichts anberes als Richter, ſo wirb im Heliand (156, 15) Pontius Pi=
latus ſo genannt. Ebenſo heißt es in ben Emſiger Küren vom Jahre
1312: [257] alle rediewa, dat is richters, unb in ben Butjabinger Küren
vom Jahre 1479: [258] „an welkoren karspel bat ybt ſchebe, ſchal be rat=
geber bes verbebeels am karspel richten." Ebenſo in ben Fivelgoer Ge=
ſetzen: redge ofte (ober) richter. [259] Bei ben Norbfrieſen finden wir
wenigſtens in ſpäterer Zeit bie Bezeichnung Ratmannen. [260] Dieſelbe
kommt auch in Ditmarſchen vor, baß aber Ratgeber unb Ratmannen
baſſelbe bezeichnen, geht aus einer Urkunde vom Jahre 1416 hervor. [261]
Daſelbſt heißt es im Anfange: „Wy Vogebe, Ratmanne, Sluter, Sworene
unbe ganze Meenheit", während am Schluſſe nach ben Vögten als „Rat=
geber" bes Landes 29 Männer aus ben Kirchſpielen Melborf, Hemmyng=
ſtebe, Olbenworben u. a. aufgeführt werben. Ju lateiniſch abgefaßten
Urkunden finden wir in berſelben Bebeutung (b. h. Richter) consules;
ſo heißt es in einer Urkunde vom 1. Sept. 1306: consules sive iudices
ac universi cives cet. [262]

Kolſter hält nun bie ganze Einrichtung ber consules ober Ratgeber
für eine urſprünglich frieſiſche unb burch maſſenhafte Einwanderung ber
Frieſen in Ditmarſchen um bie Mitte bes breizehnten Jahrhunderts herüber=
gebracht, ja er vermutet ſogar, baß ſte es geweſen ſinb, welche ben Abel
aus ſeiner Stellung verbrängt haben. [263] Hier iſt nun zunächſt barauf
aufmerkſam zu machen, baß bie consules in keinem Zuſammenhange mit bem ſo=
genannten Holler= ober Holländerrecht ſtehen, baſſelbe kennt bie consules gar=
nicht, wohl aber „Schepen" (Schöffen) unb Schulten. [264] So heißt es in ber
Handfeſte König Chriſtians I. vom Jahre 1461, burch welche bas Hollerrecht
in ber Kremper= unb Wilſtermarſch abgeſchafft unb ſtatt beſſen bas Holſtenrecht
eingeführt wirb, baß ſtatt ber beſeitigten „islike ſchepen unb ſchulten alle
man to Dinge (zur Gerichtsverſammlung) komen unb finden (ſollten),
was en recht bunket weſen." Die consules finden ſich vor bem breizehnten

Jahrhundert ebensowenig bei den Friesen wie bei den Ditmarschern. Die älschlich Karl dem Großen zugeschriebenen Siebzehn Küren und die Vier=unbzwanzig Landrechte, [265] welche die ersteren weiter ausführen, kennen die consules noch nicht, dieselben kommen überhaupt zuerst in den Städten Italiens nicht vor dem zwölsten Jahrhundert vor, in Deutsch=land ist dies noch später der Fall. [266] Hier wählen erst im Verlauf des dreizehnten Jahrhunderts die Gemeinden (universitates, communitates) vieler deutschen Städte jährliche consules. In Bremen werden dieselben urkundlich zum ersten Male im Jahr 1225 genannt. [267] Von da an finden wir sie aber in nicht allzulanger Zeit über die ganze Bremer Diöcese verbreitet; sie stehen an der Spitze der einzelnen Gaue oder auch von Teilen derselben und sprechen Recht in kleineren oder größeren Ver=sammlungen unter dem Vorsitz eines, der den Spruch erequiert; sie führen ihr Amt ein Jahr lang, an bestimmten Tagen zu Walpurgis oder am Kreuzestag werden für die einzelnen Landbistrikte an Stelle der früheren neue vereidigt. Zu consules zu berufen sind aber ausschließlich die Be=sitzer bestimmter bevorzugter Grundstücke. Es ist demnach mit Bestimmt=heit anzunehmen, daß auch in Ditmarschen die consules von Bremen aus um die Mitte des dreizehnten Jahrhunderts eingeführt worden sind, ob zunächst als städtische Ratsherren in Meldorf (vgl. die Urkunde von 1265), als demselben eben zu jener Zeit von dem Bremer Erzbischof das Stadt=recht verliehen wurde, und später ebenso in den einzelnen Kirchspielen, oder ob dies gleichzeitig geschehen ist, muß dahin gestellt bleiben. Denn die consules bildeten ebenso in den ländlichen Kirchspielen, das Kirchspiel Meldorf mit eingeschlossen, die richterlichen Behörden, welche sonst als clavigeri und iurati, in ihrer Gesamtheit aber gleichfalls als consules oder Ratgeber bezeichnet werden.

In den einzelnen Kirchspielen lag nämlich spätestens seit dem letzten Viertel des dreizehnten Jahrhunderts (die erste Urkunde, in welcher die iurati erwähnt werden, stammt aus dem Jahre 1281) die Gerichtsbarkeit in den Händen der clavigeri, Sluter, Slüter oder Schließer, und der iurati, Sworen oder Swaren, der Geschworenen, auch Hovetlude (Haupt=leute) genannt, [268] und zwar gab es in den größeren Kirchspielen 4 Schließer und 20 Geschworene, in den kleineren 2 und 14, daher wurden dieselben auch kurz „de Beerunbtwintiger“ und „de Söfteine“ genannt. [269] Die Schließer hatten ihren Namen daher, daß ihnen ursprünglich nur die Verwaltung der Kirchengüter oblag und sie die Schlüssel zu der Lade oder dem eisenbeschlagenen Schranke führten (clavigeri), in welcher sich die Kirchspielskasse, „de hilghen guder“, befand; auch hatten sie die Zehnten und Pachtzinse einzukassieren, hatten also ursprünglich mit der eigentlichen Gerichtsbarkeit nichts zu thun. Das Institut der clavigeri ist also jeden=falls älter als das der iurati und als die Besitzergreifung des Landes durch Bremen. Anders steht es mit den richterlichen Funktionen derselben, auch hatten sie später die Polizei in Händen und vollzogen Pfändungen, wofür ihnen Gebühren bezahlt werden mußten, sie hatten also offenbar die Vögte aus ihrer bevorrechteten Stellung verdrängt, so daß diese zu

einfachen Kirchſpielsbeamten geworden und den Schließern vollſtändig gleich=
geſtellt worden waren, ja ſelbſt zu dieſen gerechnet wurden. ²⁷⁰ Das Streben
nach Dezentraliſation, welches ſich ſeitens der Kirchſpiele bei der Ent=
wicklung aller dieſer Verhältniſſe in Ditmarſchen geltend macht, hat ohne
Zweifel auch dieſe Umgeſtaltung herbeigeführt, aber auch der Umſtand,
daß die Sitzungen des Geſchworenengerichts allwöchentlich ſtattfanden, mag
nicht unweſentlich dazu beigetragen haben.

Die Amtsbefugnis der Schließer und Geſchworenen als Richter
kennen wir freilich erſt aus dem im Jahre 1447 kobifizierten Landrecht
und der ſpäteren Redaktion deſſelben vom Jahre 1539, aber bei dem dem
bitmarſiſchen Volke eigenthümlichen zähen Feſthalten am Althergebrachten,
wie auch aus dem Umſtande, daß in dem Landrechte von ihnen verhält=
nismäßig wenig die Rede iſt, wie es bei allem, was man als von alters=
her ſtammend als bekannt vorausſetzen durfte, daſelbſt der Fall iſt, können
wir mit einiger Sicherheit annehmen, daß die Einrichtung derſelben im
großen und ganzen dieſelbe geblieben iſt.

Die Schließer und Geſchworenen machten zuſammen das Gericht,
„dat ſwaren richte“, des Kirchſpiels aus und zwar ſo, daß letztere die
eigentlichen Urteilsfinder waren, während die erſteren den Vorſitz und die
Leitung des Gerichtes in Händen hatten. Daſſelbe ſchlichtete aber nicht
nur die im Kirchſpiel vorfallenden Civil= und Schuldſtreitigkeiten, ſondern
entſchied auch über Kriminalſachen. Das ganze Jahr hindurch allwöchent=
lich fanden die Sitzungen ſtatt und zwar im Freien, auf dem Kirchhof
oder auf freiem Felde, niemand durfte den Richtern in die Herberge
folgen, auch war es ihnen nur erlaubt einzuſchreiten, wenn ein Kläger da
war. ²⁷¹ Wollte aber jemand eine Klage erheben, ſo erſchien er vor ihnen
und verlangte, daß man den Beklagten vorforbere. Alsdann mußte der=
jenige von den Geſchworenen, welcher dem Beklagten zunächſt wohnte,
dieſen vorforbern; waren die Parteien erſchienen, ſo erfolgte das Urteil
nach einfacher Zweidrittelmajorität, wie es überhaupt in Ditmarſchen bei
Abſtimmungen gebräuchlich war. (Erklärte ſich nun aber die eine Partei
nicht zufrieden mit dem Urteil, „ſchalt“ jemand oder „ſtraffete“ er die
„ſchedinghe“ ²⁷² (Landr. I. § 9) ſo konnte eine Appellation an die Kirch=
ſpielsgenoſſen ſtattfinden, während von dem Vogt als höchſter Inſtanz keine
Rede mehr iſt, denn dieſe verſammelten ſich als ungebotenes Ding alle
Vierteljahre, konnten aber in bringenden Fällen auch zu anderen Zeiten
berufen werden. Sollte dann eine Abſtimmung ſtattfinden, ſo theilten ſich
dieſelben in drei Abteilungen, Eggen genannt, ²⁷³ von denen jede einzeln be=
riet, und das Urteil von zwei Drittel Stimmen entſchied. Neokorus
(I. 361) drückt ſich ziemlich unklar aus, wenn er ſagt, daß die Ge=
ſchworenen im allgemeinen nur über Privatklagen (over ſchulden) gerichtet
hätten, während die Kriminalgerichtsbarkeit „over Schelme, Deven, Röveren,
dar dem Lande an gelegen“, in den Händen der Schließer geweſen ſei.
Letztere konnten allerdings, wenn ein Kläger da war, auch ohne weiteres
mit ihrem Erkenntnis einſchreiten, ohne die Geſchworenen zu fragen, in
dieſem Falle ſtand aber dem Verurteilten eine Berufung an letztere offen,

b bie Schließer büßten, wenn ber Spruch berselben gegen sie ausfiel,
ei Gulben. [274] Sie waren es auch, welche ben Spruch bes Geschworenen=
richtes zu formulieren unb zu verkünbigen hatten. Wenn bie Schließer
tes Kirchspiels sich nicht stark genug fühlten, bas Urteil bes Gerichtes
vollstrecken, was bei bem starken Rückhalt, ben ein Verurteilter bei
nen Geschlechtsgenossen fanb, leicht vorkommen konnte, nahmen sie bie
chließer ber anberen Kirchspiele („overt lanb") zu Hülfe, bie „banben
ib brannten" (Neokorus a. a. O.), was bamals bie einzige Strafe im
tnbe war.*)

Dürfen wir auch in bezug auf ben Wahlmobus aus späterer Zeit
ten Rückschluß auf frühere Verhältnisse machen, so wurben bie Ge=
)worenen jährlich von ben Schließern ernannt, welche ebenso ihre eigenen
achfolger bestimmten. Ersteres geht wenigstens für bie spätere Zeit aus
ner Melborfer Kirchspielsbeliebung vom Jahre 1641 [275] hervor, welche
:n Termin bes Amtsantritts ber Geschworenen vom St. Jacobitag auf
iimmelfahrt verlegt.

So bezeichnet ber Name consules also einerseits ben Rat ber
)tabt Melborf, anbrerseits bie richterlichen Obrigkeiten ber einzelnen Kirch=
iiele. Erwähnt werben bieselben, wie schon oben bemerkt, zum ersten
Rale in ber Urkunbe vom J. 1265 neben ben Vögten, ben Rittern unb
:r Gesamtheit bes Lanbes; in ber Urkunbe vom 7. Mai 1281, [276]
velche im wesentlichen nur eine Bestätigung bes Vertrages von 1265
vischen ben Hamburgern unb Ditmarschern ist, fehlen bie consules, es
:hlt aber auch unter ber zu Melborf von ber Ritterschaft, ben Vögten
nb ber Gesamtheit bes Lanbes ausgestellten Urkunbe bas Siegel ber
)tabt. Dagegen haben bie iurati et tota parochia ber verschiebenen
:irchspiele gleichlautenbe Verschreibungen einzeln ausgestellt. [277] Die Ur=
unbe vom J. 1283 [278] über bas Verteibigungsbünbnis zwischen bem
'anbe Ditmarschen unb bem Grafen Gerharb von Holstein, welches mit
lmgehung ber Vögte unb ber Ritterschaft zu stanbe kam, dat. Melborpe,
)o bie Lanbesversammlung tagte, ist nur von ben consules unb ber

---

*) Das Brennen bezieht sich nicht nur auf bas Verbrennen bes Verurteilten,
onbern auch von bessen Hause, vgl. Lanbr. I. § 2. § 10. Das Lanbrecht I.
cheint freilich keine Tobesstrafe zu kennen, sie kommt nirgenbs vor; im Lanbr. II.
it sie mehrfach absichtlich nur angebeutet, z. B. Art. 31: „Wenn ein Mann über=
jeben wirb" (von seinen Geschlechtsgenossen bem Gericht zur Bestrafung), „so soll
tas Gericht mit ben Klägern ben übergebenen Mann cet. — —. Wenn bazu ein
Richter in unserem Lanbe bestimmt würbe, was burch Zeugen bewiesen werben
önnte, unb wollte ihn nicht mit cet. — —, ber soll bem Gericht neunzig Schilling
)üßen." Einen Scharfrichter gab es in Ditmarschen erst in späterer Zeit, bie
!unbner hatten gleich bei Einführung ber Stabtverfassung im Jahre 1529 einen
olchen angenommen, bas Lanb that es balb barauf (Lanbr. II. Art. 241 vom J.
l530). Bis bahin hatten also bie Richter unb Geschlechter selbst bas Tobesurteil
vollstreckt, wie es in früheren Zeiten auch anberwärts üblich war, baß bie Schöffen
unb bie jüngeren Ratsherrn bie Hinrichtung besorgen mußten, ba war bie Ver=
brennung bes Delinquenten, von welcher uns bei verschiebenen Gelegenheiten be=
richtet wirb, wohl noch bas Leichteste.

universitas ausgestellt. Hier repräsentieren also diese beiden Faktoren allein das Land, ebenso wie die consules et parochia Brunsbutele in einer Urkunde vom J. 1323 [279] das Kirchspiel Brunsbüttel, wo also die consules eines einzelnen Kirchspiels ausdrücklich genannt werden. In einer benselben Gegenstand betreffenden Urkunde von bemselben Jahre bestätigen dies namens des Kirchspiels Oldenwöhrben die iurati et universitas Oldenworden. [280] Ebenso bestätigen die clavigeri, iurati et tota communitas von Wesselburen, Neuenkirchen, Hemme und Ebbelack den Friedensschluß mit dem Holsteiner Grafen. [281] Wenn aber ein Schreiben des Erzbischofs Giselbert vom Jahre 1306 [282] hat. Stabe abressiert ist an die advocati, consules, iurati et universus populus terrae Thitmarciae und ebenso im Jahre 1323 [283] der Frieden mit Graf Gerharb abgeschlossen wird von ben advocati, consules, iurati ac tota universitas terrae Ditmarciae, so können in diesen Urkunden die consules nur den Rat der Stadt Melborf bedeuten. Ebenso schließen im J. 1355 [284] die Grasen Heinrich und Nikolaus mit den Ratgebern, Vögten, Schließern und Geschworenen und der ganzen „Meenheit" des Landes einen Vertrag zu Hanerau; noch deutlicher heißt es in der Urkunde vom J. 1384: [285] „Wy Rabmanne, Sluter unde wy Sworene unde ganze Meenhept des Kerspels to Melborpe unde wy Sluter und wy Sworene der Kerspele van Weslingburen unde van Buzen." (Gegen die Behauptung, daß einerseits der Rat (Ratmannen) der Stadt Melborf, andererseits das Kollegium der Schließer und Geschworenen in ben einzelnen Kirchspielen als consules bezeichnet worden seien, scheint eine Urkunde, die Oldenwöhrber Jahrmärkte betreffend, vom Jahre 1373 [286] zu sprechen, in welcher es heißt: clavigeri iurati advocati . consiliarii . totaque communitas parochiarum subscriptarum Oldenwohrden u. a., wo also die consiliarii neben ben clavigeri, iurati und advocati der Kirchspiele genannt werden. Ebenso lauten in einem Vertrage ber Kirchspiele Marne, Brunsbüttel, Ebbelack und Büsum mit Bürgermeister und Rat von Stabe vom J. 1412 [287] die Eingangsworte folgendermaßen: „Wy Vögbe, Schlüter, Schwaren, Ratgevere unde ganze Meenheit" der Kirchspiele Marne u. s. w. Diese Bezeichnungsweise erklärt sich aber sehr einsach daraus, daß der Ausbruck consiliarii, der nur eine andere Übersetzung des beutschen Ratgeber ist, als appositive Kollektivbezeichnung: „Richter' zu sassen ist, in der ersten der beiden Urkunden steht das Wort consiliarii auch beutlich zwischen zwei Punkten; ober es gehören in ber zweiten Urkunde die Worte „Swaren Richter" ebenso zusammen, wie an anderen Stellen von einem „Swaren Richte" die Rede ist; an einer späteren Stelle derselben Urkunde heißt es auch bloß: „wy Vögede, Slutere, Swaren unde gantze Meenheit."

(Eine besondere Behörde, natürlich abgesehen von dem Rate der Stadt Melborf, welche den Namen Ratgeber ober consules neben ben Schließern und Geschworenen hätte führen können, gab es vor 1447, dem Jahre der Einsetzung des höchsten Gerichtes der Achtundvierziger, welche gleichsalls Ratgeber genannt wurden, in Ditmarschen nicht.

## V.

### Die Landesversammlung.

Der Wille der communitas oder universitas, [288] der ‚Meenheit‘ er ‚Meynheyt‘ des Landes Ditmarschen fand seinen Ausdruck in der Landesversammlung. In dieser lag bei den deutschen Stämmen überhaupt von alters her der Mittelpunkt alles politischen Lebens, [289] sie war zugleich Gerichtsversammlung und wurde Thing oder Ding bei den meisten Stämmen, bei den Ditmarschern, wenigstens in späterer Zeit, ‚Landsamelt‘ genannt. [290] Zu bestimmten Zeiten, namentlich am Neu= und Vollmond, kamen die freien Grundbesitzer des Gaues oder auch kleinerer Distrikte auf Anhöhen oder auch in Hainen zusammen, um über alle wichtigeren Angelegenheiten des Landes zu beraten und zu beschließen. Die Versammlung fand nur im Freien statt, wie in Westfalen auch noch in älteren Zeiten das Freigericht der Fehme nur auf „ruger" [291] b. h. unter freier Erde gehalten werden durfte, wovon, wie schon oben bemerkt, auch noch im Ditmarscher Landrecht sich Spuren finden. Gegenstand der Verhandlung bildeten allgemeine Beschlüsse über Krieg und Frieden, Bündnisse und Verträge oder allgemeine Rechtsbestimmungen; ferner ward in der Volksversammlung die Wehrhaftmachung der jungen Mannschaft vorgenommen und über schwere Verbrechen gerichtet, namentlich über diejenigen, welche mit Lebensstrafe bedroht waren. Auch der Ausschluß aus dem Frieden des Landes, die Rechtslosigkeit, konnte nur von der Volksversammlung ausgesprochen werden. Solche Versammlungen des ganzen Landes, b. h. der freien Grundeigentümer desselben, hat es nun zweifelsohne auch in Ditmarschen von den ältesten Zeiten her gegeben, wie ja die Landesversammlung bis zur Eroberung des Landes als höchste Instanz in allen Landessachen entschied. Wo sich dieselbe in früheren Zeiten versammelt hat, ist unbekannt, man hat Weddingstedt für den Ort gehalten. Lützsch [292] will selbst den Namen des Ortes daher ableiten, ist aber mit sich selbst nicht einig, ob von dem Versammlungsort der Wittigsten, der sapientissimi, [293] (in einer Urkunde des Erzbischofs Adalbero um d. J. 140 [294] wird der Ort noch Wittingstede benannt) oder auch von Sebbe [295] „dem placitum legitimum", dem Orte des ungebotenen Dinges. Dagegen spricht sich vor allen Handelmann [296] aus und leitet den Namen Wittingstede, Weddingstedt, ebenso wie das in demselben Kirchspiel liegende Weddinghusen — und das letztere muß offenbar den Ausschlag geben — von Widding, einem Patronymikum von Wido (Nebenform Guido, Wito, Witto) ab. Daß in späterer Zeit, als die Landesversammlung zu Heide tagte, dieselbe von einem der Schließer aus Weddingstedt eröffnet wurde, [297] läßt keinen Rückschluß darauf zu, daß dieselbe früher zu Weddingstedt abgehalten worden sei, denn dies lag einfach in den kirchlichen Verhältnissen beides, welches, ehe die Kirche daselbst (wir wissen nicht genau, wann, aber jedenfalls nicht vor dem Ende des fünfzehnten Jahrhunderts) erbaut war, zum teil zum Kirchspiel Weddingstedt, zum teil zu Hemmingstedt gehörte. [298] Es ist ganz undenkbar, daß einer der Schließer von Wedding=

7*

stebt die Landesversammlung eröffnet hat, solange dieselbe in Meldorf
tagte. In späteren Zeiten, als man sich den Grund, weshalb die Er=
öffnung der Landesversammlung durch einen der Schließer von Wedding=
stedt erfolgte, nicht mehr zu erklären vermochte, erfand man die Fabel,
welche auch Neokorus für wahr hält, daß Webbingstedt die älteste Kirche
im Lande habe, obwohl dieser Ruhm doch unbestritten Melorf gebührt,
und leitete den Namen des Ortes selbst von Wittekind, „den ersten Konink
der Saffen" (Neokorus I. 243) her. Für die ältesten Zeiten vor der
Eindeichung und der Kultivierung der Marschen erscheint Webbingstedt
auch keineswegs als der geeignete Platz für die Landesversammlung, da es
ja fast am Westrande der Geest liegt. Derselbe wird viel weiter östlich
in der Mitte des Landes gelegen haben, also etwa bei Albersdorf, wo der
Name des Brutkampes noch heute auf eine alte Gerichtstätte hinweist.
Von der Mitte des breizehnten bis zur Mitte des fünfzehnten Jahrhunderts
war Melorf der Ort, an welchem die Landesversammlung tagte, und ab=
gesehen von seiner kirchlichen Bedeutung war daffelbe schon als Residenz
des erzbischöflichen Vogtes, der die Verhandlungen der Landesversammlung
jedenfalls leitete, im höchsten Grade dazu geeignet. Hierzu kam aber noch
vor allem, worauf schon Nitzsch [299] aufmerksam gemacht hat, die Einrichtung
des Marktfriedens, unter dessen Schutz die Landesversammlung daselbst
tagte, denn dieser war für letztere von der größten Bedeutung, mochte sie
als Gericht fungieren und den starken Anhalt, den ein Angeklagter bei
seinen Geschlechtsgenossen fand, zu fürchten haben, oder sonst bei besonders
wichtigen Entscheidungen Meinungsverschiedenheiten ernsterer Art entstehen.
Übrigens war die Möglichkeit nicht ausgeschlossen, wenigstens nicht in
späterer Zeit, daß die Landesversammlung auch an einem anderen Orte
tagte; das Landrecht I. § 48 sagt ausbrücklich: „Wenn eine Landesver=
sammlung abgehalten wird, wo sie auch gehalten werden möge" u. f. w.
Auch die anderen Paragraphen des Landrechts, in denen von der Landes=
versammlung die Rede ist, §§ 42, 43, 44 weisen auf keinen bestimmten
Ort hin.
Vorbehalten war der Landesversammlung jede Abänderung der Landes=
gesetze wie Staatsverhandlungen jeder Art, vor allem die Entscheidung
über Krieg und Frieden und Verträge mit auswärtigen Mächten, denn in
letzterer Beziehung betrachtete sich die bitmarsische Landesgemeinde trotz der
nominellen Landeshoheit des Bremer Erzbischofs als vollständig autonom,
ferner die Ordnung des Verkehrs, die Aufsicht über die gemeinen Land=
wehren und Waldungen, die Reste der gemeinen Mark, während das ge=
samte Deichwesen als reine Kommunalsache angesehen wurde. Ebenso
war ursprünglich auch die Wehrhaftmachung der jungen Mannschaft, wie
überall, auch in Ditmarschen in der Landesversammlung vorgenommen
worden, später war dieselbe den einzelnen Döfften und Kirchspielen über=
lassen; auf St. Walpurgis mußte jeder auf seinem Kirchhof den Schließern
seinen Harnisch vorzeigen, in der Landesversammlung bewaffnet zu er=
scheinen war geradezu verboten. Auch als Gericht fungierte die Landes=
versammlung vor allem wegen Landesverrates, dem auch eine Anzahl

iberer Vergehen gleichgerechnet wurden, z. B. das Feilbieten von Fleisch
fallener Tiere. [300] Auch sonst konnte in Kriminalsachen, „wegen Tot=
ſlages, Raubes und Brandes" an die Entſcheidung durch die Landes=
rſammlung appelliert werden (Landr. I. § 42), nicht aber bei Civil=
agen, deßhalb beſchwerte ſich auch der berüchtigte Landesfeind Wiben
eters mit Unrecht wegen Rechtsverweigerung ſeitens der Landesverſammlung.

Nunmehr hatte die bitmarſiſche Landesverſammlung aber in den
eiten, von denen wir genauere Kenntnis beſitzen, alſo von der Mitte
s fünfzehnten Jahrhunderts an, einen eigentümlich repräſentativen
haralter, wenigstens ſobald es zur Abſtimmung kam, bei welcher „der
oeite Mann", d. h. Zweibrittelmajorität, entſchied. Von der Zeit an be=
ind ſie aus „der Vollmacht des Landes" und zwar aus dem Kollegium
r Achtunbvierziger, dem höchſten Gericht des Landes, etwa 50 Schließern
nb gegen 300 Geſchworenen aus allen Kirchſpielen, bis zum J. 1541
it Ausſchluß der vier ſüdlichen, welche auf der Diedshörn bei Bruns=
ittel ihre eigene Verſammlung abhielten, zuſammen alſo gegen 400 Per=
·nen, wenn ſie alle zugegen waren. [301] Bei einer beabſichtigten Ver=
iderung der Landesgeſetze fand dann auch noch eine ziemlich weitläufige
rozebur ſtatt, indem, wenn ein derartiger Antrag von der Vollmacht des
inbes beraten war, erſt der „Vullbord" d. h. die Genehmigung der
nzelnen Kirchſpiele eingeholt werden mußte. [302] Von einem ſolchen re=
:äſentativen Charakter der Landesverſammlung findet ſich freilich weder
u Landrecht I., noch in dem ſpäteren eine Spur, daraus darf man aber
icht mit Beſtimmtheit barauf ſchließen, daß ein ſolcher damals überhaupt
och nicht ſtattgefunden habe. Auch bei den Frieſen waren es nur die
ſichter und Vorſteher der einzelnen Seelande, welche ſich auf der Landes=
:meinde zu Upſtalbom einfanden, [303] und nicht anders ſcheint es bei den
·erſammlungen der norbfrieſiſchen Harden geweſen zu ſein. Urſprünglich
t dieſe Einrichtung jedenfalls nicht geweſen, aber je mehr ſeit der Landes=
oheit des Erzbiſchofs von Bremen die Kirchſpielsverfaſſung ſich in Dit=
ıarſchen ausbilbete und das Ganze ſich gewiſſermaßen aus einer Anzahl
nföderierter Kirchſpiele zuſammenſetzte, um ſo mehr mag, vor allem auch
:i der Schwierigleit der Kommunikation in der Marſch namentlich im
Binter, die Allgemeinheit der Landesverſammlung aufgehört haben. Aus=
eiſchloſſen waren die anderen jedenfalls nicht, und die Bauern, welche ſich
ır Verſammlung auf dem Kirchhof zu Meldorf oder dem Marktplatz zu
eide einfanden, werden ſich ſchwerlich ruhig und teilnahmlos verhalten
iaben, Beifall und Mißbilligung wird oft genug aus ihrem Kreiſe, „wenn
er Ring geſchlagen war", gehört worden, auch bei beſonderer Aufregung
Reinungsäußerungen von lecken oder auch erfahrneren Leuten aus der
Renge heraus laut geworden ſein. [304] Wann aber die bitmarſiſche Landes=
erſammlung einen ſolchen Charakter angenommen hat, und ob dies ſchon
n Verlauf des vierzehnten bezügl. des dreizehnten Jahrhunderts geſchehen
t, darüber auch nur eine Vermutung auszuſprechen, dürfte im höchſten
Brade gewagt erſcheinen. Daß in den urkundlich vorliegenden Staats=
erträgen mit den Hamburgern und den Holſteiner Grafen neben den

Vögten als Repräsentanten des Landesherrn und der Gesamtheit des Landes die Ritterschaft und die consules oder Ratgeber des Landes, ja selbst letztere allein, als Korporationen aufgeführt werden, läßt allerdings auf eine besondere Bedeutung derselben bei dem Abschluß der Verträge schließen.

## Zweiter Abschnitt.

# Von der Schlacht bei Bornhöved bis zum Friedensschlusse der Ditmarscher mit Graf Gerhard II.

### (1227—1323.)

### I.
#### Das Verhältnis der Ditmarscher zu Dänemark.

Nach der Schlacht bei Bornhöved beginnt für Ditmarschen eine neue Periode seiner Geschichte; nach einem unruhigen Wechsel fürstlicher Herrschaft, der die Ditmarscher sich trotz wiederholter Versuche nicht zu entziehen vermocht hatten, waren sie zu einer mehr stetigen Unterthänigkeit unter dem Stift Bremen gelangt. Fortan ging ihr Bestreben darauf hinaus, diese so wenig wie möglich fühlbar zu machen und thatsächlich zu einem wirklichen Freistaat zu gelangen. So lange König Waldemar lebte, ward von dänischer Seite die Ruhe des Landes auch nicht weiter gestört. Als derselbe aber im Jahr 1241 gestorben war, erhielt sein ältester Sohn Erich IV. das Königreich, während ein jüngerer Abel im Herzogtum Schleswig folgte. König Erich wollte nun die der dänischen Krone verloren gegangenen Länder, also auch Ditmarschen und Holstein, wieder erobern, dem widersetzte sich aber vor allem Abel, welcher als Schwiegersohn des Grafen Adolf IV., nachdem derselbe im J. 1229, der Sage nach infolge eines in der Schlacht bei Bornhöved abgelegten Gelübdes, in das Kloster der Barfüßermönche in Kiel eingetreten war, Vormund der beiden unmündigen Söhne Adolfs geworden, also damals Herr in Holstein war. Auch der Erzbischof von Bremen war Herzog Abels Bundesgenosse; auf welcher Seite die Ditmarscher standen, kann also nicht eifelhaft sein. Da wurde König Erich auf furchtbare Weise ermordet; n seinem Bruder aufs freundschaftlichste nach Schleswig eingeladen, hatte nichts Böses ahnend sich dahin begeben, bald war es aber zwischen den rüdern zu heftigem Wortwechsel gekommen, worauf der Herzog den König zreifen ließ und zweien seiner erbittertsten Feinde übergab, welche mit n über die Schlei fuhren, ihm unterwegs den Kopf abschlugen und den ichnam in den Fluß versenkten, indem sie vorgaben, das Boot sei um= schlagen und der König ertrunken.

## II.
### Verwicklungen der Ditmarscher mit den Hamburgern.

Nach dem Tode des Bremer Erzbischofs Gerhard II. im J. 1259 aren Streitigkeiten über die Wahl eines neuen Erzbischofs entstanden; r größte Teil des Bremer Domkapitels hatte Hildebold gewählt, der ich später die päpstliche Bestätigung erhielt, während Gerhards Bruder= hn, bereits Bischof von Paderborn, welcher schon zu Lebzeiten seines heims das Erzstift verwaltet, auch dem Herzog Abel und dem Holsteiner rafen Hülfe gegen den dänischen König geleistet hatte, von dem Ham= irger Domkapitel gewählt worden war. Auf diese Weise war eine Fehde niischen den Hamburgern und Bremern entstanden; es erfolgten Ver= erungen des Staber Gebietes und eine Berennung der Stadt, die erz= ischöflichen Unterthanen betrachteten sich als Feinde der Hamburger und elten deren Schiffe auf der Elbe an und plünderten sie. Hatte gar n Hamburger Schiff das Unglück, auf den Strand zu laufen, so wurde Ies weggenommen und die Mannschaft in Gefangenschaft geschleppt. :aß die Ditmarscher und vor allem die Strandmannen bei diesen see= iuberischen Händeln sich mit besonderem Eifer beteiligten, ist bei der auf= und Raublust derselben von vorn herein anzunehmen und geht is einer ganzen Reihe von Urkunden, von denen die von 1265 [305] e älteste ist, zur genüge hervor. In diesem Jahre, am 26. August, im zu Melborf ein Vertrag zwischen dem Lande Ditmarschen und der :tadt Hamburg zu stande, daß, wenn ein Hamburger Bürger gegen einen 'itmarscher wegen binnen der letzten zehn Jahre geschehener gewaltsamen :häbigung klagbar werden wolle und jener die That einräume, er Ersatz l leisten schuldig sein solle; leugne er aber, solle er durch einen Eid on 12 wohlbeleumdeten Männern seine Unschuld erweisen. Wegen der älle, welche sich vor zehn Jahren zugetragen, solle die Aussage von zwei eugen genügen. Wenn aber in Zukunft ein Ditmarscher angeklagt werde, ille er die Glaubhaftigkeit seiner Aussage durch ein Remede von 12 Männern aus seinen Nachbarn und aus demselben Kirchspiel darthun, mst solle er für überführt gelten und zum Ersatz verpflichtet sein. Ten agenden Ditmarschern werden die Hamburger nach ihrem Stadtrecht ant= iorten. Begangene Mordthaten sollen ebenso gerichtlicher Entscheidung nterliegen, die Blutrache ausgeschlossen sein.

Auffallend ist bei dieser Urkunde, daß aus derselben das entschiedene Bestreben hervortritt, das Übergewicht der Geschlechter zu brechen; das Nemede, welches dem leugnenden Angeklagten zur Seite treten soll, ist kein Geschlechts-, sondern ein Bauerschafts- oder Kirchspielsnemede, außerdem ist nicht minder bemerkenswert, daß die Blutrache ausgeschlossen ist. Man erkennt leicht daraus die Absicht des Vogtes und der demselben zur Seite stehenden milites, von denen eine Anzahl als Zeugen unter der Urkunde steht, dem Treiben namentlich der im Süden des Landes wohnenden Geschlechter entgegenzutreten, und die consules als Vertreter der universitas hatten ihre Zustimmung nicht versagt.

In dieser zu Meldorf ausgestellten Urkunde tritt uns nun dasselbe zum ersten Male als Stadt entgegen; neben dem Landessiegel in weißem Wachs, die Taufe Christi im Jordan enthaltend mit der Umschrift: S. universitatis terre Thitmarsie, hing das Siegel der Stadt, die fünf Türme zeigend, aber nicht neben einander stehend, wie in dem jetzigen Stadtwappen, sondern strahlenförmig im Halbkreise mit der Umschrift: Sigillum civitatis Meldorp.[*] Dieses Stadtsiegel läßt also mit Bestimmtheit darauf schließen, daß die Erhebung Meldorfs zur Stadt vor 1265, vermutlich also um die Mitte des dreizehnten Jahrhunderts und zwar durch einen Erzbischof von Bremen — also nach 1227 — erfolgt ist. Ein geschriebenes Stadtrecht existiert nicht mehr, hat vielleicht auch niemals existiert, dennoch haben wir genauere Kenntnis von demselben, indem das Stadtrecht, welches Lunden im Jahre 1529 erhielt, sich an das Meldorfer anschloß.[308]

Ein eigentümlicher Umstand ist es nun, daß die Stadt Melderf fünf Viertel besitzt, es muß also zu den vier ursprünglichen später ein fünftes hinzugekommen sein. Betrachten wir aber die Namen derselben: Burg-, Rosen-, Geer-,[**] Kloster- und Norderviertel, so geht mit Evidenz aus denselben hervor, daß das letzte das jüngste ist. Hätte man von vornherein das eine nach der Himmelsgegend bezeichnet, so würden nach alter Gewohnheit und nach Analogie der Süder- und Westerstraße wie des Ostertors u. s. w. auch die anderen als Süder-, Wester- und Osterviertel bezeichnet worden sein. Zugleich läßt aber auch der Name des Klosterviertels darauf schließen, daß schon zur Zeit der Erhebung Melderfs zur Stadt sich daselbst ein Kloster befunden hat und nicht im Jahre 1319

---

[*] Nach Ausweis des Repertoriums des Hamburger Stadtarchivs ist die Urkunde im Jahr 1842 mit verbrannt, obwohl damals als die Thresenurkunden in den Schränken sämtlich gerettet worden sind. Dasselbe Siegel, und zwar wohlerhalten, findet sich aber im Lübecker Archiv an einer sonst nicht weiter wertvollen Urkunde aus der ersten Hälfte des vierzehnten Jahrhunderts. Die Miele ist in der unteren Hälfte wunderbar schlangenförmig dargestellt.

[**] Der Name Geerviertel d. h. Spießviertel rührt von der eigentümlichen Gestalt desselben her, indem es, ehe die Zingelstraße entstanden war, spitz zulief, wie es noch der Grundriß Melderfs in Bruin und Hogenbergs Städtebuch (angefertigt im Jahre 1598 durch Daniel Frise Ditmarsus auf Kosten Heinrichs von Ranzau) zeigt.

im Andenken an den bei Wöhrden erfochtenen Sieg überhaupt erst ge=
cündet worden ist.

Aus derselben Zeit stammt nun aber auch Meldorfs herrlicher Dom,
ie Erbauung desselben in so bedeutendem Maßstabe mag eben mit der
rhebung Meldorfs zur Stadt in Verbindung stehen. Daß die älteste
irche Meldorfs nicht an derselben Stelle gestanden hat, darauf ist schon
üher aufmerksam gemacht worden, schwerlich wird dieselbe aber oben auf
em Rande des Geestvorgebirges, auf welchem Meldorf liegt, geblieben
in, als dasselbe anfing sich zu erweitern; darüber aber, wann die Kirche
uf den Platz, wo sie jetzt liegt, verlegt worden ist, fehlt uns jede Kunde.
Nöglicherweise hat die Verlegung der Kirche nach dem ursprünglich am
korbende der Stadt gelegenen Platze mit der Erbauung des Dominikaner=
osters daselbst in Verbindung gestanden. Daß aber der jetzige Bau der
irche (natürlich mit Ausnahme des erst weit später wegen Baufälligkeit
er Südwand des Mittelschiffes entstandenen hohen Süberschiffes, [807]
velches ursprünglich dem Norderschiff gleich gewesen war) gleich von Anfang
n dieselben Dimensionen gehabt hat, wie jetzt, das haben, abgesehen von
er sofort in die Augen fallenden Einheitlichkeit des ganzen Baues, die
enauesten Untersuchungen bei der vor ein paar Jahren erfolgten Restau=
ation der Kirche aufs unzweifelhafteste ergeben, so daß wir annehmen
tüssen, daß die Kirche schon damals in ihrer ganzen Größe mit ihrem
hor (dessen Gewölbe allerdings einer weit späteren Zeit entstammen),
en Kreuzschiffen mit ihren herrlichen Apsiden und Blendarkaden, dem
angschiff und dessen niedrigeren Seitenschiffen wie den eigentümlichen, mit
Malereien geschmückten Kuppelgewölben, [808] bei denen die Rippen nur
ekorativ vorliegen, entstanden ist.

Die Beilegung der zwischen den Hamburgern und Ditmarschern
ntstandenen Fehde hatte sich ein päpstlicher Legat, welcher sich gerade zu
ieser Zeit in Hamburg aufhielt, [809] besonders angelegen sein lassen. Bei
ieiem führten die Hamburger Herrn Klage über die von den erzbischöf=
ichen Unterthanen verübten und von dem Erzbischof selbst stillschweigend
geduldeten Störungen ihres Handels und baten ihn, den Befehl zur Ab=
tellung derselben zu geben. Der Legat war auch um so weniger abge=
teigt, dem zu willfahren, weil das Verfahren der Ditmarscher an und für
ich schon den Vorschriften der Kirche zuwider, dem Papst aber vor allen
Dingen daran gelegen war, die durch Hilbolds Wahl entstandenen Wirren
veizulegen. Er verurteilte deshalb diese Räubereien und Plünderungen
ticht nur aufs schärfste und gebot, vollen Ersatz zu leisten, sondern gab
tuch dem Erzbischof von Magdeburg den Befehl, erforderlichenfalls mit
tem Bannstrahl gegen die Frevler einzuschreiten. [310] Deshalb sandte der
Frzbischof ohne Verzug den bremischen Kanonikus Thitard [311] nach Ham=
burg, um zu erwirken, daß der zu leistende Ersatz nur für künftige Fälle,
ticht aber für den bereits angerichteten Schaden erfolgen solle. So er=
lärte denn auch am 28. Dezember dess. J. der Legat Guido, daß der
Hamburger Rat das Versprechen gegeben habe, [312] daß das gegen die
Seeräuber erlassene Mandat keine rückwirkende Kraft haben sollte, erteilte

aber unter dem 2. Januar 1266 [313] dem Erzbischof von Lübeck aus, wo er sich damals befand, die strenge Weisung, auch seinerseits in seinem Sprengel bekannt zu machen, daß die dem Mandat Zuwiderhandelnden, wenn sie nicht freiwillig vollen Ersatz leisteten, durch kirchliche Censuren dazu angehalten werden würden.

Im Jahre 1273 starb Erzbischof Hildebold, und deshalb gab, wohl auf Verlangen des Hamburger Domkapitels, das Bremer noch vor der Neuwahl unter dem 25. Oktober eine Erklärung über die von dem neuzuerwählenden Erzbischof den Hamburgern zu gewährenden Rechte ab. [314] Aber der kriegerische und zu weltlichen Händeln nur allzugeneigte Sinn des neuen Erzbischofs Giselbrecht verleitete diesen nur zu bald wieder zu kriegerischen Maßregeln gegen dieselben, so daß die Grafen Gerhard von Holstein und Gerhard von Schauenburg sich veranlaßt sahen, aus Freundschaft für die Hamburger und Dankbarkeit für manche geleistete Dienste am 5. Februar 1281 [315] den Hamburgern unter Bestätigung der denselben von ihren Vorfahren und ihnen selbst verliehenen Privilegien zu versprechen, daß sie den Feindseligkeiten des Bremer Erzbischofs und seiner Verbündeten mit Waffengewalt ein Ende machen wollten. An diesen Streitigkeiten hatten sich auch wieder Ditmarscher beteiligt, deshalb kam am 7. Mai dess. J. zu Meldorf ein neuer Vertrag zwischen dem Lande Ditmarschen und der Stadt Hamburg zu stande, in welchem die Kirchspiele des Landes versprachen, ihre Eingesessenen bei Räubereien auf der Elbe und Eider oder zu Lande zu vollem Schadenersatz anzuhalten, und wenn das betreffende Kirchspiel dazu nicht im stande sein sollte, verpflichteten sich die Ritter, die Vögte und die Gesamtheit des Landes, gemeinschaftlich dafür einzustehen. Im übrigen wurde der Vertrag von 1265 erneuert. Die Hamburger hielten es aber für angesagt, diesmal die einzelnen Kirchspiele zur Ratifizierung des Vertrages heranzuziehen, gleichlautende Verschreibungen an demselben Tage ausgestellt, seitens der 13 Kirchspiele „Alverdesdorpe, Bocholdeborge, Busen, Delf, Hebbelake, Henstede, Herstede, Lunden, Merna, Thellingestede, Webhingestede, Wislingheburen, Worden", mit den Siegeln der betreffenden Kirchspiele versehen, sind noch im Hamburger Archiv vorhanden. *) [316]

### III.
### Die Ditmarscher und die Holsteiner Grafen Gerhard II., Heinrich I. und Johann II.

Merkwürdigerweise lesen wir von einem am 10. Januar 1283 zwischen dem Grafen Gerhard II. von Holstein und den Ditmarschern zu

---

*) Hier werden zum ersten Male als Kirchspiele genannt: Wesselburen, Delve, Hennstedt, Burg, Albersdorf, Ebbelack, Wöhrden, Tellingstedt und Marne, während Meldorf, Weddingstedt, Büsum, Lunden, Süderhastedt schon früher, die letzten vier im Jahre 1140 (Hamburger Urk. p. 152) vorkommen; Brunsbüttel fehlt, weil gerade dort die raublustigen Geschlechter wohnten, im ganzen gab es also damals in Ditmarschen 15 Kirchspiele.

lborf abgeſchloſſenen Verteibigungsbündnis. [817] In demſelben ver=
chten ſich die letzteren, dem Grafen und ſeinen Erben innerhalb und
:erhalb ſeiner Herrſchaft beiſtehen zu wollen gegen jeden Feind und
ebensſtörer, allerbings mit Ausnahme des Erzbiſchofs von Bremen,
en Gebiet jenſeits der Elbe ſie nicht im Bunde mit dem Grafen an=
iſen wollen. Sollte jedoch der Erzbiſchof mit einer Heeresmacht in
Grafſchaft Holſtein einfallen, verſprechen ſie ausbrücklich, dem Grafen
) ſeinen Erben nach beſten Kräften beizuſtehen. Die Veranlaſſung zu
em Bündnis kennen wir nicht, dasſelbe iſt aber in mehrfacher Beziehung
:kwürdig; einmal iſt es im höchſten Grade auffallend, daß von einer
genleiſtung des Grafen den Ditmarſchern gegenüber garkeine Rede iſt,
ann iſt die Urkunde ausgeſtellt nur von den consules und der univer-
ıs terrae Ditmarciae, während von den Vögten und dem Abel des
ıbes keine Rede iſt. Wir ſehen alſo daraus, wie die Geſamtheit des
ıbes mit oder in ihren Vertretern bereits eine ſelbſtändige Stellung
zunehmen verſucht; Graf Gerhard wußte wohl auch recht gut, daß er
nur an dieſe in einer offenbar ſelbſt gegen den eigenen Landesherrn
ıchteten Sache wenden konnte. Andererſeits zeigt aber der Abſchluß
ıes Bündniſſes auch ganz klar, wie die Ditmarſcher ihr Verhältnis zu
ı Erzbiſchof von Bremen, zunächſt in bezug auf die Heeresfolge, bereits
Ausgange des dreizehnten Jahrhunderts auffaßten, [818] zu einer eigent=
ıen Heeresfolge außerhalb ihres Landes hielten ſie ſich nicht für ver=
ıden, was früher allerbings ein Recht der ſächſiſchen Herzöge war. [319]
dem ſie alſo in dem Bündnis mit dem Grafen das erzbiſchöfliche Ge=
t ausbrücklich ausſchloſſen, glaubten ſie ihrer Unterthanenpflicht voll=
ndig genügt zu haben, eine Defenſivallianz mit dem Holſteiner hielten
für keine Verletzung desſelben. Daß die Präponderanz des Abels wie
Vögte freilich durch dies ſelbſtändige Vorgehen der consules nicht be=
igt war, erſehen wir aus der nächſten uns erhaltenen Urkunde vom
. Juli 1286, [320] in welcher die iurati et tota communitas des
rchſpiels Brunsbüttel im Namen der Geſchlechter der Amezinghemannen,
ſemannen, Syrſinghemannen, Ebesmannen und Bolinghemannen, und
ter demſelben Datum das Marner Kirchſpiel wegen ſeiner Kirchſpiels=
ıoſſen, der Bahdemannen, Ohlingemannen, Bathelingemannen, Adelinghe=
ınnen und der von Eye (dies werden alſo jene dem Seeraub mit
ırliebe ergebenen Geſchlechter geweſen ſein) ſich dem Erzbiſchof Giſelbrecht
e den Vögten und Rittern gegenüber verpflichten, bei Strafe des Leibes
b Güterkonfiskation keinen weiteren Raub an den Hamburgern und
deren Kaufleuten begehen zu wollen. Zugleich geht aber aus dieſen
kunden hervor, wie unendlich ſchwer es war, die raubluſtigen Geſchlechter des
ıbens, welche ihren kriegeriſchen Charakter nicht verleugnen konnten, an den
c die Schifffahrt ſo gefährlichen Ufern der Elbmündung von dem den Ehrgeiz
:nſo wie die Habſucht anreizenden Seeraub zu entwöhnen. „Es trafen eben
rt“, wie Nitzſch treffend bemerkt, [321] „die wildeſten und zügelloſeſten Kreiſe
ıer rechtlich ſtehen gebliebenen Bevölkerung mit der weit vorgeſchrittenen
ıltur wie ihren rechtlichen Anſichten und Anſprüchen feindlich zuſammen.“

Die Freundschaft der Ditmarscher mit ihren alten Feinden, den
Holsteinern, war übrigens nicht von langer Dauer, bald genug brachen
wieder ernste Zerwürfnisse zwischen ihnen aus. ³²² Zwei holsteinische Grafen,
Heinrich I. (in Stormarn) und Johann II. (in Wagrien) von der Kieler
Linie versuchten trotz des von dem Grafen Gerhard mit den Ditmarschern
abgeschlossenen Bündnisses, die vermeintlichen Ansprüche ihres Hauses auf
Ditmarschen aufs neue geltend zu machen. Der Erzbischof, von seinen
Unterthanen um Hülfe angegangen, konnte denn nicht umhin, solche zu
gewähren; er schickte deshalb vor allem eine Schar tüchtiger Kriegsleute,
welche „das einfältige Volk" der Ditmarscher zu kriegstüchtigen Leuten
machen sollten." Die holsteinischen Grafen rückten auch im Jahre 1288
mit einem Heere in Ditmarschen ein, indem sie nicht im mindesten daran
zweifelten, daß ihr Unternehmen von Erfolg begleitet sein werde. Aber
sie befanden sich noch im Vormarsch auf der Geest, hatten jedenfalls die
eigentliche Marsch noch nicht betreten, als sich ein Vorfall zutrug, den
Neokorus (I. 353) „wunderbarlich und spöttlich" nennt, der aber die
Anschläge der Grafen vereitelte. Die Leute, welche die Vorhut bildeten,
sahen plötzlich einen Hasen quer über den Weg laufen und erhoben ein
Jägergeschrei, indem sie sich gegenseitig zur Jagd aufmunterten, die nachfolgenden Holsteiner verstanden die Sache aber anders und glaubten, die
Ditmarscher rückten heran, und eingedenk der alten Wut ihrer Feinde ergriffen sie eiligst selbst das Hasenpanier. Da stürzten aber die Ditmarscher,
welche sich seitwärts hinter Hecken und Gräben versteckt hatten, hervor und
setzten den zertrennten Haufen arg zu, bis die Flucht allgemein wurde.
Eine große Anzahl Holsteiner wurde erschlagen oder gefangen, den meisten
gelang es kaum zu entkommen. Cranz, der uns diese vielleicht durch die Sage
ausgeschmückte Erzählung von dem „Hasenkrieg" aufbewahrt hat, fügt noch
hinzu, daß holsteinische Adlige beschuldigt worden seien, geflissentlich diese
Flucht des Heeres veranlaßt zu haben, weil sie mit ihrem Landesherrn
unzufrieden gewesen und nur ungern gegen die Ditmarscher ins Feld gezogen seien. ³²³
    Im Jahre 1289 vermählte sich Graf Heinrich mit einer Nichte
des Erzbischofs, Heilwig von Brunkhorst, und der Erzbischof schenkte ihm
deshalb im Jahre 1298 mehrere Landgüter an der Eider, welche er von
einem Ritter Otto von Plöne gekauft hatte, ließ auch den Eingesessenen
der Kirchspiele Delve und Tellingstedt den Befehl zukommen, ³²⁴ den
Grafen in seinem Besitz nicht zu stören. Ebenso verpfändete er ihm im
Jahre 1304 das Kirchspiel Langenbrok in der Haseldorfer Marsch. Diese
Verpfändung scheint aber die Veranlassung geworden zu sein, daß die Eingesessenen, welche ebenso wie ihre nördlichen Nachbarn nur ungern einem
weltlichen Herrn gehorchen wollten, sich mit den Kehbingern an der Unter-
elbe und ebenso mit den Ditmarschern gegen den Erzbischof verbündeten.
Ebenso fanden sie Hülfe bei einer Anzahl Holsteiner Abligen, welche mit
ihrem Landesherrn zerfallen und von demselben aus dem Lande vertrieben
worden waren; auch der Anführer der Ditmarscher, Pelt oder Pelz genannt, soll ein holsteinischer Ritter aus dem Hause Wedel gewesen sein.

en diese Verbündeten führte nun der Erzbischof die Grafen von Hol=
wie die Herzöge von Lüneburg und Sachsen ins Feld, und bei
:sen erlitten die Ditmarscher eine blutige Niederlage, ihr Hauptmann
de gefangen und auf grausame Weise hingerichtet.

## IV.
### Neue Verwicklungen der Ditmarscher mit den Hamburgern.

In den Kämpfen der Ditmarscher und der Bewohner der Haseldorfer
rsch mit dem Erzbischof und dessen Verbündeten hatten die ersteren auch
erstützung bei den Städten gefunden, freilich nicht bei allen, Krempe
B. hatte treu zu seinem Landesherrn gestanden und war deshalb nach
:ndigung des Krieges von diesem mit dem lübischen Stadtrecht belohnt
:den. Die Hamburger Bürgerschaft hatte die Sache der Bauern unter=
zt, [325] und als der Rat der Stadt einen Vertrag mit den Grafen
zen Proviantlieferung geschlossen hatte, zerstörten die Bürger die Wagen,
che zur Überführung desselben bestimmt waren (1306). Der Ham=
·ger Rat hatte aber auch alle Ursache, mit den Ditmarschern unzufrieden
sein, denn die alten Seeräubereien hatten schon ein paar Jahre nach
a zuletzt abgeschlossenen Vertrage wieder angefangen. Da machte am
. Januar 1291 [326] der Erzbischof Gisel brecht bekannt, daß er mit dem
te der Stadt Hamburg und den Vertretern der Kirchspiele des Landes
tmarschen sich dahin geeinigt habe, daß alle von ihm bezeichneten See=
iber fortan landesverwiesen sein sollten. Den Kirchspielen Marne und
·nnsbüttel wird überhaupt untersagt, Schiffe zu halten, mit denen sie
a Kaufmann belästigen könnten. Wir erfahren allerdings nicht, in wie
:it diese letztere Maßregel durchgeführt worden ist, jedenfalls hörte der
rsug auf der Elbe nicht auf. Denn schon am 6. Juli d. J. 1304 sah
h der Hamburger Rat veranlaßt, durch einen seiner Ratsherren Gob=
alt von Bille aufs neue über wiederholte Beraubungen Hamburger
chiffe seitens der Ditmarscher Klage zu führen. [327] Als die Verdächtigen
rauf den abgeschlossenen Verträgen gemäß vor die Landesversammlung zu
lelborf gefordert worden waren, versicherten alle einmütig mit zum
immel gehobenen Händen, fernerhin niemals einen Kaufmann irgend
elches Landes gewaltsam angreifen und berauben zu wollen; geschähe dies
nnoch, so wollten sie nichts dagegen haben, wenn ihre Güter von den
ögten und Ratgebern eingezogen und sie selbst als Geächtete aus dem
ande gewiesen würden. Diese feierliche Versicherung wurde auch den
·amburgern zugestellt, aber trotzdem sahen sich diese schon im Januar
306 genötigt, aufs neue schwere Klagen über Seeräuberei und Mord=
aten auf der Elbe, Eider und an anderen Orten einzubringen. Die
uf der Eider begangenen Freveltaten deuten auf Teilnahme auch anderer
ls der im Süden des Landes wohnhaften Geschlechter hin. Der Erz=
iischof erließ deshalb am 7. Januar d. J. [328] einen scharfen Warnungs=
rief an die Vögte, Ratgeber, Geschworenen und die Gesamtheit des Landes

Ditmarschen mit der Drohung, daß Interdikt über jedes Kirchspiel zu ver=
hängen, von welchem „der bestehenden Wilcore" gemäß der begangene
Raub nicht sofort zurückerstattet werde. So wurden denn am 12.
Januar 1307, nach dem kurz vorher erfolgten Tode des Erzbischofs Giselbert, [329]
die alten Verträge mit den Hamburgern und den Städten, welche sich
denselben angeschlossen hatten, durch die Vögte, Ratgeber und Gesamtheit
des Landes Ditmarschen zu Meldorf nochmals erneuert und versprochen,
daß für diese besonderen Fälle ein besonderer iudex generalis eingesetzt
werden, das ganze Land aber verpflichtet sein solle, den Geschädigten bei=
zustehen und für vollen Ersatz des Schadens aufzukommen, die Übelthäter
wurden mit Acht und Bann bedroht.

Die Macht der Kirchspiele hatte sich also den seeräuberischen Ge=
schlechtern gegenüber als unzulänglich erwiesen, der Widerstand gegen die
immer und immer erneuten Landfriedensgesetze hatte selbst durch Ausnahme=
bestimmungen, wie das Verbot, Kriegsschiffe zu besitzen, die außergewöhnliche
Anwendung geistlicher Strafen, die Aufhebung der landrechtlichen Bestim=
mungen für die Zuwiderhandelnden, welche in den holsteinisch=bitmarsischen
Verträgen doch auch für Räuber und Diebe festgehalten wurden, [330] nicht
gebrochen werden können.

## V.
### Die Ditmarscher und Graf Gerhard (III.) der Große.

So gern man auch, namentlich holsteinischerseits, dem Unabhängig=
keits= und Freiheitssinn der Ditmarscher ein Ende gemacht hätte, bewirkte
doch andererseits der Ruf der bitmarsischen Tapferkeit, daß man sich um
ihre Freundschaft auch da bewarb, wo man sie am liebsten vernichtet hätte.
Also schloß König Erich von Dänemark im J. 1314, als er nicht nur
Aufstände in seinem eigenen Reiche befürchtete, sondern auch mit dem
Markgrafen Albrecht von Brandenburg in Fehde geraten war, zu Kolding
ein Bündnis mit den Ditmarschern, in welchem diese sich verpflichteten,
den von dem Könige Geächteten nicht beizustehen und demselben Kriegs=
hülfe gegen jeden seiner Gegner, den Bremer Erzbischof allein ausgenommen,
versprachen. Es war dies das erste Bündnis, welches zwischen einem
dänischen Könige und den Ditmarschern abgeschlossen wurde, dasselbe zog
aber auch bald Unterhandlungen zwischen den letzteren und dem Holsteiner
Grafen Gerhard (III.) dem Großen, einem Schwager des dänischen
Königs, nach sich; am 21. März 1315 ward zu Stege [331] ein Waffenstill=
stand zwischen beiden vereinbart, laut welchem aller und jeder Streit bis
zum 6. Januar des folgenden Jahres ruhen sollte. Offenbar lag dem
König viel daran, daß seine Bundesgenossen während seiner Abwesenheit,
denn er dachte ernstlich an einen Krieg mit dem Markgrafen, nicht in eine
Fehde verwickelt würden. Daß im Anfange des Jahres 1316 weitere
Verhandlungen zwischen den Ditmarschern und dem Holsteiner Grafen
geführt worden sind, davon verlautet aber nichts, im Gegenteil wuchs das

:trauen ber erfteren gegen ben letzteren, je mehr fich berfelbe bem Ein=
e beß ben Ditmarfchern verhaßten Hartwig Reventlow hingab. Da
bie Ermordung beß Grafen Adolf von Holftein burch eben biefen
Lmann ben Ditmarfchern bie erwünfchte Gelegenheit, ihren Haß gegen
Grafen Gerhard wie gegen beffen Berater außzulaffen, fie verbanben
mit Adolf von Schauenburg, [332] welcher Anfprüche auf holfteinifche
ritorien machte, welche Graf Gerharb unb Graf Johann III. an fich
ffen hatten. Auch baß Gebiet ber Stadt Kiel gehörte bazu. Außer=
fanb Adolf Unterftützung bei bem Grafen Günzel von Wittenburg,
ein Schwiegerfohn beß ermorbeten Grafen gewefen fein foll, aber
er griff voreilig an, wurde bei Hamburg gefchlagen unb geriet felbft
Gefangenichaft. Erft einige Tage nachher betrat ber Schauenburger
einer Schar von 350 wohlgeübten Kriegern ben holfteinifchen Boden.
af Gerharb rückte ihm beßhalb rafch entgegen, unb es kam zu einem
ammenftoß bei Bramftedt. Die Ditmarfcher befanben fich bereits in
Näße, unb es wäre für ben Grafen Adolf ein Leichtes gewefen, bie
:einigung mit benfelben zu bewerkftelligen, aber er glaubte thörichter=
fe, mit ben Holfteinern allein fertig werben zu können. Gefchlagen
nbte er fich zur Flucht, wurde aber entbeckt, als er fich unter einer
ücke verfteckt hatte, unb gleich feinem Verbünbeten, bem Grafen Günzel,
Gefangener nach Segeberg geführt. Erft am folgenben Morgen er=
ıren bie Ditmarfcher, was gefchehen war, ließen fich aber burch bie
cberlagen ihrer Bunbesgenoffen nicht irre machen, fonbern griffen ben
afen Gerharb fofort an. Da ließen beffen Leute troß beß erfochtenen
egeß ihre Beute im ftich unb liefen bavon, wer nicht entkam, warb
ı ben Ditmarfchern niebergehauen. Diefen machte ber glückliche Erfolg
ß Treffenß Luft zu weiteren Unternehmungen, [333] fie fielen in bie Be=
ıngen beß Grafen Gerharb unb beß mit biefem verbünbeten Grafen
hann von Plön ein unb verwüfteten bie Kirchfpiele Schenefelb, Nortorp
b Neumünfter mit Morb unb Branb. So kamen fie fogar biß nach
cl, welcheß bamals noch bem alten Grafen Johann II., bem Vater beß
norbeten Grafen Adolf, gehörte, ber aber feine anberen fämtlichen Be=
ıngen an ben Mörber feineß Sohneß unb beffen Verbünbeten hatte
treten müffen. Die Kieler Bürger waren ihrem alten Herrn treu
jeben, unb beßhalb wollten bie Ditmarfcher ihnen gegen ben Renbß=
.rger Grafen Hülfe leiften, ber baß Gebiet ber Stadt mit Raub unb
ıanb heimgefucht hatte. So glaubten bie Ditmarfcher, willkommene
ınbesgenoffen zu fein. Aber bie Sache zwifchen bem älteren
rafen Johann unb feinen Gegnern hatte inzwifchen ihre volle
rlebigung gefunben, bie ungebetenen Gäfte wurben baher ben
icler Bürgern, bie fich wohl nicht viel Gutes von ihnen verfehen mochten,
ıld zur Laft. Deßhalb entlebigten fie fich ihrer auf eine gefchickte, wenn
ıd nicht gerade höfliche Weife. Sie ftellten ihnen zu Ehren eine große
anzfeftlichkeit an, zogen mit Paulen unb Trompeten mit ihnen aus ber
:tabt hinaus auf ben Kuhberg, [334] unb als biefelbe fo von ihnen geräumt
var, fchloffen fie bie Thore, unb bie Ditmarfcher fahen fich außgefperrt.

Freilich mußten es die Kieler geschehen laſſen, daß dieſe voll Wut nun im Lande umherzogen und plünderten. Ebenſo durchſtreiften ſie das Kirchſpiel Bornhöved, wurden aber auf ihrem Rückzuge von den Holſteiner Grafen an der Bünzenau (bei dem Dorfe Bünzen, Kirchſpiel Nortorf), welche ſich, jetzt Sarlau genannt, in die Stör ergießt, eingeholt und ge= ſchlagen. [335] Dort ſollen ſie ſich in die Heide niedergelegt haben, um die Nacht zu bivouakieren, aber ſie hatten ihre Schlafſtätte noch nicht verlaſſen, als ſie von den Holſteinern plötzlich überfallen wurden. Auch hier wieder= holt ſich die Sage von dem wandelnden Walde, indem die heranrückenden Holſteiner auf Befehl ihrer Herren Zweige vor ſich gehalten und ſo die nichts ahnenden Ditmarſcher auf ihrem Lagerplatz überraſcht haben ſollen. Gegen fünfhundert blieben auf dem Platze, viele ertranken auf der Flucht in der Au, nur wenigen gelang es, die Heimat wiederzuſehen. Dieſe Niederlage fand ſtatt im Jahre 1317; wenn der Presbyter als Datum derſelben den 19. Juli 1319 angiebt, ſo verlegt er das Ereignis in das Jahr, in welchem Graf Gerhard zwei Jahre ſpäter ſeinen Einfall in Ditmarſchen unternahm, während er dieſen irrigerweiſe in das Jahr 1320 ſetzt. [336]

Wohl verſuchte der damalige Adminiſtrator des Bremer Erzſtiftes Johannes, älteſter Sohn des Herzogs von Lüneburg und Neffe des Grafen Gerhard, zwiſchen den Ditmarſchern und ſeinem Oheim zu vermitteln, aber ſeine Bemühungen waren vergeblich, [337] Graf Gerhard dachte ernſtlich an einen Rachezug gegen die Ditmarſcher. Daß er freilich nicht ſo ganz leichtes Spiel zu haben glaubte, bewieſen die großartigen Rüſtungen, welche er zu ſeinem Unternehmen machte. Inzwiſchen war nämlich der Krieg beendigt worden, welchen der Markgraf Waldemar von Brandenburg im Verein mit dem Herzog von Mecklenburg und unterſtützt von Däne= mark und Holſtein gegen den Fürſten Witzlaff von Rügen geführt hatte; eine nicht unbedeutende Heeresmacht war alſo beiſammen, und ſo mag es dem Grafen Gerhard nicht ſchwer geworden ſein, die Herren durch Aus= ſicht auf reiche Beute zu einem Zuge gegen die Ditmarſcher zu gewinnen. Vierzehn Fürſten und ſonſtige Landesherrn verſprachen ihre Teilnahme; Herzog Johann von Sachſen, der Graf von Ruppin, Gerhards Bruder Giſelbert, [338] nachmals (ſeit 1324) Biſchof von Halberſtadt, Graf Hein= rich von Mecklenburg, [339] wie die Edlen von Wonstorp, Gutzkow und Ghemmen nahmen perſönlich an demſelben teil, auch die Stadt Oldenburg ſcheint dem Grafen einen Heerhaufen geſchickt zu haben. [340]

So rückte denn im Spätſommer d. J. 1319 ein bedeutendes feind= liches Heer in Ditmarſchen ein (nach dem Chroniſten Reimer Kock am 7. September). [341] Der Marſch ging „per viam Suderhamme et per vadum Hemmingstede." Graf Gerhard wandte ſich alſo, nachdem er auf der von Hanerau in das Land führenden Landſtraße in Ditmarſchen eingerückt war, erſt nordwärts über Albersdorf und Nepherſtede (Nord= haſtedt) der Höhe des Landes zu und dann ſüdwärts, um mittels einer Furt [342] durch den in der Nähe von Hemmingſtedt fließenden, bei der Ketelsbüttler Schleuſe in die Nordſee mündenden Eiberarm weſtwärts in

Norbermarsch einzubringen. Die Existenz von Nepherstebe beweist, man die so wichtige Landwehr des Riesenwohldes schon seit längerer t gelichtet hatte, dadurch hatte aber die Süderhamme für die Ver= igung des Landes eine besondere Wichtigkeit erlangt. Von dieser Seite inen die Ditmarscher jedoch den Angriff des Grafen und seiner Ver= ibeten nicht erwartet zu haben, sonst hätten sie sicher den Paß auf der nalen Höhe zwischen den Moorthälern der sogenannten Aue und der laue besetzt, so daß es dem Feind nicht so leicht gewesen wäre, dort Durchgang zu forcieren; sie hatten wohl geglaubt, daß der Feind en Meldorf auf der Landstraße vorrücken werde. Unter greulichen Ver= stungen drang dieser nach Norden vor. Zweimal warfen die Dit= rscher sich ihm entgegen, mit einem Verlust von 1700 Mann (Neoko= s giebt denselben allerdings nur auf 500 an, ich folge der Angabe imer Kocks, welcher offenbar genauer unterrichtet ist) wurden sie nach ihrden zurückgeschlagen, welches hochgelegen und durch Gräben geschützt r. Aber die Ditmarscher sahen sich wegen der Übermacht des Feindes ßer stande, das Dorf zu halten; nochmals zurückgeworfen suchte ein il auf der Flucht sein Heil in den Gräben, ein anderer flüchtete sich die Kirche und verrammelte dieselbe. So wie in einer Festung einge= lossen warfen sie sich auf die Kniee und beteten zu Gott und der ligen Jungfrau um Rettung aus der furchtbaren Gefahr. Da die rche fest war und Graf Gerhard schon bei dem Sturme auf das Dorf le Leute verloren hatte, befahl er, da die Ditmarscher sich zu fernerem iberstande entschlossen zeigten, Feuer an die Kirche zu legen. Da sahen ) denn die Eingeschlossenen, auf die das geschmolzene Blei des Daches reits herniederträufelte,*) genötigt zu kapitulieren, und gelobten dem rafen Gehorsam. Als dieser aber noch zögerte, die angebotene Übergabe zunehmen, offenbar weil er der Sache noch nicht traute, faßten die ngeschlossenen, da sie doch keine Rettung für sich sahen, den Entschluß, der ihr Leben möglichst teuer zu verkaufen als so unter langsamen ualen umzukommen. Sie brachen deshalb die verriegelten Thüren der rche auf und machten einen verzweifelten Ausfall.[343] Ein großer Teil s holsteinischen Heerhaufens hatte sich aber bereits in dem Dorfe zer= eut, um zu plündern; die Ditmarscher, welche vorher geflohen waren ld sich in den Gräben und an anderen Orten versteckt hatten, eilten rbei, als sie plötzlich das Kampfgeschrei der Ihrigen vernahmen, auch n Büsum kam im entscheidenden Augenblicke Verstärkung, sie stürzten h mit neuem Mute auf die Feinde und richteten unter diesen ein furcht= res Blutbad an. Und als die überraschten Holsteiner sich nun auf die lucht begaben und möglichst schnell aus dem Lande zu kommen suchten, itten sich inzwischen neue Scharen der Ditmarscher gesammelt, um ihnen n Rückzug abzuschneiden, und Gräben über die Wege gezogen, in welche

---

*) Neokorus, der vielleicht selbst aus Wöhrden gebürtig war, jedenfalls da= lbst seine Jugend verlebt hat, da sein Vater zweiter Prediger und Schulmeister Wöhrden war, erzählt, daß man noch zu seiner Zeit Stücke geschmolzenen Bleies : der Kirche beim Graben gefunden habe.

die Reiter mit den Pferden stürzten. So wurden die Holsteiner von allen
Seiten angegriffen, ein großer Teil soll auf dem Rückzug selbst von Un=
bewaffneten erschlagen worden, ein anderer in dem obengenannten Eiderstrom
ertrunken sein. [344] Graf Gerhard und der Mecklenburger entkamen, die anderen
zwölf Herren verloren nach dem Bericht des Neokorus mit 2000 Mann das
Leben. Dies ist aber jedenfalls unrichtig, denn Gerhards Bruder Giselbert
wurde erst nach 1324 Bischof von Halberstadt und kommt urkundlich noch
im Jahre 1337 vor. Indeß mag die Zahl der Erschlagenen bedeutend genug
gewesen sein; Pardon gaben die ergrimmten Ditmarscher nicht, sondern hieben
alles nieder, was ihnen in den Weg kam, reiche Beute fiel in ihre Hände.
So nahm der Feldzug Graf Gerhards ein klägliches Ende.

Während des Brandes der Kirche, heißt es in den Berichten, [345]
hatten die Ratgeber und Vorsteher der Ditmarscher ein Gelübde gethan,
der heiligen Jungfrau ein Kloster bauen zu wollen, wenn sie mit dem
Leben davon kämen. Dies hätten sie denn auch später gethan und ein
Kloster mit Namen Mergenowe — Marienaue — gebaut, und daher
sei der Ort, welcher bei dem Kloster später entstanden, Marne genannt
worden. Dies letztere ist nun von vorn herein ganz unrichtig, denn der
Ort Marne kommt schon viel früher vor. [346] Von der Existenz
eines Klosters daselbst ist sonst auch nichts bekannt, ebenso wenig von
einer späteren Verlegung desselben nach Meldorf, welche man früher an=
genommen hat. [347] Es war auch garnicht die Gewohnheit der Domini=
kaner, sich in einem gewöhnlichen Dorfe niederzulassen, da sie keine Land=
wirtschaft trieben, wie die Benediktiner, sondern nur Seelsorge und Predigt,
daneben auch als Ärzte thätig waren. Der Name Marienaue ist auch
lediglich Name des Klosters gewesen. Es ist nun schon oben darauf auf=
merksam gemacht worden, wie die Namen der Melodorfer Stadtviertel es
in hohem Grade wahrscheinlich machen, daß es in Melodorf schon weit
früher ein Kloster gegeben hat; ist also der während des Kampfes in
Wöhrden gelobte Klosterbau in Melodorf ausgeführt worden, und in der
damaligen Zeit gehörte ein solches aus einem Gelübde der Landesvertretung
hervorgegangenes Weihegeschenk an die Kirche einzig und allein nach Mel=
dorf hin, so würde allerdings nicht von der Gründung eines neuen Klosters
die Rede sein können, sondern nur von einem Neubau, einer Erweiterung
des alten. Daß aber das Land bei diesem keine Kosten scheute, beweist
das Vorhandensein eines Kreuzganges um den in der Mitte liegenden
Kirchhof, welcher, wie deutliche Spuren an der Nordseite des Chors vor
der Restauration der Kirche zeigten, mit derselben in Verbindung gestanden
hat. *) Außer dem Klosterbau wurde auch die Wiederherstellung der ab=
gebrannten Kirche zu Wöhrden beschlossen, dieselbe ward vergrößert und
mit steinernen Gewölben und einem geräumigen Chor versehen.

---

*) Dieser Kreuzgang lebt noch fort in der Bezeichnung einer schmalen Gasse,
welche an der Ostseite des Marktes abgeht und noch heute der Papengang heißt.
An diesen Kreuzgang hat sich übrigens in späterer Zeit die Sage angeschlossen,
daß ein unterirdischer Gang das Kloster mit der Kirche verbunden habe. Nach=
grabungen haben aber ergeben, daß dies nicht der Fall gewesen sein kann.

Nach biefem verunglückten Verfuch gab Graf Gerhard feine Abfichten
f Ditmarfchen auf,[348] ber eigentliche Friedensfchluß erfolgte aber erft
t 21. Juli 1323.[349] An biefem Tage fchloffen unter Vermittlung
ichs, Herzogs von Jütland, Graf Gerhard und feine Bundesgenoffen,
ter anberen Johann, Bifchof von Schleswig, mit den Ditmarfchern
ieben auf die Bedingungen hin, 1, baß die Elbe, Eiber, Trene (Trea)
b Sorge für alle Kaufleute und Schiffende frei fein follen von allen
:mmniffen und Gewalttthätigkeiten ber Ditmarfcher, ferner follen 2, bie
)lenburg und bas Schloß Hanerau außer aller Gefahr fein; 3, follen
r Graf und feine Erben die Güter, welche ihnen in Ditmarfchen zu-
hen, ohne Wiberfpruch fernerhin befitzen, wie auch bie Ditmarfcher bie
:igen in Holftein. Bei ausbrechenden Streitigkeiten follen in Ditmarfchen
? von ben Ratgebern, welche ber Graf namhaft machen wirb, alfo ein
rmliches Nemebe, fchwören, baß fie ein befferes Recht haben als ber
raf, in Holftein 6 aus bem Ritterftand und 6 Knappen. Auch follen
bie Ditmarfcher niemanbem, felbft nicht bem Erzbifchof von Bremen,
ftatten, von ihrem Lande aus bem Grafen Bebrängniffe zu bereiten.
:ürbe ber Erzbifchof mit einem ber Paktanten in Krieg geraten, bann
ll es ben Ditmarfchern geftattet fein, wenn fie zur Heeresfolge aufge=
:ten werden, die geforberte Hülfe zu leiften, aber fie follen bann erft
)er bie Elbe hinüberfetzen und von bort aus an bem Kampfe teilnehmen.
nblich werden noch 5, Beftimmungen über bie Benutzung ber ben beiben
arteien gehörenben Lachswehre in ber Eiber getroffen.

## Dritter Abfchnitt.

## Von dem Friedensfchluß der Ditmarfcher mit bem Grafen Gerhard III. bis zur Schlacht in der Süderhamme.

### (1323—1404.)

### I.

)erhältnis ber Ditmarfcher zu bem Erzbistum Bremen wie ber Kirche
überhaupt.

Durch den Sieg über Graf Gerhard hatte fich bas Selbftbewußt=
:ein ber Ditmarfcher mächtig gehoben, in bemfelben Maßftabe war aber
uch bie Achtung vor bem Bremer Erzbifchof bei ihnen gefchwunden, bas

erkennen wir daraus, daß sie sogar Anstalt machten, sich den Unterthans:
pflichten gegen ihren Landesherrn zu entziehen. Dem Nachfolger des
i. J. 1327 in der Verbannung gestorbenen Erzbischofs Johann, Burchart,
verweigerten sie hartnäckig (iamdudum heißt es in der betreffenden Ur=
kunde) bei seinem Regierungsantritt den üblichen Willkommen von 500
Mark zu zahlen, so daß der Hamburger Dompropst Erich unter dem
18. Januar 1329 [350] eine strenge Mahnung an die Geistlichen seiner
ganzen Propstei ergehen lassen mußte, daß sie binnen höchstens 6 Tagen
bei Strafe der Erkommunikation von der Kanzel die Vögte und übrigen
Machthaber des Landes, deren über siebenzig namhaft gemacht werden,
auffordern sollten, binnen Monatsfrist dem Erzbischof Genugthuung zu
leisten, widrigenfalls sie mit der Erkommunikation, die Kirchspiele, in
welchen sie sich aufhalten, mit dem Interdikt bedroht werden. Einer
solchen Drohung mit der schwersten kirchlichen Censur wagten die Dit=
marscher denn doch nicht zu widerstehen, sie unterwarfen sich dem Befehle
ihres geistlichen Oberherrn. Hätte auch in anderen Gegenden des deutschen
Reiches die Anbrohung von Erkommunikation und Interdikt, welches jede
kirchliche Handlung untersagte, damals durchschlagende Wirkung gehabt,
so war dies um so mehr bei den Ditmarschern der Fall, kirchliche Frömmig=
keit war ein Grundzug ihres Charakters. So unternahmen sie seit dem
Jahre 1383 häufige Wallfahrten nach dem heiligen Blute zu Wilsnack
in der Priegnitz, so daß diese Pilgerfahrten, mochten sie nun wirklich
ausgeführt werden oder nur gelobt sein, sogar Gegenstand gesetzlicher
Regelung wurden (Landr. I. § 98 u. § 67 vgl. Landr. II. Art. 184).
Auch sonst befassen sich die bitmarsischen Landrechte mehrfach mit kirchlichen
Angelegenheiten, Festen und Sonntagsheiligung. Neben der Feier des
heiligen Oswaldstages, von welchem später die Rede sein wird, soll z. B.
ein jeder den ersten Freitag im neuen Mond fasten und feiern bis Mittag
und in seiner Hauptkirche in der Messe sein bei einer Buße von 60 Mark.

So ist es also nicht zu verwundern, daß die Ditmarscher, wenn
auch mit Widerstreben — animis induratis — wie eine Urkunde aus
demselben Jahre berichtet, ihre Schuld getilgt haben, um der kirchlichen
Censur zu entgehen. Im übrigen zeigten sie sich als getreue Unterthanen
ihres geistlichen Landesherrn bei einem Aufstand, welchen die Stedinger
gegen denselben unternahmen. Während die Ditmarscher dieselben zu
Zeiten des Erzbischofs Giselbert bei einem Aufstandsversuch gegen ihren
Landesherrn unterstützt hatten, leisteten sie jetzt in Gemeinschaft mit den
Holsteinern, Sachsen und Westfalen dem Bremer Hülfe gegen seine
rebellischen Unterthanen.

## II.
### Verhältnis der Ditmarscher zu den Holsteinern.

So lange Graf Gerhard III. lebte, herrschte Friede oder wenigstens
Waffenstillstand zwischen ihm und den Ditmarschern und auch, als derselbe
im J. 1340 auf gewaltsame Weise ums Leben gekommen war, zeigten

ch seine Söhne und Erben bemüht, das friedliche Verhältnis mit den
Grenznachbarn zu erhalten, außerdem waren die Gedanken derselben mehr
gegen Dänemark gerichtet als gegen Ditmarschen. Doch fehlte es auch
er nicht an Verwicklungen bedenklicher Art. Veranlassung zu neuem
Streit gaben namentlich Neckereien seitens ein paar bitmarsischer Familien,
en Heren Detterdes Kindern von Palen und dem Sohne Marquart
Stormes von den Jebingmannen (einem Delver Geschlechte) [861] Wir
erfahren freilich nicht, wie ernstlich der Friede zwischen den Ditmarschern
nd Holsteinern gestört worden ist, jedenfalls kam in der Fastenzeit
. J. 1341 ein neuer Friedensvertrag zwischen den holsteinischen Grafen
Heinrich dem Eisernen und Nikolaus mit den Ditmarschern zu stande,
ermöge dessen alle Irrungen zwischen ihnen abgethan und beständige
Freundschaft stattfinden sollte. Im wesentlichen ist dieser Friedensvertrag
ur eine Wiederholung desjenigen vom J. 1323, ebenso wie der im
Sommer 1345 von den Holsteiner Grafen mit den Vögten, Ratgebern,
Schließern und Geschworenen und der ganzen „meynheyt" von 19 besonders
namhaft gemachten Kirchspielen*) abgeschlossene, nur werden in dem letzteren
ie Gerechtigkeiten, welche die Holsteiner Herren in der Süderbitmarscher
Geest haben, von welcher jährlich 200 Scheffel Hafer geliefert werden
mußten, ausdrücklich wieder anerkannt.

Um dieselbe Zeit hätte auch Nikolaus, Bischof von Schleswig, beinahe Händel mit den Ditmarschern bekommen; es war nämlich ein Ditmarscher Nikolaus Nicwardson auf dessen Gebiet, wie es scheint, bei
Schwabstedt erschlagen worden. Hierüber wurden nun die Bewohner der
Kirchspiele Lunden und Hemme, wo der Erschlagene Verwandte oder Geschlechtsvettern hatte, so aufgebracht, daß sie seinen Tod durch allerhand
Feindseligkeiten zu rächen suchten. Allein die Klugheit des Prälaten wußte
dem abzuhelfen, und es kam am 7. März 1358 zwischen ihm und den
genannten Kirchspielen wie den Erben Nicwardsons ein Sühnevertrag zu
stande. Auffallend ist, daß in der darüber ausgestellten Urkunde außer
den Schließern und Geschworenen auch eine Anzahl anderer Einwohner
der Kirchspiele als ceteri meliores bezeichnet wird. [562]

### III.
**Handelsbeziehungen der Ditmarscher und Zwietracht Meldorfs mit den
nördlichen Kirchspielen.**

Im Jahre 1359 erhielt die Stadt Hamburg von Kaiser Karl IV.
den Auftrag, die Mündung der Elbe mit allen ihr zu Gebote stehenden

---

*) Zum ersten Male werden hier als Kirchspiele genannt Nepherstede (Nord-
hastedt) und Hemmingstedt — in der Urkunde von 1281 waren 13 Kirchspiele genannt, Meldorf und Brunsbüttel fehlten; Neuenkirchen und Hemme kommen in
der Bestätigungsurkunde von 1341 zum ersten Male als Kirchspiele vor, also zusammen 19. Daß die Siegel der einzelnen Kirchspiele unter die Urkunde gehängt
wurden, scheint ein Beweis dafür, daß die Holsteiner Herren sich dadurch bündiger
sichern wollten.

Mitteln zu schützen, und die Befugnis, die aufgegriffenen Räuber zu be-
strafen, was auf erneuerte Seeräubereien in der Elbmündung schließen
läßt; daß solche von den Ditmarschen ausgegangen sind, läßt sich freilich
nicht nachweisen, die nördlichen Kirchspiele sehen wir jedenfalls bemüht, in
friedlichen Handelsverhältnissen mit den Hamburgern und den übrigen
handeltreibenden Städten zu leben. Schon unter dem 10. März 1367
hatten die Kirchspiele Lunden und Hemme den Lüneburger Kaufleuten
freien Verkehr zugesichert,[353] am 8. Sept. 1367[354] verkündeten die Kirchspiele Hennstedt, Delve und Tellingstedt, daß sie ihren Hafen am Ulendamm und ihre Kirchspiele allen Kaufleuten geöffnet hätten, und versprachen völlige Sicherheit für Personen und Güter. Wo dieser Hafen
am Ulendamm gelegen hat, darüber ist früher vielfach gestritten worden,
weil man nur den von Neokorus lückenhaft mitgeteilten Text der Teilungs-
urkunde vom 22. Juli 1568 kannte. Nach Eckermann[355] ist der Ulendamm, an den noch jetzt der Name der ‚Dammbrücke' erinnert, der Damm
über die Brocklandsaue im jetzigen sogenannten Gerichtswege zwischen Kleve
und Bargen gewesen, und der portus Ulendamm der dortige Anlegeplatz
für Schiffe, bevor der Deich von Kleve über die Eißhemmsbrücke nach
Schlichting geschlagen wurde.

Auch die Lübecker fingen um dieselbe Zeit an, die Freundschaft der
Ditmarscher zur Sicherung ihres Handels zu suchen, und trafen am
20. Dezember 1375[356] mit den Oldenwöhrdnern auf dem Kirchhof daselbst die Verabredung, daß, wenn ein Lübecker Kaufmann durch Schiffbruch oder sonstigen Unfall an das Ufer des Kirchspiels käme, die Einwohner demselben allen möglichen Beistand leisten, auch dafür Sorge
tragen sollten, daß die Güter des gestrandeten Schiffes unter dem Vor-
behalte eines durch ‚gute Leute' abzuschätzenden Bergelohnes dem rechtmäßigen
Besitzer wieder zugestellt werden sollten. Für den Fall, daß diesen Bestimmungen entgegengehandelt werden sollte, unterwerfen sich die Wöhrdner
der Entscheidung des Bischofs von Ratzeburg, so daß dieser gegen den
Übertreter mit Bann und Interdikt vorgehen dürfe.

Dieser Vertrag zwischen den Lübeckern und Oldenwöhrdnern hatte
übrigens noch seine ganz besondere Veranlassung. Bis dahin hatte Meldorf
die einzigen Jahrmärkte im Lande gehabt. Die Urkunde über dieselben
(abgedruckt von Dahlmann Neokorus I. 625)[357] ist leider lückenhaft, sie
stammt vom 11. August 1336. In derselben machen Vögte, Ratgeber
und die Gesamtheit des bitmarsischen Landes bekannt, daß ein Jahrmarkt,
wie schon früher, so auch in Zukunft stattfinden solle zu Meldorf . . . .
. . . . . . . . . . . . am Tage nach Mariä Geburt (8. Sept.) acht
Tage vorher und 15 Tage nachher; voller Friede wird zugesichert allen
denen, welche in dieser Zeit die Stadt besuchen würden, um zu kaufen
oder zu verkaufen, ebenso bei ihrer Rückkehr nach Hause. Vor den
Worten: „am Tage vor Mariä Geburt" ist eine bedeutende Lücke.

Nunmehr machen im J. 1373,[358] vermutlich am 14. Juli, die
Ratgeber und ganze Gemeinheit der Kirchspiele Oldenwöhrden, Neuenkirchen,
der östliche Teil von Wesselburen nebst Webbingstedt und Hemmingstedt

annt, baß sie durch Streitigkeiten zwischen den Meldorfern und ihnen
o aus anderen Gründen verhindert seien, die Melborfer Märkte zu be=
hen, und deshalb solche in Oldenwöhrden selbst eingerichtet hätten, und
ir auf St. Johannes des Täufers Geburtstag (24. Juni), auf Mariä
burt (8. Sept.), beide acht Tage hindurch, und ebenso auf Palmarum
b versprechen allen Käufern und Verkäufern volle Sicherheit und Markt=
eben. Da nun die Einrichtung der Oldenwöhrdner Jahrmärkte den
eldorfern nachgebildet wurde, der 8. September aber beiden als Markt=
z gemeinschaftlich ist, so läßt sich annehmen, daß dies auch bei den
den andern Tagen der Fall gewesen ist und in der Lücke der oben mit=
teilten Urkunde ebenso die Zeiten der beiden anderen Märkte: Palmarum
b Johannistag gestanden haben. Diese Vermutung findet auch in einer
iteren Bestimmung der Achtundvierziger zum Melborfer Stadtrecht vom
ihre 1496, in welcher wenigstens für die spätere Zeit diese drei Märkte
kundlich bezeugt sind, ihre Bestätigung. [359] Im Artikel 209 des Land=
ts II. werden die Zeiten des „rechten, alten" Marktfriedens angegeben:
t Tage vom Osterabend bis 8 Tage nach Ostern, sodann vom St. Johannis=
end bis 8 Tage nach dem Peter= und Paulstage (vom 23. Juni bis
m 6. Juli abends) und von Unser lieb Frauen Abend bis 14 Tage
ich St. Michaelistag (vom 7. September bis 13. Oktober). Unter
m Schutze dieses Marktfriedens tagte aber die Landesversammlung zu
leldorf, jedenfalls seit der Zeit, daß dasselbe Sitz des Vogtes geworden
ar. Wir besitzen aus den Jahren 1336 bis 1434 wenig allgemeine
indesurkunden, die von Melborf aus datieren, der Vertrag von 1341
zu Rendsburg, der von 1345 zu Hanerau, der von 1404 zu Ripen
geschlossen worden. Aber von den andern wenigen hierhin gehörenden
rkunden ist der Vertrag der Kirchspiele Melborf, Wesselburen u. a. mit
n Städten Lübeck, Hamburg u. a. datiert 1384 vom grünen Donners=
g, also aus dem Ostermarktsfrieden; [360] der Vertrag mit den Hamburgern
i J. 1416 ist abgeschlossen am Peter= und Paulstage, dem 29. Juni,
so während des St. Johannismarktfriedens, [361] der Eiderstedter Friede
m J. 1417 vom Dienstag nach Mariä Heimsuchung (2. Juli), [362]
ine Abschließung fällt also in die Zeit desselben Marktfriedens. Welche
ledeutung aber eben dieser Melborfer Marktfriede noch bis in das fünf=
hnte Jahrhundert hinein hatte, zeigt ein Vertrag der vier Kirchspiele
larne, Brunsbüttel, Eddelack und Büsum (Bietzen) von 1412 mit der
Stadt Stade, durch welchen sie Zwistigkeiten, in denen sie seit 1403 unter
nander gelebt haben, friedlich beilegen. Sollten die Staber wieder Ur=
iche zu neuen Beschwerden haben, so sollen sie die betreffenden Kirchspiele
urch Briefe oder Boten benachrichtigen und in dem darauf folgenden
Marktfrieden völlige Entschädigung erlangen. [363]

Sehr lange scheint freilich die Zwietracht zwischen Melborf und den
enachbarten Kirchspielen nicht gedauert zu haben; Wesselburen wenigstens,
on dem sich ja auch nur der östliche Teil dabei beteiligt hatte, war im
Jahre 1384 wieder versöhnt mit Melborf, denn am 7. April dess. J.
m grünen Donnerstag [364] wurde zwischen den Städten Lübeck, Hamburg,

Lüneburg, Burtehude, Stade und Itzehoe einerseits und der Stadt und dem Kirchspiel Meldorf nebst Wesselburen und Büsum wie dem Geschlechte der Vogdemannen andrerseits ein Vergleich wegen der gestrandeten Güter abgeschlossen.

Im Süden des Landes sah es freilich weniger friedlich aus; daselbst, man sollte es eigentlich nach allen den wiederholten Verträgen und Abmachungen, welche doch hundertfach beschworen sein müssen, kaum für möglich halten, hatten sich die alten Streitigkeiten zwischen den Kirchspielen Brunsbüttel und Marne und den Hamburgern erneuert, so daß letztere i. J. 1394 einen förmlichen Einfall in Ditmarschen machten und dasselbe mit Raub und Brand heimsuchten. Die Ditmarscher paßten natürlich wieder ihrerseits den Hamburgern auf und plünderten das.Gebiet derselben, sie scheinen jedoch den kürzeren gezogen zu haben, denn schon am 7. Sept. d. J. sahen sich die Schließer und Geschworenen von Brunsbüttel genötigt, den Hamburgern Urfehde zu schwören. [365] Am 1. Mai des folgenden Jahres kam denn auch zu Itzehoe zwischen den Streitenden ein vollständiger Friedensschluß zu stande, dahin lautend, daß sie der geschehenen Feindschaft und des verübten Totschlages und Brandes nimmermehr gedenken, sondern die Hamburger und die anderen Kaufleute zu Wasser und zu Lande nach Kräften fördern wollten. [366]

## IV.
### Erneute Kämpfe der Ditmarscher mit den Holſteinern.

Ebenso brachen in diesen Zeiten für die Ditmarscher neue Verwicklungen mit den Holsteiner Grafen aus, mit denen sie nun beinahe ein halbes Jahrhundert hindurch in Frieden gelebt hatten. Nach dem um das Jahr 1385 (jedenfalls vor 1390) [367] erfolgten Tode Heinrichs des Eisernen begannen die Streitigkeiten aufs neue. Der Presbyter Bremensis, der von seiner gehässigen Gesinnung gegen die Ditmarscher nirgends ein Hehl macht, [368] schiebt auch hier wieder diesen alle Schuld zu, [369] indem er sie als Leute schildert, welche das Ihrige stets unverletzt erhalten wollten, wenn ihnen aber von anderen auch nur das geringste Unrecht zugefügt werde, mit Gewalt das Doppelte raubten. Wenn sie hingegen selbst ihren Nachbarn Schaden zugefügt hätten, so rechneten sie denselben für nichts und stellten das Geschehene überhaupt möglichst als von unzurechnungsfähigen Leuten ausgegangen dar. Albert Cranz, der den Presbyter vielfach auch in bezug auf Ditmarschen als Quelle benutzt hat, spricht sich in ähnlicher Weise aus, fügt aber hinzu, daß das Volk, welches schon durch die Lage seines Landes zu fortwährendem Kampf mit den Holsteinern bestimmt (in palaestram positus) sei, sich nur schwer des Unrechts enthalten könne, weil es an Tüchtigkeit (nobilitate) und Kraft sich allen anderen überlegen glaube. Beide Schriftsteller erzählen nun im ganzen übereinstimmend, daß die Ditmarscher einer Streitigkeit wegen die Grenze überschritten hätten und mit reicher Beute beladen auf dem Rückzug in ihr Land begriffen gewesen seien. Da habe aber Graf Nikolaus,

sich in der Nähe befunden, von dem Vorfalle Kunde erhalten, rasch
: Leute gesammelt, freilich eine kleine Schar, kaum dreißig Mann zu
:be, sonst nur Bauern aus den Kirchspielen Schenefeld und Habe=
schen, sei den Zurückziehenden nachgejagt, und so sei es bei Tippersölo,
rscheinlich in dem Gute Hanerau gelegen, [370] zu einem Zusammenstoß
mmen. Die Ditmarscher hatten ihre Spieße in die Erde gesteckt,
:nen also keinen Überfall zu erwarten, als sie plötzlich von der Reiterei,
he Graf Nikolaus herumgeschickt hatte, im Rücken und von dem hol=
tischen Landvolk von vorn angegriffen wurden. Es ward von beiden
ten eine Zeitlang mit Erbitterung gefochten. Unter den Ditmarschern
ind sich ein gewaltiger Hüne, der sich durch einen gefütterten Mantel
den anderen auszeichnete; dieser suchte sich den Grafen, den er unter
Vordersten kämpfen sah, zum Zweikampf heraus, aber ein furchtbarer
)werthieb spaltete, ähnlich jenem bekannten „Schwabenstreiche", den Dit=
rscher vom Haupt bis zum Sattelknopf.*) Solch tapferes Beispiel er=
nterte die immerhin noch zaghaften Leute des Grafen, die Ditmarscher
rden nach blutiger Gegenwehr in die Flucht geschlagen und wagten bei
)zeiten des Grafen Nikolaus nicht, ihren Einfall in Holstein zu wieder=
en. So meldet der Presbyter, indes ist es zweifelhaft, ob dem Bericht
trauen ist, denn Cranz erzählt, daß die Ditmarscher sich den Sieg zu=
djrieben hätten. Auch Cilicius Cimber, unter welchem Pseudonym sich
berühmte Heinrich Ranzau verbirgt, [371] sagt ausdrücklich, daß das
sammentreffen unentschieden geblieben sei. Wahrscheinlich fand der
mpf, da die Ditmarscher auf ihrem Rückzug angegriffen wurden, nicht
it von der Grenze statt, so daß sich dieselben nach kurzem Kampfe in
· Land zurückziehen konnten, während der Graf einen weiteren Angriff

---

*) In den Kämpfen der Ditmarscher mit den Holsteinern von 1319 bis 1500
icht sich ein bestimmter Gegensatz zwischen dem ritterlichen Adel zu Roß und dem
)hrhaften Bauer zu Fuß geltend, und doch dürfen wir denselben nicht als so
idgehends vorhanden annehmen, wie es den Anschein hat; die Ditmarscher
iren, auch abgesehen von dem seit dem Ende des dreizehnten Jahrhunderts ver=
wundenen Adel, zum teil auch beritten. Dafür lassen sich außer obiger Erzählung
ie Anzahl von Beweisen anführen:
1. werden in der Klagschrift der Ditmarscher gegen Herzog Adolf (Michelsen
im. Urk. p. 47) in der Aufzählung von den erlittenen Verlusten bei verschiedenen
rchspielen, z. B. Neuenkirchen und Büsum, nebeneinandergestellt „an harnische,
rden, liederen", was doch nur auf einen auf dem Schlachtfeld erlittenen Verlust
deutet werden kann, an einen Troß darf man aber bei den Ditmarschern schwer=
ij denken;
2. Das Heergeräte (vestis bellica, die Kriegsausrüstung, welche nach einem
sonderen Erbgang vor der eigentlichen Erbteilung an den ältesten Sohn, und,
enn Söhne fehlten, an den nächsten Schwertmagen fiel) eines Ditmarschers bestand
iter den Kleidern und dem Harnisch aus dem besten Hengst mit allem „Gereide"
Geschirr), und wenn kein Hengst da war, aber ein Hengstfüllen, so gehörte dieses
iju, sonst das beste Ackerpferd. (Landr. I. § 215.)
Graf Nikolaus hatte ebenso im Jahre 1381 eine berittene Landwehr aus den
gentlich holsteinischen Kirchspielen, vgl. Presb. Bremens. c. 26; und ebenso werden
n Jahre 1344 aus der Eidomsharde in Nordfriesland 500 Mann „armis et equis
xpediti" aufgeboten. Vgl. Michelsen Nordfriesland im Mittelalter p. 191.
litzsch in den Jahrbüchern für Landeskunde I. p. 334.

nicht für geraten fand. Nach dem Preẞbyter haben die Ditmarscher freilich um Frieden gebeten, aber die von ihm selbst mitgeteilten Bedingungen [372]
enthalten gleichwohl nichts, was auf eine entschiedene Niederlage derselben
schließen läßt, sie sind im Gegenteil vorteilhaft genug für die Ditmarscher
und im ganzen konform den Verträgen von 1341 und 1345.

## V.
### Die Kämpfe mit Herzog Gerhard IV. 1403 und 1404.

Also folgte wieder eine kurze Zeit der Ruhe; Graf Nikolaus starb
im J. 1397, ohne männliche Erben zu hinterlassen, worauf seine Neffen,
die Söhne Heinrichs des Eisernen, sich in den Besitz von Holstein und
Stormarn teilten. Der älteste Gerhard, welcher zugleich Herzog von
Schleswig war, erhielt den Teil mit dem Hauptschlosse Plön, zu welchem
auch das nordöstliche Wagrien gerechnet wurde, nebst Hanerau und den
dazu gehörenden Kirchspielen Hademarschen und Schenefeld wie der Haseldorfer Marsch und wurde auf solche Weise Nachbar der Ditmarscher.
Mit diesem gerieten die letzteren gar bald in schwere Kämpfe, schwerer als
sie bis dahin mit den Holsteinern stattgefunden hatten; die Veranlassung
dazu war aber diesmal keine unmittelbare, sondern durch besondere Verhältnisse herbeigeführt. Herzog Erich von Sachsen, der Schwiegervater
des holsteinischen Grafen Albrecht, hatte Widerwillen gegen die Ditmarscher
gefaßt, zu dem eine zwischen diesen und seinen Unterthanen im Lande
Hadeln entstandene Zwistigkeit die Veranlassung gegeben hatte. [372] In
Abwesenheit seines Schwiegersohnes, dem bei der Teilung Kiel und Neumünster wie das eigentliche Stormarn mit Itzehoe zugefallen war, unternahm Herzog Erich einen Rachezug gegen die Ditmarscher im Jahre 1402,
fiel am Dienstag nach Pfingsten in dem Lande ein, plünderte und raubte
auf der Geest und verbrannte Tensbüttel, ohne vorher irgend welchen Absagebrief an die Ditmarscher abgesandt zu haben. Reiche Beute an Vieh
mit sich führend übernachtete er zu Bramstedt, machte darauf noch einen
Einfall in Ditmarschen, verwüstete namentlich das Kirchspiel Albersdorf
und zog schließlich durch das Land seines Schwiegersohnes über Bergedorf
nach Lauenburg zurück. [373] Graf Albrecht war damals, wie oben erwähnt,
abwesend, sonst wäre er den wiederholten Vertragsbestimmungen zufolge
verpflichtet gewesen, seinem Schwiegervater als einem Feind der mit ihm
in Frieden lebenden Ditmarscher den Durchzug durch sein Land zu versagen. Deshalb führten die letzteren auch sofort Klage bei den benachbarten Fürsten, dem Herzog Gerhard und dem Erzbischof von Bremen wie
den Städten Lübeck und Hamburg und forderten laut den bestehenden Verträgen Schadenersatz. Über diese Beschwerden der Ditmarscher erzürnt
citierte denn Herzog Gerhard seinen Bruder sofort nach Gottorp und
machte ihm im Beisein der beiderseitigen Räte die heftigsten Vorwürfe; als
aber Graf Albrecht sich entschuldigte und hoch und teuer schwur, daß er
bei der Angelegenheit gänzlich unbeteiligt gewesen sei, nahm der Herzog
die Partei seines Bruders gegen die Ditmarscher, und beide Fürsten sandten

Briefe an dieselben ab, in welchen sie sie mit harten Worten an-
en, daß sie so vermessener und unbedachter Weise an sie geschrieben
:n, ihnen zu keinem geringen Nachteil, und daß sie auch ihre eigene
: nicht bedacht und an Fürsten und Städte, ihnen selbst zu großer
aube, Lügen statt der Wahrheit berichtet, deshalb thäten sie ihnen
iit Absage. Ähnliche Briefe ergingen seitens der Holsteiner auch an
:re Fürsten und Städte.[374] Als den Ditmarschern nun auf diese
se die Unschuld des Herzogs und des Grafen kund geworden war,
irten sie sich, um ihre Übereilung wieder gutzumachen, zu jeder ver-
;ten Genugthuung bereit,[375] aber die Fürsten waren zu sehr erbittert,
daß sie sich geneigt gezeigt hätten, auf das gemachte Anerbieten ein-
:hen. Ebenso vergeblich waren die Bemühungen der Abgesandten der
dte Hamburg und Lübeck. Ja die Zahl der Feinde der Ditmarscher
nehrte sich noch, denn der Herzog von Sachsen, die Einwohner des
des Hadeln wie die Stadt Stade traten auf die Seite der Holsteiner
ren. Woher die Feindschaft der Stader mit den Ditmarschern entstanden
läßt sich nicht nachweisen, vermutlich waren wieder Beeinträchtigungen
Stader Kaufleuten durch die Ditmarscher vorgefallen. So kam es
n am 24. Juli 1403 zu Itzehoe zu einem förmlichen Bündnisvertrage[376]
schen Herzog Gerhard und dem Grafen Albrecht einerseits und der
ibt Stade andererseits, in welchem die ersteren sich verpflichteten, nicht
: mit den Ditmarschern Frieden zu machen, als bis diese auch den
·derungen der Stader gerecht geworden seien, und dieselben zu verteibigen
ihre eigenen Mannen und Bürger. Auch der holsteinische Abel hetzte
) war nach der bitmarsischen Beute begierig. Die Hamburger hatten
nie als besondere Freunde der Ditmarscher bewiesen, hatten freilich
h keinen sonderlichen Grund dazu gehabt, so gelang es den Holsteiner
:ren leicht, auch diese auf ihre Seite zu ziehen, so daß sie versprachen,
ht dulden zu wollen, daß seitens ihrer Bürger den Ditmarschern etwas
;eführt werde, wogegen die Holsteiner sich den Hamburger Bürgern
;enüber zu verschiedenen Konzessionen verstanden, unter anderen, daß
· Hamburger Rat nicht die Befugnis haben sollte, einen Bürger ohne
:tliches Erkenntnis in gefänglichen Verwahrsam zu nehmen.

So zogen denn Herzog Gerhard und Graf Albrecht noch im Jahre
:03 mit großer Heeresmacht, gefolgt von einer bedeutenden Anzahl
lsteinischer Bauern mit Spießen, Schaufeln und Spaten, in Ditmarschen
iein. Auf den Rat des Edelmanns Claus von Ahlefeld wurde von
ien eine Meile von Meldorf neben der Delf- oder Delbrücke ein fester
irm, die Marienburg erbaut,*) unten quadratisch aus langen und

---

*) Der noch vorhandene, mit einem breiten Graben umgebene Hügel, Schloß-
rg genannt, wird gewöhnlich für einen Überrest der Marienburg angesehen, es
aber unmöglich, daß die Holsteiner damals mitten im Kriege einen solchen Hügel
;gehäuft haben, derselbe stammt jedenfalls von einer prähistorischen Befestigung
r (vgl. p. 16) und ist von dem holsteinischen Feldherrn, der die strategische Wichtig-
t des Platzes erkannte, zur Errichtung des Blockhauses benutzt worden. Die
elbrücke ist übrigens nachmals weiter befestigt worden, nördlich von der An schneiden
e Überreste tiefer Befestigungsgräben bastionsförmig in den Hügel ein.[377]

gewaltigen Balken bestehend, so daß man nicht hindurchschießen konnte, und mit vielen Schießscharten für Geschütze kleinen und großen Kalibers versehen. Die Ditmarscher versuchten zwar wiederholt die wichtige Feste zu stürmen, wurden aber jedesmal mit großem Verlust zurückgeschlagen. Auch das unbefestigte Melsdorf wurde trotz hartnäckiger Verteidigung mit Sturm genommen und geplündert. Gleichwohl getraute der Feind sich nicht, die Nacht in dem offenen Orte zu verweilen, der Widerstand der durch das Sturmläuten herbeigezogenen Ditmarscher hatte ihm doch zu viel Respekt eingeflößt, das Land ringsumher ward aber ausgeraubt. Auch das Schloß Hanerau war von dem Herzog und dem Grafen stärker befestigt und mit Blockhäusern und Gräben versehen worden, zum Kom= mandanten wurde Heinrich von Ahlefeld, der Bruder des obenerwähnten Claus, eingesetzt. Von dort, wie von den anderen benachbarten Schlössern Schwabstedt und der Tilenburg, aus wurden die Ditmarscher fortwährend beunruhigt, und der Kampf von beiden Seiten aufs erbittertste geführt. Im Anfange war also der Erfolg den Holsteinern entschieden günstig gewesen, nun wandte sich aber das Glück. Herzog Gerhard und Graf Albrecht waren mit ihrem Heer von neuem durch die Norderhamme in das Innere von Ditmarschen eingedrungen und ohne daran zu denken, wie es ihrem Großvater im J. 1319 bei Wöhrden ergangen, hatten sie ihre Leute sich in der fruchtbaren Gegend zum Plündern zerstreuen lassen und brachten reiche Beute auf. Da brachen die Ditmarscher voll Wut auf einen von dem Grafen Albrecht geführten Haufen los. Der Graf hatte keine Lust, sich in einen Kampf einzulassen, seine Leute konnten aber nicht so rasch, wie sie sollten, mit der Beute davon kommen. Erzürnt darüber gab er seinem Pferde die Sporen, dasselbe stürzte, und er fiel mit seinem schweren Harnisch so unglücklich zu Boden, daß er kurz darauf am 28. September 1403 verstarb und zu Itzehoe begraben ward. Nur ein glücklicher Zufall rettete die holsteinischen Völker vor gänzlicher Nieder= lage. Eine Sturmflut hatte nämlich an demselben Tage einen Deichbruch an der Eider veranlaßt, und die einbringende Flut hatte das Thal der Brocklandsau so unter Wasser gesetzt, daß der Ulendamm hinweggespült wurde, nachdem die Holsteiner dasselbe eben glücklich passiert hatten. So konnten die Ditmarscher ihre Feinde nicht weiter verfolgen, diese entkamen „mit Gottes Hülfe", wie der Presbyter sagt, mit ihrer ganzen reichen Beute.

Daß während dieser Bedrängnis der Ditmarscher seitens der Hol= steiner auch die Nordfriesen, die alten feindlichen Nachbarn der ersteren, sich nicht ruhig verhielten, ist natürlich; die Neckereien, denen jene von den festen Grenzplätzen Hanerau, Schwabstedt und der Tilenburg aus ge= raume Zeit ausgesetzt waren, reizten die Eiderstedter, auch ihrerseits ihr Mütchen an den Ditmarschern zu kühlen. Sie unternahmen daher einen Raubzug nach Ditmarschen, auf dem unter anderen auch sieben angesehene Frauen in ihre Gewalt fielen, welche sie mit sich fortschleppten und in der Kirche zu Tönning einschlossen. Die erbitterten Ehemänner brachten die Sache vor die Landesversammlung, und es wurde der Beschluß gefaßt,

ngelegenheit zur Landessache zu machen und als solche zu rächen.
elang auch, den gefangenen Frauen Kunde zukommen zu lassen, daß
mnächst befreit werden würden. Schon fünf Tage nachher zogen die
arscher aus, machten einen Einfall ins Eiderstedtische, erschlugen jeden,
)nen entgegenkam, verwüsteten, plünderten und verbrannten alles und
en ihre Frauen unbeschädigt wieder nach Hause. Eine Nachricht er=
sogar, daß Tönning von ihnen verbrannt und fünf gefangene Friesen
Zeitlang in dem Turme zu Wedbingstedt festgehalten worden seien. [378]
So hatten die Feindseligkeiten zwischen den Ditmarschern und Hol=
rn wie deren Verbündeten schon längere Zeit gewährt, als die Bürger=
er und Ratmannen der Städte Lübeck und Hamburg eine Vermittlung
chten. Aber Herzog Gerhard wollte nach dem Tode seines Bruders
cht von keinen Friedensunterhandlungen hören, wenn die Ditmarscher
nicht zu seinen Unterthanen geben und zu jährlicher Zinszahlung ver=
ten wollten. Diese erklärten sich auch zur Erkaufung des Friedens
eine bestimmte Summe Geldes bereit und erbötig, mit dem Herzog
reunbnachbarliches Bündniß zu schließen, nach welchem sie denselben
?otfall zu Hülfe kommen wollten, wenn er sich verpflichte, ein Gleiches
)un, auf solche Anerbietungen wollte der Herzog aber nicht eingehen.
Ditmarscher hingegen fürchteten Kampf und Tod weniger als den
ust ihrer Unabhängigkeit, und so begann denn der Krieg aufs neue.
waren die Holsteiner im Besitz der Marieenburg, die Zerstörung der=
a war also vor allem das Ziel der Titmarscher. Namentlich Ralef
Rolf Boykensone, welcher in dem Vertrag von 1384 an erster Stelle
r den Boghedingmannen genannt und in einem der bamaligen Zeit
ammenden Liede als „de beste in unsem laude" bezeichnet wird, [379]
te seine Landsleute dazu an. Also rückten sie vor die Marieenburg,
hlossen, das Äußerste zu wagen. Aber das Unternehmen lief unglück=
ab, der Sturm wurde abgeschlagen, und unter den vielen Gefallenen
nd sich auch Ralef, die Holsteiner hieben ihm den Kopf ab und steckten
auf einen Pfahl. So mußten die Ditmarscher unverrichteter Sache
:hen. Zur Rache verbrannten die Holsteiner nun eine Anzahl Dörfer
der Geest und machten große Beute an Gefangenen und Vieh, die sie
:t über die Grenze in Sicherheit brachten. Während dessen hatte Her=
Gerhard ein großes Heer gesammelt, um mit Gewalt durchzusetzen,
er auf friedlichem Wege zu erreichen nicht vermocht hatte, und am
August d. J. 1404 fiel er mit einer gewaltigen Streitmacht durch die
)erhamme in das Innere von Titmarschen ein. [380] Dort befand sich
bedeutende Landwehr mit zwei oder drei doppelten Gräben, an einigen
llen mit dichtem Waldbestand, durch welchen ein schmaler Steindamm
:te, auf beiden Seiten mit breitem Graben. Der Herzog hatte seine
te wohl georbnet und das vorderste Fähnlein dem Ritter Nikolaus von
esfeld, das Schützenfähnlein dessen Bruder, dem Ritter Heinrich von
esfeld, übergeben. Die letzteren hatten einen weiten Umweg eingeschlagen
plünderten die Dörfer in den Kirchspielen Lunden und Weddingstedt,
e Widerstand zu finden, während Heinrich von Ahlefeld umherritt und

dafür sorgte, daß das Geraubte zusammengebracht wurde, namentlich das Vieh, auch einige Häuser in Brand stecken ließ. Sein Bruder Nikolaus, wohl eingedenk der früheren Niederlagen, erinnerte freilich daran, an zeitigen Rückzug zu denken, aber Heinrich wollte davon nichts wissen und eilte auf eine Windmühle in der Nähe los, um dieselbe anzuzünden. Währenddessen hatte Herzog Gerhard mit dem Rest seiner Truppen vor der Hamme ge= halten, durch welche seine Leute wieder hindurch mußten. Die Ditmarscher aber, welche sich für zu schwach hielten, den Angreifern auf offenem Felde zu begegnen, hatten die Verwüstungen und Plünderungen ruhig über sich ergehen lassen, inzwischen aber sich in der Nähe der Hamme gesammelt und im Holz, in Gebüschen und Gräben versteckt. Als nun die beiden Ahlefeld endlich wieder bei dem Herzog anlangten und aus dem Lande wieder hinauswollten, schickten sie ihren Raub mit etlichen Bauern nach Hanerau voraus, diese kamen auch unbeschädigt davon; als aber die Fürsten mit ihrem Kriegsvolk nachfolgten und die Knappen, welche ihrer Herren Helme und Spieße trugen, an den Ort kamen, wo die Ditmarscher sich in den Hinterhalt gelegt hatten, brachen diese plötzlich mit lautem Geschrei hervor. Sobald Herzog Gerhard dies hörte, dachte er nicht im mindesten an die Möglichkeit eines Überfalls seitens der Feinde, welche sich bis dahin ruhig verhalten hatten, auch an der Stelle nur in geringer Anzahl versteckt waren, sondern glaubte, die Knappen seien unter einander in Streit geraten. Er ritt also eilends dahin, um die Ordnung wieder= herzustellen, unbewehrt wie er war, indem er nur einen Stock (Plochstaken bei Neocorus I. 385) in der Hand hatte. Sobald die Ditmarscher aber den Fürsten gewahr wurden und sahen, daß er ohne Helm sei, stürzten sie von allen Seiten auf ihn los und verwundeten ihn am Kopfe so schwer, daß er alsbald seinen Geist aufgab. Kaum hatten die Knappen solches gesehen, so ergriffen sie aufs schleunigste die Flucht durch die Hamme, und der ganze übrige Haufe der Kriegsleute folgte ihnen in wilder Fahrt. Nun brachen auch die übrigen an beiden Seiten der Straße im Wald und in den Gräben versteckten Ditmarscher aus ihren Schlupfwinkeln hervor und warfen sich in wilder Wut auf die Holsteiner; diese konnten wegen der Enge des Weges mit ihren Pferden nicht vorwärts kommen, deshalb rieten einige, man solle absteigen und sich zu Fuß durchschlagen, andere meinten dagegen, zu Pferde leichter davonzukommen. Aber gerade diese Uneinigkeit machte die Sache immer gefährlicher und schlimmer. Die von den Pferden herabgestiegen waren, gerieten unter die Hufe oder wurden geschlagen und in die Gräben gedrängt und gestoßen, andere versuchten, aus dem Gedränge zu Fuß über das Moor zu entfliehen, gingen aber dort sämtlich elendiglich zu grunde. Noch andere ritten zurück in der Hoffnung, auf diesem Wege entkommen zu können. Diese wurden alle von den rache= dürstenden Bauern erschlagen. Es blieb also nichts anderes übrig, als durch die Hamme auf demselben Wege sich durchzuschlagen, auf welchem sie in das Land eingedrungen waren, aber dort standen die Ditmarscher und hieben und stachen auf die Holsteiner ein. Dazu schlugen die ver= wundeten Pferde auf dem schmalen Steinweg wie wütend um sich und

gten viele, so daß es nur wenigen glückte davonzukommen, fast der
Haufe ward erschlagen, zerdrückt und zertreten, auch eine große An=
von Pferden war umgekommen, welche nun auch die Straße ein=
n und die Flucht versperrten. Jetzt räumten die Ditmarscher auch
denen auf, welche verwundet am Boden lagen, niemand wurde ver=
t, die Halbtoten vollends erwürgt. Also waren in der Schlacht in
Süderhamme Herzog Gerhard und von der holsteinischen Ritterschaft
ie dreihundert Edelleute, „Holsteins Perle und Leuchte", heißt es bei
Presbyter, unter diesen Claus und Heinrich von Ahlefeld, gefallen.
Leiche des Herzogs wurde unter einem Haufen von Toten erst auf=
iben, als sie bereits in Verwesung übergegangen war, für eine ansehn=
Summe ausgeliefert und darauf erst in Meldorf, dann in Itzehoe
setzt. Die Herausgabe der übrigen Toten verweigerten die Ditmarscher,
ollten von den Hunden, Wölfen und Raben verzehrt werden.[381]
Bitten nichts fruchteten, sollen die Frauen der erschlagenen Holsteiner
gen die List gebraucht haben, als Nonnen verkleidet ihre Männer,
sie hier und da auf den Äckern zerstreut lagen, aufzulesen und aus
Lande zu führen, was die Ditmarscher aus besonderer Andacht für
Jungfrau Maria auch zugelassen hätten. Von einem Ritter Pogwisch
erzählt, daß er mit acht Söhnen gefallen sei. Da nun seiner Ehe=
nur der Tod ihrer Söhne gemeldet, zugleich aber auch mitgeteilt
den war, daß ihr Mann selbst unversehrt davon gekommen, sei die
u darüber in gewaltige Aufregung geraten und habe sich geweigert,
Gatten wiederzusehen; als sie aber darauf erfahren, daß auch er
iche Wunden davongetragen, habe sie sich glücklich gepriesen als Gattin
Mutter solcher Helden, die ihr Leben für das Vaterland aufgeopfert
en. Zwei adlige Herrn, ein Pogwisch und ein Ranzau, wurden erst
folgenden Tage noch lebend unter den Toten hervorgezogen und ge=
jen genommen; diese wollten die Ditmarscher nur unter der Bedingung
jeben, daß das Blockhaus bei der Delbrücke abgebrochen werde, die
rienburg wurde auch wirklich übergeben und geschleift.

Von der reichen Beute, welche den Ditmarschern in die Hände ge=
en war, gelobten diese, das von ihren Vorfahren im Jahr 1319 nach
Schlacht bei Wöhrden erbaute Kloster Mergenowe zu Melvorf zu
erhalten und demselben eine besondere Verehrung zukommen zu lassen.
s geschah auch. Ein silbernes Kreuz, zwei Ellen hoch und eine Elle
it, welches erhaben über vier Engeln stand; ferner ein Kelch aus ge=
jenem Golde und ein Missale mit Noten zum Wert von 300 Gulden
rde dem Kloster geschenkt, damit Gott und die heilige Jungfrau das
d Ditmarschen auch fernerhin in ihren gnädigen Schutz nehmen möchten.
jür machte sich der Prior und der ganze Konvent verbindlich, sieben
elenmessen in der Woche zu lesen, die ersten beiden für die im Jahre
19 „to der Kerken to Oldenwöhrden bo be brande und bo de Schlacht
s in der Hamme" Gefallenen,[382] eine für alle guten Freunde, welche
s dem Lande Ditmarschen bleiben möchten zu Wasser oder in fremden
nden; ferner zwei Messen nebst einer Prozession mit dem Allerheiligsten

um den Klosterhof herum und endlich zwei am Sonnabend, daß die Mutter Gottes das Land bewahren und in Ehren halten möchte. Die erbeuteten Fahnen wurden in den Kirchen zu Meldorf und Oldenwöhrden aufgehängt.\*)

Der vierte August ist dem heiligen Dominikus geweiht, deßhalb wurde diesem zum Danke eine besondere jährliche Erwähnung in der Litanei angewiesen: [363]

Gabe schal wy lawen, be uns hefft gesandt
Den grote Sünte Dominikus, den wahren Heylandt,
De an sinem Dage hevet unse Landt
Gnediglich behöbet mit siner vorderen (rechten) Handt.
Kyrie eleison!

Der heilige Oswald aber, dessen Heiligkeit schon am 4. August abends, ehe der Kampf zu Ende war, angegangen war, wurde von nun an als eine Art von Nationalheiligem angesehen. Den St. Oswaldustag, den 5. August, feierten die Ditmarscher fortan als jährlichen Festtag, seine Heilighaltung gleich dem heiligen Ostertag ward im Landrecht I. an hervorragender Stelle (§ 10) allen Landeseinwohnern bei der höchsten Brüche des Landes von 60 Mark lübisch zur besonderen Pflicht gemacht. Der heilige Oswald, die Krone auf dem Haupte, Scepter und Reichsapfel in der Hand, ward auch neben der Jungfrau Maria mit dem Kinde in das Landessiegel aufgenommen, links von ihm kommt der Rabe des Heiligen, einen Ring im Schnabel tragend, geflogen. [364] Dies hängt mit der (von verschiedenen Dichtern des breizehnten und vierzehnten Jahrhunderts bearbeiteten) Sage des heiligen Oswald zusammen.\*\*) Das Siegel trägt die Umschrift S. universitatis terre thetmarcie; zu den Füßen der heiligen Personen befindet sich ein kleiner Schild mit zwei gekreuzten golbenen

---

\*) Die noch heute im Chor der Melborfer Kirche vorhandenen Fahnenstöcke rühren von weit späteren Gilbefahnen her, haben also keinen historischen Wert und bienen der Kirche keineswegs zur Zierbe.

\*\*) In späterer Zeit verstand man das Herbeifliegen des Vogels nicht mehr und machte einen großen achtstrahligen Stern aus demselben, so ist es beutlich zu sehen auf dem Siegel der Achtunbvierziger in einem Schreiben an König Johann dat. 22. Dez. 1557, welches sich in der Bibliothek des Melborfer Museums befindet (vgl. Ditmarsch. Urk. p. 177). St. Oswald war ein König von England. Nachbem er nach dem Tode seines älteren Brubers, welcher im Kampfe gegen den Britenkönig Cabwalla gefallen war, König geworden, hatte er den furchtbaren Heiben in einer Schlacht geschlagen, in welcher dieser letzte Nationalheld der Briten seinen Untergang gefunden hatte, das fast ausgerottete Christentum wieder hergestellt und eine Anzahl trefflicher Einrichtungen, welche er in Schottlanb kennen gelernt hatte, getroffen, weßhalb er nach seinem am 5. August 642 erfolgten Tode unter die Heiligen versetzt worden war. Von ihm erzählte nun die Legende, daß er, als er eine seiner würdige Gattin gewünscht und ihm von einem weitgereisten Pilger Warmund die schöne Pamige, Tochter des heidnischen Königs Aaron vorgeschlagen worden war, einen zahmen Raben, den er aufgezogen hatte und der alle Sprachen kannte, mit einem Brief und einen Ring an die Jungfrau abgeschickt habe. Hierauf habe letztere dem Raben gleichfalls einen Ring und einen Brief mitgegeben, in welchem sie den König aufgeforbert habe, mit Heeresmacht zu kommen und sie aus den

)lüſſeln im blauen Felde, dem Wappen des Bremer Erzbistums. Jn=
en ift das ältere Landesſiegel, welches urſprünglich das des Kirchſpiels
:ldorf war und die Taufe Chriſti im Jordan darſtellte, auch ſpäter noch
Gebrauch geblieben.*) Unter dem Kompromiß der Ditmarſcher mit
nig Chriſtian I. vom Jahre 1480 befindet ſich noch das Landesſiegel
: Johannes dem Täufer.

Außerdem erwähnt Neokorus (I. 206), daß das Land „eine Lehe"
enſe) als Marke, analog der Hausmarke, geführt habe, denn auch Ort=
aften hatten ſolche Marken, ſo ist die als Wolfsangel bezeichnete Marke
hrfach Ortszeichen z. B. für Cößlin und Halberſtadt, *** die Landmarke
a Ditmarſchen muß alſo eine ſenſenartige Geſtalt gehabt haben.

Die furchtbare Niederlage des herzoglichen Heeres wie der Tod des
rzogs ſelbſt verurſachten in Holſtein natürlich die größte Beſtürzung, ſo
ß man an eine Erneuerung und energiſche Fortſetzung des Krieges nicht
chte. Die Herzogin-Witwe Eliſabeth, eine braunſchweigiſch-lüneburgiſche
·inzeſſin, erlangte noch i. J. 1404 durch Vermittlung des Grafen Hein=
h von Holſtein, damals Biſchofs von Osnabrück, des jüngeren Bruders
s gefallenen Herzogs, daß ein neuer Friedensvertrag auf 10 Jahre ab=
chloſſen wurde, in welchem die alten Traktate zwiſchen den beiden Ländern
ueuert wurden. ³⁸⁶ Biſchof Heinrich war der einzige Sohn Graf Hein=
hs des Eiſernen, welcher noch am Leben war, nachdem ſeine beiden
rüber ihren Tod auf bitmarſiſchem Boden gefunden hatten; er entſagte
m geiſtlichen Stande und kehrte nach Holſtein zurück, um die Vormund=
haft über die von Herzog Gerhard hinterlaſſenen unmündigen Söhne und
gleich für ſich die Regierung über den Teil von Holſtein zu übernehmen,
elchen Graf Albrecht beſeſſen hatte. Da die Ditmarſcher ſeine Friedens=
be kannten, waren ſie ihm bei der Vermittlung des Friedens jedenfalls
it beſonderem Zutrauen entgegengekommen.

äuben ihres grauſamen Vaters zu befreien. Oswald ſei nun mit einer Flotte
ch dem Lande ſeiner Verlobten geſegelt und habe dieſelbe entführt, und als Aaron
nen nachgeeilt, ſei es zu einer Seeſchlacht gekommen. Da habe Oswald das Ge=
bbe gethan, alles aufopfern zu wollen, wenn Gott ihm den Sieg verleihe. Sein
ebet ſei denn auch erhört worden, und er habe nach gewonnenem Siege Pamige
ab deren Vater mit nach England genommen, wo der letztere ſich zum Chriſten=
me bekehrt habe. Da ſei bei Oswalds Hochzeitsſchmauſe Chriſtus ſelbſt unter der
·eſtalt eines Pilgers erſchienen und habe im Namen Gottes von dem Könige ſeine
roue und ſein Weib verlangt. Seinem Gelübde treu habe ihm auch Oswald beide
bergeben, ſie aber wegen ſeines Gehorſams auf zwei Jahre zurückerhalten, nach
:ren Verlauf er und Pamige geſtorben ſeien.

*) Man findet noch bei einzelnen bitmarſiſchen Familien ſilberne Medaillen,
velche auf dem Avers die Darſtellung der Taufe Chriſti zeigen, auf dem Revers
eſindet ſich ein Bibelſpruch wie Matth. 3, 17. Jch halte dieſe Medaillen von zum
:il ziemlich bedeutender Größe, welche ſonſt kein Merkmal irgend einer beſonderen
Beſtimmung tragen, für ſolche „ſtattliche Ehren-Pfenninge," wie ſie nach Neokorus
I. 107) von dem Bräutigam der Braut zum Geſchenk gemacht zu werden pflegten,
oenn er ſie zum erſten Male als ſolche begrüßte und ihr den Verlobungsbecher
bergab.

## Vierter Abschnitt.

# Von der Schlacht in der Süderhamme bis zur Einsetzung der Achtundvierziger.

### (1404—1447.)

### I.

#### Kämpfe der Ditmarscher mit den Nordfriesen.

An den Kämpfen der Holsteiner mit den Ditmarschern hatten sich, wie schon oben erwähnt, die Nordfriesen im Aufgebot des Herzogs Gerhard mit besonderem Eifer beteiligt, es konnte nicht ausbleiben, daß jetzt nach erfochtenem Siege die Ditmarscher sich an denselben zu rächen suchten; namentlich die Pelwormer Harde, in welcher die reichsten Leute des Landes wohnten, hatte viel Unheil auszustehen, im Jahre 1405 wurde ein großer Teil der Harde mit Feuer und Schwert heimgesucht, ebenso im folgenden Jahre, der Schade wurde später auf 80 000 Mark berechnet.

Vor allen war es ein Ditmarscher Kort Widerick, der sich mit Seeräuberei abgab und zu dem Ende eine Bande von einem halben Hundert, namentlich aus dem Kirchspiel Lunden, unterhielt, welcher im Jahre 1407 in der Weihnachtszeit in die Pelwormer Harde einen Einfall machte, [337] die Kirche daselbst erbrach und die in derselben verwahrten Kisten beraubte. Während er selbst seine Beute nach Ditmarschen in Sicherheit brachte, blieben die übrigen auf dem Turm der Kirche und raubten von dort das umliegende Land aus, so daß dasselbe weder besät, noch bedeicht werden konnte, eine Anzahl Häuser steckten sie in Brand. Nicht lange darauf kam Kort Widerick mit einer Schar anderer Genossen zurück und dehnte seine Brandschatzungen bis Ripen aus, während er sein Hauptquartier auf dem Pelwormer Kirchturm behielt. Von den aus der Kirche weggenommenen Schätzen befindet sich ein bronzenes Taufbecken mit friesischer Inschrift noch heutzutage in der Büsumer Kirche.*) Und das Beispiel Widericks reizte noch andere, in ähnlicher Weise zu verfahren, unter anderen wird uns ein Growe Johann genannt, der mit seiner Gesellschaft in derselben Weise aufs Plündern ausging. Kort Widerick wurde übrigens nicht lange darauf in Holstein aufgegriffen und gehenkt. Er wollte „umme

---

*) Im Museum ditmarsischer Altertümer zu Meldorf werden mehrere höchst primitive Geschützröhre aufbewahrt, welche bis noch vor kurzem als Gewichte der Büsumer Turmuhr gedient haben und von der Tradition als Kort Widericks Geschütze bezeichnet werden.

rbethering fines levendes" eine Pilgerfahrt nach Wilsnack unternehmen,
b im Vertrauen auf den Friedenszustand, welcher damals zwischen den
:tmarschern und Holsteinern herrschte, übernachtete er in einer Herberge
Segeberg. Als er aber am folgenden Morgen weiter nach Lübeck
ten wollte, holte ihn Klaus von dem Damme, damals Vogt des Grafen
·inrich zu Segeberg, ein, griff ihn und erhenkte ihn an einem Baume.
er Vogt wurde allerdings später auf einem Gerichtstage, der zu Itzehoe
gehalten wurde, verurteilt, den klagenden Ditmarschern die übliche Mann=
ße von 100 Mark lübisch zu bezahlen. ³⁶⁸

So waren also schon Räubereien und Reibereien verschiedener Art
rgefallen, als i. J. 1414 vier Ditmarscher, welche nach Eiderstedt ge=
:mmen waren, daselbst wegen Pferdediebstahls angeklagt und verurteilt
irben, obwohl sie von ihren Landsleuten für unschuldig gehalten und
:lärt wurden, auch in Eiderstedt selbst das Gerede ging, daß nicht Dit=
irscher, sondern Eiderstedter den Diebstahl verübt hätten. ³⁶⁹ Ordnungs=
:ßig ist es jedenfalls bei dem Prozeß, der den Ditmarschern gemacht
urde, nicht hergegangen, der Haß gegen die Nachbarn scheint eine be=
utende Rolle mit gespielt zu haben. Unter den aufgegriffenen Ditmarschern
fand sich auch ein junger Mann aus angesehener und reicher Familie
Lunden mit Namen Hebbeken Volkeff. Vergebens bot dessen Mutter
r das Leben ihres Sohnes einen Scheffel Wittlinge, ebenso fruchtlos
aren die Versprechungen seines Bruders Riqurt, von dem Lande Dit=
arschen einen ewigen Frieden mit Briefen und Siegeln für die Eider=
:dter zu erwirken, wenn sie den Gefangenen freigeben wollten. Die
rurteilten Räuber wurden auf Vorchsand gehenkt. Da reiste die ge=
änkte Mutter im Lande umher, erzählte die Unthat und reizte die Ge=
üter zur Rache auf. Das den Eiderstedtern gebotene Geld verteilte sie
lbst zur Hälfte an diejenigen, welche an dem Rachezug teilnehmen wollten.
ebbeken Riqurt brachte die Sache vor die Landesversammlung, und es
urde ein Landesaufgebot — Landesrese — beschlossen. Dies war die
eranlassung dazu, daß die Dreilande Abgeordnete an Herzog Heinrich,
testen Sohn des Herzogs Gerhard, sandten und ihm am 26. Mai
ilbigten, um seinen Beistand zu erlangen, indem sie sich zugleich ver=
flichteten, dem Herzog und dessen Brüdern wider alle ihre Feinde Beistand
l leisten und weder mit den Ditmarschern, noch mit anderen ein Bündnis
hließen zu wollen; die förmliche Unterwerfungsakte ist vom 28. August
:ss. J. batiert. ³⁹⁰ Freilich erreichten die Nordfriesen dadurch so gut wie
ichts; die Bedrängnis des Herzogs, welcher inzwischen die Regierung für
ch und seinen jüngeren Bruder übernommen hatte, war zu groß, als
aß er den Friesen nachdrückliche Hülfe hätte leisten können. Denn schon
m 18. Juli landete ein ansehnliches ditmarsisches Heer bei Tönning,
nd da die ganze Mannschaft der Dreilande schon schlagfertig beisammen
)ar, kam es, nachdem ein friesischer Wachtposten von 6 Mann nieder=
ehauen worden war, zu einem Treffen, in welchem die Ditmarscher ge=
hlagen wurden, so daß sie wieder über die Eider zurückmußten, wobei
rancher ertrank, da die Eiderstedter sich bereits einer Anzahl ihrer Schiffe

bemächtigt hatten. Der Verlust der Ditmarscher belief sich auf 300 Mann, während die Eiderstedter 190 Tote zählten. Diese Niederlage rief natürlich unter den Ditmarschern eine gewaltige Aufregung hervor, man beschloß einmütig, den Krieg mit allen zu Gebote stehenden Mitteln fortzusetzen. Schon in der nächsten Woche am 25. Juli überschritten sie mit aller Mannschaft, die sie hatten auftreiben können, die Eider und landeten bei Borchiand. Als die Friesen die Ditmarscher in vollständiger Kriegsrüstung — „harnisch" — erblickten, entsank ihnen der Mut, sie ergriffen die Flucht. Alles, was von den Ditmarschern eingeholt wurde, ward niedergehauen. Der Verlust der Friesen auf Borchiand wird auf 259, der der Ditmarscher auf 1-0 Mann angegeben. Die Sieger forderten nun vor allen Dingen die Mannbuße für ihre am 18ten erschlagenen und ertrunkenen Landsleute zum Werte von 30 000 Mark, und als dieselbe begreiflicherweise verweigert wurde, verwüsteten sie einen großen Teil der Landschaft Eiderstedt, die Kirchspiele Vollerwiek, Welt, Rating, Kotzenbüttel im Osterteil, ebenso Katharinenheerd im Westerteil und den Ort Tönning.[301] Hier erbrachen sie die Kirche und plünderten die dahin zur Aufbewahrung gebrachten Kisten. Das Kirchspiel Oldensworth im Eiderstedtischen wie die beiden Landschaften Everschop und Utholm kauften die Wut der Feinde durch eine Brandschatzung (Dingtael) ab, worauf die Ditmarscher beutebeloden in ihr Land zurückkehrten. In den zwei folgenden Jahren 1414—16 erhoben diese auch die Grundsteuer auf eiderstedtischem Boden, indem sie bewaffnete Scharen dahin sandten, wobei es natürlich oftmals zu heftigem Widerstande seitens der Bewohner kam. Herzog Heinrich war mit der Verteidigung seines eigenen Landes zu sehr beschäftigt, als daß er ihnen hätte zu Hülfe kommen können, seine Hauptstadt Schleswig war sogar in die Hände der Dänen gefallen, und er mußte ruhig zusehen, wie seine Unterthanen im Westen auch von dem dänischen König angegriffen, gebrandschatzt und zur Huldigung gezwungen wurden (1416 14. August). Auch ditmarscherseits erneuerten sich die Angriffe; da die Eiderstedter auch i. J. 1417 die geforderte Mannbuße nicht zahlten, unternahmen die Ditmarscher am 22. September wieder einen Streifzug nach Friesland und zwar ganz unerwartet zur Nachtzeit, legten Widdeswurt und ebenso am folgenden Tage Oldensworth, Ulvesbüll und Groß-Alversen in Asche und erschlugen 120 Mann. Hierauf zogen sie gegen Husum, verbrannten die Mühle vor diesem Orte und ebenso die Kirche zu Milbstedt. Der Schrecken vor der Wut der Ditmarscher hatte die Friesen vollständig gelähmt, und so hielt es eine Anzahl derselben für das Geratenste, sich mit ihnen abzufinden, so Tönning und die Kirchspiele Rating, Kotzenbüll, Vollerwiek, St. Katharinenheerd und Tetenbüttel. Nunmehr wandten sich die Ditmarscher gegen Garding, aber ehe die beabsichtigten Greuelscenen sich daselbst erneuerten, traten ihnen die Priester mit dem Allerheiligsten entgegen. Da beugte sich der wilde Sinn der Ditmarscher vor der Nähe des Allmächtigen, aber die Eiderstedter mußten sich verpflichten, die schon früher geforderte ungeheure Mannbuße zu bezahlen und für je zwei umgekommene Ditmarscher einen friesischen Mann oder nach anderer Nachricht 30 der ange-

enften Männer als Geiseln für die Zahlung zu stellen,[392] für die 140
Kampfe für ihren Herd gefallenen Friesen wurde nichts gerechnet.
:b wenn die Eiderstedter auch noch so sehr durch Feuer und Schwert
itten hatten, so mußten sie sich doch obendrein verpflichten, drei Jahre
iburch für ihre Häuser eine jährliche Schatzung, deren Betrag noch näher
'timmt werden sollte, zu zahlen. Schließlich wurde ihnen noch die Be-
igung auferlegt, daß sie Brief und Siegel geben sollten darauf, daß sie
ige Sühne und Frieden mit den Ditmarschern halten wollten, so daß
e Fehde und aller Haß, der auf beiden Seiten geschehen sei, Brand,
 unden, Raub und Totschlag vergleichen sein sollte. Wenn es dennoch
schähe, daß einer dem anderen Recht zu geben schuldig würde, so soll
: Sache geschlichtet werden durch 20 ditmarsische Männer, welche die
auptleute aus Friesland erwählt haben, und diese sollen bei dem Heiligen
iwören, daß sie nach Klage und Antwort auf beiden Seiten Recht sprechen
ollen nach ditmarsischem Rechte.[393]

So endeten die greulichen Drangsale, welche die Dreilande über drei
ahre lang hatten ertragen müssen und durch die sie so heruntergekommen
aren, daß sie in einer ganzen Reihe von Jahren ihrer neuen Landes-
rrschaft, so sehr diese es auch nötig hatte, weder Abgaben bezahlen, noch
eeresfolge leisten konnten.

## II.
## König Erich von Dänemark.

Trotz aller Niederlagen der Feinde und abgeschlossenen Verträge war
ie Unabhängigkeit Ditmarschens doch fast nie außer Gefahr, der faktisch
ristierende Freistaat der Bauern war und blieb den benachbarten Fürsten
in Dorn im Auge, und zwar war es wieder einmal das dänische Kabinet,
n welchem neue Pläne zur Unterwerfung Ditmarschens geschmiedet wurden.[394]
Dänemark hatte sich damals unter der staatsklugen Königin Margarete in
iemselben Maße gehoben, wie die Verhältnisse in Holstein gesunken waren.
Nach der durch die Kalmarische Union gesicherten Vereinigung der drei
iordischen Reiche unter einem Scepter konnte man in Dänemark daran
ienken, früher vergeblich gemachte Ansprüche aufs neue zu erheben, und
iazu gehörte auch die Herrschaft über Ditmarschen. Aber Mißhelligkeiten,
velche zwischen der Herzogin Elisabeth und ihrem Schwager, dem Grafen
Heinrich, welcher einen Teil von Holstein empfangen hatte, dem man aber
den geforderten Mitbesitz von Schleswig beharrlich verweigerte, entstanden
waren, veranlaßten die Königin, fürs erste ihre Gedanken von Ditmarschen
abzuwenden und lieber die Wiedervereinigung des Herzogtums Schleswig
mit Dänemark zu erstreben. Deshalb bot sie von Nordfriesland aus den
Ditmarschern die Hand zu einer Vereinigung gegen Holstein, und diese
nahmen dieselbe aus altem Haß gegen die Holsten auch bereitwillig an,
obwohl der i. J. 1404 mit den letzteren abgeschlossene Friedensvertrag
erst zur Hälfte abgelaufen war. So kam denn i. J. 1409 am 13. Juli

(am heil. Margaretentage) zu Ripen ein förmliches Bündnis zwischen dem
dänischen Erbkönig Erich, Margaretens Schwestersohn, und den „erliken
lüben Vogden, Slütern, Swaren unde Rategeveren des Landes to Det-
merichen" zu stande. [395] Freilich verpflichteten die letzteren wegen des noch
zu Recht bestehenden Vertrages mit den Holsteinern sich nicht, an einem
Angriffskriege gegen Holstein teilzunehmen, sondern beide Teile nur, bei
einem Angriff auf ihre Grenzen sich gegenseitig zu unterstützen. Außerdem ließen aber die Ditmarscher wohlweislich sich geloben, daß Erich und
Margareta, ihre Erben, Nachkommenschaft und Ritterschaft die Einwohner
des Landes Ditmarschen und ihre Nachkommen bleiben lassen wollten „bi
all erer rechticheit und vrigheit, also be van olbinges je vrigest gehatt
hebben na erer breve uthwisinge". Zu weiteren Zugeständnissen waren die
Ditmarscher damals wohl nicht zu bewegen gewesen, erst später nach dem
Ablauf des Friedensvertrages mit den Holsteinern, von dessen ausdrücklich
stipulierter Kündigung wir indessen nichts erfahren, vielleicht weil die Friesen,
ihre alten Widersacher, mit den Holsteiner Herren in nähere Verbindung
getreten waren und am 12. August 1410 auf der Heide zwischen Egge-
bek und Jörl einen Sieg über ein ihnen an Zahl weit überlegenes dänisches
Heer hatten erringen helfen, erklärten sie sich dazu bereit, falls der König
in Holstein einfalle, sich vor das Schloß Hanerau zu legen und dasselbe
zu bestürmen. Daher kam es auch, daß als Otto Schinkel, „Hovetmann"
auf der Tilenburg, sich gegen die Herzogin Elisabeth und den Grafen
Heinrich auflehnte, die Ditmarscher denselben ruhig durch ihr Land hin-
durchziehen ließen, um die Kirchspiele Schenefeld und Kellinghusen auszu-
rauben, und ihm gestatteten, seine Beute in Ditmarschen zu verkaufen.
Das wurde dem Grafen Heinrich doch schließlich zu arg, er zog trefflich
gerüstet gegen die Tilenburg und belagerte dieselbe. Aber die Ditmarscher
rückten unter der Führung von Hebbeken Hans zum Entsatz heran und
zwangen den Grafen abzuziehen. [396] Dem Otto Schinkel nützte dies freilich wenig, er wurde bald darauf von dem Grafen in einem Treffen geschlagen, so daß er seine Sache aufgab und, um seine Sünde zu büßen,
sich in das Kloster Mergene bei Rostock zurückzog. [397]

Daß der Erzbischof von Bremen als Landesherr um diese kriegerischen
Verwicklungen und Staatsverträge seiner Unterthanen sich irgendwie be-
kümmert habe, davon erfahren wir nichts, die Ditmarscher trieben eben
Politik auf eigne Hand. Deshalb kann es auch kaum Wunder nehmen,
daß sie selbst seitens des deutschen Reiches für selbständig gehalten wurden.
Dies bewies Kaiser Siegismund im J. 1420, indem er als Beisteuer
zum Kriege gegen die Hussiten von den Ditmarschern, weil sie als reichsunmittelbar dem deutschen Reiche angehörten, eine Schatzung verlangte.
Da erklärten dieselben aber, getreue Unterthanen des Bremer Stiftes zu
sein, und der Erzbischof bestätigte ihnen, daß er als Landesherr in ihrem
Lande Vögte und Richter halte, worauf der Kaiser die Sache fallen ließ
und unter dem 6. Dezember 1420 [398] die „Hauptlude, Ratmannen, Rete
und die ganze Gemeinde der Dyetmerischen" aller An- und Zusprüche von
seiner und des Römischen Reiches wegen ledig sprach. Die Ditmarscher

sprachen auch, den Erzbischof in alle Rechte, welche ihm in ihrem
nde zuständen, wiedereinzusetzen (restituere), woraus also hervorgeht, daß
sich keineswegs in ungeschmälertem Genusse derselben befunden hat.
doch, fügt der Presbyter hinzu, sie versprachen viel, aber nachdem sie
cen Willen durchgesetzt hatten, hielten sie nichts. Der Erzbischof Johann
irb übrigens schon im folgenden Jahre.

König Erich ließ indessen nichts unversucht, die Ditmarscher ganz
sf seine Seite zu ziehen. Im J. 1422 ließ er „die Berömtesten und
esten des Landes" [399] vor sich kommen, stellte ihnen vor, daß er von
u Holsteinern nichts begehre, als was jedermann und auch sie selbst für
cht erkennen müßten, bat sie, ihm zur Erreichung seiner gerechten Forde=
ungen behülflich sein zu wollen, und beschenkte sie mit reichen Gaben,
echern, Schüsseln, goldnen und silbernen Löffeln und anderen Kleinodien,
gar mit seidengefütterten Röcken. Dem Vornehmsten (uni de capitaneis
im Presbyter), dem Hebbeken Hans, schenkte er ein vollständiges Schiff,
ne Snicke, mit allem Zubehör. Und wirklich gelang es dem Könige,
e Ditmarscher davon zu überzeugen, daß sie die Zugehörigkeit des Her=
ogtums Schleswig zur Krone Dänemark für Recht erkannten. Sie ver=
ingten deshalb von dem jungen Herzog Heinrich und seinen Brüdern,
aß diese das Herzogtum, das Schloß Gottorp und andere Schlösser im
aube, welche sie mit Unrecht inne hätten, dem Könige überantworten
ollten, widrigenfalls sie sich genötigt sähen, dem letzteren bei seiner ge=
echten Sache Hülfe zu leisten. Da nun den Holsteinern gleichfalls viel
aran lag, die Ditmarscher zu Freunden zu haben, schickten sie einen ihrer
Räte nach Ditmarschen, um Verhandlungen anzuknüpfen. Dieser machte
ich nun zuerst an diejenigen, von denen er wußte, daß sie den Holsteinern
och einigermaßen freundlich gesinnt seien und keine Geschenke von dem
änischen König erhalten hätten, und suchte, sie für die Sache ihrer Herren
u gewinnen. Hierauf brachte er die Sache in öffentlicher Landesversamm=
ung vor und erklärte, daß auch seine Herren nichts anderes wollten als
hr Recht; diese hätten durch die Belehnung seitens des dänischen Königs
in altes Anrecht auf das Herzogtum. Freilich gaben die Ditmarscher ver=
chiedentlich schnöde Antworten, z. B. wenn jemand ein Pferd geliehen habe,
o sei es dadurch doch nicht sein Eigentum geworden, sondern müsse auf
Verlangen zurückgegeben werden, ebenso verhalte es sich aber mit dem
Schleswiger Lande. Der Gesandte ließ sich trotzdem in weitere Verhand=
ungen ein, erhielt aber den schließlichen Bescheid, daß der König die Ent=
cheidung, ob das Herzogtum zurückgegeben werden müsse oder nicht, frei=
willig ihnen übergeben habe, das verbürge von selbst die Gerechtigkeit seiner
Sache. Der Holsteiner mußte unverrichteter Sache abziehen. Da zeigten
die Holsteiner Herren den Ditmarschern schriftlich an, daß sie gleichfalls
bereit seien, ihre Angelegenheit mit dem dänischen Könige dem schieds=
richterlichen Urteil aller benachbarten Städte und Länder, vor allem aber
der Ditmarscher zu unterwerfen. Nunmehr übersandten die letzteren dem
Könige eine Abschrift dieses Schreibens mit dem Bemerken, daß sie unter
so bewandten Umständen nicht im stande seien, die Holsteiner feindlich zu

behandeln. „So legte sich", sagt der Presbyter, „durch Gottes Gnade das Ungewitter, welches der König den Holsteinern durch die Ditmarscher zu erwecken gehofft hatte." Ja es schien vollständige Freundschaft zwischen diesen beiden zu herrschen, indem noch in demselben J. 1422 am 3. April zwischen den Herzögen Heinrich, Adolf und Gerhard eine Erneuerung des im Jahre 1404 durch den Grafen Heinrich und Elisabeth, der Mutter der Herzöge, abgeschlossenen Vertrages zu stande kam. [400]

Zu einer schiedsrichterlichen Entscheidung zwischen dem Könige und den Herzögen seitens der Ditmarscher kam es nun freilich nicht, wie es ja auch von vorn herein zu erwarten stand, vielmehr unterwarfen sich beide Parteien am 1. Januar 1423 der Entscheidung eines Abgesandten des Römischen Königs und dessen selbst. Und Siegismund sprach am 26. Juni 1422 das Herzogtum Schleswig dem König Erich zu, und als die Hol=steiner Grafen sich damit nicht zufrieden geben wollten, erließ er am 25. Febr. 1425 [401] ein Schreiben an alle deutschen Fürsten und Herren wie auch an die Ditmarscher, in welchem er sie für die Beschirmer von seiner wie des Reiches Ehre erklärte und ihnen im guten Vertrauen den Auftrag erteilte, dem König in der Behauptung des ihm zuerkannten Rechtes gegen die Grafen von Holstein, welche sich ihm gegenüber des Ungehorsams, ja des Hochverrates schuldig gemacht hätten, allen benötigten Beistand zu leisten. Aber weder die Ditmarscher, noch die anderen ließen sich dadurch bewegen, auf die Seite des dänischen Königs zu treten. Im Gegenteil schlossen am 3. Mai 1426 die Hansestädte Lübeck, Hamburg, Lüneburg, Stralsund und Wismar ein Bündnis mit den Holsteinern [402] gegen König Erich, während die Ditmarscher bei ihrer Neutralität verharrten.

## III.

### Neue Streitigkeiten der Ditmarscher mit den Hamburgern. Radlef Karstens und Krase Johann.

Noch am 29. Juni 1416 hatten die Vögte, Ratmannen, Schließer, Geichworenen und die ganze Gemeinheit des Landes Ditmarschen mit den Hamburgern feierlich den Frieden erneuert und beide sich gegenseitig ver=pflichtet, jeden Schaden an Leib und Gut zu ersetzen, wie das Recht es gebiete. [403] Und doch zeigten sie sich schon wenige Jahre später keines=wegs freundlich gegen die Hamburger. Als im Jahre 1420 die Vitalien=brüder, eine jederzeit die obwaltenden politischen Verhältnisse sich zu nutze machende gemeine Räuberbande, auf der Elbe einige mit Bier und anderen Gütern beladene Hamburger Schiffe weggenommen hatten, fanden sie bei den Ditmarschern bereitwilligen Absatz für das geraubte Gut; anderes brachten sie nach dem Schlosse Schwabstedt, wo damals Hartich Breide Befehlshaber war. Aber die Hamburger verfolgten die Seeräuber bis dahin, klagten bei dem Herzog, und dieser gebot, den Raub sofort heraus=zugeben. Freilich gestatteten die Hamburger selbst solchen Vitalienbrüdern, die Elbmündung unsicher zu machen, wie sich die Ditmarscher mehrere

re später (unter dem 31. März 1433) [404] bei den Lübeckern bitter
agten, daß ein von ihnen geleiteter holländischer Kauffahrer von Ham=
zer Vitalienbrüdern genommen worden sei. Da war es denn nicht zu
vundern, daß sich damals auch in Ditmarschen aus den unruhigen Be=
mern des Landes eine zahlreiche Bande (Selskop) bildete, an deren
ze sogar ein im Lande angesehener Mann Abel Reimer stand, gegen
:n arges Treiben die Hamburger sich genötigt sahen, selbst fremde Hülfe
zubieten. Als es diesen nun gelungen war, einige von der Bande ge=
zen zu nehmen, ließen sie dieselben auf offenem Markte hinrichten, und
Land Ditmarschen sah sich deßhalb veranlaßt, unter dem 31. Juli
22 [405] sich von der Gemeinschaft mit den Seeräubern feierlich loszu=
:n und dem Hamburger Rat zu versprechen, sich für das, was der
sellschaft des Abel Reimer geschehen sei, in keiner Weise zu rächen. Die
reffende Urkunde ist versehen mit dem Landessiegel und den Siegeln von
Kirchspielen: Wöhrden, Meldorf, Tellingstedt, Büsum, Wesselburen,
verhastedt, Neuenkirchen, Lunden, Hennstedt, Albersdorf, drei Siegel sind
kenntlich, jedenfalls haben dieselben den Kirchspielen Weddingstedt, Delve,
mme, Norderhastedt oder Hemmingstedt angehört, während die des Süder=
andes wohl gefehlt haben. Deßhalb, und vermutlich auf Andringen der
mburger, wiederholten die Vögte, Schließer, Geschworenen, Ratgeber und
ganze Gemeinheit des Landes Ditmarschen diese Versicherung unter
n 11. Nov. dess. J. [406] und zwar, wie es in der betreffenden Urkunde
ßt, für sich, ihr Land, ihre Nachkommen, ihre Landsleute und ihre
ben, wodurch sie die Garantie auch für die Abwesenden übernahmen.

Einige Jahre darauf [407] traten aber Zeiten innerer Verwirrung in
tmarschen ein, indem zwei Parteiführer einander entgegentraten, ein jeder
t großem Anhang, der eine Rudolf Maeß, der andere Kruse Johann
rannt aus dem Kirchspiel Olbenwöhrden. Die Veranlassung der Fehde
ischen beiden, welche mit Brennen, Rauben und Morden geführt wurde,
ssen wir nicht, aber soweit wir Kruse Johann kennen, der auch von
zoloruß ein bescheidener, besonnener (,sediger') Mann genannt wird,
issen wir annehmen, daß derselbe an der Spitze der Partei gestanden
t, welche die Ruhe im Lande und vor allem den Frieden mit den Nach=
rstädten aufrecht erhalten wollte. Indessen gelang es, die streitenden
arteien zu vermögen, daß sie sich einem aus Lübecker, Hamburger und
ineburger Bürgemeistern und Ratsherren gebildeten Schiedsgericht unter=
arfen (20. Juli 1427). Aber die Ruhe sollte nicht lange dauern, und
esmal waren es Eingesessene der Kirchspiele Neuenkirchen, Wesselburen
nd Büsum, welche die alten Feindseligkeiten mit den Hamburgern er=
:uerten. Freilich zeigten sich die Lübecker eifrigst bemüht, den Frieden
vischen den Streitenden zu vermitteln, und es wurde eine Tagsatzung zu
kzehoe verabredet, auf welcher die Händel erörtert und beigelegt werden
llten, aber die Ditmarscher entschuldigten sich (1428 14. Mai), daß es
nen „von redlicher Notsache und manchen Anfalls wegen" nicht möglich
i, dorthin zu kommen, sie schlugen deßhalb Marsgrove oder Vriborg im
ekzbinger Lande vor und baten zugleich um freies Geleit seitens der Ham=

burger und Kehbinger. Es scheint nun, daß diese Händel keine befriedigende
Erledigung gefunden haben, jedenfalls wurden sie bald darauf noch ernsterer
Art. Cranz erzählt, daß die Hamburger den Ditmarschern hätten ver-
wehren wollen, ihr Getreide vor Hamburg vorbei die Elbe hinaufzufahren,
worüber große Erbitterung im Lande entstanden sei. Als nun die Hamburger im Sept. 1429 den Holsteinern bei der Belagerung und Erstürmung von Apenrade behülflich gewesen waren und zu Wasser nach
Hause zurückkehren wollten, wurden ihre Schiffe durch Unwetter an die
bitmarsische Küste getrieben, und die Mannschaft betrat, ohne etwas Böses
zu ahnen, das Land. Da wurde sie aber von dem Vogt Nablef Karstens
aus Norbbeich (westlich von Wesselburen gelegen) und seinen Genossen
unvermutet überfallen, zum teil erschlagen und verlor ihre Schiffe, Harnische und Lebensmittel. Zwar wurden, um einer Erneuerung der alten
Fehde vorzubeugen, seitens des Erzbischofs von Bremen wie der Städte Lübeck
und Lüneburg Vermittlungsversuche gemacht und zu Stade eine Zusammenkunft verabredet, zu welcher sich auch seitens der Hamburger der Bürgermeister mit mehreren Ratsherren einfand, aber Nablef Karstens und die
übrigen Ditmarscher benahmen sich bei dieser Gelegenheit so trotzig, daß
an ein befriedigendes Resultat der Verhandlungen nicht zu denken war.[408]
Im Gegenteil, die Fehde zwischen den Hamburgern und Ditmarschern wurde
immer erbitterter; im Jahre 1430 rüsteten die letzteren eigene Schiffe aus,
landeten bei Neuwerk, steckten es in Brand und plünderten die Umgegend.
Die Hamburger, welche der Ditmarscher Art wohl kannten, fürchteten, daß
diese noch mehr vornehmen würden, und sonderlich, daß die Hamburger
Schiffe, welche aus England und Holland auf der Elbe zurückkämen, in
Gefahr geraten könnten. Deshalb schickten sie etliche Schiffe mit 600
Kriegsleuten unter dem Kommando eines ihrer Ratsherren Martin Swartekop elbabwärts mit dem Befehl, niemanden zu Wasser oder zu Lande zu
schädigen, der ihnen nichts zu leide thue, aber unter allen Umständen für
die Sicherheit der Schiffe zu sorgen. Als jedoch das Kriegsvolk eine Zeitlang auf der Elbe gelegen hatte, ward es unwillig und begann sich darüber zu beschweren, daß sie nichts als gesalzenes und geräuchertes Fleisch
essen müßten, während sie täglich die schönsten Ochsen und Kühe auf ihrer
Feinde Lande weiden sähen, und forderten die Erlaubnis, sich vom Lande
Beute holen zu dürfen, auf daß die Ditmarscher wüßten, daß Männer
und keine Weiber auf den Schiffen seien. Swartekop schlug es ab, indem
er sich auf den Befehl des Hamburger Rates berief, der ihm eine Landung
verboten habe. Da machten die Kriegsleute aber geltend, was das wohl
für ein Schade sei, wenn sie sich einen Ochsen oder eine Kuh vom Lande
holten, während die Ditmarscher die Festung der Stadt angegriffen und
ein Städtchen im Hamburger Gebiete verbrannt hätten, und bedrohten
sogar „den guten Herrn", ihm nachzujagen, wenn sie nach Hamburg kämen,
daß sie auf den Schiffen das Geld der Bürger hätten verzehren müssen,
ohne etwas auszurichten; da hätte man es wohl spüren können, daß der
Hauptmann es mit den Ditmarschern gehalten habe, er solle zusehen, daß
es ihm nicht ergehe wie Johann Clüzeken. Dieser war, nachdem er die

ur ausgestanden hatte, zu Hamburg hingerichtet worden, weil man ihn
Verrates gegen Herzog Heinrich von Flensburg beschuldigt hatte. So
.bte benn Swartekop, daß man das Volk ans Land sezte, und folgte
t mit 200 Mann, um Wache zu halten; die anderen gingen auf
.berung aus und raubten, was sie konnten, auch fingen sie an zu
.nen. Als aber die Ditmarscher die Flammen und den Rauch sahen,
:ten sie sich zusammen, warfen sich den Hamburgern entgegen, und diese
ten weichen, weil aber (Ebbe eingetreten war, konnten sie nicht zu
.. Schiffen zurückkommen, viele wurden erschlagen, unter ihnen der
.herr Swartekop, dessen Leiche von den Ditmarschern geschändet wurde,
: Frauen sollen sich dabei beteiligt haben.[409] Diese Niederlage der
.nburger erfolgte am 31. Juli 1431 in der Nähe von Brunsbüttel.[410]
.. entbrannte denn wieder ein offener Krieg zwischen den Hamburgern
.. Ditmarschern, der bis in das Jahr 1432 hinein dauerte.[411] Die
.ecker waren indes eifrig bemüht, zwischen den streitenden Parteien zu
.nitteln,[412] und es gelang ihnen endlich im Verein mit dem Erzbischof
.. Bremen, eine Zusammenkunft der Hamburger und Ditmarscher zu
.borch zu stande zu bringen, und wenn dieselbe auch ohne Erfolg blieb,
.kam es doch (Ende November auf einer zweiten, welche zu Hanerau ab-
.alten wurde, zu einem Waffenstillstande bis Ostern (15. April) künftigen
.jres. Es scheint auch eine längere Zeit Ruhe eingetreten zu sein, wir
.u wenigstens nicht von Kriegskosten, welche die Hamburger im J. 1433
gewandt haben, und wenn die Ditmarscher sich unter dem 13. März
.J. bei den Lübeckern über neue Gewaltthätigkeiten seitens der Hamburger
.lagen,[413] so motivieren sie diese Klage gerade damit, daß nun schon
.zweiten Jahre Ruhe zwischen ihnen und jenen geherrscht habe.

So schien alles darauf hinzudeuten, daß der Friede wieder her-
.tellt sei, da war wieder Rablef Karstens der Störenfried. Ob eine
.andere Veranlassung vorgelegen hat, die denselben antrieb, mit seinen
.mpanen die offnen Feindseligkeiten mit den Hamburgern wieder zu be-
.inen, wissen wir nicht, aber die Büsumer fuhren im J. 1434 unter
.dolf Karstens' Anführung nach Hamburg und verbrannten eine Anzahl
.hiffe; hierauf rüsteten die Hamburger wieder eine Flotte gegen Büsum,[414]
.deten und legten Middeldorp in Asche, während die Einwohner geflüchtet
.ren und sich im Reth verborgen hatten. Dieser Überfall war die
.iache der Verlegung der Kirche von Middeldorp nach Nordtorp, dem
.utigen Flecken Büsum, welcher Name ursprünglich nur die Insel und
.s Kirchspiel bezeichnete. Weit wichtiger aber als diese kriegerischen Er-
.unisse war es, daß die doch an und für sich unbedeutende Fehde mit
.amburg zu großen inneren Zerwürfnissen der Ditmarscher unter einander
.hrte. Das Vorgehen Rablef Karstens' erregte begreiflicherweise bei den
.iedlich Gesinnten im Lande große Unzufriedenheit, sie sahen schon jene
.eiten wilder Fehde zwischen den Hamburgern und den fehdelustigen Ge-
.zlechtern im Lande wiederkehren, und an die Spitze der Unzufriedenen
.at wieder Kruse Johann, der über Rablef Karstens und seine Genossen
.ufs höchste aufgebracht war, so daß das ganze Land sich in zwei sich

bekämpfende Parteien spaltete. Es dauerte auch nicht lange, so kam es zu offenem Kampfe und Blutvergießen, überall Morden und Wüten, es müssen grauenhafte Zustände geherrscht haben, besonders erbittert auf Karstens scheinen damals die Meldorfer gewesen zu sein. Anfangs scheint Kruse Johann den kürzeren gezogen zu haben, und er suchte deßhalb in seiner Bedrängnis die Freundschaft und Hülfe der Hamburger, und diese schickten ihm auch im Juni b. J. 500 Schützen unter Anführung ihres Ratsherrn Cordt Müller zu Hülfe. Dies war wohl auch die Veran-lassung, daß am 27. Juni ein Vergleich zwischen den Hamburgern und den Schließern Mengers Clawes, Robe Clawes Etleff wie dem ganzen Kirchspiel Büsum zu stande kam, in welchem die letzteren sich von Rablef Karstens und seinen Genossen lossagten. ⁴¹⁵

## IV.

**Vermittlungen der Lübecker und Lüneburger zwischen den Hamburgern und Ditmarschern wie zwischen den streitenden Parteien in Ditmarschen. Der Vertrag der acht nördlichen Kirchspiele mit Hamburg.**

Ob bei dem zwischen den Büsumern und Hamburgern abgeschlossenen Friedensvertrag die Lübecker als Vermittler besonders thätig gewesen sind, erfahren wir freilich nicht, jedenfalls waren diese eifrig bemüht, den ge-störten Frieden wieder herzustellen. „Also", sagt Neokorus, „erhält Gott große Städte, den Nachbarn und umliegenden Ländern zum Trost, damit der allgemeine Friede erhalten werde." Freilich müssen wichtige Handelsinteressen bei den Lübeckern mitgewirkt haben, sonst wäre es wirk-lich unbenkbar, daß dieselben bald allein, bald im Verein mit anderen immer und immer wieder sich bemüht zeigten, zwischen den Ditmarschen und ihren Nachbarn, wie zwischen den hadernden Parteien im Lande selbst, trotz aller verunglückten Versuche als Friedensstifter aufzutreten. So gelang es ihnen denn auch diesmal wieder, und zwar in Gemeinschaft mit den Lüneburgern, Verhandlungen einzuleiten zunächst zwischen den Hamburgern und den friedlich gesinnten Kirchspielen des nördlichen Dit-marschens. Es waren dies die Kirchspiele Oldenwöhrden, Webbingstedt, Hemmingstedt, Neuenkirchen, Lunden, Tellingstedt, Albersdorf und Nord-hastedt, angeschlossen hatte sich diesen selbst ein Landsmann von Rablef Karstens, Clawes Hinrik to dem Suderbyke (Süderdeich) im Kirchspiel Wesselburen (beide gehörten dem Geschlecht der Vogdemannen an) und Elken Rikgwerd aus Hemme (aus dem Geschlecht der Sulemannen). Die Vertreter der genannten Kirchspiele und die beiden Männer kamen mit Abgeordneten der Städte Lübeck und Lüneburg, wir wissen nicht, wo, denn die betreffende Urkunde nennt keinen Ort, vielleicht zu Itzehoe, am 28. Juli 1434 ⁴¹⁶ zusammen, und es kam zu einem Friedensvertrage, in welchem die Ditmarscher den Hamburgern Sicherheit ihrer Schiffe bei der Einfahrt in die Elbe und ebenso bei der Ausfahrt versprachen; sollte ein Hamburger in Zukunft von einem Ditmarscher geschädigt werden und die Kirchspiele

geschehene Anzeige der Übelthäter nicht Herr werden können, („na
dat wy allene to krank weren, dem Copmanne Rechtes to behelpende",
es in einer späteren Urkunde vom 28. Sept.), so sollen die Ham=
·r helfen und Mannschaften auf ihre Kosten herbeiführen, welche die
spiele dann unterhalten wollen. Was an Verwundungen und Tot=
z geistlicher oder weltlicher Personen erfolge, soll den Hamburgern
o wenig zum Schaden gereichen, als was sie im Juni und Juli
J. in Gemeinschaft mit ihnen gegen Rablef Karstens unternommen
r. Auch versprachen die Kirchspiele zu ewigen Zeiten, keinen Krieg
auf der Elbe führen, auch nicht dulden zu wollen, daß dies von
1 Lande aus geschehe. Den übrigen Kirchspielen wird der Beitritt
dieser Vereinbarung ausdrücklich offengehalten. Am 14. Sept. d. J.
de von Abgeordneten der beiden Parteien noch eine Zusammenkunft in
doe abgehalten, und darauf kamen am 28. September[417] die oben=
ihnten acht Kirchspiele — wohl in ihren Vertretern, den Vögten,
ießern und Geschworenen — auf der Heide (es ist dies das erste
·, daß diese als Versammlungsort genannt wird) zusammen, und da=
t wurde noch einmal der mit den Hamburgern am 28. Juli abge=
ssene Vertrag von den berufenen Vertretern der betreffenden Kirchspiele
lich erneuert. Man sieht, daß die Hamburger mit großer Umständ=
eit verfuhren, aber die Notwendigkeit drängte wohl dazu. In der
sammlung auf der Heide wurden die Abmachungen vom 28. Juli im
zen wiederholt, nur ist noch hinzugekommen, daß die Ditmarscher bei
m Klagfall seitens der Hamburger sich dem Urteil der Lübecker und
eburger unterwerfen wollen.

Mit Hülfe der Hamburger und seinem übrigen Anhang gelang es
1 auch dem Kruse Johann, Rablef Karstens in einem förmlichen Treffen
schlagen,[418] so daß er sogar aus dem Lande weichen mußte. Er
ab sich zu den Grafen von Holstein, um daselbst Hülfe zu suchen,
e scheinen aber doch keine Neigung gespürt zu haben, sich in die Sache
einzumischen, denn es kam bald darauf zu Pfingsten, am 4. Juni, 1435
einem Friedensvertrag[419] zwischen den beiden Führern und ihren Ge=
sen, in welchem sie sich gegenseitig zu Schadenersatz verpflichten, und zwar
Zahlung von 100 Mark für jeden erschlagenen Landsmann und von 50
jeden „budeschen Knecht". Bei streitigen Fällen soll ein Schiedsgericht
n sechzehn Männern entscheiden, sonst unterwerfen sie sich gleichfalls dem
sspruch der Lübecker und Lüneburger. Rablef Karstens sah sich nun
ch veranlaßt, mit den Hamburgern in Friedensverhandlungen zu treten.

Schon in dem am 28. Juli vereinbarten Vertrage war den übrigen
rchspielen der Beitritt ausdrücklich vorbehalten worden, so geschah dies
ch und nach (nur die Kirchspiele des Süderstrandes haben sich an diesen
erhandlungen überhaupt nicht beteiligt), ausdrücklich wissen wir es von
elborf, welches seinen Beitritt am 13. Februar 1435[420] erklärte, freilich
her mit schwerem Herzen, denn es unterzeichnete damit sein eigenes Todesurteil
- deminutio capitis im eigentlichen Sinne des Wortes — als Hauptstadt des
ndes. Fortan nimmt Heide den Platz Melborfs ein.

Bei den Verhandlungen zwischen Radlef Karstens und den Ham=
burgern übernahmen die Lübecker wieder die Rolle der Vermittler, und
die Verhandlungen dauerten fast das ganze Jahr 1435 hindurch bis in
den Juni 1436, zum teil durch Radlefs Schuld, der zu den festgesetzten
Terminen nicht erschien. [421] Er erlebte aber selbst das Ende der Ver=
handlungen nicht, in einer Urkunde vom 25. März 1435, [422] eine Zu=
sammenkunft zu Itzehoe betreffend, wird seiner als eines Verstorbenen
gedacht. Er war auf dem Kirchhof zu Wesselburen (nach anderen zu
Melborf) und zwar, wie es hieß, auf Anstiften seiner eigenen Gemahlin
hinterlistig überfallen und ermordet worden. Da entbrannte die alte
Fehde wieder aufs neue, und es dauerte längere Zeit, ehe es gelang, den
Frieden wieder herzustellen, die Hamburger Kämmereirechnungen weisen
im Jahre 1436 aufs neue nicht unbedeutende Ausgaben zu Kriegszwecken
in Ditmarschen auf. Erst am 17. Juni 1436 [423] kam denn endlich ein
Friede zu stande, in welchem die den Hamburgern feindlichen Ditmarscher
dieselben quitt und ledig sprachen wegen jedes Zwistes, Fehde und Zwie=
tracht, die zwischen ihnen (sie nennen sich jetzt die Hemmer Gesellschaft
und führen als solche auch ein Wappen mit einer aufrechtstehenden Helle=
barde) und den Hamburgern stattgefunden haben, und versprachen,
die Kaufleute laut der alten von ihren Vorfahren gegebenen Zusicherungen
auf alle Weise verteidigen und schützen zu wollen.

So war denn nach langjährigem Streit Dank den Bemühungen
vor allem der Lübecker wieder Ruhe in das Land Ditmarschen zurückgekehrt,
auch mit den Hamburgern herrschte im allgemeinen Frieden, wenn auch
zeitweilige Störungen desselben nicht ausblieben. So beschweren sich unter
dem 17. Mai d. J. 1438 [424] die Vögte und die Gemeinheit des Dit=
marscher Landes bei den Lübeckern, daß die Hamburger, welche damals
mit den Holländern Krieg führten, ein Schiff derselben im Melborfer
Hafen — „auf der Gronswarden“ — mit Leuten und Gütern weggenommen
und einen Mann getötet hätten, und bitten, die Sache dahin zu vermitteln,
daß die Hamburger Schadenersatz leisten. [425] Ebenso berichten die Kämmerei=
rechnungen im Mai 1439 von vier Hinrichtungen ditmarsischer Landes=
eingesessenen.

Aber die Bestrebungen der Lübecker haben sich offenbar nicht darauf
beschränkt, für den Augenblick den Frieden wiederherzustellen, es mußten
Vorkehrungen getroffen werden, welche der Wiederkehr so trostloser Zeiten
überhaupt vorbeugen könnten. Aus den Urkunden der damaligen Zeit er=
fahren wir leider darüber nichts, aber Cranz berichtet uns, [426] daß die
Lübecker im Verein mit den Hamburgern versucht hätten, die Ditmarscher
zur Eintracht zurückzuführen, und diese gebeten hätten, sie möchten doch in
anbetracht ihrer gemeinsamen Abstammung, ihrer eigenen Gewissensruhe und
der Anforderungen christlicher Frömmigkeit ihren Haß aufgeben und dafür
sorgen, daß die Vermessenheit der Einzelnen durch bestimmte Gesetze ge=
zügelt werde. Da hätten es die „maiores terrae“ den Abgesandten der
Städte übertragen, die nötigen Maßregeln zu treffen, diese aber den ihnen
gewordenen Auftrag zurückgewiesen, solange sie nicht durch ausdrücklichen

luß einer Landesversammlung dazu bevollmächtigt würden, und nun ausgemacht worden, daß fortan ein jeder Totschlag (homicidium) mit Buße von 100 Mark belegt, der Mörder aber außerdem ehrlos und :et sein solle, so daß er niemals in seine Heimat habe zurückkehren n. Dies sei auch zum allgemeinen Beschluß des Landes erhoben und ichst verbrieft und besiegelt worden.

So kann aber die Sache, wenn wirklich ernste Verhandlungen der gepflogen worden sind, nicht verlaufen sein, davon giebt das wenige ·e nachher geschriebene Landrecht (Landesbok) ein bestimmtes Zeugniß. demselben ersehen wir (§ 73), daß die Blutrache damals keineswegs ischafft worden ist, andererseits ist die Mannbuße von 100 Mark nichts :s, wir haben dieselbe schon in verschiedenen Verträgen mit den Hol= ern und Eiberstedtern (zuletzt allerdings auch in dem Vertrage zwischen beiden Hauptleuten der in Ditmarschen streitenden Parteien) in An= oung bringen sehen. Es waren weit tiefer greifende Veränderungen ·berlich, wenn nicht nur dem wüsten Treiben einzelner unruhiger Köpfe, ·ern den sich immer und immer wiederholenden Handelsstörungen und Rechtsunsicherheit im Lande selbst ein Ende gemacht werden sollte.

## V.

### Die Einsetzung der Achtundvierziger als höchsten Gerichtes in Heide.

Die bestehende Verfassung Ditmarschens hatte sich in den unruhigen ·ten, welche das Land hatte durchmachen müssen, entschieden als unzu= ·hend erwiesen. Schon früher war unter ähnlichen Verhältnissen von Einsetzung eines iudex generalis die Rede gewesen, man hatte davon ·tand genommen, wir wissen nicht, aus welchen Gründen, vermutlich ·r deshalb, weil der Wahl desselben dasselbe Mißtrauen wie früher der ·walt des Grafen und der Einheit der Vogtei begegnet war. Jetzt aber ·Jahre 1447, dem Jahre der Abfassung des neuen Landrechtes, finden ·r eine neue Behörde als höchstes Appellationsgericht im Lande, die Acht= ·dvierziger. Wann dieselben eingesetzt worden sind, steht freilich nicht ·t absoluter Sicherheit fest, aber im Eingang einer Urkunde vom 21. Sept. ·48, [427] das in dem vorhergehenden Jahre abgefaßte Landrecht betreffend, ·ßt es: „Wy achtundvertich gekorene Richter, Voghede" u. s. w. Da ·n die Achtundvierziger an keiner einzigen anderen Stelle als „gekorene", ·h. erwählte bezeichnet werden, so ist mit ziemlicher Bestimmtheit anzu= ·hmen, daß die Einsetzung derselben durch Wahl damals zum ersten Male ·nd zwar vor nicht langer Zeit stattgefunden hat. Denn daß die Würde ·nes Achtundvierzigers lebenslänglich gewesen ist, ist an und für sich wahr= ·heinlich, geht aber aus verschiedenen Stellen des Neocorus hervor, an ·elchen er anführt, daß aus dem und dem Geschlechte so viel Achtundvier= ·iger hervorgegangen seien, ebenso wird dies bei Nennung eines einzelnen ·Namens hinzugefügt, was z. B. bei den Schließern niemals der Fall ist. ·Wie bei der Ergänzung des Kollegiums bei dem Tode oder sonstigen Ab=

treten eines Mitgliedes verfahren worden ist, ist uns nicht überliefert worden. Michelsen meint,[428] daß das Kollegium durch Selbstwahl, welche aber an die Landesgebiete gebunden gewesen, sich ergänzt habe. Dies war, wie oben erwähnt, bei den Schließern der Fall,[429] ebenso wurde in den Städten Meldorf und Lunden der neue Rat von dem alten abtretenden ernannt.[430] Ich muß offen bekennen, daß mich eine Bestimmung in dem Landrecht des Süderstrandes (von welchem später die Rede sein wird) bedenklich macht, denn durch diese wird festgesetzt, daß wenn einer der Vierundzwanziger (diese entsprechen nämlich den Achtundvierzigern der vier nördlichen Döfften) gestorben ist, die Ergänzungswahl von der nächstfolgenden Landesversammlung vorgenommen werden soll. Versäumt es dieselbe, heißt es dort weiter, „die Ergänzungswahl vorzunehmen, so haben die übrigen Vierundzwanziger das Recht, den Nachfolger zu bestimmen. Es ist kaum glaublich, daß diese Einrichtung dort getroffen sein würde, wenn nicht bei den Achtundvierzigern in analoger Weise verfahren worden wäre. Dabei nimmt Michelsen an,[431] daß gewöhnlich der Sohn des Verstorbenen gewählt worden sei, was mit Rücksicht auf den Vater wie die Bedeutung des Geschlechtes oder der Familie wohl möglich war,[432] und besondere Freunde vom Wählen scheinen die Ditmarscher überhaupt nicht gewesen zu sein.

Aber nur aus den vier nördlichen Döfften wurden die Achtundvierziger genommen, die fünfte der Strandmannen war davon ausgeschlossen. Schon zu Neocorus' Zeit vermochte man sich diese Thatsache nicht anders zu erklären, als daß die Strandmannen sich diese vermeintliche Zurücksetzung durch irgend ein besonderes Vergehen zugezogen hätten. So sagt denn derselbe (I. 362): „jedoch südlich von Meldorf aus allen Strand„kirchspiele hat keiner darin" (in dem Kollegium der Achtundvierziger) „ein dürfen, was sie in dem Kriege vor Hemmingstedt versehen haben „und darum geduldig leiden müssen, daß die Norderleute in der Appellation „und Erekution über sie zu gebieten haben. Sonst hatten sie ihr eigenes „Recht unter sich, wie die anderen Kirchspiele, in bürgerlichen und pein„lichen Sachen, die Appellation jedoch frei an die Achtundvierziger in bürger„lichen und Erbsachen, worüber sie also nicht zu richten gehabt, sondern „sich richten lassen und keine Stimme gehabt, bis es vor das Land ge„schoben wurde," d. h. von den Achtundvierzigern eine Appellation an die Landesversammlung stattgefunden hatte. Hier befindet sich aber Neocorus in einem mehrfachen Irrtum. Daß der Erzählung von einer seitens der Strandmannen bei Hemmingstedt bewiesenen Feigheit kein geschichtliches Zeugnis zu grunde liegt, dieselbe im Gegenteil unrichtig sein muß, davon wird später gesprochen werden, man suchte sich eben durch eine solche Annahme die Ausschließung der Strandmannen zu erklären, für welche man keinen anderen Grund angeben konnte.

Mit der Untersuchung dieser Thatsache hängt nun aber die Entscheidung der Frage aufs genaueste zusammen, wieviel Döfften es überhaupt in Ditmarschen gegeben habe, vier oder fünf. Die Fünfzahl steht nun aber, wie schon oben (p. 86) gesagt ist, außer allem Zweifel. In der Urkunde vom 24. Nov. 1477, in welcher namens des Papstes Sirtus IV.

·ch) den Scholastikus von Breslau die Verfassung des Landes Ditmarschen
rlich anerkannt wurde, wird von fünf Vögten gesprochen, von denen
er in seinem Teile, Döfft genannt, deren es in der Grafschaft Dit=
rschen fünf gebe, die Gerichtsbarkeit inne habe. Ebenso spricht
oforus (I. 337) einfach „von den viff Dofften des Landes Ditmarschen".
den ältesten Paragraphen des Landrechts I. werden die Dofften über=
rpt nicht erwähnt, erst in einem späteren Zusatzartikel § 222 heißt es:
'ft jenichmann in unsen veer Dofften schaden deyt mit den vorscreven
pen", und ebenso § 241 von dem Scharfrichter „in unsen veer Lofften",
ner § 242 „von den veer voghedyen — hebben de Vullmacht der veer
iffte mit Vulbort des ganzen Landes" cet. Das ältere Landrecht
eint also nur 4 Dofften, aber ebenso nur 4 Vogteien zu kennen.
eser scheinbare Widerspruch löst sich aber aufs einfachste. Hätte man
lyt das „unsen" in den verschiedenen Paragraphen übersehen, so hätte
in gleich darauf schließen müssen, daß neben dem „unsen" noch etwas
deres vorhanden gewesen sein müsse, was nicht darunter begriffen war,
id das war eben die fünfte Döffte der Strandmannen, die Kirchspiele
rg, Sddelack, Brunsbüttel und Marne umfassend. Dieselben waren aber
dyt wegen bewiesener Feigheit ausgeschlossen worden, sondern sie hatten
l) selbst der neuen Ordnung der Dinge nicht angeschlossen. Diese Neu=
staltung ging zunächst von der Wester=, der Middel- und der Osterdöffte
is, Heide, der Ort, wo dieselben an einander grenzten, ward zum Sitz
er neuen Landesobehörde und der Landesversammlung bestimmt. Meldorf
itte versucht, eine Zeitlang sich der neuen Gestaltung der Dinge zu wider=
tzen, sich aber dennoch schon binnen Jahresfrist genötigt gesehen,
achzugeben und sich unter die, wenn auch bittere, Notwendigkeit zu beugen.
nders stand dies mit der fünften Döffte, den Strandmannen. Vergegen=
ärtigen wir uns erstlich, wie diese Neugestaltung neben den Lübeckern
uch durch den Einfluß und die Vermittlung der Hamburger zu stande
ekommen war, mit denen ja die Geschlechter der fünften Döffte in fast
ortwährender Fehde gelebt hatten, so ist es von vornherein erklärlich, wenn
itens derselben den Bestrebungen der Städte Widerstand entgegengesetzt
urde. Sodann wirft aber eine Beliebung des Süderstrandes vom J.
539 und ein Beschluß der Achtundvierziger vom J. 1541 ein helles
icht auf die ganze Angelegenheit. [133] In letzterem heißt es, daß vor
hnen erschienen seien zu rechter Tageszeit die ehrsamen Vierundzwanziger,
gelovede, gekorene und geschworene Richter des Süderstrandes und die
janze Vollmacht" und ihnen vorgestellt hätten, wieviel Unkosten und Nach=
eile ihnen daraus erwachsen müßten, wenn sie auf so weiten, bösen Wegen
jier in Heide ihr Recht hätten suchen müssen. Deshalb hätten sie ihr
rigenes Landrecht sich gesetzt und bäten um Bestätigung desselben, um eine
Wiedervereinigung des Landes dadurch zu erwirken. Es ist also hier ganz
bestimmt ausgesprochen, daß die weite Entfernung der im Süden von Dit=
marschen belegenen Kirchspiele ihre Trennung von dem gemeinsamen Landes=
gericht und der Landesversammlung hervorgerufen habe. Sie hatten sich
deshalb eine eigene Obrigkeit gesetzt, die Vierundzwanziger, welche in allen

Monaten auf einem Donnerstag auf der Dickshörn zusammen kamen und an welche von den Schließern und dem „gekoreuen Rechte" appelliert werden konnte. Wollte sich jemand bei dem Urteil derselben nicht beruhigen, so konnte er sich auf die Entscheidung des ganzen Süderstrandes berufen, der zweimal im Jahre als ungebotene Landesversammlung zusammenkam, am Montag in der Osterzeit und am nächsten Sonntag nach Michaelis, um über „die Gebrechen, dem ganzen Strande nötig," zu verhandeln. Übrigens waren die Vierundzwanziger auch befugt, außerordentliche Landes= versammlungen zu berufen, wenn mittlerzeit bringende Sachen vorfielen. Wenn aber jemand aus dem Süderstrand sich nicht bei den drei vorge= nannten Instanzen beruhigen und noch weiter appellieren will vor einem anderen Gericht Ditmarschens, wie vor den Achtundvierzigern, und sich also gegen die Bestimmungen des Süderstrandes ungehorsam zeigt, der soll tausend Gulden verbrochen haben. Hat er nicht soviel in seinem Ver= mögen, so soll er es mit seinem Halse büßen, und wenn ein Verwandter aus dem Süderstrande dem Widerspenstigen Hülfe leistet und in seinem Ungehorsam bestärkt, der soll ebenso um 1000 Gulden gestraft werden, im Unvermögensfalle gleich dem Hauptschuldigen ohne Gnade sein Leben verwirkt haben.

Man sieht, welcher Haß der Strandmannen gegen den „Nordmann" sich in diesen Bestimmungen geltend macht. Daß dieselben aber nicht erst aus späterer Zeit stammen, geht aus den Schlußworten der Beliebung hervor, in welcher es heißt: „So das Land (die in Heide tagende Landes= versammlung) „oder des Landes gebührliche Obrigkeit dem Süderstrande die Bestätigung seines Landrechtes verweigern sollte, obwohl ihre Vor= eltern ihnen solches vererbt hätten," *) so müßten sie bei der „Rechtsverstrickung" beharren, wenn auch vielfältige Gefahr Leibes und der Seele und unerträglicher Schade daraus entstehen sollte. Wie sich die Angelegenheit weiter entwickelt hat, davon kann natürlich erst später die Rede sein, jedenfalls ist die Frage über die Zahl der Döfften und die Nichtteilnahme des Süderstrandes an dem Kollegium der Achtundvierziger wie der in Heide tagenden Landesversammlung damit entschieden.

Wie es bei dergleichen Einrichtungen stets der Fall ist, so hat sich auch die Machtstellung der Achtundvierziger erst allmählich entwickelt; ein Vergleich des ersten Landrechts mit dem zweiten giebt davon den deut= lichsten Beweis. In dem ersten ist verhältnismäßig wenig von ihnen die Rede, nur in 6 Paragraphen; von diesen beziehen sich 2 auf die Ver= sammlungen der Achtundvierziger, welche unter den Schutz des Markt= friedens gestellt sind, sowohl an Ort und Stelle, wie auf der Reise dahin, wie überhaupt Widerstand gegen dieselben dem Landesverrat gleichgeachtet

---

*) Diese Rechtsvereinbarung des Süderstrandes war ursprünglich auf 10 Jahre festgesetzt und sollte bestehen 10 Jahre lang vom untersten Datum an; „wenn dann 10 Jahre verflossen sind und es dünket dem zweiten Mann (also Zweidrittel=Majo= rität) von dem Süderstrand, dieselbe aufzulösen und sich unter des Landes Ordeel wiederzubegeben, so soll es sein, was dem zweiten Manne Rat und Nutzen dünket vor unserer Gemeinde."

. ⁴⁸⁴ Ursprünglich waren die Achtunbvierziger eingesetzt als Appella=
3gericht, sobann hatten sie überhaupt die Oberaufsicht über die gehörige
t8pflege im Lande zu führen, beßhalb wurde derjenige, welcher diese
mte, ihnen brüchfällig (Landr. I. § 8 und § 9). Im Landrecht II.
n die Achtunbvierziger schon weit mehr hervor, Brüchen, welche nach
Landr. I. an die Landeskasse zu zahlen sind, sind nun den Achtunb=
3igern fällig, so gleich im Art. 11, wenn jemand Briefe und Mandate
Priestern und Prälaten veröffentlicht; bei einem Totschlag fallen nach
25 bei einer Gesamtbuße von 60 Mark 10 an das Land für
Unkosten, 10 an das Lokal= b. h. Kirchspielsgericht und 40 an das
rgericht der Achtunbvierziger, während früher nach Landr. I. § 2 die
Mark in die Landeskasse fielen.

Die Achtunbvierziger versammelten sich in Heide (bamals „zur Heide"
). auf der Höhe) unter dem Schutz des Marktfriedens (Landr. I. § 257)
einem Privathause. ⁴⁸⁵ Die oben erwähnte Urkunde vom 29. Sept.
34 enthält die erste (Erwähnung*) Heides als Versammlungsort des
ides, vorläufig freilich nur der 8 Kirchspiele; Bedeutung als Ortschaft
te es jedenfalls bamals noch nicht, es war aber als in der Mitte der
tierenden Kirchspiele auf der Höhe des Landes gelegen ein höchst ge=
neter Platz bazu; drei Straßen von Osten, Nordosten und Nordwesten,
,che zu jeder Zeit fahrbar sind, treffen bort zusammen, so wurde Heide
b Mittelpunkt des kommerziellen und gewerblichen Verkehrs.

Wenn jemand sich bei dem Urteil seines Kirchspiels, vor welches bei
er Brüche von 60 Mark (Landr. II. Art. 1. 2) die Sache erst ge=
icht werden mußte, nachdem die Schließer und Geschworenen ihr Verbikt
prochen hatten, nicht beruhigen wollte, so stand ihm, vorausgesetzt baß
Sache selbst vor das Forum berselben gehörte (Kirchensachen z. B.
iren ausgenommen), ⁴⁸⁶ die Appellation an die Achtunbvierziger offen,

---

*) Aus den Verhandlungen zwischen den Titmarschern und dem Herzog Abolf
m J. 1447 geht hervor, baß Heide schon in dem Jahr 1404 existiert hat, denn
: Titmarscher beschweren sich barüber, baß in biesem Jahre den „vromen lüden
deme Dorpe to der Heide" burch die Leute des Herzogs Gerhard Schaden zuge=
gt worden sei. Pastor Schned in Heibe, ein Zeitgenosse der Reformation, hat
ach Neokorus 1. 245) erzählt, sein Vater habe einen Mann gekannt, der sich er=
nert habe, wie Heide entstanden sei, baß eine Frau zuerst ein Wirtshaus erbaut
ibe, damit die des Marktes wegen Dahinkommenden ihren Durst hätten löschen
ninen; bald seien auch Leute aus dem benachbarten Rostorp dahin gezogen, und
sei die Ortschaft rasch gewachsen; ursprünglich im Webbingstebt eingepfarrt erhielt
: eine Kirche erst in weit späterer Zeit; biese wurde von den vier Bauerschaften
didelshof, Lohe, Wesseling und Rostorp an der Stelle erbaut, wo ihre Feldmarken
ısammenstießen und zu Ehren des heiligen Georg fundiert. Als Heide sich ver=
größerte, machten seine Einwohner auch Ansprüche auf Mitbenutzung der Gemein=
)eibe der betreffenden Bauerschaiten, biese wurde ihnen aber von Lohe und Rickels=
of bestritten. Da entschied ein Urteil der Achtunbvierziger v. 5. Juni 1462, ⁴⁸⁷
aß den Heidern der Gebrauch der Gemeinweide wie des Moores der vier genannten
Lauerschaiten nach wie vor freistehen und baß jeder Dawiderhandelnde mit einer
Luße von 60 Mark belegt werden sollte. In dem Heiber Turmknopf befindet sich
in altes Schriftstück über die Entstehung der Heiber Kirche, welches im Jahr 1634
iei einer Restauration des Turmes von dem bamaligen Pastor eingesehen worden ist.

die unterliegende Partei mußte denselben 90 Schilling bezahlen. Wollte sich jemand auch bei der Entscheidung der Achtundvierziger nicht genügen lassen, so konnte er seine Sache vor die Landesversammlung als letzte Instanz bringen. Um die laufenden Geschäfte zu besorgen, war stets ein Ausschuß der Achtundvierziger während der Woche in Heide anwesend, welcher dann am Sonnabend dem Kollegium über die eingelaufenen Sachen Bericht erstattete. In eiligen Sachen verfuhren dieselben auch selbständig im Namen des Kollegiums, so ist z. B. ein Schreiben der Achtundvier= ziger an die Stände des Erzstiftes Bremen vom 27. Juni 1540 unter= schrieben: „Achtundvertich Vorweser des Landes Ditmarschen itzt thor Heide." [438] Das Siegel der Achtundvierziger, welches bis zum Untergange des Freistaates beibehalten worden ist, zeigt eine doppelte gothische Laube, in deren einer Hälfte die Jungfrau mit dem Kinde, in der anderen den heiligen Oswald wie im Landessiegel, die Umschrift lautet. „S. der achte und veertich richtere in Ditmarschen." Neben diesem großen Siegel war auch noch ein kleines (sigillum ad causas) im Gebrauch, halb so groß wie das andere, die Jungfrau Maria mit dem Kinde in halber Figur dar= stellend, die Krone auf dem Haupte, darunter ein Schild mit den Brem.r Kreuzschlüsseln, als Umschrift: Pitzer. Desselben bediente sich der in Heide während der Woche anwesende Ausschuß der Achtundvierziger zur Erledigung der laufenden Geschäfte.

## VI.
### Das Landrecht vom J. 1447.

Mit der Veränderung der ditmarsischen Gerichtsverhältnisse hängt nun aber auch jedenfalls die von der Landesversammlung am 3. Februar 1447 beschlossene Kodifizierung des Landrechts zusammen, im wesentlichen eine schriftliche Aufzeichnung der schon bestehenden rechtlichen Bestimmungen. In diesem „Landesrechtboke" oder „Landesbote" (§ 7) ist es nun charakte= ristisch, daß die ersten Paragraphen meistens gegen die Übergriffe der Kirche und einzelner Geistlichen gerichtet sind, so wird in § 2 die höchste Strafe des Landes, nämlich 60 Mark Geldbuße, Ächtung und Niederbrennung des Hauses demjenigen angedroht, welcher in Zukunft Bri fe oder Mandate von Pröpsten oder Prälaten erwirke und solche verlesen lasse. In § 3 wird ein jedes Geschlecht, in welchem Studierende oder Pfaffen sich be= finden, dafür verantwortlich gemacht, daß dieselben sich den Bestimmungen des Landrechts gemäß verhalten, und für jeden aus dem entgegengesetzten Verfahren erwachsenden Schaden verantwortlich gemacht. In § 5 wird mit einer Buße von 60 Mark bedroht, wer in Zukunft ein Kirchspiel, eine Bauerschaft oder einen Mann in den Bann bringt, und verpflichtet, die Aufhebung des Bannes zu erwirken. Das war denn doch ziemlich deut= lich gesprochen, und dies Vorgehen veranlaßte denn auch den Dompropsten von Hamburg Johann Middelmann, als geistlichen Oberherrn des Landes, sofort die Aufhebung, bezüglich die Abänderung der betreffenden Bestimmungen zu fordern, welche er als seine kirchliche Gerichtsbarkeit verletzend ansah.

shalb sahen sich denn auch die Achtundvierziger, Vögte u. s. w. des ides Ditmarschen unter dem 21. Sept. 1448 [439] zu einer beruhigenden 'lärung an den Dompropsten veranlaßt. In dieser verpflichten sie sich, nen zwei Monaten aus ihrem Buche und ihren versiegelten Briefen alles tilgen, was gegen Gott und die heilige Kirche wie gegen geistliche Freit sei; ferner soll jeder Geistliche, welcher von einem Einwohner Dit= richens, er sei Mann oder Frau, an seinem Leibe oder Gute geschädigt rden, sein Recht suchen dürfen in dem Lande oder außerhalb desselben, es ihm beliebe. Wenn der Hamburger Dompropst oder einer seiner sizialen ein geistliches Gericht (Sendgericht) im Lande Ditmarschen ab= ten will, so soll der Propst seine Brüche einfordern dürfen wegen dessen, s als gegen Gott und die heilige Kirche verbrochen angezeigt worden ohne jeden Widerstand; weigern sich die Geschworenen, eine Sache vor richt zur Anzeige zu bringen, welche doch sonst offenkundig ist und an= ,eigt hätte werden müssen, so soll es dem Propsten freistehen, diese als ineidige zur Verantwortung zu ziehen. Außerdem soll der Propst von en anderen Brüchen, welche bezengtermaßen gegen Gott und die heilige rche verbrochen worden sind, seinen Anteil empfangen. Schließlich wird n Propst und seinen Geistlichen der ungeschmälerte Genuß aller bisher ständigen Privilegien und Freiheiten zugesichert; der Propst oder sein sizial soll aber andererseits weder die Achtundvierziger, noch ein einzelnes rchspiel im Gebrauche des Landrechts, wie es ihre Weise und Gewohn= it ist, hindern. So finden wir denn auch, daß die vor 1485 abgesaßten estimmungen des Landrechts II. den § 2, die Mandate betreffend, aller= ngs beibehalten, aber an eine weniger auffallende Stelle setzen (Art. 11); dem § 3 über das Verhalten der Studierenden und Pfaffen zu den estimmungen des Landrechts sind im Art. 14 der wichtigsten Worte: .ume wertliker sake willen" hinzugefügt, die also die in dem Paragraphen nthaltene Strafandrohung nur auf weltliche Angelegenheiten bezogen wissen ollen; § 5 und § 8 über die Verhängung des Bannes und über die eranlassung dazu sind ganz gestrichen. Übrigens war bereits am 20. annar 1471, [440] es ist nicht klar, aus welcher Veranlassung, zwischen m Dompropsten Johann Rode und den Insassen des Landes Ditmarschen n neuer Vertrag zu stande gekommen, in welchem die alten Bestimmungen om J. 1438 dahin näher präzisiert werden, daß zu ewigen Zeiten kein nterdikt oder Verbot von Gesang, Begräbnissen und Taufen verhängt ber ein Geschlecht, Bauerschaft oder Feldmark in den geistlichen Bann ge= jan werden solle, ausgenommen die schlimmsten Fälle, wenn sonst die eistliche Macht vernichtet und Frevel und Ungehorsam gegen das geistliche lecht den Gottesdienst schädigen würde, oder wenn die Einwohner des 'andes sich an einem päpstlichen Legaten, Prälaten oder Priester thätlich ergreifen würden. Dann soll die Sache aber nicht außerhalb, sondern innen des Landes in dem nächsten Kirchspiel, welches frei vom Interdikt st, verhandelt werden.

Aber nicht nur gegen die geistliche Gewalt wenden sich die ersten Paragraphen; daß schon im § 11 die Feier des St. Oswaldtages gleich dem heiligen Ostertage bei der höchsten Geldbuße des Landes befohlen wird, ist auch ein Zeichen des freiheitatmenden Geistes, zunächst gegen die Holsteiner Herren gerichtet, der durch das Ganze hindurchgeht. Ebenso wird der Versuch eines jeden, wer er wäre, ein Hoher oder Niedriger, sich dem Landrecht zu widersetzen, mit Gütereinziehung, Ächtung, Landes= verweisung und der höchsten Geldbuße bedroht, wir werden nicht fehlgehen, wenn wir dies als namentlich gegen die renitenten Geschlechter des Südens gerichtet annehmen.

Es spricht aus dem Ganzen die Stimme der Landesversammlung, die Macht der mittelalterlichen Geschlechter war schon im Sinken begriffen, der Geist der anbrechenden Neuzeit machte sich auch hier bemerkbar.

# Fünfter Abschnitt.

# Von der Einsetzung der Achtundvierziger bis zur Schlacht bei Hemmingstedt.

## (1447—1500.)

## I.

### Vergleich der Ditmarscher mit Herzog Adolf VIII.

Graf Adolf war inzwischen durch den Tod seines Bruders Gerhard, die Aussöhnung mit König Erich und die Belehnung seitens dessen Nach= folgers König Christoph (am 30. April 1438) in den unbestrittenen Besitz des Herzogtums Schleswig gelangt, [141] und so gedachte er auch der Ansprüche seines Hauses auf Ditmarschen. Er ließ deshalb die Dokumente, aus denen solche herzuleiten waren, hervorsuchen und, wie es in der da= maligen Zeit bei Verhandlungen mit Auswärtigen zu geschehen pflegte, auf möglichst solenne Weise nach vorhergegangener, an der Südseite der Schleswiger Domkirche angehefteter Citation aller derjenigen, welche etwas einzuwenden haben möchten, und darauf beschaffter Kontumazierung der Betreffenden die Pergamenturkunden vor Notar und Zeugen durch den Bischof Nikolaus von Schleswig am 10. Oktober dess. J. transsumieren. Dieser Transsumpt enthält: 1. den Friedensschluß vom J. 1323; 2. das Verteidigungsbündnis von 1283; 3. die Schenkungsakte des Bremer Erz= bischofs Gislebert von 1298 und 4. den Friedens= und Handelstraktat

it Graf Gerhards Söhnen von 1345. [142] Zugleich erinnerte sich auch
r Herzog der seinen nordfriesischen Unterthanen seitens der Ditmarscher
den Jahren 1406—1417 zugefügten Verluste und forderte Schadens=
iatz von diesen. Eine Kommission der Ditmarscher, an deren Spitze die
erkheren' von Wesselburen und Brunsbüttel standen, einigte sich auch
t J. 1447 auf dem Rathause zu Lübeck mit den Abgesandten des
erzogs, den Hamburger Tompropsten Joh. Middelmann und die Bürger=
eister und Ratmannen der Städte Lübeck und Hamburg zu Schiedsrichtern
wer ihre Streitigkeiten zu ernennen, und verpflichtete sich, dem Ausspruche
rselben sich ohne Widerrede zu unterwerfen. [143] In der weitläufigen
Klagschrift, welche auf dem Schlosse Segeberg unter dem 20. Juli 1447
rfaßt ist, [144] wird von dem Herzog zuerst die Verpflichtung der Dit=
arscher zur Heeresfolge geltend gemacht und der durch die Verweigerung
rselben verursachte Schaden auf 100 000 lötige Mark berechnet, wozu
ad) von dem letzten Kriege 50 000 Mark kommen; da ferner die Dit=
arscher verpflichtet seien, die Elbe, Treya (Treene), Eider und Sorka
den Kaufleuten und Schiffern von allem Hindernis frei zu halten,
während sie auf denselben Raub und Brand verübt hätten, so ist jenen,
en Mißbrauch des Seerindes eingerechnet, daraus ein Schade von 100 000
tigen Mark erwachsen; sodann werden die Verwüstungen der Ditmarscher
n Eiberstedtischen einzeln aufgeführt, so daß die ganze Schadenrechnung,
.uschließlich der von den Nordfriesen im J. 1417 bezahlten 30 000 Mark,
ie bedeutende Summe von 250 000 Mark beträgt. Dagegen machten
un die Ditmarscher ihre Gegenrechnung, namentlich wegen der Verwüstung
ares Landes durch den Grafen Albrecht und Herzog Gerhard in den J.
.402 und 1404, [145] wiesen auf ihre Freiheiten hin, indem sie die Hol=
teiner beschuldigten, schon lange darnach getrachtet zu haben, sie derselben
n berauben, und beschwerten sich namentlich über die Übergriffe seitens
des Herzogs betreffs der Zölle, welche gegen die ihnen ausdrücklich zuge=
icherten Freiheiten und Privilegien seien. Von solchen behauptete aber
ver Herzog garnichts zu wissen, vor allem aber nichts davon, daß sie
'aiserfrei seien. [146] Die Schiedsrichter waren nun nicht im stande, aus
en weitläufigen Akten sofort ein Urteil zu finden, und da überhaupt kein
Termin zur Eröffnung des Erkenntnisses bestimmt war, wurde die Sache
von einem Termin zum anderen verschoben. [147] Endlich am 22. April
1456 kam zu Itzehoe ein friedlicher Vergleich zu stande, *) und zwar
ohne Vermittler, indem die Ditmarscher sich entschlossen, dem Herzog eine
Summe Geldes zu bezahlen, die alten Verträge wurden erneuert, die
Ditmarscher verpflichteten sich, weder selbst jemals Feinde des Herzogs
sein, noch solche in ihrem Lande aufnehmen zu wollen. Ebenso versicherte
der Herzog, daß alle an sie gemachten Schadenersatzforderungen fortan
getilgt sein sollten, und bestätigt alle Privilegien, auch in betreff der Zölle.
Sollte künftighin wieder Streit zwischen den Holsteinern und Ditmarschern

---

*) Untersiegelt ist die Urkunde von 20 Kirchspielen, zu den 19, welche im J.
1409 das Bündnis mit König Erich unterzeichnet haben, ist Barlt hinzugekommen.

entstehen, so soll derselbe nach alter Weise durch ein Schiedsgericht von 8 Holsteinern und 8 Ditmarschern entschieden werden.[448] Auch Christian I., Graf zu Oldenburg und Delmenhorst, seit 1448 König von Dänemark, ließ sich in den Vertrag einschließen und sein Siegel an die Urkunde hängen. Damit war die volle Unabhängigkeit Ditmarschens noch einmal von dem schauenburgischen Fürstenhause feierlich anerkannt worden.[449]

## II.
### Händel der Ditmarscher mit König Christian I.

Am 4. Dezember 1459 starb Herzog Adolf, mit ihm erlosch das Geschlecht Gerhards des Großen. Über dreihundert Jahre hatte das Haus der Schauenburger mit Würde und Kraft über Holstein und später auch über Schleswig regiert, und die Ditmarscher hatten mehr als einmal ihre volle Kraft einsetzen müssen, um ihre Unabhängigkeit gegen die von den Holsteinern geltend gemachten Ansprüche zu wahren. Jetzt bei dem Aus= sterben des Hauses schien dieselbe durch den Verzicht, dem der Erbe Adolfs, Christian I., König von Dänemark, förmlich beigetreten war, keiner Gefahr von dieser Seite ausgesetzt. An Reibereien ließen es die Ditmarscher freilich nicht fehlen. So hatten zwei derselben, Jebe Junges Claws und Johann Sül,[450] im Jahre 1460 Streitigkeiten mit einem holsteinischen Edelmann Heinrich v. Reventlow, der Hauptmann auf der Tilenburg gewesen zu sein scheint, über eine an der Grenze liegende Wiese. Als die Ditmarscher dieselbe abmähten, wollte der v. Reventlow sie dabei stören, ward aber von ihnen erschlagen und sein Leichnam in Stücke gehauen, seine Leute entflohen. Da ward natürlich vor dem Landesherrn König Christian Klage geführt, die Ditmarscher forderten aber gerichtliche Unter= suchung und boten für den Fall, daß sie im Unrecht befunden würden, vollen Schadenersatz, und so wurde, nachdem zu Schwabstedt und in Husum verhandelt worden war,[451] schließlich die Sache dahin in Güte beigelegt, daß die Thäter zur Zahlung von 200 Mark und 5 Sarboken*) verurteilt wurden. Damit war diesmal der Friede wiederhergestellt.[452]

Schlimmer lief für die Beteiligten eine andere Gewaltthat ab, welche von Ditmarschern im Eiderstedtischen verübt wurde. Am 2. August 1461 überfielen zehn Ditmarscher, unter diesen Poppen Swyn mit seinem jüngsten Bruder Thede, den seit 1446 als Staller in Eiderstedt fungierenden John Johnsen, als er um Mittag von Tating, wo er eine Gerichtssitzung ab= gehalten hatte, nach Garding zurückkehrte.[453] Während Johnsens Knechte mit den Pferden im Stalle beschäftigt waren, ward er erschlagen, einer seiner Leute verwundet. Die Mörder suchten allerdings, über die Eider zu entkommen, wurden aber eingeholt, sie flüchteten sich in die Kirche zu Vollerwiek, und es glückte ihnen noch, dieselbe zu verschließen. Hierauf wurden aber alle Ausgänge von den Eiderstedtern, welche wohl hundert

---

*) Sarboken, Sartuch, ein grobes halb wollenes, halb leinenes Zeug.

der Zahl zusammengeströmt waren, mit Balken und starken Bohlen
ammelt und die Nacht hindurch bewacht. Am andern Morgen ver=
teu fie, die Kirche zu stürmen, wobei ein Mann erschossen wurde;
ich gelang es, mit einer großen Ramme die Südertür zu sprengen,
: Swyn hatte sich mit den Seinigen auf den Boden geflüchtet, von
aus fie sich mit Steinen so tapfer wehrten, daß die in die Kirche
gedrungenen sich wieder zurückziehen mußten. In der nächstfolgenden
ht brachten diese aber trocknes Reth und Holz in die Kirche und be=
ngten es mit Pech und Teer, um Feuer anzulegen. Inzwischen kam
) von allen Seiten Hülfe, Clas Ratlow mit 20 Reitern, auch die
mnschaft von Everschop sammelte sich nordwärts der Kirche, während
h auf der ditmarschen Seite der Eider Grote Holm, von dessen
unden sich mehrere unter den Eingeschlossenen befanden, Mannschaften
ammenzog. Als aber Swyn am Morgen die Vorkehrungen zum Aus=
nnen der Kirche gewahr wurde, ergab er sich mit seinen Genossen in
Gnade und Ungnade der königlichen Räte und der drei Landschaften
) erklärte sich bereit, die verlangte Buße zu zahlen. Clas Ratlow
te ihnen auch gut für ihr Leben, sie wurden gebunden und mußten
nach Johnsens Hofe neben den Pferden herlaufen, ihre Waffen wurden
einem Wagen nachgeführt. Darauf wurden sie gefesselt auf drei
igen nach Gottorp transportiert und in einen Turm geworfen, in
lchem sie 18 Wochen lang gefangen saßen. Endlich am 30. November
u König Christian nach Schleswig und hielt mit seinen Räten und den
drei Landschaften auf dem Rathause Gericht über die Missethäter.
e wurden sämtlich zum Tode durch das Schwert verurteilt, an neun
s Urteil auch vollstreckt, der König hatte sie erst sämtlich zum Tode
rch das Rad verurteilen wollen. „John,“ sagt der Eiderstedter Chronist,
var unschuldig erschlagen worden, er hielt alle unsere Lande in so gutem
ieden und Recht, daß niemals in den drei Landen des Friedens und
s Rechtes gleich gewesen ist.“ Ist aber der Verlauf des Prozesses
rklich der Art gewesen, so war es jedenfalls eine flagrante Verletzung
s Vertrages von 1456 seitens des Königs, denn in demselben war aus=
rücklich bestimmt worden, daß solche Fälle durch ein aus 8 Ditmarschern
id 8 Eiderstedtern bestehendes Schiedsgericht ihre Erledigung finden sollten.

Auch mit den Stadern gerieten die Ditmarscher in dieser Zeit
459) in Streit, welcher sogar größere Dimensionen anzunehmen drohte.
ie es scheint, hatte im Jahr 1453 ein ditmarsischer Landeseingesessener
it Namen Nikolaus Reppyn das Land verlassen, war nach Stade ge=
gen und dort Bürger geworden. [454] Es müssen darüber Mißhelligkeiten
vischen ihm und dem Lande entstanden sein, denn wenn sich auch Reppyn
cht nach der heillosen Sitte der Zeit ausdrücklich für einen Landesfeind
klärt hatte, klagten die Ditmarscher doch über beträchtlichen Schaden,
n er ihnen zugefügt habe, und beschuldigten den Stader Rat geradezu
r Unterstützung des Freblers, ja es kam sogar soweit, daß die Stader
u ditmarsches Schiff auf dem Elbstrom bei Briborch im Kehdinger
inde mit allen Gütern (der Schade wurde auf 300 Gulden geschätzt)

wegnahmen und eine Anzahl Ditmarscher, welche wegen Rückgabe des
Schiffes mit dem Rate verhandeln wollten, gefangen setzten und um
50 Mark lübsch büßten. Die Ditmarscher werden nunmehr jedenfalls
Repressalien und zwar nicht glimpflicher Art ergriffen haben, denn Reppyn
wandte sich sogar an das kaiserliche Kammergericht und erwirkte unter
dem 3. Sept. 1459 ein Erkenntnis, durch welches die Ditmarscher nicht
nur zum Ersatz des durch sie verursachten Schadens, sondern auch zur
Erstattung der Kosten verurteilt wurden und zwar bei einer Pön von
1000 Mark lötigen Goldes. Zugleich wurde der Erzbischof Gerhard III.
von Bremen aufgefordert, die Sentenz zu vollstrecken; dieser erließ deshalb
unter dem 4. November ein Schreiben an die Ditmarscher. Es erfolgten
längere Verhandlungen, in welchen diese den kaiserlichen Brief sogar für
gefälscht erklärten, bis man sich endlich dahin einigte, die Lübecker und
Hamburger zu Schiedsrichtern zu ernennen, und so kam es denn am
16. Juli 1462 zu einer Einigung. [455]

König Christian hatte indes viel mit den Angelegenheiten der
nordischen Reiche und der Aufrechterhaltung der Union zu thun und sah
sich deshalb, als er zu einem neuen Zuge gegen Schweden rüstete, veranlaßt, seinem Bruder Gerhard, Grafen von Oldenburg, die Regierung
über die Herzogtümer zu übergeben. Gerhard war ein unruhiger Charakter,
streitsüchtig und deshalb ein gefährlicher Nachbar der Hansestädte. [456]
Als er sich daher in den Besitz der wichtigsten holsteinischen Schlösser,
unter anderen auch Haneraus und der Tilenburg gesetzt hatte, scheint den
Ditmarschern die Sache bedenklich geworden zu sein. So begaben sich
denn i. J. 1468 dreißig ditmarsische Männer als Abgesandte des Landes
nach Lübeck und schlossen am 23. November mit den Bürgermeistern und
Ratmannen der Stadt eine Vereinbarung dahin ab, [457] daß beide Teile
bei drohender Kriegsgefahr zuerst durch einen Versuch gütlicher Vermittlung, sodann, wenn diese ohne Erfolg bliebe, durch thätige Hülfe einander
beistehen sollten. Die Zahl der gegenseitig zu stellenden Truppen soll erst
dann festgesetzt werden, doch wird schon jetzt bestimmt, daß ein gewappneter
Mann zu Pferde gegen zwei Geharnischte zu Fuß gerechnet werden, die
Zehrung der Hülfsvölker auf dem Hin- und Hermarsche von dem ab-
schickenden, an Ort und Stelle von dem brauchenden Teile, im feindlichen
Lande von beiden bezahlt werden, die gemeinschaftlichen Eroberungen gemeinschaftlicher Besitz sein sollen. Die Vereinbarung wurde auf 10 Jahre
abgeschlossen, nach Verlauf von 4 Jahren will man aber wieder zusammenkommen, wenn Gebrechen vorhanden sind, dieselben abthun und darüber
beraten, ob eine Fortsetzung des Bündnisses wünschenswert sei.

Graf Gerhard geriet bald mit der schleswig-holsteinischen Ritterschaft in Streit, und da der König anderweitig in Anspruch genommen
war, traten am 2. Mai 1469 am Vollratsbach in der Nähe von Kiel
140 Ritter und Knappen zu einem Bunde zusammen, um sich gegen
Gewalt und Unrecht mit eigenen Kräften zu schützen. Auch an Lübeck
wandte sich die Ritterschaft um Hülfe, vor allem schlossen sie aber am
8. Juli mit den Ditmarschern zu Lübeck ein Bündnis dahin ab, daß bei

tstandenem Kriegsfall beide Teile auf Lübecker Gebiet zusammenkommen
und die von dem gefährdeten Teile mit den Lübeckern vereinbarte Hülfe
unweigerlich leisten wollen; ist der Überfall so plötzlich geschehen, daß dies
unmöglich ist, dann sollen die Lübecker den nicht bedrohten Teil zur
Hülfeleistung auffordern.

Das Bündnis war offenbar gegen die Autorität des Landesherrn
richtet, Gerhard fühlte sich aber diesem Vorgehen gegenüber jedenfalls
nicht stark genug und nahm deshalb die Vermittlung seines Bruders in
Anspruch. So begannen denn im J. 1470 Verhandlungen zwischen dem
dänischen König und der holsteinischen Ritterschaft wie den Lübeckern, welche
noch zum Abschluß eines Friedens führten. Da aber Graf Gerhard sich
hartnäckig weigerte, weitere Zugeständnisse zu machen, nahm man seine
Zuflucht zu gewaltsamen Maßregeln, er wurde gefangen genommen und
zur Verzichtleistung auf alle seine Ansprüche gezwungen, mußte Urfehde
schwören und verließ das Land im Herbst 1471. Den Ditmarschern
bestätigte aber der König am 20. Oktober d. J. „um der besonderen
Wohlthat willen, die die ehrsamen Vögte u. s. w. ihm bewiesen hätten
und fortan beweisen würden", alle Freiheiten und Privilegien, die ihnen
von seinen Vorfahren, den Herzögen von Schleswig und den Grafen von
Holstein, verliehen worden seien, und erkannte an demselben Tage das
Bündnis derselben mit der Ritterschaft, ohne den Inhalt desselben zu
nennen, mit der Maßgabe an, daß wenn etwas in demselben enthalten
sei, dessen er sich nicht versehen, was aber seiner Landeshoheit zuwider-
laufe, solches am Sonntag Jubilate künftigen Jahres abgeändert werden
sollte. [458]

Aber schon im Jahre 1472 brach, hervorgerufen durch Steueraufla-
gen wegen des Krieges, den König Christian in Schweden führen mußte,
in Nordfriesland ein Aufstand aus, und Graf Gerhard landete herbei-
gerufen im September mit einigen hundert Mann und belagerte das feste
Schloß Schwabstedt. Die Lübecker, schon vorher von dem Vorhaben der
Nordfriesen unterrichtet, mahnten die Ditmarscher, ihrem mit dem Könige
abgeschlossenen Vertrage gemäß dem Grafen den Durchzug durch ihr Land
zu verweigern, wenn er beabsichtige, Holstein anzugreifen, und so erließen
diese am 25. April 1472 [459] ein Schreiben an die Lübecker, daß sie
willens seien, unverbrüchlich an dem Bündnis festzuhalten. Auch die
Eiderstedter blieben dem König getreu, [460] und so gelang es diesem, mit
Hülfe der Lübecker und Hamburger den Aufstand bald zu dämpfen, Graf
Gerhard machte sich eilends aus dem Staube. König Christian zeigte
sich aber nunmehr offenbar bemüht, seine Herrschaft auf alle Weise zu
sichern, und so liegen denn nicht weniger als drei Urkunden von Verträgen vor, welche er in der Zeit vom 22. bis zum 29. März 1473
mit den Ditmarschern geschlossen hat. In der ersten dat. 22. März zu
Rendsburg [461] wird über die Schlichtung von Rechtshändeln zwischen den
beiderseitigen Landeseinwohnern festgesetzt, daß wenn ein Unterthan des
Königs wider einen Ditmarscher Klage habe, derselbe sich melden solle,
damit er an einem Sonnabend nach Heide geladen werden und sein Recht finden

könne nach bitmarsischem Rechte. Wenn aber ein Ditmarscher von einem Hol= steiner geschädigt ist, so soll er denselben belangen vor dem König und in dessen Abwesenheit vor dem Bischof von Schleswig, in Holstein oder Stormarn vor dem Bischof von Lübeck, und dann sollen diese die Sache entscheiden nach bitmarsischem Landrechte. Daneben soll aber das in früheren Ver= trägen festgesetzte Schiedsgericht von 8 Ditmarschern und 8 aus dem Herzog= tum oder der Grafschaft bestehen bleiben, und diese sollen jährlich zweimal zusammenkommen, acht Tage vor Johannis zu Husum, um die Sachen aus dem Herzogtum Schleswig zu richten, und acht Tage vor Jakobi zu Itze= hoe um der Sachen aus Holstein und Stormarn willen. Sobann folgt eine ins einzelne gehende Bußtare für die verschiedenen Verwundungen, im ganzen konform den Bestimmungen des bitmarsischen Landrechtes (I. § 93 bis 97 und II. Art. 55—57), nur bei Verlust der Nase oder der Sprache bei innerer Verwundung im Munde wird die Buße von 50 auf 80 Mark erhöht. Es könnte auffallend erscheinen, daß in diesem Vertrage für beide Parteien das Ditmarscher Landrecht als maßgebend hingestellt wird, aber schon Michelsen hat darauf hingewiesen, [102] daß dies darin seinen Grund haben müsse, daß es einerseits für das gesamte politisch vereinigte Schles= wig-Holstein keine solche feste, ins einzelne gehende Bußtare gab, anderer= seits die Bußsätze des bitmarsischen Rechtes höher waren als die in Hol= stein und Schleswig geltenden.

Sobann bestätigte König Christian am folgenden Tage, dem 23. März, [103] „aus besonderer Gunst und Gnade und um mancherlei „Gunst und guten Willen, welchen die frommen Leute, Vögte u. s. w. „des Landes Ditmarschen ihm erwiesen haben," und welche er von ihnen künftighin noch erwartet, alle Verträge, welche Heinrich, Adolf und Ger= hard, Herzöge von Schleswig und Grafen von Holstein, im J. 1422 mit ihnen abgeschlossen haben, und erneuerte die alten Privilegien in betreff der Zollfreiheit der Ditmarscher in dem holsteinischen Lande.

(Endlich am 29. März [104] schloß er mit ihnen auf dem Schlosse Gottorp, „dem gemeinen Besten zu gute, unrechter Gewalt und Überfall zum Widerstande" ein förmliches Schutz= und Trutzbündnis, dessen einzelne Bestimmungen mit dem zwischen der schleswig-holsteinischen Ritterschaft und den Ditmarschern abgeschlossenen Bündnis übereinstimmen, selbst darin, daß über die Zahl der gegenseitig zu stellenden Hülfsvölker die Lübecker die Entscheidung haben sollen.

Und doch sollte sich nur zu bald zeigen, daß trotz aller wiederholten Verträge und Zusicherungen die freundliche Gesinnung des Königs gegen die Ditmarscher eitel Schein und Heuchelei war. Ihm als König war es ein unerträglicher Gedanke, daß neben, ja fast in seinen Staaten ein kleines Bauernvolk existieren sollte, welches ihm den Gehorsam verweigerte, auf seine Freiheiten und Privilegien pochte und ihm zu Zeiten sogar ge= fährlich werden konnte. Stand doch Ditmarschen damals auf dem Gipfel seiner politischen Bedeutung, wo es, mit den Lübeckern verbündet, dem Widerstand der schleswig-holsteinischen Ritterschaft gegen ihren Landesherrn Unterstützung geliehen und den König selbst zu immer neuen Verbriefungen

ilten, seinen Vorfahren entrungenen Zugeständnisse widerwillig gezwungen
e. Von der Landeshoheit des Bremer Erzbischofs über das Ditmarscher
d war fast keine Rede mehr, das hatte das selbständige Vorgehen seiner
)ohner in den letzten Jahrzehnten zur Genüge bewiesen. Aber die
staatsgewalt zeigte sich gerade damals weniger als je einer solchen frei=
:ichen Entwicklung des Volksgeistes geneigt, die ihr als sträfliche Auf=
ung oder Beschränkung ihrer Machtvollkommenheit erschien. [465] Der
Jer, der mächtige Herzog Karl der Kühne von Burgund, der Branden=
Jer Kurfürst Albrecht Achilles (Neffe von Christians Gemahlin, er
> deshalb bisweilen auch sein Schwager genannt), alle diese trugen sich
:als mit Plänen, welche den Absichten König Christians betreffs Dit=
ischens und wohl ebenso Hamburgs und Lübecks begegneten. Der Frei=
der Schweizer und Friesen wie der fränkischen Städte drohte damals
nämliche Gefahr wie den Ditmarschern. Namentlich der Kurfürst Al=
bt Achilles war der energischeste Verfechter der fürstlichen Territorial=
eit, und die politischen Pläne König Christians fanden bei ihm den
chieeensten Rückhalt. Es scheint sogar mehr bei ihm als bei dem Könige
it der Gedanke entsprungen zu sein, den der letztere als nächstes Ziel
er Politik am kaiserlichen Hofe betrieb, die Erhebung Holstein=Stor=
:ns zum Herzogtum und die Einverleibung Ditmarschens in dasselbe.
> so gelang es dem Könige noch nicht einmal drei volle Monate nach
letzten feierlichen Bestätigung aller Freiheiten und Privilegien des
rdes, von dem Kaiser Friedrich III., "zu allen Zeiten Mehrer des
dics," einen Lehnsbrief dat. Augsburg den 26. Mai 1473 auszu=
ten, [466] in welchem derselbe das Land "Thetmarn" mit seinen Schlössern,
idten, Märkten u. s. w., wie es ihm und dem heiligen Reiche zu Lehen
ört und die Herzöge von Schleswig und Holstein von seinen Vorfahren
Reiche zu Lehen gehabt, aber in langen Zeiten nicht empfangen haben,
imehr als dem Römischen Kaiser und dem heiligen Reiche heimgefallenes
en dem Durchlauchtigsten Fürsten König Christian zu Dänemark ect.,
iem lieben Bruder, zum Lehen gnädiglich verleiht. Zwei Tage darauf
u 28. Mai) [467] erfolgte auch ein kaiserlicher Gebotsbrief an "alle
älaten, Herren, Mannen, Städte und Einwohner des Landes Dietmar,"
jüro zu ewigen Zeiten dem Könige von Dänemark und seinen Erben
t aller Unterthänigkeit getreu und gehorsam zu sein. Vor der Hand
en es freilich dem König nicht geraten, von diesen Urkunden wirklich
·brauch zu machen, der Gebotsbrief ist den Ditmarschern garnicht über=
·en worden. [468] Doch aufgeschoben war nicht aufgehoben.
    Am 8. Januar des folgenden Jahres unternahm König Christian,
e es hieß in folge eines Gelübdes, er wie sein ganzes Gefolge als
lger gekleidet, eine Wallfahrt nach Rom, mit derselben sollte eine Zu=
mmenkunft mit Kaiser Friedrich III., der damals in Rothenburg a. d.
uber verweilte, [469] verbunden werden. Am 9. Februar 1474 traf er
ch daselbst ein und verweilte einige Tage bei dem Kaiser, bei dem er
ie höchst ehrenvolle Aufnahme fand. In der Herberge desselben fand
ie lange Unterredung zwischen den beiden gekrönten Häuptern statt; wo=

rüber dabei verhandelt worden war, ward bald kund. Am 13. Februar [470] erließ Kaiser Friedrich ein Schreiben an die Einwohner des Landes „Diet= mars, so von uns und dem heiligen Reiche zu Lehen rüret," daß er dieses dem Lande und Herzogtum Holstein inkorporieret und dem Könige Christian verliehen habe, und befahl denselben, den König und Herzog von Holstein als ihren rechten, natürlichen Herrn und Landesfürsten zu halten und ihm treu und gehorsam zu sein. Sollte sich jemand ungehorsam gegen den kaiserlichen Erlaß zeigen, so wird er mit der schwersten Strafe kaiserlicher Ungnade und für jeden einzelnen Fall mit einer Geldbuße von 1000 Mark fein Gold bedroht, von der die eine Hälfte dem kaiserlichen Ärar, die andere dem geschädigten Teil zufallen soll. Ebenso verkündete der Kaiser am 14. Februar, dat. Rothenburg, [471] daß er aus eigener Entschließung unter Zustimmung der Kurfürsten die Grafschaften Holstein und Stor= marn vereinigt, denselben den „Distrikt Dietmarsen" einverleibt, das Ganze zu einem Herzogtum erhoben und den Titel eines Herzogs von Holstein dem König Christian und seinen Nachfolgern verliehen habe. Am folgen= den Tage, dem 15. Februar, fand die feierliche Belehnung statt. [472] Ist auch aus anderen Verhandlungen hinreichend bekannt, daß Kaiser Friedrich, ein mit geringen Herrschergaben ausgestatteter Fürst, selbst kleinlichen per= sönlichen und dynastischen Vorteilen die Ehre und Wohlfahrt des Reiches geopfert hat, so ist er in der dithmarsischen Angelegenheit durch König Christian offenbar getäuscht worden, der ihm das Land Ditmarschen als ein altes, jetzt nach dem Aussterben der Schauenburger an das Reich heim= gefallenes Lehen dargestellt hatte.

Daß die Ditmarscher sich nicht ohne weiteres den Befehlen des Kaisers unterwerfen würden, sah König Christian natürlich voraus, des= halb schrieb er noch von Rothenburg aus unter dem 20. Februar 1474 an den Kurfürsten Albrecht Achilles von Brandenburg: [473] da er von dem Kaiser mit dem Lande Ditmarschen belehnt worden sei, aber nicht zu er= warten stehe, daß dessen Bewohner sich leicht unter seine Herrschaft begeben würden, so möge derselbe einen kaiserlichen Gebotsbrief in der härtesten und besten Form erwirken, „darinne se an uns und unse Erven als eren „Erßheren van wegen kaiserlicher Macht und Gebodes worden gewiset," und mit diesem seinen Marschall Busso von Alvensleben nach Lübeck schicken, um zu erfahren, wie die Lübecker gesonnen seien. Dann solle er in Gemeinschaft mit Lübecker und Holsteiner Räten mit den Ditmarschern unterhandeln, ob sie willens seien, sich dem kaiserlichen Befehle zu unter= werfen oder nicht, damit er (der König) nach seiner Rückkehr weitere Maß= regeln ergreifen könne. Busso von Alvensleben erhielt auch am 23. März von Nürnberg aus seitens des Kaisers Befehl, den Ditmarschern den kaiser= lichen Gebotsbrief zu überbringen, ein gleiches Schreiben erging auch an die Lübecker. [474] Diese letzteren waren aber schon vorher von dem ganzen Vorfall unterrichtet worden, denn an dem kaiserlichen Hofe befand sich damals ein in staatsmännischen Geschäften sehr bewanderter Lübecker Ge= sandter Dr. Günther Milwitz, der sonst an dem Hofe des Erzbischofs von Mainz gelebt zu haben scheint. Derselbe hatte sich durch einen Schreiber

hannes Walbener, der ihn in die kaiserlichen Briefe einen Blick thun
:, Kunde von der Errichtung des neuen Herzogtums und der Einver=
ung Ditmarschens in dasselbe zu verschaffen gewußt und berichtete am
. März 1474 darüber an den Rat seiner Stadt, [475] forderte denselben
h auf, demjenigen, der ihm den ganzen Handel verraten habe, dafür
einem guten Marderpelze zu belohnen. Herr v. Alvensleben hatte
inzwischen nach Holstein begeben, auf Verlangen der dortigen Räte so=
ın in Lübeck den kaiserlichen Brief überreicht und nach längeren Ver=
ıblungen wirklich erlangt, daß der Rat der Stadt Lübeck sich bereit er=
:te, den Ditmarschern von dem Geschehenen Mitteilung zu machen und
zu einer Versammlung zu Neumünster auf den 28. April l. J. ein=
aben. Aber die Ditmarscher erschienen nicht auf der anberaumten Tag=
rt, wohl aber kam der Meldorfer Bürgermeister Peter Pollcke nach
ıeck mit einem Schreiben der Vögte cet., [476] in welchem dieselben
Ausbleiben in Neumünster „von grotes verderwes wegen unnse
d Ditmarschen belangende" entschuldigen und erklären, sie würden
dann im stande sein, eine bestimmte Antwort abzugeben, wie sie
dem kaiserlichen Befehl gegenüber zu verhalten gedächten, wenn
mit ihrem Landesherrn, dem Erzbischof von Bremen, Rücksprache ge=
ımen hätten. Darauf erklärte Herr v. Alvensleben sich bereit, den
ı gewordenen Auftrag bei den Ditmarschern persönlich auszurichten, [477]
: sich aber durch die holsteinischen Räte wie den Bischof von Lübeck
on abbringen, indem dieselben, wie er seinem Herrn unter dem 7. Mai
it berichtet, [478] ihm vorstellten, er werde nimmer lebendig aus dem
ıde zurückkehren. Auch der Bischof Albrecht von Lübeck, König Christians
trauter Ratgeber, schrieb unter demselben Datum [479] an den Kurfürsten
recht Achilles über das Verhalten des v. Alvensleben: der Kaiser sei dringend,
König möge doch unter keinen Umständen die Sache mit den Dit=
richern übereilen, sondern vor allem erst ihre Verbündeten durch An=
hung schwerer Strafen ven ihnen zu trennen suchen, dann sei vielleicht
ısnung vorhanden, selbst ohne Schwertstreich Herr des Landes zu werden.
erließ denn auch Kaiser Friedrich am 22. Juni von Augsburg aus
Schreiben an die Lübecker, [480] in welchem er diesen, da die Ditmarscher
kaiserliche Gebot freventlich verachtet hätten, dem Kaiser und Reich
merklicher Schmach, unter Androhung einer Pön von 100 Mark
gen Goldes befiehlt, dem König Christian gegen die Ditmarscher mit
n Kräften beizustehen, keine Handelsverbindungen mit des Königs un=
orsamen Unterthanen zu unterhalten, noch jemandem zu gestatten, daß
selben durch ihr Gebiet Proviant zugeführt werde. Ähnliche Befehle
ingen an den Kurfürsten von Brandenburg, den König Kasimir von
.en, die Herzöge von Sachsen=Lauenburg, Pommern u. a. m. [481]
nther Milwitz schickt unter dem 27. Juli seiner Vaterstadt ein genaues
zeichnis aller ergangenen Gebotsbriefe, der Erzbischof von Bremen
ndet sich gleichfalls unter den Adressaten.

Inzwischen war König Christian auf seiner Rückreise von Rom
ſ einmal mit dem Kaiser in Augsburg zusammengekommen [482] und

hatte die Gelegenheit zur Erwirkung neuer Vergünstigungen benutzt, auch
der vom 22. Juni datierte Erlaß des Kaisers an die Lübecker wird wohl
in Anwesenheit des Königs geschrieben sein. Die Kurfürsten von Mainz
und Brandenburg gaben ihre Einwilligung (Willebriefe) [483] zu der vor-
genommenen Veränderung in den staatsrechtlichen Verhältnissen Holsteins
und Ditmarschens, und der Bischof von Lübeck ward ausdrücklich angewiesen, wie früher den holsteinischen Grafen, jetzt dem Könige von Dänemark als Herzog von Holstein wegen seiner Regalien den Huldigungseid
zu leisten. Außerdem ward aber zu Augsburg am 1. Juli ein förmliches
Bündnis zwischen dem Kaiser Friedrich und dem König abgeschlossen, in
welchem sie versprachen, sich gegenseitig beizustehen und nicht zu dulden,
daß die Unterthanen des einen den anderen schädigten. [484] Selbst der
Herzog Karl von Burgund, der doch gerade damals anderweitig in Anspruch
genommen war, konnte sich nicht enthalten, unter dem 25. Juli [485] an die
rectores und Eingesessenen des Landes Ditmarschen, „seine innigst geliebten
Freunde," wegen der Freundschaft und des Bündnisses, welches ihn mit dem
König Christian verknüpfe, die Mahnung ergehen zu lassen, sich dem kaiserlichen
Befehl nach dem Wortlaut der ihnen übergebenen Briefe zu unterwerfen, sonst
werde er sich genötigt sehen, besagtem Könige laut der zwischen ihnen bestehenden Verträge mit allen Kräften Hülfe zu leisten. Im August (vor Mariä
Himmelfahrt, dem 15. August) kam es denn wirklich zu einer Zusammenkunft des Bischofs von Lübeck mit ditmarsischen Abgesandten, und jener
forderte dieselben auf, dem kaiserlichen Befehl gemäß den König Christian
als ihren Herrn anzuerkennen; derselbe werde sich in allen Dingen gnädig
gegen sie erweisen. Aber die Ditmarscher wiesen darauf hin, daß sie schon
einen Herrn hätten, den Erzbischof von Bremen, und gedächten, auch unter
dessen Herrschaft zu bleiben, und ehe sie dieselbe verließen, wollten sie Leber
Gut und Leben daran setzen. Zuletzt erklärten sie, daß sie Gesandte an
den Kaiser abschicken würden, um ihn über die Verhältnisse Ditmarschens
aufzuklären und die Vergebung des Landes an den König rückgängig zu
machen. [486] Dies geschah denn auch, aber ohne Erfolg, denn (Reimer
Kock ad an. 1474) „se heben St. Johannes mit deme gulden munde
nicht mit." Ebenso schrieben die achtundvierzig Ratgeber an die Stadt
Lübeck, [487] wie ihnen von verschiedenen Seiten, namentlich unter Hin-
weisung auf die von dem Herzog von Burgund ausgegangene Drohung,
angeraten werde, sich zu unterwerfen, sie aber gedächten, Leib und Gut
daran zu setzen und lieber zu sterben, als die Freiheit ihres Landes preis-
zugeben, und baten deshalb die Stadt um Vermittlung bei dem Könige,
daß dieser sie in Frieden lassen möge. Die Lübecker schrieben auch an des
Kaisers Majestät, [488] es sei ihnen eine Erklärung der Ditmarscher zugegangen, daß sie zu der heiligen Kirche und dem Erzstift Bremen gehörten,
weshalb es nicht billig für sie sei, sich unter eine andere Herrschaft weisen
zu lassen; sie gedächten deshalb ihr Land mit Recht und Macht zu halten,
woraus viel Streit und Blutvergießen hervorgehen werde, sonderlich auch
der reichsfreien Stadt Lübeck zu unüberwindlichem Schaden und Verderb.
Deshalb erklären sich die Lübecker für fest davon überzeugt, daß, wenn

: Kaiser über den wahren Sachverhalt gründlich unterrichtet gewesen ire, die Gebotsbriefe weder an sie, noch an andere abgegangen sein irden, und bitten, von solchen abzusehen, wenigstens sie zu mieren.

Inzwischen war König Christian wieder in sein Land zurückgekehrt ie erste von ihm wieder im Lande ausgestellte Urkunde ist vom 24. August tiert aus Reinbeck), [489] hatte die Ritterschaft zu einer Versammlung sammenberufen und von ihr Hülfe gegen die Ditmarscher begehrt, [490] ir aber von derselben abschlägig beschieden worden. Am 17. September [491] ieß auch der Bischof Heinrich von Münster, damals Administrator des :mer Erzstiftes, ein Schreiben an die Ditmarscher, in welchem er diesen, er recht gut wisse, daß sie ihm und dem Stift zu Bremen mit Hul= zung in geistlichen und weltlichen Dingen zugethan und gehorsam seien, is ernstlichste befiehlt, wenn der König sie zu einer Zusammenkunft fsordere oder sonst Briefe an sie erlasse, sich nicht daran zu kehren; werde sie in ihren Rechten nicht verlassen, da er so fromme Unter= inen an ihnen habe. König Christian war seit dem 6. September zu egeberg anwesend, [492] und deshalb wurde, um in der Ditmarscher An= legenheit endlich weiter zu kommen, Peter Polenz vereidigt, um als ie von Buffo von Alvensleben und von Bürgermeister und Rat der tabt Lübeck — diese wagten es also doch nicht, offen für ihre Ver= nbeten einzutreten — sich zu den Ditmarschern zu begeben und ihnen, : zweimal geladen, und zwar das letzte Mal mit einem Geleitsbriefe 3 Königs, aber nicht erschienen waren, die kaiserlichen Gebotsbriefe zu erbringen. Am 24. September kam der Bote auch richtig in Heide , aber die Achtundvierziger und die Vögte waren nicht versammelt, auf 'rlangen begab er sich deshalb nach Meldorf, wohin jene zu einer Be= tung berufen wurden. Diese fand denn am 26. d. M. wirklich statt, r Abgesandte übergab die Briefe und ward mit dem Bescheid entlassen, : Antwort werde schriftlich durch einen Boten übermittelt werden. Die rsammelten Ditmarscher beschlossen aber, die Maßnahmen des Bremer ominfstrators nicht abzuwarten, sondern selbständig vorzugehen. Sie ßen daher durch den öffentlichen Notar Nikolaus Milck vor Zeugen im aufe des Bürgermeisters Polleke einen förmlichen Protest aufsetzen, in lchem namentlich sieben Punkte hervortreten, ohne daß sie als solche zeichnet sind: 1. daß das Land Ditmarschen schon seit undenklichen :iten unter der Hamburger und Bremer Kirche gestanden habe, und daß · deshalb (2.) bei jeder Neuwahl eines Erzbischofs 500 alte Mark bezahlen gewohnt seien. Ebenso setze derselbe (3.) fünf Vögte in ihrem nde als Richter ein, von denen (4.) jeder dem Erzbischof eine jährliche bgabe zu zahlen habe. Ferner (5.) sei das Land Ditmarschen niemals reichs= mittelbar gewesen und sei es auch jetzt nicht; es könne aber (6.) niemand Land ohne des Landesherrn Einwilligung einem anderen übertragen. Senn nun auch (7.) der Kaiser Herr der Welt sei, so habe er ·ch kein Recht über die Kirche. Deshalb appellieren die Vögte s. w., weil sie vor nicht zehn Tagen gerüchtsweise vernommen

11

hätten,[*]) daß sie durch Anordnung des Kaisers zu Unterthanen eines anderen Fürsten gemacht und mit einem Herzogtum Holstein vereinigt worden seien, an den Papst Sirtus IV., daß er das Bremer Erzstift und sie bei ihren angestammten Rechten schirmen möge. Das Schriftstück ist im ganzen geschickt abgefaßt und enthält alle wesentlichen Punkte in prägnanter Weise zusammengefaßt; ein Lächeln freilich kann man bei allen diesen Verhandlungen nicht unterdrücken, wenn man liest, als was für getreue und gehorsame Unterthanen des Bremer Erzstiftes die Ditmarscher sich mit einem Male zu gerieren verstehen. Um dieser Appellation den nötigen Nachdruck zu geben, vielleicht auch, weil man von neuen Schritten König Christians gehört hatte,[493] ward der Melborfer Bürgermeister zum Syndikus des ganzen Landes ernannt und wiederholte am 3. Oktober die Appellation an den Papst wider alles, was Busso von Alvensleben und die Lübecker Bürgermeister und Ratmannen als kaiserliche Exekutoren wider sie vornehmen würden, öffentlich in der Kirche von Lunden. Auf Veranlassung des Bremer Abministrators fand denn am 11. Oktober eine Zusammenkunft zu Hamburg statt, welche auch von Ditmarscher Abgesandten besucht wurde, und es wurde wenigstens ein Waffenstillstand bis zum Tage Philippi und Jakobi (1. Mai) des folgenden Jahres festgesetzt, die Sache also bilatorisch behandelt.[494] König Christian bestätigte dies Abkommen auch unter dem 22. Oktober zu Segeberg unter Vorbehalt seiner Rechte, freilich in etwas ironischer Weise, indem er, und zwar mit Recht, erklärte, er befinde sich ja mit den Ditmarschen weder im Kriege, noch in Fehde, sondern im vollen Frieden. Durch Abgesandte beider Parteien, welche am 22. August 1475 zu Lübeck zusammentraten, ward dieser Waffenstillstand auch bis zum 1. Mai künftigen Jahres verlängert, und den zu Hanerau eingerichtete Zoll den früher zu Recht bestehenden Verträgen gemäß von dem König wieder aufgehoben; übrigens bezeichnet sich derselbe in der Bestätigungsurkunde dieses neuen Vertrages, dat. 6. September zu Aarhus,[495] als Herzog zu Holstein, Stormarn und der Ditmarscher. Eine weitere Verlängerung des Waffenstillstandes, welche König Christian nunmehr dem Landrate der Herzogtümer ganz überlassen hatte, wurde am 21. Mai 1476[496] wieder bis zum 1. Mai des folgenden Jahres abgeschlossen. Die weltlichen und geistlichen Räte der Herzogtümer hielten es also für das Richtigste, den Frieden mit ihren westlichen Nachbarn nach Möglichkeit aufrecht zu erhalten.

Die Appellation der Ditmarscher war inzwischen wirklich nach Rom an den Papst gelangt, und der Abministrator von Bremen wie das Bremer Domkapitel hatten ähnliche Schritte bei dem päpstlichen Stuhle gethan, von letzterer Seite war auch geltend gemacht worden, daß die Ditmarscher, als zur Grafschaft Stabe gehörend, von den Kaisern Friedrich I. und Philipp an die Bremer Kirche geschenkt seien, und um die Bestätigung

---

[*]) Dies klingt allerdings unglaublich, wenn man bedenkt, daß die Lübecker bereits Ende März durch Günther Milwitz von der Inkorporation Ditmarschens in Kenntnis gesetzt worden sind.

ieſer Schenkung gebeten worden. Dies geſchah denn ſeitens des Papſtes
ſreits am 14. März 1476, [497] wobei zugleich die beſtehende Verfaſſung
Ditmarſchens, die Vögte wie die Achtundvierziger beſtätigt wurden, ſo weit
ſie die apoſtoliſchen Einrichtungen und die Rechte der Kirche nicht be=
nträchtigten; jeder, der dawider zu handeln verſuchen würde, wurde mit
m Zorn des allmächtigen Gottes und der heiligen Apoſtel Petrus und
ſaulus bedroht. König Chriſtian hatte natürlich von dieſen Verhand=
ungen Kunde erhalten, er ſchrieb deshalb am 29. September von Kopen=
agen aus an Kaiſer Friedrich und bat ihn, den Boten des Bremer Ad=
iniſtrators kein Gehör zu geben und ſeine Geſinnung nicht zu ändern. [498]
deshalb ſorgten die Ditmarſcher aber auch dafür, daß der Papſt noch
eitere Schritte that. Am 14. Oktober 1477 [499] erteilte derſelbe denn
ich dem Biſchof zu Verden, dem Propſt zu Lübeck und dem Scholaſtikus
riedel von Korbeke zu Breslau den Befehl, dem Erzbiſchof und dem
apitel zu Bremen wie den Vögten und Achtundvierzigern (maioribus
dicibus) der Ditmarſcher gegen jeden, der der päpſtlichen Bulle zuwider=
ındeln werde, mit kirchlicher Cenſur und anderen Rechtsmitteln beizuſtehen.

Übrigens zeigt ein Vorfall, welcher ſich im Jahre 1478 zutrug, [500]
ie auch die Ditmarſcher ihrerſeits bemüht waren, dem König jeden weiteren
ormand, gegen ſie klagbar zu werden, zu benehmen. In beſagtem Jahre
itten nämlich fünf Männer aus Lunden, wir wiſſen nicht, ob aus bloßer
aubſucht oder aus einem anderen Grunde, die Eider überſchritten, waren
Nordſtrand eingefallen und hatten den Paſtor in Hersbüll beraubt.
as nahmen ihre Landsleute aber ſehr übel, und um zu zeigen, wie ſehr
: bemüht ſeien, jeden feindlichen Einfall in des Königs Lande zu ver=
ndern, wurden die Räuber zum Tode verurteilt und drei Tage nach ver=
ter That in der Nähe von Lunden verbrannt. Ebenſo gelang es in
mielben Jahre den zu Itzehoe verſammelten Hamburger und Lübecker
äten, zwiſchen dem Biſchof Albrecht von Lübeck wie den holſteiniſchen
nappen Hinrich und Detlef von Ahlefeld, Abgeſandten der Königin
orothea, Chriſtians Gemahlin, und den Sendboten der Ditmarſcher über
e Zugehörigkeit eines an der Grenze der Tilenau im Kirchſpiel Telling=
:bt gelegenen Dorfes, Hashövede genannt, einen Vergleich zu ſtande zu
ingen. Daſelbſt ward zugleich ausgemacht, daß der zu Walpurgis ab=
uſende Waffenſtillſtand bis Philippi und Jakobitag 1480 verlängert
erden ſollte. [501]

König Chriſtian war übrigens weit davon entfernt, ſeine Abſichten
ıf Ditmarſchen aufzugeben. Ein Verſuch, den er machte, das Bremer
rzſtift gegen Zahlung von 24000 rheiniſchen Gulden zur Abtretung von
itmarſchen zu bewegen, mißlang, deshalb forderte er bei einer neuen Zu=
ımmenkunft, welche er am 12. Januar 1480 mit Hamburger und Lübecker
atsherren hatte, für Abtretung ſeiner Rechte auf Ditmarſchen für ſich
e einmalige Zahlung von 20000 rhein. Gulden und eine fernere jähr=
he Abgabe von 2000 Mark lübſch, welche auch ſeinen Erben bezahlt
erden ſollte, neben Beibehaltung des Titels eines Herzogs von Ditmarſchen
er 10000 Gulden ſofort und 400 Gulden jährlich für die Zeit ſeines

Lebens unter Vorbehalt aller Rechte.[502] Zur Erledigung des Streites sollte eine neue Zusammenkunft zu Rendsburg am Sonntag Reminiscere (27. Februar) abgehalten werden.[503] Diese kam auch wirklich zu stande, blieb aber in der Hauptsache natürlich wieder resultatlos.[504] Die Ditmarscher beriefen sich wieder auf ihre Unterthänigkeit unter dem Erzstift Bremen, während der König dies mit scharfen Worten zurückweisen ließ: dies sei seit langen Jahren ihr Schandbeckel gewesen, und unter diesem Scheine hätten sie innerhalb und außerhalb ihres Landes viel Mutwillen getrieben, deshalb sollten sie sich nur dem Willen des Kaisers unterwerfen, wenn nicht, werde der König sie dazu zwingen, möge es ihnen erträglich oder unerträglich sein. Dennoch kam es am 6. März zu einem Rezeß,[505] in welchem ein Schiedsgericht gewählt wurde, bestehend aus Albrecht, Bischof von Lübeck, Johann Clitzing, Dompropst zu Hamburg und den beiden anwesenden Ratsherrn aus Hamburg und Lübeck, und von diesen „overschebeslüden" wurde der König gebeten, die Sache bis Michaelis oder einen bis zwei Monate später auf sich beruhen zu lassen. Also ging man wieder auseinander, ohne einen nennenswerten Erfolg erreicht zu haben.

Die Ditmarscher ließen aber nicht nach, in ihrer Sache thätig zu sein, und es gelang ihnen endlich wirklich, den Kaiser von der Wahrheit ihres Rechtes zu überzeugen; am 30. Juni 1481[506] widerrief Kaiser Friedrich III., der sich übrigens um die Ausführung seiner Befehle wenig gekümmert hatte, die Belehnung König Christians mit Ditmarschen, indem es nie sein Wille gewesen sei, daß das Land dem Stift Bremen unbilligerweise entzogen werde, und untersagte dem König, dessen Unterthanen fernerhin zu belästigen. Wenn der König dagegen rechtliche Einrede zu haben glaube, so läßt er ihn auf den dreiundsechzigsten Tag, nachdem ihm das kaiserliche Edikt zugegangen, vor den nächsten Gerichtstag. Doch ehe solches dem Könige verkündet werden konnte, hatte dieser bereits das Zeitliche gesegnet (21. Mai), und so war wenigstens vor der Hand die dem Lande Ditmarschen drohende Gefahr beseitigt.

## III.
### König Johann und Herzog Friedrich von Holstein.

Christian I. hinterließ zwei Söhne, von denen ihm der ältere, Johann, nicht nur in den nordischen Reichen, sondern auch in der einen Hälfte der Herzogtümer folgte, während der jüngere, Herzog Friedrich, die andere erhielt. Der neue König und sein Bruder beachteten nun die obenerwähnte Citation vor das kaiserliche Gericht garnicht, und auch die Ditmarscher waren entweder gleichgültig in der Sache, oder sie scheuten auch die Kosten, so daß von ihrer Seite auch nichts geschah.[507] So konnte sich später keine der streitenden Parteien auf einen kaiserlichen Ausspruch berufen. Von dänischer Seite ward Ditmarschen in den nächsten Jahren auch nicht bedroht; die Unruhen in Norwegen, der mißliche Gang der Angelegenheiten in Schweden, welche schließlich durch einen förmlichen

rieg entſchieden werden mußten, endlich der Einfluß der verwitweten
önigin Dorothea hielten den König Johann eine Zeitlang davon zurück,
:ne vermeintlichen Anſprüche auf Ditmarſchen geltend zu machen.

Hatten die Ditmarſcher aber auf dieſe Weiſe eine Reihe von Jahren
uhe vor äußeren Feinden, ſo blieb es im Innern des Landes doch nicht
ıhig. Einmal brach am 16. Oktober (St. Gallus, deshalb die Gallen=
ıt genannt) 1483 eine gewaltige Flut über das Land herein, andrer=
ıts machte ihnen einer ihrer Landsleute genug zu ſchaffen, und bald
lgten andere deſſen ruchloſem Beiſpiele. Ein gewiſſer Rode Jeben
lasſ [504] (ein Jeben Claws gehörte mit zu den Abgeſandten des Landes
ıch Lübeck im J. 1468) glaubte von ſeinen Landsleuten beleidigt worden
ı ſein, und beſchloß deshalb im J. 1485 nach der im Lande beſtehenden
ıilloſen Unſitte, die ihm ſeiner Meinung nach zu teil gewordene Rechts=
·rweigerung an dem ganzen Lande zu rächen. Er verließ deshalb Dit=
arſchen, erklärte ſich zum offnen Feind deſſelben und ſuchte es in Ge=
einſchaft mit zehn anderen mit Raub und Plünderung heim. Da ver=
ınd ſich aber eine Anzahl von Eingeſeſſenen der Kirchſpiele Weſſelburen
ıb Lunden, und dieſen gelang es, die Freibeuter bei Barsfleth an der
:tör zu erwiſchen und niederzumachen. Sechs Jahre nachher ereignete ſich
ı ähnlicher Fall. Ein früherer Einwohner von Lunden namens Claus
ngel [505] glaubte ebenfalls, von ſeinen Landsleuten in ſeinem Rechte ſo
:kränkt zu ſein, daß er als offner Landesfeind auftrat, eine Schar ver=
egner Geſellen um ſich ſammelte und das Land durch Räubereien und
)ewaltthätigkeiten aller Art in Schrecken ſetzte. Seine Angriffe ſcheinen
ıach zu Waſſer geſchehen zu ſein; ſo ward in der Nacht vor dem 25. Juli
)runsbüttel von ihm überfallen, ausgeplündert und in Aſche gelegt. Des=
ılb ſetzten die Achtundvierziger einen Preis von 100 Mark auf Ent=
:ckung ſeines Aufenthaltes. Da fand ihn ein Büſumer Schiffer, welcher
:chollen nach Hamburg gebracht hatte, mit ſeinen Spießgeſellen in einem
ortigen Weinkeller und hörte, wie er dieſe mit der Verſicherung, daß ein gewiſſer
·las Markes zu Arkebek, einer der Achtundvierziger, übermorgen die Zeche
ezahlen ſolle, zum Trinken ermunterte. Sofort fuhr derſelbe die Elbe
iinunter nach St. Margareten und ließ dem Bedrohten die Sache durch
ınen Boten melden. Dieſer ſetzte ſich denn auch ſofort in Verteidigungs=
ıſtand, und als Claus Engel in einer hellen Mondnacht mit ſeiner Rotte
)irklich erſchien, wurde er ſo empfangen, daß von der ganzen Bande ein
inziger entkam, der aber auch bald aufgegriffen wurde. Ein paar Dit=
ıarſcher waren freilich auch geblieben, ein Teil der Bande war getötet,
·r Reſt mit Claus Engel ſelbſt erlitt zu Albersdorf den Feuertod.

Mit ihren Nachbarn lebten die Ditmarſcher fortan in gutem Frieden,
ie Vögte und Achtundvierziger vereinbarten am 7. Dezember 1488 mit
em König Johann und dem Herzog Friedrich einen Herrentag im Lande
ǫolſtein, um alle Zwiſtigkeiten beizulegen, welche noch von König Chriſtians
keiten her über die fürſtlichen „herrlicheiden, rechticheiden und horſamheiden"
ıit den Ditmarſchern vorhanden ſeien; über alles, was nicht geſchlichtet
verden könne, ſollte ein Schiedsgericht entſcheiden, deſſen Ausſpruch ſich

beibe Parteien unbebingt unterwerfen wollen. Ebenso schlossen zwei Tage
später (am 9. Dez.)[510] bie Vögte unb Achtunbvierziger, welche letztere
sich in ber betreffenben Urkunbe als „gesette vorwesere unb achtunbvertlich
rabgevere" bezeichnen, (ein Zeichen, baß sie bereits anfangen, sich als
Regenten bes Lanbes anzusehen)[511] mit ben Fürsten einen Vertrag, in
welchem ben Unterthanen berselben in Ditmarschen freies Geleit, zu Wasser
unb zu Lanbe sicher zu reisen, zu kaufen unb zu verkaufen, zugesichert
wirb, wie ben Ditmarscher Lanbeseingesessenen seitens ber Fürsten schon
früher zugesichert worben war. Die vereinbarte Versammlung fanb benn
auch am 22. August zu Itzehoe statt,[512] „en merklich grot bagh." Aller=
bings wurbe ein notarielles Instrument aufgesetzt, aber bie Hauptsache
blieb, wie auch nicht anbers zu erwarten stanb, wieber unentschieben. Eben=
sowenig Erfolg hatte ein Versuch bes Bremer Erzstiftes, burch ben Kaiser
selbst eine Entscheibung in ber Ditmarscher Angelegenheit herbeizuführen.
Am Freitag nach Invokavit (12. März) 1490[513] sanbten ber Kapellan,
ber Dompropst unb bas Kapitel ber bremischen Kirche ein Gesuch an ben
Kaiser, baß er bie Belehnung König Christians mit Ditmarschen nochmals
für ungültig erklären unb ben König Johann burch eine Citation cum
inhibitione vor bas kaiserliche Hofgericht berufen möchte, um baselbst sein
Recht gegen bie Bremer geltenb zu machen. Aber ber alte Kaiser scheint
auf bas Verlangen garnicht eingegangen zu sein.

Aber es war nur bie Ruhe vor Ausbruch eines Gewitters, bas
fühlten auch bie Ditmarscher recht gut, beshalb erneuerten sie am 29. Sep=
tember 1493[514] ihr altes Bünbnis mit ben Lübeckern, welche mit König
Johann auch wieber auf gespanntem Fuße lebten, auf zehn Jahre. Frei=
lich sollte es nur ein Desensivbünbnis sein, es wurbe ausbrücklich ausge=
macht, baß bie Lübecker nicht zur Hülfeleistung verpflichtet sein sollten,
wenn bie Ditmarscher außerhalb ihrer Lanbesgrenzen, „up jenne zybt ber
Aue," Krieg führten. Diesem Bünbnis trat benn auch am 20. Oktober
bie Stabt Lüneburg unb am 28. November Hamburg bei,[515] selbst ber
Kaiser Marimilian erklärte sich gegen ben bänischen König (Jan. 22.
1494).[516] Zum offnen Bruche kam es freilich vorläufig noch nicht,
kleinere Zerwürfnisse mit ben fürstlichen Nachbarn wurben gütlich beigelegt,
als ein Streit entbrannte, ber bem König Johann bie schon längst ge=
wünschte Veranlassung bot, seine feinbliche Gesinnung gegen bie Ditmarscher
offen zeigen zu können. Die nicht weit von ber bitmarsischen Küste ge=
legene kleine Insel Helgolanb, von altersher zu Norbfrieslanb gehörig, zu=
letzt burch König Christian I. zugleich mit mehreren Außenbeichslänbereien
an ber schleswigschen Westküste bem Schleswiger Domkapitel als Geschenk
übergeben,[517] hatte bamals burch ben Häringsfang, ber baselbst getrieben
wurbe, eine erhöhte Bebeutung erhalten. Deßhalb hatten bie benachbarten
Hanbelsstäbte Bremen, Hamburg unb Stabe Niederlassungen auf ber Insel
gegrünbet unb behaupteten, Helgolanb sei ein freies, unabhängiges Länbchen,
in welchem ihnen vermöge alten Herkommens mehr Rechte zustänben als
bem Herzog. Dieser machte aber sein Eigentumsrecht auf bie Insel geltenb,
legte ein befestigtes Zollhaus auf berselben an unb ließ, als es barüber

t den Kaufleuten zu Streitigkeiten kam und gütliche Verhandlungen zu
hts führten, die Packhäuser der Bremer Kaufleute in Brand steckten.
erüber erbittert, machten die Städte einen Angriff auf das herzogliche
·llhaus und legten es in Asche; auch die Ditmarscher beteiligten sich bei
sem Angriff. Deßhalb schickte der Herzog den Staller in Eiderstedt,
·en Nickelson, mit starker Mannschaft nach Helgoland, um die Insel den
tädtern und Ditmarschern wieder zu entreißen.⁵¹⁸ Dies gelang auch, und
30 Ditmarscher wie eine Anzahl Städter wurden als Gefangene nach
ottorp und anderen Schlössern geschickt. Dafür beschlossen die Ditmarscher
m sich zu rächen, fielen im Eiderstedtischen ein, plünderten das Land
ıb nahmen eine Anzahl Friesen gefangen, von denen sie Lösegelber er=
eßten; Ditmarscher wie Eiderstedter hielten längere Zeit nachher strenge
·ache an beiden Seiten des Flusses.

So hatten die Ditmarscher den Herzog aufs neue gereizt. Durch
crmittlung der Lübecker und Lüneburger kam allerdings am 9. Februar
199⁵¹⁹ zwischen dem Herzog und den Hamburgern ein Waffenstillstand
standе, welcher bis zum 1. Mai dauern sollte; die Gefangenen wurden
iberseits bis auf sechs, welche der Herzog als Geiseln zurückbehalten
ırste, in Freiheit gesetzt. Die Städte hätten auch die Ditmarscher gern
it den Fürsten versöhnt, aber diese Angelegenheit ward auf eine spätere
eit vertagt. Die Verhandlungen betreffs der Ditmarscher konnten aber
ıch zu keinem anderen Reiultate führen, denn Herzog Friedrich hatte schon
ır 9 Jahren mit seinem Bruder, dem König Johann, Vereinbarungen
·roffen, welche eine Aussöhnung seinerseits mit denselben unmög=
d machten;⁵²⁰ so war der Ausbruch der Feindseligkeiten nunmehr nur
och eine Frage der Zeit. Ein Versuch, die Lübecker von dem Bündnis
.it den Ditmarschern abzuziehen, welchen König Johann schon im Jahre
orher auf einem Landtag zu Segeberg gemacht hatte, war allerdings miß=
·ückt,⁵²¹ zwischen den Hamburgern und den Ditmarschern waren aber
uſs neue Zerwürfnisse ernstester Art eingetreten, so daß letztere nicht mehr
uf Unterstützung der Hamburger rechnen konnten, diese sich vielmehr ganz
ffen als Feinde der Ditmarscher bewiesen.

Nach dem im Jahre 1496 erfolgten Tode des Administrators
·einrich, der sich meistens in seinem Bistum Münster aufgehalten hatte,
·hne sich gerade viel um das Erzstift Bremen zu kümmern, hatten die
·remer einen neuen Erzbischof gewählt, „einen frommen, ehrlichen Mann,
·er nicht von Abel, sondern binnen Bremen geboren." Damit war aber
in Teil der abligen Domherren und etliche Fürsten, namentlich aber der
3raf von Oldenburg, der seinen Sohn auf den erzbischöflichen Thron er=
oben wissen wollte, nicht zufrieden. Deßhalb fiel er in den Bremer
·tiftslanden ein, eroberte das Butjadinger, Stader und Wurster Land,
·ährend Herzog Magnus, sein Verbündeter, das Land Hadeln einnahm.
·aselbst besaßen aber auch die Hamburger und Bremer etliche Dörfer
ınd feste Schlösser, und so kam ein Bündnis zwischen den Städten und
·em neuen Erzbischof zu stande, und das Land Hadeln ward von ihnen
·iedergewonnen. Auch die Ditmarscher hatten, wie sie behaupteten, auf

Ansuchen der Hamburger, 500 Mann „von den Besten im Lande" zu Hülfe geschickt. [522] Da erstach einer der Hamburger Knechte im Streit einen ditmarsischen Kriegsmann namens von der Lieth, während sie in Otterndorf lagen, und es entspann sich hierüber ein heftiger Wortwechsel zwischen den Hamburgern und Ditmarschern. Als nun beide Parteien in ihren Herbergen die Harnische abgelegt hatten und die Ditmarscher sich zur Mahlzeit begeben wollten, überfielen Hamburger Knechte die Wehrlosen und hieben einen großen Teil derselben — nach ditmarsischer Angabe 72 Mann — nieder und beraubten die Gefallenen, ohne daß die Hamburger, welche den Vorfall vom Kirchhof aus mit ansahen, im stande waren, dem zu wehren. Voll Entrüstung kehrten die Ditmarscher sofort über die Elbe zurück und berichteten ihren Landsleuten, wie sie für ihren treuen Beistand belohnt worden seien und überdies Hohn und Schmach hätten ertragen müssen. [523] Die Hamburger hielten allerdings, als sie nach Hause zurück= gekommen waren, Gericht über die Knechte, aber nur ein einziger ward zum Spießlaufen verurteilt, die anderen gingen frei aus. Unwillig darüber fingen die Ditmarscher wieder an, Hamburger Schiffe aufzubringen, und die alte Feindschaft zwischen ihnen und den Hamburgern war wieder in vollem Gange. Das sollten sie gar bald bitter genug empfinden.*)

## IV.
### Einfall des Königs Johann und des Herzogs Friedrich in Ditmarschen.

Dem König Johann schien nunmehr der rechte Augenblick gekommen, die von ihm längst gehegten Absichten auf Ditmarschen zu verwirklichen; die Händel mit Schweden hatten endlich einen für den König günstigen Ausgang genommen, im Jahre 1499 hatte er sich daselbst krönen lassen; die Königin=Mutter, welche immer zum Frieden geraten hatte, weilte seit mehreren Jahren nicht mehr unter den Lebenden, auf die Mitwirkung seines Bruders, der auf die Ditmarscher aufs äußerste erbittert war, konnte er mit Bestimmtheit rechnen. Deshalb berief er noch einmal die Ditmarscher zu einer Zusammenkunft nach Rendsburg und forderte von ihnen nicht nur eine jährliche Schatzung von 15 000 Mark und die Anerkennung seiner Landeshoheit wie der seines Bruders, sondern auch ihre Einwilligung zum Bau dreier fester Schlösser im Lande, zu Brunsbüttel, Meldorf und an einer geeigneten Stelle an der Eider. Natürlich wurden diese Forderungen von den Ditmarschern mit Entrüstung zurückgewiesen.**) Da sie aber

---

*) Die Ditmarscher behaupteten später den Hamburgern gegenüber geradezu, daß der König von Dänemark in dem Glauben, die Besten der Ditmarscher seien bei Otterndorf geblieben, damals seinen Einfall in Ditmarschen unternommen habe.
**) — — — Da repen be Ditmarschen averluth,
Dat schütt nu und nimmermehr,
Darum willen wi wagen Hals und Gut
Und willen dar all um sterven.
Ehe dat der König von Dänemark
So scholde unser schöne Land verderven!
so heißt es in einem alten Volksliede.

ihen, daß der König entschlossen sei, seinen Willen nötigenfalls mit Ge=
ialt durchzusetzen, riefen sie den Erzbischof, die Städte, ja selbst das Reich
m Hülfe an. Kaiser Marimilian erließ auch wirklich wenigstens ein ab=
iahnendes Schreiben an den König und den Herzog, schickte selbst einen
'oten, der den König von seinem Vorhaben abbringen sollte, fand aber
itürlich kein Gehör. Die Lübecker fingen allerdings an zu rüsten, be=
)ränkten sich aber schließlich auf die Defensive und verstärkten die Mauern
rer Stadt, wie sie bereits im J. 1477 das gewaltige Holstenthor erbaut
uen, ebenso die Hamburger. Letztere schädigten die Ditmarscher aber
inentlich dadurch, daß sie die fremden Söldnerscharen, von denen sie recht
it wußten, gegen wen sie bestimmt seien, ruhig mitten durch ihr Gebiet hin=
.rch nach Holstein ziehen ließen, obwohl sie dies mit Leichtigkeit hätten ver=
ndern können. Was den König Johann aber namentlich ermunterte, die Sache
:t den Ditmarschern eben jetzt zum Austrage zu bringen, war die sich bietende
elegenheit, eine weit und breit gefürchtete Söldnerschar werben zu können,
'lche der König schon in Schweden in seinen Diensten gehabt hatte, die
er jetzt Herzog Magnus geworben hatte, um sich an dem Erzbischof von
remen für eine erlittene Niederlage zu rächen, indem er aus dem Lande
weln hatte zurückweichen müssen. Um diese Kriegerschar nun für ihre
oecke verwenden zu können, vermittelten König Johann und Herzog
iedrich zwischen dem Erzbischof und dem Herzog und zogen dessen Truppen
Winter durch das Hamburger Land, am 28. Januar 1500 traten sie
den Sold der beiden Fürsten. Es war dies die sogenannte große oder
warze Garde, auch die sächsische genannt, bestehend aus allerlei Volk,
t größten Teil bildeten Teutsche, aber außerdem befanden sich darunter
anzosen, Schotten, Lombarden, ja sogar nach einigen Spanier und
auren. Ihr Bestehen wird von Molbech, da sie sich immer ergänzte
) erneuerte, fast auf ein Jahrhundert angegeben. Schon König Matthias
t Ungarn hatte sie 1464 in seinen Diensten gehabt, später finden wir
in den des Kaisers Marimilian, des Königs Johann in Schweden,
m hatte sie im Stift Utrecht gelegen, nun kam sie über die Elbe nach
lstein. Ihre Zahl wird verschieden angegeben von 3000—6000 Mann
Fuß,[524] sie stand unter dem Oberbefehl des Jürgen Slentz oder
:nitz, eines dentschen Adligen, gewöhnlich Junker Slentz genannt. Wo sie
nur zeigte, erschrak alles, so furchtbar war ihr Name, an dem der
f der Unüberwindlichkeit haftete, Rauben, Morden und Brennen be=
)nete ihren Weg in Feindesland. Der König hatte in Gemeinschaft mit
em Bruder schon vor ihrer Ankunft, in täglicher Erwartung der=
en, den Ditmarschern nach Kriegsgebrauch öffentlich Fehde ankündigen
en. Der Fehdebrief erregte bei diesen allerdings einigen Schrecken, und
der König sie noch einmal auffordern ließ, vor Beginn der Feind=
jkeiten sich freiwillig zu unterwerfen, wurden auch einzelne Stimmen
:, welche dazu rieten. Bald hatte sich aber die Stimmung des ganzen
des wieder gehoben, jeder Vorschlag zur Übergabe wurde aufs ent=
denste verworfen, nur ein Gedanke beseelte das ganze Volk, Widerstand
zum letzten Blutstropfen; namentlich die Frauen sollen es gewesen sein,

welche auf Verteidigung des Landes und der alten Unabhängigkeit bis zum
Äußersten gedrungen. Freilich mochte der Gedanke, in so geringer Anzahl
gegen eine so gewaltige Übermacht kämpfen zu müssen, manchen bedenklich
machen, aber fremde Mietstruppen heranzuziehen, dazu konnte man sich
doch nicht entschließen,\*) das Vertrauen zu ihnen fehlte, hatten die Vor=
fahren dies doch auch nicht gethan. So verließen sie sich denn auf ihre
kleine, aber tüchtige Mannschaft, auf die Natur ihres Landes und auf die
Hülfe des Allmächtigen, der dem Schwachen hilft. Zu ernster Buße,
Beichte und Abendmahl kamen sie in großer Menge, jung und alt, zu=
sammen, des Ernstes des Augenblicks sich wohl bewußt, und beteten zu
Gott und der Jungfrau Maria, der Patronin des Landes, daß sie den
schwächeren Teil in seiner gerechten Sache schirmen und schützen möchten.
Bolten erzählt, [525] daß durch die Vermittlung der Hansestädte, welche gleich
anfangs 1500 zu Stade eine Zusammenkunft gehalten und sich über die
Lage der Dinge beraten hatten, ein Waffenstillstand zwischen den Fürsten
und den Ditmarschern abgeschlossen worden sei. Dies ist aber im höchsten
Grade unwahrscheinlich, denn einmal erfolgte der Einfall des Königs schon
am 11. Februar, [526] es müßte also ein Bruch des Waffenstillstandes statt=
gefunden haben, wovon sonst nichts bekannt ist, was aber weder die Dit=
marscher, noch der König stillschweigend hingenommen haben würden, anderer=
seits wollte der letztere ja eben die Zeit des Frostes benutzen, um die ge=
fürchteten ditmarsischen Gräben leichter überwinden zu können. Seitens
der Fürsten wurde übrigens gerüstet, soviel sie vermochten; [527] außer der
sächsischen Garde wurden noch vier andere Hauptleute mit einzelnen Kom=
pagnieen in Sold genommen, die benachbarten Fürsten von Lauenburg,
Mecklenburg, Pommern, Braunschweig und Lüneburg sandten ihre Scharen,
zwei Grafen von Oldenburg, Söhne Gerhards, begleiteten persönlich ihre
Heerhaufen. Zwar hatte Kaiser Maximilian am 7. Januar in Lübeck
und anderen niedersächsischen Städten Verbote an alle Deutschen anschlagen
lassen, gegen die Ditmarscher Dienste zu nehmen, die Hoffnung auf reiche
Beute hatte aber größere Wirkung als der kaiserliche Befehl. Auch an
den Adel ihres Landes hatten sich die Fürsten gewandt, und auf einer
Versammlung zu Oldesloe die Zusage bereitwilliger Unterstützung von dem=
selben erlangt. Auch aus Dänemark zog König Johann Mannschaften
herbei, namentlich von der jütländischen Ritterschaft; daß die Nordfriesen
sich mit besonderem Eifer an dem Kriegszuge beteiligten, ist natürlich. So
zog sich denn ein gewaltiges Heer an der Grenze zusammen, (die Dit=
marscher schlugen die Größe desselben aber jedenfalls viel zu hoch, auf

---

\*) Die gleichzeitigen Aufzeichnungen im Lüneburger Bürgermeister=Book be=
richten, daß von dort aus dem ehrsamen Rat zu Lübeck am 2. Februar zu behuf
der Ditmarscher 1000 Mark, „wie die von Lübeck, Hamburg und Lüneburg den=
selben Ditmarschern noch verwandt sind" gesandt worden sind, ihre fremden Fuß=
knechte zu lohnen. Ebenso sandten die Lüneburger den Ditmarschern 4 eiserne Stein=
büchsen, eine Tonne Pulver, 2 Tonnen Pfeile und 25 gute Armbrüste, baten auch
die Lübecker, denselben in ihrem Namen 4 Tonnen Pulver zu schicken, die sie be=
zahlen wollten.

30: bis 40000 Mann, an), ein ungeheurer Troß von Wagen folgte, auf denen man die gehoffte Beute fortzubringen gedachte. Diesen hatten die Ditmarscher nur gegen 6000 Mann entgegenzustellen, aber sie verzagten nicht. Die Ostgrenze des Landes wurde preisgegeben, alles zog sich von der Geest in die Marsch zurück, um hinter der Hamme das Land zu vertheidigen. Das feindliche Heer blieb indes einige Tage an der Grenze stehen, man hoffte noch darauf, daß die Ditmarscher in Angst geraten und sich freiwillig unterwerfen würden, als aber nichts von dem geschah, ward die Grenze am 11. Februar, an einem Dienstag, überschritten; es war Frost, unter solchen Umständen glaubte man von Gräben und geöffneten Schleusen nichts fürchten zu müssen. Bei Albersdorf, welches von seinen Bewohnern verlassen war, wurde Halt gemacht, die Avantgarde rückte gegen Windbergen vor. Daselbst soll eine Anzahl von Bewohnern gleichsam dem König und seinen Verbündeten zu offnem Spott und Hohn noch eine große Hochzeit (wohl bloß ein Fest) mit Pfeifen und Trommeln gefeiert haben, als die ersten Feinde ankamen und der Festlichkeit ein rasches, der wohl nicht unerwartetes Ende bereiteten. Der Marsch des Feindes ging auf das damals noch vollständig unbefestigte Meldorf los; die Ditmarscher, wie auch die Friesen hatten eine entschiedene Abneigung gegen befestigte Plätze, sie gaben die Hauptstadt des Landes lieber dem Feinde preis, als daß sie dieselbe mit Wällen einschlossen, hinter denen sich ein eindrungener Feind lange hätte halten können, dann hätten ihnen auch alle sonstigen Vorteile ihres Landes wenig genützt. Die Kirchtürme und Kirchhöfe waren allerdings leichte Befestigungen im Lande, bei den Friesen waren auch solche geradezu untersagt. Die Ditmarscher hatten übrigens sicher den Angriff des Feindes an einer anderen Stelle, wohl da, wo die früheren Einfälle der Holsteiner erfolgt waren, erwartet, eine ernstliche Verteidigung der Stadt war garnicht ins Auge gefaßt worden. Im Lager des Königs befanden sich ein paar des Landes kundige Leute, diese führten das feindliche Heer auf Fußsteigen, welche großenteils unter Wasser standen, von Windbergen über Wolmersdorf nach Meldorf, welches sie also an der Südseite angriffen. Die Stadt ward sofort mit Sturm genommen, die meisten Einwohner waren geflüchtet, die zurückgebliebenen wurden von der wütenden Soldateska niedergehauen; unter den Umgekommenen befindet sich auch eine große Anzahl von Frauen, darunter die Witwe Jakob Rolleius.⁵²⁸ Der König ließ auf dem Turme der Meldorfer Kirche die dänische Fahne aushängen, der Sage nach die alte Danebrogsfahne mit Perlen und Edelsteinen verziert, er selbst nahm mit seinem Gefolge im Kloster Quartier.

Die Ditmarscher hatten sich inzwischen in der Marsch gesammelt, so hier fehlte es nicht an Vorschlägen, sich noch weiter nach Westen auf Eiderum, welches damals ja noch durch den Wartstrom von dem Festlande getrennt war, zurückzuziehen, den Abzug des feindlichen Heeres abzuwarten und demselben, wie es ja auch im J. 1404 geschehen war, erst auf dem Rückzuge zuzusetzen, indes waren dies doch nur vereinzelte Stimmen, die zu weitem größere Anzahl bestand auf energischem Widerstand. Freilich

fehlte es auch nicht an Verrätern. So erschien am Sonntag ein ange=
sehener Mann aus Heide, Karsten Holm, bei dem Könige, um sich zu
unterwerfen, und teilte ihm manches über den Weg nach Heide und die
Orte mit, an welchen die Ditmarscher sich sammelten; es wurde verab=
redet, daß der König am folgenden Tage bei ihm einkehren solle, und daß
er ihn von dort nach Lunden führen wolle.⁵²⁰

Der König hatte zwei Tage in Melдorf still gelegen in der be=
stimmten Erwartung, die Ditmarscher würden nach Einnahme der Haupt=
stadt des Landes mit Friedensvorschlägen kommen, als aber nichts davon
verlautete, wurde beschlossen, den Sonntag noch abzuwarten, dann aber
am Montag, dem 17. Februar, morgens von Melдorf aufzubrechen und
über Hemmingstedt auf Heide loszumarschieren und dann auch Lunden zu
nehmen. Deshalb wurden schon am Sonnabend mehrere landeskundige
Leute als Kundschafter ausgeschickt, um die Stimmung im Lande wie die
Stellungen der Ditmarscher zu erforschen. Aber die ausgesandten Spione
wurden aufgegriffen und von den ergrimmten Ditmarschern sofort nieder=
gehauen, nur einem Eiberstedter schenkten sie auf seine flehentlichen Bitten
das Leben auf die Zusage hin, daß er ihnen alles verkünden wolle, was
er von den Absichten des Feindes wisse. So erfuhren denn die Dit=
marscher zu ihrem Glücke, was die Fürsten vorhätten, und benutzten des=
halb auf Anraten des Wolf Isebrand oder Sibrand die ihnen gegebene
Frist, quer über den Weg, den das feindliche Heer ziehen mußte, eine
Schanze aufzuwerfen. In diese brachten sie eine Anzahl Feld=
stücke und besetzten sie mit ungefähr 400 Mann. Ein Mädchen aus
Hohenwöhrden, einem nicht weit von der Schanze entfernten Dorfe ge=
bürtig, ihren Namen hat die Geschichte nicht aufbewahrt,*) gelobte nach
dem Beispiel einer friesischen Jungfrau, welche ihren Landsleuten gegen
die große Garde als Bannerträgerin vorangegangen war, der Jungfrau
Maria ewige Jungfrauschaft und trug ihren Landsleuten ein Kruzifix
voran. Und hatten diese i. J. 1319 für den Fall glücklicher Errettung
von der Gewalt des Feindes die Erbauung eines Mönchsklosters gelobt,
so versprachen sie jetzt, ein Nonnenkloster zu bauen, wenn Gott sie aus
der furchtbaren Gefahr erretten werde. Weil sie aber der Aussage des
Friesen doch nicht so volles Vertrauen schenkten, hielten sie die weiter
westlich führenden Wege, namentlich den nach Wöhrden führenden, gleich=
falls besetzt.

Am Montage, den 17. Februar, brach der König von Melдorf
auf, von der Schanze wußte er nichts und war also keines Widerstandes,
namentlich nicht in so nächster Nähe, gewärtig. Es war plötzlich Tau=
wetter eingetreten, ein dunkler, stürmischer Tag mit Schneegestöber, der
Wind wehte scharf aus Nordwest. Der Feldmarschall Hans von Ahlefeld

---

*) Nach Carstens' bitmarsischer Kirchengeschichte war sie aus dem Wollers=
mannengeschlechte und zwar Olde Kampens Hans Tochter Else. Aber man weiß
ja, was man von Carstens' Glaubwürdigkeit in solchen Dingen zu halten hat, zu=
mal wenn nicht einmal Neocorus den Namen zu nennen im stande ist. Vgl. I.
p. 470.

nb manche andere holsteinische Adlige, welche die Beschaffenheit der Marsch=
wege, vor allem zur Winterszeit, wohl kennen mochten, rieten dringend
azu, wenigstens einen Tag noch stillzuliegen und lichteres und leiblicheres
Wetter abzuwarten. Aber Junker Slentz und die übrigen Offiziere der
Landsknechte trieben zum Abmarsch*) in der Hoffnung, daß das Wetter
ch bald aufklären werde, auch in der Meinung, die dunkle Luft werde
rade ihrem Vorhaben günstig sein, indem sie den Feind so leichter un=
rsehens überfallen könnten; außerdem war man seiner Sache sicher, daß
berhaupt kein Widerstand stattfinden werde. So ward der gute Rat
rachtet, und der König verließ Meldorf mit seiner ganzen Heeresmacht
nter mächtigem Schall der Trompeten und Abfeuern des kleinen und
oben Geschützes, um den Ditmarschern Schrecken einzujagen, und schlug
n Weg nach Heide ein. Das Fußvolk zog voran, erst die Landsknechte
r Garde, an ihrer Spitze Junker Slentz in goldglänzendem Harnisch.
ie Vordersten trugen Hürden von Flechtwerk und Faschinen, auch Bretter,
it denen sie über die Gräben zu kommen hofften. Dann folgten die
eiter in dichtem Gedränge, von solcher Siegeshoffnung erfüllt, daß sie,
m ihre Beute darauf zu bergen, Wagen und Schlitten in großer Anzahl
it sich führten, die so dicht hinter ihnen herfolgten, daß sie weder zu=
ckweichen, noch wenden konnten. Alles verließ sich namentlich auf die
arde und meinte, daß diese die Ditmarscher, wenn sie es wagen sollten,
nen entgegenzutreten, so zurückweisen werde, daß ihnen selbst der Sieg
nd die Beute ohne Mühe überlassen bleibe. Sie glaubten, das Land
on gewonnen zu haben. Der Weg aber, den das Heer zog, war schmal
nd eng, an beiden Seiten tiefe Gräben, welche gerade im vorigen Sommer
it großer Mühe und Arbeit, um eine bessere Entwässerung herzustellen,
sgeworfen worden waren. Wenn die Wege in der Marsch überhaupt
Winter, außer bei anhaltendem Frost, fast unpassierbar sind, indem
an fußtief in den schweren Kleiboden einsinkt, so machte damals das
sgeworfene, durch Regen und Schnee aufgeweichte Erdreich ein Vorwärts=
mmen fast unmöglich. Hierzu kam die Menge Menschen und Pferde,
d was das Furchtbarste war, durch die geöffnete Schleuse bei Ketelsbüttel
ömte allmählich das Flutwasser herein und bedeckte bald den Weg wie
auf beiden Seiten desselben liegenden Grundstücke, so daß die der
gend Unkundigen bald nicht mehr die Landstraße von den Gräben zu
terscheiden vermochten. Dazu anhaltendes Schneegestöber mit Regen
d Hagel untermischt — da erdröhnte plötzlich das Geschütz von der
hanze, welche sie noch garnicht gewahr geworden waren; die Wirkung
schon vorher auf den Weg gerichteten Geschütze war eine furchtbare.
r so gräßlich eingeengte Feind suchte zur Seite zu entkommen, legte

---

*) Reimer Kock ad an. 1500 erzählt davon abweichend, daß gerade der
ührer der Garde sich geweigert habe, am Montag („als am Seelentage") den
mpf zu beginnen, worauf der König aber zornig erwidert habe, der heiligen
der Seelentage würden wohl so viele kommen, daß sie niemals vor den Feind
llen würden; wollten sie nicht in Gottes Namen daran, so sollten sie es in des
fels Namen thun."

die Spieße über die Gräben und das Flechtwerk darüber, um auf das
feste Land zu gelangen, andere bildeten aus Brettern Brücken über die
Gräben. Aber woher die Möglichkeit nehmen, sich in Schlachtordnung
aufzustellen und einen ordentlichen Angriff zu versuchen? Da die Feinde
nicht im stande waren, von vorn etwas auszurichten, versuchten sie, die
Schanze zu umgehen und vom Rücken her anzugreifen. Da machten die
Ditmarscher aber einen Ausfall aus derselben, es werden namentlich die
Wakenhusener genannt, und die Feinde, matt und schon starr vor Nässe
und Kälte, vermochten nicht, dem Angriff zu widerstehen, sie warfen alles
von sich, Harnische, Schilde, selbst die Stiefeln, und suchten, sich durch
Springen über die Gräben zu retten. Die fürstliche Artillerie, welche
sich übrigens großenteils am Ende des Zuges befand, also garnicht zur
Verwendung kam, suchte die Schanze zu beschießen, aber die Munition
versagte bald den Dienst, einzelne Ditmarscher versuchten sogar, die Ge=
schütze umzuwerfen, büßten aber ihre Kühnheit mit dem Tode. War die
Garde erst mit dem Schlachtruf vorgedrungen: „Wahr bi, Buer, de
Garde kümmt!" *) so warfen sich die Ditmarscher jetzt mit verändertem
Schlachtrufe: „Wahr bi, Garde, de Buer de kümmt!" auf die fast wehr=
losen Feinde und drängten sie, wo Widerstand geleistet wurde, in die Gräben,
und wenn sie auch an zwei Stellen zurückgeworfen wurden, wo die Garde sich
gesammelt hatte, so dauerte es nicht lange, es lösten sich die Bande der Zucht, das
Fußvolk stürzte in wilder Flucht davon, namentlich als es den Fall ihres
Führers wahrnahm. Junker Slentz, ein hoher, unverzagter Held, hatte
tapfer gekämpft; wo es am heißesten herging, sah man ihn hoch zu Roß
in schwerer Rüstung, da trat ihm ein großer und starker Ditmarscher,
Reimer von Wimerstedt (Neocorus nennt ihn aus dem Kirchspiel Neuen=
kirchen), entgegen und durchbohrte seinen Harnisch mit so kräftigem Stoße
seines Spießes, daß die krumm gebogene Spitze darin hängen blieb.
Zwei andere kamen ihm zu Hülfe, sie rissen den Junker vom Pferde,
konnten ihm aber wegen seiner Rüstung nichts anhaben. Da setzte ihm
einer seine Hellebarde auf die Brust und sprang auf dieselbe, so daß er
ihn schließlich tötete; Mann und Roß wurden in den Graben gestürzt.
Nach Neocorus hat Junker Slentz einen Ditmarscher zum Zweikampf her=
ausgefordert und ist dann in ähnlicher Weise seinen Verlauf genommen.
Allmählich erhielten die Ditmarscher auch Verstärkung von Wöhrden und
von Hemmingstedt her und warfen sich mit frischen Kräften auf die Feinde,
die Niederlage wurde allgemein, ein großer Teil derjenigen, welche den
Schwertstreichen der Ditmarscher entronnen waren, fand seinen Tod in
den Fluten oder ward erdrückt und auf der Flucht zertreten. Nun kam
die Reihe auch an die Reiter. Vergebens hatten diese anfangs versucht,
dem Fußvolk zu Hülfe zu kommen; auf den Seiten von den Ditmarschern
angegriffen, vermochten auch sie nur kurze Zeit, Widerstand zu leisten, das

---

*) Der altberühmte Schlachtruf lebt noch heute im Munde des Volkes fort;
Verfasser hat ihn selbst in Meldorf auf der Straße aus dem Munde eines Bauer=
mädchens gehört, als dasselbe von einem jungen Burschen geneckt wurde.

ebränge war zu groß, vor ihnen das zurückgeworfene Fußvolk, hinter
nen die zusammengedrängte Masse des Wagentrosses, so wurden sie eine
here Beute der feindlichen Spieße. Anfangs suchten die Ditmarscher,
n die Verwirrung zu vermehren, nur die Pferde zu verwunden; „Schlagt
: Pferde und schont den Mann!" hieß es, bald aber kehrte der Ruf
h um: „Schont die Pferde und schlagt den Mann!" Die Verwirrung,
s Geichrei der Verwundeten und Sterbenden, das Toben der Pferde,
zu das Schneegestöber, der Pulverdampf, kaum konnte sich Freund und
ind noch unterscheiden. Nur von den Reitern, welche sich am Ende
s Zuges befunden hatten, glückte es den meisten, aus dem Gewühl der
zusammengefahrenen und zum teil umgestürzten Wagen heraus nach Melborf
entkommen. Unter denen, die sich hatten retten können, befanden sich
ch König Johann und Herzog Friedrich fast ohne zu wissen, wie.

Über die Lage des Schlachtfeldes ist schon viel hin und her ge-
rieben worden, mag dasselbe auch eine größere Ausdehnung gehabt haben,
mentlich als der Feind eine Umgehung der Schanze versuchte, so ist doch
r allem ein Punkt ins Auge zu fassen, der jedenfalls das Centrum des
unzen gebildet hat, nämlich die Lage der Schanze, welche die Ditmarscher
:r über die Landstraße gezogen hatten, auf welcher der Feind nach Nor-
n zog. Von der Schanze selbst ist natürlich nichts mehr vorhanden,
war ein unbedeutendes Werk, wie es in einer Nacht aufgeworfen werden
nnte, und ist ohne Zweifel bald darauf wieder eingeebnet worden, weil
die Landstraße sperrte; von Spuren derselben müssen wir also bei
stimmung ihrer Lage von vorn herein absehen. Der Feind wollte aus-
prochenermaßen nach Heide, wohin Karsten Holm den König eingeladen
te, und von da nach Lunden. Die alte Landstraße nach Heide ging
n Melborf über Epenwöhrden und die Dehling und teilte sich westlich
n Hemmingstedt, die eine Landstraße führte nach diesem Orte hin, indem
im rechten Winkel umbog, und nahm dann über Hohenheide dieselbe
htung wie jetzt die Chaussee, die andere führt noch heute in gerader
htung weiter nördlich, biegt dann da, wo die Landstraße von Wöhrden
dieselbe einmündet, erst östlich nach der Südspitze der Düne, auf welcher
Dorf Lieth liegt, um und führt dann wieder in nördlicher Richtung
st auf der Düne über Lohe und Nickelshof, welches sie etwas westlich
en läßt, in östlicher Richtung nach Heide. Die Ditmarscher mußten
dem König den Weg dorthin mit ihrer Schanze versperren wollen.
s Hauptkorps derselben befand sich in Wöhrden,[320] dort war beraten
den, ob sie sich weiter nach Westen in die Marsch zurückziehen sollten,
hin kam auch die Haupttrophäe, der Danebrog, nach der Schlacht, ob-
hl Hemmingstedt selbst schon längst eine Kirche hatte. In letzterem
e standen nur die Norderhamminger. Nachdem diese die Nachricht er-
en hatten, daß der Feind über Melborf heranrücke, hatten sie ihre
ere Stellung im Nordosten des Landes in der Norderhaumme oder an
Aubrücke aufgegeben und waren nach Hemmingstedt geeilt, man hat
n daraus einen Vorwurf machen wollen, als hätten sie sich absichtlich
Hintertreffen gehalten.

Von Wöhrden aber nach der Landstraße, welche von Melborf nach Norden führte, konnte man auf drei Wegen gelangen, und zwar mündete von Melborf an gerechnet:

1. der südlichste bei Epenwöhrden in die Melborfer Landstraße. Da= selbst kann aber die Schanze schon aus dem Grunde nicht gelegen haben, weil eine Überflutung daselbst kaum möglich gewesen wäre, wenn auch die Wasserverhältnisse in dieser Gegend, namentlich in den letzten Jahrzehnten, sich gewaltig verändert haben. Dieselbe hätte nur durch die Melborfer Schleuse erfolgen können, die aber damals nur einige hundert Schritt west= lich von Melborf lag. Auch würde die Entfernung von der Stadt für ein solches Heer viel zu gering gewesen sein, selbst angenommen, daß die Größe desselben von den Ditmarscher Chronisten viel zu hoch angegeben wird. Ebenso widerstreitet dies der Angabe des von Neocorus (I. 510) mitgeteilten Volksliedes:

„Ut Melborp, bree Stunden up den Dach,
Dre verendeel (drei Viertel) Weges, dar de Schlachtinge schach,“

obwohl der Spielerei mit der Dreizahl in dem Liede nicht allzuviel Gewicht beigelegt werden darf.

Der zweite Weg geht von der Wöhrdener Landstraße als Neben= weg bei dem jetzigen Hofe Kanzlei ab und mündete in die Melborfer Land= straße bei der Dehling ungefähr bei dem Dusenddüwelswarf. Das ist ja nun eben der Platz, der von der Tradition als das Schlachtfeld bezeichnet wird. In dem Volkslied bei Neocorus (I. 513) heißt es:

„Wowol de Name gruwlich lett,
Dusent=Düwelß=Warf de Stette heet,
Dar busse Mortt und Schlachtinge schach;“

und Neocorus sagt in seiner Beschreibung der Schlacht ausdrücklich (I. 483) daß der Ort eben „von dieser Victoria Dusendbüwelswarf genannt worden sei,“ und daß man noch vor wenig Jahren beim Reinigen der Gräben ein verrostetes eisernes Geschützrohr daselbst gefunden habe. Das Letztere ist nun sehr leicht möglich, beweist aber nicht, daß die Schlacht daselbst stattgefunden, da der Rückzug des königlichen Heeres natürlich diesen Weg genommen hat und dabei das Geschütz in den Graben gekommen sein kann. Ohne Zweifel unrichtig ist aber, daß, wie auch Cilicius zu glauben scheint, ⁶³¹ daß Dusendbüwelswarf die alte Schanze selbst ist, dazu ist die Erhöhung viel zu bedeutend und der Name selbst weist auf nichts anderes als auf eine alte Wurt hin. Was den Wasserzufluß anbetrifft, so liegt die ganze Gegend allerdings im ganzen tief und kann sich im Winter des Wassers schwer erwehren; durch Öffnung der Barßflether Schleuse war außerdem eine Überschwemmung leicht zu bewerkstelligen. Im Widerspruch steht wieder die allzugroße Nähe von Melborf; in einem (wohl gleichzeitigen) Volkslied heißt es von Wolf Ziebrand (Neocorus I. 520):

„He gaff dem Lande eine wise Lehr,
to Hemmingstedt, all vor de Doer,
legget ju ein luttik hir unter den Wall,
dat ju nemant hir scheten schall.“

as weist doch entschieden auf eine geringere Entfernung der Schanze von
:mmingstedt hin.

Der dritte Weg endlich, der von Wöhrden aus nach Osten führt,
indet etwas westlich von der Südspitze der Düne, auf welcher das Dorf
:th liegt, in die Landstraße, welche über Lieth, Lohe und Rickelshof nach
·ibe führt, während etwas südlich davon der Weg nach Hemmingstedt
biegt. [681] Daselbst muß die Schanze gelegen haben, und zwar an der
:elle, wo sich die Wege nach Hemmingstedt und Lieth trennen, so wurden
de durch die Schanze gesperrt. Dort ist auch die tiefste Stelle, welche
s Wasser aus dem Marschland südlich von Hemmingstedt nach Westen
·rt; der Wasserabfluß durchschneidet allerdings jetzt die Landstraße nach
:th etwas weiter nördlich, indes konnte die ganze Gegend durch Öffnung
· Schleuse bei Ketelsbüttel, wodurch zugleich die von der Geest ab=
:ßenden, gerade zu der Jahreszeit reichlicher strömenden Gewässer gestaut
·rben, zumal bei dem heftigen Nordwestwind, zur Flutzeit leicht unter
asser gesetzt werden. Dort floß in früheren Zeiten auch ein alter Eider=
om zwischen der Buttler und Ketelsbüttler Feldmark hindurch, der bei
· Ketelsbüttler Schleuse in die Nordsee mündete (wahrscheinlich der bei
n Einfall des Grafen Gerhard im Jahr 1319 erwähnte), also war
·e Überflutung daselbst leicht zu bewerkstelligen. So lag die Schanze
·o etwas westlich von Hemmingstedt und nicht viel weiter entfernt von
·n nördlich gelegenen Lieth, welches, und das ist ein neuer Beweis da=
:, daß die Schanze nur an diesem Punkte gelegen haben kann, gleich=
·ls als Schlachtort angegeben wird, und zwar von einem Zeitgenossen
·ob Boie, [682] dem Bruder des Wesselburners Nikolaus Boie, welcher
·n Jahr 1500 bemerkt, daß in demselben: regis Daniae garde et
·.nia gens cecidit in campo prope Lyt pagum derelictum. Auch
·hlachten späterer Zeiten führen doppelte Namen; die Schanze selbst hatte
·r Platz für 3—400 Mann, die anderen von Westen herangekommenen
·tmarscher können nur auf der Landstraße nach Lieth nördlich von der
·hanze gestanden haben, ehe sie am Kampfe teilnahmen, so ist die
·ppelte Benennung der Schlacht vollkommen erklärlich.

Drei Stunden hatte der Kampf gedauert, diese hatten genügt, das statt=
·e Heer des Feindes vollständig zu vernichten. Die Ditmarscher waren selbst
·wundert über den raschen Sieg und die zahllose Menge, die den Wahl=
·tz bedeckte; nach Ablauf des Wassers fand sich, daß die wenigsten er=
·agen waren, die meisten hatten unverwundet ihren Tod in den Fluten
·unden. Aber die Ditmarscher wollten ihren Sieg vollenden, sofort
·kten sie auf Meldorf los, ehe die Besatzung, welche daselbst zurück=
·assen worden war, verstärkt durch die Flüchtlinge sich verschanzen
·ne. Aber die Strandmannen,*) welche während der Schlacht von

---

*) Reimer Kock erzählt: Als der König kaum von dem Heere geritten, kam
Strandmann, 5000 Mann stark; wäre der eine Stunde früher gekommen, so
·re niemand oder nur wenige entkommen. — Ein von Joh. Russe im J. 1536
·ichtetes Lied (in einem handschriftlichen Auszuge von Joh. Reinboths Hand in
·Museumsbibliothek zu Meldorf erhalten) enthält die Strophe:

Süden angekommen waren, hatten den Feind schon verjagt. Leider ist uns keine Kunde davon geworden, wie das Zusammentreffen der nunmehr schon seit zwei Menschenaltern getrennten Landsleute sich gestaltet hat; fast sollte man meinen, daß die Strandmannen, nachdem sie sich davon über= zeugt, daß man ihrer Hülfe nicht weiter bedürfe, im Bewußtsein, der gemeinsamen Pflicht der Landesverteidigung, soweit sie es vermocht hatten, genügt zu haben, wieder zurückgegangen sind.

Der Verlust der Königlichen wird sehr verschieden angegeben, die Zahlen schwanken zwischen 24000 und 4000, Reimer Kock spricht von 18000 Mann. Unter den Gefallenen befanden sich die Vettern des Königs und des Herzogs, die beiden Grafen von Oldenburg, und die Blüte des schleswig = holsteinischen Adels, darunter der Feldmarschall Hans Ahlefeld mit zehn anderen seines Geschlechtes; Molbech giebt die Zahl der gefallenen schleswig = holsteinischen und dänischen Abligen auf 360 an. Die Fußknechte wurden an den folgenden Tagen von den Ditmarschern begraben, die Reiter plünderten sie aus und ließen sie nackt und bloß zwischen den Pferden liegen, den Vögeln und Raubtieren zum Fraße, und verfaulen.*) Einigen wenigen, welche noch lebend auf dem Schlacht= feld gefunden worden waren, wurde das Leben geschenkt.

Unermeßlich war die Beute der Ditmarscher an Waffen, reichen Gewändern und Kostbarkeiten aller Art, darunter das königliche und das fürstliche Tafelgeschirr. Einige tausend Pferde fielen in ihre Hände und das gesamte Geschütz, bestehend aus acht Hauptbüchsen, achtzehn halben und acht ganzen Schlangen, drei Mörsern, zwei Kartaunen und einer großen Anzahl kleinerer Geschütze. Sieben Fahnen, außer diesen der hoch=

> „De Strandmann quem upgedrungen mit groter Macht,
> Peeken, Büssen und Schwerde mit sick gebracht,
> To Meldorp ingedrungen,
> Se hebben dort all bodt geschlagen,
> Allent, wat se dar hebben gevhunden.
> Ach hätten se twe Stunden to voer gekamen,
> Dat hebbe gedaen so goet framen,
> Also ick för wahr mag sagen,
> Konig und Hartich mit allem Volk
> Mochte man hebben geslagen."

Daß in dieser Zeit der Not überhaupt eine Annäherung des Süberstrandes an die nördlichen Döffeln stattgefunden hat, beweist ein am 24. Juli 1494 von den Schließern und dem gemeinen Kirchspiel Brunsbüttel an die Hamburger ab= gesandtes Schreiben (im Hamburger Archiv befindlich), in welchem die Brunsbüttler sich entschuldigen, daß sie ein Hamburger Schiff in ihrem Hafen angehalten hätten, weil sie 24 Tonnen Bier geladen habe, die für ihre offenbaren Feinde bestimmt seien, denn in diesem Schreiben heißt es: „und da die ehrsamen und vorsichtigen „achtundvierzig Verweser des Landes, unsere guten Freunde, von wegen des „ganzen Landes an Eure Weisheit geschrieben haben u. s. w."

*) Nach Reimer Kock konnten Abgesandte des Adels bei den Ditmarschern durch ihre Bitten nichts erlangen; da wurden drei Geistliche, der Prior „von der Arneßböle" (Ahrensböl), der Pater von Segeberg und der Pater von Bornßholm (Vordesholm) zu ihnen geschickt, und nun gaben die Ditmarscher nach, aber die Leichen waren nicht mehr zu erkennen, und so wurde „Edel und Unedel" zusammen beerdigt.

)mte Danebrog Walbemars II., waren die Haupttrophäen des Tages,
cer wurde in der Kirche zu Altenwöhrden aufgehängt. An dem Mon:
an welchem der Sieg erfochten war, sollte in Zukunft alljährlich in
Kirchen des Landes eine Seelenmesse für die Gefallenen gelesen werden;
zroßer Teil der Beute wurde zur Fundierung des Nonnenklosters be:
nt, dessen Bau die Ditmarscher bei Beginn des Kampfes gelobt hatten.
elbe (die Insassen sollten nach der Regel des heiligen Benedikt leben)
)e auch wirklich zu Hemmingstedt neben der Kirche erbaut,[634] aber
Ditmarscherinnen fanden keinen Geschmack an dem Klosterleben, die
nen kamen außerdem in schlechten Ruf, und so wurde es nach längeren
)andlungen mit dem Dompropsten zu Hamburg und dem Papste Leo X.,
schließlich die Ditmarscher von dem Gelübde dispensierte, wieder abge:
hen und das Material mit päpstlicher Bewilligung[635] im Jahre 1517
Aufbau eines Minoriten: oder Franziskanerklosters in Lunden verwandt.

Der Rest der großen Garde kehrte nach Friesland zurück, wo er
gleich wieder anwerben ließ und noch in demselben Jahre wieder
:gsdienste leistete. Noch lange nachher zogen „Garbebrüder" in deutschen
den umher und belästigten durch grobes Betteln, welches deshalb „Garben"
innt und wiederholt in Reichsrezessen aufs strengste untersagt wurde.

## Sechster Abschnitt.

# Verhältnis der Ditmarscher zu den olsteinern und den Hansestädten in den Jahren 1500—1524.

Die Ditmarscher suchten nun vor allen Dingen, den von ihnen
ochtenen Sieg möglichst auszubeuten. Schon seit langen Zeiten war
:en die auf dem linken Eiderufer belegene, aber zur Landschaft Stapel:
.m gehörende Tilenburg ein Dorn im Auge gewesen, von diesem Schlosse
3 waren sie mehrfach angegriffen worden. Deshalb vereinigten sich noch
der Fastenzeit die vier Kirchspiele Hennstedt, Telve, Tellingstedt und
bersdorf (oder statt des letzteren vielleicht Heide), zogen mit einigen
)berten Kanonen vor das Schloß und nahmen es nach breitägiger Be:
jerung mit Sturm.[636] Dasselbe ward darauf dem Erdboden gleich gemacht,*)

---

*) Die Steine der niedergerissenen Gebäude sollen bei dem Bau der Kirche in
Lingstedt benutzt worden sein. Von den früheren Wällen der Burg findet man
jenwärtig nur noch unbedeutende Spuren. beim Graben sollen aber noch häufig
auersteine zu tage kommen, welche von hohem Alter zeugen.

der Flecken Tile (tor Tyle), das Kirchdorf Erwete und andere in der Landschaft Stepelholm belegene fürstliche Ortschaften geplündert und verbrannt. Der Schloßplatz wurde der Hennstedter Kirche geschenkt. Ebenso fielen die Ditmarscher in das Kirchspiel Habemarschen ein und verwüsteten dasselbe mit Raub und Brand. Noch im Mai waren die Streifereien der rach= und beutegierigen Ditmarscher nicht zu Ende, indem eine Schar Strandmannen, welche ihr Mütchen an den Holsteinern nicht sattsam gekühlt hatten und hinter ihren im Norden des Landes wohnenden Landsleuten nicht zurückbleiben wollten, im Kirchspiel St. Margareten der Wilstermarsch einfiel, um daselbst zu plündern, „sie wollten der heiligen Jungfrau daselbst die Füße verbrennen." Aber dieser verwegene Mutwille nahm kein gutes Ende. Die Bewohner der Wilstermarsch scharten sich zusammen und warfen die Plünderer mit großem Verluste zum Lande hinaus. [587] Molbech irrt nun sicherlich, wenn er meint, daß erst diese Niederlage die Ditmarscher zum Frieden geneigt gemacht habe, König Johann sah sich, namentlich auch auf den bringenden Rat seines Bruders, der ihm sogar Vorwürfe gemacht haben soll, daß er ihn zum Angriff auf die Ditmarscher verleitet habe, selbst veranlaßt, die Hand zum Frieden zu bieten; seine Kraft war geschwächt, und von Schweden kam bedenkliche Kunde. Dort hatte die Nachricht von der so furchtbaren Niederlage des königlichen Heeres die Gemüter gewaltig erregt, und es drohte neue Gefahr. So gelang es denn den Städten Hamburg und Lüneburg wie den Lübeckern, von denen die Ditmarscher freilich trotz aller abgeschlossenen Verträge in der größten Not treulos im stich gelassen worden waren, einen Vergleich zu stande zu bringen, der am 15. Mai 1500 zu Hamburg abgeschlossen wurde. [588] Es wurde festgesetzt, daß über die von den Ditmarschern beanspruchte Zollfreiheit in Holstein, wie über die Ansprüche des Königs und des Herzogs auf Ditmarschen, ebenso über alle Entschädigungen, welche wegen Mordes, Brandes und Raubes beiderseits gemacht würden, endlich über die von den Ditmarschern behauptete Schmälerung ihrer Rechte auf Helgoland zwischen jetzt und Michaelis von einigen holsteinischen Räten und den Abgesandten der Städte entschieden werden sollte. Wenn diese nicht im stande sein sollten, über den letzten Punkt sich zu einigen, soll der Hamburger Domherr Albert Cranz, der bekannte Historiker, als Schiedsrichter fungieren. Ferner wird bestimmt, daß das diesseits der Eider belegene, von den Ditmarschern eroberte Stück Land ihnen verbleiben, hingegen das den letzteren gehörende, jenseits der Eider nach Stapelholm zu gelegene Stück an die Friesen abgetreten werden soll, so daß die Eider fortan die rechte Landesscheide sei. Ferner sollen alle sowohl bei der Helgolander Affaire wie in dem letzten Kriege gemachten Gefangenen freigegeben und alle künftigen Streitigkeiten zwischen den Holsteinern und Ditmarschern durch acht Männer aus jedem Lande an dem an der Grenze zwischen Hanerau und Albersdorf gelegenen Kuckswalle auf gütlichem Wege geschlichtet und, wenn dieselben sich nicht einigen können, ein unparteiischer Obmann von beiden Seiten zur endgültigen Entscheidung gewählt werden. Es wurden drei gleichlautende Urkunden ausgefertigt und den paktierenden

arteien wie auch bem Rate zu Lübeck übergeben, unb so schien alles zu
ieblicher Erledigung ber Streitfragen aufs beste geordnet zu sein, ba
gerten bie Ditmarscher, wohl auch im Vertrauen auf ein Zerwürfniß,
elches zwischen bem Herzog unb ben Lübeckern eingetreten war, [539] mit
r Besiegelung ber Verträge, unb so wäre es beinahe zu neuen Feinb=
ligkeiten gekommen, wenn Herzog Friedrich bazu geneigt gewesen wäre.
ieser wünschte aber offenbar, ben Frieden aufrecht zu erhalten, schloß mit
r Stabt Lübeck zu Neumünster (Juli 11.) [540] ein Abkommen, unb
teilte ber Stabt Hamburg bie Erlaubnis zum freien Fischfang auf Helgo=
onb, auch mit Bremen kam ein Vertrag zu stanbe. So war ber Friebe
zwischen ben Holsteinern unb ben Stäbten wiederhergestellt, bie Sache mit
n Ditmarschern blieb vorläufig unerledigt. Daher kam es auch wohl,
ß eine Anzahl jüngerer Mitglieber bes schleswig = holsteinischen Abels,
:lche bie schwere Wunde, bie bie Ditmarscher ihnen geschlagen hatten,
cht überwinden konnten, am 8. September auf eigne Hand
ten Streifzug nach Ditmarschen unternahmen, aber ber Vogt von
anerau verhinberte weitere Feinbseligkeiten. [541] Aber auch bie Dit=
arscher konnten nicht zur Ruhe kommen, sie waren so stolz unb auf=
blasen geworden, sagt ber Lübecker Chronist, unb ließen sich bedünken, baß
nun bie ganze Welt bezwingen könnten, beshalb scheiterten auch alle
emühungen ber anberen Stäbte, sie mit ben Hamburgern auszusöhnen,
bie Otternborfer Angelegenheit noch nicht beigelegt war; eine von ben
täbten Lübeck, Hamburg. Bremen, Lüneburg, Wismar unb Rostock am
3. Oktober b. J. zu Stabe mit ben Ditmarschern abgehaltene Versamm=
ng war unverrichteter Sache auseinandergegangen, weil biese sich so
olz unb ungeberbig benommen hatten, baß man mit ihnen nicht
tte unterhanbeln können, unb es hatte eine neue Tagsatzung anberaumt
rben müssen. [542] So konnte es nicht ausbleiben, baß es balb wieber
offenem Kampfe zwischen ben alten Gegnern kam. [543] Ebenso wenig
nnten sich bie Ditmarscher ber Feinbseligkeiten gegen ihre nörblichen
achbarn jenseits ber Eiber enthalten unb erlaubten sich wieberholte Ge=
ltthätigkeiten gegen bie Bewohner Eiberstebts, Stapelholms wie auf
:lgolanb. Es kam bereits zu offnen Feinbseligkeiten, unb beshalb wurbe
er Verkehr mit ben Norbfriesen bei ber höchsten Gelbbuße bes Lanbes
rabezu verboten. [544] Mit ben Lübeckern hingegen, welche aufs neue mit
m Dänenkönige in Streit geraten waren, erneuerten bie Ditmarscher
t 19. April ihr Bünbnis auf 4 Jahre. [545] Unb wirklich trug König
ohann sich bamals mit bem ernstlichen Gebanken, einen Rachezug gegen
: Ditmarscher zu unternehmen, unb schloß beshalb ein Bünbnis mit bem
rafen Ezarb von Ostfrieslanb, [546] ber zu anberen Zeiten ein Verbünbeter
: Ditmarscher gewesen war. Es warb (nach einem vom Dienstag nach
mmelfahrt — Mai 14. — batierten, allerbings nur in verstümmeltem
b teilweise nicht mehr lesbarem Zustanbe erhaltenen Aktenstücke) [547]
ischen ihnen verabredet, Ditmarschen biesmal von ber Lanb= unb ber
eeseite zugleich anzugreifen; bas letztere sollte von seiten bes Grafen
schehen, was noch nie ber Fall gewesen war, währenb ber König von

Often her in das Land einfallen wollte; namentlich war aber auch die Anlage einer Festung beabsichtigt, von welcher aus man allmählich mit dem Lande fertig zu werden gedachte. Man sieht, daß der Feind die gemachten Erfahrungen wohl beachtet hatte und die Sache nun auf anderem Wege versuchen wollte. Aber zum Glücke für die Ditmarscher kam der Plan nicht zur Ausführung, König Johann war wohl zu sehr mit anderen Dingen beschäftigt. Im Herbst 1507 hatten sich die Unruhen in Schweden erneuert, und in diesen Ereignissen wird es liegen, daß der Vertrag zwischen dem Grafen und dem Könige nicht zur Ausführung, ja vielleicht garnicht zum Abschluß gekommen ist, denn in dem erhaltenen Entwurf ist die den König bindende Schlußklausel durchgestrichen, und auch andere Anzeichen deuten darauf hin, daß das Ganze kassiert worden ist. Herzog Friedrich hingegen war garnicht kriegerisch gestimmt, er wie das Domstift zu Schleswig, welchem Helgoland gehörte, suchten die Streitigkeiten, welche sich auf die Insel bezogen, (auch mit Bremen hatten sich diese erneuert) auf gütliche Weise beizulegen. Aber die Verhandlungen zerschlugen sich, weil die Ditmarscher jeden Schadenersatz für die von ihnen früher auf Helgoland verübten Gewaltthätigkeiten hartnäckig verweigerten.[648] Deßhalb ward denselben die Fischerei bei Helgoland von dem Herzog einfach verboten. Durch Vermittlung der Lübecker kam denn im Jahre 1509 eine Tagsatzung zu Hamburg zu stande,[649] und der Herzog machte sich verbindlich, der Entscheidung der daselbst versammelten Abgesandten zuzustimmen, aber auch dieser Versuch, ein friedliches Abkommen mit den Ditmarschern zu treffen, war vergeblich, so daß der Herzog im Jahre 1511 sogar einen feindlichen Einfall der letzteren in die Wilstermarsch befürchtete und deßhalb nicht nur den Städten Itzehoe, Krempe und Wilster den Befehl zukommen ließ, in steter Bereitschaft mit Harnisch und gnter Wehr zu sitzen,[650] sondern auch von Hamburg die Ausrüstung eines Schiffes zur Verteidigung des Helgolander Häringsfanges begehrte.[651]

In diese Zeit muß nun auch die Befestigung Meldorfs fallen. Hatten die Ditmarscher auch, wie wir oben gesehen haben, eine entschiedene Abneigung gegen befestigte Plätze, so hatten sie doch einsehen gelernt, wie gefährlich es gewesen wäre, wenn König Johann sich in der Hauptstadt festgesetzt und von da aus die Eroberung des Landes planmäßig betrieben hätte. Deßhalb beschlossen sie, Meldorf zu befestigen; die Stadt ward mit einem fortlaufenden Wall und Gräben umgeben.\*) Zum Teil läßt sich noch aus den vorhandenen Resten des alten Walles wie aus einzelnen erhaltenen Bezeichnungen die Lage dieser Umwallung nachweisen. Als die Chaussee, welche nach Nindorf führt, also die alte Landstraße nach Hanerau, bei dem Bau der Eisenbahn niedriger gelegt werden mußte, kamen vor dem jetzigen Hobgeschen Hause die Grundsteine des alten Osterthores zum Vorschein, von da wandte sich der Wall nach Norden, wo der Name eines Grabens als des ‚Bostwehrgrabens‘ (Brustwehrgraben) noch vor nicht

---

\*) Reimer Kock ad an. 1517: Nachdem der dänische König im Jahre 1516 viele Knechte zum Kriege gegen die Schweden gesammelt hatte, die den Winter hin-

ſer Zeit erhalten war und auch die Südoſtecke des jetzigen Kirchhofes
deutliche Spuren einer ſtarken Baſtion zeigt. Von da bog der Wall
Weſten um, wo er noch heute nördlich von dem Windmühlenberge
dem davor ſich abdachenden Glacis vollſtändig erhalten iſt. Dort
nd ſich die Norderport, im Weſten geſchützt durch das zum Teil noch
.ltene Wehl und das damals noch ſo weit nach Oſten reichende Meeres=
. Durch dieſes Thor führte die Landſtraße nach Epenwöhrden, bezüg=
nach Heide. Von dem Südufer des Hafens, alſo wohl da, wo die
imtwiete (Hafentwiete) in die Brunsbüttler Chauſſee einmündet, lief
Wall von dem Fuße des Hügels, auf welchem Meldorf liegt, dem
derteil der Stadt zu und zwar ſo, daß er durch den Dr. Neuberſchen
'ten ging, in welchem erſt in der erſten Hälfte dieſes Jahrhunderts
dem damaligen Beſitzer der daſelbſt noch vorhandene Graben zuge=
ttet worden iſt, und von da im Bogen nach dem Süderthor. Ein
ies wird uns zwar nicht ausdrücklich genannt, aber die Rückzugslinie
Ditmarſcher aus der im Jahre 1559 erſtürmten Stadt weiſt ganz
ibar auf die Exiſtenz eines ſolchen hin, wie es ja auch nicht anders
konnte; ſeine Lage haben wir uns da zu denken, wo die Landſtraße
) Gudendorf, bezüglich früher Itzehoe, in die Stadt einmündet, und
noch heute bedeutende Reſte des Walles wie einer Baſtion vorhanden
. Von da aus giebt uns nun die Bezeichnung der Straße „im
iben“ den weiteren Verlauf des Walles an, der ſich nun wieder öſtlich nach
Oſterport hinzog, ſo daß der jetzt von der Bahnhofsſtraße durchſchnittene
np dort das Glacis bildete. Der Name der Zingelſtraße zeigt noch heute
iuf hin, daß dieſelbe dem cingulum, der Umwallung, unmittelbar zuführte.

Zu dem erwarteten Ausbruch der Feindſeligkeiten kam es nun frei=
nicht, wohl aber brachen im Jahre 1508 aufs neue Kämpfe im Lande
ſt aus. 652 Ein Mädchen aus Lunden, welches in Blankenmoor, Kirch=
l Neuenkirchen, diente, war daſelbſt verführt und Mutter geworden.
s ward von ihren Kirchſpielsangehörigen (daß ſie einem Geſchlecht an=
irt habe, wird nicht geſagt) für eine Schmach des ganzen Kirchſpiels
eſehen. Peter Swyn aus Lunden und Boies Harring aus Flebe
n deshalb aus, zündeten die Scheune an, in welcher die Unglückliche
ihrem Kinde ſich befand, und verbrannten ſie. Hierüber ergrimmt,
hte ſich die ganze Weſterdöffte nebſt den Kirchſpielen Heide und Hemming=
t auf, um ſich für dieſe Gewaltthat an den Lundnern zu rächen. Eine
ze Schar rückte mit einer Anzahl Geſchütze unter der Anführung eines
iſſen Schotters Maeß gegen Lunden aus, und bei Hemme kam es zu
m Scharmützel, in welchem unter anderen ein Prediger aus Neuen=
nen ſo ſchwer verwundet wurde, daß er bald darauf ſtarb. *) Die

---

h den Leuten in Schleswig und Holſtein wie auch in Dänemark in die Häuſer
 zt waren. haben die Ditmarſcher Heerſchau gehalten, Meldorf befeſtigt und das
ſer der Miele darum geleitet.

*) Einige Jahre ſpäter (1522) unternahm Peter Swyn eine Wallfahrt nach
Jago bi Compoſtella in Spanien auf ſeinem eigenen Schiffe, um ſich Ablaß
die That zu holen, welche den Tod eines Prieſters veranlaßt hatte. In der

Westerböffter wurden freilich zurückgeschlagen und suchten deshalb auf einem anderen Wege nach Lunden zu gelangen, die Lundner aber, unterstützt durch die Bewohner der Norderhamme, hatten bei Flebe Posten gefaßt, und daselbst fand ein neuer blutiger Zusammenstoß statt, in welchem die Lundner sich wieder den Sieg zuschrieben.

Zwischen den Lübeckern und dem König Johann war es inzwischen zu einem förmlichen Kriege gekommen, [553] weil die ersteren die Schweden, des Königs Feinde unterstützt haben sollten. Als die Lübecker nun sich weigerten, wie von ihnen verlangt wurde, jeden Handelsverkehr mit den Schweden abzubrechen, ließ der König Lübecker Schiffe aufbringen und Lübecker Bürger, welche sich in seinen Staaten befanden, festnehmen. Unter den Geschädigten befand sich namentlich ein Bürger namens Jost Jakobs, und dieser begab sich deshalb im Jahr 1509, [554] um sich Ersatz zu verschaffen, zu den Ditmarschern, welche sich übrigens sonst an dem Kriege nicht weiter beteiligten,*) und bat sich von den Achtunbvierzigern die Erlaubnis aus, zur Ersetzung des durch die Dänen erlittenen Schadens auf der Eiber Kaperei treiben zu dürfen. Obwohl dies ihm nun von diesen wie auch von der Landesversammlung abgeschlagen wurde, erhielt er doch von Karsten Holm zu Heide, Klaus Johann zu Lunden und anderen das Versprechen, man werde die Sache ruhig hingehen lassen. Jakobs trieb also im Vertrauen auf diese Zusicherung sein Kaperhandwerk bis in das folgende Jahr hinein, dehnte dasselbe sogar über neutrale Schiffe aus und verschonte selbst die Ditmarscher nicht, so daß auf erfolgte Beschwerde von der Landesversammlung in Heide nicht nur die Fortsetzung des besagten Unfugs ernstlich verboten, sondern die Urheber desselben auch in gebührende Strafe genommen wurden; ja es ereignete sich sogar der bis dahin unerhörte Fall, daß die Achtunbvierziger, weil sie den Frevler hatten gewähren lassen, abgesetzt und zu einer bedeutenden Geldstrafe verurteilt wurden. Es war dies jedenfalls ein ungesetzlicher Akt der Volksjustiz, und es kam auch dabei zu einem förmlichen Aufruhr in Heide, bei welchem Karsten Holm wegen seines verräterischen Gebahrens im J. 1500 noch nachträglich den Haß seiner Landsleute erfahren mußte, sein Haus wurde geplündert und dem Erbboden gleich gemacht. Das tumultuarische Verfahren dauerte auch noch eine Zeit lang fort, es wurden verschiedene Landesversammlungen an anderen Orten gehalten, z. B. am 30. Juli 1510 in der Stellerburg, in welcher diejenigen, welche die Kaperei begünstigt hatten, zu einer hohen Geldbuße verurteilt wurden.

Achtung seiner Landsleute war er übrigens dadurch nicht gesunken, denn wir sehen ihn im Jahre 1511 dem neuen Bremer Erzbischof Christoph von Braunschweig den üblichen Willkommen überbringen.

*) Reimer Kock erzählt ad an. 1511, daß der Rat von Lübeck, weil ihre Stadt durch den Abgang des zur Bemannung der Flotte nötigen Volkes sehr geschwächt gewesen, an die Ditmarscher Botschaft gesandt habe, daß sie laut ihrem Bündnis ihnen 600 Mann auf des Rates Besoldung schicken sollten, aber das hätten die Ditmarscher nicht gewollt (Reimer Kock beruft sich dabei auf das Zeugnis des Ratsherrn Joh. Meyer in Lübeck); hatten die Lübecker den Ditmarschern im Jahre 1500 doch auch keine Hülfe geschickt.

Im Jahr 1512 erneuerten sich auch die alten Streitigkeiten mit
nburg, denn die Schuld wegen der im Jahre 1499 bei Otternborf
ilagenen Ditmarscher war noch nicht gesühnt worden; zwei Hamburger
iffe, welche bei Hemmersiehl lagen, um Korn zu laden, wurden mit
chlag belegt, und bitmarsische Schiffe fuhren die Elbe hinauf nach Ham=
z. Die Hamburger aber schlossen die Thore, nahmen 25 Ditmarscher,
he ans Land gegangen waren, gefangen, machten darauf ihrerseits einen
fall in Ditmarschen und plünderten und raubten, bis die Lübecker sich
Mittel legten. Die Verhandlungen wegen des Otternborfer Tot=
iges zogen sich übrigens noch eine ganze Reihe von Jahren hin, denn,
die Ditmarscher (1511. 11. Mai) als Schabenersatz die erkleckliche
mme von 60,000 Mark lübsch verlangten, konnte lange keine Einigung
stande kommen. Neokorus erzählt (I. 421), daß eine bedeutende
mme Geldes schließlich von den Hamburgern bezahlt, aber von einem
Achtundvierziger mit Namen Claus Boie unterschlagen worden sei.
enfalls finden wir die Hamburger im Jahre 1521, wie aus einem im
nien der Achtundvierziger von dem Landessekretär Günther Werner am
Mai b. J. abgeschickten Schreiben hervorgeht, in vollem Frieden mit
Ditmarschern.

Am 20. Februar 1513 starb König Johann in seiner Geburtsstadt
lborg, ohne seine Absicht, Rache für die erlittene Niederlage an den
tmarschern zu nehmen, verwirklicht zu haben. Ihm folgte sein Sohn
ristian, der schon vor dem bitmarsischen Kriege zu seinem Nachfolger
annt worden war, dieser hatte aber während seiner Regierung in seinem
nen Reiche so viele Kämpfe teils in Schweden, teils in Dänemark
en die Übermacht des Abels und der Geistlichkeit, welche zu brechen er
müht war, zu bestehen, daß er nicht daran denken konnte, weitere Kämpfe
unternehmen. Deshalb blieben die Ditmarscher auch eine längere Reihe
i Jahren hindurch unbehelligt, und sie betrachteten und betrugen sich
h während dieser Zeit wirklich als gehorsame Unterthanen von Bremen,
: nicht allein aus der schon erwähnten Bezahlung des Willkommens,
bern auch daraus hervorgeht, daß, als sie im Jahre 1515 zur Zahlung
er Türkensteuer nach Bremen gefordert worden waren, die Achtund=
rziger ihren Sekretär dahin sandten, um darüber zu verhandeln, und die
a ihnen als bremischen Unterthanen verlangten 1000 Gulden an das
zstift bezahlten.

Das Verhältnis zu Holstein war und blieb freilich ein gespanntes,
e namentlich aus einem Beschluß der Landesversammlung vom Jahre
18 ᵇᵇᵇ hervorgeht, nach welcher in Ditmarschen jede Münze außer der
: vier Städte Hamburg, Lübeck, Bremen und Lüneburg bei Strafe von
0 Gulden rheinisch verboten sein sollte, die holsteinischen Münzen werden
bei besonders hervorgehoben. Damals vermuteten sich die Ditmarscher
rigens von dem Könige nichts Gutes, von beiden Seiten ward die Grenze
eng bewacht und aller Verkehr war aufgehoben. An einen Krieg mit
n Ditmarschern hat der König schwerlich gedacht, seine Rüstungen
lten anderen Zwecken; was für Gesinnungen er freilich gegen die Dit=

marscher hegte, geht daraus hervor, daß er bei einem Besuche bei seinem Schwager Karl V. im Jahr 1521 nicht nur eine Bestätigung seiner Rechte auf Ditmarschen erlangte, sondern dessen Einwohner als seine offenen Feinde bezeichnete und ein Handelsverbot gegen dieselben erwirkte.[557] Deshalb erneuerten dieselben i. J. 1520 (25. März) auch ihr altes Bündnis mit den Lübeckern.[558] Auch den Holsteinern traten sie ein paar Jahre später näher. Dem König Christian war von seinen Unterthanen der Gehorsam aufgekündigt und die dänische Krone seinem Oheim, dem Herzog Friedrich I. von Holstein-Gottorp angeboten worden, zu Wiborg hatte er dieselbe am 26. März erhalten, worauf König Christian seine Hauptstadt und sein Reich verließ, um auswärts Hülfe zu suchen. Bei dieser Nachricht entstand in Ditmarschen allerdings zuerst eine gewaltige Aufregung. Veranlaßt durch ein falsches Gerücht,[559] welches ein gewisser Hans Deneker Peter aus Delve, verleitet durch einen Husumer, verbreitet hatte, daß der König von Dänemark, der Herzog von Holstein-Gottorp und der Bischof von Schleswig sich zu Husum befänden, um bei Bosebüttel des Nachts über die gefrorene Eiber zu setzen und in Ditmarschen einzufallen, hatten die Kirchspiele Lunden, Hemme, Neuenkirchen, Wesselburen und Büsum sich in voller Kriegsrüstung eiligst zu Lunden versammelt. Ein so plötzliches Aufgebot scheint auf dreierlei Weise zu stande gebracht worden zu sein, durch Abbrennen von Baken, wenn es der Landschaft galt, durch Läuten von Sturmglocken für das Kirchspiel und analog dem Dingstock, welcher herumgeschickt zu werden pflegte, wenn eine Bauerschafts-Versammlung angesagt wurde, durch Herumtragen eines Pfeiles oder Schwertes.[560] So heißt es in dem Landrecht der Strandmannen § 18: Keiner soll den anderen verlassen in seiner Not, wenn die Bake brennt, die Sturmglocken läuten oder das Schwert herumgetragen wird, dann soll jeder an seiner Stelle erscheinen.[561] So waren also die westlichen Kirchspiele Norderditmarschens zusammengeeilt, und Claus Nanne, Boie Nanne aus dem in Lunden angesessenen Geschlechte der Wurthmannen und Rode Claus vom Neuenfelde ritten auf Kundschaft aus nach Husum und selbst bis Flensburg, erkannten aber bald die Nachricht als falsch. Die Fürsten waren mit ihren Truppen nordwärts nach Jütland gezogen, und die Kirchspiele konnten deshalb wieder ruhig auseinander gehen. Um aber ähnlichen Vorkommnissen in Zukunft vorzubeugen, wurde auf den Antrag Peter Swyns von der Landesversammlung beschlossen, daß wenn ein Eingeborner ferner dergleichen falsche Gerüchte verbreite, er seinen Hals mit 100 Mark lösen solle, ein Fremder hingegen so lange festzuhalten sei, bis man sich von der Wahrheit oder Unwahrheit des Gesagten überzeugt habe, im ersteren Falle solle er lebenslänglich „frei Brod" haben, im entgegengesetzten Falle aber den Tod durch Feuer erleiden.

Herzog Friedrich hatte nun zur Behauptung seiner Krone Verbündete nötig, und so hatte er bereits am 5. Februar 1523 mit den Lübeckern ein Bündnis geschlossen, in welchem diese ihren früheren Vereinbarungen mit den Ditmarschern zufolge die letzteren von der allgemeinen Verbindung gegen die Feinde des einen oder des anderen ausnahmen, vorausgesetzt,

die Ditmarfcher felbft nichts gegen die Herzogtümer Schleswig ober
ftein unternehmen würben. ⁶⁶² Da bie Lübecker ben Groll bes Herzogs
·n biefe ihre Verbündeten kannten, mochten fie es nicht für unmöglich
en, baß es über lang unb kurz zu einem Kriege zwifchen beiden kommen
ιe. Aber folche Vorficht war vor ber Hand unnötig, fchon vorher
e Herzog Friedrich ein Bündnis mit bem Erzbifchof von Bremen ge=
offen, jetzt bot er auch ben Ditmarfchern bie Hand zum Frieden, ber
n auch am 30. März zu ftanbe kam. ⁶⁶³ König Friedrich unb fein
jn Chriftian erklärten, baß fie allen Gram, Haß unb Wiberwillen, ben
gegen bie ehrfamen achtunbvierzig Verwefer wie bas ganze Land Dit=
·fchen gehabt, abgelegt hätten, unb verpflichteten fich zu Frieden unb
:r Nachbarfchaft, verfprachen auch, künftighin fie nicht nur nicht felbft
reifen, fondern auch gegen ihre Feinde verteidigen zu wollen. Die
marfcher follen fich aber ohne Vorwiffen ber Fürften in keine Fehbe
:ben, bei welcher fie ihrer Hülfe bebürfen könnten. Die früheren Pri=
gien betreffs ber Zölle werben beftätigt, ebenfo bie Beftimmungen über
Schiebsgericht auf bem Kuckswall erneuert. Bezeichnenb ift, baß ob=
)l bie Herzöge von Schleswig=Holftein feit geraumer Zeit ben Titel
s Herzogs von Ditmarfchen angenommen hatten, berfelbe in biefem
·trage fehlt.

# Viertes Buch.

# Dritte Periode der ditmarsischen Geschichte

## ᵗ der Einführung der Reformation bis zur Eroberung des Landes.

### (1524—1559).

# Erster Abschnitt.

# Die Einführung der Reformation in Ditmarschen.

## I.
### Die kirchliche Bewegung im Lande.

Die gewaltige Bewegung, welche Luthers Auftreten in Wittenberg
J. 1517 in allen Gauen Deutschlands hervorrief, ließ sich natürlich
) bald in Ditmarschen verspüren. Schon ein halbes Jahrhundert früher
en einzelne Versuche, den reformatorischen Lehren, wie sie von Johann
ß ausgegangen waren, auch in Ditmarschen Eingang zu verschaffen,
glückt und hatten ihren Anstiftern den Untergang gebracht. So war
Geistlicher in Lunden namens Heinrich Grove in Verdacht gekommen,
sitischen Grundsätzen zu huldigen, deßhalb rotteten sich am 23. Januar
51 [564] die Kirchspielsleute von Lunden, ungefähr 500 an der Zahl,
dem Kirchhof zusammen und faßten den Beschluß, den Geistlichen um-
ringen. [565] Dieser befand sich gerade in der Kirche, wo er einem
eren Priester seine Sünden beichtete, da brachen jene bewaffnet mit
ießen und Schwertern während der Messe in das Gotteshaus ein,
rfen den Geistlichen mit Steinen, verwundeten ihn auf greuliche Weise
erschlugen ihn unter unmenschlichen Mißhandlungen, den Leichnam
en sie auf dem Kirchhofe liegen. Der damalige Kirchenpropst zu Ham-
g, Johann Mibbelmann, vor dem wegen dieses Frevels Klage geführt
den war, verhängte deßhalb über die Thäter den Bann, die Ehrlosig-
und eine Geldstrafe von 1000 Mark und belegte Lunden wie alle
te, an denen sich die Verbrecher aufhalten würden, mit dem Interdikt.
scheint sich der Hamburger Dompropst weniger darum gekümmert zu
en, aus welchem Grunde die That verübt worden war, als um das
rbrechen gegen einen Geistlichen und die Verletzung der Heiligkeit der Kirche
erhaupt. Einige Jahre später kamen förmliche Hussitenverfolgungen im
nde vor, so ward i. J. 1466 Grove Johannes Marquard, ein Bruder
es Grove und nach Karstens Prediger zu Ebbelack, am 14. Juli auf
n bei Meldorf belegenen Ramberg*) neben dem Tiessen=Kirchhof (diese
zeichnung, welche zu Boltens Zeit noch existierte, soll soviel wie Hussiten=
hof bedeuten) verbrannt.

---

*) Der Ramberg kann füglich nichts anderes sein als der im Osten der Stadt
egene Galgenberg.

Indeſſen hatte die kirchliche Bewegung im Anfange des ſechszehnten Jahrhunderts in Ditmarſchen, ebenſo wie in den benachbarten holſteiniſchen Territorien,[566] ihren Urſprung weniger auf dem Gebiet der Glaubenslehre oder gottesdienſtlichen Ordnung als auf dem der kirchlichen Gerichtsbarkeit und Verwaltung ſeitens des Hamburger Dompropſtes, trug alſo anfangs einen halb politiſchen Charakter. Allerdings mußte der Unfug mit dem Ablaßhandel, welcher ſchon ein Jahr vor Tetzels Auftreten durch einen päpſtlichen Nuntius Arcimbold im Lande verübt wurde, der, nachdem er in Lübeck reiche Beute eingeheimſt hatte, auch nach Ditmarſchen gekommen war und daſelbſt für bares Geld, aber auch für andere Dinge, wie Butter und Käſe, Sündenvergebung geſpendet hatte, auf ernſte und benkende Ge- müter nicht ohne Einfluß geblieben ſein, zumal wenn bekannt geworden war, daß auch die weltliche Gewalt von dem Sündengelde reichen Gewinn zog; jedoch wird nichts davon berichtet, daß das Auftreten des Legaten beſonderen Anſtoß erregt habe, wir erfahren nur, daß er ſeine Ablaßbriefe hier ebenſo an den Mann gebracht hat wie an anderen Orten. Anders ſtand es aber in bezug auf die Gerichtsbarkeit des Hamburger Dompropſtes, deſſen Vikare ſich arge Übergriffe erlaubt haben müſſen, ſo daß ſich bereits ſeit d. J. 1518 die heftigſten Angriffe der Ditmarſcher gegen dieſe richteten. Man ſtand ſogar im begriff, nicht nur die ganze Gerichtsbarkeit des Dom- propſtes, ſondern auch alle an ihn und das Domkapitel bisher bezahlten Abgaben abzuſchaffen. Allerdings kam es i. J. 1523 noch zu einem er- träglichen Abkommen zwiſchen den ſtreitenden Parteien, allein ſehr bald erwachte die Oppoſition wieder. Läßt ſich nun auch annehmen, daß die in dem ſpäter vor dem Reichskammergericht (1526 — 1532) geführten Prozeſſe ſeitens der Ditmarſcher vorgebrachten Klagen nicht ohne Leidenſchaft- lichkeit geltend gemacht worden ſind, ſo bleibt doch auch nach Abſtrich deſſen ſicher noch Gravierendes genug übrig, was die Gemüter mit Erbitterung erfüllen konnte. Da heißt es nämlich in den erhaltenen Prozeßakten,[567] daß der Propſt ſeine Jurisdiktion durch einen ſeiner Offiziale und beige- gebene Kommiſſare und Notare in unchriſtlicher Weiſe ſo ausgeübt habe, daß es die armen Einwohner nicht länger hätten ertragen können; der Offizial habe ſie ſogar in weltlichen Sachen, um Geldſchulden willen, vor das geiſtliche Gericht zwölf Meilen Weges weit und ſelbſt in ihrer Feinde Land vorgefordert, ſo daß ſie viele Gefahren Leibes und der Seele hätten ausſtehen müſſen. Wenn die Vorgeladenen dann nicht erſchienen wären, habe er den Ort, an welchem der Beklagte gewohnt, mit dem Interbikt belegt, ſo daß man die Kinder in den umliegenden Ländern, welche unter dem Biſchof von Schleswig ſtänden, habe taufen laſſen; bei einem Todes- fall hätten die Verwandten 100 Gulden und noch mehr für die Erlaubnis zum Begräbnis in geweihter Erde bezahlen müſſen, deshalb ſeien viele arme Leute im Lande ohne das heilige Sakrament geſtorben, obwohl ſie daſſelbe aufs heftigſte begehrt hätten. Schließlich habe der Propſt aus Furcht, daß er wegen ſeines ungebührlichen Verhaltens zur Verantwortung gezogen werden würde, ferner ſich nicht mehr in Ditmarſchen aufhalten mögen, ohne daß deſſen Bewohner ihm irgend welche Veranlaſſung dazu

jen hätten. So habe der Offizial auf Befehl des Propstes etliche
narjcher aus dem Kirchjpiel Wesselburen bei Anbrohung von Bann
Interdikt nach Holstein citiert, wo sie gefangen genommen, geschlagen
um 300 Gulden gebüßt worden seien. Diese Summe habe ber
cial allerdings von den Holsteinern später wiedererlangt, aber ben Dit=
jchern nicht zurückgegeben, sondern in seine eigene Tasche gesteckt. Auch
:n sie für die Erlaubnis, Kirchen, Kapellen oder Hospitäler erbauen
ürfen, 100 Gulden oder wenigstens 100 Mark lübsch bezahlen müssen;
so habe der Offizial für verbotene Ehen im britten oder noch näheren
be Geld genommen, an verbotenen Tagen und selbst während des
erbiktes Hochzeit halten lassen, alles für bedeutende Geldsummen. Auch
hrer weltlichen Gerichtsbarkeit habe er die Ditmarscher zu schädigen
cht, und zwar auf ausdrücklichen Befehl des Propstes selbst. So habe
inen Dieb, namens Ditmar, der seinem Geschlechte das Siegel und
b gestohlen habe und, auf frischer That ertappt, zum Tode verurteilt
ben sei, unter dem Vorwande, daß derselbe ein Kleriker sei, obwohl
bies garnicht nachgewiesen, in Schutz genommen und bei Strafe
1000 Gulden dessen Auslieferung verlangt und ihn dann, nachdem
Zeld von des Übelthäters Mutter erhalten, ohne Strafe und die übliche
:hbe laufen lassen. Da habe sich dieser sogar für einen Landesfeind
ärt, viele Leute gefangen, verwundet und an Hals und Gütern ge=
bigt. Dennoch hätten sie trotz wiederholten Ansuchens von bem Propst
iejer Angelegenheit nichts erreichen können.⁵⁶⁸ Ebenso, als die Obrigkeit
Landes ein Mädchen, welches ihr heimlich geborenes Kind ertränkt
:e, gefangen gesetzt und nach Urteil und Recht zum Tode verurteilt und
rannt habe, seien die Bauern der Ortschaft auf Befehl des Propstes
300 Gulden gestraft worden, obwohl sie nach dem Landesrecht verfahren
n. Bei Geldschulden habe er keinen Aufschub gestattet, sondern sofort
Bann ausgesprochen, aus welchem sie nur für eine größere Summe,
die ganze Schuld betragen, sich hätten losmachen können, so daß viele
er Armut halber aus dem Lande hätten laufen müssen. Zweimal im
hre sei der Offizial zur Visitation in das Land gekommen, habe aber
}ts anderes gethan als die armen Unterthanen geschatzt und durch
ufen und lasterhaftes Leben bei allen Leuten Anstoß erregt, eine solche
itation habe aber jeder Pfarre 10 Gulden gekostet. Ebenso habe der
opst durch Anwendung von Bann und Interdikt sich in Besitz von
mmen Stiftungen gesetzt, welche zur Unterhaltung der Kirchen gemacht
n, wie die Pfarren mit untüchtigen Männern besetzt, die ihm dann
iße Pensionen hätten bezahlen müssen. So sei es in Lunden, Hemme,
bersdorf, Wedbingstedt, Nord= und Süberhastedt, Brunsbüttel und an
bcren Orten geschehen. Manche Kirchen hätten sogar eine Zeitlang leer
landen, weil sich keiner gefunden habe, der solche Summe habe bezahlen
llen. Ebenso habe der Propst Kirchen an seine Diener verschenkt,
lche sie bann wieder verkauft hätten; hätten die Bauern aber gern einen
jtimmten Prediger haben wollen, so hätten sie 100 Mark dafür bezahlen
isfen. Derselbe Handel sei mit den verschiedenen Benefizien getrieben.

worden. Deßhalb hätten die Achtunbvierziger sich genötigt gesehen, alle Priester, welche Pfarren und Pfründen im Lande Ditmarschen besaßen, erst durch ein freundliches Sendschreiben, dann durch ein Edikt unter ihrem Siegel aufzufordern, ihre Pfarren und Pfründen persönlich zu verwalten, den armen Unterthanen das Wort Gottes zu predigen und die heiligen Sakramente der Kirche zu reichen, damit die große Unordnung, welche durch die Abwesenheit gelehrter und geschickter Priester unter den Unter= thanen erwachsen sei, wiederum abgestellt und diese zu einer guten und christ= lichen Ordnung gebracht würden. Als die Geistlichen nun aber auf solche gütliche Aufforderung und Bitten nicht erschienen seien, hätten die Dit= marscher die von ihnen gestifteten Pfarren und Benefizien auf eigene Hand mit geeigneten Priestern besetzt, und da der Propst nun nicht mehr gewagt, selbst das Land zu betreten, und das Interdikt über dasselbe verhängt habe, seien überall Unruhen entstanden, so daß etliche Verordnete mit aufge= richteten Fahnen das Land hätten durchziehen müssen, um die Wider= spenstigen durch Drohungen und Strafen wieder zum Gehorsam unter die Kirche zu bringen. Diese Schilderung giebt uns wahrlich ein düsteres Bild von den kirchlichen Zuständen Ditmarschens in damaliger Zeit.

Da war i. J. 1523 der bisherige Pastor an der Meldorfer Kirche Johannes Reimari aus dem Büsumer Dikboligmannengeschlechte, der, ein eifriger Anhänger der alten Lehre, wenigstens seit 1485 in Meldorf thätig gewesen war, gestorben. An seine Stelle kam noch in demselben Jahre Magister Nikolaus Boie aus dem Vogdemannengeschlechte [569] (und zwar aus dem Süder=Bobingmannsgeschlecht) oder, wie er sich selbst zu schreiben pflegte, Nikolaus Boetii, ein geborener Brunsbüttler. [570] Derselbe hatte in Wittenberg studiert, war dort ein eifriger Anhänger Luthers geworden und zeigte sich nun bemüht, der neuen Lehre in seinem Pfarrbezirk Eingang zu verschaffen. Abgesehen von seiner persönlichen Tüchtigkeit, Gelehrsamkeit und reformatorischen Begabung war es von der größten Bedeutung, daß er einem der angesehensten Geschlechter angehörte. Ob er, zunächst in Meldorf, einen für die Annahme der evangelischen Lehre schon einigermaßen vorbereiteten Boden vorgefunden, wissen wir nicht (in Husum war allerdings schon ein Jahr vorher Hermann Tast, durch das Studium lutherischer Schriften belehrt, als evangelischer Prediger aufge= treten), [571] jedenfalls fanden Boies Predigten rasch großen Beifall; eine begeisterte Jüngerin war vor allen die Witwe des Achtunbvierzigers Claus Junge, welche nach dem Tode ihres Mannes von Hemme nach Meldorf verzogen war.*) So glaubte Boie, die Sache der Reformation in Mel= dorf dadurch energischer fördern zu müssen, daß er einen anderen evangeli= schen Prediger zu seiner Unterstützung heranziehe.

---

*) Nach Bolten III. 320 war sie eine Tochter des Hans Peter Nanne zu Hemmerwurth und nach Neokorus II. 25 die Schwester Peter Nannes zu Lunden, welcher sich nachher als der grimmige Feind Heinrichs v. Zütphen erwies. Ihre Tochter Margareta war vermählt mit dem Achtunbvierziger Reimer Wolderichs in Lunden, deren Tochter an den Achtunbvierziger und Bürgermeister Peter Bruhn verheiratet war (Bolten III. 230), so ist Wibe Junge die Stammmutter der noch blühenden Bruhnschen Familie.

Damals war in Bremen der frühere Augustinerprior Heinrich Zütphen (so genannt nach seinem Geburtsort in der niederländischen ſchaft Geldern) als Reformator thätig, von deſſen ſegensreicher Wirk= eit man auch in Melvorf gehört hatte. Boie ſelbſt war demſelben ꜩicht ſchon in Wittenberg perſönlich näher getreten. So entſtand in der Gedanke, dieſe bewährte Kraft nach Melvorf zu ziehen. Er be= h ſich deshalb mit ſeinen Geſinnungsgenoſſen, [572] und ſo erging nament= auch auf Veranlaſſung der Frau Wibe Junge, welche wohl die er= ꜩlichen Mittel zur Verfügung ſtellte, im November 1524 wirklich ꜩ Boie im Namen eines großen Teiles der Melvorſer Gemeinde an rich die Einladung, nach Melvorf zu kommen und daſelbſt das Evan= m zu predigen.

Das Geburtsjahr Heinrichs (der ihm gewöhnlich beigelegte Namen ler oder Moller iſt apokryph) iſt unbekannt, die Annahme, daß er 8 geboren ſei, beruht auf ganz unſicherer Grunblage. [573] Als junger ꜩn war er in ein Auguſtinerkloſter von der ſächſiſchen Kongregation, ꜩicht zu Dorbrecht, eingetreten und von bort aus zu ſeiner weiteren bildung nach der vom Kurfürſten Friedrich dem Weiſen i. J. 1502 ſteten, raſch aufblühenden Univerſität Wittenberg geſchickt worden. Im ꜩmer 1508 finden wir ihn daſelbſt immatrikuliert, und er erhielt in Kloſter ſelbſt die Würbe eines Lektors oder Vorleſers. Nach mehr= ꜩgem Aufenthalt in Wittenberg begab ſich Bruder Heinrich (1514) Köln, um bort ſeine Studien fortzuſetzen, und obgleich er wohl eben die Mitte der zwanziger Jahre überſchritten hatte, wurde ihm daſelbſt em Auguſtinerkloſter, in welches er eingetreten war, die Würbe des priors übertragen, ſicher ein glänzendes Zeugnis für die hervorragen= Cigenſchaften Heinrichs. Doch ſeines Bleibens in der rheiniſchen ropole war nicht lange, ſchon im folgenden Jahre finden wir ihn als ꜩr des Auguſtinerkloſters in Dorbrecht wieder in ſeiner Heimat. Daß ls ſolcher bald von ſich reden machte, iſt nicht zu verwundern, Feind= t und Verfolgung blieb nicht aus, ſchon als er in ſeinem Kloſter eine ꜩgere Zucht einführen wollte; noch heftiger entbrannte der Streit, als 1517 auch in dem Auguſtinerkloſter zu Dorbrecht Predigten gehalten ꜩen, welche von reformatoriſchem Geiſt erfüllt waren. Deshalb ſah auch Heinrich i. J. 1520 veranlaßt, ſeine Stelle als Prior nieder= ꜩen und ſeinem Vaterlande den Rücken zu kehren, er begab ſich zum ten Male nach Wittenberg, wo er nun auch in ein näheres Verhältnis ꜩuther und Melanchthon trat; in einem am 26. Mai 1521 von der ꜩtburg aus an den letzteren geſchriebenen Briefe läßt Luther Bruber ꜩrich beſonders grüßen. [574] Aber die Sehnſucht nach der Heimat ließ n nicht längere Zeit in Wittenberg verweilen, ſchon im Juni 1522 ꜩb er ſich nach Antwerpen und trat wieder in das bortige Auguſtiner= er ein. Freilich, Ruhe war dem Gottesmanne daſelbſt nicht beſchieden, ꜩuftreten eines Ablaßpredigers in Antwerpen veranlaßte die bortigen ꜩuſtiner, dieſem Unfug entgegenzutreten und zwar unter allgemeinem ꜩall der Bürgerſchaft. Kaum hatte aber die Statthalterin Margareta

13*

Kunde von diesen Vorgängen erhalten, so erschien sie selbst mit bewaffnetem
Gefolge in der Stadt, konnte aber bei der entschiedenen Weigerung des
Stadtrates, sich ihren Befehlen und Wünschen zu fügen, nichts ausrichten.
Deshalb beschlossen die Dominikaner daselbst, auf eigne Faust der Sache
ein Ende zu machen, sie stürmten das Augustinerkloster und schleppten
Heinrich in festen Gewahrsam, um ihn schleunigst nach Brüssel zu über=
antworten. Aber die Sache wurde bald ruchbar, die Bürgerschaft Antwerpens
befreite den Gefangenen, namentlich waren es tausende von Frauen, welche
in die alte Michaelisabtei, in welcher Heinrich gefesselt lag, einbrangen und
ihn unter lautem Jubel in sein Kloster zurückbrachten. Dort war nun
freilich seines Bleibens nicht, er verließ heimlich die Stadt, um sich nach
Westfalen oder auch wieder nach Wittenberg zu begeben. Aber, wir wissen
nicht, wie es gekommen ist, er gelangte auf seiner Flucht nach Bremen,
jedenfalls ohne von dort aus eingeladen worden zu sein. [675] Bald nach
seiner Ankunft fand sich auch eine Anzahl selbst der angesehensten Bürger
der Stadt, welche ihn zum Bleiben und Predigen aufforderten. So hielt
er denn — 9. November 1522 — in einer Kapelle der St. Ansgarius=
kirche seine erste Predigt und zwar mit solchem Erfolge, daß sich bald eine
zahlreiche Schar von Zuhörern um ihn versammelte, die ihn vollständig
als ihren Prediger betrachteten, und selbst der Rat der Stadt trat für ihn
ein, als der Erzbischof, der über das Auftreten des fremden Ketzers in
seiner Stadt natürlich aufs höchste erzürnt war, seine Auslieferung ver=
langte. Und alle Versuche, den glaubensfreudigen Widerstand der Bremer
Bürgerschaft zu brechen, waren vergeblich, selbst die der Stadt drohende
Kriegsgefahr vermochte nicht, ihren Sinn zu ändern, ja es kam bereits zu
einem blutigen Zusammenstoß der Bürger mit den Söldnern des Erz=
bischofs vor den Mauern der Stadt. Die Reformation hatte in Bremen
festen Boden gefunden, und, wenn auch bereits zwei andere evangelische
Prediger berufen worden waren, Heinrich war und blieb doch die Seele des
Ganzen. Da kam im November 1524 von Meldorf aus die Bitte an Heinrich,
dorthin zu kommen und das Evangelium zu predigen. Nicht ohne inneren
Kampf nahm dieser die Berufung an „als von Gott gesandt, in der Hoff=
„nung, daß er das Land Ditmarschen aus des Antichrists Kehle und
„Rachen bringen könne", freilich mit der Absicht, nur auf kurze Zeit seine
segensreiche Stellung in Bremen zu verlassen. [676] Nur einer kleinen Anzahl
seiner Gemeindegenossen teilte er seinen Entschluß mit; diese versuchten
zwar anfangs, ihn zum Bleiben zu bewegen, aber vergebens. Um nicht
auf weitere Hindernisse zu stoßen, verließ Heinrich am Montag, dem 28.
November, Bremen in aller Stille in der Hoffnung, es immer ihm so lieb=
gewordenen Gemeinde bald zurückzukehren. Gott hatte es anders beschlossen.
Unerkannt gelang es ihm, durch das Bremer Stift hindurchzukommen, zu
Brunsbüttel empfingen ihn Boies Verwandte, am Mittwoch, dem 30. No=
vember, langte er wohlbehalten in Meldorf an, wo er von den Freunden
des Evangeliums mit herzlicher Freude empfangen wurde. [677]

Noch hatte aber Heinrich in Meldorf nicht gepredigt, als Augustinus
Torneborch, Prior des Dominikanerklosters daselbst, mit M. Johann

:nicke,\*) dem Vikar des Hamburger Offizials, Maßregeln ergriff, um ihn
vr allen Dingen am Predigen zu hindern. Deshalb begab sich der Prior
n nächsten Sonnabend nach Heide, um den Achtunbvierzigern von der
nkunft des fremden Predigers in Melborf Anzeige zu machen und die-
lben, unterstützt durch den Landessekretär M. Günther und Peter Nanne,
ıfzureizen, indem sie namentlich geltend machten, wie großen Dank sie
h bei dem Erzbischof verdienen könnten, wenn sie den ketzerischen Mönch
ıschäblich machten. So erwirkte denn der Prior auch seitens der Acht-
ıbvierziger ein Schreiben an Boie, welches bei Anbrohung der höchsten
uße des Landes den Befehl erhielt, den fremden Mönch unverzüglich zu
tfernen. Noch in derselben Nacht wurde basselbe dem Pfarrherrn zuge-
llt, um baburch zu verhindern, daß Heinrich am folgenden Tage, dem
Adventsonntage, predige. Boie war über die ihm zugegangene Weisung
höchsten Grade verwundert, weil es gegen alle Gewohnheit war, baß
: Achtunbvierziger sich um kirchliche Angelegenheiten bekümmerten, indem
lediglich Sache ber ganzen eingepfarrten Gemeinde war, „na ehren
ten Willen einen Parrherrn to setten ebber to entsetten." Deshalb be-
loß Boie benn auch, dem ihm zugegangenen Befehl keine Folge zu leisten,
inrich blieb ruhig in der Stadt und predigte auch am folgenden Morgen
er bas Evangelium bes Sonntags (Luc. 21. 25). Nach der Predigt
ırbe die Gemeinde auf dem Kirchhof zusammenberufen und baselbst von
ıı Prior ein Brief der achtunbvierzig Regenten des Landes verlesen,
ı sie bei Strafe von 1000 rheinischen Gulden den Mönch nicht predigen
sen und barnach ihre Abgesandten, mit der nötigen Vollmacht versehen,
· nächsten Landesversammlung nach Heide schicken sollten. Über solchen
ıgriff in ihre Rechte wurden die Melborfer aber nicht wenig erzürnt
o beschlossen „einbrechtig", den frommen Bruder Heinrich als ihren
ediger behalten und beschützen zu wollen. Am Nachmittag predigte
inrich trotz bes Verbotes noch einmal in der Kirche. Schon am folgen-
. Tage kam benn auch die Landesversammlung in Heide zusammen,
) die Melborfer Bevollmächtigten bezeugten, wie sie nur fromme Pre-
ten von Heinrich gehört hätten, übergaben auch den Achtunbvierzigern
:n Brief Boies, baß weder er, noch Bruder Heinrich die Absicht hätten,
ruhen anzustiften, sondern nur bas reine Wort Gottes zu lehren, baß
sich erbiete, barüber jebermann zu Recht zu stehen, und unterthänigst
e, den Mönchen, welche nur aus Haß und Geiz die Wahrheit unter-
cken wollten, kein Gehör zu schenken. Zuerst schien die Landesversammlung
:n etwas tumultuarischen Verlauf nehmen zu wollen, als aber einer
Ältesten, Peter Detlev aus Delve, geltend machte, baß über Glaubens-
en zu richten ein mißlich Ding sei; da er aber von bem Landschreiber
Günther gehört habe, baß bemnächst ein Konzil abgehalten werden
:, so möge ein jeber sich zufrieden geben und die Sache bis auf künf-
s Osterfest beruhen lassen, bis bahin werde sich wohl schon selbst aus-

---

\*) M. Johann Snicke scheint berselbe zu sein, der später als M. Johann
ıeck als evangelischer Pastor und Superintendent in Heide genannt wird.

weisen, was Recht und Unrecht sei — da fiel ihm jedermann zu, die Meldorfer Abgesandten aber zogen ihre Straße fröhlich heim.

So schien für den Augenblick jede Gefahr beseitigt, die Meldorfer gaben sich schon den besten Hoffnungen hin, und Bruder Heinrich fuhr fort zu predigen und zwar mit solchem Beifall, daß „das Volk fast aus allen Winkeln zusammenlief" und sie ihn baten, auch das Weihnachtsfest über bei ihnen zu bleiben. Aber der Dominikanerprior ruhte nicht, und da er einsah, daß er so nicht im stande sei, etwas auszurichten, begab er sich mit Dr. Wilhelm, einem Franziskanermönch aus Hamburg, welcher nach Mel- . dorf gesandt worden war, um den Reformatoren entgegenzuarbeiten, nach Lunden zu den grauen Mönchen daselbst, um mit diesen ein gemeinschaft= schaftliches Vorgehen gegen die gefährlichen Neuerungen zu verabreden. Die Franziskaner zeigten sich auch gern dazu bereit, sie ließen sofort die in Lunden wohnenden Achtundvierziger Peter Nanne, Peter Swyn und Klaus Robe in ihr Kloster kommen, und es gelang ihnen auch bald, diese zu gewaltthätigen Schritten gegen Bruder Heinrich zu bereden. Man beschloß, ihn heimlich in der Nacht gefangen zu nehmen und dem Feuer= tode zu überliefern, ehe das gemeine Volk zusammenkommen könne und das Land dessen inne werde. Peter Nanne zog deshalb noch einige andere in das Geheimnis, und man beschloß, am folgenden Tage*) in Hemmingstedt, wenn man das Ave Mariä läute, unter Zuziehung einer Anzahl von Bauern zusammenzukommen und die Straße nach Meldorf streng zu be= wachen, damit keine Warnung dahin gelangen könne. So kamen denn zur bestimmten Stunde gegen 500 Bauern dort zusammen, ohne zu wissen, wozu sie eigentlich dahin beschieden seien. Als sie aber die wahre Veran= lassung erfuhren, wollte sich ein großer Teil bei der Ausführung nicht beteiligen, sondern nach Hause zurückkehren, aber die „Hövetlüde" bedrohten sie mit Verlust ihres Lebens und Gutes, das in Klaus Peters' Hause reichlich gespendete Bier that auch seine Wirkung, und so kamen sie denn gewaffneter Hand gegen Mitternacht in Meldorf an. Die Dominikaner öffneten ihnen eine kleine Pforte in der Mauer, zu welcher diese also den Schlüssel in Händen haben mußten, und versahen sie mit Lichtern und Fackeln, damit ihr Opfer ihnen nicht entrinnen könne. Hierauf brachen die trunkenen Bauern in das Pfarrhaus ein, welches in unmittelbarer Nähe des Klosters lag,**) plünderten und zerschlugen, was ihnen in die Hände

---

*) Gewöhnlich wird als Todestag Heinrichs der 11. November angenommen, wie er auch an dem Denkmal auf dem Heider Kirchhof verzeichnet steht, dann wäre er aber am 11. Adventsonntag getötet worden, während dies nach der allgemeinen Annahme an einem Sonnabend geschehen ist. Auch Luther sagt in seiner Historie ausdrücklich, daß die Versammlung zu Hemmingstedt stattgefunden habe Freitags am Tage nach conceptionis (dem 9. Dezember), also ist der 10. Dezember Heinrichs Todestag. Vgl. Bolten III 273. Jten a. O. p. 92.

**) Eine ziemlich schmale Gasse, welche an dem noch erhaltenen Gebäude (früher das Hauptpastorat Meldorfs, jetzt befinden sich die Sammlungen des Museums dithmarsischer Altertümer in diesen Räumen) vorüberführt, heißt, wie schon oben er= wähnt ist, noch heute der Papengang, wohl nach dem früheren Kreuzgang, durch welchen man aus dem Kloster nach der Kirche gelangen konnte. An diesem muß

el, mißhandelten ben Pfarrherrn — weitere Unthat wurde von ben Be=
nneneren verhütet, ihn perſönlich ſchützte wohl auch bas Geſchlecht, welchem
angehörte —, ber unglückliche Bruder Heinrich wurde aber aus bem
lette geriſſen unb mit auf ben Rücken gebunbenen Hänben im Hemb unb
irfuß in ber Winterkälte über Hemmingſtebt nach Heibe geſchleppt. Da=
lbſt brachte man ihn in bas Haus eines Mannes namens Ralbener, unb
ſollte mit eiſernen Ketten gebunben werben, aber ber Hausvater geſtattete
es nicht, beshalb führten ſie ihn in bas Haus eines Prieſters mit ..amen
ötzgen unb ſchloſſen ihn in einem Keller ein, vor bem bie tru:kenen
auern Wache hielten unb ben Gefangenen verhöhnten. Der Lanbesſekretär
ſuchte ihn baſelbſt unb fragte ihn, ob er nach Bremen geſchickt werben
er in Ditmarſchen ſeinen Lohn empfangen wolle, worauf Heinrich ruhig
:vieberte, wenn er etwas Unchriſtliches gelehrt ober gethan habe, ſei er
reit, auch hier bie Strafe bafür zu erleiben. Am folgenben Morgen
0. Dezember) warb auf bem Markte eine Verſammlung abgehalten unb
ruber Heinrich ungehört zum Feuertobe verurteilt, auch ſofort hinaus vor
: Stabt geſchleppt. Eine Art von gerichtlicher Verurteilung ſanb inſofern
tt, als ber Vogt Maeß nachträglich noch bas Urteil ſprach: „Dieſer
Böſewicht hat geprebigt gegen bie Mutter Gottes unb ben wahren Chriſten=
lauben", unb ihn im Namen bes Erzbiſchofs von Bremen zum Feuer=
ie verurteilte. Vergebens bot bie eble Frau Wibe Junge, welche von
elborf aus nach Heibe geeilt war, 1000 Gulben Löſegelb unb ſuchte
nigſtens einen Aufſchub bis zum nächſten Montag zu erwirken, bamit
ordentliches Verhör vor bem ganzen Lanbe ſtattfinden könne, ihre Bitten
chten ben trunkenen Haufen nur noch raſenber, ſo baß er, aufgehetzt von
: Franziskanern, in blinber Wut über ben Märtyrer herfiel unb ihn aufs
:uſamſte mißhandelte; enblich, ba bas Feuer nicht brennen wollte, wurbe
mit einem Fauſthammer erſchlagen. Am folgenben Tage ſanb ber ver=
mmelte Leichnam ſeine Ruhe im Grabe, über welchem ſich jetzt (errichtet
Jahre 1830) ein Denkmal erhebt.

In Melborf war man offenbar über bas Vorgehen ber fanatiſchen
erer in Beſtürzung geraten, ja man muß vollſtänbig ben Kopi verloren
en, ba man nicht einmal ben Verſuch gemacht hat, ben Unglücklichen
Hänben ſeiner Peiniger zu entreißen,*) obwohl bas Erſcheinen
Frau Wibe Junge in Heibe zeigt, baß man über bas Schickſal bes
ibers Heinrich wohl unterrichtet war, unb ſo iſt es, obwohl von
eren berichtet wirb, baß bie Reformation von Melborf aus gleich raſche
:tſchritte gemacht habe, boch viel wahrſcheinlicher, baß bieſelbe, wie auch

---

Gebäube gelegen haben; bie wunberbare Bauart beſſelben mit ber am Oſtenbe
iblichen Apſis läßt barauf ſchließen, baß baſſelbe urſprünglich zu kirchlichen
:den beſtimmt geweſen iſt. Das Gebäube muß übrigens in ſpäterer Zeit, wenigſtens
ber Vorberſeite, erneuert worben ſein, bieſelbe trägt bie Jahrzahl 1601.

*) Von bem Vorfalle in ber Nacht wirb man übrigens in ber Stabt Mel=
ſelbſt ſchwerlich etwas gemerkt haben, ba bas Kloſter am norböſtlichen Ranbe
:lben lag, ſo baß ber Haufe, ber von Hemmingſtebt gekomnien war, bie Stabt
l garnicht zu betreten brauchte.

Neokorus (II. 30) sagt, durch das Schicksal Heinrichs daselbst keinen geringen Anstoß erlitten und man eine Zeitlang still gehalten habe und still
habe halten müssen, und daß die Feinde der Predigt des lauteren Evangeliums eine Zeitlang triumphiert hätten. Im stillen ging es aber doch
vorwärts. In Wesselburen hatte der ehrwürdige und gelehrte Vikar, Herr
Nikolaus Boie der Ältere, dem Norder-Vogdemannengeschlechte angehörend,[578]
angefangen, seinen Hausgenossen und guten Freunden uud darnach allen,
die es begehrten, in seinem Hause das reine Wort Gottes zu predigen.
Die Verfolgung seitens der Mönche und anderen Geistlichen trat natürlich
auch hier bald ein, und eine Schar seiner eigenen Geschlechtsgenossen, durch
die Aufhetzungen der Priester fanatisiert, drang mit den schlimmsten Absichten in sein Haus ein, wurde aber durch die Unerschrockenheit und die
freundlichen Worte, mit denen Boie ihnen entgegentrat, vollständig ent-
waffnet. Als nun aber einer der Achtundvierziger, Claus Marquart Harring
zu Wesselburen, früher der größte Gegner der evangelischen Predigt, durch
die Macht des Wortes bekehrt, sich offen als seinen Anhänger bekannte,
da war es in Wesselburen bald mit dem katholischen Gottesdienste vorbei,
man öffnete dem Nikolaus Boie freiwillig die Kirche und berief ihn zum
ordentlichen Lehrer, Gottes Wort lauter und rein zu predigen. Auch in
Meldorf bekam man wieder Mut, die evangelisch Gesinnten wagten es
wieder kühner hervorzutreten, und die Folge davon war, daß die Dominikaner die Stadt verlassen mußten, sie zogen sich nach Lunden zurück. Dies
geschah im Jahre 1526. Die Säumigen unter ihnen oder die, welche
zurückzukehren wagten, hatten es bitter zu bereuen. Die Meßaltäre im
Kloster wurden abgebrochen, die Meßgewänder nebst den Büchern auf dem
Klosterhofe verbrannt, das Hauptgebäude im Kloster, wohl das Refektorium,
zu Frühpredigten benutzt. Außerdem beschloß man, einen zweiten Prediger
nach Meldorf zu berufen, und auf Empfehlung der Bremer Geistlichkeit
wandte man sich an Adolf Clarenbach, sonst auch Adolf vom Busch genannt, gebürtig aus der bergischen Stadt Lennep, welcher als eifriger
Lutheraner bekannt und damals in Osnabrück als Konrektor thätig war.
Derselbe nahm auch die Berufung als Kapellan in Meldorf mit Freuden
an und gedachte, schon im Frühjahr 1527 dahin überzusiedeln. Aber zu
seinem Unglück verzögerte sich seine Abreise, und so wurde er ein Jahr
darauf zu Köln als Ketzer ergriffen und, nachdem er ein Jahr lang gefangen gehalten worden war, am 28. September 1529 auf dem Scheiter-
haufen verbrannt.[579] So hatte die Melдorfer Gemeinde bereits den zweiten
Märtyrer für den evangelischen Glauben aufzuweisen; bald nachher erhielt
sie aber von Bremen aus wirklich einen zweiten Prediger mit Namen
Johann Halversdorp.

Im Norden Ditmarschens hielt sich der Katholizismus länger, und
noch im Jahre 1529 wurde zu Wöhrden eine Frühmesse eingerichtet, deren
Stiftungsurkunde von dem Landessekretär Günther und dem Pfarrherrn
Simon Mosellage als päpstlichem Notar anfangs April ausgefertigt worden
ist.[580] Doch dauerte diese Trennung des Landes nicht lange, die Lundner
Mönche predigten wohl noch hier und da, aber i. J. 1532 wurde der

atholiſche Meßgottesdienſt im ganzen Lande verboten und die evangeliſche
Ehre eingeführt. Diejenigen Prediger, welche ſich dem Befehl des Landes
ügten, verblieben in ihren Ämtern, die anderen verließen das Land oder
lieben im Beſitz ihrer Pfründen, wenn ſie ſich ruhig verhielten, mußten
der ihre Amtsverrichtungen lutheriſchen Vikaren überlaſſen. So kam es,
aß nach Wöhrden erſt 1535 ein evangeliſcher Prediger berufen werden
onnte. Auch im Kloſter zu Lunden ſoll am Sonntag vor Jakobi 1533
ie erſte evangeliſche Predigt gehalten worden ſein; im Jahre 1539 wurde
aſſelbe abgebrochen und das Baumaterial dazu benutzt, das baufällig ge=
vordene Hammhaus vor Heide von grund aus neu aufzubauen.

Betreffs des Melborfer Kloſters wurde in verſchiedenen Landes=
erſammlungen beſchloſſen, daß „en gemeene Schole vor de Jogeth anrichtet
und ſcholen bartho angewandt werden alle de Göber, Rente, liggende
Grunder, Acker u. ſ. w., wo und in wat Karſpel ſe belegen von unſe Vorelbern
to denſelben Kloſter ut chriſtliker Andacht gegeven.“ Am 19. Juni 1540
·urden deshalb von den Achtundvierzigern, Vögten, Schließern und der Ge=
emtheit des Landes zehn Männer*) aus ihrer Mitte gewählt, „bat ſe in
düſſer nötigen Saken willen in ehren Verſtande Gottes Ehre und des
Landes Wollvart ſöken“ (ſollten). Dieſer Beſchluß fand übrigens anfangs
n Lande wenig Anklang, eine nicht unbedeutende Anzahl von Kirchſpielen
— Brunsbüttel, Marne, Wöhrden, Büſum, Lunden und Tellingſtedt —
orberten einen Teil der Kloſtereinkünfte für ſich und wollten ähnliche Schulen
nrichten, wurden aber von den Achtundvierzigern abgewieſen. Dieſe Streitig=
iten, wie die bald ausbrechenden kriegeriſchen Verwicklungen verhinderten
.ngere Zeit ein rechtes Gedeihen der Melborfer Schule, welche übrigens
s zum Jahre 1861 in den alten Kloſterräumen geblieben iſt.

## II.
### Die neue Kirchenordnung.

Die Leitung der kirchlichen Angelegenheiten wurde vier Superinten=
uten (oder Superattendenten, wie es in den älteren Schriftſtücken heißt)
)ergeben, und zwar wurde die alte Einteilung der Döfften beibehalten [55]
it der Beſchränkung, daß die Strandmannen, welche ſich ſchon vor Ein=

---

*) Es waren dies Peter Martens Carſtens aus Brunsbüttel, Barthel Harber
s Marne, Peter Robe und Hans Harring aus Melborf, Poppen Reimers und
>hann Holm aus Weſſelburen und Neuenkirchen, Reimer Wolderich, der Schwieger=
5n von Wibe Junge, und Hans Ruſſe aus Lunden, Johannes Junge aus Delve
:b Claus Bumpe aus Hennſtebt. Kolſter (älteſte Aktenſtücke über die Melborfer
chule, Melborf 1875) hat ſchon barauf aufmerkſam gemacht, daß wir hier je zwei
·rtreter der fünf Döfften finden. Die Verhandlungen des Süberſtrandes über
.e Wiedervereinigung mit den vier nörblichen Döfften, welche durch die Ereigniſſe
: Einführung der Reformation — dieſelbe ſcheint in dieſer Beziehung einen höchſt
rteilhaften Einfluß gehabt zu haben — ſchon vorbereitet war, hatten i. J. 1539
zonnen. Die Urkunde vom 19. Juni 1540 findet ſich abgedruckt im Ditmarſcher
b Eiberſtedter Boten vom J. 1802.

führung der Reformation in dem ganzen Lande mit den Meldorfern ver=
einigt hatten und nun von M. Nikolaus Boie, welcher, selbst ja ein geborener
Brunsbüttler, schon im Jahre 1528 in seinem Geburtsorte geprebigt
hatte, [682] nicht lassen wollten, auch später mit ben Meldorfern einen ge=
meinschaftlichen Superintenbenten behielten. Die drei anberen waren ber
schon oben erwähnte M. Nikolaus Boie senior zu Wesselburen für die
Westerböffte, M. Johannes Schnecke zu Heide für die Osterböffte und
Nikolaus Witte zu Lunden für die Mibbelböffte, alle vier geborene Dit=
marscher. M. Johannes Schnecke war auch ber erste, welcher i. J. 1532
in die Ehe trat und zwar mit einer Melborferin, der Tochter des Jürgen
Möllers Claws. Den beiben Boie war es übrigens nicht beschieben, ihre
segensreiche Thätigkeit noch lange fortzusetzen, sie starben beide i. J. 1542,
ber ältere während ber Fastenzeit, ber jüngere am 28. Oktober.

Der Hamburger Dompropst hatte schon i. J. 1525 versucht, burch
Vermittlung ber Lübecker wieder in Besitz seiner verlorenen Rechte und
Einkünfte in Ditmarschen zu gelangen, [683] aber vergeblich, beshalb strengte
er vor dem Reichskammergericht einen Prozeß gegen das Land Ditmarschen
an, welcher von bem Jahre 1526, in welchem die Klage anhängig gemacht
wurde, bis zum Jahre 1532 bauerte. [684] Es erging beshalb unter bem
19. Februar 1527 aus ber Reichsstadt Eßlingen eine offene kaiserliche
Labung gegen die „48 Gubernatoren, Regierer, Richter und Verweser bes
Landes Ditmarschen", weil sie bes Reiches gemeinen Rechten, der golbenen
Bulle und auch bem Abschieb bes letzten Speierschen Reichstages (1526)
zuwiber ben Propst, wie ben Dechant, das Kapitel und die Priesterschaft
zu Hamburg ihrer Obrigkeit und Jurisbiktion mit ber That gewaltiglich
entsetzt und beraubt hätten. Die Labung habe ihnen aber nicht durch
einen geschworenen Boten bes Kammergerichts überbracht werben können,
„umb unsicheren Zuganges und gefährlichen Wagnus willen leibes und
lebens", beshalb soll sie in offnen Ebiktes Weise zu Lübeck, Hamburg,
Stabe, Burtehube und Lüneburg angeschlagen werben, woburch die Dit=
marscher auf kaiserlichen Befehl in gleicher Weise gebunden angesehen
werben sollen, als wenn die Labung ihnen unter Augen und zu ihren
gewöhnlichen Behausungen überantwortet wäre. Auf biese Weise wurden
die Beklagten auf ben 20. Mai vor bas Kammergericht zu Eßlingen ge=
laben, um sich zu verantworten. Am gebachten Tage reichte denn auch
der Prokurator Dr. Simon Engelhart bei bem Kaiserl. Kammerrichter
Grafen von Veichlingen zu Eßlingen für seine Klienten, Propst, Dechant
u. s. w., seine Klage ein, „nicht in Gestalt eines zierlichen Libells, sonbern
als schlichte Erzählung der Geschichte", und bittet, bieselben in die von
ben Ditmarschern ihnen entzogene Jurisbiktion wieder einzusetzen und die
48 Gubernatoren samt benjenigen Einwohnern, die ihnen zufallen und
anhangen, in die Reichsacht zu erklären.

Hiergegen legte nun ber Licentiat ber Rechte Joh. Machtolff im
Namen ber 48 Gubernatoren Protest ein und überreichte eine Exceptions=
schrift, jeboch citra litis contestationem, bahin lautenb, baß der besagte
Propst, Dechant u. s. w. so gewaltsame und tyrannische Hanblungen im

Lande Ditmarschen vorgenommen hätten, daß sie, die Ditmarscher, mit weit
größerem Rechte hätten klagbar werden können als jene. Die Sache gehöre übrigens garnicht vor das Reich, da von einem Landfriedensbruch,
wie jene behaupteten, keine Rede sein könne, sondern vor den Richter.
Denn erstlich habe sich der Propst zu Hamburg eine weltliche Jurisdiktion
angemaßt, welche ihm die Gubernatores nicht hätten zugestehen können,
denn solche habe ihnen selbst, die von weiland Römischen Kaisern und Königen,
auch von dem jetzt regierenden Kaiser Karl V. gefreit und mit großen
Privilegien und Freiheiten versehen seien, je und allewege zugestanden, wie
sie auch dieselbe weltliche Jurisdiktion und Obrigkeit als die freien Ditmarscher jederzeit gebraucht hätten. Die Jurisdiktion des Propstes erstrecke
sich nur auf geistliche Sachen; wenn ihm nun, was übrigens keineswegs
eingeräumt werde, darin Eintrag geschehen sei, so möge er dies vor dem
ordentlichen Richter beweisen, vor das Kaiserliche Kammergericht gehöre die
ganze Sache nicht. Dann werden die schon oben (vgl. p. 192) mitgeteilten
Überschreitungen seitens des Dompropstes und seiner Kommissarien aufge-
zählt und derselbe beschuldigt, daß er nur deshalb seine Klage anhängig
gemacht habe, weil er die Ditmarscher für „schlechte und einfältige“ Leute
halte, denn der König von Dänemark, Herzog von Holstein, ja die Stadt
Hamburg selbst, habe den Propsten aus ähnlichen Gründen seiner geistlichen Jurisdiktion entsetzt, ohne daß sie vor das kaiserliche Kammergericht
geladen worden seien. Ebenso leugneten die Ditmarscher, betreffs der
Benefizien und Renten irgend wie dem Dompropsten Unrecht gethan zu
haben, sondern sie hätten vielmehr selbst Veranlassung zu Klagen, deshalb
möchten die Kläger nach des Reiches Recht vor den ordentlichen Richter
der die Ditmarscher, den Erzbischof von Bremen, verwiesen werden.
Wegen die denselben zugefügte Injurie und Schmach, als sollten sie sich
der Kaiserl. Majestät und den Geboten derselben gegenüber ungehorsam
erhalten haben, so daß der kaiserliche Landbote nicht gewagt habe, mit
der Citation in ihr Land zu reisen, protestierte der Anwalt der Ditmarscher
gleichfalls aufs entschiedenste und behielt sich weitere Maßnahmen in dieser
Sache vor.

Dr. Engelhart bezeichnete in seiner Replik die Exceptionsschrift der
Ditmarscher als erdichtet, schimpflich und injuriös und behauptete die Zu-
ständigkeit der Klage vor dem Reichskammergericht, einmal, weil die Dit-
marscher sich wider die goldne Bulle wie gegen den Abschied des letzten
Reichstages zu Speier vergangen hätten; zum anderen, weil der Erzbischof
er nicht „dieser friedbrüchigen und eigengewaltigen Handlung“, noch anderer
Sachen der Ditmarscher ordentlicher Richter sei; derselbe sei garnicht der
Ditmarscher Ordinarius, habe überhaupt garkeine Jurisdiktion und Gerichtszwang über dieselben weder in geistlichen, noch weltlichen Sachen, die
Blutsachen ausgenommen, die er durch fünf dazu verordnete Richter ausüben lasse, die aus den Ditmarschern ausgewählt würden und dem Erzbischof für solches Richteramt ein jeglicher jährlich 3 Gulden und 8 Schilling lübsch bezahlten. Der Hamburger Propst hingegen habe schon länger
als 300 Jahre alle Obrigkeit in weltlichen und geistlichen Dingen in

Ditmarschen bis in das Jahr 1523 in Händen gehabt, noch im Jahr 1519 sei ein Vertrag zwischen ihm und den Ditmarschern darüber abgeschlossen worden. Jetzt aber, seit der lutherische Handel sich erhoben und das Evangelium der christlichen Ordnung, wie sie es nennten, durch die aufrührerischen Bauern erweckt und entstanden sei, so daß einer dem anderen wider Gott, Ehre und Recht sein Hab und Gut und alle andere Gerechtigkeit nehmen möge, auch kein Gehorsam mehr sein solle, hätten sie sich allererst in ihrem Lande die geistliche Obrigkeit angemaßt. Wenn deshalb der Bann und geistlicher Gerichtszwang über die Ditmarscher verhängt und mit größerer Strenge verfahren worden sei, so trage die Widersetzlichkeit der Ditmarscher die Schuld. Wenn diese ferner behaupteten, daß der Propst nur aus Furcht, es möchte sein Verhalten gestraft werden, im Lande seine Gerichtsbarkeit nicht mehr ausgeübt habe, so sei dies das Widerspiel der offenkundigen Wahrheit, indem der Propst und die Seinen durch das aufrührerische Benehmen der Ditmarscher gezwungen worden seien, das Land zu verlassen; diese hätten geradeso gehandelt wie die Bauern vieler anderer Nationen, welche sich gegen ihre Obrigkeit empört und unter dem Scheine evangelischen Vornehmens wider alle Billigkeit zur Unterdrückung der Obrigkeit und zum Verderben ihrer Nächsten gehandelt hätten. Wenn nun die Ditmarscher selbst zugegeben hätten, daß der Propst die Jurisdiktion über sie besitze und durch seinen Offizial vielfältig ausgeübt habe, so sei es entschieden unrecht, ihn derselben zu entsetzen.

Nach langen Verhandlungen und Einreichung von Duplik- und Triplikschriften wurde denn endlich zu Speier am 10. April 1532 das Urteil in Sachen zwischen Propst, Dekan, Kapitel und Priesterschaft des Stiftes zu Hamburg, Klägern, einer- und den 48 Gubernatoren, Regenten, Richtern und Verwesern des Landes Ditmarschen andererseits gesprochen dahin, daß die Sache „nach allem Fürbringen an diesem kaiserlichen Kammergericht nicht angenommen, sondern an und für den gemeldeter Beklagten ordentlichen Richter hier mit diesem Urteil remittirt und gewiesen, auch in Recht erkannt, daß die gemeldeten Kläger den gedachten Beklagten Kosten und Schaden an berührtem Kammergericht erlitten auf rechtliches Ermessen auszurichten schuldig seien."

Somit war der Dompropst und das Kapitel von Hamburg seitens des Reichskammergerichtes mit ihrer Klage abgewiesen worden. Ein weiterer Versuch derselben, welcher im Jahre 1540 angestellt wurde, hatte natürlich ebensowenig Erfolg. Bei Neokorus (II. 132) lesen wir eine Verordnung der Achtundvierziger dat. Heide vom Sonnabend nach Pauli Bekehrung (25. Januar) 1540 an die Prediger zu Lunden, Hemme, Weddingstedt, Hemmingstedt und Norderhastedt, unter Androhung einer Strafe von 60 Mark im Unterlassungsfall, eine beiliegende Klagschrift des Hamburger Dompropstes vor dem Reichskammergericht von den Kanzeln zu verlesen. In derselben wird der von dem Kläger geforderte Schadenersatz für die letzten 18 Jahre auf 45 200 Mark lübsch und, abgesehen von einer ganzen Anzahl anderer Verluste, auf 2016 Tonnen Roggen angegeben.

### III.
#### Das Auftreten der Reformatoren gegen die Geschlechterbündnisse.

Aber auch in den politischen Verhältnissen Ditmarschens führte die
Führung der Reformation durchgreifende Veränderungen herbei; es
:rte nicht lange, so richtete sich der Eifer der Reformatoren gegen die
Hlechter, namentlich gegen die „Bundesbriefe" oder Statuten derselben,
he sie wegen der in ihnen enthaltenen Verpflichtung zur Blutrache und
Teilnahme an dem Geschlechtsnemede als unchristlich und deshalb als
atthaft ansahen. In der 1532 herausgegebenen „Ordnung oder An=
ung von dem Abendmahl" heißt es: [585] „Ein Christen Mitgenoß soll
offner Übertretungen des Glaubens und der göttlichen Gebote mit
:n Hauskindern, die er noch in seiner Macht hat, enthalten und sich
ühren, daß er mit sündlichen Bündnissen, anderer Leute Sünde zu
:en, nicht verknüpft sei, wie die Geschlechter wieder und fort in der
gegen ihrer eigenen Seele Seligkeit unter einander sich verbunden
:n, daß der eine Geschlechtsmann als Mitmann mit dem anderen will
)em Eide stehen (so er dazu genannt wird), unangesehen, ob ihm die
hrheit der Sache, um welche man schwören soll, bewußt sei oder nicht,
daß der eine des Geschlechtes mit dem anderen will entgelten und
:egen, wenn er jemand totschlägt oder anderen Schaden an seinem
e thut, unangesehen, ob solches mutwillig aus Haß und lauter Über=
geschieht, oder aus Notwehr, dadurch sie alles unschuldigen Blutes
aftig und mitschuldig werden, das auf solche Vertröstung auf Mithülfe
Beipflicht vergossen wird. Denn dadurch werden die Bösen in ihrer
sethat gestärkt." Und ebenso sprechen sie sich in einem anderen Schrift=
aus, welches „Von der Schädlichkeit der Bundbriefe" [586] überschrieben
„Wiewohl ein ganzes Land zu Ditmarschen eingewilligt und einge=
nt hat, daß man das reine und lautere Evangelium verkündigen soll,
)ringt solche Predigt doch wenig Nutzen, weil fast alle Geschlechter
3 Landes zu greulichem Verderben ihrer Seelen Seligkeit sich dawider
rieft, versiegelt, das heißt verbunden und verstrickt haben, wenn es
eicht auch aus Unwissenheit und Unverstand der göttlichen und rechten
hrheit geschehen ist. Denn es ist unmöglich, daß man zugleich nach
Evangelium leben kann und in solchen Verbündnissen bleiben, denn
st dem gleich, ob man mit der einen Hand das Evangelium annimmt
mit der anderen wehret und niederschlägt". Leider hat Neokorus hier
:brochen, aber ein Weiteres erfahren wir aus einer anderen Schrift,
he man auch für eine Arbeit von einem der Boie halten möchte,
:elt: „Unterrichtung von den Verbündnissen der Geschlechter", [587] in
her es folgendermaßen lautet:
„Die Verbündnisse der Geschlechter in unserem Lande sind unchrist=
und wider das Wort Gottes.
1. weil die, welche darin verstrickt sind, das Böse stärken und hand=
:n, weil sie ihrer Verbündnis nach den Schaden mit bessern, den ihr
:er und Bundesgenosse thut, er sei leiblich oder töblich; [588] darüber

machen sie sich des Bösen mit teilhaftig, gleich dem Thäter vor Gott nach der Schrift, indem ihr ruchloser Vetter sich darauf verläßt, haut und sticht auf der Bundesgenossen Beutel.

2. ist in den vorgeschriebenen Bündnissen noch eine grobe und unsitt= liche Sünde, also daß, wenn einer aus dem Geschlechte Schaden gelitten hat und den Schaden mit einem Geschlechtsnemede beibringen muß, [589] derjenige, welcher dazu genannt wird, der Verstrickung nach mit zu Eide stehen muß, er habe Wissen von dem Schaden oder nicht; will er aber nicht schwören, so muß er den Schaden bessern, wie die Bundes= briefe enthalten. Deshalb schwören sie gegen das eigne Gewissen um Verlust zeitlichen Gutes wegen und fürchten so mehr die Menschen und das zeitliche Gut, denn Gott. So versündigen sich solche Meineidige und Bundesgenossen nicht nur gegen das zweite und fünfte Gebot, sondern auch gegen das erste.

3. erwächst aus der Sünde des falschen Zeugnisses und Meineides noch eine andere Sünde; wenn nämlich der Schaden so auf andere ge= schoben ist und man dessen Gut abschwört, daß er den Schaden bessern muß, den er nicht gethan hat, und so gegen seinen Nächsten sündigt, so muß man, will man Vergebung für solche Sünde von Gott erlangen, sich vorher mit seinem Nächsten versöhnen, den man mit seinem falschen Eide an seinem Gute geschädigt hat; diese Versöhnung kann aber nur geschehen mit Wiedererstattung des abgeschworenen Gutes oder mit Abbitte, dies ist aber beides nicht erlaubt.

4. ist noch ein unchristlicher Artikel in dem Bundbriefe, daß der= jenige, der den Schaden erlitten hat, denselben nicht versöhnen darf, wenn der Widerpart auch Sühne anbietet, sondern das Geschlecht muß erst mit allen Kluften einwilligen; versöhnt er den Schaden ohne des Geschlechtes Willen, so muß er seinen eigenen Schaden tragen und diesen auch dem Geschlecht bezahlen, und so wird er denn durch das Verbündnis an der Versöhnung mit seinem Nachbar verhindert."

Deshalb verlangten die Reformatoren kraft ihres Amtes, daß solche Verbündnisse zum mindesten freigegeben würden, damit die, welche nach Rat des göttlichen Wortes leben wollten, frei ausscheiden dürften, damit beide, die Obrigkeit und der gemeine Mann, von fremden und auf= gezwungenen Sünden befreit würden. Weil sie aber einsahen, daß eine vollständige Beseitigung der Geschlechtsverbündnisse, für den Augenblick wenigstens, unmöglich sei, suchten sie dieselben möglichst zu reformieren, indem sie einen Entwurf zu einem neuen Bundesbrief vorlegten. [590] In demselben heißt es, daß eine neue reformierte Beliebung von ihnen auf= gerichtet worden sei nach Rat des göttlichen Wortes, dergestalt daß,

„wenn jemand von unseren Vettern Schaden leidet, leiblich oder töblich, wollen wir alle einträchtig uns befleißigen dahin, daß der Schade nach dem Landrecht gebessert werde; die Kosten aber, die daraus entstehen, soll man aus dem Schadengelbe selbst nehmen, wenn mehr vorhanden ist, soll dies dem Geschädigten oder seinen Erben ausgezahlt werden. Kann der Geschädigte oder seine nächsten Freunde den erlittenen Schaden allein

ֺ֓chtlich verfolgen oder in Freundschaft schlichten ohne die Hülfe des Ge=
schlechtes, so soll ihnen dies erlaubt sein.

„Wenn jemand in zukunft Schaden anrichtet, es sei leiblich oder
ֺblich, denselben soll er allein bessern; ist er aber dazu zu arm, so soll
ֺs Geschlecht ihm dabei behülflich sein; auch soll es jedem freistehen, ob
ֺ den Schaden mit Geld bessern oder den Thäter verfolgen und dem
ֺichter überantworten will, sowohl dem, der den Schaden erlitten hat,
ֺie auch seinen Geschlechtsgenossen.

„Ferner soll kein Mann der genannten Geschlechter genötigt oder
ֺrpflichtet sein, zu schwören oder zu zeugen in eines anderen Schaden oder
ֺache, die er nicht selbst mit angehört oder angesehen hat, und die ihm
ֺicht bewußt ist. Wenn er aber Kenntnis von der Sache hat, dann soll
ֺ die Wahrheit bezeugen ohne Ausflucht und Bitte. Weigert er sich
ֺssen, obwohl er die Wahrheit weiß, so soll er gegen das Geschlecht
ֺ Schilling verbrochen haben.

„Wenn ferner innerhalb eines Geschlechtes Streit und Zwist ent=
ֺhen sollte über Schaden oder andere Sachen, welche Kläger und Be=
ֺagte unter einander nicht schlichten können, so sollen vier sichere Männer
ֺs dem Geschlechte gewählt werden, um die Sache zu entscheiden, und soll
ֺine Appellation statthaft sein bei Verlust der Sache. Wenn aber ein
ֺeschlechtsgenosse eine Sache hat mit einem außerhalb des Geschlechtes
ֺhenden Manne und die Sache rechtschaffen ist, so soll ihm das ganze
ֺeschlecht dabei behülflich sein, daß er in seinem Rechte nicht geschmälert
ֺird. Sieht das Geschlecht aber ein, daß auf seiner Seite Unrecht ist, so
ֺll man den Mann dazu anhalten, daß er sich bei dem Landrecht genügen
ֺsse. Will er dann dem Geschlecht nicht gehorsam sein, so soll dasselbe
ֺn im stich lassen. Die Unkosten des Verfahrens soll der Mann tragen,
ֺr die Sache hat. Ist er dazu zu arm, so sollen die Geschlechtsgenossen
ֺraten, woher das Geld zu nehmen sei, damit der arme Vetter nicht
ֺrlassen sei.

„Ist eine Versammlung des Geschlechtes irgendwo anberaumt, so
ֺll ein jeder Geschlechtsgenosse zur Stelle sein bei 4 Schilling Brüche,
ֺfern er ohne genügende Entschuldigung ist. Soll die Versammlung in
ֺeldorf stattfinden, so soll ein jeder in dem dazu bestimmten Hause sich
ֺnfinden und zwar um 11 Uhr, kommt er später, soll er 1 Schilling ge=
ֺrochen haben. Und an der Stelle, wo wir mit dem Geschlechte über
ֺssen Sache verhandeln, soll ein jeder sicher sein vor Schimpfworten,
ֺechergüssen und Faustschlägen bei Brüche von einer Tonne Hamburger
ֺier.

„Ferner haben wir beliebt, daß, wenn jemandem von unserem Ge=
ֺhlecht ein Unfall zustößt, also daß sein Haus abbrennt, wir ihm ge=
ֺemende Hülfe und Beipflicht thun wollen mit Geldschatzung und Wagen=
ֺhre, bis er sein Haus wieder unter Dach hat. Was aber der volle
ֺd der halbe Pflug dazu thun und wieviele Fuhren ein jeder leisten soll,
ֺrüber sollen 6 Männer entscheiden, welche aus den Klufften verwendet
ֺerben sollen.

„So soll es auch gehalten werden, wenn Jemandem sein Deich durch ungestüme Flut zu Grunde geht. Ebenso wenn jemand in Krankheit fällt mit seinem Hausgesinde, darum sein Pflug oder die Mahd oder die Ernte liegen bleiben müßte, auch dem wollen wir zu Hülfe kommen, daß sein Acker besät und seine Ernte gesammelt würde.

„Damit sollen alle anderen Bundbriefe gänzlich getötet und gecancelliert sein, welche unwissentlich gegen Gottes Wort und Seligkeit aufgerichtet worden sind."

Die Reformatoren setzten es auch wirklich durch, daß seitens der Landesversammlung die alten Bundesbriefe abgeschafft wurden, und der Achtundvierziger Peter Swyn wurde damit beauftragt, für die Durchführung dieser Verordnung seitens der einzelnen Geschlechter zu sorgen. Aber hier traf dieser auf den entschiedensten Widerstand namentlich seitens des Geschlechtes der Russebellingmannen, welches ebenso wie die Wurthmannen, denen Peter Swyn angehörte, im Kirchspiel Lunden seßhaft war. Ja es kam zu einer förmlichen Fehde zwischen den beiden Geschlechtern; daß aber das Vorgehen des Peter Swyn die Veranlassung zu dieser gewesen ist, läßt sich daraus abnehmen, daß er selbst das Hauptopfer derselben wurde. Am Abend Mariä Himmelfahrt, dem 14. August, wurde er auf Anstiften der Russebellinger zwischen Lunden und St. Annen meuchlerisch überfallen und von einem Streithammer rücklings getroffen, so daß er von seinem Pferde in den Graben stürzte, und darauf vollends getötet. Auf dem Kirchhof zu Lunden befindet sich sein Grab, der aufrechtstehende Grabstein, jetzt ohne Inschrift, trug früher seinen Namen mit der Bezeichnung pater patriae, [591] noch heute zeigt er die Art seines Todes. Die Mörder waren geflohen, das Pferd hatte den toten Herrn aber nicht verlassen wollen, und so hatte man den Leichnam bald gefunden. Die Thäter wurden auch gar bald entdeckt und aufs Rad geflochten, die Anstifter des Mordes des Landes verwiesen. Wunderbar ist es, eben der Mann, der zuerst als Hauptfeind der Reformation die Hinrichtung Heinrichs von Zütphen wesentlich mit veranlaßt hatte, er stirbt dreizehn Jahre später im Dienst der lutherischen Kirchenreformation als Märtyrer für die rechtlich-sociale Reform der Landesverfassung.

Übrigens forderte die Fehde der beiden Geschlechter außerdem noch eine ganze Anzahl anderer Opfer, und viele mußten nachher noch das Land verlassen. Aber die Landesversammlung ließ sich in ihrem Bestreben, den alten verrotteten Verhältnissen unter allen Umständen ein Ende zu machen, durch den Widerstand einzelner Geschlechter nicht stören, und so wurde, nachdem alle Kirchspiele sich vorher darüber beraten hatten, am 9. November 1538 in der Landesversammlung zu Heide folgender Beschluß gefaßt: [592] Wenn jemandem in Zukunft aufgegeben werden sollte, einen erlittenen Schaden mit einem Geschlechtsnemebe zu beweisen oder sonst durch ein solches sich zu rechtfertigen, so soll derselbe nachmals und zu ewigen Zeiten zu sich fordern oder bitten 11 Männer aus seinem Geschlecht oder sonst aus seinem Kirchspiel, deren Ehre unbefleckt ist und die auf 90 Schilling geschätzt sind; wer solches Gericht zur Stelle bringt, der soll seiner Sache gerechtfertigt sein und dem Recht genügt haben.

So trat an die Stelle des Geschlechts- und der anderen Nemeden einfache Zwölfmanneneid; das Institut des Nemede war also insofern gehoben, als die Wahl der Eideshelfer dem Schwörenden selbst freistand ihm nicht aus einem bestimmten Kreise, sei es des Geschlechtes oder Kirchspiels oder der Bauerschaft, Leute genannt wurden, welche sich für pflichtet halten mußten, selbst im Nichtwissensfall oder trotz sonstiger issensbedenken dem Betreffenden beizustehen.

Daß der Widerstand der Geschlechter auch durch diesen Beschluß der desversammlung nicht sofort gebrochen war, zeigt die von dem Meldorfer oerintendent Boie noch i. J. 1542, also kurz vor seinem Tode, zu- h im Namen der anderen lutherischen Geistlichen ausgesprochene Drohung, Staub von ihren Schuhen schütteln und ausziehen zu wollen, wenn „teuflischen" Bündnisse der Geschlechter wieder aufgerichtet werden ben und sie die „heidnischen Artikel" nicht aus dem Landesbuche heraus- ı wollten. *)

## IV.
### Das neue Landrecht.

Das i. J. 1447 kodifizierte Landrecht hatte im Lauf der Zeit unigfache Veränderungen erfahren, welche zum teil als Zusätze hinzuge-

*) Noch in neuerer Zeit haben die abgeschafften Geschlechter einen warmen eidiger gefunden in Claus Harms (Erinnerung an die Schlachts- und Kluft- ünbnisse der alten Ditmarscher in seinen Publicistischen Aufsätzen 1818), welcher t, daß durch die Aufhebung der Geschlechterbündnisse die Widerstandsfähigkeit narschens verringert worden sei. Wenn er auch einräumt, daß es schwer sei, zu beweisen, so stellt er doch als offenkundige Nachtheile die Behauptungen auf:

1. Die Aufhebung der Geschlechterbündnisse habe das Land offen gemacht dadurch den Volksstamm um seine Reinheit gebracht, indem zu seiner Zeit eicht nicht die Hälfte der Einwohner ihre Großältern in bitmarsischen Kirchen- ern habe, nicht mehr als zwei Drittel derselben in einer bitmarsischen Kirche uft seien.

2. Sie habe das Land arm gemacht, indem das Gut nicht mehr aus ilienrücksichten zusammengehalten würde; wo sich eine Geschlechtsverbindung er- en habe, freilich ohne Schlachtbrief, da gebe es noch reiche Leute z. B. in St. Annen.

3. Sie habe das Land durch Auslöschung vieler strahlender Tugenden schlecht acht; als Beweis werden von ihm folgende Fragen aufgeworfen:
Wer war damals verlassen, als sich der Schlachtbund der Armen nicht minder der Reichen annahm?
Was erzeugte Heldensinn? Der Schlachtbund hielt dem Einzelnen das Bei- der tapferen Ahnen vor.
Was bewahrte Keuschheit und Scham? (Vgl. Viethen p. 76).
Was machte das gegebene Wort so unverbrüchlich?
Wem ging das Herz auf bei Landesnot?
Was lockte dazu, etwas für die Nachkommen zu thun?

4. Sie habe das Land voll gemacht von lästigen Instituten; als solche t Harms namentlich die Armenanstalten an, welche er als Pflanzstätten der gheit und Unzucht bezeichnet, die die werkthätige Menschen- und Familienliebe rängt hätten.
Wenn Claus Harms bei diesen Ausführungen aus Begeisterung für die Helden- en seiner Vorfahren ohne Zweifel viel zu weit geht, so zeigt doch der Verlauf Geschichte Ditmarschens, daß manches wahr ist.

fügt worden waren, diese Ergänzungen reichen bis zum Jahre 1467.
Aber schon vor b. J. 1480 hatte man eine Revision desselben für nötig
gehalten, welche die Artikel 1—209 des zweiten Landrechtes umfaßt. Diese
zweite Redaktion des ditmarsischen Landrechtes ist im wesentlichen konform
der ersten, nur einzelne Verschiedenheiten machen sich geltend, welche aber
nicht einschneidender Natur sind. Erstlich sind eine Anzahl Paragraphen
weggefallen oder verändert worden, [693] weil sie überflüssig geworden waren
oder den obwaltenden Landesverhältnissen nicht mehr entsprachen, namentlich diejenigen, welche die Achtundvierziger betreffen. Sodann hat durch-
gehends eine Milderung der Strafen stattgefunden, die barbarische Strafe
des Niederbrennens des Hauses nebst der Ehrlosigkeit z. B. ist in eine Geldstrafe von 60 Mark lübsch umgewandelt worden (Art. 11 gegen § 2).
Von den im Jahre 1489 hinzugekommenen Artikeln enthalten die drei
ersten (227—229) wieder wichtige Bestimmungen in betreff der Geschlechter.
Es wird festgesetzt, daß wenn ein solches einen losen Buben in seiner
Mitte hat, für dessen Vergehungen es nicht aufkommen will, es berechtigt
sein soll, denselben dem Kläger oder dem Gerichte zu überantworten, aber
auch zur Übergabe verpflichtet, wenn es nicht haftbar bleiben will. In
den früheren Artikeln war nur von der Zahlung der Friedens- und der
Mannbuße seitens des Geschlechtes die Rede, dieser konnte dasselbe durch
Übergabe des Mannes sich entziehen. Ferner sollen die Frauen künftig
nur den fünften Teil der Buße erhalten und bezahlen, das Übrige also
das Geschlecht, dem sie angehören; wird eine Frau erschlagen, so erhalten
ihre Kinder nur den fünften Teil der Buße, das Übrige also die Geschlechtsgenossen. Verübt eine Frau Schaden und kann sie oder ihr Mann denselben nicht bezahlen, so sollen die Schwertmagen verpflichtet sein, den
fünften Teil der Buße zu zahlen, Frauen und Jungfrauen konnten also
im Unvermögensfalle dem Gericht nicht übergeben werden. Der Art. 232
v. J. 1498 bestimmt über die Rechtsfähigkeit eines aus der Kluft oder
dem Geschlecht Ausgeschlossenen, daß er solche wieder erlangen kann, wenn
er den von ihm verübten Schaden ersetzt hat.

Im Jahre 1530 (Art. 241) wird ein Scharfrichter für die vier
nördlichen Döfften des Landes nach dem Vorgange der Stadt Lunden
(dasselbe hatte i. J. 1529 Stadtrecht erhalten) für 40 Mark eingestellt,
welche von dem ersten Totschlage bezahlt werden sollen, welcher nach Himmelfahrt verübt worden ist. Die Zehrung soll von demjenigen bestritten werden,
der seiner bedarf.

In demselben Jahre (Art. 242) wurden auch die vier Vogteien
aufgehoben, die Brüchen sollen in Zukunft an die Landeskasse bezahlt
werden.

Im J. 1531 (Art. 239) wurde dem Kirchspiel Wesselburen aus-
nahmsweise auf ein Jahr gestattet, daß an die Stelle des Geschlechtsnemede der einfache Zwölfmanneneid treten sollte. Ebenso findet sich in
einer Meldorfer Kirchspielsbeliebung vom 15. August 1541 [694] in § 6
die Bestimmung, daß statt der zwölf Eideshelfer die Hälfte genügen solle,
wie es in Melborf schon seit der jüngsten Fehde beschlossen und gehalten

en sei, und daß an die Stelle des Geschlechtsnemede überhaupt der
lsmanneneib treten solle. Aus dieser merkwürdigen Bestimmung geht
or, daß man in Melborf ziemlich eigenmächtig vorgegangen sein muß,
n ausdrücklich gesagt wird, daß daselbst das doch im Lande noch zu
t bestehende Geschlechtsnemede bereits seit 1500 abgeschafft worden ist,
1 die Wesselburner sich also erst im Jahr 1531, und zwar nur auf
Jahr vorläufig, auf legalem Wege die Erlaubnis verschafften.

Daß aber diese Veränderungen in den Bestimmungen des zweiten
rrechtes, namentlich den Geschlechtern gegenüber, welche mit dem in
Landrecht aufgenommenen Beschluß v. J. 1538 ihren vorläufigen Ab=
ß fanden, von der lutherischen Geistlichkeit und vor allem von den
n Boie ausgegangen sind, ist von vornherein wahrscheinlich, wird aber
ausdrücklich bezeugt durch die Verhandlungen des Süderstrandes mit
vier nördlichen Döfften, welche in demselben Jahre begannen, in
zem das neue Landesbuch veröffentlicht wurde. Da heißt es nämlich
er i. J. 1539 seitens des Süderstrandes der Landesversammlung in
.e überreichten Schrift: [595] „Erstmals haben wir (das Kirchspiel Marne
ht) mit unserem gemeldeten Süderstrande angenommen unseres Landes
.tsbuch, wie dasselbe von unseren Superattendenten samt Mithelfern
des Landes Rate und kaiserlichen Rechten christlich corrigiert und
nbert worden ist, in der Hoffnung, daß das ganze Land solches nach
Zeit annehmen und bestätigen werde, in gleichem Maße wollen wir
auch annehmen und mit Gottes Hülfe halten.“
Hieraus geht zugleich hervor, daß die Bestimmungen des revidierten
orechtes als solchen von dem Süderstrande früher angenommen worden
als von den vier nördlichen Döfften, was wohl dem Einflusse des
dorfer Superintendenten M. Boie auf den Süderstrand zuzuschreiben
dürfte.

## V.
### Die Einigung der vier Döfften mit den Strandmannen.

Nunmehr gelang es auch, wenn auch erst nach längeren Verhand=
zen, eine Wiedervereinigung des Süderstrandes mit den vier nördlichen
jsten des Landes zu stande zu bringen. Aus den von dem Sekretär
nther Werner am 9. Juli 1541 zu Heide abgefaßten und als Konzept
Staatsarchiv der ehemaligen Administratur zu Ranzau befindlichen
kument erfahren wir, daß am genannten Tage die Vierundzwanziger
Süderstrandes und die ganze Vollmacht der Kirchspiele Marne, Burg,
insbüttel und Ebbelack vor den Achtundvierzigern zu Heide erschienen
0 und diesen auseinandergesetzt haben, wie die genannten Kirchspiele dazu
ommen seien, sich von den vier anderen Döfften zu trennen und ihr
:nes Landrecht anzunehmen, dessen Hauptinhalt, soweit sich derselbe nicht
den neuen landrechtlichen Bestimmungen in Einklang bringen ließ, sie
Achtundvierzigern bereits i. J. 1539 mitgeteilt und schon damals um

14*

Bestätigung gebeten hatten. Die Verhandlungen hatten sich also zwei Jahre hingezogen, als es am 9. Juli 1541 gelang, die Einheit der fünf Döfften nach fast hundertjähriger Trennung wiederherzustellen. Die Landes= versammlung zu Heide sah die Bitte des Süderstrandes für billig und recht an und bestätigte die Bestimmungen des Süderstrandes, „soweit sie „nicht den Privilegien und Freiheiten, mit denen unser Land von Römischen „Kaisern, Königen, Papsten und Herzogen, Grafen und anderen Potentaten „geistlichen und weltlichen Rechtes begifftiget, befreit und begabt ist, unver= „fänglich und unbeschadet und dem Römischen Reiche nicht zum Verfang." Es wurde dabei festgesetzt, daß jährlich am Sonnabend nach Pfingsten das ganze Land und der ganze Strand zu Heide zusammenkommen sollten, [596] woselbst die Kirchnemeden und die Vollmacht des Landes alles zur Anzeige bringen sollten, was gegen Gott und seine Gebote verbrochen worden sei. Diese Einrichtung trat also an die Stelle des früher seitens des Hamburger Dompropstes im Lande gehandhabten geistlichen Sendgerichtes.

## VI.
### Zusatzartikel zum Landrecht.

Auf einer Landesversammlung am 19. Mai (Sonnabend vor Pfingsten) 1543 wurden auf Antrag der Superattendenten und Prädikanten acht Artikel angenommen: [597]

1. daß nach dem Kaiserrecht (es ist dies das einzige Mal, daß im bitmarsischen Recht darauf Bezug genommen wird) eine Verheiratung näher als im dritten Gliede auf der einen, im vierten auf der anderen Seite unstatthaft sein solle.

2. wurde Artikel 129 des Landrechts außer Kraft gesetzt, daß auf die Aufhebung einer Verlobung eine Strafe von 60 Mark Brüche gesetzt war, indem eine solche Aufhebung nur durch richterliches Erkenntniß er= folgen, sonst als Ehebruch angesehen und bestraft werden sollte.

Durch Artikel 3 wird die kirchliche Kopulation der Verlobten vor= geschrieben, aber noch nicht bei Strafe der Nichtigkeit der ohne sie abge= schlossenen. Die Einsegnung durch andere, namentlich durch die sogenannten Schaffer bei der Hochzeit, wird bei 30 Mark Strafe verboten.

Artikel 4 ist gegen die Verschleuderung der Kirchengüter gerichtet, welche also nach der Reformation wie an anderen Orten auch in Dit= marschen stattgefunden hatte. [598]

Artikel 5 verbietet das Leugnen einer That gegenüber einem wahr= haften Beweis und Zeugen, bezieht sich also auf das frühere Verfahren bei dem Nemede. Wird ein Zeuge später als falsch erfunden, so soll er dem, gegen den er gezeugt, den Schaden ersetzen und 60 Mark an das Land bezahlen und ehrlos sein; hat er das Geld nicht, soll man ihm die zwei Finger der rechten Hand abhauen, mit denen er falsch geschworen hat.

Artikel 8 erneuert die Aufhebung der Bundesbriefe der Geschlechter bei einer Buße von 30 Mark.

Auch gegen die Blutrache und den um ihretwillen verübten Tot=
wandte sich der Eifer der lutherischen Geistlichkeit, wobei dieselbe
zu weit ging. In der Landesversammlung vom 10. März
wurde beschlossen, [599] daß „oder Land und Straudt" ein jeder
um, aufrichtig, ehrlich, gütlich handeln und wandeln und keinen Tot=
aus irgend welchem Grunde verüben sollte. Wer aber einen Christen=
jen totschlägt, er sei arm oder reich, hohen oder niederen Standes,
oll „ohne Behelf von Notwehr oder anderem" nach Gottes Gebot
t und mit dem Schwerte hingerichtet werden. Diese übertriebene
dnung wäre sicherlich nicht zu stande gekommen, [600] wenn Roger,
on Melanchthon nach Meldorf empfohlene Nachfolger Boies, damals
daselbst gewesen wäre. Wir besitzen einen Brief von demselben vom
Juni 1547, [601] in welchem er wohl unterscheidet zwischen infolge von
ehr verübtem und freiwilligem Totschlag. Aber Roger, der noch
1549 in Meldorf lebte und daselbst eine Kirchspielsbeliebung aus=
e, hatte damals Ditmarschen schon wieder verlassen und war nach
und zurückgekehrt, um in seinem Vaterlande i. J. 1555 als das
Opfer des Glaubensfanatismus der blutigen Maria zu sterben.

## VII.
### Ditmarsia libera.

Die, abgesehen von den kirchlichen Verhältnissen, wichtigste Ver=
ung, welche die Reformation für Ditmarschen herbeiführte, war aber
daß die schon längst nur nominell noch existierende Oberhoheit des
er Erzstiftes [602] über Ditmarschen nunmehr vollständig aufhörte. In
Prozeß, der während der Jahre 1526—1532 von den Ditmarschern
dem Hamburger Domkapitel vor dem Reichskammergericht geführt
e, erklärten die Achtundvierziger, [603] daß sie die weltliche Jurisdiktion
Obrigkeit als die freien Ditmarscher je und allewege ausgeübt
t und daß dies noch der Fall sei. Ebenso ist die confessio ecclesiae
mariensis über das Abendmahl vom Jahre 1559 batiert: e libera
maria. [604]

Die Vogtei war ja schon längst in einzelnen Familien erblich ge=
en, und es hatte nur formell eine Bestätigung seitens des Erzbischofs
einen Offizial stattgefunden; von einer Handhabung des Blutbannes
kamen des Erzbischofs war schon lange keine Rede mehr gewesen, und
es geschehen war, hatte dies nur in ganz formeller Weise statt=
tben, wie bei der Verurteilung Heinrichs von Zütphen. Die Vögte
n zu bloßen Kirchspielsbeamten herabgesunken und den Schließern im
ttlichen gleichgestellt worden. Nunmehr wurden anfangs Mai 1530
l die Vollmacht aller Kirchspiele der vier Döfften unter Genehmigung
zanzen Landes, nachdem alle Kirchspiele den Rat der Ihren beigebracht
n, die vier Vogteien abgeschafft („gelecht by unde tho des landes
ft"). [605] Statt dessen wurden vier besondere Hebungsbeamte, die

sogenannten Rekener [606] (Rechensmänner), „be des Landes vorbroken Geld upbören", bei demselben Eide, ben sie dem Lande schon geleistet haben, damit beauftragt, alles, was früher an Brüchgeldern den Vogteien zuzufallen pflegte, ihrerseits gleich dem anderen dem Lande verbrochenen Gelbe zu erheben unb zu wahren unb Rechenschaft davon zu geben. Sollte jemand gegen diesen Beschluß handeln, so soll er, wie schon Artikel 54 über das dem Lande verbrochene Geld bestimmte, ehrlos sein unb 60 Mark Brüche bezahlen.

Es fiel fortan überhaupt jede Erwähnung des erzbischöflichen Namens weg. Am 23. August 1490 [607] schreibt Heinrich, Abministrator des Erzstiftes, noch an seine lieben unb getreuen Unterthanen, bie Vögte unb achtunbvierzig Ratgeber u. s. w.; im Jahre 1500 ist in bem Friedensschluß mit König Johann unb Herzog Friedrich zum ersten Male von den Verwesern des Landes Ditmarschen bie Rede; [608] im Jahre 1528 richtete ein Licentiat der Rechte als Anwalt der ebleu, ehrenfesten, vorsichtigen unb weisen Herren, ber 48 Gubernatoren, Regenten, Richter unb Verweser des Landes Ditmarschen eine Vorstellung an das Kammergericht; [609] ebenso erging die kaiserliche Labung vom 19. Februar 1527 an die 48 Gubernatoren, Regierer u. s. w. [610] Ein Schreiben des Superintendenten Nikolaus Voie aus dem Jahre 1542 ist abressiert an die „wolwise achtunbvertig Regenten", [611] unb in demselben Jahre unterzeichnet sich ber in Heide verbliebene Ausschuß der Achtunbvierziger als „Bevelhebbere des Landes Rabhe." [612] Allerdings abressiert der Erzbischof im Jahre 1556 ein Schreiben an die ehrsamen, lieben, getreuen achtunbvierzig Verweser unseres Landes Ditmarschen, [613] aber ein Krebitiv für einen im Jahre barauf an bie Ditmarscher gesanbten erzbischöflichen Amtmann unb sein Gefolge führt schon die Aufschrift: „An die 48 Regimentsherrn in Ditmarschen." [614] Wie der Erzbischof damals sein Verhältnis zu den Ditmarschern auffaßte, beweist auch die Angelegenheit des Karsten Reimer aus demselben Jahre. [615] Derselbe, Eingesessener zum Nordbeich im Kirchspiel Wesselburen, hatte im Jahre 1557 mit einem Heinrich Claus Streit bekommen unb ihn bei dieser Gelegenheit am Arme verwundet; diese Wunde, obwohl an sich nicht töblich, hatte durch Unvorsichtigkeit einige Wochen später dessen Tod herbeigeführt. Karsten Reimer, des Totschlages angeklagt und nach dem Geseß von Mittfasten 1554 seines Lebens nicht sicher, war deshalb nach Bremen geflohen und hatte den Erzbischof um Fürsprache bei den Achtunbvierzigern angefleht, da er nicht im mindesten die Absicht gehabt habe, seinen Gegner zu töten, der Tod desselben hingegen nur ein ganz zufälliger gewesen sei. Der Erzbischof richtete deßhalb auch ein Schreiben an die Achtunbvierziger dat. Vorde b. 10. März, in welchem er für den Unschuldigen Fürsprache einlegt und die Achtunbvierziger angelegentlich ersucht, die Sache mit Heinrich Claus' Freundschaft in Güte zu vergleichen und den Supplikant zu seinem Weibe und seinen Kindern unb Gütern wieder zurückkommen zu lassen. Dies Schreiben, eine einfache Intercessionschrift, wie sie von jedem anderen höher gestellten Manne hätte ausgestellt werden können, zeigt keine Spur von irgenb einer Landeshoheit, mit der Ausnahme, baß basselbe an „unseres Landes Ditmarschen Fürwesere" adressiert ist. [616]

## Zweiter Abschnitt.

# Geschichte Ditmarschens von 1524—1550.

### (Vorbereitende Ereignisse vor der Eroberung des Landes.)

## I.

### Verwickelungen mit König Christian II.

„Die Annahme der Reformation war für die Ditmarscher der erste
itt zu dem Übergange in die neue Zeit, welche sich doch den bestehen-
Institutionen und hergebrachten Gewohnheiten des Lebens in vielen
:hungen als feindlich erwies". Deshalb wäre, nachdem sich zum teil
gewaltsame Weise in Ditmarschen auf fast allen Gebieten so wichtige
nderungen vollzogen hatten, eine Zeit der Ruhe für dasselbe bringend
ª gewesen, sie sollte dem Lande aber nicht beschieden sein. Hatte aller-
ª der am 30. März 1523 zwischen den Ditmarschern und dem neuen
ig von Dänemark abgeschlossene Friedensvertrag [617] die Furcht vor
n neuen Konflikt mit Holstein vorläufig beseitigt, so hatte der ver-
ene König Christian seine Sache dennoch keineswegs aufgegeben;
rstützt von einer Anzahl deutscher Fürsten war es ihm gelungen, ein
die damalige Zeit bedeutendes Heer zusammenzubringen, [618] und wenn
·lbe auch wegen Geldmangels des Königs bald wieder auseinanderlief,
ar dieser doch unermüdlich, und als längere Unterhandlungen schließ-
zu keinem Resultat führten, blieb stets die Aussicht auf Krieg,
·aß seine Gegner, und zu diesen gehörten nicht zum mindesten die
narscher, stets auf einen Angriff gefaßt sein mußten. So kam es im
re 1527 [619] endlich auch zu einem Frieden zwischen den Ditmarschern
den Eiderstedtern, indem auf einem Tinge zu Tönning der Amtmann
Gottorp Detlef von Ahlefeld, der Staller von Nordstrand Marquart
·iebe, der Staller von Eiderstedt Sievert Harmens und 36 Gevoll-
·tigte aus letzterem Lande sich einfanden [620] und mit den ditmarsischen
·esandten ausmachten, daß alle Streitigkeiten zwischen den Eiderstedtern
Ditmarschern fortan durch ein Schiedsgericht von 8 Männern aus
·rstedt und 8 aus Ditmarschen entschieden werden sollten. Ebenso
uerten die Ditmarscher im Jahre 1529 ihr altes Bündnis mit den
·ckern. [621]
Inzwischen hatte König Christian [622] an den friesischen Küsten eine
ahl Schiffe und Truppen zusammengebracht, am 29. Oktober 1531

stach die Flotte in See. Die Ditmarscher waren auf ihrer Hut, freilich wohl mehr, um dem mit König Friedrich abgeschlossenen Traktat nachzukommen, als weil sie in diesem Augenblicke für ihre eigene Unabhängigkeit zu fürchten Grund gehabt hätten. In einer auf der Heide bei Rostorp abgehaltenen Landesversammlung [623] ward beschlossen, daß 500 Mann bei Brunsbüttel lagern, Wache halten und jede Landung verhindern, auch keinem Feind König Friedrichs den Durchzug durch das Land gestatten sollten. Die aus dem Norderteil Ditmarschens zogen mit Trommeln und Pfeifen über Meldorf nach Dielshörn, ihre Anführer waren Wieben Peters und Claus Marr Hargen. Acht Tage lang sollen sie in Brunsbüttel versammelt gewesen sein und jeder Mann 2, die Hauptleute 4 Gulden von dem Lande bezogen haben. Aber Christians Flotte war zunächst nach Norwegen gesegelt, deshalb gingen die Ditmarscher auf die Kunde hiervon vorläufig wieder ruhig nach Hause. Da sich König Christian aber trotz seiner ersten Erfolge keines festen Punktes in Norwegen zu bemächtigen im stande war, ließ er sich in Unterhandlungen betreffs einer persönlichen Zusammenkunft mit seinem Oheim Friedrich ein. Unter Zusicherung freien Geleites ward er auf einem dänischen Schiffe nach Kopenhagen gebracht, wo man ihn treuloser Weise festnahm und als Staatsgefangenen nach Sonderburg brachte. So konnte denn König Friedrich sein Heer entlassen, 8000 Mann zogen durch Holstein in ihre Heimat zurück. Dies beunruhigte aber die Ditmarscher nicht wenig; um die Grenze zu schützen, wurden 1500 Mann, 300 aus jeder Döffte, zu den Fahnen berufen, und am 22. August legten sich die Lundner, Hemmer, Wöhrdner und Heider in die Hamme zur „Landhöde", die Nordhamminger besetzten die Tilenbrücke und die Süberstrander die Sandvörde. [624] Drei Monate lang hielten die Ditmarscher mit vielem Geschütz versehen an der Grenze Wache; nach Henning Zwyn hatten sie 6 halbe Schlangen, 15 Quartierschlangen, 2 Mörser, 20 Serpentinen, zusammen also 43 Stück Geschütz und 1500 Büchsen, darunter 720 Hakenbüchsen, und 200 Armbrüste. Die verabschiedeten Soldaten trieben sich während der Zeit in den sieben Kirchspielen umher, als sie aber die von den Ditmarschern ergriffenen Anstalten sahen, brachen sie auf und gingen über die Elbe.

## II.
### König Christian III.

Als König Friedrich I. am Gründonnerstag, dem 10. April 1533, auf Schloß Gottorp das Zeitliche gesegnet hatte, erfuhren die politischen Verhältnisse eine bedeutende Wandelung. Wenn sein ältester Sohn Christian, der nachmalige König Christian III., auch nicht sofort als Nachfolger seines Vaters in der Regierung eintrat, so erlangte er doch von den Ständen des Königreichs wie der Herzogtümer die Anerkennung der Ansprüche des gottorpschen Hauses auf die Nachfolge in beiden Ländern und nahm deshalb von vorn herein den Kampf gegen Christians II. Anhänger

. Als daher ein naher Verwandter des gefangenen Königs, der Graf
riftoph von Oldenburg, für diesen in die Schranken trat, freilich in der
ffnung, sich selbst der bänischen Krone bemächtigen zu können, suchte er
allem die Lübecker in sein Interesse zu ziehen, und dies gelang ihm
h dadurch, daß er ihnen besondere Handelsvorteile in der Ostsee in
ssicht stellte. Somit traten die Lübecker für die Sache ihres früheren
ndes ein und fanden auch Unterstützung seitens anderer Ostseestädte
des Hochmeisters von Livland, und als sie sich an ihre alten Ver-
wdeten, die Ditmarscher, wandten, zahlten diese, ihren früheren Ver=
echungen getreu, die Summe von 12 000 Mark und stellten auch
unnschaften in Aussicht."⁶²⁵ Aber die Truppen des Herzogs Christian
ngen die Lübecker in einem Treffen bei Neustadt, drangen bis unter
Thore von Lübeck vor und bemächtigten sich nach Graf Christophs
zug des für den Handel Lübecks so wichtigen Travemünde. (Ein anderer
erhaufe bewachte die bitmarsische Grenze und verhinderte auf diese Weise,
s die Ditmarscher, wie sie versprochen hatten, ihren Verbündeten zu
lfe kommen konnten. So war Herzog Christian allerdings augenblicklich
Vorteil, dennoch gaben die Lübecker ihre Hoffnung auf das endliche
lingen ihrer Pläne keineswegs auf, und als die Stadt Hamburg wie
Mitglieder des schmalkaldischen Bundes, welche nur ungern den Krieg
ischen den mit ihnen verbündeten Gegnern sahen, zu vermitteln suchten,
rde es ihnen ziemlich schwer, die kriegführenden Parteien auch nur zu
er Waffenruhe zu bestimmen, welche nach längeren vergeblichen Ver=
wdlungen am 1. Juli wenigstens zwischen Lübeck und Christian, aber
r für das Herzogtum Holstein, zu stande kam. (Christian war inzwischen
m König von Dänemark gewählt worden, hatte die Wahl zu Horsens
: 18. August angenommen und als bänischer König den Krieg mit den
beckern wieder begonnen. Derselbe fiel aber wieder unglücklich für die
teren aus, mit verstärkter Macht drang der König bis an die Mauern
· Stadt vor, schlug eine Brücke über die Trave, und so sahen die
becker sich genötigt, einen Frieden einzugehen, der am 17. November
34 zu Stockelsdorf dicht vor den Mauern der Stadt abgeschlossen wurde.
ieser machte den Feindseligkeiten zwischen Lübeck und den Herzogtümern
t Ende, der Krieg wegen Befreiung Christians II. hingegen sollte da-
rch nicht berührt werden. Mit den Ditmarschern, auf deren Aufnahme
den Friedensvertrag die Lübecker besonders gedrungen hatten, versprach
r Herzog (so wird er bezeichnet, weil er nur als Herzog von Schleswig-
olstein paktiert), sich nach Billigkeit zu vertragen. (Erst nach Wullen=
bers Sturze kam am 14. Februar 1536 ein vollständiger Friede zwischen
beck und dem König Christian III. zu stande, in welchen auch die
itmarscher mit einbegriffen wurden, so daß „dieselbigen von Kön. Würden
i vorigen Abreden, Verträgen, Brief, Siegeln und laut derselbigen bei
ren Freiheiten und Gerechtigkeiten gelassen und, was bawider beschwer=
her Weise vorgenommen wäre, abgeschafft werde."⁶²⁶ Freilich willigten
: Abgesandten des Königs erst nach längerem Widerstreben in diese
lausel, denn der König hatte sich schon im letzten Sommer mit dem

Gedanken getragen, falls er in Dänemark siege, die von ihm gesammelten Truppen dann gegen die Ditmarscher zu führen, um Rache zu nehmen für mancherlei Unbill, welche sie ihm nach seiner Meinung zugefügt hätten.[627] Diese Absicht mußte nun freilich aufgegeben werden, daß aber die Ditmarscher dennoch allen Grund zu haben glaubten, auf ihrer Hut zu sein, davon zeugt, daß sie am 29. Juni 1538[628] ihr Schutzbündnis mit Lübeck auf 20 Jahre erneuerten. Freilich hatte dasselbe aufgehört, für sie, namentlich gegen dänische Angriffe auf ihre Unabhängigkeit, der wertvolle Bundesgenosse zu sein, wie früher, durch den letzten Krieg war seine Kraft gebrochen. Lübeck vermochte nicht länger, die Stellung zu behaupten, die es seit zwei Jahrhunderten eingenommen, die aber überhaupt mehr dem Mittelalter angehört hatte; von nun an haben die Städte der Ostsee nie mehr versucht, mit dänischen Königen Krieg zu führen.

So hatte König Christian III. sich allerdings einen Teil seiner Feinde vom Halse geschafft, dennoch war er noch keineswegs in unbestrittenem Besitz seiner Krone. Schon im Jahre 1536 hatten kaiserliche Gesandte versucht,[629] die protestantischen Fürsten von Christian III. abzuziehen und sie für den Pfalzgrafen Friedrich, den Schwiegersohn Christians II., zu gewinnen. Der letztere ging sogar so weit, von Unterhandlungen mit Christian III. nur dann etwas wissen zu wollen, wenn sein Gegner ihm Norwegen und Dänemark abtreten und sich mit der Hälfte der Herzogtümer begnügen wolle. Deshalb schloß sich König Christian III. immer mehr an Frankreich an, und es kam zu offnen Feindseligkeiten, der Handel der Holländer in der Ostsee ward verhindert, den eigenen Unterthanen die Fahrt nach den Niederlanden verboten; selbst Lübeck und Danzig wie noch andere Ostseestädte ließen sich bewegen, sich dieser Handelssperre anzuschließen. Wo man aber solchen Befehlen nicht gutwillig nachkam, wurden Gewaltmaßregeln angewandt; so holten die „Ausligger" des Königs ein holländisches Schiff aus dem bitmarsischen Eiderhafen zum Nyenspyle mit allen eingeladenen Gütern und der Mannschaft zur Nachtzeit hinweg, worüber sich die Ditmarscher am 29. April 1543[630] bei dem Bruder des Königs, dem Herzog Johann von Schleswig-Holstein, dem der König neben dem Statthalter Johann Ranzau die Regierung der Herzogtümer überlassen hatte, beschwerten und um Rückgabe baten, indem sie sich auf die bestehenden Verträge beriefen. Wir erfahren zugleich aus diesem Schreiben, daß in dem Winter von 1542 auf 43 die Statthalterin der Niederlande, die Königin Maria, den Ditmarschern ein Mandat zugeschickt und dieselben aufgefordert hatte, sich des Handels mit dem Reiche und den Fürstentümern König Christians zu enthalten, und daß diese in Abwesenheit des letzteren eine Kopie an Johann Ranzau geschickt, der Königin aber geantwortet hatten, daß sie nicht gesonnen seien, sich von König Christian und den mit diesem geschlossenen Verträgen loszusagen. Ihr Land werde von Nationen verschiedener Art des Kornhandels wegen besucht, unter diesen hätten sich auch Holländer befunden, es sei ihnen, den Ditmarschern, aber nie eine Verwarnung seitens des Königs zugegangen, daß sie den Holländern ihre Häfen verschließen sollten.

Da nun König Christians Stellung zum deutschen Reiche immer nbseliger wurde, so daß er selbst für das Herzogtum Holstein die Reichs= uern verweigerte, kam es i. J. 1543 zu einer förmlichen Kriegserklärung. ber eine Unternehmung der dänischen Flotte gegen die holländische Küste ßlang, zu weiteren Schritten von Bedeutung kam es nicht, die Ent= e;bung ward schließlich durch Begebenheiten auf anderen Kriegsschauplätzen ch hier im Norden herbeigeführt.⁴⁸¹ Kaiser Karl V. war in seinem riege gegen Franz I. unglücklich und mußte deshalb darauf bedacht sein, :jen von seinen Verbündeten, zu denen auch der dänische König gehörte, trennen. Außerdem waren die Holländer des Krieges längst überdrüssig, wollten Ruhe für ihren nunmehr schon seit so langen Jahren gestörten anbel. So kam es denn im Februar 1544 auf dem Reichstag zu peier zu Verhanblungen, welche am 23. Mai den Erfolg hatten, daß nischen dem Kaiser und König Christian zugleich im Namen der mit= zierenden Brüder desselben ein Frieden geschlossen wurde, der sich auf s Königreich und die Herzogtümer bezog; völlig freier Handel und Ver= ;hr wie die früheren Verträge wurden wieder hergestellt, und beide Teile riprachen, die Feinde des anderen nicht unterstützen zu wollen. Für den tglücklichen Christian II. wurde nur eine bessere Behandlung ausbedungen, inig Christian III. als solcher anerkannt. So hatte letzterer also freie anb bekommen, und daß er jetzt, wie es scheint, namentlich auf Antrieb nes Bruders, des Herzogs Adolf, ernstlich daran gedacht hat, die von nt längst gehegten Pläne gegen Ditmarschen endlich ins Werk zu setzen, hl aus zwei Briefen des Königs an Eske Bilde, den Statthalter auf chloß Kopenhagen, hervor. Schon bald nach Abschluß des Friedens war önig Christian, wie aus einem Schreiben der Lübecker an die Hamburger m 26. Juni 1544⁴³² hervorgeht, mit den ersteren in Verhanblung treten, um durch diese eine Zusammenkunft seiner Räte mit den Dit= arischen zu stande zu bringen, und die letzteren hatten auch eine solche igenommen, „obwohl sie von König Christian und seinen Brüdern nichts inderes als Gnade und das Beste wissen." Aber in dem Schreiben des önigs an seinen Statthalter vom 2. Juli 1544⁴³³ lautet es, daß er nige holsteinische Räte nach Itzehoe geschickt habe, um mit den Ditmarschern re Tagsatzung zu halten; wenn er aber daselbst seinen Willen nicht irchzusetzen vermöge, dann sei er entschlossen, mit allen ihm zu gebote :henden Streitkräften aus dem Königreiche wie den Herzogtümern, außer= m mit 5000 Landsknechten, welche in dem Lande des Grafen Tönniges m Oldenburg lägen, und dessen eigenen Unterthanen Ditmarschen von ei Seiten zugleich anzugreifen. So wolle er die Ditmarscher wieder nstlich zum Gehorsam zwingen, wenn sie sich nicht gutwillig unterwerfen ürden. Deshalb giebt er dem Statthalter Befehl, namentlich Hafer für e Pferde einzukaufen und zu Schiff nach Eckernförde zu schicken, außer= m sechs Orlogschiffe auszurüsten und zu bemannen, so daß sie sofort ich der Elbe unter Segel gehen könnten.

Die Hamburger fanden es allerdings nicht für ratsam,⁴³⁴ als ermittler zwischen dem Könige und den Ditmarschern aufzutreten, indeß kam es doch zu Itzehoe in Gegenwart von Abgesandten der Städte Lübeck und Hamburg, auch die Lüneburger hatten sich diesen angeschlossen,[635] dazu, daß nochmals auf Mariä Himmelfahrt, den 5. August, ein Tag in Hamburg anberaumt wurde. Zu diesem suchten die Ditmarscher sich auch so gut wie möglich zu rüsten; am 23. Juli [636] sandten sie an das Kapitel und die Stände zu Bremen ein Schreiben ab, in welchem sie unter Versicherung ihrer Unterthanentreue diesen mitteilen, daß sie zwar vor dem König und seinen Brüdern gewarnt worden seien, weil dieselben sie anzugreifen beabsichtigten, die Lübecker hätten aber, als sie in eigenen Angelegenheiten mit dem König verhandelt, auch ihre Sache in Anregung gebracht. Deshalb bitten sie, zu der am 5. August anberaumten Tag= satzung ihnen Abschriften der nötigen Urkunden mit dem Nachweise, daß die Originale sich in den Händen des Bremer Domkapitels befänden, zu= kommen zu lassen. Am Schluß fügen sie die Versicherung hinzu, daß sie ihren Abgesandten aufgetragen hätten, den königlichen Räten in Itzehoe zu erklären, daß, ehe sie sich von ihrem gnädigen Herrn und der heiligen Kirche zu Bremen losreißen ließen, sie sich mit ihren Feinden bis auf den letzten Mann schlagen würden. Das Bremer Domkapitel versprach auch, die verlangten Abschriften bis zum bezeichneten Termin fertig zu stellen, und am 2. August wurde den Achtundvierzigern Volkes Johann und Peter Dreves zu Heide die nötige Vollmacht ausgestellt,[637] dieselben in Bremen im Namen des Landes entgegenzunehmen. Aus dem von dem Landessekretär Günther Werner angelegten Kopialbuch ersehen wir, was für Urkunden die Ditmarscher von dem Domkapitel begehrt haben, um sie nach Hamburg mitzunehmen, es sind dies:

1. die Schenkung der Grafschaft Stade durch Friedrich I. zu Erfurt i. J. 1180;

2. die Bestätigung derselben durch den Römischen König Philipp i. J. 1199;

3. die Verzichtleistung des Herzogs Albert von Sachsen v. J. 1228;

4. die päpstlichen Bestätigungen der Besitzungen und Privilegien des bremischen Erzstiftes;

5. die Bulle des Papstes Sixtus IV. v. J. 1477, außerdem

6. die verschiedenen untersiegelten Schreiben der dänischen Könige und holsteinischen Grafen, welche betreffs der in Hamburg zu verhandelnden Sachen von Wichtigkeit sein könnten. [638]

Der Tag zu Hamburg kam nun freilich garnicht zu stande, dennoch muß es den Lübeckern gelungen sein, eine Verständigung zu wege zu bringen, denn am Dienstag nach St. Knutstage [639] schreibt König Christian von dem Fleusburger Schlosse aus an den Ritter Eske Wilde nach Kopen= hagen, daß seine kriegerischen Absichten auf Ditmarschen durch die Da= zwischenkunft einiger Nachbarn beigelegt worden seien, und giebt ihm deshalb den Befehl, die Truppen zu entlassen; auch solle er Christopher Trundzen den Befehl zukommen lassen, mit den Schiffen daheimzubleiben, die Krieg= schiffe wieder in den Hafen legen zu lassen und die Büchsenschützen und Bootsleute, soweit sie nicht zum täglichen Dienst im Hafen nötig seien,

ı beurlauben. Ein gleicher Befehl ging auch den anderen Haupt=
ʼuten zu.

So war es also nicht zum Kriege gekommen,\*) um so eifriger
ʼurden im Sommer 1545 ⁶⁴⁰ auf dem Reichstage zu Worms von dem
ʼönige Versuche gemacht, auf grund der vom Kaiser Friedrich III. aus=
ʼgesprochenen Inkorporation Ditmarschens die Zugehörigkeit desselben zum
ʼerzogtum Holstein bestätigen zu lassen, wie schon auf dem Reichstage zu
Speier auf grund eben dieses Lehns= und Inkorporationsbriefes Ditmarschen
ı der Ansetzung zu den Reichssteuern dem Herzogtum Holstein zugeteilt
ʼorden war. Dagegen reichten aber die achtundvierzig „Regenten“ eine
Supplikationsschrift ein, in welcher sie sich namentlich darauf beriefen, daß
ʼie Belehnung seitens des Kaisers Friedrich III. eben von diesem aus=
rücklich annulliert worden sei, und bitten, den Erzbischof von Bremen
ei seinen Jahrhunderte alten Rechten zu schützen. Zu einer Entscheidung der
Sache kam es wieder nicht, die weitere Verhandlung wurde, wie ein Dorsal=
ekret vom 5. August 1545 dat. Worms ⁶⁴¹ auf der betreffenden Suppli=
ationsschrift zeigt, auf den zunächst folgenden Reichstag remittiert, den
ʼürsten schien es aber wohl selbst nicht geraten, auf diesem Wege eine
ʼntscheidung herbeizuführen, sie wichen weiteren Verhandlungen mit dem
Reiche aus.

Pfalzgraf Friedrich hingegen wollte von keinem Verhandeln irgend
ʼelcher Art wissen, und er fand auch Gehör für seine Pläne bei einzelnen
entschen Fürsten wie Albrecht von Mecklenburg, welcher Ersatz für die
ʼon ihm gemachten Auslagen verlangte, und Heinrich von Braunschweig,
er aus seinem eigenen Lande vertrieben der Befreier des gefangenen
Königs Christian zu werden hoffte. Daß Verhandlungen auch zwischen
en Ditmarschern und dem Pfalzgrafen stattgefunden haben, bezeugt ein
Zettel, der im Geh. Archiv zu Kopenhagen als Einlage eines unter dem
6. Juni 1546 ⁶⁴² von Joh. Friis u. a. in Betreff der Gefangenschaft
König Christians II. erstatteten Berichtes sich findet, aus welchem hervor=
ʼeht, daß Peter Nanne aus Ditmarschen bei dem Pfalzgrafen gewesen
ei und demselben angeboten habe, daß die Ditmarscher einen Angriff des
Pfalzgrafen auf das Land Holstein mit 6000 Mann zu unterstützen bereit
eien. Trotzdem waren die Verhandlungen zwischen dem König und den
Ditmarschern zu Rendsburg fortgesetzt worden, hatten aber nur Privat=
lagen zum Gegenstand gehabt, indem der König seinen Abgesandten aus=
ʼrücklich untersagt hatte, „die Artikel, die fürstliche Hoheit und Weigerung
er Ditmarscher betreffend“, daselbst zur Sprache zu bringen, ebenso wenig
ʼollte über Sachen, wie die Zölle, wenn sie von den Ditmarschern vor=
ʼebracht würden, verhandelt werden. ⁶⁴³ Die von diesen gewünschte Teil=
ʼnahme der Städte Hamburg, Lübeck und Lüneburg war fürstlicher=
eits gleichfalls abgelehnt worden. Die Ditmarscher brachten nun eine

---

\*) Wie aus einem im Lübecker Archiv befindlichen Schreiben Christians (vom
ʼ6. Juli 1544 dat. Kloster Ittergen) an die Lübecker hervorgeht, hatte der König
ibrigens nie aufgehört, friedliche Versicherungen zu geben.

ziemlich bedeutende Anzahl von Klagen, zum teil längst verjährte Sachen, gegen fürstliche Unterthanen vor, [644] auch solche, über welche das Schieds= gericht auf dem Kuckswall bereits ein Urteil gesprochen hatte, ohne daß demselben weitere Folge gegeben worden war. Über den Verlauf der Ver= handlungen erfahren wir nur, daß die Ditmarscher sich über üble Be= handlung seitens der Holsteiner bitter beschweren, so beklagen sie sich, von den Leuten in Rendsburg an den Bärten [645] gezogen worden zu sein; erreicht wurde aber jedenfalls, daß zwischen dem Könige und seinen Brüdern einerseits und den Ditmarschern andererseits ein leibliches Verhältnis her= gestellt wurde.

Die Angelegenheit zwischen Christian III. und dem gefangenen Könige ward nun endlich auch zu Ende gebracht; der letztere, durch die lange Gefangenschaft völlig mürbe gemacht, hatte wiederholt in demütigen Briefen um Wiedergabe der Freiheit gebeten, eine persönliche Zusammenkunft der beiden Gegner am 14. Juni 1546 brachte die Entscheidung. Christian II. verzichtete auf Dänemark und Norwegen und übertrug sein Erbrecht auf die Herzogtümer dem König Christian III. und seinen Brüdern; die Länder sollten aber nur in männlicher Linie forterben. Freilich gab weder der Pfalzgraf, noch die andere Tochter Christians, Witwe des Herzogs von Lothringen, ihre Zustimmung zu dieser Abmachung, sie wiesen auch die Abfindung durch eine Geldsumme zurück; Christian II. beschloß seine Tage ruhig zu Kallundborg, wo ihm sein Wohnsitz angewiesen worden war, der Friede ward seinetwegen nicht weiter gestört.

### III.
### Wiben Peters.

Zu derselben Zeit spielte aber in Ditmarschen eine Geschichte, welche zwischen den Landeseingesessenen und den Holsteiner Fürsten, namentlich Herzog Adolf, böses Blut setzen sollte, was die Ditmarscher jedenfalls kluger Weise hätten vermeiden müssen. Im Kirchspiel Meldorf wohnte ein angesehener und beredter Mann mit Namen Wiben Peters, Neokorus erwähnt namentlich seinen langen, gelben Bart; [646] wir haben ihn schon im Jahre 1531 als Obersten der Ditmarscher auf dem Zuge gegen Brunsbüttel kennen gelernt. [647] Nun war ein Mann, mit Namen Bleß, mit Tode abgegangen, dessen Erbschaft einem seiner nächsten Verwandten namens Lame Ties zugefallen war, der aber, als Streitigkeiten über die Erbschaft entstanden, weil er nicht Vermögen genug besaß, einen Prozeß zu führen, sein Erbschaftsrecht an Wiben Peters verkaufte. Dieser brachte die Sache vor die Achtundvierziger, und als diese nicht zu seinen Gunsten entscheiden wollten, appellierte er an das Land. Aber er wurde von der Landesversammlung abgewiesen, deshalb setzte er sich auf ein weißes Pferd, nahm das Landesbuch in die Hand und verlangte in trotziger Weise Erörterung und Entscheidung nach demselben, sonst werde er sich für des Landes Feind erklären und sich als solchen vernehmen lassen, auch das ihm gefügte Unrecht vor Kaiser und Fürsten, Abel und Unabel klagen. Weil nun mit solchem Trotz nichts ausrichtete, verließ er Weib und Kind ıb Haus und Hof und zog aus dem Lande fort. Was über die Ent= :hung der Feindschaft und das darauf folgende Verhalten des Landes= inbes erzählt wird, beruht nun freilich nur auf den Aussagen der chtunbvierziger, [648] Wiben Peters selbst hat nichts darüber gesagt, weder ıgestanden, noch bestritten, sondern sich lediglich auf sein formelles Recht ſtützt, um seine Ansprüche gegen das Land Ditmarichen geltend zu machen. us den Akten des Kaiserl. Kammergerichtes zu Speier geht hervor, daß ;iben Peters wegen einer Schuld von 40 Gulden verklagt und in allen nſtanzen zur Zahlung verurteilt worden ist. Jedenfalls war seine ppellation von den Achtunbvierzigern an die Landesversammlung in einer inen Privatsache unzulässig, die Achtunbvierziger als höchstes Gericht ıtten die letzte Entscheidung in solchen Sachen; eine Appellation an die ınbesverjammlung war nur in bestimmten Fällen gestattet bei Totschlag, rand und Raub, [649] z. B. bei gewaltsamer Öffnung der Kiste eines rauenzimmers, denn diese standen unter besonderem Schutze. Wenn ;iben Peters sich bei dem Ausspruch der Achtunbvierziger nicht beruhigen ollte, gehörte die Sache nach Neokorus' Ansicht vor das Kaiserl. Kammer= ·richt. Das alte Landrecht I. hatte dies freilich nicht gestattet, denn es eß dort § 6: „wenn irgend jemand in unserem Lande so hochfahrend ıb übermütig wäre, daß er mit seiner Sache bei Gott und unserem ınbe und bei unseres Landes Rechtsbuche nicht bleiben wollte, der soll ı unser Land 60 Mark lübich verbrochen haben und soll von unserem ınbe treulos und ehrlos und aus dem Lande ewig verwiesen sein. Im ınbrecht II. Artikel 19 ist die Strafandrohung weggefallen, aber es ißt auch dort, daß wenn jemand in folge des Ungehorsams gegen das chtmäßige Gericht in Schaden komme, derselbe keinen Anspruch auf Ersatz ıbe. Wenn nun aber Neokorus hinzufügt, daß Wiben Peters das Land= cht (landesbote) im Druck herausgegeben habe, um aus demselben Fürsten ıb Herren im Auslande sein angebliches Recht und das ihm wider= .hrene Unrecht vorzubemonstrieren, so ist diese traditionelle Erzählung zon von Michelsen in seiner Einleitung [650] zu den altbitmarsischen Rechts= ıellen in das Reich der Sage verwiesen, welche sich mit der Geschichte ın Wiben Peters überhaupt viel zu schaffen gemacht hat. Das alte ınbrecht mit seinen Zusätzen bis zum Jahre 1480 ist zum ersten Mal oischen den Jahren 1483 und 1489 gedruckt worden. Neokorus berichtet un weiter, daß Wiben Peters sich nach Holstein begeben habe, um Hülfe :i dem holsteinischen Abel zu suchen, ja daß er sich an König Christian III. ıb dessen Brüder gewandt habe. Bei dem ersteren hat Wiben Peters denfalls keine Unterstützung gefunden, wie aus einem Schreiben der chtunbvierziger vom Osterabend 1543 an Dekan und Domkapitel von ›remen hervorgeht, [651] in welchem jene berichten, der König habe ihnen ›riefe von seiner eignen Hand unterschrieben und unterfiegelt geschickt, ıß weder Wiben Peters, noch irgend jemand von Sr. Maj. Königreich der Fürstentümern aus ihr Land schädigen solle. Auch bei den Herzögen

waren damals die Versuche Wiben Peters' wohl vergeblich, aus späteren
Verhandlungen der Ditmarscher mit Herzog Adolf scheint indeß hervorzu=
gehen, daß dieser dem Vorgehen Wiben Peters' in Ditmarschen allerdings
nicht ganz fern gestanden hat. [652] In Holstein abgewiesen begab sich
letzterer über die Elbe in das Gebiet des Bremer Erzstiftes und suchte
von dort aus das ihm zugefügte Unrecht an allen Eingesessenen des Landes
Ditmarschen zu rächen. Trotz des zu wiederholten Malen unter Androhung
der Reichsacht gebotenen Landfriedens kündigte er ihnen Fehde an und
drohte, sie an Leib und Gut, Haus und Hof verderben und verbrennen
zu wollen. Und er hielt Wort. Nächtlicher Weile fiel er in Ditmarschen
ein und raubte viel Vieh und anderes, so eine Anzahl Pferde aus Hans
Vogedes Stall in Meldorf, nachdem er die Straßen mit Kaff bestreut
hatte, damit die Eisen nicht klapperten und den Raub verrieten. Auf den
Landstraßen in Holstein griff er Ditmarscher auf, so einen Büsumer,
Reimer Grote, der auf einer Reise nach Lübeck begriffen war, und hielt
sie gefangen; auf der Elbe plünderte er bitmarsische Schiffe und ließ die
Bierfässer in den Strom auslaufen. Zuletzt fiel er zur Winterszeit mit
12 Mordbrennern in Ditmarschen ein und verfuhr mit grausamer Hinter=
list, indem er zwei seiner Gesellen in ein Dorf hineinschickte, welche „um
Gotteswillen" sich eine Herberge erbaten, auch mit Speise und Trank
versehen wurden. Als der Wirt mit seiner Familie sich aber zur Ruhe
begeben hatte, ließen die zwei Wiben Peters mit seiner Bande ein; diese
banden den Wirt, sperrten die Familie in den Backofen ein, plünderten
alle Kisten und Schränke und steckten schließlich das Haus in Brand.
Die Einwohner des Dorfes hatten sich auf die Äcker geflüchtet, als das
Feuer im Dorfe sich verbreitete, viele kamen vor Kälte um, eine Menge
Vieh verbrannte. Wiben Peters entkam glücklich über die Elbe wieder
auf Bremer Gebiet. Im eigenen Lande gelang es den Ditmarschern nicht,
sich des wütenden Menschen zu bemächtigen; endlich glückte es ihnen, auf
der von Ditmarschen über Segeberg nach Lübeck führenden Landstraße,
auf welcher ein lebhafter Verkehr mit der Hansestadt stattfand und ein
eigener Wochenwagen von Heide nach Lübeck ging, im Spätherbst 1541
den Landesfeind zu überwältigen und in Haft nach Segeberg zu bringen.
Ausgeliefert wurde er aber den Ditmarschern nicht, um von den Gerichten,
in deren Bezirk er seine Missethaten verübt hatte, gerichtet zu werden,
sondern es ist blos die Rede davon, bei welchem königlichen Gericht die
Ditmarscher ihre Klage gegen Wiben Peters vorzubringen hätten. König
Christian III. ließ die Abgeordneten des Landes Ditmarschen an das
Blutgericht oder Lobing, ein Volksgericht, in welchem angesessene Amts=
bauern in Gegenwart oder unter dem Vorsitz des königlichen Amtmanns
das Urteil fällten, nach Rendsburg verweisen. Dasselbe ward erst im
folgenden Jahre am 14. März abgehalten. Merkwürdigerweise erzählt
Neokorus von allen diesen Vorgängen garnichts, obwohl man nicht an=
nehmen kann, daß sie ihm unbekannt geblieben seien. Die bitmarsischen
Abgesandten erschienen nun zwar auf der Malstätte, gaben aber, wie sie
später behaupteten, die Erklärung ab, in einer so schweren und wichtigen

iche sich der Entscheidung eines Bauerngerichtes nicht unterwerfen zu
inen, und baten, die Sache vor des Königs Maj. selbst oder dessen
fräten anbringen zu dürfen; sie fürchteten jedenfalls, wie sie auch später
mlich erklärten, von den ihnen feindlich gesinnten holsteinischen Bauern
ien gerechten Ausspruch zu erhalten. Als nun das Lobing zu Rendsburg
ter dem Vorsitz des Königl. Amtmannes Kai Ranzau das gerichtliche
rsahren trotzdem fortsetzen wollte, verließen sie unter Protest Rendsburg.
ıs Gericht sprach also, ohne daß eine ordnungsmäßige Anklage vor-
·racht war, den Wiben Peters von der „angestellten" peinlichen Klage
ht bloß frei, sondern verurteilte die Ditmarscher zugleich dazu, ihm alle
:ch den Angriff und das Gefängnis verursachten Schäden und Kosten
erfetzen. Hieraus entstand denn ein weitläufiger und kostspieliger Prozeß,
ı Peters gegen das Land Ditmarschen anstrengte und den seine Brüder
h feinem Tode fortsetzten. Über die Vorgänge in Rendsburg sind wir
ıe jede sichere Kunde, die Verhandlungen wurden, wie überhaupt bei
ı alten Volksgerichten, nur mündlich geführt und weder ein Protokoll,
h das Urteil schriftlich zu Papier gebracht. Wiben Peters hat sich
mals über die mündlichen Verhandlungen ausgelassen, ebensowenig sich
:r die Behauptungen der Ditmarscher, ihren Protest und ihr Verlassen
Dingstätte geäußert, weder zugestehend, noch verneinend, er hat sich
r auf das Urteil berufen. Daß aber ein solches wirklich gefällt worden
beweist ein Urteilsschein, der in späterer Zeit zu den Akten des Reichs-
nmergerichtes beigebracht worden ist. Solches war in damaliger Zeit
:ich, ohne daß Zeugen herzugerufen zu werden brauchten. Der wesent-
ıe Inhalt dieses Scheines, ausgestellt auf Verlangen von Wibens
·uber Barthold Peters, behufs Fortsetzung des Prozesses bei dem Reichs-
nmergericht, durch die herzogliche Kanzlei auf Gottorp unter dem
. Oktober 1554 über Vernehmung des vormaligen Amtmannes zu
nbsburg Kai Ranzau, ist, daß das Urteil des Lobing dahin gelautet,[653]
aß auf solche peinliche Klage der 48 Regenten gegen Wiben Peters
t der Bitte, denselben als einen Friedensbrecher an Leib und Leben
nlich zu strafen, wie auf des Beklagten Antwort und beider Parteien
iteres Vorbringen, das Lobing und Blutgericht den Beklagten von an-
tellter peinlicher Klage frei, loß und ledig erkannt, auch die Regenten
b Landschaft Ditmarschen in alle Kosten, Schäden, Schmach und Schande
·urteilt und sie schuldig erklärt habe, von wegen des Angriffes und
:fängnisses dem Beklagten Abtrag und Wandel zu thun." Daneben
tte der Amtmann bezeugt, „daß solches Urteil nach 6 Wochen von dem
·bing und hohen Königl. Blut- und Halsgericht zum Jarischen Balken
tätigt worden sei." Ein Göding hieß das ebenfalls aus Bauern be-
henbe Ding und Recht, an welches die Berufung von einem Urteil des
bings statthaft war. Außerdem wurde aber von Bartholb Peters noch
ı seitens Bürgermeister und Rat zu Itzehoe ausgestelltes Zeugnis vom
,hre 1556 beigebracht, „daß ihnen bewußt sei, daß im Jahre 1542
ı 14. März der Amtmann zu Rendsburg auf Ansuchen der Regenten
ː Landes Ditmarschen einen Gerichtstag gegen Wiben Peters gehalten,

worin die Ditmarscher diesen als Feind des Landes angeklagt, aber ihre
Klage nicht nach Ordnung des Holstenrechtes hätten beweisen und aus=
führen können; daß derselbe daher frei, loß und lebig erkannt und daß
dieses Urteil, gegen welches die Ditmarscher zum Jarischen Balken appelliert,
von dem daselbst gehaltenen Göbinge, weil die Ditmarscher nicht erschienen
seien, konfirmiert worden sei." So bezeugen die Itzehoer Ratsherren
allerdings Wiben Peters' Freisprechung, aber nicht die Verurteilung der
Ankläger in Kosten, Schmach und Schande. Jedenfalls müßten die Dit=
marscher von dem Lobing an das Göbing appelliert haben, und doch
haben dieselben stets beharrlich geleugnet, überhaupt eine peinliche Klage
zu Rendsburg angebracht zu haben. Trotz des glücklich erlangten Urteils=
spruches fuhr Wiben Peters aber fort, die Ditmarscher mit Raub und
Brand heimzusuchen, wo er sie nur traf. In dem zum Stift Bremen
gehörenden Lande Kehdingen wurden zwei Ditmarscher aus Neuenkirchen
von ihm überfallen, mißhandelt und als Gefangene fortgeschleppt; auf der
Segeberger Heide überfiel er drei andere, beraubte sie um fast 500 Mark
lübsch und nahm sie gleichfalls gefangen. Das geraubte Geld benutzte er
zu einer Reise nach Speier, um dort dem Urteilsschein, den der Rends=
burger Amtmann ihm ausgestellt hatte, Geltung zu verschaffen. Kaiser
Karl V. befand sich gerade damals zu Speier, und Wiben Peters hatte
Kühnheit genug, sich an diesen persönlich zu wenden. Und wirklich gelang
es ihm, unter dem 4. April 1544 ein kaiserliches Mandat an die 48
Hauptleute und Regenten des Landes Ditmarschen auszuwirken des Inhalts,
daß diese bei Vermeidung einer Pön von 50 Mark Goldes vermöge des
zu Rendsburg gesprochenen Urteils Wiben Peters zufriedenstellen und un=
klagbar halten, auch gegen ihn und seine Habe keine Gewaltthat verüben
sollten; daß sie aber, falls sie deshalb beschwert zu sein rechtmäßige Ursache
zu haben vermeinten, selbige vor dem Erzbischof von Bremen als kaiser=
lichem Kommissarius vorzubringen hätten. Das kaiserliche Mandat gestattete
also noch Einreden gegen dasselbe, und so begann denn anfangs 1544 ein
neuer Abschnitt in dem Rechtsgange. Der Erzbischof von Bremen sub=
delegierte aber unter der Angabe, mit anderen wichtigen Geschäften über=
laden zu sein, zur Verhandlung und Entscheidung in dieser Sache zwei
seiner Räte Burchart von Kramme und Veit Chrumers. Am 12. September
ward auch von diesen ein Gerichtstag zu Verden abgehalten, und es er=
schienen von den Verordneten der 48 etliche daselbst, welche sich verhören
ließen, aber die Erklärung abgaben, sie gedächten nicht vor den subdele=
gierten Räten, sondern nur vor dem Erzbischof selbst ihre Vollmacht vor=
zulegen und ihr Recht zu verantworten. Weil die bitmarsischen Abgesandten
aber keine gültigen Beweise gegen die subdelegierten Räte vorgebracht
hatten, so wurden sie für schuldig erkannt, vor letzteren dem Kläger Rede
und Antwort zu stehen. Neue Termine wurden angesetzt, aber von seiten
der Ditmarscher erschien niemand. Darauf gaben denn die erzbischöflichen
Räte unter dem 21. September 1544 zu Verden ein Erkenntnis ab,
durch welches die Verklagten als ungehorsam in die Pön und alle übrigen
Folgen des kaiserlichen Mandates sowie in die Kosten des kommissarischen

erfahrens verurteilt wurden. Noch wurde unter dem 2. Oktober ein
escheid gegeben, der eine Mahnung an die Ditmarscher enthielt, binnen
Tagen dem Urteil der Subbelegierten folge zu leisten, widrigenfalls am
ichsten Gerichtstage alle und jede Expensen in dieser Sache tariert und
if ein Exekutivmandat erkannt werden würde. Doch dazu kam es nicht.
chon am 20. September 1544 hatten die 48 Verweser gegen die von
n Subbelegierten erlassene Ladung zu Heide die Appellation an des Kaisers
Majestät eingelegt, namentlich deshalb, weil der Erzbischof die Sache nicht
lbst in die Hand genommen habe. Als Wiben Peters von diesem Vor=
hen der Ditmarscher Kunde erhalten hatte, bat er selbst den Erzbischof,
e Exekution in der Sache an den Kaiser, bezüglich das Kammergericht,
rückzuschicken. Der Erzbischof that dies auch. Von nun an blieb der
treit über das in Rendsburg ausgesprochene Urteil bei dem Kammer=
richt in Speier, auch Wiben Peters erhielt den Bescheid, daß er den
usgang der Sache daselbst zu erwarten habe. Die Appellationsschrift
r 48 ist sehr kurz, ein beispielloses Vorkommen in der damals so schreib=
iigen Zeit; statt einer neuen Rechtfertigung ward einfach auf die Akten
r vorigen Instanz Bezug genommen und um das Erkenntnis gebeten,
ß die Appellation angenommen sei.

Außerdem machten nun aber die 48 Regenten wider Wiben Peters
ne Klage wegen Landfriedensbruches anhängig, indem sie bei dem Kammer=
richt vortrugen, Wiben Peters sei im Oktober 1544 willens gewesen,
tmarsische Kaufleute und Einwohner, die auf den Markt nach Hamburg
chsen gebracht und daselbst verkauft hätten, auf des Kaisers und des
eiches Straßen zu berauben und gefangen hinwegzuführen. Er habe
nselben wider die Bestimmungen des Landfriedens aufgelauert, aber, von
iten Leuten gewarnt, hätten die Ditmarscher sich mit Reitern und Söldnern
rsehen und so das Vorhaben vereitelt. Das Kammergericht beschloß die
betene Ladung, und zwar weil der Beklagte „kein bleiblich Heimwesen"
itte, mittelst öffentlichen Anschlages teils an Pfarrkirchen, teils an Rat=
iusern an beiden Elbufern, nämlich in Itzehoe, Neumünster, Segeberg,
lbesloe, Lübeck, Wismar, Hamburg, Burtehude, Stade, Verden und
remen. Offenbar lag nun dieser Klage ein bloßer Versuch des Land=
iedensbruches zu grunde, aber es herrschte damals die Ansicht, daß es
if die Vollendung des Verbrechens nicht ankomme, um wegen Land=
iedensbruches zur Klage berechtigt zu sein. Obgleich nun seitens der
itmarscher als Appellanten und Kläger bereits gegen Wiben Peters
ıdung ausgebracht und in der Appellationssache bereits einige Verhand=
ıngen beim höchsten Reichsgericht vorgekommen waren, fuhr Wiben Peters,
)ne die von ihm selbst aufgerufene Instanz zu achten, in seinen Feind=
ligkeiten gegen die Ditmarscher fort. Mit seinem Bruder sammelte er
liche Seeräuber um sich, rüstete zwei Schiffe mit Büchsen und Munition
ıs und begab sich in die Westsee, um die Insassen des Landes Dit=
arschen mit ihren Kaufmannswaren „niederzuwerfen, zu fangen und
tzuschlagen." Insbesondere wird angegeben, Wiben Peters habe mit
inen Helfershelfern, nachdem er von Helgoland aus nach Ditmarschen

geschifft sei, das Dorf Groben, im Kirchspiel Brunsbüttel am Elbdeich belegen, geplündert und angezündet.

Endlich erlag aber der furchtbare Mensch seinem Schicksale.[554] Unter fremdem Namen Hans Pommerink machte er von Helgoland aus mit seinem Bruder Hans und 16 Gefährten auf einer Jacht die See unsicher, nahm sonderlich einem Schiffer aus Emden nicht allein Viktualien, sondern auch andere Güter und allerhand Schiffsgerätschaften weg. Als diese neue Gewaltthat, welche selbst einen Fremden betroffen hatte, bekannt wurde, nahmen sich ein Achtundvierziger zu Oldenwöhrden, Boldes Johann, dessen Sohn Bolt ein Schiff besaß, Klaus Fake zum Süderdeich und Rode Reimer zu Weßlingburen, welche alle beide Schiffer gewesen waren, der Sache an und verabredeten, daß ein jeder in seinem Kirchspiel etliche aussuchen solle, so daß es im ganzen 100 Mann wären, und mit diesen wollten sie hinüberfahren, um dem mutwilligen Friedensstörer zu steuern und ihn mit seinen Genossen zu verhaften; bei Verlust von Leben und Gut sollte ein jeder noch vor Sonnenuntergang bereit sein, an Bord zu gehen. Solches geschah am 12. Mai des Jahres 1545. Der alte Claus Sumel wurde von den versammelten Ditmarschern aus den drei Kirchspielen zum Anführer ernannt und in einen Boier *) von Büsum, welcher Tieß Reimers Kersten gehörte, von 25—26 Last und eine Jacht von Schülpe, Grotienß Johanns Maeß gehörig, lud man für einen Monat Lebensmittel an Brot, Butter, wohl 24 Tonnen Bier und eine Menge Speckseiten, nahm auch den nötigen Ballast ein, worauf sie, als des Nachts die Trommeln gingen, sich an Bord begaben. Der Wind war ihrem Unternehmen günstig, so daß sie schon um 9 Morgens bei Helgoland anlangten. Der Boier fuhr erst vor der Insel vorbei, indem er nicht mehr Mannschaft an Bord zeigte, als zur Bedienung des Schiffes nötig war, während die anderen unten im Raum auf dem Sand lagen, in der Hoffnung, Wiben Peters vom Lande locken zu können, daß er ihnen nachjage. Aber Wiben Peters hatte kurz vorher aus Mangel an Proviant 14 Mann fortgeschickt, so daß er nicht stark genug war, obwohl er den bitmarsischen Boier recht gut erkannte. Wiben Peters stand auf dem Kirchhof, seinen Bart in zwei Knoten geschlagen, und als er nun auch die bitmarsische Jacht herankommen sah, merkte er Unrat und gab sich als Wiben Peters, den Landesfeind, offen zu erkennen. Hierauf fuhren die Ditmarscher in den Hafen von Helgoland hinein, und als sie von fremden Schiffern erfuhren, daß Wiben Peters von seiner Bande nur drei Mann bei sich habe, landeten sie bis auf zwanzig, welche zum Schutz der Schiffe zurückblieben. Wiben Peters hatte nur seinen Bruder Hans bei sich, einen alten Landsknecht und einen Schreiber mit Namen Jochim, deshalb schickte er den Pastor Luden zu den Gelandeten hinab und ließ sie fragen, was sie wollten. Als hierauf die Aufforderung erfolgte, Wiben Peters solle sich auf das bitmarsische Landrecht hin gefangen

---

*) In Dahlmanns Glossem zu Neokorus II. p. 582 heißt es: Boier, eine Schmakke, Barke, namentlich die Weserbarken heißen so.

ben, und Pastor Luden dem Wiben Peters diese Antwort hinterbrachte, klärte dieser sich dazu bereit, seine Sache vor dem König von Dänemark und den Holsteiner Herzögen verhandeln zu lassen, aber nicht nach ditmarsischem Rechte. Hierauf wollten die Ditmarscher aber nicht eingehen. Da holte Wiben Peters ein Bettlaken aus dem Hause, band es an eine Speerstange, schwang es über seinem Haupt, zog sein Schwert und trank seinen Gefährten aus einer hölzernen Kanne zu. Darauf ließ er die drei kleinen Geschütze, welche sich auf dem Kirchhofe befanden, abfeuern, aber die Kugeln gingen den Angreifern über die Köpfe hinweg. Thörichterweise hatten sie die Geschütze zu gleicher Zeit abgeschossen, deshalb konnten die Ditmarscher den Kirchhof stürmen, während Wiben Peters mit seinen Begleitern sich in die Kirche flüchtete, deren Thüren von ihnen ins Schloß geworfen und verrammelt wurden. Der inzwischen herbeigekommene Vogt von Helgoland erklärte sich auf Befragen der Ditmarscher dazu bereit, die Kirchentür zu öffnen, aber, ehe der Schlüssel herbeigeholt worden war, hatten die letzteren bereits die Thür an der Nordseite eingerannt. Wiben Peters und seine Begleiter hatten sich auf den Boden der Kirche geflüchtet, er vergebens versucht, die Leitern hinaufzuziehen; die Ditmarscher schossen durch den Boden, und bald träufelte Blut herab und floß über die Bilder auf den Altar. Als die Eingedrungenen nun gewahr wurden, daß sich oben nichts mehr rühre, stiegen sie die Leitern hinauf und fanden Wiben Peters sofort tot bei der Luke, dreimal durch den Kopf geschossen. Sein Bruder Hans war noch nicht tot, sondern stellte sich nur so, als er aber nicht zum Sprechen zu bewegen war, wurde auch er erschossen. Den Handsknecht holten sie vom Gewölbe herab, als er sich aber nicht gefangen geben wollte, wurde er mit einem eisernen Haken in den Kopf geschlagen, daß das Gehirn herausspritzte, der Schreiber wurde von dem Hahnenbalken heruntergeholt und gefangen genommen. Nachdem die Ditmarscher nun so ihre Feinde unschädlich gemacht hatten, begaben sie sich nach dem Hause des Vogtes, verkehrten mit den Bewohnern der Insel und den fremden Schiffern in gutem Einvernehmen und verblieben, da der Wind ungünstig war, bis zum Donnerstag Morgen auf der Insel; das mitgebrachte Bier wurde im Siegesjubel reichlich gespendet. Hierauf segelten sie mit den drei Toten und dem Gefangenen nach Hause zurück, liefen am Freitag Nachmittag im Deichhäuser Hafen ein und fuhren von da nach Heide. Da strömte denn eine gewaltige Menge Menschen zusammen, von Lohe bis nach Heide stand alles dicht gedrängt auf beiden Seiten der Landstraße, ebenso in Heide auf dem Markte. Voran marschierten die Männer, drei Mann im Glied, und als sie um den Markt herumzogen, schossen sie ihre Gewehre ab, hierauf wurden den Toten und dem Gefangenen die Köpfe abgeschlagen und auf Pfähle gesteckt, wie es Mordbrennern und Räubern geziemte. Das Leben des Gefangenen, des jüngsten unter den Missethätern, hatten einzelne zu retten versucht, aber vergebens.

Durch dieses Vorgehen gegen Wiben Peters und seine Genossen auf Helgoland hatten nun aber die Ditmarscher den Herzog Adolf als Landesherrn von Helgoland aufs höchste beleidigt und erzürnt. Bei der

Teilung der Herzogtümer, welche trotz des anfänglichen Widerstrebens der schleswig-holsteinischen Landräte und vor allem Johann Ranzaus i. J. 1543 zu stande gekommen war, hatte man die Insel Helgoland zuerst vergessen, nachträglich aber bei der Auseinandersetzung über die hinterlassenen Kleinodien und Mobilien des Vaters war dieselbe dem Herzog Adolf zugesprochen worden.

## IV.
### Die Ditmarscher und das Bremer Erzstift.

Auch mit dem Erzbischof Christoph von Bremen, einem der heftigsten Gegner der Reformation, waren die Ditmarscher schon einige Jahre vorher in Verwicklungen geraten. Es war i. J. 1540, [655] als der bekannte und im Lande hochangesehene Peter Nanne, einer der Achtundvierziger aus dem Wurthmannengeschlechte zu Lunden, etliche Ochsen im Kehdingerlande bei dem Zoll vorübergetrieben hatte, ohne sich um denselben weiter zu bekümmern, da die Ditmarscher im Gebiet des Erzbischofs Zollfreiheit für sich beanspruchten.*) Als ihm hierauf drei Leute nachgingen und die Erlegung des Zolles von ihm verlangten, erschoß er einen von diesen. Bei seiner Rückkehr wurde er an derselben Stelle angehalten und festgenommen. Für seine Freilassung leistete er dem Erzbischof im Beisein von dessen Rat Johann Karll und etlicher vom Abel einen Eid, daß er eine bestimmte Summe bezahlen wolle, und daß bis dahin sein Sohn Hans, der auch dazu bereit war, als Geisel im Gefängnis zurückbleiben solle. Neotorus erzählt nun, daß dieser lange gesessen habe, weil er von dem Vater vergessen worden sei, endlich sei er von der Mutter ausgelöst worden, welche sich das nötige Geld zusammengeliehen habe. Klingt das letztere schon an und für sich unwahrscheinlich, so erfahren wir aus einem Schreiben der Hansestädte vom 8. Juli 1540, [656] welche ihre Sendboten zu einer Beratung nach Lübeck geschickt hatten, daß Peter Nanne an der Loskaufung seines Sohnes von den Ditmarschern ausdrücklich verhindert worden sei, weil dies den gemeinen kaiserlichen Rechten und Ordnungen wie auch des Landes Ditmarschen Landrecht und Statuten zuwider sei. Die Achtundvierziger traten ihrerseits in diplomatische Unterhandlungen mit dem Bremer Domkapitel betreffs der Freilassung Hans Nannes. Da dieselben aber während der Abwesenheit des Erzbischofs, der zugleich Administrator des Stiftes Verden war, zu keinem Resultate führten, baten sie die Hansestädte um ihre Vermittlung und erwirkten in Lübeck eine Intervention zu gunsten Peter Nannes.

Ursache zu neuem Konflikt mit Bremen gab aber i. J. 1542 die Forderung seitens des Erzstiftes, daß die Ditmarscher einen Teil der von letzterem verlangten Reichssteuer bezahlen sollten. Bis dahin war dies noch niemals geschehen, in gedachtem Jahre ward aber eine Türkensteuer aus-

---

*) Neotorus sagt, Peter Nanne habe ein Zeichen fordern müssen.

eschrieben wegen des von dem Könige Franz I. mit dem türkischen Sultan
bgeschlossenen Bündnisses und der fortwährenden Einfälle der Türken in
ie kaiserlichen Erbstaaten, und auf einem Landtage zu Stade, auf welchem
uch die ditmarsischen Abgesandten sich eingefunden hatten, war der dem
ande Ditmarschen zufallende Beitrag auf 1000 Gulden angesetzt worden.
[l]s die Achtundvierziger dies aber der Landesversammlung zur Genehmigung
orlegten, stießen sie auf entschiedenen Widerstand, und erst nach längeren
[V]erhandlungen erklärte sich dieselbe mit der Zahlung der geforderten Summe
[e]nverstanden, aber nur unter der Bedingung, daß das bremische Kapitel
[z]uvor verspreche, eine von der ditmarsischen Landesversammlung zugesandte
[Q]uittung zu unterschreiben und nach Stade zu schicken, damit dieselbe bei
[E]inzahlung der 1000 Gulden in die dort befindliche Landeskasse von den
[d]itmarsischen Abgesandten in Empfang genommen werden könne. In
ieser Quittung sollte das Domkapitel aber erklären, [657] daß obwohl das
[L]and Ditmarschen der Kirche zu Bremen von altersher angehört habe,
ie Eingesessenen desselben bisher doch so frei gewesen wären, daß sie mit
sonderlichen Auslagen, Zulagen und Ausgaben des Römischen Reiches
[se]itens des Erzbischofs niemals beschwert worden seien." Da nun aber
[d]er Kaiser, durch den Erbfeind der Christenheit bedrängt, alle Fürsten und
[S]tände wegen der auferlegten Steuer gemahnt und mit Strafe bedroht
[h]abe, so erklären sie sich diesmal unter Protest für sich wie ihre Erben
[b]ereit, die 1000 Gulden zu bezahlen, aber nicht aus Pflicht oder Unter-
[th]änigkeit, sondern aus freiem Antriebe, um damit „dem Türken besto
[st]attlicher zu begegnen und die heilige Christenheit zu beschirmen." Der
[E]rzbischof war seiner Schuldenlast wegen berüchtigt, deshalb wollten die
[D]itmarscher die 1000 Gulden nur in die Landeskasse zu Stade und nicht
[i]n die des Landesherrn zu Bremervörde einzahlen. Einen derartigen Revers
[a]ber, welcher eine fortwährende Exemption des ditmarsischen Landes von
[a]llen kaiserlichen Reichsauflagen und zugleich die Nichtzugehörigkeit desselben
[z]um Erzstift rechtlich anerkannt haben würde, konnte das Bremer Domkapitel unmöglich ausstellen und mahnte deshalb kurz nachher einfach um
[b]aldige Einzahlung der 1000 Gulden. Die Ditmarscher waren aber
[e]benso kurz entschlossen und sandten zum zweiten Male dasselbe Quittungs-
[k]onzept ein, [658] indem sie erklärten, die 1000 Gulden lägen zur Zahlung
[b]ereit, obwohl schon oft solche „Zulagen" gegen den Erbfeind der Christen-
[h]eit geschehen seien, zu denen sie aber seit Menschengedenken nie heran-
[g]ezogen worden, da sie wegen der Beschwerungen durch Überschwemmungen
[v]on vielen Päpsten, Königen und Kaisern von denselben befreit worden
[w]ären. Deshalb verlangen sie von neuem einen untersiegelten „Zeugnis-
[b]rief", daß sie nur unter Protest auf die Zahlung eingegangen seien,
[d]amit ihnen dadurch kein Abbruch ihrer Privilegien geschehe, und als das
[D]omkapitel sich nicht darauf einlassen wollte, beharrten die Ditmarscher
[b]ei ihrer Weigerung, die geforderte Summe zu bezahlen, so daß sich der
[E]rzbischof i. J. 1550 an das Kaiserliche Kammergericht wandte und auch
[w]irklich ein Mandat seitens desselben erlangte, welches den Ditmarschern
[d]ie sofortige Zahlung der 1000 Gulden gebot, aber selbst dieses vermochte

nicht den Widerstand derselben zu brechen. Ebenso wenig erkannten sie eine Verpflichtung, dem Erzbischof Heeresfolge zu leisten, an. Als im Jahre 1552 der Graf von Mansfeld in das Alte Land eingefallen war und die Ditmarscher deshalb von Bremen aus zur Hülfeleistung auf= gefordert wurden, verweigerten sie dieselbe nicht geradezu, aber sie machten dabei ihre alten Landesfreiheiten und Privilegien geltend[659] und erließen ein diplomatisches Kondolenzschreiben an den Erzbischof, in welchem sie erklärten, wie der große Schade und Nachteil, der dem Alten Lande und dem Erzstift begegnet, ihnen von ganzem Herzen leid thue, und daß sie nicht ungeneigt seien, wegen der Verwandtschaft, mit welcher sie der heiligen Kirche zu Bremen zugethan seien, nach Gelegenheit und soweit sie es nach ihren Privilegien schuldig seien, zu helfen. Da sie aber gehört, daß der Graf mit dem Erzstift Unterhandlungen angefangen habe und das Kriegs= volk bereits abgezogen sei, so seien sie in der Hoffnung, daß diese Kunde sich bestätigen werde, hocherfreut darüber. Wenn es sich aber anders ver= halten sollte und sie darüber näher benachrichtigt würden, wollten sie es an der gehörigen Einberufung ihrer Landsassen nicht fehlen lassen. Ob es klug von den Ditmarschern war, gerade in einer Zeit, wo sie ihre Zugehörigkeit zum Erzstifte anderen Ansprüchen gegenüber fortwährend geltend machten, so auf ihre Privilegien zu pochen, scheint allerdings mehr als zweifelhaft. Den Ditmarschern ging eben die von ihnen beanspruchte Unabhängigkeit und Freiheit ihres Landes über alles.[660]

Bei der Teilung der Herzogtümer zwischen dem König Christian III. und seinen Brüdern war von Ditmarschen allerdings keine Rede gewesen, indeß hielt man doch an der Zusammengehörigkeit desselben mit Holstein fest, war doch noch auf dem Reichstage zu Worms im Jahre 1545 bei Gelegenheit der nach der neuen Ordnung des Reiches unter Karl V. aus= geschriebenen Abgaben und Dienste, namentlich betreffs der Unterhaltung des Kammergerichtes, holsteinischerseits geltend gemacht worden, daß Dit= marschen sich noch fortwährend der Landeshoheit der holsteinischen Herzöge entziehe.[661] Auch bei der Erneuerung des Lehnsbriefes seitens des Kaisers an die Herzöge am 5. Oktober 1548 zu Brügge in Flandern wurde auf Verlangen derselben die Belehnung mit Holstein ausdrücklich mit den diesen inkorporierten Ländern Stormarn und Ditmarschen ausgesprochen. Das deutsche Reich kannte kein selbständiges Ditmarschen mehr, in der Matrikel des Reiches wurde es unter Holstein veranschlagt, die holsteinischen Fürsten nahmen gar bald die Gelegenheit wahr, sich darauf gegen die Ditmarscher vor Kaiser und Reich zu berufen.

## V.

### Die Angelegenheit Hans Fehrings und Heinrich Junkes. Die Brüder Wiben Peters'.

Die Geschichte mit Wiben Peters hatte noch ein blutiges Nachspiel, bei dem die Brüder Wiben Peters', Barthold und Claus, zu Habersleben

wohnhaft, nicht unbeteiligt gewesen zu sein scheinen. Im Jahr 1546 wurde
der Stall eines Heider Bürgers Namens Reymers Wolbers in Brand
gesteckt, und infolge dessen brannten die sämtlichen Häuser an der West=
seite des Marktes ab. Als Brandstifter gelang es einen gewissen Hans
Fehrink aus Garbing nebst zwei Knechten aus Ketelsbüttel und einem
Jungen, der bei der Brandstiftung Wache gestanden hatte, in Wesselburen
gefänglich einzuziehen. Bei der peinlichen Vernehmung durch den Henker
beschuldigte nun Hans Fehrink sowohl einige holsteinische Beamte, den
Ratmann Hans und den Bürgermeister Tylke Bolcke zu Wilster, wie
einige Einwohner Tönnings, ihn zu seiner Übelthat in Ditmarschen an=
gestachelt zu haben. Unter den letzteren befand sich ein früherer Dit=
marscher Hinrich Junke, jetzt Bürger zu Husum, welcher gegen das aus=
drückliche Verbot der Achtundvierziger im Jahre 1543, „als der König
die vielen Knechte hatte", bei Verlust Leibes und Gutes das Land zu
verlassen, sofort aufgebrochen war und sich mit seinen Gütern heimlich
entfernt hatte. ⁶⁶² Die Ditmarscher verlangten deshalb von ihm 100 Mark
lübsch Brüche und nahmen ihm, als er dieselben nicht bezahlen wollte,
aus einem Schiffe auf der Eider für 1100 Thaler Güter weg. Junke
hatte sich deshalb an seinen Landesherrn, den Herzog Adolf, gewandt,
und dieser hatte schon zu verschiedenen Malen, aber bisher vergebens, den
Versuch gemacht, die Ditmarscher zur Herausgabe der weggenommenen
Güter zu bewegen. Jetzt wurde eben dieser Junke von den Ditmarschern
beschuldigt, nicht nur den Fehrink und seine Helfershelfer durch Geld zu
Mordbrennereien in Ditmarschen veranlaßt, sondern selbst zwei seiner Jungen
mit allem Möglichen versehen, was zur Brandstiftung nöthig war, nach
Ditmarschen geschickt zu haben. Ja Fehrink behauptete sogar in seiner
Urgicht, d. h. dem nach der Folterung „ungenötigt" wiederholten Geständnis,
am Stillfreitag auf dem Schlosse zu Gottorp gewesen zu sein und daselbst
mit dem Drost Heinrich Rantzau, Wulf Pogwisch und Iwan Reventlow
Unterredungen gehabt, auch von Wiben Peters' Bruder bestimmt gehört
zu haben, daß Herzog Adolf 50 Mordbrenner angenommen habe, die es
namentlich verstünden, Lunten in die Garben zu legen, so daß die Leute
sich selbst das Feuer in die eigenen Häuser führen; außerdem habe er
vernommen, daß der König in Kopenhagen eine Flotte von mehr als
10 Schiffen rüste, mit der er am künftigen Jakobitage in Ditmarschen
einfallen wolle. Ebenso hatten Fehrinks Helfershelfer bekannt, daß sie
von Junke zur Brandstiftung gedungen worden seien. Entrüstet über diese
von den Verbrechern vorgebrachten Beschuldigungen hatte nun Herzog
Adolf schon anfangs Juli einen seiner Räte nach Ditmarschen geschickt,
um sich über die gemachten Bekenntnisse zu instruieren, und auch Ab=
schriften von denselben erhalten, ebenso einen Aufschub der Vollstreckung
des Urteils zuerst auf 8 Tage erlangt, welcher später auf 3 Wochen ver=
längert sein muß, denn erst am 24. Juli wurde dasselbe wirklich vollstreckt.
Am Tage vorher waren zwei Räte (ihre Instruktion datiert vom 22. Juli
auf Schloß Gottorp ⁶⁶³) in Ditmarschen angekommen und hatten mit
dem Achtundvierziger Johann Russe (dem bekannten ditmarsischen Historio=

graphen) in Lunden eine Unterredung gehabt, namentlich wegen des Scharf=
richters (Dessenkers), den sie in freiem Geleit mitgebracht hatten, um
durch denselben die Angeklagten nochmals peinlich verhören zu lassen,
damit es nicht heißen solle, die Ditmarscher hätten den gefangenen Fehrink
durch ihren eigenen Scharfrichter so verhört, daß er nichts anderes habe
aussagen dürfen, als sie selbst hätten haben und hören wollen. Nun war
den Abgesandten aber doch bange geworden, daß die Ditmarscher diese
Begleitung höchst übelnehmen und geradezu als Beschimpfung ansehen
würden. Joh. Russe versprach auch freundlichst, freilich nicht ohne seine
Bedenken zu äußern, die Sache in Heide zu ordnen. Am Sonn=
abend sollte Fehrinks Sache in der Landesversammlung entschieden werden;
ein neues Verhör durch den holsteinischen Henker lehnten aber die Acht=
undvierziger mit der größten Entschiedenheit ab, ja sie erklärten, demselben,
wenn er sich öffentlich zeige, das freie Geleit nicht halten zu wollen, selbst
Drohungen ernstester Art mußten die herzoglichen Gesandten namentlich
seitens des Achtundvierzigers Johann Holm aus Neuenkirchen anhören.
Betreffs Fehrinks und seiner Genossen konnten die Gesandten nichts er=
langen; nachdem die Angeklagten in offenem Ringe auf dem Marktplatze
das peinliche Geständnis trotz ernstlicher Abmahnung und Widerlegung
seitens der Holsteiner wiederholt hatten, wurden sie abgeführt, vor der
Hamme[664] hingerichtet und ihre Köpfe auf Pfähle gesteckt. Es ist nun
unzweifelhaft, daß die Aussagen der Verbrecher, soweit sie die Fürsten
betrafen, erdichtet gewesen sind, wie der Rat Benedikt Bentzen auch wieder=
holt betont, daß, wenn sein Herr mit dem Lande Ditmarschen „in ungüde
was to don hebben will", derselbe doch wahrlich nicht nötig habe, zu so
unehrlichen, verräterischen Thaten und Stücken zu greifen. Auch wird
den Ditmarschern wiederholt vorgehalten, wie man es sehr schwer empfunden
habe, daß sie so schändliche und doch offenbar erfundene Anklagen in die
Städte und Länder hätten erschallen lassen, wie zu Lübeck, Stade, Bremen,
Lüneburg und anderswo. Der König spricht in einem Schreiben an
seinen Bruder Johann seine Verwunderung darüber aus,[665] weshalb
Fehrink so hartnäckig bei seiner Aussage geblieben sei, ebenso auch die
beiden Knechte. Bei den letzteren mag es die Furcht vor weiterem Foltern
gewesen sein, wie auch aus ihrem Bekenntnis offenbar hervorgeht;[666] bei
Fehrink selbst stand die Sache wohl anders, er hatte die Aussage nun
einmal gemacht, welche sein Verbrechen mit einem gewissen Nimbus umgab,
und da er wußte, daß er doch nicht freikommen werde, blieb er dabei.
Auch Rat Bentzen meinte,[667] er habe die Fürsten in seine Sache hinein=
gezogen, damit, weil er doch nicht aus der Ditmarscher Hände kommen
werde, sein Tod nicht ungerächt bleibe.

Was Funke und die beiden Peters anbetrifft, so hatten die Acht=
undvierziger in einem Antwortschreiben vom 21. August[668] an den Herzog
Johann, der um einen nochmaligen Aufschub der Hinrichtung angehalten
hatte, diese Bitte unter Hinweis auf das erneuerte Geständnis der Ge=
fangenen abgeschlagen, ihrerseits aber unter Berufung auf frühere Verträge
darum gebeten, die anderen Übelthäter Wiben Peters Barthold und seinen

Bruder Claus gefänglich einzuziehen, damit sie aufs schärffte beftraft werden könnten, zugleich auch ficheres Geleit nachgefucht, um, wenn es nötig fein follte, einige der Jhrigen nach Habersleben fchicken zu können. Der Herzog war auch dem Verlangen der Achtundvierziger infoweit nachgekommen, daß er den Bartholb unter Mitteilung des ihm zugegangenen Schreibens auf= geforbert hatte, [669] fich zu rechtfertigen. Diefer hatte fich aber einfach auf das zu Renbsburg ergangene und feitens der kaiferlichen Kommiffarien beftätigte Urteil berufen und fich über die durch die Ditmarfcher an feinen Brübern Wiben und Claus auf Helgolanb verübte Gewaltthat bitter befchwert. Allerbings habe er fowohl Fehrink als Funke gekannt, mit beiben aber feit drei Jahren weber in münblichem, noch fchriftlichem Ver= kehr geftanben; übrigens erklärte er fich jeberzeit bazu bereit, in der Stabt Habersleben vor Gericht Rebe zu ftehen, wenn die Ditmarfcher ihn und feinen Bruber bafelbft belangen wollten. Der Herzog hatte infolge beffen die Feftnahme Bartholbs abgelehnt, fonft ben Ditmarfchern verfprochen, falls fie die Sache weiter zu treiben beabfichtigten, ihnen gebührenbes Recht zu teil werben zu laffen.

Auch die Funkefche Angelegenheit war von ben herzoglichen Räten in Heibe wieder aufgenommen [670] und von ben Ditmarfchern Schabenerfatz wie Erlebigung der Sache vor bem zuftänbigen Gericht im Eiberftebtifchen ober in Stapelholm verlangt worben. Die Ditmarfcher lehnten aber ihr Erfcheinen auf einer folchen Tagfatzung unter Hinweis barauf, baß ihre Abgeordneten in Renbsburg thätlichen Angriffen ausgefetzt gewefen feien, ab; außerbem machten fie geltenb, baß die Wegnahme der Funkefchen Güter garnicht im Gebiet bes Herzogs erfolgt fei, inbem bas Schiff hart am bitmarfifchen Ufer gelegen habe, der halbe Eiberftrom aber ihnen gehöre. Jm übrigen feien fie jeberzeit erbötig, über biefe und alle anberen Gebrechen zwifchen bem Lanbe Ditmarfchen und ben Fürftentümern zu gelegener Malftätte, wie auf bem Kucksmall ober wo es fonft befchloffen werbe, Tageleiftung zu halten, aber wegen eines fo ehrlofen Schelmes wie Funke allein würben fie nicht erfcheinen; „bat fcholbe uns man entlich affgefecht fyn," berichtet ber eine ber Gefanbten Hermann Wygge. [671]

König Chriftian, der überhaupt nichts weniger als kriegsluftig war, hatte offenbar keine Luft bazu, wegen biefer Sache mit ben Ditmarfchern ernftlich anzubinben; in einem Schreiben an biefe vom 18. Sept. 1546 dat. (Ebelholt, [672] welches die Herzöge übrigens mitunterzeichnet haben, fpricht er allerbings feine Verwunberung barüber aus, baß die Ditmarfcher auf bas Verlangen der Fürften, ben Fehrink nochmals verhören zu laffen, nicht eingegangen feien, und bittet ernftlich, bitmarfifcherfeits bafür zu forgen, baß man ihnen nicht ferner folche Schmach unb Schanbe zur Laft lege, auch die Erlebigung der Funkefchen Sache wirb ben Ditmarfchern aufs neue ans Herz gelegt; aber in bem Begleitfchreiben, welches ber König mit biefem Schreiben an feinen Bruber, von bem Tage nachher, bem 9. September, batiert, [673] abfchickt, heißt es, er münfche, baß Funke zu Recht geftellt werbe, inbem es nicht gelegen fei, um einer folchen Privat= fache willen fich Befchwerben auf ben Hals zu laben; wenn freilich die

Ditmarscher in Zukunft ihre Schmähungen nicht lassen würden, müsse man allerdings verfahren, wie es sich gebühre und notwendig sei.

Im Jahre 1550 schwebte die Angelegenheit mit Funke noch, wie aus dem Bericht von einer Tagfahrt mit den Ditmarschern auf dem Kucksmall vom 25. Juni 1550 (probuciert Margeby b. 22. Juli) hervorgeht. [674] An diesem Tage waren denn auch 8 ditmarsische Abgesandte mit den königlichen und fürstlichen Räten am Kucksmall zusammengekommen und hatten die Erklärung abgegeben, obwohl es billig gewesen wäre, daß dergleichen Privatangelegenheiten vorher vor dem niederen Gericht abgemacht worden wären, seien sie doch bereit, damit zwischen den beiden Ländern beständiger Frieden und gute Nachbarschaft erhalten bleibe, zu dulden, daß die Funkeiche Angelegenheit miterlebigt werde. Als nun aber Funke seine Klage schriftlich einreichte, erklärten die Ditmarscher dies für unstatthaft und bestanden darauf, daß nur mündlich verhandelt werde, und so verlief auch diese Zusammenkunft wieder ohne Resultat. Deßhalb gab Herzog Johann dem Ritter Iwan Reventlow Befehl, auf alle ditmarsischen Güter, welche sich in den herzoglichen Landen befänden, Beschlag zu legen. Dieser gehorchte dem Gebot seines Landesherrn nur ungern, weil er weitere Zwistigkeiten mit den Ditmarschern fürchtete, indessen gaben die letzteren doch endlich nach; unter dem 20. Juni 1551 berichtet Iwan seinem Herrn, daß die Schiffe der herzoglichen Unterthanen von den Ditmarschern zurückgegeben worden seien, und daß die Sache damit in Ordnung sei. [675]

---

## Dritter Abschnitt.

# Die Eroberung Ditmarschens im Jahre 1559.

## I.

### Herzog Adolf und König Christian III. in ihrem Verhältnis zu den Ditmarschern.

Wenn auch keineswegs anzunehmen ist, daß Herzog Adolf solcher Mittel gegen die Ditmarscher sich zu bedienen je willens gewesen ist, wie diese in ihrem leichtgläubigen Unmute anzunehmen geneigt waren, so ist es doch auf der anderen Seite unzweifelhaft, daß derselbe sich mit steten Rachegedanken gegen die Ditmarscher getragen hat, die ihn unkluger Weise immer aufs neue gereizt hatten. Herzog Adolf war als ein kriegerischer Herr bekannt, noch in seinen jungen Jahren hatte er sich an den Hof

Karls V. begeben und dort im Kriegswesen ausgebildet, so daß er bereits in seinem 16. Lebensjahr für fähig gehalten wurde, ein Heer zu kommandieren. [676] Überdies hatte man ihn dort wegen der seinem Hause von den Ditmarschern angethanen Schmach wiederholt gehänselt, so daß er schon lange Lust gehabt hatte, sich an diesen dafür zu rächen. [677] Im Jahr 1548 begab er sich wieder zu Kaiser Karl nach Brüssel und trat förmlich in dessen Kriegsdienst ein, bewirkte auch in demselben Jahre, daß er nebst seinen Brüdern Christian und Johann nicht bloß mit Holstein und Stormarn, sondern auch mit Ditmarschen belehnt wurde (am 5. October 1548). [678] So kam er i. J. 1552 mit den kriegerischsten Gedanken gegen die Ditmarscher erfüllt zurück. Und in diesem Vorsatz wurde er namentlich durch seinen Kanzler Adam Tratziger, welchen Reimer Kock als einen wilden und hoffärtigen Menschen schildert, bestärkt, denn dieser legte ihm einen förmlichen Plan zur Eroberung des Landes vor, den er ausgearbeitet hatte. [679] Nachdem er zuerst die Vorteile auseinandergesetzt hat, welche die Eroberung Ditmarschens überhaupt mit sich bringen werde (darunter, daß diese den Herzog zum Herrn über die Elbe machen, und daß das Land dem Herzog bei einem Kriege mit Dänemark*) von größtem Nutzen sein werde), zeigt der Kanzler, was für Rechte der Herzog auf Ditmarschen geltend machen könne. Er beweist, daß das Erzstift Bremen niemals in possessione superioritatis über Ditmarschen gewesen sei, da das Volk selbst die Majestätsgerechtigkeit ausübe, und bezeichnet die Gewaltthätigkeiten der Ditmarscher auf Helgoland als die beste Veranlassung, welche der Herzog benutzen könne, indem er die Sache bei dem Reichskammergericht anhängig mache, von welchem jene wegen Landfriedensbruches verurteilt werden müßten. Die Frage, ob der Herzog ohne seine Brüder die Eroberung unternehmen dürfe, bejaht Tratziger, indem derselbe berechtigt sei, seinen Vorteil zu verfolgen, wo er könne, sei es mit seinen Brüdern, sei es ohne sie, da er als mit Ditmarschen belehnter Herr das Recht habe, sein Lehen zu suchen, so gut er könne. 6000 Mann zu Fuß und 2000 zu Roß, außer des Herzogs eigenem Adel und Unterthanen, seien vollständig genug, Ditmarschen zu bezwingen, welches nicht nur von der Geestseite, sondern auch von der Elbe aus angegriffen werden müsse, wo die Hafenplätze erobert und verschanzt werden müßten. Man erinnert sich, daß dies schon der Plan Christians I. gewesen war. Kriegsvölker waren aber gerade damals leicht zu haben, weil solche nach der vergeblichen Belagerung von Metz durch Karl V. entlassen worden waren. Dennoch konnte sich Herzog Adolf nicht entschließen, allein gegen die Ditmarscher vorzugehen, seine Brüder, namentlich den König Christian, ver-

---

*) Im Jahre 1547 war ein ernstes Zerwürfnis zwischen dem König und seinen Brüdern ausgebrochen, indem ersterer die Belehnung mit Schleswig nach Lehnsrecht verlangte, was die letzteren verweigerten, indem sie geltend machten, daß die Belehnung mit dem Herzogtum stets eine freie gewesen sei. Als die Sache auf einer Versammlung zu Kolding zum Austrag gebracht werden sollte, verließen die Herzöge plötzlich das königliche Hoflager. Der König rüstete sogar ein Heer, aber es kam nicht zum Kriege. (Vgl. Waitz a. O. II. 303).

mochte er aber nicht zu einem gemeinsamen Vorgehen zu bewegen. So
wenig freundlich dieser sonst gegen die Ditmarscher gesinnt war, so daß
er sich oft mit Entrüstung über ihren Stolz und unbeugsamen Übermut
ausließ, [660] wollte er es doch lieber seinem Nachfolger überlassen, die Erinnerung an die Verluste seines Vetters und Vaterbruders zu tilgen, und
hielt fest an den Versicherungen, welche er selbst - i. J. 1523 den Ditmarschern in Ansehung seiner auf seine ganze Lebenszeit gegeben hatte.
Da der Herzog aber wegen der Unzulänglichkeit seiner Geldmittel es für
unthunlich erachtete, auf eigene Faust den Krieg anzufangen, sah er sich
dazu genötigt, die Ausführung seiner Pläne aufzuschieben und das ihm
so verhaßte Volk vorläufig in Ruhe zu lassen. Er mußte sich damit begnügen, den Feind stets im Auge zu behalten, bis die Umstände es ihm
erlauben würden, seine Rachegedanken zur Ausführung zu bringen. Ja
es wird erzählt, daß er das Auskundschaften persönlich besorgt habe. Im
J. 1552 begab er sich, natürlich unter falschem Namen, nach Ditmarschen
und erforschte das Land ohne erkannt zu werden. Nachher wurde die
Sache aber doch ruchbar, und es entstand unter den Ditmarschern große
Entrüstung, welche sich in bitteren Worten Luft machte, die dem Herzog
hinterbracht wurden und seinen Haß natürlich noch steigerten; der holsteinische Adel vor allem ließ es nicht daran fehlen, die feindselige
Stimmung des Herzogs noch zu verschärfen. [661]

Wenn nun aber der Herzog, dem augenblicklichen Zwang der Umstände nachgebend, sich vorläufig ruhig verhielt, so suchten die Ditmarscher
doch schon bei Zeiten, sich für alle Fälle zu sichern. Sie schickten deßhalb
Bevollmächtigte nach Bremen an den Erzbischof mit der Bitte, [662] bei
dem Kaiser eine Bestätigung ihrer Privilegien zu erwirken, wodurch sie
den Prätensionen des Holsteiners entgegentreten wollten. Der Erzbischof
bat auch den Kaiser Karl V. wiederholt selbst um die Belehnung mit
Ditmarschen, [663] ja um gnädige Verleihung des Titels eines Herzogs oder
Grafen von Ditmarschen, indem er geltend machte, daß seine Vorgänger
auf dem erzbischöflichen Stuhle zu Bremen und er selbst solches Land von
dem Kaiser und dessen Vorfahren am Reich neben ihren anderen Ländern
zu Lehen empfangen und als ein freies Land, welches sonst keinen Herrn
oder ordentlich Regiment habe, bis auf diese Stunde innegehabt hätten.
Wir erfahren aber nichts davon, daß der Kaiser, welcher die holsteinischen
Herrn ja auch schon wiederholt mit Ditmarschen belehnt hatte, irgendwie
auf das Gesuch des Erzbischofs Rücksicht genommen hat. Auch mit dem
Grafen Otto von Schauenburg suchten die Ditmarscher sich auf guten Fuß
zu stellen, wie aus einem Schreiben desselben dat. Schloß Stadthagen
vom 12. August 1553 hervorgeht, [664] in welchem er den Ditmarschern,
welche zur Unterhaltung der durch Elmshorn führenden Steinstraße „aus
sonderlichem nachbarlichen Willen, nicht aus Pflicht", 110 Joachimsthaler
hergegeben hatten, aus Dankbarkeit verspricht, daß sie hinfort zu ewigen
Zeiten in seiner Herrschaft diesseits der Elbe mit keiner Beschwerung an
Zöllen, Weg- und Steggelde mehr, als von altersher gebräuchlich gewesen,
belastet werden, sondern von dem allen in Ewigkeit frei sein sollen.

Über die Stimmung des Herzogs Adolf gegen die Ditmarscher giebt uns ein aus dem Jahre 1557 erhaltener Briefwechsel zwischen ihm und dem König Christian nähere Auskunft. Die Ditmarscher hatten sich bei dem Könige über Belastung mit Zöllen im Amte Steinburg, welche den bestehenden Verträgen zuwider seien, beschwert, und deshalb hatte sich derselbe unter dem 20. Januar 1557 [685] an seinen Bruder Adolf mit der Bitte gewandt, die bestehenden Verträge, welche auf Schloß Gottorp aufbewahrt sein müßten, nachsehen zu lassen und dann zur Schlichtung der Streitigkeiten, „damit ihnen kein böser Name gemacht werden möge", eine Tagsatzung mit den Ditmarschern anzuberaumen. Hierauf antwortete Herzog Adolf aber unter dem 6. Februar [686] ablehnend, indem er daran erinnerte, mit welcher „Unbescheidenheit, Schimpf und Verkleinerung" ihrer Räte die Ditmarscher auf dem Kuckswall sich betragen hätten, wie sie wider den Landfrieden und die Verträge, auf welche sie sich jetzt beriefen, in Helgoland eingefallen seien, wodurch sie sich doch eben derselben verlustig gemacht hätten. Außerdem führt der Herzog noch eine große Anzahl anderer Rechtsverletzungen seitens der Ditmarscher auf,*) so daß er keineswegs geneigt sei, sich in weitere Unterhandlungen mit ihnen einzulassen.

Der König giebt in seinem Antwortschreiben vom 13. März [687] zu, daß die Handlungen der Ditmarscher allerdings nicht immer richtig seien, er selbst habe ja auch die Absicht gehabt, wegen der Helgoländer Angelegenheit bei dem kaiserlichen Kammergericht klagbar zu werden, habe aber davon Abstand genommen, weil die Rechtsgelehrten ihm seiner Erbgerechtigkeit auf Ditmarschen wegen davon abgeraten hätten. Deßhalb findet der König es bedenklich, den Ditmarschern das geforderte Recht abzuschlagen, und erklärt sich dazu bereit, die Sachen mit ihnen gerichtlich zu verhandeln, damit der Friede erhalten und „die Sache bis zu ihrer Zeit hingeschlieft werde". Herzog Adolf gab denn, wenn auch ungern, seine Zustimmung dazu, aber schon am 17. Mai [688] erneuerte er seine Beschwerden über die Ditmarscher bei seinem Bruder, indem er erwartet habe, daß diese sich doch während dieser Zeit fernerer Gewaltthätigkeiten und Verletzungen des Landfriedens enthalten würden. Dem sei aber nicht so.

---

*) Der Herzog beschwert sich namentlich darüber, daß die Ditmarscher einem gewissen Ferschefeld aus Husum ohne allen Fug und Recht das Seine genommen und trotz ergangenen richterlichen Urteilspruches keinen Ersatz geleistet hätten. Deßhalb habe Ferschefeld sich selbst Recht zu verschaffen gesucht, was der Herzog allerdings mißbillige, auch erklärt er, daß er ihn deßhalb zu gebührender Strafe habe heranziehen wollen, seiner aber nicht habe habhaft werden können. Ferschefeld muß es allerdings toll genug getrieben haben, denn in einem Schreiben an den Herzog Johann (Michelsen bitm. Urk. p. 177) beschweren sich die Ditmarscher nicht allein darüber, daß Ferschefeld, welcher bei Otto v. Sehestedt zu Koehoevede und bei Paul Ranzau zu Rgendorpe gehaust und gepflegt werde, bitmarsische Güter plündere und raube, sondern daß er von Stapelholm aus selbsechs über die Eider gekommen und in ein Haus eingebrochen sei, den Wirt gebunden, die Frau ermordet, Knecht und Magd schwer verwundet habe, weil er an einen Ditmarscher Johann Ewelen zu Lunden eine Forderung zu haben glaube, obwohl derselbe ihm angeboten, ihm auf der Malstatt zum Kuckswalle Rede und Antwort zu stehen.

Als fünf Unterthanen des Herzogs, welche ihre Ochsen westwärts ver=
kauft, der Unsicherheit der Häfen halber ihren Weg durch Ditmarschen
genommen hätten, um nach Hause zu kehren, seien sie eine halbe Meile
jenseits Lunden, ohne sich dessen zu versehen und irgend eine Veranlassung
dazu gegeben zu haben, von 30 — 40 Bauern überfallen und ihres
Geldes und zweier Gewehre beraubt worden. Als Grund hätten die Dit=
marscher angegeben, daß dem Lundner Bolbes Johann Bolt sein Schiff
und seine Güter in des Herzogs Land weggenommen worden seien und
noch festgehalten würden, auch seien die Ochsen eines anderen Ditmarschers
in Husum arrestiert worden. Aber das Schiff sei in Eiberstedt gestrandet,
und nach Eiberstedter Landrecht, wie solches auch von dem Rat der drei
Lande entschieden worden sei, gehörten nach dem Strandrecht zwei Drittel
dem Landesherrn und ein Drittel den Bergern, und demgemäß sei ver=
fahren worden. Was aber die angehaltenen Ochsen betreffe, so habe der
Besitzer derselben den Zoll zu Husum vorsätzlich „vertrieben", und deshalb
seien sie rechtlich dem Landesherrn verfallen. Trotzdem seien die Verweser
des Landes Ditmarschen aufgefordert worden, dem mit Boie Johannsen
und Abhärenten abgeschlossenen Vertrage Genüge zu leisten, worauf die
Ochsen wieder herausgegeben werden sollten; das hätten jene aber nicht
gewollt. Außerdem seien sie mit einem mit Reth beladenen Schiffe vor
der Tilenburg, wo alle fremden Schiffe Zoll bezahlen müßten, vorbei=
gefahren, worauf der Zöllner das Schiff angehalten, aber zugleich erklärt
habe, wenn der Schiffer Bürgen stellen wolle, daß er bis Michaelis den
Zoll bezahlen werde, das Schiff passieren lassen zu wollen. Hierauf sei
der Schiffer aber nicht eingegangen, und die Ditmarscher seien ihrer ver=
kehrten Art und Gewohnheit nach 700 Mann stark aus ihrem Lande
gefallen, hätten das Schiff gewaltsam aus des Herzogs Strom und Landes=
hoheit hinweggenommen, auch den Zöllner in seinem Hause aufgesucht, um
ihm den Zoll nach ihrer Weise zu entrichten. Und anstatt sich zu recht=
fertigen, verleumdeten diese noch obendrein die fürstliche Ehre. Denn es
habe sich vor kurzem begeben, daß die Verweser des Landes einen Knaben,
genannt Rohwedder, „in das Land bekommen," welcher von dem Herzog
ausgesagt habe, daß er vergangenen Umschlag in der Kieler Kirche mit
10—12 Männern gewesen sei und mit denselben bei verschlossenen Thüren
verhandelt habe, daß sie in Ditmarschen brennen sollten. Der Knabe habe
solches in einem Stuhl, in welchen er sich versteckt, mit angehört. Hier=
auf hin hätten die Ditmarscher auch einen armen Menschen hinrichten
lassen. Obwohl der Herzog aber zweimal das Bekenntnis des Knaben
habe fordern lassen, hätten die Ditmarscher dasselbe doch beharrlich ver=
weigert. Deshalb bittet er den König, ihn mit Rat, Hülfe und Trost
gegen die mutwilligen Leute nicht zu verlassen.

Der König zeigte sich aber entschlossen, den Frieden mit den Dit=
marschern aufrecht zu erhalten, und wenn er auch die fortwährenden Über=
griffe und Feindseligkeiten derselben beklagt, so erklärt er doch dem Herzog
unter dem 25. Mai aufs bestimmteste, [689] daß er nicht gestatten werde,
daß auf das Drittel von Ditmarschen, welches ihm gehöre, ein Angriff

gemacht werde. Der Krieg sei zweifelhaften Ausganges, man müsse vor allen Dingen die rechten Mittel dazu haben. Deshalb sei es rat= samer, die Sache auf dem Wege Rechtens zu verfolgen, auch schlägt er vor, die Städte Lübeck und Hamburg in den Handel mit hineinzuziehen. Aber der Herzog verweigerte seine Einwilligung hierzu, untersagte den Ditmarschern in seinen Landen jeden Handel und Wandel und ließ längs der Eider Tag und Nacht Wache halten. Deshalb beklagten sich die Achtund= vierziger in einem Schreiben vom 29. Juni [690] bei dem König darüber, daß sie für Übelthäter und Mordbrenner gehalten würden, und versicherten, daß ihnen von bemeldeten Freveln nichts bewußt sei, wie daß sie nichts lieber sehen und hören möchten als den heiligen Frieden, und baten des= halb den König um Fürsprache bei seinem Bruder. In seinem Antwort= schreiben vom 9. Juli [691] versprach der König auch, nochmals versuchen zu wollen, ob er seinen Bruder bereden könne, die Sache in Güte ver= handeln zu lassen, aber Herzog Adolf beharrte bei seiner feindseligen Gesinnung und wies jeden Versuch, ihn zu Verhandlungen mit den Dit= marschern zu bestimmen, mit Entschiedenheit zurück. Auch zwischen den Hamburgern und Ditmarschern haben damals Verhandlungen stattge= funden. [692] Mochte die Schuld dieser Zerwürfnisse nun auch nicht allein auf seiten der letzteren liegen, so sagt doch selbst der Lübecker Chronist Reimer Kock, [693] bei welchem man doch gewiß nicht eine Parteinahme gegen die Ditmarscher voraussetzen darf, sie seien damals mutwillig geworden gegen Gott und Menschen, so daß kein Recht mehr bei ihnen erfunden worden sei. Wenn aber die Prediger ihr böses Treiben und ihren Über= mut in ihren Predigten zu strafen angefangen, hätten sie dieselben aus dem Lande gejagt oder totgeschlagen; sie hätten auch nicht mehr nach ihrer eigenen Obrigkeit, den Achtundvierzigern, gefragt, kein Fremder habe bei ihnen mehr Recht bekommen können.

Namentlich der Meldorfer Superintendent Heinrich Schmedenstedt [694] war es, der, ein gewaltiger Eiferer vor dem Herrn, gegen solches Wesen nach der Weise eines Propheten des alten Bundes einschreiten zu müssen glaubte. Er brandmarkte öffentlich in seinen Predigten die falschen Eide und Totschlägereien und andere Gebrechen [695] und nahm keinen Anstand, selbst den Achtundvierzigern den Vorwurf zu machen, daß sie solches buldeten und Geld dafür nähmen, und drohte, daß Gott sie mit Krieg und anderen wohlverdienten Strafen heimsuchen werde, wozu er die Herren von Holstein gebrauchen und dem Lande noch andere Feinde erwecken werde. Er wurde deshalb von den Achtundvierzigern gerichtlich belangt und suspendiert, die Landesversammlung aber, an welche Schmedenstedt appellierte, hob das Urteil der Achtundvierziger auf. Deshalb verboten die letzteren bei 40 Mark, sich an dem Mann zu vergreifen. Das loyale Verhalten der Achtund= vierziger ist bemerkenswert, dennoch wurde dem Pastor geraten, dem Ding nicht zu trauen, er verließ auch das Land und begab sich nach Holstein.

## II.

### Die Rüstungen Herzog Adolfs, des Königs Friedrich und des Herzogs Johann.

So lange König Christian lebte, welcher zu sagen pflegte, die Kriege hätten meistenteils keine anderen Ursachen, als eine Hand voll Hoffart, [696] sah sich Herzog Adolf außer stande, seine Absichten gegen Ditmarschen zu verwirklichen, aber am 1. Januar 1559 ward der König zu seinen Vätern versammelt, ihm folgte sein Sohn Friedrich II., und nun war es nicht schwer zu mutmaßen, [697] daß die berufene Weissagung, welche den Ditmarschern im Jahre vorher durch ihre Prediger geworden war, in baldige Erfüllung gehen werde. Schon als Herzog Adolf erfuhr, daß das Lebensende seines Bruders nahe sei, war er entschlossen, die lange gehegten Kriegspläne nun ins Werk zu setzen; kaum hatte er die Todesnachricht erhalten, begab er sich schleunigst nach Kiel und brachte eine namhafte Summe Geldes zusammen, ohne daß man wußte, zu welchem Zweck dieselbe bestimmt sei. Sofort suchte er auch Verbündete zu gewinnen und fand einen solchen ohne weitere Vermittlung an dem Herzog Heinrich von Braunschweig, welcher bereitwillig auf Adolfs Pläne einging. Auch seine Stellung als Oberster des niedersächsischen Kreises mußte Herzog Adolf zur Verwirklichung seiner Pläne auszubeuten; [698] auf einer Versammlung der Stände des Kreises, welche anfangs März zu Hamburg stattfand, wurde auf seine Veranlassung beschlossen, daß Christoph von Wrisberg zur Erhaltung des Friedens und der Ruhe im Kreise Truppen werben solle, denn da der Krieg zwischen Frankreich und Spanien noch nicht zu Ende sei, auch der Kaiser gegen die Türken einen stattlichen Haufen bedürfen werde und die livländischen Stände gegen den Russen Truppen sammelten, so stehe zu befürchten, daß die erfahrensten Kriegsleute sich in fremde Dienste begeben und dem Kreise dadurch Mangel entstehen werde, deshalb sollten zu den drei bereits angenommenen Hauptleuten noch sieben andere und etliche Rittmeister zwei Monate lang in Wartegeld genommen werden, ob das Kriegsvolk in Burgundien, Frankreich, Ungarn und Livland sich inzwischen verlaufen werde. So schreiben am 11. März die Lübecker an die Hamburger und fügen hinzu, daß ihnen betreffs dieser Rüstungen allerhand bedenkliche Kunde gekommen sei, sie bitten deshalb, bei Dr. Adam sich des Näheren zu erkundigen und ihnen dann mitzuteilen. Was das aber für bedenkliche Kunde gewesen sein mag, können wir einem Liede, welches damals gesungen wurde, entnehmen, in dem es heißt:

„Ditmarschen wollen wir winnen,
„Mit Lübeck wollen wirs beginnen,
„Hamburg, das soll uns nicht entstehn,
„Lüneborgh soll uns in die Hand gehn.“ [699]

Die Stellung des Herzogs als Kreisobersten trug aber nicht wenig dazu bei, den benachbarten Fürsten jeden Argwohn wegen der Rüstungen zu benehmen; bald hieß es, dieselben gälten dem Herzog von Lothringen, welcher noch immer wegen seiner Mutter, der Tochter Christians II.,

Ansprüche auf dessen Erbe erhob, bald, daß er den König Philipp II.
von Spanien gegen den König von Frankreich unterstützen wolle. Den
Ditmarschern entgingen diese Rüstungen des Herzogs natürlich nicht, sie
verfolgten dieselben mit der größten Aufmerksamkeit und Unruhe und
wandten sich deshalb vor allem an die befreundeten Städte [700] und baten
diese, da sie gewarnt seien, „daß heimliche Praktiken und Anschläge gegen
sie im Werke seien", wenn sie etwas von solchen erfahren sollten, es un=
gesäumt auf ihre Kosten ihnen zu melden und zugleich mitzuteilen, auf
welchen Beistand sie im Fall der Not rechnen könnten. Zugleich über=
sandten sie ein öffentliches Pönalmandat, [701] durch welches sie ihre „Land=
saten" zu Land, Haus und Leuten forderten. (Ebenso wandten sie sich
an ihren Landesherrn in Bremen, welcher wohl schon selbst auf die statt=
findenden Truppenansammlungen aufmerksam geworden war und auch in
Erfahrung gebracht hatte, daß auf den kommenden 23. April vier Regi=
menter Fußknechte und 2000 Pferde zu Bardewiek zusammenkommen
sollten. [702] Er teilte deshalb dem Herzog (am 11. April) seine Besorg=
nisse darüber brieflich mit, da derselbe als Kreisoberster doch davon unter=
richtet sein müsse, und sprach sein Befremden über solche Werbungen aus,
da die Könige von Spanien und Frankreich Frieden mit einander ge=
schlossen hätten und er nicht wisse, was für Ursache zu Kriegsrüstungen
sonst im niedersächsischen Kreise vorhanden sei. Zugleich fügte er hinzu,
daß die Ditmarscher, Unterthanen des Erzstiftes, ihm ihre Besorgnis mit=
geteilt hätten, daß diese Rüstungen ihnen gälten, da der Herzog auch
seinen Unterthanen jeden Handelsverkehr mit ihnen verboten habe. (Er
könne dem freilich keinen Glauben schenken und bitte deshalb freundlichst,
daß der Herzog sich jedes feindlichen Vorgehens gegen Ditmarschen enthalten
möge, da viel Unrat und Unglück aus Kleinem erwachsen könne. Hierauf
antwortete der Herzog in einem Schreiben an seinen lieben Oheim und
Schwager vom 15. April, [703] daß ihm von solcher Heeresansammlung
nichts bewußt sei, daß er allerdings etliches Kriegsvolk geworben habe,
weil er sich mit einigen ausländischen Potentaten, aber keinem gehorsamen (!)
Stande des Reiches zuwider eingelassen habe, und bat den Erzbischof, dem
unbedeutenden Kriegshaufen den Durchzug durch das Erzstift nicht zu ver=
sagen, da derselbe sich freundlich gegen jedermann erweisen, auch alles
bezahlen werde. Was die Ditmarscher anlange, so sei es allerdings richtig,
daß sie ihm unlängst Ursache gegeben hätten, sie zu bekriegen, er habe
aber die Lust dazu nach seiner Gewohnheit mit Sanftmut
überwunden und beabsichtige nicht, etwas gegen dieselben vorzunehmen,
was dem kaiserlichen Landfrieden und des heiligen Römischen Reiches
Ordnung zuwider sei. Ähnliche gleisnerische Versicherungen hatte auch der
Herzog Franz Otto von Braunschweig=Lüneburg, in dessen Gebiet Barde=
wiek lag, und der Erzbischof von Magdeburg, dessen Bruder, von Herzog
Adolf erhalten, [704] mit der Bitte, den Durchzug durch ihr Land und die
Überfahrt über die Elbe zu gestatten. (Ebenso wandte sich auch der in
Herzog Adolfs Diensten stehende Oberst vom Wolde und der Graf Anton
von Oldenburg an den Erzbischof mit der Bitte, nicht nur den geworbenen

16*

Mannschaften ben Durchzug durch das Erzstift, sondern auch Werbungen in diesem selbst, welche der Erzbischof verboten hatte, zu gestatten. [705] Auf die wiederholten Versicherungen des Herzogs hin gab dieser denn auch von Verben aus unter dem 21. April [706] die Erlaubnis dazu und gestattete später am 11. Mai auch den königlichen Truppen den Durchzug durch sein Gebiet. Ob er freilich den Versicherungen des Herzogs und später auch König Friedrichs (vom 1. Mai) wirklich Glauben geschenkt und sich so hat hintergehen lassen, oder ob er der Zuversicht gewesen ist, die Ditmarscher würden sich wohl, wie früher so auch dieses Mal, selbst einer Mehrzahl von Feinden erwehren können, oder ob er denselben am Ende eine Demütigung gegönnt hat, wer vermag darüber eine bestimmte Auskunft zu geben? Soviel ist gewiß, daß der Erzbischof unmöglich vergessen haben konnte, wie die Ditmarscher im Jahre 1552 die Stande des Erzstiftes trotz ihres bringenden Ansuchens bei dem Einfall des Grafen Mansfeld im Alten Lande im Stich gelassen hatten.

Bis dahin waren die Rüstungen Herzog Adolfs möglichst geheim betrieben worden, er hatte offenbar im Sinn, den Zug gegen Ditmarschen allein zu unternehmen, vielleicht fürchtete er auch, bei seinen Plänen seitens des, übrigens noch nicht gekrönten, Königs Friedrich II., dem der sterbende Vater die Erhaltung des Friedens bringend anempfohlen hatte, [707] wie seines Bruders Widerstand zu finden, jedenfalls hatte er den Zweck seiner Rüstungen möglichst zu verheimlichen gesucht, obwohl er bereits seit dem 13. April die Eidergrenze mit Posten besetzt hatte. [708] Indessen waren die Absichten des Herzogs dem wachsamen Auge des königlichen Statthalters in Holstein und Amtmannes auf Segeberg Heinrich Ranzau nicht entgangen. [709] Sobald dieser sich Gewißheit darüber verschafft hatte, meldete er es nicht nur dem Könige, sondern auch seinem Vater, dem alten Johann Ranzau, der nach einem thatenreichen Leben sein Alter in Ruhe zu genießen gedachte. Dieser schrieb denn auch ungesäumt an den Herzog und stellte ihm die Gefahren und Schwierigkeiten vor, denen er sich aussetze, wenn er einen solchen Krieg allein unternehme, und warnte vor den Zerwürfnissen, welche er in seiner eigenen Familie dadurch hervorrufen werde. [710] Deshalb sandte Herzog Adolf auf Begehren Heinrich Ranzaus seinen Rat Bertram Sehstedt, einen klugen, wohlmeinenden Mann, Ranzaus Schwager, zu dem alten Ritter, nicht nur um die Pläne des Herzogs in ein besseres Licht zu setzen, sondern auch um seinen Schwager an ein Versprechen zu erinnern, welches er früher dem Herzog gegeben hatte, daß er selbst mit nach Ditmarschen ziehen wolle. Aber der derbe Alte gab zur Antwort, da der Herzog ihn nicht zu Rate gezogen und auch noch neulich zu Bothkamp, wo er bei seinem Enkel Gevatter gestanden, ganz andere Absichten kundgegeben habe, so möchte er nun auch mit seinen Sachen allein raten. Ohne des Königs und Herzog Johanns Teilnahme oder Einwilligung wollte der alte Ranzau sich überhaupt nicht in die Sache einlassen, da er diese ebenso wie den Herzog Adolf als seine Herren anerkenne. Wenn freilich alle drei den Krieg mit gemeinsamen Mitteln unternehmen wollten, dann werde er sein Versprechen nicht vergessen, sondern mit Rat und That zu ihren Diensten stehen. Auf Verlangen Sehstedts stellte Ranzau diese seine Antwort sogar schriftlich aus, sonst mußte jener unverrichteter Sache nach Hause zurückkehren. [711] Heinrich Ranzau hatte inzwischen auch den Schwager des Königs, den Kurfürsten August von Sachsen, von den Plänen Herzog Adolfs in Kenntnis gesetzt. Mit seinem Vater und dem deutschen Kanzler des Königs, dem Lübecker Bischof Andreas Barby, beriet er auch insgeheim, was zum besten des Königs vorzunehmen sei, und alle drei waren darin einig, daß man, ohne zu säumen und ohne die Befehle des Königs erst abzuwarten, Kriegsvolk zusammenziehen und sich der königlichen Schlösser in Holstein versichern müsse. Als der König nun durch seinen Statthalter über die Rüstungen des Herzogs Nachricht erhalten hatte, ließ er bei diesem in freundschaftlicher Weise über den Zweck derselben vorfragen, erhielt aber eine ausweichende Antwort. Der Herzog räumte ein, daß er allerdings beabsichtige, an den Ditmarschern wegen der Feindseligkeiten, denen seine Lande täglich ausgesetzt seien, Rache zu nehmen, fügte aber hinzu, daß die Furcht derselben, die augenblicklichen Rüstungen gälten ihnen, unbegründet sei. Da gab auch der König Befehl, geübtes Kriegsvolk zusammenzuziehen, und Claus Ranzau erhielt die Weisung, daß die „Landsaaterne" in beiden Herzogtümern sich fertig halten sollten, in voller Rüstung zu erscheinen, wenn das Aufgebot ergehe, auch sollte Krempe stark befestigt werden. Desgleichen fing Herzog Johann an zu rüsten; Otto von Tinen meldet dem Herzog unter dem 21. April, [712] daß Tondern in Verteidigungszustand gesetzt sei und mit dem Aufgebot in allen Harden schleunigst vorgegangen werden solle. Nicht weniger aufmerksam auf die Maßnahmen des Herzogs waren die Städte Hamburg und Lübeck im Interesse der Ditmarscher. [713] Sie ließen im Verein mit der Stadt Lüneburg bei dem Kanzler Barby (denn dem Statthalter des Königs, welcher mit dem Herzog Adolf zusammen erzogen war und mit diesem sich am kaiserlichen Hofe aufgehalten hatte, trauten sie nicht) anfragen, ob die Rüstungen des Herzogs mit Vorwissen und Willen des Königs geschähen, erhielten aber die beruhigende Versicherung, daß der König von dem allen nichts wisse, daß sie an diesem aber einen allezeit freundlich gesinnten Nachbar haben würden. So schien der beabsichtigte Krieg gegen die Ditmarscher schon in eine Fehde zwischen den fürstlichen Verwandten hinauslaufen zu wollen, da sah Herzog Adolf endlich ein, daß seinem Vorhaben sich größere Hindernisse, als er erwartet hatte, entgegenstellten, und gab es auf, den Krieg gegen die Ditmarscher auf eigene Hand führen zu wollen. Deshalb schickte er Bertram Sehstedt noch einmal zu Johann Ranzau. Auf einer Zusammenkunft zu Bordesholm gab ersterer auch die Erklärung ab, sein Herr habe Ranzaus Rat wohl überlegt und den König wie den Herzog Johann zur Teilnahme an dem Krieg gegen die Ditmarscher aufgefordert und um eine Zusammenkunft gebeten. Die beiden Herren hatten Mittwoch oder Donnerstag, den 26. oder 27. April, zu Flensburg oder Rendsburg dazu bestimmt, aber Herzog Adolf schrieb am 23. d. Monats, [714] daß in seinem Amte Trittau und dem Herzogtum

Sachsen sich viel Volks sammle und daß die Obersten und Rittmeister ihn
dorthin beschieden hätten. Deshalb machte er den Vorschlag, die Zusammen=
kunft erst am 28. April abzuhalten und zwar zu Neumünster, wo er
persönlich erscheinen werde, und bat zugleich um Entschuldigung, daß er
seiner Geschäfte wegen den Tag bestimme, er habe dafür gesorgt, daß ihm
die Antwort der Fürsten schleunigst von Neumünster nach Trittau nach=
geschickt werde. Johann Ranzau hatte denn auf empfangene Kunde sofort
seinen Sohn, den Statthalter, und den Kanzler Barby zu sich kommen
lassen,[715] den Beschluß des Herzogs ihnen mitgeteilt und sie aufgefordert,
auf den König einzuwirken, daß er auf die Forderungen des Herzogs ein=
gehe und so einem inneren Streit vorbeuge, welcher vor der Thür gewesen
sei. Heinrich Ranzau erreichte es auch, daß der König die Zusage gab,*)
an dem Kriege teilnehmen zu wollen, der sozusagen von Herzog Adolf
bereits angefangen war und durch den König sich nicht mehr abwenden
ließ. Entweder mußte dieser also den Herzog an der Verfolgung seiner
Pläne mit gewaffneter Hand hindern oder ruhig zusehen, wie der Herzog
Ditmarschen für sich eroberte, wenn er nicht selbst die Gefahr wie die
Beute mit dem Herzog teilen wollte. Nicht ohne schwere Bedenken ging
der König auf die Sache ein, die Heimlichkeit, mit welcher der Herzog
anfangs zu Werke gegangen war, hatte ihn mit tiefem Mißtrauen erfüllt,
es war sogar der Verdacht in ihm aufgestiegen, daß die Rüstungen des
Herzogs mehr gegen ihn als gegen die Ditmarscher gerichtet seien.[716]
Indeß gelang es Hans Sehstedt, dies Mißtrauen zu zerstreuen, und es
kam wirklich am 26. April zu Gevenstedt zu der verabredeten Zusammen=
kunft. Der Herzog Adolf kam dorthin nur mit zwei leichten Wagen und
stutzte nicht wenig, als er sah, daß der König ein starkes bewaffnetes
Gefolge mitgebracht hatte. Am nächsten Tage fand eine neue Zusammen=
kunft zu Nortorp statt, wo sie bis zum 1. Mai verweilten. So kam
denn am 29. April[717] eine „Vereinigung den Ditmarscher Krieg betreffend"
zu stande dahin, daß der König und die Herzöge Adolf und Johann:

1. die Kosten für die Reiter, Knechte, Artillerie und Munition und
alles andere, was zum Krieg erforderlich ist, gemeinschaftlich tragen wollen;

2. Die von Herzog Adolf bereits gemachten Auslagen von 14 973
Rthlr. für 3 Regimenter Knechte, 30 Fähnlein stark, und 900 Pferde
und Reisige wollen der König und Herzog Johann zu ⅔ bezahlen,
dasselbe soll mit dem von dem Könige durch Anton von Oldenburg ge=
worbenen Regiment und 500 Reisigen zu Pferde, welche der Drost zu
Pinneberg geworben hat, seitens der Herzöge Johann und Adolf der
Fall sein;

---

*) Wie Heinrich Ranzau selbst gesinnt war, geht aus einem Schreiben des=
selben an den König hervor (mitgeteilt im Staatsbürgerl. Magazin VII. p. 700),
in welchem er den König bittet, ihn mit ins Feld ziehen zu lassen, damit er sich
an den Ditmarschern schadlos halten könne für den Verlust, den er dadurch haben
werde, daß die Ditmarscher seine an der Grenze liegenden Dörfer anzünden würden.
Ranzau wollte offenbar die in Aussicht stehende reiche Beute sich ungern ent=
gehen lassen.

3. Was die Ämter, soweit sie noch nicht vergeben sind, nämlich des Generalobersten, des Feldmarschalls, dessen Leutnants, ebenso die Kriegskommissarien und Musterherren, Zahlmeister und Zahlschreiber anbetrifft, so sollen diese gemeinschaftlich ernannt werden.

4. Das Kriegsvolk soll allen drei Fürsten gemeinschaftlich den Eid leisten, wie die Bestallungen auch von allen drei Fürsten unterzeichnet werden sollen.

5. Wenn der Allmächtige seine Gnade und seinen Segen geben wird, daß sie das Land Ditmarschen erobern, so soll dasselbe in drei gleiche Teile geteilt werden und das Los entscheiden, welcher Teil einem jeden zufallen soll; ebenso soll es mit dem eroberten Geschütz und der Munition gehalten werden, und was sonst nach altem Kriegsgebrauch den Kriegsherren zukommt.

6. Wenn jemand wegen dieses Krieges gegen die Ditmarscher in Zukunft irgend welche Ansprache oder Klage innerhalb oder außerhalb Rechtens erregen wird, so wollen die Verbündeten zusammen darauf antworten und ihre Sache ungesondert vertreten.

7. Es soll keiner über die bestimmte Teilung eines Vorteils sich anmaßen oder wegen erlittenen Schadens oder aufgewandter Kosten etwas zu fordern haben, außer was in dem Vertrage enthalten ist. Und obwohl der König auf die Tilenburg und Süderstapel besondere Ansprüche geltend machen könnte, will er sich doch solcher Forderungen begeben, und es soll alles, was die Ditmarscher augenblicklich im Besitz haben, in die allgemeine Teilung gezogen werden.

Herzog Adolf suchte nun die Kriegsrüstungen möglichst zu beschleunigen, [718] und deshalb wurde zum Feldmarschall und obersten Heerführer einstimmig der alte Johann Ranzau gewählt, der namentlich in der Grafenfehde sich als ein hervorragender Kriegsmann gezeigt hatte und, obwohl 64jährig, noch in voller Manneskraft stand. Erst versuchte sich derselbe mit seinem Alter zu entschuldigen, gab aber dennoch den Bitten des Königs nach. Bertram Sehstedt, zum Generalleutnant erwählt, lehnte diese Ehre ab, weil er glaubte, sich mit Johann Ranzau schwerlich vertragen zu können. An seiner statt wurde deshalb Franz von Bülow, ein Ausländer, aber verschwägert mit dem holsteinischen Adel und bereits in königlichem Dienste stehend, ernannt. Das Kriegsvolk zu mustern, wurden seitens des Königs Holger Rosenkranz, dänischer Reichsrat, und Nikolai Ranzau, Amtmann in Steinburg, bestimmt, von Herzog Johann Otto von Tineu und Kaspar Buchwald, von Herzog Adolf Claus Ranzau der Schielende und Paul, der Sohn des Feldherrn. Hierauf wurde ein Kriegsrat von allen erfahrenen Adligen berufen, welcher sowohl für den nötigen Proviant und die Munition sorgen, als auch die Pläne der Feinde auskundschaften und überhaupt alle Vorfälle von Bedeutung beraten sollte. Dieser bestand aus dem Oberfeldherrn und seinem Sohn, dem Statthalter, und Holger Rosenkranz, Breide, Christopher und Moritz Ranzau, Bertram und Benedikt Ahlefeld und Bertram Sehstedt, welche noch die drei Kriegsobersten Wolf Schönewiese, Wilhelm Wallerthum und Reimer vom Wolde

zugleich mit Christoph Wrisberg, einem altersfahrenen Hauptmann, hinzu-
zogen. [719] Außerdem wurden noch Kriegskommissarien eingesetzt, welche
für die Löhnung der Leute sorgen sollten, zu welchem Zweck Heinrich
Ranzau sofort 15 000 Rthlr. ausbezahlen mußte, mehr konnte in der
Eile nicht aufgebracht werden.

Außer dem Kriegsvolk, welches auf Befehl des Königs und des
Herzogs Adolf schon geworben war, wurde auch eine Anzahl Freiwillige
angenommen, darunter eine Anzahl abgebankter spanischer Soldaten, und
von fremden Hauptleuten traten Joachim und Jakob Blankenburg, Diedrich
und Askanius von Halle in Dienst. Mit dem Grafen Anton von Oldenburg war um 13—15 Fähnlein Reiter verhandelt worden, welche er über
die Elbe setzen sollte. So groß war aber die Zahl der zusammenströmenden
Freiwilligen, daß sie nicht alle angenommen werden konnten, und als der
Herzog von Braunschweig-Lüneburg dem König einen Haufen von Knechten
zu Fuß anbot, erhielt er unter freundlichem Dank für das Anerbieten
zur Antwort, der König werde es ihm wissen lassen, wenn er in Zukunft
derselben bedürfen werde. Ebenso wurden 1000 Schanzgräber in Dienst
genommen, worauf Johann Ranzau namentlich gedrungen hatte, [720] mit
Schaufeln, Spaten und scharfen Äxten, außerdem eine große Anzahl von
Wagen, um Flechtwerk zum Überschreiten der Gräben zu transportieren;
an Geschütz führten die Fürsten 6 Feldkanonen und zwei schwere tormenta
muralia, [721] Mauerbrecher genannt, mit sich. Von den Nordstrander Friesen
hatte Herzog Johann 400 Mann, aus den anderen Harden 250 Mann
aufgeboten und seinen Untertanen befohlen, so lange der Krieg währe,
dem Lager zu Schiffe Hafer, Butter, Käse, Speck und andere im Lande
vorhandene Lebensmittel unweigerlich ohne Unterlaß zuzuführen. Ähnliche
Befehle waren den Lehnsleuten und Schloßherren in Holstein zugegangen,
von denen ein jeder täglich ein bestimmtes Maß Korn und andere Lebensmittel in das Lager schicken sollte. [722]

Es war beschlossen worden, Ditmarschen von allen Seiten einzu-
schließen und den fremden Zuzug abzuwarten, aber sich auch freien Rückzug zu sichern, wenn der Krieg unglücklich ausfallen sollte, damit die
holsteinischen Grenzen keinem feindlichen Angriff bloßgestellt seien. Deshalb wurde festgesetzt, daß keine Holsteiner mit in den Krieg ziehen sollten.
Nikolai Ranzau, königlicher Kommandant auf Steinburg, ein alter Kriegsmann von erprobter Erfahrung, erhielt den Befehl, die Elbe mit der
Mannschaft aus der Kremper- und Wilstermarsch zu bewachen, ebenso
bekam Heinrich Ranzau der Ältere das Kommando über die Friesen und
die anderen, welche die Eider zu bewachen hatten. Die holsteinischen
Städte wurden mit starken Besatzungen und Geschütz versehen, um gegen
Überfälle gesichert zu sein, wenn das Heer in Ditmarschen eingerückt sei.

Nachdem König Friedrich noch in Kolbing Musterung über den
jütschen und fyenschen Adel gehalten und denselben mit dem Befehl, im
Notfall sofort wieder bereit zu sein, wieder entlassen hatte, auch für den
29., 30. und 31. Mai aus Anlaß des bitmarsischen Feldzuges durch die
Bischöfe Buß- und Bettage im ganzen Lande hatte anordnen lassen, fand

am Pfingstabend, dem 13. Mai, eine Musterung des größten Teiles des Kriegsvolkes statt, bei welcher der König die Reichsfahne einem vornehmen dänischen Edelmann übergab. [723] Auf den 17. Mai war eine Zusammen= kunft des Königs mit den Herzögen zu Hohenwestedt verabredet, und es wurde beschlossen, daß das Heer am Tage darauf aufbrechen und in Dit= marschen einrücken solle. Jens Trundesen erhielt Befehl, mit den Orlog= schiffen, welche nach Norwegen bestimmt gewesen waren, in die Elbe ein= zulaufen und sich mit den Kauffarteischiffen zu vereinigen, welche die Herzöge auf der Stör ausrüsten zu wollen versprochen hatten, um mit der versammelten Seemacht, welche er als Admiral befehligte, den Dit= marschern möglichst viel Schaden zuzufügen; zugleich hatte er aber auch die Weisung erhalten, sich vor jeder Belästigung der Hamburger Schiffe oder anderer Seefahrenden zu hüten, so lange dieselben sich in gesetzmäßigen Schranken hielten. Weiter sandten die Herren unter dem 19. Mai ein Schreiben an die Hamburger aus dem „Lager zu Schönefeld" ab, in welchem sie ihnen ihre Absichten gegen Ditmarschen mitteilten und baten, ihre Schiffe auf der Elbe ungehindert zu lassen, sich selbst aber jeder Unterstützung der Ditmarscher, ihrer rebellischen Unterthanen, zu enthalten. [724]

## III.

### Kriegserklärung der Fürsten an die Ditmarscher und Maßnahmen der letzteren.

Zu Hohenwestedt war am 18. Mai der Fehdebrief (Entfegge=Breef) [725] an die Ditmarscher aufgesetzt worden, welcher am Sonnabend, dem 21. Mai, nach Kriegsgebrauch auf einem weißen Stecken in Heide überantwortet wurde. Derselbe, in plattdeutscher Sprache abgefaßt, lautete: „Wy Friedrich van Gottes Gnaden, König to Danemark, und van versülven Gnaden Johans und Adolf, alle Hertogen to Holsten. Nachdem ji be achtund= vertich Ratgever, wo ji ju nöhmen, und alle und jede Inwahnere des Landes Ditmarschen uns alse jue erfliche Landesfürsten und von Gott verordnete Ovrigkeit, jegen Gottes Befehl und Verordnung der hohen Ovrigkeit to juer Seelen Unheil nicht allein vorsettiglik, ungehorsam und webberwendig, sondern ock in vele Wege und unophörlich mit unchristliken, schimpliken und unliebliken handlungen an Unse Vorfaren, ock Unse Hoheit antorören nicht verschonet, be Unterdahnen tom höchsten beschweret, Rooff, Mord und Frebröke geöfet, wo denn up unse Land, Hilligenland genömet, dar be Kercke nicht verschonet und geschüet worden, Mord darin böblik to öfen und to began, andere unsägliche dabliche grausahmliche Handlungen, be schwerlich to verholden. Und in dem allen webber Recht, noch Billig= heit geachtet, ock nicht Recht geven, ebber tolaten willen, damit ene lange Tybd hero gedulbet, Bloetvergetend to verschonen. Als averst unse Lang= mobigkeit ju halsstarrig, dablich und unrechtmathig vornehmen und unge= horsam mehr gestärket, und keen Billigheit to verhopen, sünd wi dorch juen Frevel und Motwillen bewagen und gröslich verohrsacket, ju mit dem

Schwert heimtosöcken und mit Göttlicher Hülpe ju in unsen Gehorsam,
wo ji uns verplichtet, to bringen, unse gehorsamen Underbahnen vor juen
Frevel gehandhavet, und vor Mord, Roes und srevebrödigen Overfall vör
ju gesectert, dat Wy uns uth Göttlicken Befehl und plichtig to syn erkennen. Wären averst de verohrsackende scharpe und ernste Straffe jegen
ju ergahn to laten, vellever verschonet gewesen; Und willen uns denna,
wowol solckes jegen ju, alse unsen ungehorsame Underbahnen, nicht nödig
gewest, hiermit samt unsern Helpern und Helpershelpern nottröfftiglich na
Krieges-Gebruck to Ehren, verwarnet hebben. Darna ji ju to richten.
Datum Hogenwestede, den 18. Tag May 1559." Da im fürstlichen
Feldlager die Überbringung des Fehdebriefes als todesgefährlich angesehen
wurde, wollte niemand dieselbe übernehmen, und man wählte deshalb
einen Verbrecher*) dazu aus, dem dafür das Leben geschenkt werden
sollte. [726] Aber auch dieser konnte nur durch Drohungen ernstester Art bewogen
werden, den Auftrag zu vollführen. Daß das Schreiben, welches die
Ditmarscher einfach als rebellische Unterthanen bezeichnete, unter den in
Heide Versammelten eine gewaltige Aufregung hervorrief, ist begreiflich,
es wurden Drohungen und Verfluchungen gegen den Boten laut, und er
würde schwerlich mit dem Leben davon gekommen sein, hätten die Achtundvierziger ihn nicht den Händen des Volkes entrissen und so lange
verborgen gehalten und mit Speise und Trank versehen, bis durch den
damaligen Landessekretär Hermann Averhoff die Antwort aufgesetzt worden
war, mit welcher der Bote zurückgeschickt wurde. Dieselbe lautete: [727]
„Den Durchlüchtigsten, Großmächtigsten, Durchlüchtigen, Hochgebohrenen
Fürsten und Herren, Herrn Friedrichen dem Andern von Gottes Gnaden,
erwehleben König to Dännemark, Norwegen, Hertzog cet. Dorchluchtigster,
Großmächtigster König, Dorchluchtige Hochgebohrne Fürsten · und Herren.
Euer Königl. Majest. und Fürstlichen Gnaden, Schrieven, darinnen an-
getüget, dat besülve gröflick verohrsacket, Uns unde de Gemeene des Landes
to Dithmarschen met Heeres Kraft to averthen und dorch dat Schwerd
to geböhrlichen Gehorsam to bringen, hebben wy ungerne by gegenwerbigen
Ihro Königl. Majest. und F. Gnaden Baden entfangen und verstanden.
Darup geven wy Ihro Königl. Majest. und F. G. in Demoth to er-
kennen, dat wy benselben an dem Lande Dithmarschen keene Gerechtigkeit
geständig, sündern wy sind mit incorporerde Gliedmate der hilligen Kercken
und des Erz-Stiffts Bremen, under welckes Schut und Scherm wy durch
Gades Gnaden in de veerhundert und mehr Jahren gewesen, wo lösslick
to bewiesen, und des mit Land und Lüden, von Römschen Pavsten, und
Römschen Kaysern stattlich privilegieret, und hebben uns to Ihro Königl.
Majest. und F. G. als lösslicken, christlichen und gottesfürchtigen Königen,
Herren und Fürsten, hohen Herkamens und Stammes, mit nichten versehen,
na deme wy mit bensülven in Ungnade nichts to schaffen, sündern veele
mehr Allergnädigsten gnädigen Beförderung und Naberschop vertröstet. Dat

*) Nach einer alten Sage war es ein auf einem Ranzauschen Gute aufge-
griffener Wilddieb, den man dazu gebrauchte.

man uns wedder Gott, Foge und Recht, Segel und Breese dorch Jhr.
Königl. Maj. und F. G. löflichen milde Gedachtniß Heren und Bädern,
Königen und Fürsten ut gegeven, ju ock wedder der hilligen Römischen
Rickes hoch verpeneden Land-Freden, gülben Bullen, scholden also plötzlich
(wo leyder jetzo vorhanden) unavergewunnen des Rechtes mit dem Schwerd
averiagen hebben, den dar wy in Unwegen gewesen, obber der sonst eniger
maten uns vergrepen hebben, könnten und mösten wy an geböhrlichen
Orten, dar wy beenstpflichtig, Erörterung der Rechten wol geladen hebben
und lyden können, und weren desfals den Rechten hoch und genogsam
unberworpen; und willen tom averstote als uns vorhen, toglik und allem
Rechte, Krafft disser Schrift erbaden hebben. Jm Fall averst boven Tover-
sicht solch Erbadent ja nicht helpen möchte, und wenn uns mit Land und
Lüde (wo am Dage) averwälbigen, Wyff und Kinder, Wedwen und
Waysen to grünblichen Verderven und Unbergang jämmerlich bringen, und
Blotvergetend nicht vorkommen wolbe, müsten wy Gott dem Allmächtigen
unsen Streides-Försten, Beschütter und groten Heland be Sacke heimstellen,
bensülven Dag und Nacht emsig bibben, dat he uns ut Gnaden sinen
hilligen Frede dorch Christum verlehnen, und bewihle he Jhro Königl.
Majest. u. F. G. ock unser aller Herten in siner gewaldigen Hand het,
besülve met sinem hilligen Geiste regeren wolbe, dat Jhro Königl. Majest.
und F. G. van bissen ehren unchristlichen Vörnehmen afstahn, und van solck
Bloetvergetend und groten Unrath als (beters Gott) verhanden, nicht vollborden,
sündern dat Ende, der Gott erst und lest bardorch nicht geringer ertörnt
uth Hochangebohrener Königl. und F. Gnade, Gnde und Mildigkeit be-
hertigen, damit beederseits Land und Lüde, Wedbewen und Waysen, Wyff
und Kind nicht to Grunde verderven, sondern in dem Frede na dem
Willen Gades, dem wy Jhro Königl. Majest. und F. G. bejehlen, er-
holden werden mögen. Datum am Tage Trinitatis (21. Mai) in unsem
Feldlager und Spitzer Ao. 1559. Jw. Königl. Majest. und F. Gnaden
und alle Billigkeit gantz willige und unverbratene Acht und Veertig Vör-
weser und gantze Gemeinde des Landes Ditmarschen."

Als der Bote am 22. Mai bei dem Heer der vereinigten Fürsten
mit der Antwort der Ditmarscher wieder eintraf, befand sich dasselbe
bereits auf bitmarsischem Grund und Boden.

Die Ditmarscher lagen im Lager vor Heide, als sie den Absagebrief
der Fürsten empfingen. Sie hatten, während das Ungewitter gegen sie
am Himmel heraufzog, nicht unthätig die Hände in den Schoß gelegt,
noch sich feiger Verzweiflung überlassen. Die Rüstungen Herzog Adolfs
waren ihnen ja nicht verborgen geblieben, und wenn es diesem, wie auch
dem König Friedrich trotz aller seitens der Ditmarscher gemachten Vorstellungen auch geglückt war, den Erzbischof durch ihre trügerischen Friedens-
versicherungen zu täuschen, so daß er, wie oben erwähnt, nicht nur den
versammelten Kriegsknechten den Durchzug durch das Erzstift gestattete,
sondern selbst das Verbot der Werbungen unter seinen Unterthanen aufhob,
so war es doch auf der Versammlung der Stände des niedersächsischen
Kreises, welche Herzog Adolf „einiger Sachen halben, welche auf der letzten

Zusammenkunft unerledigt geblieben seien, als Kreisoberster am 4. Mai
zu Hamburg abgehalten, zu welcher auch der Erzbischof einige Räte und
Mitglieder des Domkapitels und der Landschaft geschickt hatte und wo
auch Abgesandte der Städte zugegen gewesen waren, klar geworden, was
der Herzog im Schilde führe, und „daß den Herrn zu Holstein nach seiner
armen Unterthanen Gut und Blut dürste." [727] Die Abgesandten des Erz=
bischofs hatten zwar noch eine Vermittlung versucht, aber vergeblich, und
so gaben auch die Lübecker, wie aus einem Schreiben derselben an die
Hamburger vom 12. Mai hervorgeht, die Hoffnung auf, daß ein Versuch,
zwischen den Parteien zu vermitteln, „im geringsten furtreylich sein möge,
und müssens deshalb beruhen lassen und dem lieben Gott die Sache be=
fehlen." [728] (Es muß uns Wunder nehmen, daß die Lübecker so rasch an
der Möglichkeit verzweifelt haben, durch Unterhandlungen etwas aus=
zurichten,*) hatten sie es doch im Jahr 1544 nicht vergebens versucht,
als sie sich schließlich doch dazu entschlossen, war es zu spät. Fast unbe=
greiflich ist aber, daß sie sich nicht entblödeten, den Ditmarschern als
Unterstützung ihrerseits drei Tonnen Fußangeln zu schicken, [729]
welche, um die Wege unpassierbar zu machen, in der Nähe von Meldorf,
Heide und dem Hammhaus daselbst ausgeworfen wurden. Von einer
Unterstützung seitens der Lüneburger, welche vor 59 Jahren den Dit=
marschern gegenüber sich so hilfreich gezeigt hatten, verlautet diesmal nichts;
die Macht, welche der König und die Herzöge auf die Beine gebracht
hatten, schreckte alle zurück. So sahen sich denn die Ditmarscher auf ihre
eigene Kraft allein angewiesen, sie verzagten aber nicht und waren ent=
schlossen, ihre Freiheit und Unabhängigkeit bis auf den letzten Mann zu
verteidigen. Freilich wurde es bald klar, daß die Sachen doch anders
standen als früher, es fehlte die rechte Einigkeit und Entschiedenheit, wenn
es galt, einen Entschluß zu fassen und durchzuführen, eine gewisse Un=
sicherheit geht durch das ganze Handeln der Ditmarscher hindurch, vor
allen Dingen zeigen sie große Nachlässigkeit und Mangel an Geschick im
Auskundschaften der Pläne und Bewegungen des Feindes. Der lange
Friede und wohl auch die gesetzlich gebotene Abstellung der Fehde und
der Blutrache hatte die Streitbarkeit des Volkes offenbar geschwächt und
seine Widerstandskraft gelähmt. [730]

Weil sich aber im Lauf der Jahre eine Anzahl Fremder auch aus
den herzoglichen und königlichen Ländern in Ditmarschen niedergelassen
hatten, so forderten sie diese, um sich erst im eigenen Lande zu sichern,
zu der Erklärung auf, ob sie gesonnen seien, für die Wohlfahrt des Landes

---

*) In dem Schreiben an die Hamburger vom 12. Mai sprechen die Lübecker
es übrigens aus, „daß sie von dem Lande Ditmarschen unersucht seien", Verhand=
lungen mit dem Fürsten anzuknüpfen. Auch Reimer Kock macht den Ditmarschern
daraus einen Vorwurf, daß sie sich nicht den alten Verträgen gemäß an die Lübecker
gewandt hätten, aber, meint er, das habe der Übermut den Ditmarschern nicht ge=
stattet. Die Obersten derselben hätten den gemeinen Mann überredet, es sei nicht
möglich, daß die Dänen und Holsteiner sie überwinden könnten; ihre Ältern und
Vorfahren hätten es schon dreimal versucht und seien jedes mal erschlagen worden,
deshalb sollten sie nur unverzagt sein.

zu fechten und Gutes wie Böses mit ihnen zu tragen, und ließen sich, wenn dies bejaht wurde, den Eid der Treue von ihnen schwören, die sich Weigernden zwangen sie, mit einem Paß versehen aus dem Lande zu ziehen, die meisten sollen jedoch geblieben sein und tapfer mitgefochten haben. Nach Bolten[731] waren die Ditmarscher 7000 wehrhafte Männer stark, sie besaßen über 100 Kanonen größeren und kleineren Kalibers; fremde Soldaten waren nur wenige unter ihnen, sie trauten denselben nicht. Übrigens riefen sie anfangs nur die Hälfte der Mannschaft zu den Waffen, warfen aber Schanzen und Befestigungen auf, weil sie in dem letzten Kriege gesehen hatten, wieviel solche an passenden Stellen nützen könnten. Nicht bloß die Befestigungen von Meldorf, an der Tilenbrücke und der Hamme wurden verstärkt, sondern auch an verschiedenen Stellen neue Werke aufgeworfen, so gegen die Wilstermarsch vor dem Ostermoor und bei Brunsbüttel, und namentlich auch nördlich von Meldorf bei Heid, einer Geestinsel in dem Marschbusen (der sogenannten Marschkammer); aus den benachbarten Städten kauften sie große Vorräte von Gewehren und Munition zusammen. Auch suchten sie an verschiedenen Stellen durch Eingraben von Pfählen und Rädern die Wege ungangbar zu machen. Es fehlte auch nicht an Stimmen, welche das Land unter Wasser setzen und die Landstraßen mit breiten Gräben durchschneiden wollten, aber dieser Vorschlag ging nicht durch, manche hielten die Furcht vor dem Feinde für übertrieben. Darin waren aber alle einig, daß man die Freiheit des Landes bis zum äußersten vertheidigen müsse, selbst die Weiber und Kinder, wenn sie Lebensmittel in das Lager nach Heide brachten, ermahnten ihre Väter, Gatten, Brüder und Söhne, für die Freiheit des Landes tapfer zu kämpfen. Deshalb beschleunigten der König und die Herzöge auch den Beginn des Feldzuges, um die Ditmarscher möglichst zu überrumpeln, ehe sie mit ihren Verteidigungsarbeiten fertig würden.[732]

## IV.
### Der Einfall in Ditmarschen.

Nach der Zusammenkunft in Hohenwestedt hatte der König sich nach Melbeck, einem unweit der ditmarsischen Grenze belegenen Gute Heinrich Ranzaus, begeben. Wohl warnten einzelne Kriegsobersten den König und die Herzöge vor der persönlichen Teilnahme an dem Feldzug gegen ein Volk, welches schon mehrfach gezeigt habe, daß es nicht gewillt sei, die Herren zu schonen, aber diese ließen sich durch solche Warnungen nicht schrecken, welche vielleicht auch nur bezweckten, freier handeln und die Fehde nach Belieben verlängern zu können.

Am 19. Mai befand sich das Hauptquartier des Königs zu Schene-feld,[733] während das Hauptheer sich in der Nähe von Itzehoe bei dem Dorfe Olsdorp (jetzt Clirdorf), ein paar Meilen von der ditmarsischen Grenze entfernt, versammelte. Am 22. Mai morgens 9 Uhr setzte sich dasselbe von dort aus in Bewegung und rückte in der festgesetzten Ordnung auf dem gewöhnlichen Landwege in das Kirchspiel Albersdorf vor. Die Avantgarde war zusammengesetzt aus Fußabteilungen sämtlicher Regimenter, welche durch das Los dazu bestimmt worden waren. Hierauf folgte Moritz Ranzau mit seinem Fähnlein, den Schanzgräbern und einigen Feldstücken, sodann die Regimenter Schönewieses und Reimer vom Wolbes, darauf die königliche und fürstliche Leibgarde in geschlossenen Gliedern und zuletzt das Regiment des Obersten Wallerthum mit den zwei Kompagnieen Blankenburgs und Diedrichs von Halle als Arrieregarde. Das ganze Heer bestand aus 4000 Reitern und 35 Fähnlein Knechten außer der Mannschaft des Grafen von Oldenburg, welche noch nicht angekommen war; das Fußvolk allein ward auf 20 000 Mann geschätzt,\*) demnach hätte die ganze Streitmacht mit den Schanzgräbern und dem Troß weit über 25 000 Mann betragen.

Gleich nach dem Überschreiten der Grenze gingen ein paar Dörfer in Flammen auf, vielleicht ist auch ein Teil von Albersdorf niedergebrannt worden, wenigstens wurden dem Prediger des Ortes Cyriakus nachher wegen seiner verbrannten Bibliothek 20 Gulden von dem Lande geschenkt. [734] Das Lager ward diesseits der Giselau aufgeschlagen. Die Ditmarscher ließen vorläufig nichts von sich merken, nur in der Nacht wurde auf die in der Stärke von 2 Kompagnieen zu Fuß und 200 Reitern aufgestellte Wachtmannschaft geschossen, wodurch das ganze Heer in Alarm geriet. Am folgenden Tage, dem 23. Mai, ward Kriegsrat gehalten und beschlossen, nicht eher weiter vorzurücken, als man die Verteidigungsanstalten des Feindes ausgekundschaftet hätte, und die Ankunft der Truppe des Grafen Oldenburg abzuwarten. Deshalb wurden Rekognoscierungs= Patrouillen von dem Lager ausgesandt, auch die umliegende Gegend von den umherstreifenden Landsknechten ausgeplündert und die Häuser in Brand gesteckt. Die eingebrachten Gefangenen wurden nach den Verhältnissen des Landes selbst unter Anwendung der Folter ausgefragt. Wenn aber den Ditmarschern Gefangene in die Hände fielen, so wurden diese aufs grausamste behandelt, man fand solche später mit aufgeschnittenem Leibe daliegen, das herausgerissene Herz auf dem Munde oder die Eingeweide an Pfähle gebunden. Andere waren an Bäumen aufgehängt als Zielscheibe benutzt worden oder hatten mit einem Spieße durchbohrt einen langsamen, schmerzhaften Tod erlitten — ein Beweis, wie erbost die Ditmarscher über die von den feindlichen Truppen verübten Verwüstungen des von ihnen besetzten Terrains waren. Die Folge davon war, daß fortan auch die gefangenen Ditmarscher im Lager des Königs gehenkt wurden. So begann mit gegenseitiger Erbitterung eine vernichtende Fehde. Am 24. Mai zogen der Feldmarschall und die Herren des Kriegsrates unter Bedeckung des Wallerthumschen Regimentes und der Blankenburgischen Reiter aus, um die feindlichen Befestigungen in Augenschein zu nehmen, sie bedienten

---

\*) Molbech (a. O. p. 171) hält diese Zahl für zu hoch gegriffen, indem ein Regiment Fußvolk damals nur 3—4000 Mann betragen habe.

sich dabei eines Ditmarschers Splet Harring als Wegweiser,\*) den der Herzog vor anderthalb Jahren als Wildbieb hatte gefangen setzen lassen. Nach Hans Detlef soll übrigens eben dieser Splet Harring seine Lands= leute haben wissen lassen, daß sie sich nur tapfer halten sollten, indem er gesonnen sei, die Feinde ihnen so vorzuführen, wie sie es nicht besser wünschen sollten, und solches habe er auch gehalten. Bolten meint, es sei ein Norderbitmarscher gewesen und er habe sich bei der gegen die Tilen= brücke und „die Hamme bei Heide" gesandten Abtheilung befunden. Die Rekognoscierung des Feldmarschalls erstreckte sich zunächst auf die Befestigung der Tilenbrücke, eine Meile nördlich von Albersdorf, wo der Übergang über die Tilenau war. Dieser war schon von altersher mit Schanzen und Gräben ver= sehen, aber die Besatzung war nur schwach und die Gräben nach der langen Trockenheit im Frühjahr ohne Wasser, es schien also keine schwere Sache zu sein, die Befestigungen zu nehmen, und einzelne höhere Offiziere machten auch den Vorschlag dazu, aber der Feldmarschall wollte ohne Genehmigung der Fürsten nichts unternehmen, auch den ersten Eifer seiner Leute lieber zu einer Gelegenheit benutzen, wo größere Mühe und Gefahr vorhanden war als hier. Er beschränkte sich deshalb darauf, einige Feldstücke auf= zufahren und die Wagen zu beschießen, welche die von der Geest nach dem Lager bei der Tilenbrücke geflüchteten Güter tiefer in die Marsch hinein= brachten. Nach dieser Rekognoscierung wandte sich der Feldmarschall mit seiner Begleitung gegen die Süderhamme, welche nach Cilicius sowohl durch ihre natürliche Lage zwischen Sümpfen und Wald belegen als durch die von den Ditmarschern aufgeworfenen Schanzen damals die stärkste Befestigung war und den Weg in die Marsch deckte. Molbech verwechselt die Süderhamme, welche er 1½ Meile nordöstlich von Albersdorf verlegt, obendrein mit der Heider Schanze, er spricht davon, daß die Hauptmacht der Ditmarscher damals in Heide versammelt gewesen sei, als die Recog= noscierung gegen das „berühmte Hammhaus", welches den Zugang zu diesem Ort gedeckt habe, erfolgt sei, auch sei daselbst im Jahr 1539 ein Turm neu aufgebaut worden. Gleichwohl berichtet er, daß eben an dieser Stelle die Holsteiner „i forbums Tider" eine blutige Niederlage erlitten hätten. Neokorus [735] nennt den Ort die Hamme, „dat maß be allerveststte

---

\*) Vgl. den Brief Ottos von Tinen und des Hieronymus Bolded an den Herzog (bei Michelsen bitmarf. Urkundenb. p 193 Nr. 93), in welchem sie ihn gerade auf diesen Gefangenen, der des Landes Gelegenheit wohl wisse, aufmerksam machen, wie auch auf einige andere Kerle, welche im Lande Ditmarschen gute Kund= schaft hätten, die Gelegenheit des Landes müßten und auch das Land „mit aller Gelegenheit abgerissen", d. h. eine Karte von demselben angefertigt hätten. Das weist doch auf einen gewissen Grad von Bildung hin, Verräter gab es ja unter den Ditmarschern, welche sich auch garnicht scheuten, sich offen als solche zu erkennen zu geben. Reimer Kock der uns überhaupt über die Verhältnisse in Ditmarschen während des Krieges wenig erfreuliche Mitteilungen macht, sagt geradezu: „es „waren unter den Alten einzelne, die mit dem König wohl eins waren und sich „vorsecht" hatten, dazu zu helfen, daß der Mutwille des gemeinen Mannes möchte „gezüchtigt werden" — „das gab manchem Ursache zu denken", fügt er hinzu — und wahrscheinlich auch manchem, der in Lübeck ein entscheidendes Wort mitzu= sprechen hatte.

„were und waß sehr woll am Morast up beiden Siben gelegen, waß mit
„Wall unnd Groven befestet unnd aver dat habben de Ditmarschen einen
„Torn darin gebuwet", er spricht aber nicht von dem Hammhause.
Ebenso erwähnt Cilicius, daß das königliche Heer ein Dorf in Brand
gesteckt hätte — vicum munitioni subjectum — und Neokorus nennt
eben dieses Dorf „die Hamme", während Molbech, weil er die Hamme
in die Nähe von Heide verlegt, nur von einem „zunächst gelegenen"
Dorfe spricht.

Es kam hier zu einem Geschützkampfe, aber zu keinem weiteren
Angriff, der Feind zog sich zurück. Am folgenden Tage (dem 25. Mai)
ward auch eine Rekognoscierung gegen Melsdorf vorgenommen. Als Weg=
weiser diente Barthold Peters und ein Holsteiner, welcher längere Zeit in
Melsdorf gewohnt und bei Beginn des Krieges sich heimlich von da ent=
fernt hatte. Bei dieser Gelegenheit wurde einem holsteinischen Abligen,
Joachim Brockdorf, von Reinhold Rode das Pferd unter dem Leibe er=
schossen.

Auch in Norderbitmarschen fingen die Plänkeleien an.[736] Die
Eiderstedter fielen zu verschiedenen Malen über die Eider in Ditmarschen
ein, plünderten und schleppten viel Vieh weg. Da die waffenfähige
Mannschaft im Felde stand, waren es zum teil Knechte und Mägde,
welche unter Anführung der Pastoren den Feinden entgegentraten und
dieselben, wie zu Neuenkirchen unter M. Markus Wrange, zum Weichen
brachten. Selbst auf Büsum landete ein Streifkorps Eiderstedter, wurde
aber durch eine List des Rektors Nikol. Simonis, der Weiber und Kinder
auf Pferde setzte und so ausstaffierte, daß sie in der Ferne für geharnischte
Reiter gehalten werden konnten, zum Rückzug genötigt. Ebenso machten
auch die Nordstrander einen Einfall, verloren aber viel Leute dabei.
Gelegentlich rächten sich auch die Ditmarscher.[737] Als unter anderem
eine Anzahl Husumer Frauen ihre Männer zu Tilen in Stapelholm be=
suchen und mit allem Möglichen versehen wollte, fanden die Delver Ge=
legenheit, sie auf ihrer Fahrt am Stapelholmer Ufer gefangen zu nehmen
und nach Heide zu bringen, wo sie bis nach dem Treffen vor Heide in
anständiger Gefangenschaft gehalten wurden. Darüber erbittert zogen die
im Kirchspiel Erwete liegenden Friesen[738] unter ihrem Hauptmann Jürgen
Knutsen von Husum und dem Fähnrich Ketel Harring von Habstedt am
3. Juni über die Eider, nahmen eine bitmarsische Schanze und verbrannten
das Dorf Wallen. Sie wurden aber von einigen Einwohnern Delves
und Swynhusens, denen eine Abteilung von der Besatzung der Tilen=
brücke zu Hülfe kam, unter Anführung des nachherigen Kirchspielvogtes
Hans Lüblens bei ihrem weiteren Vordringen so bewillkommnet, daß der
Hauptmann und einige andere auf dem Platze blieben, die übrigen, welche
sich auf einem Kahn retten wollten, zu Grunde gingen oder in die Eider
gejagt wurden und so ertranken. Die Zahl derselben ward auf 400
geschätzt. Eine große Anzahl Leichen, welche aufgefischt waren, wurden
auf dem Kirchhof zu Erwete beerdigt. Otto von Tinen berichtete von
Süderstapel aus am 4. Juni[739] an den Herzog Johann, daß dieser

rfall die Stranbinger, Tunberinger und Habstebter so mutlos gemacht
be, daß er nichts mehr mit ihnen anfangen könne. Als Herzog Adolf
iter nach Beendigung des Krieges den Kirchhof zu Erwete besuchte und
lange Reihe frischer Gräber gewahr wurde, soll er sich in sehr
hnischen Worten über die Feigheit der Leute ausgelassen haben. [740]

So hatte der kleine Krieg bereits überall begonnen, da machten
: Lübecker, welche sich doch wohl schämten, die Ditmarscher so kleinlaut
eisgegeben zu haben, noch einmal einen Versuch, zwischen den streitenden
rteien zu vermitteln, natürlich vergebens. Sie sandten, ohne vorher
t den Hamburgern und Lüneburgern Rücksprache genommen zu haben,
er in der Hoffnung, daß diese damit einverstanden sein würden, zugleich
Namen derselben ihren Protonotarius Sebastian Ehrsam in das Haupt=
artier der Fürsten, um noch zu guter letzt einen Friedensversuch zu
achen. [741] Derselbe schrieb denn auch aus dem Feldlager zu Albersdorf
n 31. Mai [742] an die Achtundvierziger, daß er auf Befehl des Lübecker
ates sich im königlichen Feldlager befinde und im Auftrage desselben,
ie des von Hamburg und Lüneburg, bei ihnen anfrage, ob sie geneigt
ien, seine Vermittlung anzunehmen, „ob der allmächtige Gott zur Ver=
sütung weiteren Verderbes und christlich Blut Vergießens einen beständigen
Frieden und Vertrag geben und verleihen möge." Deshalb möchten sie
m Überbringer mündlichen oder schriftlichen Bescheid geben, auch sei er
reit, zu mündlicher Verhandlung sich zu ihnen „zu Hemme an die Schanze"
begeben. Am Schluß bittet er die Ditmarscher, einen Diener des
erzogs von Sachsen, den sie gefangen genommen hatten, gegen einen oder
vei Gefangene, die sich in den Händen der Fürstlichen befinden, nach
riegsgebrauch auszuwechseln.

Reimer Kock berichtet als Ergebnis dieses Vermittelungsversuches,
:e Ditmarscher hätten nichts davon wissen wollen. Jedenfalls war es
spät.

## V.
### Die Erstürmung Meldorfs.

Inzwischen war der Graf von Oldenburg mit seinen Truppen bei
Bedel über die Elbe gegangen, hatte am 30. Mai die ditmarsische Grenze
berschritten und sein Lager bei Tensbüttel, eine halbe Meile von Albers=
orf, aufgeschlagen. In einem Kriegsrat, welcher am 26. Mai abgehalten
vorden war, hatte man sich dahin geeinigt, daß der Hauptangriff nicht
egen die Süderhamme, die stärkste Befestigung der Ditmarscher, gerichtet
verden dürfe, denn dies werde nur Zeit und Leute kosten; auch waren
inige, namentlich Breide Ranzau, der Meinung, [743] man dürfe ebenso
oenig mit einem Angriff auf Meldorf beginnen, dessen Einnahme im
ezten Kriege völlig nutzlos gewesen sei, sondern müsse zuerst gegen die
Eilenbrücke vorgehen, deren Einnahme den Mut des Kriegsvolkes für
;rößere Gefahren stärken werde; Heinrich Ranzau müsse dann zu gleicher

Zeit von Stapelholm aus die Eider überschreiten und so den Ditmarschern in den Rücken fallen. Aber die Ansicht des Feldmarschalls siegte, daß die schwache Befestigung bei der Tilenbrücke keinen Hauptangriff mit der ganzen Heeresmacht verdiene, sondern daß Meldorf als Hauptort des ganzen Landes angegriffen werden müsse, ehe das erste Feuer der Leute verraucht sei. Durch Eroberung von Meldorf werde die Nordermarsch von der Südermarsch abgeschnitten, und das Kriegsheer werde größeren Mut bekommen, die anderen Festungen des Landes anzugreifen. Es wurde demnach seitens des Feldmarschalls bestimmt, daß nur der Rumor=meister mit 80 Reitern und 1000 Knechten im Lager zurückbleiben solle; zwei Fähnlein Knechte und 200 Reiter unter Blankenburgs Führung sollten gegen die Tilenbrücke vorgehen, um dort eine Stunde vor dem Sturm auf Meldorf einen Scheinangriff auszuführen, während ein gleich starkes Kommando unter dem Leutnant Blankenburgs in gleicher Absicht gegen die Süderhamme vorrücken solle. So sollte der Feind in der Un=gewißheit, wo eigentlich der Hauptangriff stattfinde, veranlaßt werden, seine Streitkräfte zu teilen. Die Rüstwagen, die Pontons und die Schanz=körbe folgten dem Hauptheer. Die drei Feldobersten Schönewiese, Reimer vom Wolde und Wallerthum mit ihren Regimentern und Diedrich von Halles Reitern zogen auf Heisel zu, um die Stadt Meldorf daselbst an der Nordseite anzugreifen, Barthold Peters diente als Führer. Der Graf von Oldenburg mit seinem Fußvolk und der Reiterei, der Leutnant des Feldmarschalls Franz von Bülow mit seinen Leuten als Avant= und Moritz Rantzau als Arriere=Garde wandten sich westwärts, zogen vor Windbergen vorbei und über Ammerswurth gegen Meldorf, um die Stadt an der Südseite 744 anzugreifen. Das übrige Heer unter der Anführung des Feldmarschalls selbst, geführt von jenem aus Meldorf geflüchteten Holsteiner, rückte gerade auf die Stadt los und griff dieselbe an der Ost=seite an. Bei diesem Haufen als dem Hauptkorps befanden sich auch der König und die Herzöge mit ihrer Leibgarde. Auf dem Galgenberge sollte eine Schanze aufgeworfen und mit Geschütz besetzt werden, vier Fähnlein daselbst als Bedeckung zurückbleiben. Endlich wurde bestimmt, daß das Regiment, welches zuerst über die Gräben hinüberkäme, ein Feuersignal geben sollte; sobald die Brustwehr gestürmt sei, wollten die Fürsten die Mühle bei Meldorf in Brand stecken lassen; es scheint also früher eine Windmühle im Osten der Stadt auf der Höhe gelegen zu haben.

Am Abend vor dem zum Sturm auf Meldorf bestimmten Tage, dem 2. Juni, an einem Freitag um 6 Uhr abends, brach das gesamte Heer von Albersdorf auf, die Schanzgräber und Diedrich von Halles Reiter an der Spitze, darauf die vier Fähnlein Knechte, das Geschütz, die Pontons, hierauf folgten die Leibgarden der Fürsten und Schönewieses, Reimer vom Woldes und Wallerthums Regimenter. Die dazu bestimmten Abteilungen rückten gegen die Tilenbrücke und die Süderhamme vor. Da die Ditmarscher, durch einen Kundschafter falsch unterrichtet, glaubten, der Hauptangriff werde gegen die letzteren gehen, hatten sie 500 ihrer besten Mannschaft dorthin geschickt und dadurch die Besatzung Meldorfs erheblich schwächt. Die Anordnungen des Oberfeldherrn wurden pünktlich befolgt, ıb die Ditmarscher durch die beiden Scheinangriffe, wie der Feind hoffte, :ündlich getäuscht. Von den Besatzungen der beiden Plätze wurden, so= ıld man die Annäherung des Feindes gewahr wurde, Feuerzeichen gegeben, ınd die benachbarten Landleute eilten zu schleuniger Hülfleistung herbei, ıne eine Ahnung davon zu haben, daß der Hauptangriff Meldorf gelte. :chon in der Nacht langte das Hauptkorps vor dieser Stadt an, auf dem ŋalgenberge wurde in aller Eile eine Schanze aufgeworfen, von der ſbrigens keine Spur mehr vorhanden ist, und Geschütz in dieselbe hinein= ɩbracht. Schönewiese war der erste, der mit dem Feinde im Norden der ₴tadt handgemein wurde, dabei aber in große Gefahr geriet. Die Dit= ıarscher hatten die Brücke abgebrochen, welche in der Nähe von Hesel ſber die Miele führte, und daselbst eine Schanze aufgeworfen. Deßhalb ʋollte Schönewiese noch vor Sonnenaufgang eine Schiffbrücke über die Miele schlagen, weil er aber von der Schanze aus heftig beschossen wurde, ɩachte er nach Westen auszuweichen, geriet aber, durch einen der Gegend :nkundigen Führer verleitet, denn Bartholb Peters befand sich gerade an iner anderen Stelle, in ein von Gräben durchschnittenes Moor, so daß :ine Soldaten bis an den Hals versanken und sich durch Schwimmen ʋetten mußten. Und wäre Diedrich von Halle ihnen nicht mit seinen Reitern zu Hülfe gekommen, das ganze Regiment würde vernichtet worden ɩein; Diedrich wurde bei dieser Gelegenheit durch eine Kugel am Bein ʋerwundet. Nunmehr entspann sich an der Nordseite der Stadt ein heftiger Ɩampf, zweimal wurden die anstürmenden Feinde zurückgeworfen, da das Ɩaſſer die Munition unbrauchbar gemacht hatte, und, was das Schlimmste ʋar, Schönewiese, der vom Pferde gestiegen war, wurde bei dem ersten Anſturm, während er in vorderster Linie fechtend seine Leute anfeuerte, von :iner Falkonetkugel töblich getroffen und starb in der Nacht vom Sonn= abend auf Sonntag (4. Juni*). Unter Bedeckung von 40 Reitern warb ſeine Leiche nach Itzehoe gebracht, weil er den Wunsch geäußert hatte, in holsteinischer Erde begraben zu werden, und dort mit großen Ehren= bezeigungen bestattet. Das Kommando über sein Regiment erhielt Christopher Ꝛrisberg. Der Fall des Führers entmutigte das Regiment jedoch nicht. Inzwischen waren die anderen beiden Regimenter gleichfalls herangekommen und unterstützten den Angriff des Schönewieseschen Regimentes. Anderthalb Stunden dauerte der Kampf, beim dritten Sturmangriff, nachdem die Angreifer ihre Büchsen gereinigt und, um leichter vorwärts zu kommen, das steife Unterfutter aus ihren Pludderhosen herausgeriſſen hatten, [745] wurden die Ditmarscher von den Wällen herabgeworfen, diese erstürmt, und der Feind drang in die Stadt ein. Drei= bis vierhundert Ditmarscher und mehrere Hunderte des fürstlichen Heeres waren gefallen. Inzwischen hatte Johann Ranzau vom Galgenberge aus die Stadt aus allen Ge=

---

*) Schönewiese hatte sich vor dem Beginn des Krieges geäußert, er sehne sich nach dem Lande, in welchem die Schweine aus silbernen Trögen fräßen. (Bolten III. 854.)

schützen bombardiert und durch Anzünden der Mühle dem Grafen von
Oldenburg, welcher noch zurück war, weil seine Leute sich widerspenstig
zeigten, auch die Wege an der Südseite der Stadt durch die Ditmarscher
unpassierbar gemacht worden waren, das Zeichen gegeben, möglichst rasch
zur Unterstützung des Kampfes an der Nordseite der Stadt heranzukommen.
Johann Ranzau stellte sich selbst zu Fuß an die Spitze seiner Leute, und
trotz des tapfersten und verzweifelten Widerstandes der Meldorfer Besatzung
drangen die Feinde auch an der Ostseite der Stadt über die Gräben,
erstiegen die Wälle und erbrachen das Osterthor. Auch hier war die
Stadt um 11 Uhr morgens genommen. Aber tapfer hatten sich die Ditmarscher gewehrt, Cilicius meint selbst, [746] daß, wenn dieselben nicht durch
den falschen Bericht des Kundschafters und durch die Scheinangriffe auf
die Hamme und die Tilenbrücke irre gemacht worden wären und in Meldorf
ihre ganze Macht vereinigt zusammen gehabt hätten, der Erfolg leicht ein
für die Angreifer unglücklicher hätte sein können. Als die Stadt so mit
Sturm genommen war, ritt Herzog Adolf nur mit geringer Reiterbedeckung
hinein, ihm folgte der König nebst Heinrich Ranzau und seiner Leibgarde,
darauf die Leibgarden der beiden Herzöge. Die Stürmenden hatten in
der ersten Wut Alles niedergemetzelt, was ihnen in die Hände fiel, selbst
Frauen, die der doppelten Wut der Sieger preisgegeben waren, und Kinder
wurden nicht verschont, von den ersteren hatten nicht wenige in Männer-
kleidung an dem Kampfe teilgenommen. Bei dieser Gelegenheit kam auch
der ditmarsische Geschichtschreiber Joh. Russe, einer der Achtundvierziger,
ums Leben, wie auch sein am Norder-Markt belegenes Haus in Asche
gelegt wurde; Kaspar Buchwalds Soldaten hatten hineingeschossen, vermutlich weil die Bewohner dasselbe verschlossen hatten und nicht öffnen
wollten. [747] Selbst die Kirche ward bei der Plünderung nicht verschont.*)
Die Meldorfer Besatzung hatte ihre Flucht nach dem Süderthor
hin gerichtet und war mit 25 größeren und kleineren Geschützen glücklich
aus der Stadt hinausgekommen. Da stießen sie aber auf den heranrückenden Grafen von Oldenburg, und es kam bei Ammerswurth zu
einem heftigen Zusammenstoß an der Süderau. Die Stärke der Ditmarscher wird auf 9 Fähnlein angegeben, der Graf, der bei Busenwurth
gestanden, [748] habe erst nicht gewagt, die ihm entgegenrückenden Ditmarscher
anzugreifen, da hätten diese thörichter Weise den Marschweg verlassen und
sich bei Elpersbüttel ostwärts gewandt,**) worauf der Graf ihnen nachgeeilt sei. Dreimal wurde dem letzteren das Pferd unter dem Leibe verwundet, bei der Explosion eines Pulverwagens wurden 40 Mann getötet.

*) In der Kirche zu Boren in Angeln befinden sich noch heute zwei messingne
Leuchter mit der daran befindlichen Inschrift: „Anno 1559 im Ditmarscher Kriege
hat der Edle Ehrenfeste Junker Bertram Ratlau diese Leuchter aus der Kirche zu
Meldorf geführt. Ao 1598 hat diese Leuchter der Edle Ehrenfeste Bertram Ratlau
samt seiner geliebten Hausfrau in die Kirche zu Boren zu Gottes Ehre verehret."

**) Die Ditmarscher wollten offenbar auf der alten Landstraße nach Itzehoe
entweichen; nach Norden zu entkommen, war für sie unmöglich, da der Hafen von
Meldorf damals noch nicht eingedeicht war.

1 kam Moritz Ranzau mit seinen Reitern dem Grafen zu Hülfe, und
: Ditmarscher wurden in die Flucht geschlagen, sie ließen 200 Tote auf
n Platze, ihr gesamtes Geschütz ging verloren. So vollendete Graf
ton den Sieg und die Eroberung Meldorfs. Die Reiter hatten übrigens
gen der auf jede Weise ungangbar gemachten Wege nur mühsam vor:
irts kommen können und fanden deshalb die Stadt schon geplündert vor.
a aber das Fußvolk sich sofort zum teil auch in die Umgegend verlief,
1 zu plündern — ein paar tausend Schritt von Meldorf entfernt hatten
: Ditmarscher eine große Menge Pferde, Rindvieh und Schweine ·zu=
nmengetrieben — entstand große Unordnung, so daß die Kriegsobersten
letzt Alarm blasen lassen und jedes Auslaufen zum Plündern aufs strengste
rbieten mußten. Da nun wegen der Beute zwischen den Reitern und
m Fußvolk Streit entstand, indem die ersteren einen gleichen Anteil an
r Beute für sich forderten, die letzteren diesen aber nicht zugestehen
)llten, weil sie die Gefahr und die Mühe allein getragen hätten, ent=
und an dem zweiten Tage nach der Eroberung Meldorfs eine gefährliche
!euterei unter dem Kriegsvolk, so daß es beinahe zum Blutvergießen
kommen wäre und der König und die Herzöge selbst kaum im stande
iren, die Ruhe wieder herzustellen. Deshalb hielten die Anführer es
r nötig, das ganze Heer zu trennen, so daß die Reiter in der Stadt
ieben, der größte Teil des Fußvolks ein Lager nördlich von der Stadt
zog und der Graf von Oldenburg nebst Moritz Ranzau bei Ammers=·
urth. Nunmehr wurden auch die Toten beerdigt.

## VI.
### Die Eroberung der Südermarsch.

Der nächste Angriff des feindlichen Heeres sollte Brunsbüttel gelten,
elches als Hafenort von besonderer Wichtigkeit war, um zuerst die Süder=
arsch vollständig zu unterwerfen. Oberst Reimer vom Wolde mit einer
ompagnie und Blankenburg mit seiner Reiterei wurden auf einem Umweg
irch Holstein nach der Wilstermarsch abgeschickt, um dort zu Claus
anzaus Heeresabteilung zu stoßen und bei dem Angriff auf Brunsbüttel
:m Feind in den Rücken zu fallen.

Die Ditmarscher hatten übrigens über den Verlust Meldorfs keines=
egs den Mut verloren. Die Wöhrdner und Büsumer verschanzten sich
:i der Schleuse von Hohenwöhrden, um Norderbitmarschen zu decken, auch
:achten sie durch ausgesandte Streifkorps dem königlichen Heere manche
:chlappe bei, hinderten, indem sie die Landwege besetzt hielten, die Zufuhr
nb nahmen eine Anzahl Wagen mit Proviant weg. Unter anderen
urde am 6. Juni bei einer Mühle eine halbe Meile von Meldorf ein
)offunker von Qualen tödlich verwundet, welcher dem König einen Brief
on seiner Mutter, der Königin-Witwe, überbringen sollte. Obwohl von
vei Kugeln getroffen, ˉsetzte er doch seinen Ritt nach Meldorf fort und
ührte seinen Auftrag aus; am Tage darauf erlag er seinen Wunden.

Am britten Tage nach der Eroberung Melborfs, am 6. Juni, zog der Oberfeldherr selbst mit Graf Antons, Wrisbergs und Wallerthums Fuß= volk und Moritz Ranzaus Reitern gegen Brunsbüttel. Die Ditmarscher hatten sich an der Au, welche in den Hafen fließt, verschanzt, ihre Stellung war zugleich durch die Deiche und das sumpfige Ufer gedeckt. Da gelang es der Reiterei eine Sandbank in der Elbe aufzufinden, auf welcher man die Schanze der Ditmarscher umgehen konnte. Diese, welche von der Untiefe keine Ahnung hatten, sahen zu ihrem Schrecken das feind= liche Heer plötzlich links von ihnen durch die Elbe marschieren, und es blieb ihnen nichts anderes übrig, als die Schanze und ihr Lager preis= zugeben; ein Teil flüchtete auf bereit gehaltenen Kähnen über die Elbe auf bremisches Gebiet, andere versteckten sich in den Mooren oder hinter den Deichen. Verfolgt von der Reiterei verloren sie ein paar hundert Mann und sieben Geschütze. Den weiteren Verlauf erfahren wir aus einem Schreiben des Oberfeldherrn vom 7. Juni abends dat. Ostermoor, [749] östlich von Brunsbüttel. Dieser meldet dem König und den Herzögen, daß er den Feind am 7. morgens angegriffen und derselbe seine Schanze verlassen habe und geflohen sei; auf der Flucht sei noch eine Anzahl Ditmarscher erschossen und erstochen worden. Nachdem die Verfolgung ein Ende genommen, sei er in Verbindung mit dem Grafen von Olden= burg, trotzdem daß die Truppen durchnäßt und ermüdet gewesen seien, gegen Brunsbüttel vorgerückt. Bei der Verfolgung des Feindes sei Oberst Wallerthum von ihm abgekommen, und er wisse nicht, wo er stehe, ver= mutlich würden seine Truppen ermüdet gewesen sein. Da nun aber der Graf unterwegs, noch ehe sie Brunsbüttel erreicht hätten, Nachricht er= halten, daß der Oberst vom Wolde, welcher nach der Wilstermarsch geschickt worden war, durch den Feind belagert werde, sei er eiligst gegen Bruns= büttel und Ostermoor aufgebrochen, habe aber bald darauf die Nachricht erhalten, daß Claus Ranzau und Reimer vom Wolde, als sie den Anzug der anderen vernommen, mit ihren Knechten und anderen Marschbewohnern aufgebrochen und im Anzuge seien. Da also die Nachricht betreffs Woldes sich als irrig erwiesen und er in Erfahrung gebracht habe, daß Bruns= büttel von seinen Einwohnern verlassen sei, habe er wegen der Ermüdung seiner Truppen die Nacht vom 6. auf den 7. Juni im Bivouak bezogen und beabsichtige, am morgenden Tage den Feind aufzusuchen. Er bittet deshalb um fernere Instruktion. Der Brief Ranzaus war am Morgen des achten noch nicht abgegangen, als, wie wir aus einem beigegebenen Zettel, gleichfalls dat. Ostermoor, erfahren, ein Prädikant bei ihm erschien, um im Namen des ganzen Süderstrandes Friedensunterhandlungen anzu= knüpfen. Der Feldherr sandte diesen Unterhändler zu den Fürsten, damit sie ihn selbst anhören und mit den königlichen und fürstlichen Räten das Erforderliche anordnen möchten. Johann Ranzau spricht sich freilich dahin aus, daß er dem Dinge nicht recht traue, doch wünscht er weiteres Blut= vergießen, namentlich von Weibern und Kindern, zu vermeiden. Besser sei es wohl freilich, wenn man dem Süden volle Strenge empfinden lasse, wenn die anderen dann sähen, daß auf Gnade nicht zu hoffen sei, würden

sich wohl scheuen, längeren Widerstand zu leisten; die Geschütze und
e Waffen würden sie zum mindesten ausliefern müssen. Vorläufig
rbe er sich aber in seinen Operationen nicht stören lassen. Bei Cilicius
:b Neokorus herrscht einige Verwirrung betreffs der Daten, ersterer läßt
runsbüttel am 7. genommen werden und ben Feldmarschall daselbst über=
:chten, während dieser nach seinem eigenhändigen Schreiben in der Nacht
m 7. auf den 8. in der Nähe von Ostermoor verweilt; letzterer läßt
e im Moor eingeschlossenen Ditmarscher bereits am 8. durch die Fürsten
·nabigen, während diese wenigstens am Nachmittag des 8. sich noch in
lelborf befunden haben müssen, also frühestens am 9. an Ort und Stelle
der Südermarsch eintreffen konnten.

Am 8. morgens scheint also der Feldmarschall Brunsbüttel ohne
·chwertstreich genommen und sich mit den herangerückten Truppen Claus
anzaus, Reimer vom Wolbes und Blankenburgs vereinigt zu haben,
ich Wallerthums Regiment wird zu ihm gestoßen sein. Der Leutnant
!lankenburgs wurde nun mit 200 Reitern nach der Böklenburg und
Moritz Ranzau mit 300 nach der Geest geschickt, um den Süderstrandern
be Möglichkeit zur Flucht abzuschneiden. Als man nun am folgenden
Morgen (dem 9. Juni) die Gegend rekognoscierte, fand man im Moor
n einer Stelle 700 Ditmarscher, [750] großenteils Weiber und Kinder,
uf einer Wurt, auf welcher zwei Häuser lagen, versammelt, umgeben
on Wasser und Sumpf. Sie hatten während der Nacht einen Graben
ezogen und mit Wagen, zusammengehäuften Betten und anderen Gerät=
chaften aller Art eine Art Wall gemacht. Als sie aber ihre umflutete
Schanze von feindlichem Kriegsvolk umringt und jede Möglichkeit zur
Flucht abgeschnitten sahen, warfen sie ihre Waffen weg und ergaben sich
.uf Gnade und Ungnade. Da nun die Anführer sahen, daß der Haufe
ast wehrlos sei, verboten sie, demselben irgend ein Leid zuzufügen, und
nelbeten die Sache den Fürsten, welche sich auf die Nachricht von der
eitens des Süderstrandes angebotenen Unterwerfung von Melorf nach
)er Südermarsch begeben hatten. Die Fürsten verfügten sich an Ort und
Stelle, und in einem darauf abgehaltenen Kriegsrate erklärte der König,
)aß er kein grausames Verfahren gegen wehrlose Menschen zulassen werde,
während die Herzöge und einzelne aus ihrem Gefolge, namentlich werden
Breide Ranzau und Bertram Sehstedt namhaft gemacht, der Meinung
waren, daß ein so grausames und halsstarriges Volk wie die Ditmarscher,
welches weder in diesem Kriege, noch in den früheren, als sie die Macht
in Händen gehabt hätten, die geringste Schonung bewiesen, keine Ansprüche
darauf machen könne, selbst geschont zu werden; man müsse sie denselben
Becher bis zur Neige leeren lassen, den sie anderen eingeschenkt hätten,
und ohne Bedenken die Wolfsbrut ausrotten. Als nun der König einsah,
daß seine Meinung nicht durchgehen werde, forderte er eine Teilung der
Gefangenen in drei Teile, indem er dann dem ihm zugefallenen das Leben
schenken wolle, es sei seine Absicht, die Ditmarscher zu bezwingen, aber
nicht sie zu vernichten. Da erschien auch Johann Ranzau im Lager [751]
und stellte den Herzögen aufs eindringlichste vor, daß ein Blutbad unter

Wehrlosen, welche die Gnade des Siegers angesiehkt hätten, nicht nur gegen die Menschlichkeit, sondern auch gegen jeden Kriegsgebrauch sei, und daß die Niedermachung der bemitleidenswerten Menschen den Ruf der Fürsten in arger Weise beflecken werde. So kam man denn endlich dahin überein, daß die wehrhaften Männer als Kriegsgefangene behandelt werden, die übrigen einen Eid schwören sollten, daß sie keine weiteren Feindseligkeiten vornehmen und ohne Erlaubnis der Fürsten den ditmarsischen Boden nicht wieder betreten wollten. Hierauf wurden die letzteren über die Elbe ge= setzt und ihrem Schicksale überlassen; die Kriegsgefangenen übergab der König den Herzögen, Herzog Adolf allein hatte am Schluß des Krieges gegen 500 auf Schloß Gottorp. Unter den an dieser Stelle Gefangenen wird namentlich Anke Jakob Harber genannt, Vogt in Brunsbüttel, ein frommer und angesehener Mann, welcher dem Könige so wohl gefiel, daß er ihn abgesondert von den übrigen Gefangenen nach dem Schlosse Sege= berg bringen ließ und nach der Eroberung des Landes zum Landvogt über den Süderteil einsetzte.*) So war denn bis zum 9. Juni der Süderteil von Ditmarschen fast ohne Schwertstreich erobert worden. Über die weiteren Verhandlungen betreffs der Übergabe erfahren wir nichts, jedoch muß dieselbe angenommen worden sein; die Bedingungen mögen im ganzen dieselben gewesen sein, wie sie uns später bei Übergabe der Norderrmarsch ausführlich namhaft gemacht werden.

## VII.

### Die Kriegsoperationen in Norderditmarschen.

Die Ditmarscher hatten unter einander verabredet, daß, sobald die Südermarsch von dem Feinde angegriffen würde, eine hochgelegene Mühle in Brand gesteckt werden solle, worauf die in den Lagern von Heide und Hemmingstedt liegenden Mannschaften sofort den Bedrängten zu Hilfe kommen sollten, aber diese Absicht wurde vereitelt, und Brunsbüttel war bereits in den Händen des Feindes, bevor die Nachricht von dem Vorrücken desselben überhaupt nach Heide gelangte. So verfolgte das Mißgeschick die Ditmarscher dies Mal an allen Orten. In dieser Lage entschlossen sie sich zu dem verzweifelten Schritte, das Lager bei Meldorf in der Nacht vom 7. auf den 8. Juni anzugreifen, während die Weiber die Stadt anzünden sollten. Die Norbhamminger sollten von der Geest aus über Hesel, die Wesselburner im Süden von dem Landwege aus über die Bohlenbrücke (Molbech nennt dieselbe die Sibbalenbro) und die Büsumer von Westen aus angreifen. Diese letzteren hatten sich denn auch wirklich schon in Marsch gesetzt, aber Contreorbre bekommen, weil die Nachricht sich verbreitet hatte, daß der ganze Plan verraten sei. Darüber überkam

---

*) Diesen Posten bekleidete Harber auch von 1559 — 1567, indem er zu Dieckshörn wohnte.

die Vorrückenden aber ein solcher Schrecken, daß über hundert Mann auf eiliger Flucht Schuhe und Harnische fortwarfen. Es war dieser Ausgang für die Fürsten, welche durch einen Überläufer in ihrem Lager in der Südermarsch von der glücklich abgewandten Gefahr benachrichtigt wurden, ein wirkliches Kriegsglück, denn das Lager bei Meldorf war allerdings gehörig verschanzt, hatte aber, da die Fürsten den größten Teil des Korps mit sich genommen hatten, nur eine schwache Besatzung, aus dem früher Schönewieseschen Regiment bestehend, welches bei der Eroberung von Meldorf am meisten gelitten hatte. Nach diesem verunglückten Unternehmen versuchten die Ditmarscher noch einmal, Hülfe von Bremen aus zu erlangen. Aus dem Lager von Hemmingstedt schickten die Achtundvierziger am 9. Juni den Syndikus des Landes und Dr. der Rechte Michael Boie mit einem Schreiben an den Dombechant, die Ritter und die Mannschaft des Erzstiftes,[752] da der Erzbischof Georg, der zugleich Bischof von Minden und Abminiftrator des Bistums Verden war, sich meistens in seiner Residenz an der Weser aufhielt, und berichteten ihnen, daß der Feind Meldorf und den ganzen Süderstrand eingenommen habe und daselbst wüte, so daß sie zur Errettung von Land und Leuten, Weib und Kind der Hülfe und des Rates bringend bedürften. Sie versichern aufs neue, sich niemals von der Bremer Kirche trennen, sondern eher Gut und Blut daran setzen zu wollen, als sie sich ihrem Feinde ergäben, und verpflichteten sich, dem Erzbischof als ihrem gnädigen Herrn eine jährliche Pension und eine Abgabe von jedem Pfluge zu zahlen, wenn dieser und sein Bruder, Herzog Heinrich von Braunschweig, sich aufmachen und ihnen zu Hülfe eilen wolle. Die Antwort des Erzbischofs[753] gelangte erst am 23. Juni, also drei Tage nach der Kapitulation, zugleich mit zwei Schreiben des Herzogs Heinrich von Braunschweig-Lüneburg in die Hände der Ditmarscher. Der Erzbischof beruft sich auf Gott, daß er es von Anfang an bis auf diese Stunde herzlich gut mit den Ditmarschern gemeint habe; wenn er mit den Bremer Ständen wüßte, auf welche Weise er ihnen helfen könne, so sollte dies sicherlich geschehen. Was sollte der Erzbischof aber auch unter den obwaltenden Umständen thun? Der Herzog von Braunschweig verhielt sich in seinem Antwortschreiben an seinen Bruder, den Erzbischof, einfach kühl ablehnend; unter dem 15. Juni schrieb er,[754] er könne nicht annehmen, daß der König und die Herzöge etwas gegen die Hoheit des Erzstiftes im Schilde führten, sollte es dennoch geschehen, sei er allerdings zur Hülfe bereit. Aber in dem Schreiben vom 21. dess. Mon. heißt es,[755] daß ja weder das Erzstift, noch der Erzbischof selbst jemals irgend etwas, eine ganz geringe Abgabe ausgenommen, von den Ditmarschern gehabt hätte. Da es nun bekannt sei, daß das Haus Holstein von dem Römischen Reich mit Ditmarschen belehnt worden sei, so habe er allerdings den Kriegszug der Fürsten ungern gesehen, es sei aber völlig unnütz, Unterhandlungen irgend welcher Art in dieser Angelegenheit zu versuchen. Als die Ditmarscher dieses Antwortschreiben erhielten, war ohnehin alles zu spät.

Die Südermarsch war also erobert, jedenfalls leichter als die Fürsten es erwartet hatten, nunmehr galt es, den Widerstand auch im Norden

des Landes niederzuwerfen, dort stand aber noch die Hauptmacht der Dit=
marscher, dort waren auch noch eine Anzahl starker Befestigungen zu nehmen.
Nach abgehaltenem Kriegsrat marschierte das fürstliche Heer noch am 9. Juni
wieder auf Meldorf zurück und bezog, nachdem den Leuten ein paar Tage
Ruhe gegönnt war, am 12. wieder das alte Lager bei Albersdorf. Das
Regiment Wallerthum und die Reiterei Moritz Ranzaus blieben als Be=
satzung im Meldorfer Lager zurück. Ursprünglich war Graf Anton von
Oldenburg mit seinem Korps zu diesem Posten bestimmt worden, dieser
weigerte sich aber aufs allerentschiedenste, im Lager liegen zu bleiben,
während die anderen in den Kampf zögen, so daß sich der Feldmarschall
genötigt sah nachzugeben. Es war ein beschwerlicher Marsch, den die
Fürsten von Meldorf nach Albersdorf machen mußten; ein Teil der Mann=
schaften hatte sich schon im Lager berauscht, so daß viele daselbst zurück=
blieben, und nicht die Hälfte den Fahnen folgte. Und selbst die=
jenigen, welche auf dem Marsche sich befanden, machten ein Mal über
das andere Halt und weigerten sich, weiter zu marschieren, indem sie sich
wegen der Beute zankten, so daß der König darüber in den heftigsten
Zorn geriet, freilich ohne damit viel auszurichten. Die Fahnenträger er=
hielten deshalb den Befehl, mit vorgetragenen Fahnen sich an die Spitze
des Zuges zu stellen, worauf die Soldaten sich zum Weitermarsch auf=
rafften. Um aber dem fortwährenden Streit über die Beute ein Ende
zu machen, verkündeten die Generäle den Obersten und Hauptleuten, daß
fortan die Beute dem gehören solle, der sie dem Feinde abgenommen habe,
doch nur unter der Bedingung, daß niemand eher aus Reih und Glied
zum Plündern heraustreten dürfe, als der Feind aus dem Felde ge=
schlagen sei.

Schon am folgenden Tage, dem 13. Juni, wurden von Albersdorf
aus die Operationen gegen Norder = Ditmarschen begonnen. Wallerthum
und Moritz Ranzau erhielten Befehl, von Meldorf aus einen Scheinangriff
gegen Hemmingstedt auszuführen, während das Hauptkorps sich gegen die
Tilenbrücke und Heide wandte. Die erstere war stark befestigt, es wurde
erzählt, daß ein angesehener Ditmarscher sich anheischig gemacht habe, mit
200 Mann die Brücke gegen das ganze feindliche Heer verteidigen zu
wollen, deshalb erwartete man daselbst hartnäckige Gegenwehr.[766] Aber
die Ditmarscher hatten sich wieder durch den Scheinangriff auf Hemming=
stedt täuschen lassen, der größte Teil der Besatzung war nach die Kunde
von dem feindlichen Angriff dorthin geeilt, und als der Feldmarschall mit
einigen Begleitern vorausritt, um die Befestigungen an der Tilenbrücke
zu rekognoscieren, fand er dieselben fast verlassen. Der Rest der Besatzung
begab sich mit dem Geschütz auf die Flucht, als sie merkte, daß der Feind
sich zum förmlichen Angriff rüste, die gefürchtete Befestigung ward ohne
Schwertstreich genommen. Der Feldmarschall war der erste, der über die
Brücke und durch die vom Feinde preisgegebenen Schanzen ritt, dieselben
wurden von den nachrückenden Heereshaufen sofort niedergerissen. Erst in
einem benachbarten Dorfe, vermutlich Linden oder Schaltholz, kam es zu
einem unbedeutenden Gefecht der verfolgenden Reiterei mit den sich zurück=

ziehenden Ditmarschern, in welchem die letzteren fast sämtlich niederge=
hauen wurden. Währenddessen war auch Blankenburgs Reiterei herange=
kommen, und da der Feldmarschall wußte, daß bis nach Heide hin kein
anderer Punkt sich befinde, an welchem ihrem Vordringen Widerstand ent=
gegengesetzt werden könne, als an der Brücke über die Au, bei dem jetzigen
Aukrug, eilte er mit 50 Reitern voraus und fand auch diese Brücke un=
besetzt. Hierauf ließ er Blankenburg melden, der Übergang über die Au
sei in seiner Hand, und gab ihm den Befehl, schleunigst heranzukommen;
auch dem Könige und den Herzögen ließ er die Meldung zukommen, der
Vormarsch nach Heide sei völlig unbehindert. Schon waren die Reiter
über die Brücke, das Fußvolk aber noch nicht, da fingen sie, weil sie auch
Heide von dem Feinde verlassen meinten, bereits an, die Straßen und
Quartiere unter einander zu verlosen, und es erneuerte sich der alte Streit
zwischen den Führern der Bataillone und Schwadronen, indem keiner dem
anderen die alleinige Besetzung des Fleckens zugestehen wollte. Doch der
alte Ranzau entschied den Streit dahin, daß Reiterei und Fußvolk gemein=
schaftlich gegen Heide vorrücken und daselbst übernachten solle, zuerst die
Fürsten mit ihrem Gefolge, demnächst Reiter und Fußvolk zur Hälfte.
Blankenburg und Aslanius von Halle, an der Spitze einer freiwilligen
Reiterschar, gingen auf Rekognoscierung vor, und nachdem sie unterwegs
von Frauen, welche Blankenburg mit Meth erquickten, erfahren hatten,
daß Heide besetzt sei, und letzterer allein noch eine Strecke näher an den
Ort herangeritten war, zogen sie sich auf die Ihrigen zurück, denn sie
hatten vier Fähnlein Bauern erblickt, welche mit einigen Geschützen im
Geschwindschritt aus der Stadt gegen sie vorrückten. Von dem Heider
Kirchturm hatte nämlich ein Prediger die kleine Reiterabteilung bemerkt
und in der Meinung, daß es nicht mehr seien, hatten die Bauern den
Ausfall gemacht; nach Neokorus (II. 209 Anm.) war auch ein Zug
Nordhamminger, der auf die Kunde von dem Anmarsch des Feindes von
Hemmingstedt aufgebrochen war, zu ihnen gestoßen. Die feindlichen Reiter
waren hinter einem Hügel so aufgestellt, daß sie von den Heranrückenden
nicht gesehen werden konnten. Sobald die Ditmarscher nun merkten, daß
eine starke feindliche Reiterschar ihnen gegenüber stehe, fingen sie an sich
zurückzuziehen. Da gaben aber die Reiter ihren Pferden die Sporen,
stürmten auf die Zurückweichenden ein und zersprengten sie vollständig.
Der König selbst, an seiner blitzenden Rüstung und seinem edlen Pferde
leicht kenntlich, stürmte mit seiner Garde den Hügel, auf welchem das
Geschütz der Ditmarscher aufgepflanzt war, auch die beiden Herzöge warfen
sich zugleich auf die Kanonen. Joachim Blankenburg ließ aber seine
Reiterei eine Schwenkung machen und schnitt dadurch den aus der Stadt
Ausgefallenen den Rückweg vollständig ab. Daher wurden diese fast
sämtlich niedergehauen, nur 80 bis 90 entkamen nach einem Sumpf zur
Linken, aber auch von diesen wurde noch eine Anzahl durch die Haken=
schützen, welche inzwischen herangekommen waren, erschossen. Aber die=
selben vermochten nur langsam vorzudringen, und so brachten die Dit=
marscher der Garbebedeckung des Königs mit ihren Lanzen durch Verwundung

der Pferde vielen Schaden bei. *) So wurde der Reiteroberst Johann
Trutius, ein Däne, bei dem Sturz seines Pferdes durch einen Lanzenstich
schwer in der Brust verletzt, auch fiel eine Anzahl anderer vornehmer
Dänen, selbst in unmittelbarer Nähe des Königs, durch bitmarsische Kugeln.
Der König selbst kam in persönliche Lebensgefahr und wurde nur durch
die rasche Entschlossenheit des Bertram Ahlefeld gerettet. [767] Während
die Entscheidung des Kampfes noch schwankte und das Treffen zum Stehen
gebracht war, kamen plötzlich neun Fähnlein **) der Bauern in Sicht, vermutlich die Besatzung des vor Heide liegenden Hammhauses und der
Schanzen, welche der Feind vollständig umgangen hatte. Um diese nun
weiter vorwärts auf das freie Feld und somit in den Bereich der Reiterei
zu locken, zogen sich sämtliche Schwadronen hinter die Hügel zurück, welche
sich nördlich von der Stadt erheben, um von den Heranrückenden nicht
gesehen zu werden. Das Fußvolk stellte sich in Schlachtordnung auf,
doch geschah dies absichtlich langsam, damit die Bauern zuversichtlicher
heranrücken sollten. Hiemit beginnt der zweite Akt des Kampfes vor
Heide. Die Ditmarscher drangen vor und zwar bis auf eine Entfernung
von dreißig bis vierzig Schritten an die feindlichen Geschütze heran. Da
brach aber die Reiterei plötzlich hervor, die Leibschwadron des Königs
schwenkte, um das Fußvolk nicht zu durchbrechen, zur Linken des Fleckens
ab. Die übrigen Schwadronen der Garde und der Flügel unter Blankenburgs Kommando bogen nach rechts ab, so daß die Ditmarscher sich in
ihrem Rücken bedroht sahen. Sie zogen sich deshalb auf eine von Gräben
und einem niedrigen Wall umzogene Wiese, den heutigen Kirchhof der
Stadt, zurück, wo sie sich tapfer zur Wehr setzten. Ja sie drangen
wieder vor, indem sie mit ihren Springstöcken leicht über Wälle und
Gräben hinwegsetzten und warfen die angreifenden Feinde in die Flucht.
Als Herzog Adolf, welcher in der Nähe hielt, dies gewahr wurde, ritt
er in Eile heran und versuchte, die Fliehenden durch Scheltworte zum
Stehen zu bringen, und als ihm dieses nicht gelang, gab er selbst seinem
Pferde die Sporen und sprengte, die Pistole in der Hand, von achtzehn
Reitern begleitet, auf einen Haufen Bauern ein und verwundete einen
derselben durch einen Schuß. Der Getroffene aber stürzte, ohne seine
Wunde zu achten, ***) auf den Herzog los und stieß diesem oberhalb der
Hüfte die Hellebarde in den Rücken. Der Herzog hatte nämlich nach dem
ersten Angriff auf den Feind, durch die große Hitze des Tages und die
Strapazen des Nachtmarsches ermüdet, seine Rüstung abgelegt, als er aber

*) Hier macht Cilicius die Bemerkung, daß die lange Lanze in der Hand von
Kundigen es recht wohl mit der Hakenbüchse habe aufnehmen können, zwei Lands-
knechte seien, wenn sie abgefeuert hatten, vor einem nur mit der Lanze bewaffneten
Bauer davongelaufen.
**) Zehn bis sechzehn Fähnlein pflegten damals ein Regiment zu bilden, die
Stärke derselben läßt sich also auf ca 200 Mann annehmen; die Fähnlein der Dit-
marscher scheinen aber weit schwächer gewesen zu sein.
***) „Die Ditmarscher Bauern sollen an Stärke nicht Menschen, sondern
Teufel sein", schrieb damals die Königin-Witwe an ihre Tochter Elisabeth, Herzogin
von Mecklenburg. (Quellensammlung der Gesellschaft II. p. 162.)

ben von ihm verwundeten Mann heranstürmen sah, hatte er sich ein wenig an der entgegengesetzten Seite des Pferdes herabgelassen, sonst würde er ohne Zweifel von seinem Angreifer getötet worden sein. Auf einem in aller Eile herbeigebrachten mit drei Pferden bespannten Wagen wurde der Herzog schleunigst vom Schlachtfelde fortgeführt, denn die Wunde war schwer, wenn auch nicht tödlich, in einem jenseits der Au gelegenen Dorfe, also vermutlich Süderheistedt, fand er bald ärztliche Hülse. Die Ver= wundung des Herzogs spornte die nur lässig vorrückenden Soldaten zu einem heftigeren Angriff auf die Bauern an, und diese wurden aus ihrer Stellung hinausgeworfen. Nur 300, durch die Schnelligkeit des feindlichen Angriffs überrascht, blieben eng zusammengedrängt auf dem Platze stehen, als aber ein allgemeiner Angriff erfolgte, wurden sie großenteils an Ort und Stelle niedergemetzelt, teils gerieten sie, als sie sich über den Wall zu retten suchten, unter die Reiter oder das übrige Fußvolk und fanden dort ihren Tod. (Dritter Akt.) Währenddessen war ein Teil der Reiter in den Flecken selbst eingedrungen, hatte sich aber, weil sie von den Einwohnern aus den Häusern mit Hakenbüchsen beschossen wurden, ohne etwas aus= richten zu können, wieder zurückziehen müssen. Bei dieser Gelegenheit war Marquart Rannow gefallen, der letzte seines Geschlechtes. Sobald aber Moritz Ranzau, welcher den Befehl gehabt hatte, von Meldorf gegen Hemmingstedt vorzurücken, den Donner der Geschütze von Heide her gehört hatte, war er mit 60 seiner Reiter dahingejagt und versperrte nun den nach dem Flecken Fliehenden den Weg. Da die Ditmarscher sahen, daß auch diese Rückzugslinie ihnen genommen sei, stürzten sie der moorigen Niederung, vermutlich nördlich von der Schanze gelegen, zu, welche mit Gräben und Wasser umgeben einen Angriff der feindlichen Reiter unmöglich machte. Ungefähr 300 von ihnen, welche auf der Flucht auf den Reiter= trupp Moritz Ranzaus stießen, wurden von demselben zusammengehauen. Bei dieser Gelegenheit fiel der Rittmeister Diedrich von Halle.*)

In der sumpfigen Niederung, in welche die Bauern zurückgeflohen waren, hatten dieselben nun Posto gefaßt, als wenn sie willens wären, in dieser Stellung den Angriff des gesamten Heeres aufzunehmen, zumal da die Sonne dem Untergang schon nahe war. Deshalb ließ Johann Ran= zau, während er das Fußvolk gegen Heide führte, die Reiter zur Be= obachtung jener zurück, um nicht im Rücken angegriffen zu werden.

---

*) Im Überkreuzschiff der Meldorfer Kirche befindet sich eine steinerne Votiv= tafel, welche vor der Restauration an der Ostseite der Kirche in die Mauer ein= gelassen war. Dieselbe, mit dem Halleschen und dem Ranzauschen Wappen nebst anderen Emblemen verziert, trägt folgende (lateinische) Inschrift: „Dem Theodorich von Halle, dem Sohne des Praepositus Thomas von Minden, welcher in dem mehr tapferen als glücklichen Kampfe im letzten ditmarsischen Kriege 1559 von einer Lanze durchbohrt fiel, dem ihm Verschwägerten, hat dieses Denkmal zum Zeichen der Erinnerung und der Liebe Heinrich Ranzau, der Königliche Statthalter, im Jahre 1597 im zweiundsiebzigsten Lebensjahr setzen lassen. Weder die Zeit, welche Alles zu vernichten pflegt, noch der Tod vermögen die Bande der Freundschaft zu lösen.

(Vierter Akt). Um dem Fußvolk mehr Mut zum Vorrücken zu machen, hatte Ranzau den Flecken an mehreren Stellen zugleich in Brand stecken lassen, darauf zog er alle Regimenter an die Stadt heran, obwohl dies von verschiedenen Seiten entschiedenen Widerspruch fand. Ranzau ließ sich aber dadurch nicht irre machen, denn er war der festen Überzeugung, daß, wenn Heide nicht denselben Abend noch genommen wäre, das Heer die ganze Nacht hindurch keine Ruhe haben würde. Er ließ deshalb ein fürchterliches Bombardement aus allen Geschützen gegen die unglückliche Stadt richten, und das Feuer verbreitete sich bald überall hin, so daß es die Angreifer selbst graute, in die Stadt einzudringen. Und doch sagt Cilicius selbst, die Einwohner hätten mit wahrem Löwengrimm gekämpft und den Boden, auf dem sie glücklich gewohnt, mit ihren Leibern gedeckt, bis sie allesamt getötet zu Boden gesunken oder verbrannt wären. So wurde der Widerstand der Ditmarscher in Heide so lange fortgesetzt, bis die immer mehr wachsende Feuersbrunst ihm ein Ende machte. Die Feinde drangen nun vor, bis auch sie an dem Plündern der Häuser, in welchen noch bedeutende Vorräte an Bier und Meth in ihre Hände fielen, durch die Flammen verhindert wurden. Als aber die Nacht einbrach, hielt es Johann Ranzau nicht für ratsam, in dem halbzerstörten Flecken zu verweilen, sondern zog sich nach dem Orte zurück, wo das Geschütz stand und wo auch der König mit geringer Bedeckung zurückgeblieben war. Die eroberten Geschütze nahm er jedoch mit fort und gab auch der Reiterei Blankenburgs den Befehl, den Rückzug durch eine vollständige Arrieregarde zu decken, bis das Lager aufgeschlagen und die Geschütze zum Schutze desselben in Position gebracht wären. So hatte das fürstliche Heer nach anstrengendem Marsche dreimal an einem Tage den Feind angegriffen und sich mit dem= selben tapfer herumgeschlagen; die Reiterei, seit 24 Stunden im Sattel, hatte Hunger und Durst geduldig ertragen, kaum glaublich ist es, daß die Pferde an einem heißen Junitage die Strapazen ausgehalten hatten. Unterwegs, als man noch am Anmarsch gegen Heide war, hatte der König den Feldmarschall aufgefordert, den Mannschaften einige Zeitlang Rast zu gönnen, aber Ranzau hatte auf möglichst raschen Weitermarsch gedrungen, um dem Feind keine Ruhe zu lassen. Als nun das Heer an dem Platz, wo der König mit dem Geschütz zurückgeblieben war, sich gesammelt hatte, brach aufs neue Meinungsverschiedenheit darüber aus, wo das Lager auf= geschlagen werden solle, aber wenn auch einige meinten, daß es wegen der Ermüdung der Truppen an Ort und Stelle geschehen müsse, ging man doch wegen der Nähe des Feindes und der Schwierigkeit, an dieser Stelle sich mit dem nötigen Wasser zu versehen, nach der Au zurück, wo denn bei Anbruch der Nacht das Lager bezogen wurde.*) In der Front wurde das sämtliche Geschütz aufgestellt, dahinter lagerte sich das Fußvolk und hinter diesem

---

*) Cilicius führt auch als Grund des Zurückgehens nach der Au an, daß der verwundete Herzog nach Wilsa gebracht worden sei — soll Wilsa Wesseln sein, wie wahrscheinlich ist, so kann dies doch mit dem Rückzug nach der Au nicht zu= sammenhangen, der Herzog konnte überdies dorthin, nämlich nordwestlich von Heide, garnicht gebracht worden sein.

erft die Reiterei wegen der gewaltigen Ermattung der Pferde. Denn man war der Erwartung, in der Nacht einen neuen Kampf aufnehmen zu müssen; es starb auch während der Nacht eine große Anzahl tüchtiger und edler Pferde in Folge der Hitze und der übergroßen Anstrengung. Auch Herzog Adolf ließ sich der größeren Sicherheit wegen auf einem Wagen in das Lager transportieren, er befand sich so schlecht, daß man für sein Leben die ernstlichste Besorgnis hegte.

Die Ditmarscher hatten sich aufs tapferste geschlagen, sie hatten auf den verschiedenen Kampfplätzen ungefähr dreitausend Mann gelassen, eine nicht unbedeutende Anzahl Verwundeter, denen es gelungen war zu entkommen, mag noch nachher ihren Wunden erlegen sein. Das feindliche Fußvolk hatte verhältnismäßig wenig gelitten, bedeutenden Verlust hatte die Reiterei gehabt, doch im ganzen nicht über 300 Mann. Unter den verwundeten Offizieren befand sich der Graf von Oldenburg, auch Johann Ranzau war über dem Knie durch einen Kugelsplitter verwundet worden, Franz von Bülow hatte einen Stich in die Brust erhalten, Gregor von Ahlefeld, der die herzogliche Leibwache angeführt hatte, starb infolge seiner Verwundung zu Rendsburg, an seine Stelle trat Joachim Ranzau.

Neun Fähnlein Fußvolk waren zum Schutz des Lagers auf Wache gestellt, um für alle Fälle hinreichend gedeckt zu sein, und wirklich erfuhr man nach Beendigung des Krieges, daß die Ditmarscher einen Angriff auf das Lager beabsichtigt, denselben aber wieder aufgegeben hätten, weil sie nicht im stande gewesen wären, die angeworbenen Hakenbüchsenschützen, welche zur Abwehr einer feindlichen Landung längs der Eider aufgestellt waren, rasch genug heranzuziehen. Auch am folgenden Tage ward den Truppen Rast gegönnt, galt es doch noch den weit schwierigeren und gefahrvolleren Angriff auf die Nordermarsch, denn noch waren die Kirchspiele Oldenwöhrden, Büsum, Wesselburen, Neuenkirchen, Hemme, Lunden und St. Annen nicht bezwungen. Dorthin hatten, wie auch in den früheren Kriegen, die Bewohner der Geest und der östlichen Marschgegenden vor dem Ausbruch des Krieges ihre Weiber und Kinder und den wertvollsten Teil ihrer beweglichen Habe zusammengebracht, die Eroberung des Landes versprach also reiche Beute. Die noch übrige waffenfähige Mannschaft, soweit sie nicht nach Hemmingstedt ausgerückt war, immerhin noch mehrere tausend Mann stark, 758 lag in Wöhrden versammelt, wie in dem Kriege von 1500. Ein starkes „buntes" Fähnlein, d. h. aus Leuten bestehend, welche sonst nicht zusammengehörten, größtenteils aber Wesselburner, war allerdings den Heidern zur Hülfe ausgerückt und bis in die Gegend zwischen Rickelshof und Lohe vorgedrungen, da hatte aber der Führer desselben Reimer Grote, trotz aller Ermahnungen des Neuenkirchner Pastors M. Markus Wrange und eines Teils der Mannschaft unter Karsten Reimer, an dem Erfolg des Unternehmens verzweifelnd die Umkehr beschlossen. Es wird zwar berichtet, daß der Feind vor dem Eingreifen dieses Hülfskorps in den Kampf große Furcht gehabt hätte, dies wäre aber doch nur dann verständlich, wenn derselbe das Heranrücken der ganzen in Wöhrden versammelten Hauptmacht erwartet hätte.

## VIII.
### Die Kapitalation der Ditmarscher.

**DithMarslae Libertas rVlt.** (Neocorus II. 151.)

Ganz wider Erwarten und namentlich wider den Wunsch der Lands=
knechte, welche sich in ihren Hoffnungen auf die reiche Beute aus der
Norbermarsch schmählich betrogen sahen, machte das Treffen bei Heide dem
ganzen Kriege ein Ende. Unter den bei Hemmingstedt Versammelten
brachte schon die Nachricht, daß die Norderhamme und die Aubrücke ge=
nommen, Heide so gut wie schutzlos sei, während sie den Feind gerade
von der entgegengesetzten Seite her erwartet hatten, die größte Bestürzung
hervor. Mangel an Subordination und Disciplin waren von jeher Fehler
der Ditmarscher gewesen,[739] durch persönliche Tapferkeit und todesmutiges
Vorgehen aber konnten die Schäden, die hierdurch entstanden, nicht wieder
gut gemacht werden, dazu fehlte es vor allem an der nötigen Einheit des
Kommandos. Jetzt traten geradezu zwei Parteien einander entgegen, die
Norbhamminger und die Lundner auf der einen, die Westkirchspiele auf
der anderen Seite. Die ersteren, welche ihre Heimat von dem Feinde
besetzt und sich den Rückzug abgeschnitten sahen, drängten zu dem Ent=
schluß, sich rücksichtslos auf den Feind zu werfen, ihn zu vernichten oder
zu grunde zu gehen, die letzteren, deren Sache ja lange nicht so verzweifelt
stand, rieten zu weiterem Rückzug und Verteidigung der Marsch. So kam
es zu einer förmlichen Auflösung des Heeres. Die Ditmarscher hatten
offenbar den Fehler gemacht, sich einfach darauf zu verlassen, daß der
Feind an derselben Stelle angreifen werde, wie in den vorhergehenden
Kriegen, obgleich es doch im ganzen ziemlich nahe lag, daß er die damals
gemachten üblen Erfahrungen sich zu nutze machen und die begangenen
Fehler vermeiden werde, wie es in Wirklichkeit auch geschah. Sobann
hatten es die Ditmarscher vor allem an den nötigen Recognoscierungen
fehlen und sich überall überraschen lassen, namentlich ist es kaum begreiflich,
daß sie es versäumt hatten, die Schanze bei der Aubrücke mit gehöriger
Mannschaft besetzt zu halten. Durch ein wohlorganisiertes Kundschafter=
wesen, welches bei der vertrauten Bekanntschaft mit der Gegend doch für
sie viel leichter gewesen wäre als für den einbringenden Feind, hätten sich
manche Fehler leicht vermeiden lassen. Die von den Ditmarschern aus=
gesandten Kundschafter überbrachten überdies mehrfach verkehrte Nachrichten,
welche die größten Nachteile hervorriefen. Daher erklärt sich auch die
gewaltige Schnelligkeit, mit welcher Johann Ranzau einbrang, da er diese
Vorteile rasch erkannte und in jeder Weise auszubeuten verstand.

Genug, der Mut der Ditmarscher war gebrochen. Zur größten
Überraschung der Sieger erschienen am 14. Juni zwei noch am Abend
der Schlacht von den zu Wöhrden versammelten Achtundvierzigern abge=
sandte Prediger, Wilhelm Dunker aus Wöhrden und der aus Albersdorf
geflüchtete Cyriakus, zwei schöne, ansehnliche Männer,[760] weiße Stäbe in
der Hand, in dem fürstlichen Lager. Eine ihnen entgegengesandte Be=

beckung nahm sie in Empfang und führte sie zu dem Zelt des Königs. Hier übergaben sie ein vom 13. Juni datiertes Schreiben der „Achtund=vierzig des Landes Ditmarschen" [761] (sie nennen sich nicht mehr „Vorweiere") und zwar gerichtet an den König und die Herzöge als „Herzoge tho Schleswig, Holsten, Stormarn und der Ditmaricher, ihre gnädigsten und gnädigen Herren". In diesem Schreiben baten sie bemütig um Gottes willen, den Gesandten gnädiges Gehör zu gestatten, alle Sachen in Ruhe und Bestand zu stellen, sie mit einem christlichen königlichen und fürstlichen Geleit zu versehen und ein Gespräch gnädigst zu verstatten, damit sie Ihrer Königl. Majestät und F. Gnaden ihr Anliegen in aller Unterthänigkeit vortragen könnten, in der bestimmten Zuversicht, daß die genannten Fürsten aus angeborner Güte und Milde den großen Jammer und „Unrat" be=herzigen und sie mit Land und Leuten Leib und Leben behalten lassen und in aller Gnade annehmen würden, damit weiteres Blutvergießen verhütet, der Friede gepflegt und Gottes des Allmächtigen Reich gebaut werden möge.

Mit ganz besonderer Freundlichkeit wurde die Deputation von König Friedrich angenommen, und nachdem dieser ihr mündliches Gesuch angehört hatte, sprach er ihnen Mut ein und befahl seinem Hofprediger M. Niels Kolding, sie mit Speise zu erquicken und bei sich zu behalten, bis die Antwort auf das übergebene Schreiben aufgesetzt sei. Johann Ranzau stellte auch im Namen der Fürsten den verlangten Geleitsbrief aus, dat. Feldlager bei der Heide den 14. Juni, adressiert „an die Achtund=vierziger, wie sie sich nennen Verweier", in welchem er auf Befehl der Fürsten versprach, am morgenden Tage um 12 Uhr diejenigen, welche sie in das fürstliche Lager abfertigen würden, im Lager zu empfangen, und daß sie von allen im Lager Versammelten vollständige Sicherheit ge=nießen sollten, zu welchem Behuf ihnen ein Trompeter mitgegeben wurde. Für die anderen Truppen, welche gegen Hemmingstedt und das Hammhaus betaschiert waren, erklärte Ranzau, keine Verantwortung übernehmen zu können. [762]

Nach diesen Predigern erschien sofort eine Anzahl anderer, begleitet von ihren Weibern und Kindern, im fürstlichen Lager (darunter der Heider Pastor Staphorst), um fußfällig um Gnade und Schutz zu bitten. Auch diese empfing der König mit freundlicher Milde, unterhielt sich lange mit ihnen, versicherte sie seiner Gnade und ließ sie durch seinen Hofprediger bewirten.

Die von den Achtundvierzigern abgesandten Prediger waren nach Wöhrden zurückgeeilt, und am folgenden Tage wurde eine Landesversamm=lung abgehalten. Da warf sich jung und alt zuvörderst auf die Kniee und betete laut zu Gott, daß er aller Sinn zu friedlicher Unterwerfung wenden wolle, sollte es aber nicht zum Ende des Krieges kommen, dann möge er ihnen Mut und Kraft zu fernerer mannhafter Verteidigung des Landes verleihen. Nach dieser feierlichen Vorbereitung wurden sechs der Achtundvierziger ausgewählt, nämlich Thomas (Boie) von Flede, Detlef Junge Johann von Delve, Wolt Reimers von Heide (der nach dem Frieden Landvogt wurde), der alte Reimer Vogt, Johann Detlef [763] und Peter Junge

18

von der Geeſt. [204] Dieſe begaben ſich in Begleitung der beiden Prediger
und des Landesſekretärs Hermann Schröter (oder Schroter) zu Pferde und
zu Wagen zur Wohnung des Predigers Gerhard in Oldenwöhrden, wo
der holſteiniſche Trompeter ins Quartier gegeben war. Nachdem ſie dort
erſt feierlich einmal herumgetrunken hatten, machten ſie ſich auf den Weg
nach dem feindlichen Lager an der Au. Unterwegs kam ihnen eine Reiter-
ſchar entgegen, um ſie als Bedeckung zu begleiten, auch Barthold Peters
hatte ſich derſelben angeſchloſſen, der, wenn er ſich bisher auch als Feind des
Landes gezeigt hatte, nun, obwohl ſeine Landsleute ſich ſeiner Geſellſchaft
zu entziehen ſuchten, ſie bennoch zu Pferde begleitete und ihnen allerhand
Ratſchläge und Warnungen gab, wie ſie ſich bei der Übergabe verhalten
ſollten. Nach ihrer Ankunft im Lager, morgens früh 10 Uhr,*) wurden
ſie in das Zelt Paul Ranzaus geführt und reichlich bewirtet, von ihren
Feinden teils freundlich begrüßt, weil die Gefahren und Mühen vorbei
waren, teils mit Verwünſchungen und Drohungen empfangen, weil die
köſtliche Beute, auf welche man ſich Hoffnung gemacht hatte, ſo verloren
gehen ſollte.

Nach Verlauf von ein paar Stunden wurden ſie vor den Feldherrn
und einige fürſtliche Räte beſchieden, und in dieſer Verſammlung ſchilderte
der Landesſekretär, ein beredter Mann, wieviel das unglückliche Land ſchon
durch den Krieg gelitten habe, wie die Ditmarſcher nun aber nicht länger
Sinnes ſeien, ihre Freiheit zu vertheidigen, ſondern ſich der fürſtlichen
Herrſchaft unterwerfen und ewigen Gehorſam geloben wollten, wenn ſie zu
Gnaden angenommen würden und man ihnen die Gunſt erweiſen wolle,
daß ſie ihr Land und Eigentum behalten könnten, die übrig gebliebenen
Männer geſchont und den elenden Witwen und Waiſen Mitleid zu teil
werden würde. Wann hatten die Ditmarſcher jemals daran gedacht, daß
ſolche Worte über ihre Lippen kommen ſollten? Im Zelte des verwundeten
Herzogs Adolf ward Rat gehalten; die Anſichten waren anfangs ſehr geteilt, einige waren ſofort dafür, die Übergabe anzunehmen, andere, wenn
auch nicht der Meinung, daß die Ditmarſcher bis auf den letzten Mann
ausgerottet werden müßten, wagten aus Furcht, den Herzog zu kränken,
der auf die Ditmarſcher aufs höchſte erbittert war, nicht, ihre Meinung
zu äußern. Da war es der Herzog ſelbſt, welcher, den Grund der Zurück-
haltung der übrigen verſtehend, den Ausſchlag gab, indem er zum Vergleich
und zur Entwerfung der Friedensbedingungen riet. Sein Vorſchlag fand
ſofort die Billigung des Königs und des Herzogs Johann wie des geſamten Kriegsrates; man war der Meinung, daß es höchſt bedenklich ſei,
die Beſiegten zur Verzweiflung zu treiben, außerdem werde die Ausrottung
des Volkes den Ruin des Landes herbeiführen, indem Deiche, Gräben und
Schleuſen in Verfall geraten würden. Ferner fürchtete man, daß die
Kriegsoberſten einen Anteil an dem eroberten Lande für ſich fordern
würden und die raub- und beutegierigen Landsknechte nicht ohne große

---

*) Neokorus ſagt, es ſei an einem Dienstag geweſen, der 15. Juni war aber
ein Donnerstag.

Schwierigkeit, Meuterei und Unruhen abgedankt werden könnten. Endlich sahen alle ein, wie thöricht es sei, bloß um seine Rache an den Ditmarschern vollauf zu befriedigen, sich selbst der Einkünfte aus dem Lande auf viele Jahre hinaus zu berauben. Von Gründen der Menschlichkeit und des Rechtes war also dabei keine Rede. [705] Aber daß man bennoch den Willen hatte, die Ditmarscher die eiserne Strenge des erzürnten Siegers vollauf fühlen zu lassen, zeigte die Härte der gestellten Bedingungen. Dieselben bestanden:

1. in der vollen Erstattung der Kriegskosten;

2. Alle Waffen und Kriegsrüstung sammt der Munition, mit einziger Ausnahme eines Messers, mit dem man Brot schneiden kann, dessen Spitze jedoch abgebrochen sein muß, sollen ausgeliefert werden, auch dürfen keine neuen angeschafft werden; ebenso sollen alle Schanzen abgetragen und dem Erdboden gleichgemacht oder nach dem Ermessen des Königs und der Fürsten umgeändert werden;

3. Das Land soll in drei Teile geteilt werden, in deren jedem nach dem Gefallen der Fürsten eine Festung von den Ditmarschern auf ihre eigene Kosten gebaut werden soll, zu einer jeden sollen soviel Äcker, Wiesen, wie nötig sind, zugelegt werden, auch sollen die Bewohner des Landes verpflichtet sein, dieselben zu bebauen;

4. Alle Privilegien, welche sie von Päpsten und Kaisern unter irgend welchem falschen Bericht oder Schein an sich gebracht haben, sollen sofort ausgeliefert werden;

5. Die Achtundvierziger sollen sofort ihr Amt niederlegen und auch ihrer gewohnten Gerichtsbarkeit verlustig sein, hingegen sollen die Dit= marscher das Recht, welches die Fürsten ihnen ordnen und geben werden, annehmen und demselben gehorsam nachleben;

6. Die Ditmarscher sollen fortan bei keiner Gelegenheit mit hundert, fünfzig, dreißig oder zwanzig oder rottenweise sich zusammenthun, es sei denn, daß die Amtleute und Befehlshaber zum Gericht oder sonst sie zusammenfordern lassen;

7. Alles, was die Ditmarscher in früheren Kämpfen den seligen Vorfahren der Fürsten an Zierrat, Kleinodien, Kronen, Silber und Gold, Hauptbannern und Fähnlein abgenommen haben, sollen sie wieder aus= liefern und überantworten;

8. Wenn einer (oder mehrere) in Zukunft gegen die Hoheit, Obrigkeit und Gerechtigkeit der Fürsten, auch der verordneten Amtleute und Befehls= haber etwas vornehmen würde, soll er sonder alles Recht und Gnade an Leib und Gut gestraft werden.

9. Alle Äcker, Marsch und Geest, Wiesen, Weiden, Holzungen, Seeen und Deiche, was für Namen sie auch haben mögen, soll ein jeder, der sie vorher besessen hat, auch nun vor allen anderen zu besitzen berechtigt sein, aber von denselben soviel steuern, wie in dem Vergleich näher be= stimmt werden wird.

10. Wieviel der Morgen oder eine Hufe Marsch= oder Geestland

18*

zu steuern haben soll, wird für den einzelnen Fall oder für mehrere näher bestimmt werden.

11. Auf dies alles Vorhergesagte hin sollen die Ditmarscher von den Fürsten für ihre Übelthat auf den Knieen Verzeihung erbitten und versprechen, daß sie oder ihre Erben und Nachkommen, niemand ausgenommen, mit keinem Worte und keiner That etwas unternehmen wollen bei Leibesstrafe.

12. Hierauf sollen sie in Gelübbe und Eid als der Fürsten andere Unterthanen zu Gnaden angenommen werden.

13. Und weil sie sich bisher so ungehorsam angestellt haben, so daß man kein Zutrauen zu ihnen haben kann, wird zum Schluß festgesetzt, daß sie sich verpflichten sollen, genügende Kaution und Geiseln zu stellen.

Auf der Rückseite „dieses Bedenkens des Feldmarschalls samt der zugeordneten Kriegsräte" findet sich die Bemerkung: „dieses ist aber nicht ausgangen, sundern von den Herrn geendert worden, wie uff einem andern Zettel zu befinden. Und ist dieses alleine umb gedechtnus willen verwaret."[766]

Die eigentliche Kapitulation, auf welche die Ditmarscher zu Gnaden angenommen und der Friede ihnen verstattet wurde, lautete:[767]

1. Die Ditmarscher sollen dem König und den Fürsten, wie es sich für Unterthanen von Rechts wegen gebührt, Treue schwören und sollen die Hauptbanner und Fahnen, welche sie bei der Niederlage des Königs Johann und Herzogs Friedrich erbeutet, samt allen Kleinobien, die bei ihnen noch vorhanden sind, bei ihrem Eide ausliefern;

2. sollen sie die Kriegskosten erstatten, welche sich bis zu 600 000 Gulden belaufen. Auch sollen der König und die Fürsten Macht haben, drei Festungen an beliebigen Orten im Lande Ditmarschen mit ihrer Hülfe und ihrem Zuthun anzulegen.

3. Alle Schanzen und Befestigungen, welche jetziger Zeit im Lande Ditmarschen vorhanden sind, sollen gänzlich geschleift werden. Zu den besagten Festungen soll soviel Acker, Wiese, Weide und Holzung zugelegt werden, wie die Fürsten dazu gebrauchen, und sollen die Unterthanen zu den Häusern tägliche Dienste leisten.

4. Die Fürsten behalten sich alle Hoheit, Herrlichkeit, Gerechtigkeit, Jagd, Fischerei und was dazu gehört, ausdrücklich vor.

5. Alles Geschütz, Munition, Gewehr und Harnisch soll von den Ditmarschern herausgegeben und ohne Bewilligung nicht wieder angeschafft werden.

6. Wenn die Kriegskosten an die Fürsten bezahlt sind, sollen die Einwohner von ihren Äckern, Weide und Wiese soviel entrichten, wie sie jetzt von denselben nehmen würden, wenn sie dieselben anderweitig ausgethan hätten.

7. Alle schriftlichen Urkunden von Kaisern und Päpsten, auch anderen Geistlichen und Weltlichen, welche bei den Ditmarschern vorhanden sind, sollen in gutem Glauben nach ihren Eiden ausgeliefert werden, und wenn sie nicht mit Brief und Siegeln übergeben werden, außer Kraft gesetzt werden.

8. Es soll aller Gerichtszwang, Gericht und Recht durch die Fürsten

geordnet werden und eine Appellation nur an diese freistehen; die Brüch=
gelder sollen den Fürsten gehören, wie dies auch mit den anderen Unter=
thanen derselben gehalten wird.

9. Die Einwohner des Landes Ditmarschen sollen ebenso wie die
der Fürstentümer Holstein und Stormarn Schatzungen, Landbede und Land=
folge geben und leisten und aller Konföderationen und Bündnisse, in welchen
sie zur Zeit stehen, entsagen und fernerhin keine neue annehmen.

Auf vorstehende Artikel, wenn dieselben angenommen und beschworen
sind, wollen die Fürsten die Ditmarscher als ihre Unterthanen annehmen
und bei ihren Gütern verbleiben lassen, und soll um Gnade mit gebüh=
rendem Fußfall gebeten werden. Auch sollen die Ditmarscher Brief und
Siegel darauf geben, und darauf, daß alles so vollzogen werden soll, wie
oben gemeldet, sollen acht von den gewesenen*) Achtundvierzigern und
sechzehn von den Besten und Vornehmsten des Landes als Geiseln gestellt
werden.

Hart genug waren auch diese Bedingungen, aber doch etwas milder,
als der Feldmarschall sie aufgestellt hatte. [768] Verblieb es auch dabei,
daß man die Ditmarscher aus freien Eigentümern zu zinspflichtigen Leuten
herabdrückte, so verlangte man doch wenigstens nicht mehr, daß der Einzelne
an seinem Besitz allerdings ein Vorrecht vor anderen haben, aber von
demselben alles leisten solle, was man verfügen werde. Auch daß die
Ditmarscher sich im voraus allem Recht unterwerfen sollten, welches man
ihnen verordnen werde, daß jede Versammlung bis zu zwanzig Personen
verboten sein, und daß jeder, der wider die Fürsten und ihre Amtsleute
etwas vornehme, an Leib und Gut gestraft werden sollte — von diesen
Bestimmungen standen die Fürsten ab; auch die Frist, welche anfangs
nur für einen Tag gewährt worden war, wurde auf zwei verlängert.

Nach Mitteilung dieser Kapitulation wurden die Ditmarscher Ab=
gesandten durch Franz von Bülow und Heinrich Ranzau wieder „in ehre
Gewahrsam" gebracht, [769] denn die Landsknechte, welche gern länger im
Lande gehaust hätten und die Friedensunterhandlungen höchst ungern sahen,
waren unruhig geworden und ließen sich öffentlich vernehmen, man solle
den Unterhändlern die Wege weisen. Man führte diese aber über die
Walstatt und mitten durch die zerstreut umherliegenden unbegrabenen Leichen
ihrer Landsleute, damit sie sähen, wie dieselben „ihren Ungehorsam" mit
dem Tode gebüßt hätten, auf daß sie sich solches zur Warnung dienen
lassen sollten. Am anderen Tage (16. Juni) begab sich der König über
Albersdorf nach Itzehoe, wo seine Mutter, die Königin=Witwe, sich befand,
weil der Krieg zu Ende war und die Vorbereitungen zur Krönung, welche
bisher noch nicht vor sich gegangen war, beschafft werden sollten. Den
Abschluß der Friedensunterhandlungen übertrug er dem Feldmarschall und

---

*) Neocorus hat (II. 224) die Lesart: „gebebenben" (gebietenben). aber in
einer im Lübecker Archiv vorhandenen Kopie heißt es: „gewesenen Achtundvierzigern",
was größere Wahrscheinlichkeit für sich hat; ebenso werden daselbst nicht 10 (vgl.
Neocorus a. a. O.), sondern 16 der Vornehmsten des Landes verlangt. Vgl.
Michelsen ditm. Urk. p. 210.

ben Kriegskommiſſarien, zugleich übergab er benſelben eine Summe Gelbes, um nötigenfalls neue Truppen anzuwerben. Am 17. Juni kehrten die bitmarſiſchen Abgeſandten wieder in das Lager zurück. In der überbrachten Antwort baten ſie um Gottes und ſeines heiligen, teueren Leibens willen, ſie mit Land und Leuten und ihren elenben Weibern und Kinbern, Witwen und Waiſen, beren zum wenigſten viele Tauſende ſeien, in Gnaben anzu= nehmen, Leib und Gut ihnen zu laſſen und ſie nicht „zum kalten Waſſer und greulichem Untergange zu bringen und zu verweiſen". Sie baten aber um Milberung etlicher Paragraphen, [770] ſo ſei ad. 2 ihnen bie Be= zahlung ber geforberten Summe von 600 000 Gulben „unchriſtlich und unmöglich", ba einem großen Teile ber Landeseinwohner ihre Güter ge= nommen, bie Häuſer verbrannt, bie Ernte vernichtet ſei, ſo baß ſie nichts mehr hätten, als wie ſie gingen mit ihren Kleibern an Weib und Kind. Ferner ad 3, wenn ſie zu ben beſagten Feſtungen Acker, Wieſe und Weibe zulegen ſollten, müßten bie armen Unterthanen aus ihrem Beſitz geſetzt werben und bas Land verlaſſen; ad 6 bitten ſie, ſie boch nicht zu hörigen Leuten zu machen, und baß ſie mit ben Frieien wie ben Kremper= und Wilſtermarſchleuten gleiche Rechte genießen und burch keinen Hofbienſt be= ſchwert werben möchten. Was ferner (8.) bie Gerichtsbarkeit anbetreffe, ſo ſtellen ſie es in Erwägung, ob ihnen nicht, wie in Eiberſtebt, ein „Rabt" verorbnet werben könne, ber ſie nach bem „Landesbote" richie; ad 9 wollen ſie ſich betreffs ber Landbebe, ben Steuern und ber Schatzung als gehorſame Unterthanen barin ſchicken, was bie Frieſen, Kremper= und Wilſtermarſchleute thun. Die Geiſeln (10.) enblich halten ſie für un= nötig, ba ſie erbötig ſeien, ſich vollſtänbig zu unterwerfen, ſtellen jeboch ſolches in ben Gefallen bes Königs und ber Fürſten, indem ſie nicht baran zweifeln, baß man bie armen Titmarſcher chriſtlich und tröſtlich behanbeln, Blutvergießen vermeiben und ihr höchſtes Verberben nicht be= gehren werbe.

Die Antwort, welche ben Abgeſandten hierauf zu teil wurbe, war wirklich in einigen Punkten milber, [771] bie Kriegskoſten wurben auf bie Hälfte herabgeſetzt, obwohl bie Titmarſcher eine noch ſchwerere Strafe ver= bient hätten, und gelegene Termine zur Bezahlung verſprochen. Von ber Anlage ber Feſtungen wie ber Abtretung ber bazu gehörigen Länbereien erklärte man aber nicht abſehen zu können, weil zuvor ſolche Häuſer im Lanbe ber Ditmarſcher gelegen hätten, welche bieſelben ohne Fug und Recht zerſtört und bie bazu gehörigen Güter „unter ſich geſchlagen" hätten. Jeboch ſoll bies gemeinſam von allen getragen und niemanb besshalb aus ſeinem Beſitz verbrängt werben; mit ben Dienſten, welche bieſen Häuſern zu leiſten ſind, ſoll es ſo gehalten werben wie in ber Kremper= und Wilſtermarſch. Inbeß muß man ſich boch ſpäter bavon überzeugt haben, baß bie Begründung bieſer Forberung auf einem entſchiebenen Irrtum be= ruhe, in ber betreffenben Urkunbe iſt ber ganze Paſſus ausgeſtrichen und von anberer Hanb bafür geſetzt: [772] „bamit auch bie Ditmarſcher mit ben Dienſten verſchont werben, laſſen K. M. und F. G. ben Artikel ber Häuſer wegen beruhen, jeboch baß ſie basjenige ihrem Erbieten nach thun, was die Friesen, Eiderstedter, Kremper und Wilstermarsch K. M. und F. G. leisten.

So kam denn am 20. Juni (Dienstag nach St. Vitus) die Kapitulationsakte zu stande, [273] in welcher die „gewesenen achtundvierzig Verweser und gemeinen Einwohner des Landes Ditmarschen" bekennen, daß, nachdem die Durchlauchtigsten Fürsten und Herren cet. von wegen ihrer langwierigen Rebellion, Ungehorsam und Widerspenstigkeit, mit der sie sich dem Könige und den Fürsten widersetzt, zu einer befugten Kriegshandlung verursacht worden, durch die sie überzogen und vermittelst göttlicher Schickung bezwungen und überwunden worden, sie geloben, daß sie mit unbewehrter Hand durch einen Fußfall den Fürsten ihre Demut bezeigen, um Verzeihung für ihre Missethat bitten und den in den oben angeführten Paragraphen enthaltenen Bestimmungen getreulich nachkommen wollen; da nun die Fürsten, sie bei ihren Gütern erb- und eigentümlich zu lassen, in Gnaden bewilligt hätten, verpflichten sie sich, von jedem Morgen Marschlandes binnendeichs, er sei bebaut oder nicht, den Morgen fünf Ruten breit und sechzig Ruten lang, die Rute zu 16 Fuß gerechnet, jährlich 1 Gulden Münz, den Gulden zu 24 Schilling gerechnet, und auf der Geest dieselbe Saat, die der Geestmann säet, zu bezahlen; auch wollen sie sich mit der Landbede, Landfolge und den übrigen Diensten so verhalten, wie es bei den Friesen, Strandern, Eiderstedtern, Kremper- und Wilstermarschleuten gehalten wird. Ein Bündnis hätten sie nur mit den Lübeckern, welches sie absagen wollten, sonst mit keinem anderen. Das Verhältnis des Landes zum Erzstift Bremen findet sich in der Kapitulationsakte mit keinem Worte erwähnt. Das Siegel, welches an der im Königl. Geheimen Archiv erhaltenen Urkunde hängt, zeigt in grünem Wachs die Jungfrau in halber Figur mit dem Kinde im Arm und einem Kreuz auf der rechten Schulter, vor ihr ein Schild mit dem holsteinischen Nesselblatt und den Nägeln und mit der Umschrift: Sigillum terrae Dithmarciae. Die Gestalt des heiligen Oswald, welche ja eine unliebsame Erinnerung für die Sieger in sich barg, und das Bremer Schlüssel sind verschwunden; [274] fortan führten die holsteinischen Herzöge als Wappen Ditmarschens in ihrem Wappenschilde einen gepanzerten Reiter. [275]

Also erschien denn am 19. Juni morgens 10 Uhr zwischen Lohe und Rickelshof die gesamte Mannschaft Ditmarschens mit allem Geschütz, welches sie noch besaß, es waren im ganzen zehn Stück, mit ihren Harnischen und gesamter Rüstung an Spießen und Gewehren nebst aller Munition und übergab alles; es wurde sofort nach Meldorf zu dem übrigen eroberten Geschütz gesandt. Hierauf thaten sie alle vor den Herzögen Adolf und Johann und den königlichen Räten und Statthaltern, welche in der Mitte der einen Kreis bildenden Ditmarscher standen, während die herzogliche Reiterei ringsum aufgestellt war, den vorgeschriebenen Fußfall und die Abbitte und leisteten mit entblößten Häuptern folgenden Huldigungseid: [276]

„Wir Einwohner des Landes Ditmarschen schwören, daß wir und unsere Erben und Nachkommen dem König Friedrich zu Dänemark, den

Herzögen Johann und Adolf als Herzögen zu Holstein getreu und hold sein wollen, ihr Bestes wissen und Arges nach allem unsern Vermögen abwenden wollen, weder Rat noch That dazu geben, noch thun, was Ihrer König l. Majestät und Fürstlichen Gnaden und ihren Erben und Nachkommen möchte zum Schaden gereichen an Leib, Landen und Leuten und Gütern; was wir zu wissen bekommen, das ihrer K. M. und F. G. zuwider, dasselbe wollen wir getreulich vermelden; alles, was wir uns gegen die Königl. Majestät und Fürstl. Gnaden verschrieben für uns und unsere Erben, treulich halten und handhaben und uns sonst in allem, wie es treuen Unterthanen gebührt, gegen Ihre Königl. Majestät und Fürstl. Gnaden erzeigen, so wahr uns Gott helfe und sein heiliges Evangelium."

Von dem Herzog Adolf wurden sie „gnädig" entlassen, doch lag in seinen Worten schlecht verhehlter Hohn. Man ließ ihnen übrigens einige Spieße, damit sie sich vor umherstreifenden Marodeuren schützen könnten. Die verlangten Geiseln wurden gestellt. [777]

Schon am folgenden Tage, dem 20. Juni, brachen die Fürsten mit dem gesamten Heere nach Meldorf auf und behielten von Knechten nur das Regiment Schönewiese bei sich; der Graf von Oldenburg rückte mit seinen Leuten auf Elmshorn, Wallerthum auf Neumünster und Reimer vom Wolde auf Bramstedt zu. Indessen hatten die Herrn die größte Not, die Söldner loszuwerden, welche mit der Bezahlung nicht zufrieden waren, so daß der Amtmann von Rendsburg, Ritter Iwan Reventlow, sogar die Wälle der Festung gegen das meuternde Fußvolk armieren lassen mußte. [778]

Nach der Huldigung hatten die Fürsten einen Revers ausgestellt, in welchem sie die Bedingungen der Übergabe anerkannten und auch ihrerseits zu halten versprachen; sie suchten auch die Bestätigung des Vertrages durch den Kaiser Ferdinand I. nach und erhielten dieselbe am 5. April 1560; fünf Jahre später, am 29. August 1565, wurde sie durch König Maximilian II. erneuert. [779]

Allerdings erhob Georg, Erzbischof von Bremen, wiederholt Protest gegen die Einverleibung Ditmarschens in das Herzogtum Holstein und wandte sich mit einer ausführlichen Auseinandersetzung seiner Rechte an den Kaiser und die anderen Stände des Reiches, [780] aber vergebens. Da der Erzbischof seine Beschwerde wiederholte, verwies der Kaiser i. J. 1576 die Sache allerdings an mehrere norddeutsche Fürsten zur Untersuchung, allein die zu Braunschweig angesetzte Verhandlung (1579) führte zu keinem Resultat, indem das Haus Holstein gegen die Rechtsansprüche des Erzstiftes geltend machte, [781] daß Ditmarschen ein Lehen des Kaiserl. Römischen Reiches und das Haus Holstein von den Kaisern Friedrich I., II. und III. und hernach von Kaiser zu Kaiser bis an jetzt mit dem Lande belehnt worden und auf solche Belehnung hin in continuata possessione gewesen und noch sei, bis zuletzt das Stift am 3. Juni 1585 auf Ditmarschen zu gunsten des Gottorpschen Hauses verzichtete und mit dem Herzog Adolf sich dahin verglich „Gott zu Lobe und dem heiligen Römischen Reich und beiderseits Landen zu Ruhe, Frieden und Wohlstand," daß der Fürst die Ansprüche Bremens für 20 000 Rthlr., zahlbar in verschiedenen namhaft gemachten Terminen, abkaufte. Damit waren die Bremer Ansprüche ein für allemal beseitigt.

## IX.

### Die neue Ordnung der Verhältnisse im Lande.

Es beburfte nun für das eroberte Land einer neuen Ordnung der Verhältnisse, doch wurden anfangs nur provisorische Maßregeln getroffen. Die Abfassung eines neuen Landrechts ward zwar für notwenbig erklärt, da eine solche sich aber nicht sofort bewerkstelligen ließ, ward bestimmt, daß das alte (die Gerichtsverfassung und gewisse andere Punkte, welche den göttlichen und menschlichen Gesetzen zuwiber seien, ausgenommen) bis Michaelis 1560 in Kraft bleiben solle. In der betreffenben Reformieruug ber alten bitmarsischen Landrechte und Kassierung etlicher Artikel vom 8. Juli 1559 heißt es: [342]

1. daß die Fürsten nach Eroberung bes Landes Ditmarschen ihr Gemüt namentlich barauf gerichtet hätten, daß ber wahre, rechte Gottes= bienst nach ber heiligen Schrift und ber evangelischen Augsburgischen Kon= fession gepflanzt und auch gute Polizei, Gericht und Recht verordnet werbe, so baß besmegen das geschriebene Recht, welches bas Land bis bahin ge= habt, beseitigt werbe, besbalb verordnen sie, baß die Vögte, Räte und alle Richter bis Michaelis 1560 noch nach bem alten bitmarsischen Landrecht richten sollen, jedoch mit ber Maßgabe, baß die achtunbvierzig Verweser, die Schließer, Geschworenen und Kirchspiele, auch bes ganzen Landes ,,Richterwald" aufhören und die Gerichte burch die Fürsten bestellt werden, ebenso fortan alle Brüchen, die bisher bem Lande und ben Kirchspielen vorbehalten seien, an die Vögte und verordneten Räte gelangen und burch bieselben an ben Landschreiber abgeliefert werben sollen.

2. Wenn jemand gegen die Fürsten ober beren Erben Aufruhr ober Meuterei ober anbere Anschläge zu beren Schaben machen ober mit un= ziemlichen Worten sich vergreifen ober die Vögte und Räte mit ber That beleidigen solle, ber soll mit benen, die ihm babei geholfen ober geraten haben, ohne alle Gnabe Leib und Leben verbrochen haben. [343]

3. Wenn jemand einen anderen vorsätzlich vom Leben zum Tobe bringt und flüchtig wirb, soll er die Hälfte seiner Güter an die Fürsten verbrochen haben und die Strafe, welche bas Landrecht in solchen Fällen bestimmt.

4. Aufgehoben als ber Vernunft und ber natürlichen Billigkeit wiberstrebend werben die Artikel 90 über die Gerichtsbarkeit ber Bauer= schaft; Art. 92, bas Pfänbungsrecht ber Geschlechter; Art. 102, bas Vor= kaufsrecht ber Schwertseite vor ber eigenen Tochter bes Verkäufers; Art. 107, Aufhören ber Vormunbschaft bei einem Alter von 11 Jahren und 6 Wochen; Art. 123, die Beschränkung, baß eine Frau ohne Ein= williguug ihrer Erben nur 4½ Mark als Legat verschenken barf; enblich

Art. 125, daß ein Kranker nur so lange seiner Tochter von seinen Gütern vermachen darf, als bis er das heilige Abendmahl genommen hat, nach= her, so lange er noch im stande ist, in die Kirche zu gehen. 5. Es soll alles aufgehoben sein, was der heiligen Schrift und dem Augsburgischen Glaubensbekenntnis oder den evangelischen Kirchen= gebräuchen, auch den Briefen und Siegeln zuwider ist. 6. Es soll zur Erleichterung der Rechtspflege, nicht zum Zweck einer förmlichen Teilung, welche einer späteren Zeit vorbehalten wird, das Land in drei Teile geteilt werden und zwar nach dem Rat der 24 Geiseln und Hinzuziehung zweier frommen Leute aus jedem Kirchspiel. Die Hauptorte dieser 3 Distrikte sollen Meldorf, Heide und Lunden sein. In jedem Teil soll ein Vogt und 8 Räte eingesetzt werden, lauter ein= geborene Ditmarscher, welche von den Geiseln und Kirchspielsleuten als tüchtig erkannt worden sind, und ein Gerichtsschreiber ihnen beigeordnet werden.

Zu Vögten wurden ernannt im Süder= oder Meldorfer Teil Jakob Harber, [784] ein früherer Achtundvierziger aus Brunsbüttel, der als Ge= fangener König Friedrichs fortgeführt worden war, im Mittelteile Wolt Reimers aus Heide, auch ein gewesener Achtundvierziger, und im Norder= teile Markus Swyn, ein Sohn des i. J. 1537 umgebrachten Peter Swyn, dessen herrliche Peseleinrichtung jetzt eine Hauptzierde des Meldorfer Museums ditmarsischer Altertümer bildet. Auch von den 24 Räten wissen wir, daß eine größere Anzahl derselben zu den Achtundvierzigern gehört hatte, Hans Claus Hinrichs in Wöhrden, Reimer Vagt zu Wesselburen, Haus Nanne zu Lunden, Wiben Carsten zu Stelle, Reimer Seke zu Hennstedt, Detlef Junge Johann zu Delve. Diese Vögte mit ihren Räten sollen ein jeder in seinem Drittel in peinlichen und bürgerlichen Sachen richten über Leib, Ehre und Gut nach ditmarsischem Recht mit den be= sagten Einschränkungen, vorher sollen sie aber schwören, daß sie nicht richten wollen nach Gabe, Gunst oder Freundschaft, sondern allein nach Recht und Gerechtigkeit.

Der erste Gerichtstag zu Meldorf soll am Montag nach St. Mar= gareten, dem 17. Juli, zu Heide am Mittwoch und zu Lunden am Freitag darauf stattfinden; bewaffnet darf niemand vor Gericht erscheinen bei 30 Mark Strafe. Wenn der Beklagte ohne genügenden Grund ausbleibt, soll er friedlos sein, bis er sich mit dem Kläger verglichen hat. Erscheint der Beklagte, soll es mit dem Beweis nach ditmarsischem Rechte gehalten und von dem Gerichtschreiber ein ordentliches Protokoll geführt werden. Die Appellation gegen das gefällte Urteil muß binnen 6 Wochen bei einer der fürstlichen Kanzleien, die jedem zunächst liegt, angemeldet werden. Die Gerichte im Lande selbst werden alle 14 Tage stattfinden, mit Ausnahme der Erntezeit. Behufs der Appellation und der Sachen, welche das ganze Land angehen und deshalb von einem der Vögte und dessen 8 Räten nicht erledigt werden können, soll zu drei Zeiten in Rendsburg Gericht gehalten werden, nämlich am Montag nach Mittfasten und an den Montagen nach Johannis und St. Michaelis. Jeder der 8 Räte erhält für den

Tag, an dem er zu Gericht sitzt, 8 Schilling Diäten aus den Gerichts-
gefällen (Art. 213), der Vogt und der Schreiber hingegen jährliche Besoldung. Die Brüchen sollen in jedem Drittel des Landes in eine Kiste
gethan werden, welche an einem sichern Ort aufbewahrt werden soll und
zu welcher jeder der drei Fürsten einen, der Schreiber den vierten Schlüssel hat.

Weil es aber vorkommen kann, daß der Vogt in einzelnen Sachen
eine Unterweisung und Bescheid nötig hat, so wird für jedes Drittteil ein
Mann verordnet, für Meldorf Herr Heinrich Ranzau, Herrn Johannes
Sohn, für Heide der Amtmann von Rendsburg und für Lunden der Amtmann von Gottorp; bei diesen sollen sich die Vögte und Eingesessenen der
verschiedenen Drittteile Rat und Bescheid holen.

Das erste fürstliche Gericht fand denn am Dienstag nach Michaelis,
dem 3. Oktober, zu Rendsburg statt, zu welchem außer den königlichen
und fürstlichen Räten die Herzöge Adolf und Johann persönlich erschienen
zu sein scheinen. [785] Weil ferner die Ditmarscher in Erfüllung der Friedensbedingungen: der Niederreißung sämtlicher Schanzen und Festungen, der
Abholzung des Hammholzes und der Ablieferung des Geschützes sich lässig
zeigten, ward zu Rendsburg eine erneute Mahnung dazu erlassen. Aber
auch diese scheint nichts gefruchtet zu haben, am 31. Dezember 1560
mußte eine solche erneuert und der 1. Mai 1561 als letzter Termin festgesetzt werden. Am Mittwoch, dem 5. Oktober, wurde auch ein Streit
zwischen den 5 Döfften des Landes entschieden. [786] Es hatten nämlich
die Eingesessenen der „gewesenen" vier Döfften, nämlich der Strand-, der
Meldorfer-, Oster- und Wibbeldöffte, durch Abgesandte gegen die Westerdöffte geklagt: indem die letztere während des Krieges keinen besonderen
Schaden erlitten, sondern Leib, Weiber, Kinder, Haus und Hof wie alle
Güter gerettet hätte, so hätten sie durch Unterhändler versucht, die Westerdöffter zu bewegen, den vier anderen Döfften zur Bezahlung ihrer Schulden
zu Hülfe zu kommen, was jene jedoch abgelehnt hätten. Die Westerdöffter
machten geltend, daß auch sie Schaden genug erlitten, außerdem von den
vier anderen Döfften eine große Anzahl Weiber und Kinder und Vieh
bei sich aufgenommen hätten, wodurch ihnen auch viel Unkosten erwachsen
seien; Lunden und Tellingstedt hätten übrigens die anderen vier Döfften
ohne ihr Mitwissen selbst in Brand gesteckt. Wenn sie denselben nun
auch mit 30- bis 40000 Mark zu Hülfe kommen wollten, so werde dieses
zur Ersetzung des ganzen erlittenen Schadens wenig verschlagen. Deßhalb
sollten die vier Döfften billigerweise von ihrer Klage abstehen, indessen
seien sie bereit, zu tragen, was ihnen auferlegt werde. Die Westerdöffte
habe übrigens in den früheren Kriegen auch großen Schaden gehabt und
denselben allein tragen müssen.

Die ganze Verhandlung macht im grunde einen peinlichen Eindruck,
der durch das gefällte Urteil nicht verwischt wird. Nach reiflicher Erwägung wurde nämlich, „um Verbitterung und Streit zwischen den Nachbarn zu verhüten," durch die versammelten Räte entschieden, „nicht nach
der Schärfe des Rechtes, sondern durch einen Machtspruch", daß die Westerdöffte den anderen vier Döfften auf kommenden Weihnachtstag zu Heide

die Summe von 360 Thalern bar bezahlen und damit die Sache abge=
macht sein sollte.

Sodann fand auf demselben Gerichtstag endlich auch die Sache
zwischen Barthold Peters und den Ditmarschern ihre Erledigung. Es
wurde nämlich zwischen den streitenden Parteien ein Vergleich dahin abge=
schlossen, [767] daß der Prozeß vor dem Kaiserlichen Reichskammergericht
gänzlich kassiert und eingestellt werden, auch in Zukunft kein Teil den
anderen Rechtes halber belangen solle. Dagegen soll das Land Ditmarschen
dem Barthold Peters und seinen Erben die Summe von 5500 Mark lübisch
ausbezahlen, wovon die Herzöge selbst 500 Mark tragen wollen. Das
übrige Geld soll in 5 jährlichen Raten von je tausend Mark lübisch aus=
bezahlt werden. Auch sollen dem Barthold Peters die Häuser und Land=
güter, welche sein Vater und seine Brüder Wiben und Hans zu Meldorf
und an anderen Orten besessen hätten, wieder als Eigentum zurückgegeben
werden. Die Ausführung dieser Bestimmungen ging nun freilich nicht
ohne Streit ab, denn es war seit der Zeit (1545) manches erblich ver=
kauft und so verändert worden, daß darauf nach Ditmarscher Landrecht
vor offenem Gericht „Verlassungsbriefe" (erbrechtliche Bestimmungen) gegeben
waren, die doch nicht so ohne weiteres rückgängig gemacht werden konnten;
deshalb sahen sich die Fürsten schon im folgenden Jahre genötigt, weitere
Entscheidungen zu treffen. [768]

Außerdem ward den Ditmarschern auferlegt, die während des Krieges
verbrannten Kirchen und Pfarrhäuser wieder aufzubauen und bis dahin
unter freiem Himmel Gottesdienst zu halten. Es hatte sich nämlich gleich
nach der Eroberung die gesamte Geistlichkeit des Landes mit einer Supplik an
die neuen Landesfürsten gewandt, [789] daß, da von dem Kriegsvolk etliche
Kirchen, Pfarrhäuser und Schulen verbrannt seien und deshalb die Vor=
steher und Baumeister derselben gedächten, etliche Prediger und Schulmeister
zu entlassen, um die Einkünfte derselben zum Bau zu benutzen, sie ihre
Gemeinden aber davon abzubringen nicht im stande seien, die Fürsten
dafür sorgen möchten, daß dies nicht geschehe, sondern daß die zerstörten
Gebäude wieder aufgebaut würden. Auch bitten sie, daß bei der vielfach
obwaltenden Ketzerei*) niemand ungeprüft zum Predigtamt zugelassen
werden möge. Die Fürsten entschieden auch nach dem Wunsche der Geist=
lichen [790] und bestimmten zugleich, daß drei Superintendenten bestellt werden
sollten**) welche darauf zu achten hätten, daß in diesen gefährlichen Zeiten
Gottes Wort mit Fleiß in den Kirchen lauter und rein gelehrt und auf
die Geistlichkeit so viel besser acht gegeben werde. Zu diesem Zwecke
sollten auf nächsten Dienstag vor Martini drei fürstliche Räte und die
Hofprediger zu Rendsburg sich versammeln und auch die drei Vögte und
sämtliche Geistliche des Landes Ditmarschen daselbst erscheinen, welche

---

\*) Lutheraner und Reformierte befeindeten sich damals töblich, sogar in der
lutherischen Kirche selbst sonderten sich die Anhänger Luthers von denen Melanch=
thons, den Philippisten, ab.

\*\*) Es geht hieraus hervor, daß mit der alten Döftsteneinteilung zugleich
auch die Superintenduren abgeschafft worden waren.

alle Kirchenbücher und Verzeichnisse der Einkünfte der Kirchen mitbringen und den fürstlichen Räten vorlegen sollten. Auch wurden diese damit beauftragt, die Pastoren zu examinieren und unter ihnen die geeignetsten auszusuchen und zu Superintendenten zu verordnen, ebenso die Kirchenordnung des Landes zu prüfen und nach Bedürfnis zu reformieren. Demgemäß kamen denn am 10. November die dazu verordneten Männer zu Rendsburg zusammen, es waren die Räte Claus Ranzau, Iwan Reventlow und Joachim Ranzau und die Hofprediger Johann Grevenbrok zu Krempe von seiten des Königs, welcher vormals selbst Superintendent in Ditmarschen gewesen war. aber aus Liebe zum Frieden im Jahre 1559 seine Ämter niedergelegt hatte, [791] sodann von Herzog Johanns Seite Georg Boetius aus Hadersleben und von Herzog Adolfs Volquardsen Jonä zu Gottorp. Zunächst wurde von diesen die schleswigholsteinische Kirchenordnung auch in Ditmarschen eingeführt, sodann die Prediger Hinrich Dimerbrok zu Brunsbüttel, Johann Spelberg (aus Lennep in der Rheinprovinz gebürtig) zu Neuenkirchen und Theodoricus Cant, ein geborner Holländer, zu Weddingstedt als die geeignetsten Männer befunden und vorläufig auf ein Jahr zu Superintendenten in den drei Teilen des Landes bestellt. Die vorhandenen Kirchenregister wurden denn auch von den 19 Kirchspielen, soweit sie vorhanden waren (die Kirche von Weddingstedt war mit allen Kirchenbüchern verbrannt), übergeben mit dem Versprechen, sofern noch mehr aufgefunden würden, selbige nachzuliefern. [792] Die Superintendenten sollten mit den Landvögten die Kirchenrechnungen revidieren und den Fürsten Rechenschaft davon ablegen, namentlich auch darauf sehen, daß der Katechismus Alten und Jungen gehörig „innegebildet" werde, Pastoren, Kapellane und Küster annehmen, gehörig ihres Amtes warten und vorgefallene Streitigkeiten schlichten. In jedem Kirchspiel wurden zwei Eidgeschworene angestellt, welche auf die Kirchenbauten und die Häuser der Kirchendiener acht geben sollten, auch darauf, daß die Besoldungen derselben ordentlich geleistet würden, daß vor Schluß des Gottesdienstes kein Bier, Wein oder Branntewein verzapft, auch sonst keine Krämerei oder andere Leichtfertigkeit während der Zeit des Gottesdienstes getrieben würde oder sonst eine Arbeit geschähe, durch die der rechte Gottesdienst verhindert und der Sonntag verunheiligt würde. Die Eidgeschworenen sollen auch ungebührlichen Wucher, Zauberei, Ehebruch oder andere Unzucht nach altem Gebrauch den Landvögten anzeigen, damit dem Laster soviel wie möglich gesteuert und die öffentlichen Sünder in gebührende Strafe genommen werden können. Sollte jemand gegen die Eidgeschworenen etwas Feindliches vornehmen oder Haß und Feindschaft gegen dieselben erregen, soll er in der Fürsten höchste Ungnade und Strafe verfallen sein.

Das Examen mit den Geistlichen muß zum teil ziemlich unerfreuliche Resultate ergeben haben, denn es heißt in dem Abschied zum sechsten, daß die Hofprediger in der Examination etliche gar unwissend befunden haben, die sie billiger Weise ihres Amtes hätten entsetzen müssen, aber aus verschiedenen Gründen darin gelassen hätten, doch mit dem Bescheid, daß die erwählten Superintendenten nach Verlauf von 3 Monaten (!) die Ungeschickten aufs neue eraminieren und, sofern sie keine Besserung vermerken könnten, dieselben ihres Amtes entsetzen und andere tüchtige Männer an ihre Stelle verordnen sollen. [793]

So sehen wir, wie die Fürsten alles Ernstes bedacht waren, die inneren Verhältnisse Ditmarschens, welche, wie wir oben gesehen haben, einer Reform bringend bedürftig waren, nach Kräften zu fördern und dem gewohnten Streit und Haber zwischen den Landeseingesessenen vorzubeugen, aber sie zeigten sich auch nicht minder bemüht, die Rechte und die Wohl= fahrt ihrer neuen Unterthanen gegen Übergriffe seitens der Nachbarn mit Nachdruck in Schutz zu nehmen. [794]  Schon früher hatten die Hamburger das ius restringendi, d. h. das Recht des Zurückhaltens der Schiffe auf der Elbe bei ihrer Stadt, für sich geltend gemacht, was ihnen seitens der Ditmarscher aber nie zugestanden war und worüber mehrfach, z. B. im Jahre 1429, blutige Kämpfe entstanden waren. [795]  Auch mit den dänischen Königen, welche von diesem angemaßten Rechte der Hamburger ebenso wenig etwas wissen wollten, war es zum Streit deswegen gekommen. Dennoch versuchten die Hamburger immer wieder Übergriffe. Ja im Jahre 1561 wollten ihre Wachtschiffe, wohl in der Meinung, daß die Ditmarscher jetzt außer stande seien, sich gegen Vergewaltigungen zu schützen, ein friesisches Schiff, welches an der bitmarsischen Küste vor Anker lag und mit in Ditmarschen gekauftem Korn beladen war, zwingen, die Elbe hinaufzusegeln und das Getreibe in Hamburg zu verkaufen. Hierüber machte aber König Friedrich die ernstlichsten Vorstellungen, und als dieselben nichts fruchteten, ergriff er Repressalien und ließ hamburgische Schiffe in seinen Häfen anhalten, so daß die Hamburger sich im Jahre 1562 zu einem Vergleich genötigt sahen und 10 000 Rthlr. bezahlten, um ihre in Kopenhagen mit Beschlag belegten Schiffe wiederzuerhalten; über die Rechtsfrage wurde freilich nichts entschieden. [796]

## X.
### Die Teilung des Landes.

König Friedrich hatte schon i. J. 1560 den provisorischen Zu= ständen in Ditmarschen ein Ende machen und eine definitive Teilung des Landes vornehmen wollen, [797] auch den Herzog Adolf aufgefordert, zu dem Zwecke nach Kopenhagen zu kommen, dieser hatte aber die Einladung abgelehnt, weil er eine Reise nach England unternehmen wollte, um sich um die Hand der damals 27 jährigen Königin Elisabeth zu bewerben. Indessen hatte man mit den Vorarbeiten begonnen, und am 27. März 1560 war eine umfassende Vermessung des Landes angeordnet worden. Die fürstlichen Statthalter und Räte hatten die zum Landtage zu Rends= burg entbotenen Vertreter des bitmarsischen Landes zu einer Erklärung aufgefordert, wie laut des jüngsten Landtagsabschiedes diese Vermessung des Landes am schleunigsten und förderlichsten ins Werk gesetzt werden könnte. Hierauf hatten diese den Vorschlag gemacht, [798] daß ein jegliches Kirchspiel und jede Dorfschaft wie jeder Einzelne sein eigenes Land, was er an Marschacker und binnen Deichs gelegen und mit in die Kapitulation gehörig besitze — von den Außenbeichsländereien ist also keine Rede — vermessen lassen und eiblich auf Treue und Glauben schriftlich angeben solle, wieviel er besitze, damit es dann in Gegenwart der dazu abgefertigten fürstlichen Räte durch einen Schreiber einregistriert werde; auch die Deich= bücher, welche bisher in jedem Kirchspiel über die Deiche und das dazu gehörende Hinterland geführt worden seien, könnten dabei von Nutzen sein; auf der Geest müsse ein jeder verpflichtet werden, eiblich anzugeben, wie= viel von ihm jährlich ausgesät werde. Auch sei es ratsam, auf unrichtige Angabe eine Strafe an Leib und Gütern zu setzen, in Ansehung dessen, daß dann ein jeder aus Furcht davor eher mehr als weniger an= geben werde; die Kosten der Vermessung sollten die Fürsten tragen, wenn aber jemandes Angabe als unrichtig befunden werde, solle das verschwiegene Gut an die Herrn verfallen sein, auch dem Angeber ein Viertel des ver= brochenen Gutes gehören. Dieser letzteren von den fürstlichen Kommissarien in Vorschlag gebrachten Bestimmung hatten die Ditmarscher aber nur unter der Bedingung zugestimmt, daß den falschen Angeber eine gleiche Strafe treffen solle.

Die am 24. März 1560 zu Rendsburg erlassene: „Gemeinschaft= liche Königliche und Fürstliche Verfügung wegen der Aufmessung und Katastrierung der Marsch und Geest" [799] zeigt auch, daß die Fürsten auf die von den ditmarsischen Abgesandten gemachten Vorschläge bereitwillig eingegangen sind. Zugleich wurde aber auch am folgenden Tage ein fürst= liches Mandat zur ordnungsmäßigen Herstellung der Deiche erlassen, [800] in welchem namentlich die ungehörige Ausnutzung der Außenbeichsländereien verboten wird, indem sie erfahren hätten, daß es mit den Außenbeichen wie den Hauptdeichen ganz übel stehe und eine Verstärkung derselben durch= aus vonnöten sei, außerdem sollten die Außendeiche durch Schweine und anderes Vieh auf böse Weise verderbt werden; deshalb sollen hinfüro alle Außen= und Hauptdeiche auf Erfordern der Landvögte und der damit Be= auftragten bei Vermeidung höchster Strafe und Ungnade fleißig gebaut und in Ordnung gehalten werden, auch kein Außendeich mit Vieh behütet und begrast werden. auf daß das Reth sein Aufwachsen habe und also Land und Deich dadurch gestärkt werden und zu gutem Bestande kommen möge.

Das erste Landregister vom Jahre 1560 giebt uns ganz interessante Aufschlüsse über die damaligen Besitzverhältnisse der Ditmarscher: [801]

Der erste Landvogt im Süderteil Jakob Harder in Brunsbüttel besitzt 24½ Morgen (à 15 Scheffelsaat) 6 Scheffel;

Hans Nanne zu Lunden, einer der zuletzt lebenden Achtundvierziger, nachheriger Kirchspielvogt zu Lunden (gestorben daselbst im Jahre 1591 über 100 Jahre alt) [802] besitzt 60 Morgen;

Die Erben des Witte Johann (Vaters des bekannten bitmarsischen Historiographen Johann Russe) der mit seinem Vater und vier Brüdern im Jahre 1500 bei Hemmingstedt gefochten hatte, — 46 Morgen 6 Scheffel;

Reimer Wolberick, ein Achtundvierziger, verheiratet mit der Tochter der berühmten Wibe Junge, mit seinem Sohne 57 Morgen 19½ Scheffel; Johann Ewelens in Lunden, der größte Landbesitzer Ditmarschens, 181 Morgen; Claus Denkers Annele, Tochter eines der ersten Ratsherrn zu Lunden 67 Morgen 4 Scheffel.

Die völlige auf genaue Untersuchungen und Berechnungen begründete und für immer feststehende Teilung des Landes kam übrigens erst nach Verlauf mehrerer Jahre zu stande. Es galt, noch ganz besondere Schwierigkeiten zu überwinden. Herzog Adolf erneuerte am 27. Juli 1562 seine Ansprüche auf die Tilerhemme [803] und wollte, daß, ehe man zu anderem schreite, die Grenze gegen seine Besitzungen in Stapelholm festgesetzt werde (August 1561 und März 1562). Die Unterhandlungen darüber dauerten bis zum Jahre 1567, [804] in welchem er seine Ansprüche endlich aufgab, aber die Sache zog sich gleichwohl noch längere Zeit hin, ehe es gelang, die rechte Gleichheit der Anteile zu bestimmen. Am 26. April 1568 [805] ernannte und bevollmächtigte König Friedrich behufs Teilung Ditmarschens zwischen ihm und den Herzögen Johann (dem Älteren) und Georg Adolf seine Kommissarien, daß dieselben mit den anderen zu der Richtigstellung der Designation und der Register des Einkommens zusammenkommen, die Erbteilung mittels des Loses wirklich ins Werk setzen und den ihm zufallenden Theil in Besitz nehmen sollten. Wenn sie noch mehr Vollmacht bedürften, um die erbliche Teilung definitiv zu vollziehen, wird dieselbe ihnen in unumschränkter Weise erteilt.

Zwei Tage nachher, am 28. April, [806] bevollmächtigte der König seine Kommissarien, dahin zu wirken, daß ihm bei der Teilung der Süderteil, den er bisher schon inne gehabt hatte, verbleibe, weil ihm derselbe am besten gelegen sei; überhaupt möchten sie dahin wirken, daß einem jeden, wie auch dessen Erben, der Teil verbleibe, den er jetzt im Besitz habe. Zu einer definitiven Entscheidung kam es jedoch noch nicht. Am 24. Juni 1571 dat. Frederiksborg erteilte König Friedrich seinem Statthalter Heinrich Ranzau Vollmacht, betreffend die Erwerbung des Süderteils von Ditmarschen, dahin lautend, daß, nachdem zur Erbteilung des eroberten Landes der 24. September 1571 festgesetzt sei, derselbe einen Tag vorher, am 23. September, zu Rendsburg im Namen und anstatt des Königs erscheinen und die „Lottung" neben den anderen Kommissarien ins Werk zu setzen helfen, keinem Teil einen Vorgriff gestatten, sondern darum das Los werfen und durch ein Kind die Zettel herausnehmen und verteilen lassen solle. Wenn er auch den Süderteil zu behalten wünsche, so solle der verordnete Kommissar doch andernfalls tauschen und dann die Einwohner in Eid und Pflicht nehmen. Das schließliche Resultat, wohl nach gütlicher Übereinkunft, war, daß der König den Süderteil, Herzog Johann den Mittelteil und Herzog Adolf den Norderteil behielt. Was den König bewog, für sich den Süderteil zu wählen, war wohl außerdem, daß ihm bei der Teilung der Herzogtümer Steinburg mit dem Kirchspiel und der Stadt Itzehoe, Krempe und Wilster zugefallen waren, auch der Umstand, daß er hoffte, der Süderteil, welcher ja immer in einer gewiſſen Trennung von dem Norderteil beharrt hatte, werde ſich, namentlich im Gegenſaß zu der Norbermarſch, leichter an die veränderten Verhältniſſe gewöhnen als die beiden anderen Teile Ditmarſchens.

Schon früher aber, als die endliche Entſcheidung über die Teilung des Landes erfolgte, waren höchſt wichtige Veränderungen mit dem Land= rechte vorgenommen worden. Die Ditmarſcher ſelbſt hatten darauf ge= drungen. [807] Die Bearbeitung des neuen Landrechtes wurde dem König= lichen Statthalter Heinrich Ranzau und dem gottorpiſchen Kanzler Abam Tratiger, Männern, welche durch gelehrte Bildung ausgezeichnet waren, übertragen, und beide waren befliſſen, die Beſtimmungen des gemeinen und ſächſiſchen Rechtes an die Stelle der beſonderen Rechtsgewohnheiten des Landes zu ſeßen.

So gingen die Eigentümlichkeiten der alten Rechtsverfaſſung des Landes, welche übrigens ſchon früher gar manche weſentliche Veränderungen erfahren hatte, zugleich mit der Unabhängigkeit desſelben vollends zu grunde. Fernerhin ſoll z. B. ein Kläger ſeine Klage wegen Geldſchuld oder Schaden (Art. 13) durch Zeugen, beſiegelte Briefe, Handſchriften oder andere glaub= würdige Urkunden beweiſen. Sobald aber der Beweis für genügend befunden wird, ſoll ſich der Angeklagte ſeinerſeits durch keinen Eid davon frei machen können. Es wurde dadurch alles beſeitigt, was in dem älteren bitmarſiſchen Landrecht von Geſchlechts=, Kluft=, Kirch=Nemeden und anderen Eiden (dem Zwölfmanneneid) enthalten war. Hat der Kläger keinen Beweis beizubringen und ſchiebt er dem Angeklagten den Eid zu, ſo ſoll der einfache Eid desſelben genügen, auch ſteht es ihm frei, den Eid auf den Kläger zurückzuſchieben; will letzterer dann nicht ſchwören, ſo iſt der Beklagte frei von der Klage.

Das Mündigkeitsalter (Art. 19. 3) wird auf 18 Jahre feſtgeſetzt.

Bei Erbfällen (Art. 30) ſollen Söhne und Töchter gleiches Erbrecht haben, doch ſollen die Söhne bei den Höfen und liegenden Gründen bleiben, die Töchter nach gebührendem Maß ihres Erbteils mit Geld ab= gefunden werden. Sind aber keine Söhne und keine Brüder oder Bruder= kinder da, ſo ſoll das Landgut an die nächſten Blutsverwandten fallen, und dabei ſoll kein Unterſchied zwiſchen der Schwert= und der Spindelſeite gemacht werden.

Die Beſtimmungen, daß von in Ditmarſchen nachgelaſſenen Gütern, wenn ſie über die Grenze gebracht würden, der zehnte Pfennig (10 p. c.) abgegeben werden ſoll (Landbr. II. Art. 235), was früher mehrfach zu Streitigkeiten Veranlaſſung gegeben hatte, [808] ward in bezug auf die Herzogtümer aufgehoben (Art. 40), dieſe ſollten fortan nicht mehr als „buthen landes" gelten.

Endlich (Art. 75) wird die bitmarſiſche Tonne auf Rendsburger Maß geſetzt, Ellenmaß und Gewicht ſollen nach lübiſchem Maß und Gewicht bleiben.

Am Montage, dem 5. November b. J. 1571 [809] zwiſchen 8 und 9 Uhr erſchienen auf dem Meldorfer Kirchhof vor den verordneten königz lichen und fürstlichen Räten die Eingesessenen des Süderteils, fast an 3000 Personen. Hierauf ward von dem königlichen Statthalter verlesen, wie die Teilung getroffen worden sei, und der Kanzler D. Adam Tratziger verlas den früheren Eid nochmals und verwies die Anwesenden mit dem= selben an des Königs Majestät und deren Statthalter und Räte. Hierauf nahm sie der königliche Statthalter wieder in Eid und Pflicht, welchen sie knieend leisteten und für die anderen der Vogt, der Schreiber und die acht Gerichtsverordneten. Sodann wurden sie über vierzehn Tage zu einem Gerichtstage nach Itzehoe, zu welchem S. Majestät auch erscheinen werde, geladen. Die acht Verordneten wurden im Ringe aufs neue ver= pflichtet, in der Herberge gelobten der Vogt und der Landschreiber noch auf ihren bereits geleisteten Eid, daß sie betreffs des Seefundes fleißige Aufzeichnung halten wollten.

In Heide ward die Huldigung am folgenden Tage vorgenommen, es waren wohl an 5000 Eingesessene zum bestimmten Glockenschlage zu= sammengekommen, und nachdem auf dem Markte ein Ring geschlagen worden war, entband der königliche Statthalter die Leute im Namen des Königs und des Herzogs Adolf von dem diesen geleisteten Eide und verwies sie mit demselben an Herzog Johann. Die Pastoren waren nicht anwesend, wie es in Meldorf der Fall gewesen war, sie entschuldigten ihr Wegbleiben damit, daß sie schon in Rendsburg Treue geschworen hätten, leisteten aber später stehend noch einmal den Eid. Die auf dem Markt Versammelten hieß der königliche Statthalter niederknieen mit Ausnahme des Vogtes und der 8 Verordneten und schwören. Hierauf wurde ihnen Dr. Christian Boie [810] als neuer Vogt vorgestellt und derselbe ermahnt, jedermann unparteiisch Recht zu sprechen, was er auch zu thun gelobte. Nachdem noch die Geist= lichen, der Vogt und die Verordneten mitgeteilt, daß sie den Pastor Johann Creßbach zu Oldenwöhrden (aus Hattingen, bergischen Fürstentums, ge= bürtig) zum Superintendenten gewählt und daß derselbe nach längerem Weigern sich zur Übernahme des Amtes bereit erklärt habe, auch in der Herberge wie in Meldorf über den Seefund verhandelt worden war, hatte die Feierlichkeit ein Ende.

Am Mittwoch, dem 6. November, wiederholte sich dieselbe in Lunden, die versammelte Gemeinde, gegen 4000 Mann, ward für den Herzog Adolf in Eid und Pflicht genommen, nur ward der Kinder und Erben daselbst mit mehr Worten Erwähnung gethan, als in Meldorf geschehen war.

So war also Ditmarschen in drei vollständig von einander getrennte Teile geteilt, von denen jeder seine eigene Verwaltung für sich hatte, auch die Gerichtstage waren völlig verschieden, auf den allgemeinen Landtagen der Herzogtümer war Ditmarschen nicht vertreten. Eine gewisse Verbindung ward wenigstens durch das gemeinsame Landrecht aufrecht erhalten.

Einige Jahre später, nach dem am 1. Oktober 1580 ohne Erben erfolgten Tode des Herzogs Johann, trat aber an die Stelle der Drei= teilung eine solche in zwei Teile, welche allerdings eine größere Scheidung unter den beiden Landeshälften herbeiführte, wie solche in Süder= und Norderbitmarschen ja noch bis auf den heutigen Tag besteht, aber ohne die alte Zusammengehörigkeit in dem bitmarsischen Volke vergessen machen zu können. Deßhalb fehlte es im Innern des Landes auch nicht an Gährung, der so eigentümlich und selbständig geartete Sinn des Dit= marschers konnte sich nicht so ohne weiteres den veränderten Verhältnissen fügen,[811] der ungewohnte Druck der Abgaben ward gleich von Anfang an schwer empfunden, die Landschreiber, fast die einzigen Fremden im Lande, wurden mit Recht oder Unrecht, wir können es jetzt nicht mehr beurteilen, der Härte und Ungerechtigkeit beschuldigt,[812] die ersten Vögte und Räte, in denen die Erinnerung an die frühere Unabhängigkeit des Landes noch lebendig war, suchten sich möglichst von den ihnen auferlegten Verpflichtungen frei*) zu machen.[813] Ja, es fehlte sogar nicht an Versuchen, die neue Ordnung der Dinge mit Gewalt zu stören.

## XI.
### Versuche, die neue Ordnung der Dinge zu stören.

Das lothringische Haus, vor allem die Herzogin=Witwe Christine, Tochter des Königs Christian II., welche sich mit Vorliebe „der Königreiche Dänemark, Schweden und Norwegen Prinzessin und Erbin" schrieb,[814] hielt noch immer fest an ihren Ansprüchen auf die dänische Krone und suchte sich deßhalb bei jeder passenden Gelegenheit in den Herzogtümern eine Partei zu schaffen. Deßhalb hatte sich schon anfangs 1560 ein Johann Tope aus Lunden[815] nach Nancy begeben, um die Herzogin zur Beihülfe bei der Befreiung Ditmarschens von seinen Unterbrückern zu bewegen. Da er aber ohne jede weitere Vollmacht seitens der Dit= marscher — „ohne einigen glaublichen Schein"[816] — daselbst erschienen war, hatte die Herzogin den Ditmarschern (dat. Nancy den 28. Februar 1560) ein Schreiben geschickt, in welchem sie diese allerdings ihres Mitleids wegen der erlittenen Widerwärtigkeiten und Unfälle versicherte, aber hinzufügte, daß sie sich außer stande sehe etwas für sie zu thun; sollte sich später eine Gelegenheit dazu bieten, so werde sie, wenn die Ditmarscher zu ihr stehen wollten, thun, was in ihren Kräften stehe. Das herzogliche Schreiben war von Hans Tope einem bitmarsischen Kaufmann, der in den Nieder= landen Geschäfte halber sich aufgehalten hatte, bei seiner Rückkehr zur Besorgung übergeben worden, dieser hatte es aber den Vögten überliefert, die es am 25. März zu Rendsburg den fürstlichen Räten überantworteten. So gelangte es zur Kenntniß des Königs und der Herzöge. Tope stand übrigens noch später eine Zeit lang in lothringischen Diensten.[817] Ebenso wurde ein Lundner, Thede Ewelens, welcher wohlhabend gewesen, aber heruntergekommen war,[818] der Bruder des reichsten Grund=

---

*) Schon i. J. 1560 baten die Vögte auf dem zu Rendsburg abgehaltenen Gerichtstage um ihre Entlassung oder um Bewilligung von Abgabenfreiheit, weil sie durch Erfüllung ihrer Amtspflichten das Ihrige versäumen müßten; abschlägig beschieden, wiederholten sie dies Gesuch, ebenso wie die 24 Räte, in den Jahren 1562 und 1563. (Michelsen ditm. Urk. pp. 277. 281.)

befitzers in Ditmarſchen, Johann Eweken, beſchuldigt, nach geleiſtetem Eib=
ſchwur im Jahre 1560 Haus und Hof, Weib und Kind in Ditmarſchen
verlaſſen und mit den Feinden des Königs und der Herzöge Verhandlungen
angefangen zu haben. [819] Es ging ſogar das Gerücht, daß 800 Feuer=
röhre (ſpäter werden ſie Büchſen genannt) aus Bremen in Ditmarſchen
eingeſchmuggelt worden ſeien. Der König ſchreibt darüber an die Herzöge
und bringt die Sache mit eben jenem Schreiben der Herzogin in Ver=
bindung. [820]

Mit Eweken nahm die Sache aber bald eine ſchlimme Wendung.
Seine Gläubiger klagten wiederholt auf Bezahlung ſeiner Schulden, [821]
die Fürſten konfiszierten aber ſein Vermögen als das eines Hochverräters,
und die unglückliche Frau wurde auf ihr flehentliches Bitten mit einer
einmaligen Abfindung von 100 Gulden und Herausgabe des beſten Bettes
wie ihres eingebrachten Schmuckes und der Kiſtenware abgefunden. [822]
Er ſelbſt ward auf einer Reiſe von Emden nach Hamburg auf der Stör
erkannt, und als er ſich verraten ſah, ſtürzte er ſich von ſeinem Schiffe
in das Waſſer und entzog ſich ſo der Verhaftung durch Selbſtmord. [823]

Tope gab aber ſeine Pläne nicht auf. Zwiſchen dem König Friedrich
und dem König Erich XIV. von Schweden, dem Sohn und Nachfolger
Guſtav Waſas, war ein Krieg ausgebrochen, namentlich darüber, daß der
däniſche König die drei ſchwediſchen Kronen in ſeinem Wappen nicht auf=
geben wollte, und anderer Reibereien halber, und deshalb ſuchte Erich
auch Verbindungen mit Lothringen, die Herzogin=Wittwe ging begierig
auf dieſelben ein. Da bot ſich beiden im Jahre 1565 der Ritter Wilhelm
Grumbach an, welcher wegen Feindſeligkeiten gegen den Biſchof von Würz=
burg in die kaiſerliche Acht verfallen war, trotzdem aber in ſeinem Wider=
ſtande beharrte und dabei Unterſtützung bei verſchiedenen deutſchen Fürſten,
namentlich bei Johann Friedrich, dem Herzog von Sachſen=Weimar, ge=
funden hatte, welcher letzterer verblendet genug war zu glauben, daß er
mit Hülfe Grumbachs ſich des ſeinem Hauſe verloren gegangenen Kur=
fürſtentumes wieder bemächtigen könnte, ja er ſoll ſelbſt nach der Erwerbung
der Kaiſerkrone getrachtet haben. Auch hier hat Tope ſeine Hand im
Spiele gehabt und iſt in Gotha geweſen. Von verſchiedenen Seiten wurde
Herzog Adolf gewarnt, daß Grumbach, von Schweden und Lothringen
unterſtützt, eine Unternehmung gegen Holſtein beabſichtige, auch der däniſche
Reichsrat Peter Ore, der aus ſeinem Vaterlande verbannt am lothringiſchen
Hofe lebte, ward unverdienter Weiſe mit der Angelegenheit in Verbindung
gebracht. [824] Unter den deutſchen Fürſten, welche bei der Sache beteiligt
geweſen ſein ſollen, wird der Pfalzgraf Georg Johann von Valdenz
genannt, an deſſen Hofe Tope ſich auch eine Zeitlang aufgehalten hatte,
und von dem er nach Ausſage ſeines Bruders einen Meierhof in Beſitz
hatte. Herzog Adolf und der Statthalter Rantzau rüſteten deshalb eifrig,
und erſterer ſuchte als Oberſter des niederſächſiſchen Kreiſes die Stände
deſſelben zu gemeinſchaftlichen Schritten zu bewegen; auch die Lübecker
verſtanden ſich nach längeren Verhandlungen dazu, für den Fall eines
Krieges 500 — 600 Knechte und 10 Geſchütze zu ſtellen, aber nur dieſſeits

der Elbe. Die Sache kam so weit, daß Kaiser Maximilian, um dem Ausbruch eines förmlichen Krieges entgegenzutreten, die nördlichen und westlichen Kreise des Reiches aufforderte, dem Friedensbruche bewaffneten Widerstand zu leisten, und vor allem die Herzogin Christine von jeder Teilnahme zurückzuhalten versuchte. Aber es kam nicht so weit, Grumbach und Herzog Johann Friedrich fanden die gehoffte Unterstützung nicht, und als der Kurfürst August von Sachsen zur Vollstreckung der kaiserlichen Acht seinen Vetter, welcher den geächteten Grumbach auf seinem Schlosse beherbergte, in Gotha belagerte, befand sich auch Herzog Adolf in dessen Lager. Gotha mußte sich 1567 übergeben, Grumbach fand einen gräß= lichen Tod durch Henkershand, der Herzog ward in lebenslängliche Ge= fangenschaft abgeführt. Damit war diese Bewegung zu Ende, das loth= ringische Haus sah sich außer stande, seine Ansprüche weiter zu verfolgen.

Tope gab indeß seine Pläne keineswegs auf, im Jahre 1579 ver= suchte er sogar, den König Philipp II. von Spanien für dieselben zu interessieren. Es war die Zeit des spanisch=niederländischen Krieges, als Philipp nach dem Tode seines Halbbruders Don Juan d'Austria seinem Neffen Alexander Farnese von Parma das Kommando über die spanischen Truppen in den Niederlanden anvertraut hatte. Im Frühjahr und Sommer 1579 fand unter kaiserlicher Vermittlung — freilich ohne Erfolg — ein Friedenskongreß zu Köln statt, als Abgesandter Philipps war der Herzog von Terranova daselbst anwesend. Da erschien „Hans aus Lunden" in Köln und suchte den Herzog für allerhand Ratschläge zu gewinnen, wie Holland und Seeland wieder erobert werden könnten, aber dies sei mit Schwierig= keiten verbunden, solange dieselben aus den Marschländern des Königs von Dänemark durch Zufuhr unterstützt würden; deshalb müsse der König von Spanien erst diese in seine Gewalt bringen, was leicht geschehen könne, denn die Ditmarscher, seine Landsleute, seien der holsteinischen Herrschaft müde, er wisse auch recht gut, daß diese, wenn sie sich auf eine kräftige Unterstützung verlassen könnten, sich nicht nur gegen ihren Landesherrn erheben, sondern „Thür und Thor öffnen würden und solches niemandem „lieber als dem König von Spanien". Wenn man daher erst festen Fuß in Ditmarschen gefaßt habe, so würden auch die anderen Marschländer keinen Widerstand leisten können. Wegen des Königs von Dänemark und der Holsteiner brauche man sich aber weiter keine Sorge zu machen, die Ditmarscher hätten auch ohne fremde Hülfe sich viele Jahre derselben er= wehrt, um so viel leichter werde dies mit Hülfe eines so mächtigen Königs werden. Tope übergab auch dem Herzog seine Vorschläge schriftlich, und um zu beweisen, daß dieselben nicht bloß nichtige Redensarten seien, zeigte er eine von vierzehn der vornehmsten Männer Ditmarschens unterschriebene und untersiegelte Vollmacht vor.*) Es ward auch beschlossen, sofort eine

---

*) Bei dem peinlichen Verhör, welches später mit Topes Bruder vorgenommen wurde, erklärte derselbe, er wisse, daß sein Bruder mit Vake Moller zu Meldorp, Claus Poppe, einem geborenen Ditmarscher, damals aber zu Stade wohnhaft, Hans Dencker zu Lunden, Schennes Johann zu Hemmingstedt und mit Boie Ranne Dencker (welcher im Jahre 1594 als Landvogt eingesetzt, aber einige Jahre

Abschrift derselben mit den andern Schriftstücken Topes an den König von Spanien abzuschicken. Mitteilung von diesem Treiben Topes in Köln wurde dem Herzog Abolf durch einen früheren hessischen Obersten von Abel, dessen Namen wir aber nicht erfahren, weil er als früherer Kriegskamerad Topes nicht genannt werden wollte.[825] Derselbe war im Jahre 1680 nach Gottorp gekommen, um dem Herzog Mitteilungen von dem Vorge= fallenen zu machen und ihn zu warnen, weil des Herzogs Gemahlin eine hessische Prinzessin sei und er seinem Landesherrn Philipp von Hessen ge= schworen habe, auch dessen Erben und Leute bestens zu beschützen. Auch ließ er dem Herzog mitteilen,*) daß er in Erfahrung gebracht habe, daß Tope eine Frau in Lüneburg habe, die er seit 1½ Jahren nicht gesehen, aber zu Ostern besuchen wolle; ebenso hatte der Oberst durch einen Kriegs= knecht in Erfahrung gebracht, daß Tope zu Ostern oder spätestens zu Pfingsten, wenn Antwort aus Spanien gekommen sei, nach Ditmarschen sich begeben und denen, welche die Vollmacht untersiegelt hätten, Bescheid bringen wolle, alsdann möge man nur acht auf ihn geben, denn er werde nicht ausbleiben. Der alte Oberst, der sich für einen Baumeister aus= gegeben hatte, wurde beschenkt entlassen.

Weil aber Kaspar Hoyer, Staller von Eiderstedt, in Tönning, also nicht weit von Lunden, wohnhaft war, erhielt er den Befehl von dem Herzog,[826] auf Tope zu achten und ihn zu verhaften; auch wurden in Lüneburg die nötigen Erkundigungen angestellt und die Aussagen des Obersten als richtig befunden. Es dauerte auch nicht lange, so erschien Tope in Lunden, entkam aber dort ebenso wie im Eiderstedtischen, wohin er sich gleichfalls begeben hatte, der sofort seitens des Stallers ins Werk gesetzten Verfolgung glücklich, während sein Bruder Hans, welcher sich eine Zeitlang bei ihm, gleichfalls in fremden, vermuthlich lothringischen Kriegs= diensten stehend, aufgehalten hatte, in Tönning in einem Wirtshaus ver= haftet wurde. Dieser wurde einem peinlichen Verhör unterworfen (vorläufig „nur mit Beinschrauben")[827] und sagte aus, daß er allerdings im allge= meinen wisse, daß sein Bruder sich mit allerhand Plänen zur Befreiung Ditmarschens trage, daß er selbst aber mit ihm nur über einen Pferdekauf verhandelt habe, den er für den Pfalzgrafen in Ditmarschen besorgen solle, wobei jener als Bürge für die Bezahlung habe eintreten sollen.

Da Tope in Ditmarschen also glücklich entwischt war, schickte der Herzog einen Vertrauten nach Lüneburg, um daselbst dem Tope aufzulauern und erforderlichenfalls seine Verhaftung bei dem Rate der Stadt zu

---

darauf zur großen Freude des Landes öffentlich vor versammelter Landesgemeinde zu Lunden wieder abgesetzt wurde, Neokorus II. 324 und Hans Detleff bei Neokorus II. 496) verkehrt habe, von einer unterschriebenen und untersiegelten Vollmacht wollte er aber nichts gehört haben.

*) Der hessische Oberst hatte um eine geheime Audienz bei dem Herzog auf Gottorp gebeten, weil er ihm etwas mündlich mitzuteilen habe, was für ihn und das Land von dem größten Interesse sei; aber der Herzog scheint der Sache nicht getraut und deshalb den Kaspar Hoyer, Staller in Eiderstedt, damit beauftragt zu haben, in seinem Namen mit dem Fremden zu unterhandeln, womit dieser sich auch zufrieden erklärte.

bewerkstelligen. Dies geschah denn auch, unter dem 22. Juni machte der Lüneburger Rat dem Herzog die Mitteilung, [828] daß auf seine Requisition „Hans Toby" in Lüneburg verhaftet worden sei, und forderte den Herzog auf, demnach seine Klage gegen den Gefangenen vor dem zuständigen Gericht in Lüneburg anzubringen. Weil nun aber Herzog Adolf sich dem hessischen Oberst gegenüber verpflichtet hatte, einmal dessen Namen geheim zu halten, andererseits den Tope nicht an Leib und Leben strafen zu lassen, sondern nur gefangen zu halten, erschien eine Verhandlung vor öffentlichem Gericht unthunlich, und der König wie die Herzöge verlangten deshalb Topes Auslieferung unter dem Versprechen, erforderlichen Falles ein Gleiches thun zu wollen. [829] Aber der Lüneburger Rat lehnte dies begreiflicher Weise ab und blieb trotz wiederholter Mahnung seitens der Fürsten, ihrem Wunsche zu willfahren, bei seiner Weigerung. Aus einem Schreiben des Herzogs Adolf an Herzog Johann vom 27. September 1580 [830] ersehen wir, daß der Lüneburger Rat einen Termin zur Verhandlung in Sachen Tobys festgesetzt hat und zwar in kürzester Frist; der Herzog ist der Meinung, daß es, wenn der Rat bei seiner Weigerung, den gefangenen Ditmarscher auszuliefern, beharre, ratsam sein dürfe, die ergangene Citation zu respektieren.

Damit schließt unsere Kunde von dem Gange des Prozesses in Lüneburg; in dem bortigen Archiv angestellte Untersuchungen haben zu keinem weiteren Resultate geführt. [831] Neokorus erzählt, (II. 233): „Johann Tope — heft apentlich vor alle Borger, so tojegen, sik vor einem Holsten Herrn Biendt erklärt, loß gefunden unnd int Hof loß erlandt". Damit wäre also seine Freisprechung in Lüneburg erfolgt, es fehlte ja auch offenbar an Beweisen seiner Schuld. Der König von Dänemark wie die Herzöge werden auch schwerlich weitere Schritte in der Sache gethan haben, Johann Tope war ein ungefährlicher Mann für sie. Schwerlich wird auch der abenteuerliche Plan desselben in Ditmarschen besonderen Beifall gefunden haben, hatten die Vögte doch, ihrem Eide getreu, das Schreiben der Herzogin einfach ihrer Obrigkeit ausgeliefert.

Die Zeit des Widerstandes war vorbei, [832] die Ditmarscher fingen an, sich in das Unvermeidliche zu fügen und die neue Ordnung der Dinge als zu Recht bestehend anzuerkennen.

# Schluß.

Mit der Eroberung Ditmarschens durch König Friedrich und die holsteinischen Herzöge und der bald darauf erfolgten Teilung des Landes ist die eigentliche Geschichte desselben zu Ende, fortan bildet dieselbe nur einen Teil der Geschichte der Herzogtümer Schleswig-Holstein. Sie spielt sich vor unseren Augen ab wie ein Drama, nicht ohne tragischen Abschluß. Dasselbe beginnt mit der Jünglingszeit des ditmarsischen Volkes und den Bruderkämpfen, hervorgerufen durch die Streit- und Raublust,

ben Mangel an Disciplin wie die partikularistischen Tendenzen vor allem
der südlichen Kirchspiele und der in diesen hervorragenden Geschlechter, dem
Aufbäumen namentlich der letzteren gegen die nivellierende Macht der fort-
schreitenden, aus den mittelalterlichen Zuständen hinausstrebenden, friedlichen
Zielen zugewandten Entwicklung des Landes namentlich in seinen nördlichen
Teilen, während der entfernt wohnende geistliche Landesherr außer stande
ist, irgendwo hemmend und ordnend mit Erfolg einzugreifen. Die
bezentralisierende Neigung der einzelnen Kirchspiele, gewissermaßen kleinere
republikanische Föderativstaaten zu bilden, zeigt sich aber den Verhältnissen
nicht gewachsen, und schließlich erlangt zum Heile des Landes den Sieg
der fortschreitende Einfluß der Landesversammlung wie der Leiter derselben,
der Achtundvierziger, auf die Umgestaltung der trostlos gewordenen Zustände.
Siegreich erwehrt sich das Land gegen die immer erneuerten Angriffe der
Nachbarn und die Scharen ihrer beutelustigen Verbündeten; hochgeehrt steht
Ditmarschens Landesgemeinde da, und Könige und Fürsten und freie
Städte bewerben sich um ihre Gunst, freilich im Innern ihres Herzens
mit Neid und Haß erfüllt gegen das Bauernvolk, dem es durch innere
Kraft und Begeisterung für des Vaterlandes Ruhm und Unabhängigkeit
gelungen ist, aus schweren Kämpfen nach Vernichtung der eingedrungenen
Feinde als Sieger hervorzugehen und die Anerkennung der ihm feindlich
gesinnten Mächte zu erzwingen. Da aber tritt das tragische Moment ein,
die Hybris — der Übermut der Verblendung — die sich namentlich geltend
macht in dem, wenn die Umstände es gestatten, rücksichtslosen, jedenfalls
stets zweideutigen Verhalten der Ditmarscher dem Bremer Landesherrn
gegenüber, dessen Beistand sie doch nicht zu entraten vermögen, wie dem
unklugen Verfahren namentlich gegen den Herzog Adolf, der auf
mutwillige Weise immer aufs neue von ihnen gereizt wird, aber auch,
wie wir aus dem Munde völlig unparteiischer Berichterstatter erfahren,
nicht minder hervortritt in der Unbotmäßigkeit und dem Ungehorsam der
von ihnen selbst eingesetzten Obrigkeit gegenüber — selbst an einzelnen
dämonischen Charakteren fehlt es nicht, welche die Geschicke des Landes
ihrem Ende entgegentreiben, sei es in feindlicher Stellung, wie Wiben
Peters und Konsorten, oder im Dienst des eigenen Gemeinwesens, aber
verblendet im Bewußtsein der vermeintlichen Unüberwindlichkeit, wie
Peter Nanne und nicht minder der sonst die meisten seiner Landsleute an
Geist weit überragende Landschreiber Günther Werner. Die schon lange
drohende Katastrophe bringt das Jahr 1559, in welchem wir dem furchtbaren von außen hereinbrechenden Verhängnis gegenüber die Ditmarscher
nicht mehr im Besitz der nötigen Widerstandsfähigkeit finden, so daß sie
demselben, freilich nach ruhmreichem Widerstand, aber nicht ohne eigene
Schuld, erliegen müssen. Und doch, und hiermit kehren wir zu den unserer
Geschichte voranstehenden einleitenden Worten zurück, jeder, der ein Interesse
an eigenartiger, kräftiger Entwicklung eines Volksstammes hat, der wird,
wenn er die Geschichte der Ditmarscher mit einiger Aufmerksamkeit verfolgt,
denselben seine Anerkennung, ja — vielleicht ist es zuviel gesagt — seine
Bewunderung nicht versagen können.

# Anmerkungen.

1. Vgl. Schmeller Heliand p. 114 b.
2. Michelsen bitmarsisches Urkundenbuch p. 1.
3. Kolster Melderfer Schulprogramm vom Jahre 1852: Über die Burgen und Döfste des alten Ditmarschens.
4. Schon Caesar erzählt (bell. gall. VI. 31) von der zwischen Rhein und Schelbe wohnenden belgischen Völkerschaft der Eburonen: qui proximi Oceanum fuerunt, hi insulis se occultaverunt, quas aestus efficere consuerunt. Vgl. übrigens Ditmarsische Zeitung I. Jahrg. von 1832 p. 69. In den Jahrgängen der Ditmarsischen Zeitung von 1832 und 1833 befindet sich eine Anzahl vortrefflicher Aufsätze über die früheren Zustände der Marsch und der Deiche in Ditmarschen zum größten Teil aus der Feder des verstorbenen Landvogtes Lempfert, welche, da diese Blätter fast verschwunden sind, von dem Verfasser nicht bloß citiert, sondern in ausgiebiger Weise benutzt worden sind.
5. Klef ist nicht von dem lateinischen clivus abzuleiten, aber es ist verwandt damit. Die germanische Wurzel hli (sanft ansteigen, eine schräge Lage einnehmen) findet sich in „lehnen" und im althochbeutschen hlita, lita f. = Leite, Bergabhang. (Nach einer Mitteilung des H. Walb. Maaßen, cand. phil.)
6. Eckermann Geschichte b. Eindeichungen in Norberbitmarschen in der Zeitschrift b. Gesellsch. u. s. w. Bb. XII. 1. ss.
7. bers. a. O. p. 11.
8. Plin. histor. natur. XVI. 1.
9. Outzen in Falcks Staatsbürgerl. Magazin L p. 259.
10. Kolster Geschichte Ditmarschens nach Dahlmanns Vorlesungen. Erkurs III. p. 189.
11. Waitz deutsche Verfassungsgeschichte I. 118.
12. Michelsen bas alte Ditmarschen in seinem Verhältnis zum Erzstift Bremen p. 59. Vgl. p. 62.
13. Eckermann a. a. O. p. 16.
14. Dr. Rudolf Hartmann über die alten bitmarsischen Wurten und ihren Pack= werkbau. Mit einer Karte in Farbenbruck. Marne 1883.
15. Ditmarsische Zeitung vom Jahre 1832 Nr. 26.
16. Dieselbe v. J. 1833 p. 251: Geschichte ber bitmarsischen Marschwege.
17. Ein anschauliches Bild von den Schwierigkeiten eines solchen Baues giebt uns aus weit späterer Zeit Neokorus (II. 296) in seiner Beschreibung von dem Schlagen des Dammes über den ehemals Büsum als Insel von dem Festland trennenden, zwischen Reinsbüttel und der Büsumer Düne ca 6 Kilometer breiten Meeresarm, Bartstrom genannt.
18. Kolster Melderfer Schulprogr. 1852. p. 18 ff.
19. Ein solches auf getriebenes Moor, ebenfalls auf Marschboden gelagert wie bei Kuben, findet sich auch in Norber = Ditmarschen im Kirchspiel Neuenkirchen, beide führen den Namen Blankenmoor von der helleren Farbe des Torfes. Vgl. Neokorus I. 67. Über schwimmende Moore in den Elb= und Weser= marschen vgl. Allmers Marschenbuch p. 95 ff. Kolsters Gesch. Ditmarschens Erk. III. p. 193. Heimreich Norbfriesische Chronik I. p. 241: Ao 1216 ist ein großes Stück Moor von den Morsumer Äckern in Norbstrand losgerissen und fortgetrieben und hat sich zwischen Witzwort und Uloesbüll in Eiberstebt gesetzt. Die Strandinger und Eiberstebter entzweiten sich barüber, jene ver= langten die Bezahlung des Moores, diese die Abbämmung, so warb das Moor von Gerichtswegen den letzteren zugesprochen. Vgl. die Beschreibung bei Plinius XVI 1: „Bei den Chauken finden sich am Meeresstrande mächtige Eichenwaldungen, welche von den Meereswogen unterspült und vom Winde weggetrieben in dem zusammengewachsenen Wurzelwerk große Inseln mit sich fortführen." So gerieten selbst die römischen Flotten in Gefahr, wenn die= selben des Nachts solchen schwimmenden Walbinseln begegneten.

20. Nach der Eroberung des Landes ward im März 1560 ein Landtag zu Rendsburg gehalten und die dort aufgesetzten Register ergaben 23 247 Morgen 8 Scheffel 7 Ruthen Marschland. Vgl. Michelsen bitm. Urkundenb. p. 235.

21. Ditmarf. Zeit. v. J. 1832 Nr. 80: die Befestigungen des alten Ditmarschens.

22. Bolten III. 187. Vgl. Handelmann über Bauernburgen in der Zeitschr. d. Gesellsch. u. f. w. IV. 14. ff.

23. Mannhardt Ditmarscherkämpfe im Heidentum in der Zeitschrift für deutsche Mythologie und Sittenkunde III. p. 70.

24. Dankwerth Neue Landesbeschreibung der Herzogt. Schleswig und Holstein. Landkarte von Süder-Ditmarschen p. 300.

25. In der Bibliothek des Museums bitmarstischer Altertümer zu Melborf befindet sich ein Manustript betitelt: „Dimarsische Altertümer in Beziehung auf die Kriege des 16. Jahrhunderts. Nach einer i. Herbst 1830 von einem D. d. D. J. R. (Offizier des Oldenburger Infanterie-Regimentes) angestellten Lokal-untersuchung." Der mit großer Sorgfalt und strategischem Blick abgefaßten Schrift sind die betreffenden Beschreibungen großenteils entnommen.

26. Handelmann in den Verhandl. der Berliner anthropolog. Gesellsch. Sitzung vom 20. Jan. 1883 p. 20.

27. Ditmarf. Zeitung 1832 Nr. 30.

28. Handelmann a. D. p. 26.

29. Handelmann in der Zeitschrift b. Gesellsch. u. f. w. IV. 14. ff.

30. Handelmann ebendas. p. 6.

31. Ditmarf. Zeit. 1832. Nr. 35.

32. Handelmann in den Verhandl. b. Berliner anthropolog. Gesellsch. a. D. p. 31, wo sich auch ein Grundriß der Stellerburg befindet.

33. Nach einer Mitteilung des Rechtsanwalts Clausen in Heide in der Zeitschr. b. Gesellsch. u. f. w. X. 42.

34. Handelmann in der Zeitschrift b. Gesellsch. u. f. w. IV. 5. Derf. in den Verhandl. b. Berl. anthropol. Gesellsch. a. D. p. 21 mit Abbildung.

35. Helmolds Slavenchronik I. 19. 8.

36. Handelmann Zeitschr. b. Gesellsch. u. f. w. IV. 24.

37. Helmold I. 48.

38. Waitz Gesch. Schleswig-Holsteins I. 22.

39. Ubo Emmius Rer. Fris. deo. I. p. 22 u. 67. (ed. Arnhem 1605). Vgl. Bolten bitmarsische Gesch. I. 188. In neueren Zeiten ist es namentlich Pastor Dutzen in den Kieler Blättern (1819 p. 65 ff.) und in Falds Staatsbürgerl. Magazin Bb. I. p. 238: Ausführliche Erhärtung des Beweises von der friesischen Abstammung der Ditmarscher, der für die friesische Nationalität der letzteren eine Lanze bricht, indem er annimmt, daß das Land, durch die greuliche Verheerung seitens der Slavenfürsten im Jahre 1030 wie durch spätere Sturmfluten entvölkert, seine ursprüngliche friesische Bevölkerung ver-loren habe, worauf dann sächsische Ansiedler in daßelbe eingewandert seien. Dutzen wird schon in den Schleswo. holst. lanenb. Provinzialberichten vom Jahre 1826 II. Heft p. 210 durch L. Kuß. ausführlich widerlegt. Aufge-nommen hat den Kampf neuerdings in der Zeitschrift b. Gesellsch. u. f. w. Bb. VI. p. 1 ff. Pastor Tamm (Friesische Spuren in Ditmarschen), ohne jedoch irgendwie Neues und Bedeutendes zu bringen. Wir verweisen im allgemeinen auf Kolsters Erkurs VI. zu Dahlmanns Geschichte Ditmarschens, freilich ohne mit dem daselbst gezogenen Resultat übereinzustimmen. Hinzu-zufügen ist das Eine, daß in der wiederholt citierten Stelle des Scholiasten zu Adam Bremens. I. 18 statt Diesmeri Driesmeri zu lesen, von Dit-marschen also keine Rede daselbst ist, wie aus der Zusammenstellung mit Ostringien, Rustringien u. f. w. von vorn herein anzunehmen war. Vgl. die Karte des hamburgisch-bremischen Erzstiftes aus den Jahren 1200—1300 in Lappenbergs Hamburgischem Urkundenbuch Bb. I., wo der Gau Drießmeri südlich von Ostringien am westlichen Ufer der unteren Jahde liegt. Das Citat aus Cranz (Kolster p. 216) muß l. XI. c. 6 heißen. Außerdem wäre

noch zu berücksichtigen gewesen: Annal. Magdeburgens. ad an. 1144: comes Rudolfus de Stade interfectus est a Transalbianis Saxonibus, qui Tetmargoi dicuntur. Vgl. Waitz deutsche Verfassungsgesch. Bb. II. 269.

40. Die Worte, welche Kaiser Lothar an Papst Leo IV. bei Rudolf von Fulb (Pertz Monum. Germ. II. p. 677) geschrieben hat: est gens in partibus regni nostri Saxonum scilicet et Fresonam commixta in finibus Nordmannorum et Obodritarum können sich füglich nur auf Ditmarschen beziehen. Unter den Nordmannen sind hier offenbar die Norbalbinger zu verstehen, welche an anderen Stellen Nordliudi genannt werden. Vgl. Folcvini gesta abbat. Lobiens. c. 16 (Pertz Monum. IV. p. 161.).

41. Tacit. German. c. c. 25 und 44.

42. ebendas. c. 12.

43. Daß dies in früheren Zeiten auch bei den bitmarsischen milites der Fall gewesen ist, geht aus einer bei Staphorst Hamb. Kirchengesch. Bb. I. p. 500 Nr. 496 erwähnten Bulle des Bremer Erzbischofs Hartwig super villis Eppendorf, Rellinge, Bramstede et super ecclesia Meldorp et aliis Ecclesiae villis et decimis militum in Ditmeroia hervor; die milites zahlten also als Großgrundbesitzer einen eigenen Zehnten, leider ist von dieser Bulle nichts weiter als der Titel bekannt.

44. Nitzsch in d. Allgemeinen Monatsschrift f. Wissenschaft u. Litteratur Mai 1854 p. 358.

45. Lappenberg Hamburger Urkundenb. Urk. Nr. 1162.

46. Helmolb Chron. Slavor. I. 47.

47. Haubelmann Einige Ortsnamen in Norberbitm. Zeitschr. b. Gesellsch. Bb. XII. p. 397 ff.

48. Maurer über das Wesen des ältesten Abels p. 128. Waitz Deutsche Verfassungsgesch. I. 176.

49. Tacit. Annal. XI. 16.

50. Nithard Histor. IV. 2. Ebenso Rud. Translatio S. Alexandri c. 1.

51. v. Richthofen Friesische Rechtsquellen p. 339. Maurer a. O. p. 104 ff. und lex Frisonum 2 § 4.

52. Daß die friesische Bezeichnung der Etbelinge wenigstens damals unmittelbar mit einem bestimmten Grundbesitz zusammenhing, geht aus der VIII. wilkoer des Gesetzes der Rustringer (v. Richthofen a. O. p. 11) hervor, wo es heißt: thet hine sikurade (se excuset) mit twiliff mannor an the withon (also Eibeshelfern, consacramentalis) mit fiuwer frilingon, mith fiuwer ethelingon and mith fiuwer letslachton. Diese letzteren erklärt aber der Emsiger plattdeutsche Text: dat synt edelinge, de yn den goede synt vorgaen. Die Etbelinge also, welche nicht mehr den standesgemäß erforderlichen Grundbesitz (ethel, vgl. v. Richthofen Untersuchungen über friesische Rechtsgeschichte I. 112) hatten, bilbeten trotzdem noch einen eigenen Stand.

53. Lex Baiuw. III. 1 vgl. Waitz a. O. I. 181.

54. Waitz a. O. p. 151.

55. ebendas. p. 154. Bei Rud. Translat. S. Alexand. c. 1 werden die Hörigen geradezu als Freigelassene bezeichnet.

56. Waitz a. O. p. 155.

57. Lappenberg Hamb. Urk. p. 4 in der wohl als unecht erwiesenen, ihrem Inhalt nach aber schwerlich anfechtbaren Stiftungsurkunde Karls des Großen für das Hochstift Bremen.

58. Alcuin epistt. an seinen Freund Willehab 64. 69. 71.

59. Vgl. lex Saxonum c. 21. Waitz deutsche Verfassungsgesch. III. p. 180.

60. Hasse Schlesw.-Holst. Lauenburgische Regesten und Urkunden Bb. I. p. 2 (Nr. 4) und p. 4 (Nr. 8); danach ist also das von Jensen (Schlesw. holst. Kirchengeschichte herausgeg. v. Michelsen I. p. 109) Mitgeteilte zu berichtigen.

61. Adam Bremens. I. 15.

62. Schumacher die älteste Geschichte des bremischen Domkapitels in den Bremischen Jahrbüchern I. p. 109. Vita Willehadi c. 9.

63. Deßhalb verbot wohl Karl auch im Jahre 785 die Landesversammlungen,

welche früher accus flumen Wiseram et locum Marclo nuncupatum abge=
halten worden waren, außer wenn sie auf Befehl des königlichen missus be=
rufen wurden (Vgl. Hucbold Vita Lebuini bei Pertz Monum. German.
II. 361.)
64. Michelsen Ditm. Urk. p. 1.
65. Lappenberg Hamb. Urk. p. 268 und p. 270. Vgl. Debio Hartwich von Stabe,
Erzbischof von Bremen p. 95.
66. Staphorst Hamburger Kirchengesch. I. p. 452 und 507. Knßf in den Pro=
vinzialberichten vom J. 1824 Heft II p. 124 ff. Michelsen Archiv für
Staats= und Kirchengeschichte I. p. 3: Die Haseldorfer Marsch im Mittelalter.
67. Dahlmann Erkurs II. zu Neoforus I. p. 571 ff.
68. Cranz Metropol. l. VI c. 1.
69. Michelsen Ditm. Urk. p. 4.
70. Vgl. Chron. Rosenfeld in Vogt monum. ined. Saxonica (Mon. Germ.
VIII. 677) Annal. Magdeburg. (Mon. Germ. XVI. 121).
71. Karsten Schröber bitmarf. Chronik ad an. 1044 ed. Kolster in der Zeitschr.
b. Gesellsch. Bd. X. p. 208 u. ad an. 1040.
72. Nach Gebhard in der Hamburger vermischten Bibliothek Bd. III. p. 60 war
Jda eine Tochter des Herzogs Ernst von Schwaben, des von der Sage so
verherrlichten Stiefsohnes Konrads II. Den Gegenbeweis hat Ahrens in
seiner Abhandl. II zur ältesten Geschichte des Klosters Loccum in der Zeitschr.
des historischen Vereins für Niedersachsen Jahrg. 1876 p. 47 ff. in über=
zeugender Weise geführt. Nach demselben war Jda die Tochter des Grafen
Abalbert von Calw und so eine Verwandte des Kaisers Heinrich III.
73. Dem widersprechen b. Annal. Stadens. ad an. 1112. (Monum. Germ. XVI
p. 319), wo es ausbrücklich heißt: nupsit Lippoldo, filio dominae Glimodis
— vero habuit duos maritos absque Lippoldo, scilicet Dedonem comitem
et comitem Ethelerum, quorum uterque in Thietmarsia occisus est, cum
esset ibi comes, woraus doch ziemlich deutlich hervorgeht, daß Lippold nicht
Graf in Ditmarschen gewesen ist.
74. In der schon oben erwähnten Urkunde vom J. 1145 (Michelsen Urk. p. 3)
heißt es, daß dem Domherrn Hartwig der Besitz der Grafschaft Ditmarschen
haereditario iure zustehe, und daraus schließt Jaffé (Konrad III. Beil IV)
und nach ihm Weiland (Das sächsische Herzogtum unter Lothar und Heinrich
dem Löwen p. 102), daß das Staber Grafengeschlecht die Grafschaft Dit=
marschen als Allod besessen habe. Absolut unmöglich wäre dies nicht, denn
Weiland weist a. a. O. nach, daß (nach den Annal. Veterocell. XVI. ad
an. 1147: iste rex dedit Conrado marchioni et suis posteris proprie-
tatem comitie in Rochlitz) allerdings eine Grafschaft Allod sein konnte,
aber einerseits scheint dies doch nur ein vereinzelter Fall zu sein, andererseits
liegt in den Worten der obenerwähnten Urkunde: haereditario iure doch,
wie Debio (Hartwich p. 102 und ebenso in seiner Geschichte des Erzbistums
Bremen Erkurs 20) richtig bemerkt, im grunde nicht mehr, als daß die Graf=
schaft Ditmarschen damals in dem stabeschen Hause erblich gewesen ist, wie
dies (vgl. Weiland a. O. p. 7) wohl schon seit dem Anfange des elften Jahr=
hunderts bei den meisten Lehnsgrafschaften üblich war.
75. Weiland Herzogtum p. 29. Die betreffende Urkunde bei Lappenberg Hamb.
Urk. p. 78.
76. Lappenberg a. O. p. 87.
77. Bei Adam. Bremens. IV 5 heißt es: comitatus Utonis, qui sparsim per
omnem parochiam Bremensem diffunditur maxime circa Albiam. Diese
letzteren Worte sind auf die Zugehörigkeit von Ditmarschen zur Grafschaft
Stabe bezogen worden, was doch so ohne weiteres nicht darin liegt, da circa
doch nicht „auf beiden Seiten" bedeutet, vielmehr scheint das sparsim per
omnem parochiam auf mehr südlich gelegene Gebietsteile sich zu beziehen.
Vgl. Debio Hartwich von Stabe p. 102.
78. Lappenberg a. O. p. 86. Bolten Gesch. Ditmarschens II. 94.
79. Albert. Stadens. p. 153. Vgl. Dahlmann bei Neoforus I. 575.

80. Adam. Bremens. IV. 5.
81. Chronic. Rosefeld. p. 122 (bei Bolten II. 108) Waterwal ist wohl Wettern-
wall im Kirchspiel Ebbelad. Daß übrigens Ditmarschen hier blos als Gau
bezeichnet wird, kann nicht auffallend erscheinen, weil es mit Stade zu einer
Grafschaft vereinigt war.
82. Saxo Grammat. XII. p. 225 und IV. 65.
83. Wenn Neoc. I. 321 erzählt, baß Rudolf I. von seinen Unterthanen in Ditmarschen erschlagen worden sei, so ist bies offenbar eine Verwechslung mit
seinem Sohne Rudolf II.
84. Jensen schlesw. holst. Kirchengeschichte herausg. v. Michelsen I. 198.
85. Die von Michelsen aufgefundene, an bie Petersensche Chronik (gebruckt zu
Frankfurt a. M. bei Peter Braubach 1557) angebundene Originalhandschrift
Karsten Schröders, welche sich in der Bibliothek des Melborfer Museums
bitmarsischer Altertümer befindet, ist von Kolster im Jahrg. X. der Zeitschrift
der Gesellschaft u. s. w. herausgegeben worden, aber leider in ziemlich mangel-
hafter Weise. Einmal stimmt die Orthographie der Handschrift durchweg nicht
mit der Edition, sobann sind sogar im Anfang fol. 1 unter Nr. 3 unbe-
greiflicherweise eine ganze Anzahl Worte übersehen und ganz weggelassen
worden. Ebenso herrscht in den Anmerkungen stellenweise Verwirrung, wie
Kolster ben Grafen Udo IV. garnicht zu kennen scheint. Endlich gehört von
fol. 30 an bie Handschrift einem ganz anderen Verfasser, was burch bie
Schriftzüge unzweifelhaft bewiesen wird. Was bie Mitteilungen Karsten
Schröders selbst anbetrifft, so ist z. B. p. 208 in den Worten von: „des
anderen Tages borna" u. s. w. Graf Rudolf mit Adolf verwechselt, und das
Ganze eine Verwechslung mit bem in Begleitung Heinrichs bes Löwen im
Jahre 1147 nach Ditmarschen gezogenen Abolf II., Grafen von Holstein.
Die Geschichte von dem Klosterbau scheint sich auf das Dominikanerkloster in
Melborf (nach der gewöhnlichen Tradition erst nach der Schlacht bei Olben-
wöhrben im Jahr 1319 erbaut) unb das Minoritenkloster zu Lunden zu beziehen, welches erst im Jahre 1517 aus bem nach ber Schlacht bei Hemmingstedt baselbst erbauten Nonnenkloster entstand.
86. Viethen p. 243. Das Geschlecht der Voblmannen oder Vogbemannen existierte
übrigens bamals noch garnicht; es ist offenbar blos beshalb genannt, weil
es später das vornehmste war.
87. Handelmann in den Verhandl. b. Berliner anthropol. Gesellsch. a. O. p. 22 ist der
Meinung, baß biese ben Ditmarschern auferlegte Demütigung (ähnlich ber ber Mai-
länder Bürgerschaft durch Kaiser Friedrich I. im Jahre 1162 auferlegten) aus ber
Zeit der Unterwerfung Ditmarschens burch Heinrich ben Löwen herstamme unb
später ben Anlaß zu einem charakteristischen Zuge der Grafensage gegeben habe.
88. Viethen p. 244. Bolten II. 146.
89. Lappenberg a. O. p. 147 vom 27. Aug. 1139. Auch weist schon Bolten II.
147 aus Alb. Stadens. p. 273 nach, baß Rudolfs Gemahlin, eine Schwester
des Obokar von Stier, ben Namen Elisabeth gehabt hat.
90. Lappenberg (a. O. p. 159) verlegt bie Urkunde in bas Jahr 1143. Vgl.
Hasse Regesten u. Urkunden Bb. I. p. 39.
91. Bei Bolten II. 134 Anm. findet sich nach Westfalen Monum. ined. IV.
p. 1439 ein angeblich aus der Kirche zu Böllenburg herstammendes unvoll-
ständiges Verzeichnis der Ermordeten aus ben Fragm. des Joh. Russe
(Nr. XIX), welches Weiland aus der Kopenhagner Handschrift besselben in
der Zeitschr. b. Gesellsch. Bb. IX. p. 115 verglichen unb vervollständigt hat.
Unter ben Genannten findet sich auch der Name Elisabeth. Im übrigen muß
ich gestehen, baß ich mit bieser Memoria defunctorum nichts Rechtes anzu-
sangen weiß, keinensalls kann sie als urkundlicher Beweis für bie Echtheit ber
Tradition angesehen werden; bagegen spricht schon ber fehlerhafte Anfang:
1114. Frater Rolavi nomine Adolphus (!) Stadii in castro habitavit,
qui templum Divi Petri Boklenburgi in memoriam fratris aedificasse
dicitur, wie ber unverständliche Schluß: Anno 1061 Rudolphus in Bo-
kilenborch vel Rodolphus Anno 1144.

92. Bgl. Debio, Hartwich von Stabe, Erzbischof von Hamburg-Bremen. Bremen 1872.
93. Lappenberg Hamb. Urk. p. 155.
94. Alb. Stadensis ad an. 1144.
95. Annal. Magdeb. p. 187. Chron. Luneb. p. 1387. Daraus folgt aber, daß die Ermordung des Grafen Rudolf schon 1144 erfolgt sein mußte.
96. Philippson Gesch. Heinrichs des Löwen a. a. O.
97. Monum. Palid. p. 81.
98. Albert. Stadens. p. 324.
99. Debio a. O. p. 10 nimmt an, daß Heinrich, ohne die Entscheidung des Königs abzuwarten, seinen Forderungen durch Okkupation von Stabe Nachdruck ge= geben habe, und daß daher der zwischen Hartwig und dem Erzbischof Friedrich abgeschlossene Vertrag zu erklären sei.
100. Hasse in Schlesw. holst. lauenb. Regesten und Urkunden setzt den Vertrag oder wenigstens die Bestätigung desselben seitens des Königs Konrad in den Januar 1145.
101. Was die sonst ungebräuchliche Bezeichnung des comitatus Nortlandiae anbe= trifft, so kann dieselbe unter bewandten Umständen, ebenso wie der comit. Bremensis bei Alb. Stadens. ad an. 1144, nichts anderes bedeuten als die Staber Grafschaft b. h. die verschiedenen Komitate der Grafen von Stabe, welche damals noch ohne Gesamtnamen waren. Wenn aber hier der comi- tatus Dithmaringensium neben dem Nortlandie besonders genannt wird, so erklärt sich dies leicht daraus, daß erstere Grafschaft zu Hartwig in einem be= sonderen Verhältnis stand, indem der Besitz derselben nicht wie bei Stabe und den übrigen Besitzungen durch Heinrichs des Löwen Bestrebungen allein ge= fährdet wurde, sondern die Bewohner des Landes selbst sich geweigert hatten, Hartwig als Grafen anzuerkennen (a cuius ingressu et usu eum predicti sicarii sui germani interfectores prohibebant, Hasse Regesten u. Urkunden a. O.) Dagegen kann ich der Erklärung v. Wersebes (Kolonieen I. p. 272) nicht beistimmen, welcher die Worte comitatus Nortlandiae für eine spätere Interpolation hält, durch welche Nordfriesland oder die Landschaft Eiberstedt in die Urkunde habe eingeschwärzt werden sollen. Dieselbe ist ausgestellt im Jahre 1145 ohne weiteres Datum, bie von Lappenberg Hamburg. Urk. p. 167 mitgeteilte, am 31. Dezember 1145 seitens des Königs Konrad ausgestellte Bestätigungsurkunde der Schenkung Hartwigs an das Magdeburger Domstift muß, wenn sie echt ist, früher ausgestellt sein als die obenerwähnte, von Lappenberg p. 165 mitgeteilte, weil in ersterer die Indiktionszahl wie das Regierungsjahr Konrads als VII., in letzterer bereits als VIII. angegeben wird. Hasse hat a. a. O. die Urkunde vom 31. Dezember ganz weggelassen, während Lappenberg dieselbe in das Jahr 1144 verlegt. Beide Urkunden stimmen im wesentlichen überein, nur fehlt in der zweiten die wichtige Schluß= bestimmung über die eventuelle Nichtigkeit des ganzen Vertrages. In die ganze Staber Angelegenheit ist überhaupt nur mit Schwierigkeit einigermaßen Klarheit zu bringen wegen der Verwirrung und den Widersprüchen, welche sich in den Berichten finden.
102. Unter den Zeugen, deren Namen unter der Urkunde stehen, findet sich auch Heinricus dux Saxoniae, der doch niemand anders sein kann als Heinrich der Löwe. (Philippson hält den Heinricus dux in der Bestätigungsurkunde vom 31. Dez. 1145 bei Lappenberg p. 168 für den Herzog Heinrich von Östreich.) War Heinrich in Magdeburg anwesend, so konnte er sich jedenfalls dem nicht entziehen, daß sein Name mit unter die betreffende Urkunde gesetzt wurde, besondere Verpflichtungen übernahm er ja dadurch auch nicht.
103. Bgl. Gebhardi Allgem. Welthistorie XXXII. p. 479.
104. Helmold II. 6.: Nobile illud castrum Stadhen cum attinentia sua, cum cometia utriusque ripae et cometia Thetmarsiae (auch hier werden die beiden Grafschaften ausdrücklich von einander geschieden) vivente adhuc epis- copo obtinuit, quaedam quidem hereditario iure, quaedam beneficiali.
105. Michelsen bitm. Urk. p. 10. Debio a. O. p. 13.
106. Lappenberg Hamb. Urk. p. 169. Im Jahre 1146 unterzeichnete Hartwig eine Urkunde des Erzbischofs Athalbero, in welcher derselbe die Zehnten des Bruches

bei Bißhorst (vgl. Falck Staatsbürgerl. Magazin VIII. p. 298) dem Kloster Neumünster überträgt als Bremensis ecclesiae praepositus Stadensium dominus, rechtlich betrachtet er sich also noch als Herr über die Grafschaft Stade.
107. Lappenberg a. O. p. 176. Debio a. O. p. 14.
108. Karsten Schröder fol. I. (Zeitschr. b. Gesellsch. X. 208.)
109. Presb. Bremens. ed. Lappenberg XV. p. 31. Dieser hält Suberuelle für das Siebenfeld (Sübenfeld) im Kirchspiel Ebbelack, wahrscheinlich ist aber, daß das Siebenfeld seinen Namen von seiner niebrigen Lage hat.
110. Nach dem Presb. Bremens. a. O. p. 32 schenkte Heinrich der Löwe damals der Marienabtei zu Stabe verschiedene Besitzungen in Ditmarschen, es ist dies aber eine Verwechslung mit Heinrichs des Löwen Sohn, dem Pfalzgrafen Heinrich, welcher diese Schenkung im Jahre 1204 machte. (Vgl. Lappenberg a. O. Anm. 15 und 17.)
111. Handelmann in der Zeitschr. b. Gesellsch. Bb. IV. p. 6.
112. Müllenhoff Sagen p. 14. Presb. Brem. p. 50. Anm. 84. Handelmann a. a. O. Die Kenter gebrauchten dieselbe Kriegslist bei Swaneskamp, als sie im Jahr 1066 unter Erzbischof Stigand gegen Wilhelm den Eroberer zogen.
113. Annal. Bremens. (Monum. Germ. XVI. 857), Hamburger Urkundenb. N. 237 mit Lappenbergs Anmerkung.
114. Lappenberg a. O. p. 228. Anm. 2.
115. ebendas. p. 277.
116. ebendas. p. 242 mit Lappenbergs Bemerkungen.
117. Vgl. Debio, Walbemar, Bischof von Schleswig, in Sybels histor. Zeitschr. Bd. 20. p. 224 ff.
118. Waitz Gesch. Schleswig-Holsteins I. p. 74.
119. Hamburger Urkundenb. p. 264.
120. Arnold. Lubec. IV. 22.
121. Bolten II. 193, Anm. 439.
122. Arnold. Lubec. IV. 11.
123. ebendas. VI. 12. Waitz a. O. I. 76.
124. Der Chron. Dan. (1174—1219), ein Zeitgenosse Walbemars, sagt zum Jahre 1201: perdita est Thetmarsia. Vgl. Bolten II. 223. Anm. 487.
125. Chronic. Holsat. bei Westphalen Monum. ined. III. 102. besgl. IV. 1634.
126. Arnold. Lubec. IV. 14.
127. Hamburger Urkundenb. p. 300. vgl. p. 375.
128. Bolten II. 128. Vgl. Anm. 110.
129. Hamburger Urkundenb. p. 345. Waitz Gesch. Schlesw.-Holsteins I. p. 79. Asmussen u. Michelsen Archiv für holst. Staats- und Kirchengeschichte II. p. 227.
130. Bolten II. 240.
131. Hamburger Urkundenb. p. 358. Über Hunnengatt vgl. Trebe Topographie p. 22.
132. Albert. Stadens. p. 304. Hvitfeld Danmarks Riges Kronike p. 191.
133. Lappenberg zum Presb. Brem. p. 41. Anm. 3. Die Sitte, den Schild mit ufkértem ochte zu tragen, war sonst ein Zeichen der Trauer. (Vgl. Parzival 91. 11.)
134. Hasse die Schlacht bei Bornhöved in der Zeitschr. b. Gesellsch. Bb. VII.
135. Dahlmanns Geschichte Dänemarks Bb. I. p. 75. 217. 286.
136. Vgl. Dahlmanns Lübecks Selbstbefreiung. Deeke Gesch. b. Stadt Lübeck 48 bis 60. Erkurs VI. p. 223 ff.
137. Waitz Gesch. Schlesw.-Holsteins I. 85.
138. Hamburger Urkundenb. p. 121. v. Werßebe Niederländische Kolonieen im nördlichen Deutschland I. p. 27 ff.
139. Auffallend ist der für einen Bischof sehr ungewöhnliche Titel maiestas im Anfange der Urkunde, wie schon Stapharst bemerkt hat; nach v. Werßebe a. a. O. ist auch die Indiktion nicht richtig, wie die Form der Unterschriften ungewöhnlich. Vgl. Lappenberg a. O. p. 122.
140. Hamburger Urkundenb. p. 155.

141. Hamb. Urkundenb. p. 177. v. Werjebe a. O. p. 174.
142. Hamb. Urkunbenb. p. 226.
143. Vita Willehadi c. 10. Aus der ältesten Bezeichnung dieses Ortes geht übrigens hervor, wie die friesische Endung der Ortsnamen auf **um** (hem = heim) zu deuten ist.
144. Hamb. Urkunbenb. p. 120.
145. Tacit. Annal. XIII. 53 u. Histor. V. 19.
146. Vgl. Hamb. Urkunbenb. p. 177, wo Lappenberg paludem irrtümlich durch „Marſchländereien" überſetzt hat.
147. Hamb. Urkunbenb. p. 161.
148. v. Werjebe a. a. O.
149. Hamb. Urkunbenb. p. 147.
150. ebendaſ. p. 175.
151. Diplomatar. Neomonast. bei Weſtphalen a. O. p. 142.
152. Hamb. Urkunbenb. p. 152.
153. Saxo Grammaticus lib. XIV. cd. Müller p. 688 ff. Vgl. Michelſen Norb=frieslanb im Mittelalter im Staatsbürgerl. Magazin VIII. p. 489.
154. Vgl. Eckermann a. O. p. 19, der eine größere Anzahl von Höhenmeſſungen älterer Deiche anführt.
155. Ditmarſiſche Zeitung vom J. 1832. N. 19. In Carſtens' Roher Entwurf von einer Ditmarſcher Kirchenhiſtorie (nach dem in der Bibliothek des Melborfer Muſeums befindlichen handſchriftlichen Exemplar p. 867 Anm. 1., bei Bolten II. p. 289) findet ſich die Bemerkung, baß bekanntermaßen der große Seedeich von Melborf im Jahre 1154 angelegt worden ſei, „davon man noch an dem Haſener Wege unb nach Ammerswurth hinaus augenſcheinliche Merk=male findet." Die Glaubwürdigkeit dieſes Hiſtorikers hat aber ſchon Dahl=mann in ſeiner Vorrebe zu Neokorus (I. p. XIII.) ſchonungslos, aber jeden=falls verbientermaßen, ſo an ben Pranger geſtellt, baß man auf obige Be=hauptung, welche ſich ſonſt nirgenbs findet, auch nicht bas Minbeſte geben kann.
156. Eckermann a. O. p. 21.
157. Ditmarſiſche Zeitung v. J. 1832 N. 24.
158. Die Bezeichnungen der §§ des älteſten Lanbrechtes vom J. 1447, wie der Ar=tikel bes ſpäteren von 1539 ſind der Michelſenſchen Ausgabe berſelben ent=nommen. Dieſelben werben übrigens der Kürze halber fortan als Lanbr. I. unb II. bezeichnet werben.
159. Neokorus I. p. 221.
160. Ditmarſiſche Zeitung vom J. 1832. N. 24.
161. Hamb. Urkunbenb. p. 152.
162. Dahlmann Anhang IV. bei Neokorus I. 591, wo bieſe Maſſeneinwanberung ber Frieſen burch bie große Flut von 1146, vielleicht auch veranlaßt burch ben Erzbiſchof von Bremen, um ben Wiberſtanb bes hartnäckigen Stammes burch innere Entzweiung zu brechen, geſetzt wirb; ferner Kolſter Erkurs V. zu Dahlmanns Geſchichte v. Ditmarſchen.
163. Eckermann a. O. p. 24.
164. Neokorus I. 241.
165. Dahlmanns Vorbericht zu Neokorus I. p. VIII.
166. Waitz beutſche Verfaſſungsgeſch. I. p. 88.
167. Michelſen bitm. Urkunbenb. p. 22 u. 23; p. 27. Lanbr. I. § 111. Nitzſch Geſch. b. bitm. Geſchlechter in b. Jahrbüchern für Lanbeskunbe b. Herzogl. Schlesw.=Holſt.=Lauenb. Bb. III. 110. Michelſen a. O. p. 28.
168. Auf einem Irrtum beruht bie Annahme Heinzelmanns unb Niebuhrs, baß bie Zahl ber Geſchlechter nur 30 betragen habe. Vgl. Heinzelmann von ben alten Cimbriſchen unb Sächſiſchen Eibgerichten überhaupt unb von ber bitmarſiſchen Nemebe insbeſonbere p. 30, unb Niebuhr römiſche Geſchichte (neue Ausg.) I. p. 262. Nitzſch a. O. p. 83.
169. Neokorus I. 324.
170. berſ. p. 224. 286.
171. berſ. p. 244.

172. berf. p. 240 sagt freilich: ein „Kreienfot,‘ aber auch schon Nitzsch a. a. O. er=
klärt das Wappenzeichen für einen Habichtsfuß.

173. Nitzsch a. O. p. 95 nimmt nach der durch und durch unzuverlässigen Wappen=
tafel bei Westphalen Monum. ined. IV. tab. 26 N. 47 für die Riesemannen
einen Riesen (bei Westphalen ist derselbe sogar zum schlanken Laubsknecht ge=
worden) als Wappenzeichen an. Neoforus I. 242 sagt aber: „ein Rieß,‘ und
eine im hiesigen Museum befindliche, den Schriftzeichen nach dem siebzehnten
Jahrhundert entstammende hochdeutsche Übersetzung des Hans Detlef sagt
ausdrücklich: „ein Reiß.“

174. Homeyer die Haus= und Hofmarke p. 203. Michelsen die Hausmarke p. 23.

175. Mitgeteilt in den Jahrbüchern für Laubeskunde cet. Bd. IV.

176. v. Stemann in den Jahrbüchern für Laubeskunde cet. X. p. 3. Homeyer
a. O. p. 150 u. 155.

177. Zeitschr. für westfälische Geschichte III. Folge Bd. X. N. 196. 215. 225.
Homeyer a. O. p. 168. Auch Papst Habrian VI. aus Utrecht führt in seinem
quabrierten Wappenschild neben einem steigenden Löwen drei Kesselhaken. Vgl.
dessen Porträt, Kupferstich von O. Hopfer.

178. Michelsen a. O. p. 214. Vgl. Zeitschr. für westfälische Gesch. a. O. N. 63.

179. Neoforus I. 257.

180. Kemble die Sachsen in England überf. v. Brandis I. p. 6. 24.

181. Heimreich Nordfriesische Chronik ed. Falck I. p. 56.

182. So giebt es auch ein altes Geschlecht Jerhilbema im Groninger Lande, Mannen
der Frau Hilbe; Vereannemann ist in Flandern ein Name, Mann der Frau
Anna. (Nach einer brieflichen Mitteilung d. Herrn v. Fock in Wiesbaden an
den Verfasser.)

183. So entläßt bei den Angelsachsen eine Edelfrau ihre Hörigen in ihrem Testament
als Freie bei Kemble a. O. p. 160. Freilassungen in größerem Maßstabe
ebendaf. p. 170.

184. Nitzsch a. O. p. 107.

185. Neoforus I. p. 249. 251.

186. Neoforus I. 225 spricht von einem „wassenden‘ Mond, auf einem Grabstein
in d. Büsumer Kirche befindet sich ein abnehmender. Übrigens macht man
häufig die Bemerkung, daß die Wappen nicht heralbisch genau dargestellt sind.

187. Nitzsch a. O. p. 108.

188. Neoforus I. p. 241.

189. berf. I. 225.

190. Nitzsch a. O. p. 112.

191. Michelsen bitm. Urk. p. 48.

192. D. betreffende Urkunde vom Jahre 1429 bei Michelsen altbitmarsische Rechts=
quellen p. 263.

193. Diese und die anderen Bauerschaftsbeliebungen befinden sich in alten Ab=
schriften in der Bibliothek des Meldorfer Museums. (Geschenk d. H. Geheim=
rates Michelsen.)

194. Ebenso erklärt sich auch die eigentümliche Einrichtung der Bürgersechs, eines
Ausschusses der 109 Meenthaber in Meldorf, deren Genossenschaft erst vor
einigen Monaten durch Aufteilung des Meenlandes aufgehört hat.

195. Ditmarsische Zeitung 1883. N. 12.

196. Grautoff die lübschen Chroniken I. 358 zum Jahre 1392.

197. Michelsen altbitm. Rechtsqu. p. 268.

198. ebendaf. p. 289. Landr. I. § 81.

199. Landr. I. § 72.

200. ebendaf. § 16.

201. Viethens Chronik p. 160.

202. Landr. I. § 238 und 239 aus einer späteren Beliebung vom J. 1465. Nach
Landr. II. Art 30 mußte dies aber bereits an dem ersten Sonnabend nach dem
begangenen Totschlage geschehen, sonst trat auch die Zahlung der Friedensbuße
für das Geschlecht ein.

203. Landr. I. § 236.

204. ebendaſ. § 224.
205. ebendaſ. § 56.
206. Landbr. II. Art. 209.
207. Landbr. I. § 16. 18. 19. 20. 43. 63. 67.
208. Vgl. die ſchon oben (Anm. 168) erwähnte Schrift Heinzelmanns, ferner von neueren Schriften: Dr. K. Maurer das Beweisverfahren nach deutſchen Rechten in: Kritiſche Überſchau der deutſchen Geſetzgebung und Rechtswiſſenſchaft Bd. V. p. 180 ff. Johns Diſſertation: In fontibus iuris antiqui Ditmarsici „Nemede" invenitur. Qualis sit eius natura et qualis cohaerentia cum iuratorum iudicio Angliae invenitur; Michelſen Geneſis der Jury; Brunner die Entſtehung der Schwurgerichte p. 14.
209. Maurer a. O. p. 197 ff.
210. ebendaſ. p. 213 ff.
211. Vgl. Detlef von Winbbergen in Dahlmanns Neoforus II. p. 465: Sentenz der Achtundvierziger aus dem Jahre 1479 über ein glücklich ausgeführtes Gottesgericht.
212. Michelſen Geneſis p. 46.
213. Landbr. I. § 54.
214. Michelſen Samml. altbitmarſ. Rechtsqu. p. 358.
215. Michelſen (a. O. p. 278) verſteht unter den 80 Volleiden 80 Nemeben aus 80 Geſchlechtern, aber eiumal iſt nicht recht erſichtlich, weshalb 80 Nemeben zur Klarſtellung der Thatſache ſelbſt nötig geweſen ſind; es genügte, baß die anberen nur bie Glaubwürdigkeit ber zum erſten Nemebe zuſammengetretenen Perſonen als Eibeshelfer bezeugten; ſobann bezeichnet bas Lanbrecht I. § 76 (vgl. Landbr. II. Art. 37) nur den erſten Volleid als Nemebe, bie anberen 29 einfach als „rechte", was allerbings ſonſt an anberen Stellen als gleichbebeutenb mit „nemebe" gebraucht wirb.
216. Landbr. I. § 76.
217. Neoforus I. 224.
218. ebendaſ. 257. Anm.
219. ebendaſ. 224. 240. 247. Nitzſch a. O. p. 138.
220. Michelſen bitm. Urk. p. 11.
221. Neoforus I. 221.
222. Lappenberg Hamb. Urk. p. 160.
223. ebendaſ. p. 409.
224. Nitzſch in den Jahrbüchern für Landeskunde III. 101.
225. Lappenberg Hamb. Urk. p. 532.
226. Michelſen bitm. Urk. p. 11.
227. Handſchrift im Melborfer Muſeum befinblich: Ein roher Entwurf von einer bitmarſiſchen Kirchenhiſtorie, worinnen oet. verfaſſet von D. Carſtens Anno 1732. p. 868. Über Carſtens vgl. übrigens Dahlmann in ſeiner Einleitung zu Neoforus I. p. XII.
228. Lappenberg Hamb. Urk. p. 650.
229. Vgl. b. Urkunde v. J. 1477 bei Viethen p. 253. Michelſen bitm. Urk. p. 111.
230. Thofti ober thufti bezeichnet im Altſächſiſchen eine Genoſſenſchaft; in der Kremper- unb Wilſtermarſch exiſtiert die munbartig abgewanbelte Bezeichnung „Duchte" noch als Benennung gewiſſer kleinerer Diſtrikte, in welche die Kirchſpiele zerfallen, ſo in ber Marſch ſüblich von Wilſter Altenfelberbucht, Großwiſcherbucht u. a. m., ebenſo Büttlerbucht in ber Krempermarſch. Michelſen Melborfer Schulprogr. v. J. 1852 p. 28. Michelſen Samml. altbitm. Rechtsquellen p. 346. Schröber Topographie Bb. I. p. 8. — Neoforus (I. 337) gebraucht Döffte als Femininum, ebenſo in bem Lanbrecht bes Süberſtranbes (Zeitſchr. b. Geſellſch. III. Jahrb. XIII. p. 313) vgl. Michelſen altbitm. Rechtsqu. p. 345 unb Kolſter Döffte unb Hammen 1853 p. 3 ff. Dahlmann hingegen (Neofor. I. 599) ſagt: „Das Weſterböfft", ebenſo Nitzſch a. O. p. 127. Nehmen wir aber bas Erſtere als beglaubigter an, ſo müſſen wir im Plural auch „Döfften" ſagen.
231. Michelſen altbitmarſ. Rechtsqu. p. 172.

232. Wird von Bolten unrichtig in die Nähe von Lunden verlegt (III. 290.) Vgl. Neoforus II. p. 356. Anm.

233. Auf diese Angelegenheit, welche mit der früher mehrfach ventilierten Hauptfrage, ob es in Ditmarschen 4 oder 5 Döfften gegeben habe (vgl. Michelsen altb. Rechtsqu. p. 345) eng zusammenhängt, ist durch die von dem Archivrat Hille zu Schleswig in der Zeitschr. b. Gesellsch. Bd. III. Jahrb. XIII. p. 309 erfolgte Veröffentlichung einer Beliebung des Süberstrandes vom J. 1539, welche einen Teil des Sonderlanbrechtes eben dieses Süberstranbes enthält, und eines Beschlusses der Achtunbvierziger vom J. 1541 in überraschenber Weise Licht gefallen und die ganze Streitfrage dadurch erledigt worden.

234. M. Nikolaus Boies Vortrag vor der Landesversammlung im J. 1542, mitgetheilt in Michelsen bitm. Urk. p. 111.

235. Was Michelsen das alte Ditmarschen u. s. w. p. 33 sagt (vgl. Falds Staatsbürgerl. Magazin VIII. p. 335) beruht offenbar auf einer Verwechslung der Bestätigung der bitmarsischen Verfassung durch den Erzbischof nach Entrichtung des Willkommens.

236. Michelsen das alte Ditmarschen p. 52 Urk. I.

237. Vgl. Kuchenbecker Annal. Hassiac. XI. 173. „Voytbienst" bei Hontheim I. 674.

238. Michelsen bitm. Urk. p. 28.

239. ebendas. p. 19.

240. Neoforus II. 35.

241. ebendas. I. 234 II. 318.

242. ebendas. I. 257.

243. ebendas. I. 240.

244. ebendas. 259. Viethen p. 23.

245. Vgl. Neoforus I. 240 u. 256., wo berichtet wird, daß das Melborfer Geschlecht der Helve, ehemals die Velde genannt, aus Obberabe stammend, ein Aublatt im Wappen geführt hätte. Möglicherweise haben bieselben also auch früher zu ben Vogdemannen gehört.

246. Michelsen bitm. Urk. p. 13.

247. Viethen p. 78.

248. Neoforus I. 623. Anh. VIII.

249. Michelsen bitm. Urk. p. 28.

250. Bolten II. 344.

251. Neoforus I. p. 211.

252. Hasse schlesw. holst. lauenb. Regesten I. p. 175. 204.

253. Michelsen bitm. Urk. p. 23.

254. ebendas. p. 13.

255. ebendas. p. 26.

256. v. Richthofen Untersuchungen I. 1. 168.

257. Derf. Altfriesische Rechtsquellen p. 183. Vgl. p. 182 in ben Emsiger T alle emagane rediewa ccterique consules.

258. v. Richthofen a. O. p. 545.

259. berf. a. O. p. 321.

260. Michelsen Nordfriesland im Mittelalter p. 157. 160.

261. Dahlmann bei Neoforus I. 632.

262. Ehrentraut Friesisches Archiv II. 353.

263. Dahlmann bitmarsische Geschichte herausgegeben von Kolster: Erkurs VI. p. 223 ff. und X. p. 248. Statt 1283 (a. a. O. p. 224) soll es wohl 1288 heißen nach Michelsen bitm. Urk. p. 13.

264. Nach ben von Kolster im Erkurs X. p. 249 mitgeteilten Urkunden scheint es, baß berselbe ohne weiteres die Jbentität von consules, Ratgeber, mit Schulten und Schepen oder Schepfen annimmt.

265. v. Richthofen Untersuchungen I. 1. 112.

266. Hegel Geschichte des Städtewesens in Italien p. 312.

267. Ehint bremisches Urkundenbuch I. 159.

268. Michelsen bitm. Urk. p. 104.

269. Neoforus I. 361. Die Zahl der Schließer muß übrigens, wenigstens in

späterer Zeit, verschieden gewesen sein, denn um die Mitte des sechszehnten Jahrhunderts gab es in Melborf nur 3 Schließer, vgl. Michelsen Samml. altbitmarf. Rechtsqu. p. 354.

270. Neocorus I. 362.
271. Landr. I. § 53; II. Art. 1. 2.
272. Auch der Ausbruck „upbriven" ist dafür gebräuchlich, vergl. Landr. II. Art. 2.
273. Eggen, Eden b. h. Regionen nach der Himmelsgegend, wie die Bezeichnung nach derselben noch heute im Lande eine gewisse Rolle spielt, es wird noch von einer Norder=, einer Osterstube im Hause gesprochen, ebenso ist die Be= zeichnung der Straßen nach der Himmelsgegend eine gewöhnliche. So heißt es auch im Lundner Stadtrecht (Michelsen altbitmarf. Rechtsqu. p. 306): „up dem Norder= edder Süder=Eggen", und die Leiche eines Grundbesitzers wird als „Sülff=Egge=Lief", b. h. als die jemandes, der an der Versammlung der Bürger persönlich teilnimmt, bezeichnet.
274. Dahlmann bei Neocorus II. 542.
275. Michelsen altbitmarf. Rechtsqu. p. 233.
276. Lappenberg Hamb. Urk. p. 650.
277. Lappenberg a. a. O.
278. Michelsen bitm. Urk. p. 13.
279. ebendas. p. 23.
280. ebendas. p. 24.
281. ebendas. p. 25.
282. ebendas. p. 16.
283. ebendas. p. 21.
284. Bolten II. p. 397.
285. Michelsen a. O. p. 28. Lübecker Urkundenbuch Nr. 992.
286. Dahlmann bei Neocorus I. p. 626.
287. Bolten II. 462.
288. Michelsen a. O. p. 11. 13. 20.
289. Waitz deutsche Verfassungsgeschichte I. p. 338 ff.
290. Landr. I. § 43.
291. Hieraus hat der Unverstand der späteren Zeit „rote Erde" gemacht, während in Wirklichkeit die Erde in Westfalen nicht röter aussieht als anderswo.
292. Vgl. Allgemeine Monatsschrift 1854 p. 259. ff. Dahlmann bei Neocorus I. 581.
293. Bei den Angelsachsen hieß die Versammlung der Vertreter des Volkes witenagemôt b. h. die Versammlung der witan, der sapientes. Vgl. Kemble die Sachsen in England übersetzt von Brandes II. 169 ff. Stubbs the con-stitutional history of England vol. I. p. 124. Auch sonst z. B. in Ham-burg findet sich die Bezeichnung, vgl. Lappenberg Hamburg. Urkundenb. p. 671. Ehmk Bremer Urkundenb. III. p. 110: consules dicti wittecheyt.
294. Lappenberg a. O. p. 152.
295. Es scheint sehr zweifelhaft, ob Wedde überhaupt Volksversammlung hat be-deuten können, vgl. Schiller und Lübben Niederdeutsches Wörterbuch s. v.; außerdem Johannsen Nordfriesische Sprache p. 118.
296. Handelmann in Zeitschr. d. Gesellsch. XII. p. 399.
297. Neocorus I. 362.
298. Vgl. Trede Topographie beider Ditmarschen p. 58.
299. Vgl. Zeitschrift der Gesellsch. III. p. 122. Michelsen altbitm. Rechtsqu. p. 277 ff.
300. Landr. I. § 53.
301. Vgl. Dahlmann a. O. p. II. 544; derselbe kennt aber den Sonderbund der Strandmannen noch nicht, deshalb ist seine Berechnung natürlich unrichtig.
302. Michelsen altbitm. Rechtsqu. Vorbericht p. IX.
303. Vgl. Waitz a. O. p. 365. v. Richthofen Altfriesische Rechtsquellen p. 103. Wiarda die Versammlung auf dem Upstalbom p. 79. 138. Emmius rer. Fris. hist. 2, 35., ebenso 13, 193.
304. Dahlmann bei Neocorus II. 544.
305. Lappenberg Hamb. Urk. p. 560.
306. Michelsen altbitmarf. Rechtsqu. p. 199.

307. Daß der Umbau des Süderschiffes spätestens aus dem sechszehnten Jahrhundert stammt, beweist eine Ansicht der Kirche in Bruins und Hogenbergs Städtebuch. In dem Süderschiff befindet sich ein Grabstein mit der Jahrzahl 1504, woraus aber kein Schluß auf den Umbau desselben gezogen werden darf, denn entweder kann derselbe schon in dem früheren niedrigeren Seitenschiff vorhanden gewesen, oder erst später, vielleicht erst im Jahre 1811, als der alte Kirchhof rings um die Kirche eingeebnet und der neue, noch jetzt im Gebrauche befindliche, eingerichtet wurde, dahin gebracht worden sein.
308. Die in der Zeitschrift d. Gesellsch. Bd. XI. p. 285 erwähnten „spitzbogigen Zeltgewölbe" der Meldorfer Kirche existieren lediglich in der Phantasie des Berichterstatters.
309. Lappenberg Hamb. Urf. p. 562.
310. ebendas. p. 565.
311. Also vermutlich derselbe Geistliche, welcher in der Urkunde von 1265 als Zeuge angeführt ist, dem Ditmarscher Adel angehörend.
312. Lappenberg a. O. p. 569. Nr. 689.
313. ebendas. Nr. 690.
314. ebendas. p. 622.
315. ebendas. p. 649.
316. ebendas. p. 850. Anm. 1.
317. Michelsen, ditm. Urf. p. 13. Vgl. Molbech om Ditmarsterkrigen p. 242.
318. Michelsen Ditmarschen in seinem Verhältnis zum Erzstift Bremen p. 26 ff.
319. Steindorf de ducatus, qui Billingorum dicitur, in Saxonia origine et progressu p. 67. Helmold a. O. I. c. 25 ff.
320. In höchstem Grade charakteristisch ist der Umstand, daß die unter dem 14. Juli 1286 von den iurati et tota parochia Brunsbutele ausgestellte Urkunde sich im Hamburger Archiv unter O. A. 19 a. b. in doppelter Ausstellung befindet, in der ersten fehlen die milites; ein Versehen kann dies aber nicht sein, da beide Urkunden untersiegelt gewesen sind, die milites sind also in der zweiten Ausfertigung nachträglich hinzugefügt worden. Unter demselben Datum ist auch eine Urkunde ausgestellt von den iurati et tota communitas parochie in Merna daselbst gleichfalls in doppelter Ausfertigung vorhanden, welche im ganzen mit der ersteren gleichlautend ist, nur sind in der zweiten die consules civitatis Hamburgensis als Paktanten hinzugefügt. Vgl. Lappenberg Hamb. Urf. p. 679. Hasse Regesten Nr. 700. 701.
321. Jahrbücher für Landeskunde III. p. 103.
322. Albert Cranz Saxon. VIII. 33.
323. Vgl. Waitz Schleswholst. Geschichte I. p. 191.
324. Michelsen ditm. Urf. p. 15 Nr. 11 und 12. Bolten nimmt (II. 351) irrtümlicherweise an, daß der Erzbischof dem Grafen die beiden Kirchspiele selbst zum Geschenk gemacht habe.
325. Waitz a. O. p. 191.
326. Lappenberg Hamb. Urf. p. 716.
327. Die betreffende Urkunde im Hamburger Stadtarchiv E. e. 16. Vgl. Bolten II. 359.
328. Michelsen ditm. Urf. p. 17.
329. Nitzsch in den Jahrb. für Landesf. III. p. 106.
330. Michelsen ditm. Urf. p. 16.
331. Hvitfeld p. 379. Stege lag in der Nähe von Segeberg. Vgl. Grautoff Lüb. Chroniken I. 471 ad. an. 1341, in welchem daselbst eine Feste, „Tho der Stegen" genannt, erbaut wurde.
332. Waitz schleswholst. Gesch. I. p. 201.
333. Presb Bremens. c. XVIII. und Lappenberg p. 49 ff. Reimer Kock in Grautoffs Lüb. Chroniken I. p. 467.
334. Hier begegnet Lappenberg in seiner Ausgabe des Presb. Bremens. in der Anm. 31 p. 50 eine komische Verwechslung, indem er zu „ad vaccarum montem" bemerkt: „Die Sage von den durch wunderbares Spiel in (!) Berge Verlockten ist durch das ganze westliche Europa verbreitet. Vgl. Mannhardt

Götterwelt Bd. I. p. 123". Der Kuhberg, auf welchen die Ditmarscher allerdings auch verlockt wurden, lag unmittelbar vor den Thoren der Stadt Kiel und exiſtiert als weſtlicher Stadtteil noch; der Name der unmittelbar unter demſelben nach Süden umbiegenden Straße „die Klinke" zeigt noch heute auf den vor der Stadt befindlichen Schlagbaum hin.

335. Presb. Bremens. ed. Lappenberg p. 50 Anm. 83. Bolten II. p. 376 Anm. 34.

336. Lappenberg a. O. Anm. 35 und 37.

337. Michelſen bitmarſ. Urk. p. 20.

338. Der Presb. Bremens. nennt unter den Verbündeten des Grafen Gerharb auch den Erzbiſchof Giſelbert von Bremen, den er für Gerhards Bruder hält, dieſer war aber ſchon 1306 geſtorben. Vgl. Lappenberg zum Presb. Bremens. c. XVIII. Anm. 9.

339. Kirchberg Mecklenburg. Reimchronik bei Weſtphalen. Monum. ined. IV. p. 876.

340. Vgl. Schlesw. holſt. Lauenb. Urkundenſammlung II. p. 157. Graf Johann bekennt i. J. 1821, der Stadt Oldenburg 150 Mark ſchuldig zu ſein für Hülfe, die ſie ihm bei verſchiedenen Gelegenheiten geleiſtet hat — ad expeditionem, quam habuimus in Thitmarsia.

341. Nach Neokorus erfolgte der Einmarſch am 8. September, Reimer Kock nennt das Jahr 1320, aber nach einer in der Marienkirche zu Wismar durch den Grafen Heinrich für die Gefallenen im Jahre 1321 geſtifteten Seelenmeſſe ſteht die Jahreszahl 1319 feſt. Daſelbſt heißt es: Memoria nostra et progenitorum nostrorum et militum et militariorum nostrorum in Dithmarsia anno domini 1319 in vigilia beatae virginis Mariae occisorum. Vgl. Maſch Mecklenburg. Urk. VI. 4252.

342. Presb. Bremens. a. a. O.: per viam Suderhamme et per vadum Hemmingstede. Bolten läßt Gerhard bei Hemmingſtebt „ein Fort" der Ditmarſcher erobern, indem er unbegreiflicherweiſe die „Fort" (vadum) des Neokorus ſo erklärt. Vgl. übrigens Eckermann a. O. p. 23.

343. Über die Widerſprüche, welche ſich bei den verſchiedenen Chroniſten betreffs der Schlacht bei Wöhrden finden, ſiehe Kolſter a. O. Exkurs XIII. p. 259. Der Fortſetzer des Albert Stadens. ad an. 1319 verteilt die Ereigniſſe bei Wöhrden auf zwei Tage, was nicht geringe Wahrſcheinlichkeit für ſich hat.

344. Bei dem Continuat. Alb. Stadens. heißt es ad an. 1319: fugientes sese in Albia submerserunt, wo der Strom alſo für einen Elbarm gehalten wird.

345. Vgl. Bolten II. 385.

346. Lappenberg Hamburg. Urk. p. 152, ebenſo die Anmerkungen p. 650 und 679.

347. Vgl. Michelſen Nachträge zum Ditmarſ. Urkundenbuch p. 5.

348. Daß Graf Gerhard ſich jedoch eine Zeitlang noch mit Kriegsgedanken gegen die Ditmarſcher getragen hat, geht daraus hervor, daß er noch i. J. 1322 mit dem Biſchof Johann von Schleswig ein Bündnis auch gegen die Ditmarſcher und ihre Anhänger geſchloſſen hat, nach welchem dem Grafen in allen ſeinen Nöten das Schloß Schwabſtebt offenſtehen ſollte. Vgl. Falck Sammlung zur Kunde des Vaterlandes III. 208.

349. Michelſen bitmarſ. Urkund. p. 21.

350. Dahlmann bei Neokorus I. p. 543.

351. So muß die ganz unverſtändliche Ortsbezeichnung bei Bolten II. 390 korrigiert werden.

352. Michelſen bitmarſ. Urkundenb. p. 27. Vgl. übrigens das ceteri potiores bei Dahlmann Neokorus I. p. 523.

353. Lüneburger Urkundenb. I. p. 327.

354. Im Hamburger Archiv in doppelter Ausfertigung, Pergamentſtreifen, von denen der eine mit den drei Siegeln der Kirchſpiele verſehen iſt.

355. Eckermann in d. Zeitſchrift der Geſellſchaft Bd. XII. p. 199. Vgl. Neokorus II. p. 257, wo an der betreiſenden Stelle die Worte fehlen: „van ber ein Graven int ſüben, bet an den Uhlenbam, be Grave midden be ſchede, Schlicht Lübe to oſt, Febbering to weſt, van bar ein Grave int oſten twiſchen be Marſch und Geeſt" u. ſ. w. Vgl. unter verſchiedenen alten Abſchriften des Teilungsvertrages auch die im Melborfer Muſeum befindliche.

356. Urkundenb. b. St. Lübeck Bd. IV. p. 298.
357. Das Original befindet sich im Hamburger Stabtarchiv unter E. e. 30.
358. Urkunde bei Dahlmann, Neoforus I. p. 626. Vgl. Ritsch, Jahrbücher für Landesk. III. 122.
359. Michelsen altbitmarf. Rechtsqu. p. 201. Statt St. Johannistag (24. Juni) ist Peter und Paulstag (29. Juni) gesagt, ber also in dieselbe Zeit fällt; ber Tag ber Geburt Mariä wird mit bem üblichen Ausbruck: Börgerbach bezeichnet.
360. Urkundenb. b. Stabt Lübeck IV. 478. Vgl. bitmarf. Urkundenb. p. 28.
361. Dahlmann bei Neoforus I. 632.
362. Bolten II. p. 475.
363. ebendas. p. 462.
364. Michelsen bitmarf. Urk. p. 28.
365. Pergamentstreifen im Hamburger Archiv D. d. 8.
366. Pergamenturkunde im Hamburger Archiv O. 8. Ebenbaselbst befindet sich auch eine am 28. Febr. 1402 ausgestellte Bescheinigung seitens zweier Schulten der Kirchspiele Oldenworlbe und Grobe, baß bie Ditmarscher für ben auf ber Elbe erschlagenen Make Struke an bessen Brüder 60 Mark ausbezahlt haben.
367. Waitz Schlesw.-Holst. Gesch. I. 274.
368. Vgl. Lappenberg Einleitung zum Presb. Brem. p. XIII.
369. Presb. Bremens. c. 28.
370. ebendas. Lappenbergs Anm. 7. p. 96.
371. Cilic. Cimber p. 38. Vgl. Wetzel in b. Zeitschrift b. Gesellsch. Bb. X. p. 199.
372. Viethen p. 282.
373. Vgl. Michelsen bitm. Urkund. p. 40.
374. Im Lübecker Archiv befindet sich bie unter bem 29. Nov. 1402 ausgestellte Antwort „Hertich Gerharbs und Greven Albertes uppe ber Ditmarschen Klage von Artikuln zu Artikuln ben van Lübeke und Hamborg und eere beberven Mannen avergeven to Rechte ebber Minne." Die Urschrift besteht aus zwei aneinander geleimten Papierbogen rückwärts besiegelt, ba wo dieselben über einander liegen, mit bes Herzogs und bes Grafen Siegel in Papier über rotem Wachs, am unteren Rand auch rückwärts bie Siegel ber Bischöfe von Schleswig und Lübeck.
375. Neoforus I. 380.
376. Bolten II. 424.
377. Vgl. Handelmann in b. Verhanblungen b. Berliner anthropologischen Gesellsch. Jan. 1883 p. 26.
378. Helmreich nordfriesische Chronik ed. Falck I. p. 220.
379. Neoforus I. 383: Von bem eblen Helbenmoth bes buren Helben bith Leeb. Bei Michelsen bitm. Urk. p. 28 wird berselbe Rabelof Voglensone genannt.
380. Presb. Bremens. c. 31 ed. Lappenberg p. 107.
381. Neoforus I. 386.
382. Westphalen Monum. in ed. IV. 1455. Viethen p. 288.
383. Herm. Lerbeke Chronicon Schowenb. ap. Meibom I. 520.
384. Dahlmann hält (Neoforus Anh. V. p. 610) ben Raben irriger Weise für eine Taube und bas Sinnbild bes heiligen Geistes, ben heiligen Oswald selbst für bie Person Gottes bes Vaters, obwohl berselbe bartlos ist, bas Ganze also mit bem Kinbe auf ben Armen ber Maria für eine Darstellung ber Dreieinigkeit.
385. Homeyer bie Hausmarke p. 145 und 181.
386. Michelsen bitmarf. Urkund. p. 30.
387. Im Hamburger Archiv befindet sich ein Foliobanb im Manuskript aus bem Jahre 1447, enthaltenb bie bei ben Räten ber Stabt Lübeck vorgebrachten Klagen bes Herzogs Abolf über Gewaltthätigkeiten ber Ditmarscher in Friesland. Denselben sind bie betreffenben Daten über Kort Wiberich entnommen. Die Schrift beginnt mit ben Worten: circa omnes articulos infra scriptos queratur, es scheint also eine Instruktion für bie von bem Herzog abgesanbten Räte ober ein Protokoll über noch unerledigte Angelegenheiten zu ent-

halten. Vgl. Neoforus I. p 409, Heimreich a. O. I. 432. Beide setzen die
Räubereien des Wiberick in das Jahr 1452, vermutlich haben sie die Zahl
XII. als LII. gelesen.
388. Vgl. die Prozeßakten zwischen Herzog Adolf und dem Lande Ditmarschen bei
Michelsen bitm. Urkund. p. 56.
389. Walter bitmarsf. Chronif p. 98. Bolten II. 464. Hoitfeld p. 660.
390. Die betr. Urfunde bei Michelsen Norbfriesland Anh. 23.
391. Eiberstedtiiche Chronif p. 705. Presb. Bremens. c. 40, nebst Lappenbergs
Anm. 6.
392. Presb. Bremens. c. 40. (Lappenberg p. 131). Vgl. die gleichzeitige Lübecker
Chronif.
393. Die von den Eiberstedtern ausgestellte Urfunde findet sich bei Westphalen
Monum. ined. III. 1761 und bei Bolten II. 475, batiert vom Montag nach
Mariä Heimsuchung, dem 5. Juli 1417; bei Viethen p. 298 ist die Urfunde
batiert aus dem Jahre 1444; in einer alten mir vorliegenden Kopie der von
den Ditmarschern ausgestellten, sonst gleichlautenden Urfunde ist das Datum
fest. sci Lamberti, also b. 17. September, b. J. 1418.
394. Presb. Bremens. c. 33.
395. Michelsen bitm. Urf. p. 31. Die entsprechende bitmarsüsche Urfunde ist abge-
bruckt bei Dahlmann Neofor. I. 629.
396. Michelsen bitm. Urf. p. 38.
397. Presb. Bremens. c. 40 ed. Lappenberg p. 134. Bolten II. 466 vermutet
hier eine Verwechslung mit dem Kloster Mergenowe in Melborf. Übrigens
findet sich ein Otto Schinfel bald barauf unter den Räten des Königs.
398. Presb. Bremens. c. 15. ed. Lappenberg p. 33.
399. Neoforus I. 397. Bolten II. 480. Presb. Bremens. ed. Lappenberg p. 142.
400. In der bei Bolten II 483 nach Westphalen III. 1761 gegebenen Urfunde
finden sich, abgesehen von dem unrichtigen Jahre der Ausstellung (1405)
einzelne Fehler. Nach einer im Hamburger Archiv befindlichen Abschrift muß
es statt „Baber" vor allem „Bebberen" und später „van ber Molen, Propst
to Sunte Asfarius" heißen.
401. Robt Beiträge Bb. II. 438.
402. Die Pergamenturfunde, ausgestellt am Tage beati martyr. Maurit. cet.
im Lübecker Archiv. Vgl. Presb. Brem. ed. Lappenberg p. 148 Anm. 6.
403. Die von Dahlmann (Neof. I. 633) mitgeteilte Pergamenturfunde befindet sich
in ziemlich angefressenem Zustande (mit banebenliegendem Siegel) im Hamburger Archiv unter O. 2. Auffallend ist, baß die Vögte u. s. w. in benselben sich für sich und ihre „Landlube" verpflichten. Der Ausbruck kann sich
aber bamals noch nicht auf den Süberstrand beziehen, denn die Kirchspiele
Marne, Brunsbüttel und Ebbelaf find in der zu Melborf abgehaltenen
Landesversammlung noch vertreten, es kann also nur von den Abwesenben
die Rede sein wegen des repräsentativen Charafters der Landesversammlung.
Unter ben unterschriebenen Zeugen befindet sich übrigens auch aus Wesselburen
Nabeleves Narsten.
404. Die Originalurfunde im Lübecker, eine Abschrift im Hamburger Archiv.
405. Die Urfunde im Hamburger Stadtarchiv mit 14 Siegeln.
406. Die im Hamburger Stadtarchiv unter O. 5 erhaltene Pergamenturfunde ist
stark vermobert. Vgl. Dahlmann Neof. I. 635.
407. Ad. Tratziger Chron. II. p. 287.
408. In einem im Hamburger Archiv befindlichen Konvolut bitmarsfischer Briefe an
die Hamburger befindet sich auch ein Schreiben der Vögte u. s. w. bes Landes
Ditmarschen vom Sonntag nach St. Michaelistag 1430, in welchem dieselben
es entschieden in Abrebe stellen, baß die Sendboten auf ben Tagen zu Haverau
und Stabe die Abgesandten von Lübeck, Stabe und Lüneburg „unlimplifs
beropen hebben." Vgl. Reimer Kock im Staatsbürgerl. Magazin VII. 462
und Graulofß Lübedische Chronifen II. 684.
409. Deshalb sagt auch ber Presb. Bremens. c. 30: et mulieres Ditmarsicorum
sunt ut ferae et lupae rapaces, pro maiori parte capita oblongata ut

sues habentes (was übrigens bei den jetzigen Ditmarscherinnen entschieden nicht der Fall ist, man findet im Gegenteil meistens niedrige Stirn und kleine Nase).

410. Bei Karsten Schröder fol. II. (ed. Koliter a. C. p. 210) findet sich die Jahrzahl 1433 und das Datum ud vincula Petri, also der 1. August, von anderer Hand ist 1431 daneben geschrieben. In Tratzigers Chronikon wird als Todestag Swartekops der Abend vor Petri Stuhlfeier — 21. Februar — angegeben, da hätten die Hamburger aber jedenfalls keine Ochsen auf der Weide geben sehen können. Auch wird bei K. Schröder die Zahl der Gefallenen auf 1000 angegeben, obwohl die ganze Ausrüstung nur 600 Mann betragen hatte. Vgl. fragm. Russiana X. XXI. VIII.

411. Hierüber besagen die im Hamburger Archiv leider nur in den Laurentischen Auszügen vorhandenen Kämmereirechnungen (gebr. Bd. II.) Folgendes:
1431. Exposita: ad expeditionem contra Ditmarcios per Dminos Martin Swartekop, Nicol. Langhen et Nicol. Meyer: 1918 ℔ 19 Sch. 10 Pfg. (Recepta 222 ℔ 11 Sch.). [1 ℔ = 20 Sch.]
1432. Exposita: 9 ℔ 12 Sch. Olrico Haken pro soldia sua a carnisprivio usque ad festum St. Joh. Baptist., eo quod Capitaneus bardsarum super Albiam erat.
   ad diversas parvas reysas ad Albiam 108 ℔ 1 Sch. 8 Pfg.
   ad diversas reysas ad Albiam 1925 ℔ 12 Sch. 2 Pfg.

412. Im Hamburger und Lübecker Archiv sind zahlreiche Briefe vorhanden, welche in dieser Angelegenheit gewechselt worden sind, so vom 26. Januar, 22. Febr., 13., 25., 26. März, 18. Mai 1431, ebenso vom 30. Sept., 3., 22. November 1432. Es ist in diesen Briefen auch mehrfach von Boten die Rede, welche die Lübecker nach Ditmarschen geschickt haben, leider erfahren wir aber nichts Genaueres über den Stand der Verhandlungen, da die Hamburger von den Lübeckern auf den mündlichen Bericht des Boten verwiesen werden.

413. Die Ditmarscher hatten sich bei den Lübeckern beklagt (Bericht derselben im Hamburger Archiv), daß holländische Schiffe, welche unter bitmarsischem Geleit fuhren, von den Hamburgern aufgebracht seien. Die letzteren führten damals Krieg mit den Holländern. Sonst befanden sich die Ditmarscher damals in friedlichem Verkehr mit den Hamburgern; so findet sich ein unter dem 25. Juli 1433 von den Schließern und Geschworenen des Kirchspiels Marne abgefaßtes Schreiben an den Hamburger Rat (einen Streit zwischen zwei Brüdern v. d. Hagen, von denen der eine in Hamburg angesessen ist, wegen eines Kornverkaufes betreffend) in dem Hamburger Archive vor.

414. Hamburger Kämmereirechnung aus d. J. 1434: Exposita: ad reysas Nicolai Meyer cet. in Ditmarcia 1326 ℔ 13 Sch. In bezug auf den Geldwert in damaliger Zeit ist es von Interesse, daß unmittelbar vorher verzeichnet ist, daß einem Joh. v. Scholden von der Stadt der Verlust eines Schiffes (videlicet Schute) bei der Expedition des Swartekop mit 32 Schill. (!) vergütet worden ist. Vgl. ferner die Klage des Rablef Karstens und seiner „medehulper" wegen Schadenersatzes im Hamburger Archiv (Cl. II. N. 15 fol. 26).

415. Die Urkunde im Hamburger Archiv unter O. 10; eine Erneuerung des Vertrages vom 14. März 1436 unter O. 19. Gleichwohl befanden sich noch im Jahre 1437 Büsumer als Geiseln in Hamburg (O. 38.).

416. Die Urkunde in wohlerhaltenem Zustande mit den Siegeln der acht Kirchspiele wie der beiden Genossen (die Wappen der Sulemannen und Vogbemannen zeigend) im Hamburger Archiv unter O. 8. Vgl. Dahlmann bei Neokorus II. Anh. XIX.

417. Hamburger Archiv E. e. 61. Die sechs anhangenden Siegel zeigen 1. einen steigenden Löwen (Dankerle uppe der Mabe aus Lunden); 2. den Doppelanker, aber, wie auch bei der Pantaleonsurkunde, nicht gekreuzt, sondern den oberen liegend, den unteren umgekehrt stehend, (Elfen Rikwert aus Hemme); 3. wie 2. (Kruze Johann Bofelbeisson aus Oldenwöhrden); 4. die Mauer der Vogbemannen (Clawes Hinrichs zum Suderdeich); 5. wie 2. (Karsten Clawes zu Webbingstedt); 6. wie 4. (Hans Haringh zu Wesselburen). Vgl. Dahlmann zu Neokorus II. p. 534. Auffallenderweise erwähnt die Urkunde vom

28. September bie am 28. Juli abgeschlossene Vereinbarung garnicht, sondern nur die Zusammenkunft am 14. September, so daß man auf die Vermutung kommen könnte, daß die beiden Verhandlungen dieselben sein müßten, wenn nicht die Daten — St. Pantaleon und „uppe den Dag des hilgen Cruzes" — so bestimmt in den Urkunden ausgesprochen wären.

418. Vgl. Reimer Kock ad an. 1434.

419. Hamburger Archiv E. e. 62.

420. ebendas. O. 4.

421. Urkunde vom 7. Februar 1436 im Hamburger Archiv; in diesem, wie im Lübecker Archiv, befindet sich eine fast unübersehbare Menge von Schriftstücken, die Händel mit Rablef Karstens und seinen Genossen betreffend.

422. Hamburger Archiv (Konvolut.).

423. ebendas. E. e. 63 mit den Siegeln des Rudolf Maeß (Wappen der Vogdemannen) und dem S. Societatis Hemme. In der Hamburger Kämmereirechnung von 1436 haben die Hamburger empfangen von Rud. Maeß, Theden, Clawes u. A. pro armis, navibus cet. 542 ₰ 8 Sch., ebenso zum Michaelistermin 1437: 160 ₰.

424. ebendas. Gleichzeitige offizielle Abschrift.

425. Hamb. Kämmereirechnung v. J. 1442: 1232 ₰ quibusdam incolis terre Ditmars. pro navibus et frumento per nostrates in gwerra hollandensi eis ablatis et pro damnis cet.

426. A. Cranz. Wandalia l. XII. c. 3.

427. Neokorus I. p. 643.

428. Michelsen das alte Ditmarschen in seinem Verhältnis u. s. w. p. 20.

429. Landr. I. § 252; II. Art. 197.

430. Lundner Stabtrecht in Michelsen altbitmars. Rechtsqu. p. 202.

431. Vgl. außerdem Dahlmann bei Neok. II. 639.

432. Neokorus II. 82: Boien Claus Boie und sein Sohn Boien Claus Maeß.

433. Vgl. Zeitschrift der Gesellschaft III. 309.

434. Landr. I. §. 26. 27. 28.

435. Neokor. II. 245.

436. Bolten III 253.

437. Dahlmann bei Neok. I. 247. Eine Bestätigung dieser Entscheidung aus b. J. 1475 bei Michelsen bitm. Urk. p. 75.

438. Michelsen b. alten Ditmarschen u. s. w. p. 61 Urk. 9.

439. Dahlmann bei Neok. I 643.

440. Michelsen bitmars. Urk. p. 61.

441. Waitz Schlesw. Holst. Geschichte I. p. 342.

442. Falk Staatsbürgerl. Magazin VII. p. 674.

443. Michelsen bitm. Urk. p. 33.

444. ebendas. p. 35. Offizielle gleichz. Abschr. im Hamburger Archiv.

445. ebendas. p. 45.

446. ebendas. p. 43.

447. Im Lübecker Archiv befindet sich eine Korrespondenz der Lübecker mit den Ditmarschern, bezügl. der Hamburger, behufs einer am 18. Oktober 1455 zu Itzehoe zu haltenden Tagsatzung, welche zu Segeberg verabredet worden sei.

448. Michelsen a. O. p. 59.

449. Waitz a. O. p. 372.

450. Detmars Chronik in Grautoffs Lüb. Chron. II. p. 232.

451. In einem im Lübecker Archiv befindlichen Schreiben vom 2. April 1461 entschuldigen die Ditmarscher ihr Vorgehen mit Notwehr und berufen sich auf das im Vertrage mit Herzog Adolf und König Christian bestimmte Schledsgericht der Sechzehn.

452. Michelsen a. O. p. 60.

453. Vgl. den Brief des Bischofs Nikolaus von Schleswig an König Christian vom Sonnabend nach Himmelfahrt 1461 im Staatsbürgerl. Magaz. Bd. VII. p. 678, Heimreich Nordfriesische Chronik I. p. 332 (der übrigens ein verkehrtes Datum, den 23. Februar 1462, anführt), ferner die Eiberstedtische

Chronik ad an. 1461 (mitgeteilt im Staatsbürgerl. Magaz. Bb. IX. p. 707) beren Verfasser als Augenzeuge erzählt.

454. Die betreffenden ziemlich zahlreichen und umfassenden Aktenstücke finden sich in Konvoluten des Hamburger und Lübecker Archivs.

455. Dennoch zogen sich die Verhandlungen bis in das Jahr 1463 hinein. Im Hamburger Archiv befindet sich eine mit dem bitmarsischen Landessiegel versehene Urkunde vom 15. Nov. b. J., in welcher die Vögte u. s. w. des Landes Ditmarschen bekunden, daß sie von den Stabern 60 Mark für einen Toten erhalten hätten (von dem die letzteren übrigens behauptet hatten, baß er erst 4 — 6 Wochen nach seiner Freilassung in Ditmarschen verstorben sei), und bamit wirb die ganze Angelegenheit für erledigt erklärt.

456. Waitz a. O. II. 17.

457. Die Urkunde, abgedruckt bei Bolten III. 21, soll im Lübecker Archiv nicht mehr vorhanden sein; von demselben Datum findet sich daselbst eine Kopie oder ein Entwurf eines Vertrages (Tohopesate), in welchem festgesetzt wird, baß die Ditmarscher nicht zur Hülfeleistung jenseits der Elbe verpflichtet sein sollen.

458. Die betreffenden Urkunden abgedruckt nach Seedorf in Westphalen Monum. ined. III. 1867.

459. Vgl. Zeitschr. b. Gesellsch. I. 231.

460. Waitz a. O. II. 30. König Christians Erklärung an die Fürsten u. s. w. über das Verhältniß zu seinem Bruder dat. Gottorp b. 17. Jan. 1478 in b. Quellensamml. b. Gesellsch. für vaterländ. Geschichte II. 1. p. 2. Gleichzeitige Abschrift auf Papier im Hamburger Archiv.

461. Michelsen bitm. Urk. p. 63.

462. Derf. Altbitmarsische Rechtsqu. p. 291.

463. Waitz a. O. II. p 37. Der Dankbrief der Ditmarscher mit der Zusicherung der Zollfreiheit für die Unterthanen des Königs in ihrem Lande, Pergament mit anhängendem Landessiegel in weißem Wachs, befindet sich im Lübecker Archiv. Vgl. Bolten III. 34.

464. Hasse in der Zeitschr. b. Gesellschaft u. s. w. VII. 91.

465. Waitz a. a. O.

466. Michelsen bitm. Urk. p. 66. Vgl. Quellensamml. b. Gesellschaft II. 22. Bolten setzt (III. 48) die Urkunde irrtümlich in das Jahr 1474.

467. Michelsen a. O. p. 66.

468. Quellensammlung der Gesellschaft II. 1. p. 23.

469. Über diese Reise König Christians vgl. Hasse a. a. O. Petersens Chronik p. 153 ff. Diplomatar. Christ. 1. p. 40. 41.

470. Gleichzeitige Abschrift in einem Konvolut des Lübecker Stadtarchivs. Vgl. Hoefler Fränkische Studien im Archiv für Kunde östreichischer Geschichtsquellen 1851. Bb. VII. 1. und 2. Heft p. 78 Nr. 63.

471. Michelsen bitm. Urk. p. 67. Hasse a. a. O. (Anm. 298).

472. Hoefler a. O. p. 68.

473. ebendas. p. 80. 81.

474. Das kaiserliche Schreiben auf Pergament mit aufgedrücktem roten kaiserlichen Siegel befindet sich im Lübecker Archiv.

475. Die ganze Korrespondenz des Günther Milwitz mit den Lübeckern (abgedruckt bei Dahlmann Neofor. p. 549 ff. Anh. XX) befindet sich wohlerhalten in einem Konvolut des Lübecker Archivs. Milwitz schreibt meistens auf einem halben Bogen grauen Papiers.

476. Pergament im Lübecker Archiv. Vgl. Hoefler a. O. p. 89.

477. Schreiben des H. v. Alvensleben vom 8. Mai im Lübecker Archiv.

478. Hoefler a. O. p. 91.

479. ebendaj. p. 93.

480. Notarielle Abschrift von Volkmarus de Anderten (vom 24. Oktober 1474) im Lübecker Archiv.

481. Molbech Historie om Ditmarskerkrigen p. 92. Abschriften der betreffenden Urkunden im Lübecker und Hamburger Archiv.

482. Waitz a. O. p. 41. Hasse (a. a. O.) ist übrigens der Ansicht, daß keine zweite Zusammenkunft Christians mit dem Kaiser stattgefunden habe.
483. Diplomatar. Christ. I. Nr. 266 a. Michelsen bitmarf. Urk. p. 71.
484. Unter dem 9. Juli erläßt Markgraf Albrecht Achilles ein Schreiben an die Lübecker mit der Mahnung, sich dem König Christian („der itzund in unserem Hause ist") gegenüber so zu benehmen und zu halten, „daß die Lande bei Frieden und Gemach bleiben", und droht mit Gewaltmaßregeln, wenn die Lübecker sich nicht fügen. (Offizielle Abschrift nebst einem Schreiben der Lübecker im Hamb. Archiv. (Ein gleiches Schreiben seitens der Lübecker war auch an den Bischof von Münster abgegangen).
485. Abgedr. bei Bolten III. p. 55. Anm.
486. Neofor. I. p. 413. Cranz. Saxon. l. XII c. 12. Lüb. Chroniken ed. Grautoff II 360.
487. Falck Neues Staatsbürgerl. Magaz. I. 852.
488. Das Schreiben der Lübecker an den Kaiser gehört jedenfalls noch dem Jahre 1474 an, da dasselbe aber, wie es im Lübecker Archiv vorhanden ist, hochdeutsch abgefaßt ist und von den Lübeckern nur in der dritten Person spricht, so haben wir jedenfalls nur einen Entwurf vor Augen, der den Lübeckern, vielleicht auf Veranlassung des Günther Milwitz, zugesandt worden ist. Abgedruckt von Dahlmann bei Neotor. II. 557.
489. Diplomatar. Christian. I. p. 203.
490. ebendaj. p. 361.
491. Bolten III. p. 57.
492. Quellensammlung d. Gesellsch. II. p. 27.
493. Waitz Schlesw.-Holst. Geschichte II. 44.
494. Der Rezeß vom 11. Oktober, Pergamenturkunde, wie die Bestätigung des Königs, Papier mit aufgedrucktem königlichen Siegel in rotem Wachs, befinden sich im Lübecker Archiv. Vgl. Bolten III. 71.
495. Pergamenturkunde im Lüb. Archiv. Vgl. Bolten III. 77.
496. Bolten III. 80.
497. ebendaj. p. 83.
498. Quellensammlung der Gesellsch. II. 29.
499. Bolten III. 86.
500. Joh. Russe bei Westphalen Monum. ined. IV. 1454. Viethen p. 308.
501. Die Akten über die Verhandlungen in Itzehoe befinden sich im Lübecker Archiv: Schreiben der Königin Dorothea vom 16. Nov. an die Lübecker, der Achtund-vierziger (rec. 10. Febr. 1479) an dieselben nebst mehreren anderen Schreiben; ebenso in den Act. Hans. in Ditmars. im Hamburger Archiv eine gleich-zeitige offizielle Abschrift eines Schreibens der Achtundvierziger an die Lübecker dat. Heide 8. Dezember 1478, wie eines Schreibens der Königin an dieselben dat. Schloß Gottorp vom 16. Dez. desf. J. — Der Rezeß zwischen König Christian und den Ditmarschern, verhandelt zu Itzehoe am 21. April 1479, (gleichzeitige offizielle Abschrift) im Hamburger Archiv.
502. Gleichzeitige Abschrift im Lübecker Archiv. Vgl. Michelsen bitm. Urk. p. 78.
503. Ein Brief des Administrators von Bremen (dat. Ahaus b. 16. Febr.) an den Lübecker, die Rendsburger Versammlung betreffend, im Lüb. Archiv.
504. Michelsen a. O. p. 79.
505. Michelsen a. O. p. 82. Im Lübecker Archiv befindet sich eine neue Beschwerde-schrift der Ditmarscher vom 2. Juli 1480 an die Lübecker.
506. Molbech Historie om Ditmarskerkrigen p. 98.
507. Cranz. Saxonia XII. 12.
508. Karsten Schröder fol. 4 ed. Kolster a. O. p. 213. Vgl. Bolten III. 105.
509. Bolten III. 107. Fragm. Russ. bei Westphalen Mon. ined. IV. 1443.
510. Die erste Urkunde, ausgestellt „des neghesten dages na Nikolai Confessoris" (6. Dezember) findet sich bei Michelsen a. O. p. 86 Nr. 49, und die zweite, ausgestellt „des neghesten dages na Conceptionis Mariä Virginis (8. Dez.) auf p. 85 Nr. 48, also ist die Reihenfolge daselbst unrichtig.
511. Aus den in der betreffenden Urkunde (Michelsen a. O. p. 85) von den Acht-

unbvierzigern gebrauchten Ausdrücken könnte man irrtümlich schließen, daß dieselben verschiedene Kollegien bezeichnen sollen (vgl. Kolster Töffte und Hammen p. 20), man vergleiche aber damit die Urkunde bei Bolten III. 183 vom J. 1500, wo es lautet: „be vorsichtigen manne achtunbvoertig Verweser des Landes Ditmarschen.“

512. Waitz Schlesw.-Holst. Geschichte Bd. II. 74. Michelsen a. O. p. 87 not.
513. Michelsen a. O. p. 87 Nr. 50. Molbech a. O. (Anm. 87) nennt das Jahr 1488.
514. Bolten III. 109. Waitz a. O. II. 75.
515. Bolten III. 110. Die Hamburger Urkunde ist ausgestellt am Donnerstag nach St. Katharina (25. Nov.), also am 28. Nov. und nicht am 2. d. M., wie es bei Bolten III. 111 heißt. Ein Brief der Lübecker an die Hamburger, die „tohopesate“ der ersteren mit den Ditmarschern betreffend, vom 19. Oktober befindet sich im Hamb. Archiv. Da nun aber in den Beitrittsurkunden der Hamburger und Lüneburger ausdrücklich davon die Rede ist, daß bereits in dem von den Lübeckern am 29. Sept. abgeschlossenen Bündnis der Ausdruck „unde verwandte“ enthalten sei, so kann der von Bolten mitgeteilte Wortlaut desselben nicht richtig sein, denn dort sind die erwähnten Worte nicht vorhanden; vielleicht ist erst später eine Abänderung des ursprünglich vorgeschlagenen Textes vorgenommen worden.
516. Waitz a. O. p. 75.
517. Die vom 24. Sept. 1470 datierte Urkunde in Falck Staatsbürgerl. Magaz. VII. 685. Vgl. das Schreiben des Bremer Rates an den Herzog Friedrich bei Michelsen bitm. Urk. p. 95.
518. Joh. Russe Nr. 17 u. 24 bei Westphalen Monum. ined. IV. p. 1450 u. 1455.
519. Reimer Kock ad an. 1499: Staatsbürgerl. Magaz. VII. 686.
520. Repertorium in Falck Sammlung III. p. 257. Nr. 46 u. 47.
521. Reimer Kock ad an. 1499 a. a. O.
522. Die Ditmarscher behaupteten (vgl. die in dem Hamburger Archiv befindlichen Akten über die Otterndorfer Mordaffaire), daß der Hamburger in der Woche vom 8. bis 15. August mehrere Ratsherren zu ihnen geschickt hätten, um von dem Lande Ditmarschen Hülfe gegen ihre Feinde zu erbitten, während die Hamburger dies in Abrede stellten; die 500 Knechte seien auf ihr Ansuchen, sondern nur in der Heeresfolge des Bremer Erzbischofs gekommen, aber auch so seien sie mit Dank angenommen worden; eine „tohopesate“ des Hamburger Rates mit den Ditmarschern habe aber nie bestanden. In dem Konvolut (c. l. III. Lit. B. c. Vol. 4) befinden sich außerdem folgende Aktenstücke:

a. ein Brief des Erzbischofs Johann an die Hamburger dat. Vörde 1499 13. Juli, in welchem derselbe ihnen mitteilt, daß er die Ditmarscher aufgefordert habe, Mannschaften längs der Elbe bereit zu halten, die den Hamburgern zu Hülfe kommen könnten;

b. ein Brief von Bürgermeister und Rat der Stadt Hamburg an die 48 Verweser und Ratgeber des Landes Ditmarschen vom 9. August desf. J. mit der Bitte, ihnen 5—600 Mann leihen und besorgen zu wollen, daß dieselben gerüstet und fertig seien, wenn sie es ihnen einen oder zwei Tage vorher wissen lassen würden, in der Hoffnung, daß sie um ihrer eigenen Wohlfahrt willen darauf eingehen würden. Claus Hennings, der Überbringer des Briefes, werde das Weitere mündlich mit ihnen verabreden. Der Brief ist gefalzt und mit dem Stadtsekret verschlossen gewesen, ist auch jedenfalls längere Zeit in diesem Zustand geblieben, scheint aber an die Adressaten nicht abgegeben worden zu sein;

c. ein Schreiben des Erzbischofs an die Hamburger, dat. 15. Aug., daß er die Ditmarscher auffordern wolle, ihnen zu Hülfe zu kommen, und daß seine Reiter und Fußsoldaten am 27. Aug. oder höchstens einen Tag darauf zu Ritzebüttel eintreffen würden;

d. ein Schreiben desselben an die Hamburger vom 17. Aug. mit der Meldung, die 500 bitmarsischen Schützen seien bei Brunsbüttel verjammelt, er habe ihnen geschrieben, sie sollten auf jener Seite bis zum bewußten Tag (27. Aug.) bleiben und noch 600 Schützen mehr schicken.

523. Die Ditmarscher behaupteten (vgl. die betreffenden Prozeßakten), auch sonst schlecht behandelt worden zu sein, indem die Hamburger, als sie bei der Er=stürmung der Burg bei „Aternborp" ihr Pulver verschossen, ihnen die Bitte um neues Pulver rundweg abgeschlagen hätten; der Hamburger Syndikus bestreitet dagegen, daß eine Erstürmung der Burg überhaupt stattgefunden habe. Die Hamburger sprechen wiederholt ihr Bedauern über den Vorfall aus, aber kein Mensch wisse, von wem der Streit eigentlich ausgegangen sei, ebenso wenig, wer den zweiten Zusammenlauf, der ein so trauriges Ende ge=nommen, veranlaßt habe; die Streitenden zu trennen, sei damals unmöglich gewesen. Daß geraubte Harnische sich später im Besitz der Hamburger be=funden hätten, sei eine Unwahrheit. Die betreffenden Verhandlungen machen im ganzen keinen günstigen Eindruck für die Sache der Ditmarscher.

524. Die gleichzeitigen Aufzeichnungen im Bürgermeister=Book zu Lüneburg (Per=gamentblätter in groß Folio) über jährliche Einnahme und Ausgabe mit einzelnen geschichtlichen Denkwürdigkeiten erzählen, daß der Herzog Magnus im J. 1499 einen „merklichen" Kriegshaufen, die Garde genannt, aus Fries=land in das Land habe kommen lassen, „über 6000 wehrhaftig und unwehr=haftig", welche im Lande großen Schaden angerichtet hätten, und daß ein Teil am 1. Sonntag vor Advent auch in die Stadt Lüneburg gekommen sei.

525. Bolten III. 128.

526. Cranz. Saxon. XIII. 24 nennt den 13. Februar als das Datum, an welchem die Grenze von dem Feind überschritten wurde.

527. Waitz a. O. p. 78.

528. Ein langes Namensverzeichniß der Gemordeten nach dem Namensregister der=jenigen, für welche später in Melvorf Seelenmessen gehalten wurden, findet sich bei Bolten III. 136.

529. Bolten III. 148. Altes Volkslied bei K. Schröder fol. 9 Strophe 84.

530. Molbech a. O. p. 111.

531. Cilicius übersetzt den Namen Dusendbüwelswarf mit Kakodaemonis opus sive iactus (p. 90) und sagt dann, das Schlachtfeld heiße so ominoso et infami a re gesta nomine. Neoforus leitet den Namen her „a spectris lemurumque terriculamentis, quae cladem tam ominosam praecessere et quasi denuntiavere multis retro saeculis. (Vgl. Neoforus I. 483). Über die Herleitung des Namens von der Schlacht äußert er sich: insulsus autem insciusque linguae (Cilicius) aggerem et iactum indigitat.

532. Molbech (a. O. p. 114) sagt, die Schanze habe nördlich vom Dusendbüwels=warf nahe bei Hemmingstedt gelegen. Vgl. übrigens den Aufsatz von Boysen in der Heider Zeitung vom 30. April und 2. Mai 1881.

533. Joh. Russe fragm. bei Westphalen Mon. ined. IV. 1449.

534. Die am 20. März 1503 von dem Karbinal Raimund zu Hamburg ausgestellte prächtige Urschrift der Stiftungsurkunde befindet sich im Hamburger Archiv unter den Urkunden des ehemaligen Domes. Das Pergament ist 5/4 Ham=burger Elle breit, eine Hamburger Elle hoch, die Schrift schön und fest. Das Siegel von seinem roten Wachs in einer Blechkapsel hängt an dicker doppelter Schnur von seinem roten Zwirn, der lang geknotet herabhängt.

535. Die am 4. Februar 1516 von Papst Leo X. ausgestellte Bulle bei Westphalen III. 1777. In derselben spricht der Propst die Ditmarscher von dem durch den Hamburger Dompropsten über sie verhängten Bann und Interdikt los (der Propst sei wahrscheinlich von dem Sämann alles Bösen getrieben dazu gekommen, ihnen so zu begegnen) und erlaubt ihnen, unter Vernichtung aller früheren dem entgegenstehenden päpstlichen Entscheidungen, ein Kloster zu bauen, wo sie wollen.

536. Karsten Schröder fol. 2. Vgl. bei Michelsen a. O. p. 96 die Klagschrift der Einwohner des Fleckens Tile an den Amtmann Ritter Otto von Ranzau zu Gottorp über den ihnen i. J. 1508 von den Ditmarschern zugefügten Schaden.

537. Molbech a. a. O.

538. Die Vertragsurkunde v. 15. Mai in notariell attestierter Abschrift im Lübecker Archiv. Vgl. Bolten III. 183.

539. Waitz a. O. II. 85.

540. Im Hamburger Archiv befindet sich, die Zusammenkunft in Neumünster betreffend, ein Schreiben der Hamburger an die Lübecker (offizielle gleichz. Abschr.) vom 30. Juni; ebenso ein solches der Lüneburger an die Hamburger vom 4. Juli, mit der Bitte, für ihre Abgesandten (30 Pferde stark) in Neumünster die Herberge mitzubestellen.

541. Reimer Kock ad an. 1500.

542. Über die Otterndorfer Angelegenheit findet sich eine sehr ausgedehnte Korrespondenz im Hamburger Archiv: 1. Schreiben der Bürgermeister und Ratmannen der Städte Lüneburg und Lübeck an die Ditmarscher (undatierte Abschrift), wohl vom Ende September herstammend, mit der Aufforderung, das den Ditmarscher Abgesandten zu Hamburg betreffs der Irrungen mit den Hamburgern mitgegebene Konzept doch endlich untersiegelt zurückzuschicken, wozu sie schon wiederholt aufgefordert seien; 2. Antwort der Achtundvierziger an die Lübecker vom 29. Sept. 1500; 3. Schreiben der Lübecker an die Lüneburger vom 3. Oktober, der Brief der Ditmarscher zeige große Bitterkeit, sie hätten einen Tag zu Stade am 25. Oktober anberaumt und bitten, denselben zu beschicken; 4. Schreiben der Lübecker und Lüneburger (zwischen dem 3. und 6. Oktober) an die Ditmarscher mit der Aufforderung, am 25. Oktober in Stade zu erscheinen; 5. Schreiben der Lübecker an die Hamburger vom 6. Oktober mit der Mitteilung, daß sie die von dem Hamburger Sekretarius ihnen übergebene Schrift, in welcher die Hamburger erklären, daß ihnen die Otterndorfer Angelegenheit sehr leid thue, den Ditmarschern übersandt haben und auf Antwort warten (Abschrift); 6. Abschrift eines Schreibens der Lübecker und Lüneburger an die 48 Verweser des Landes Ditmarschen vom 2. Februar 1501, in welchem sie sich beschweren, aus Ditmarschen keine Antwort zu erhalten; 7. ein Schreiben des Bürgermeisters und der Ratsherrn von Burtehude an die Hamburger vom 14. März 1502, die von ihnen verlangt haben, daß sie allen Handelsverkehr mit den Ditmarschern abbrechen sollten, weil sie für die Sicherheit ihrer Güter nicht einstehen könnten; 8. Schreiben der Lübecker und Lüneburger vom 22. Febr. 1503 (Pergament) die von den Ditmarschern gegen die Hamburger eingereichte Klagschrift betreffend; 9. 1503 15. April, die Lübecker bitten für die Ditmarscher Abgesandten um freies Geleit seitens der Hamburger (Urschrift auf Pergament).

543. Die 48 Verweser des Landes Ditmarschen hatten sich am 22. Juli 1503 bei den Lübeckern und Lüneburgern darüber beschwert, daß die Hamburger einige Brunsbüttler gefangen gesetzt hätten, die Lübecker bitten deshalb diese (am 31. Juli d. J.), die Gefangenen freizulassen. Am 10. Oktober schreiben die Ditmarscher den Lübeckern und Lüneburgern, daß sie den Hamburgern ihre Güter zurückgegeben hätten, bitten, dahin zu wirken, daß die Gefangenen freigelassen würden, und erklären, ihre Rechtsansprüche der Entscheidung der Lübecker anheimgeben zu wollen. Die Lübecker verabreden mit den Hamburgern am 24. Oktober eine Tagsatzung zu Lübeck. Die betreffenden Aktenstücke befinden sich im Hamburger Archiv unter Acta Hanseat. cum Ditmars. Cl. VI.

544. Vgl. Landbr. II. Ant. 246 und 247.

545. Bolten III. 189.

546. Waitz a. O. II. 86.

547. Falck Staatsbürgerl. Magaz. VII. 689.

548. Schreiben des Herzogs Friedrich an den Bischof von Schleswig dat. 1511 (Michelsen bitm. Urk. p. 102).

549. Michelsen a. O. p. 98.

550. ebendas. p. 100.

551. ebendas. p. 101.

552. Vgl. Viethen p. 336. Karsten Schröder fol. 6. (Kolster hat in seiner Ausgabe die verkehrte Zahl 1506). Neocorus I. 537.

553. Waitz a. O. II. 88.

554. Bolten III. 196.
555. Hans Detlef bei Neofor. II. 468.
556. Landr. II. Art. 234. Michelsen Samml. altbitm. Rechtsqu. p. 344.
557. Waitz a. O. p. 115.
558. Urkunde bei Bolten III. 216. Im Lübecker Archiv befindet sich die Abschrift eines Briefes der achtundvierzig Verweser des Landes Ditmarschen vom 26. März 1520, in welchem sie den Lübeckern als Bundesverwandten anzeigen, daß der ihnen vom Herzog Friedrich angetragene Friedensstand nicht zu stande gekommen sei, weil sie des Königs Gebiet in den Herzogtümern nicht mit einschließen könnten; daß sie sich aber das von den Hadlern und Wurstnern angetragene Bündnis gefallen lassen wollten, wiewohl sie nicht viel Nutzen für Ditmarschen und Lübeck daraus ersehen könnten.
559. Viethen p. 339. nach einem Manuskript des Hemmer Pastors Joh. Ery.
560. Michelsen Samml. altbitm. Rechtsqu. p. 280. Vgl. Willkür der Bauerschaft Milbstedt bei Husum in Pfotenhauer Zeitschrift VII. 152. Falcks Staatsbürgerl. Magaz. VIII. 607. Waitz deutsche Verfassung I. 345.
561. Zeitschr. b. Gesellschaft u. s. w. III. 309 ff.
562. Waitz a. O. II. 131. Hvitfeld pp. 1204. 1248.
563. Im Lübecker Archiv befindet sich in Abschrift der Vorschlag eines Friedens zwischen dem König Christian und Herzog Friedrich mit den Ditmarschern, wie man ihn fürstlicherseits beabsichtigte. Derselbe trägt kein Datum, ist aber jedenfalls vor dem 30. März 1523 entworfen, denn der Vorschlag der Ditmarscher ward angenommen, nicht jener, wie eine Vergleichung des wirklich besiegelten Vertrages zeigt, von dem eine (leider unvollständige) Abschrift im Lübecker Archiv erhalten ist. Vgl. Bolten III. 222. Westphalen Mon. incl. III. 1789.
564. Bolten III. p. 8.
565. ebendas. p. 10. Die Einzelheiten des Vorfalls sind enthalten in dem Erlaß des Dompropstes Joh. Mibbelmann vom 2. Febr. 1451.
566. Michelsen Kirchengeschichte Bd. III. p. 53.
567. Falcks Staatsbürgerl. Magazin Bd. VIII. p. 324 ff. Vgl. Bolten IV. 16.
568. Bolten III. 227. Anm. 224.
569. Neoforus II. 35.
570. Bolten III. 228.
571. Michelsen a. O. p. 17.
572. Bolten III. 230.
573. Auf einem schwerlich authentischen Bilde des Reformators, welches erst aus d. J. 1713 stammt (in David Eberbachs: das Glaubensbekänntniß des seeligen Märtyrers Bruder Hinrich von Zütphen, Hamburg 1713, wird es als: ex museo venerandi Dni D. Muhlii herstammend bezeichnet, nach demselben ist auch das Bild in Westphaleus Monum. ined. angefertigt), befindet sich die Bemerkung, er sei Aetat. 36 gestorben, woraus man geschlossen hat, daß Heinrich i. J. 1488 geboren sei.
574. Dewette Luthers Briefe II. 12. Iken Heinrich von Zütphen p. 16.
575. Dies geht wenigstens aus den späteren Verhandlungen der Bremer mit dem Erzbischof Christoph hervor. Heinrich schreibt selbst in seinem ersten Briefe aus Bremen: postea veni Bremas, nihil minus suspicatus, quam a me postularent verbum. Vgl. Iken in b. Bremer Jahrb. VIII. p. 243. Derf. Heinr. v. Zütphen p. 114.
576. Iken a. O. p. 35.
577. Hellmann Kirchengeschichte p. 45.
578. Neoforus II. 30.
579. Eine weitläufige Darstellung des dem Clarenbach gemachten Prozesses wie seines Todes findet sich bei Neoforus II. 44—68.
580. Die betr. Urkunde bei Bolten III. 281.
581. Neoforus II. 71.
582. Dahlmann bei Neoforus II. 571.
583. Im Lübecker Archiv befindet sich ein Schreiben des Hamburger Domkapitels

an Bürgermeister und Rat der Stadt Lübeck vom 6. Jan. 1525, in welchem
die Hamburger ihr Bedauern aussprechen, daß die Achtundvierziger auf dem
zu Lübeck anberaumten Tage ausgeblieben sind, und hoffen, daß die Lübecker
dafür sorgen werden, daß sie bis zum künftigen Tage wieder in Besitz ihrer
Renten und geistlichen wie weltlichen Einkünfte gesetzt werden.

584. Die Prozeßakten sind ausführlich mitgeteilt in Falcks Staatsbürgerl. Magazin Bd. VIII. p. 317 ff. Vgl. Bolten III. 16.
585. Neokorus II. 120.
586. ebendas. p. 123.
587. Mitgeteilt v. Dahlmann bei Neokorus II. 573. Anh. XXII.
588. Laudr. L. §§ 72. 73. 74. 79.
589. ebendas. § 57.
590. Neokorus II. 124.
591. ebendas. p. 81.
592. Michelsen altdithmars. Rechtquellen p. 174.
593. Dies sind die §§ 4, 5, 6, 8, 13, 22, 39—41, 50, 51, 92 des Laudr. L.
594. Michelsen a. D. p. 234.
595. Mitgeteilt in der Zeitschrift d. Gesellsch. III. p. 311.
596. Michelsen a. D. p. 190. Vgl. Friesische Awertür I: thiu forme (erste) Urkere
aller Fresene is, that hiu ense a jera (einmal im Jahre) to gaders
komo (zusammenkommen) to Upstalboma, Theis deis ano thera Pixtera
Wika (Pfingstwoche) anda thet ma theme (daselbst) ther birethe alla tha
Riuchte, ther tha Fresa halde scolen — ob jemand einiges Recht besser
wüßte, daß man das Leichtere setzte und das Bessere behielt.
597. Michelsen a. D. p. 190.
598. Vgl. ebendas. (p. 348) die aus dem Tellingstedter Kirchenbuch mitgeteilte Inskription.
599. ebendas. p. 193.
600. Dahlmann bei Neokorus II. 571. Epistol. Phil. Melanchthonis farrago
a L. Manlio collecta (Basil. 1565) p. 180.
601. Neokorus II. 149.
602. Michelsen das alte Ditmarschen cet. p. 16.
603. Staatsbürgerl. Magazin VIII. 324.
604. Vgl. Neokorus II. 103—105.
605. Laudr. II. Art. 242.
606. Michelsen ditmars. Urkundenb. p. 274. N. 121 b.
607. derf. das alte Ditmarschen u. s. w. p. 17. Urkunde 3.
608. Bolten III. p. 133.
609. Staatsbürgerl. Magazin Bd. VIII. 319.
610. ebendas. p. 324.
611. Neokorus II. 142.
612. Michelsen das alte Ditmarschen u. s. w. p. 72. Urkunde N. 15.
613. ebendas. p. 104. N. 39.
614. ebendas. p. 106. N. 41.
615. ebendas. p. 107. N. 42.
616. Waitz Schleßw. Holstein. Geschichte II. 175.
617. Vgl. oben p. 187.
618. Waitz a. D. p. 137.
619. Bolten III. p. 284.
620. Walther Nordfriesische Chronik p. 300.
621. Die betreffende mit der vom Jahre 1520 gleichlautende Urkunde bei Bolten III. 285.
622. Waitz a. O. p. 189.
623. Bolten III. 288.
624. Joh. Russes Fragmente nach Henning Stoyns Aufzeichnungen bei Westphalen
Monum. ined. IV. 1458. Auf der Karte von Ditmarschen v. J. 1559 bei
Dankwerth p. 288 ist die Sandvörde auf einer Insel, von welcher Diekjand
ein Rest ist, angegeben; dies kann aber schwerlich hier gemeint sein, denn wie
sollten die Söldner von den Ditmarschern dort erwartet worden sein? Es
muß ein Ort an der Süd- oder Ostgrenze des Landes sein.

625. Waiß a. O. p. 223 ff.
626. Michelsen bitmarf. Urkundenb. p. 107.
627. Waiß a. O. p. 242.
628. Michelsen a. O. p. 108.
629. Waiß a. O. p. 243.
630. Michelsen a. O. p. 113.
631. Waiß a. O. p. 258.
632. Schreiben der consules Lubicenses an die Hamburger im Hamburger Archiv.
633. Vgl. Molbech Historie om Ditmarskerkrigen, p. 253, wo sich aber die verkehrte Jahreszahl 1554 findet, ebenso ist bei Bolten III. p. 302 Not. 320 statt 1554—1544 zu lesen, worauf schon Michelsen im Staatsbürgerl. Magaz. VII. 693 aufmerksam gemacht hat.
634. Schreiben v. Bürgermeister u. Ratmannen Hamburgs an b. Lübecker im Lübecker Stadtarchiv.
635. Ein desgl. der Lüneburger dat. 24. Juli an b. Lübecker ebendas.
636. Michelsen a. O. p. 115.
637. berf. das alte Ditmarschen u. s. w. p. 78. N. 19.
638. ebendas. p. 79. N. 20.
639. Vgl. Molbechs Historie p. 255. Ist der Tag des h. Knut in Dänemark damals der 19. Januar gewesen, wie er jetzt im Kalender verzeichnet steht, so muß die von Molbech mitgeteilte Jahreszahl verkehrt sein und es statt 1544 — 1545 heißen.
640. Staatsbürgerl. Magazin Bd. VII. p. 693.
641. ebendas. p. 697.
642. Vgl. Michelsen b. alte Ditmarschen u. s. w. p. 14.
643. Michelsen bitmarf. Urkundenb. p. 118.
644. ebendas. p. 119.
645. ebendas. p. 123. (Kirchspiel Delve).
646. Neokorus II. 83.
647. ebendas. II. 74.
648. Brinkmann in den Jahrbüchern b. Gesellsch. u. s. w. Bd. 3. p. 1 ff. nach den Akten des Kaiserl. Kammergerichtes zu Speier (1544—1559) wider die achtundvierzig Regenten und Verweser des Landes Ditmarschen.
649. Landr. L § 42.
650. Michelsen altbitm. Rechtsqu. p. XVIII.
651. berf. b. alte Ditmarschen u. s. w. p. 74. N. 17.
652. Vgl. Heiber Zeitung v. J. 1882. N. 94: Wiben Peters, der Ditmarscher Landesfeind.
653. Jahrbücher b. Gesellsch. III. p. 14.
654. Neokorus II. 85.
655. Michelsen das alte Ditmarschen u. s. w. p. 57 ff.
656. ebendas. p. 63.
657. ebendas. p. 66. N. 13 mit dem Konzept der Quittung.
658. ebendas. p. 68. N. 14.
659. ebendas. p. 36. Die betreff. Urkunde p. 96. N. 33.
660. Waiß a. O. II. 312.
661. ebendas. p. 304.
662. Relation der Gesandten in Hinrich Junkes Sache bei Michelsen bitmarf. Urkundenb. p. 129 ff.
663. ebendas. p. 127.
664. Neokorus II. 97.
665. Michelsen bitmarf. Urkundenb. p. 143.
666. ebendas. p. 146.
667. ebendas. p. 140.
668. ebendas. p. 150. N. 78.
669. ebendas. p. 154. N. 80. L.
670. ebendas. p. 129 ff.
671. ebendas. p. 132.

672. ebendaf. p. 152. N. 72.
673. ebendaf. p. 149.
674. ebendaf. p. 157. N. 82.
675. ebendaf. p. 161. N. 83.
676. Bolten III. 299 nach Lackmann Schlesw. Holft. Geschichte I. 420.
677. Hamelmann Oldenburgische Chronik p. 277. Molbech Historie u. f. w. p. 141.
678. Hoitfeld p. 1543. Die betreffenden Lehnsbriefe bei Christiani II. 506—510.
679. Molbech a. O. p. 142. Anm. 95.
680. Cilicius p. 56.
681. Waitz II. 317.
682: Bolten III. 302.
683. Michelfen das alte Ditmarschen u. f. w. p. 95. N. 32.
684. berf. bitmarf. Urkundenb. p. 161.
685. ebendaf. p. 165. N. 87 a.
686. ebendaf. p. 166. N. 87 b.
687. ebendaf. p. 168.
688. ebendaf. p. 169. 170.
689. ebendaf. p. 173.
690. ebendaf. p. 175.
691. ebendaf. p. 176.
692. Schreiben der Achtundvierziger an die Hamburger vom 25. Oktober 1557 im Hamburger Archiv.
693. Reimer Kock in d. Quellenfamml. b. Gefellfch u. f. w. Bb. II. Abt. I. p. 158.
694. Vgl. Bolten IV. 68 über die Antecedentien Schmedenstedts. Auch in Rostock, wo er Pastor an der Nikolaikirche gewefen war, war er der Schärfe feiner Prebigten wegen feines Amtes entfetzt worden.
695. Vgl. den von Viethen p. 178 mitgeteilten Gottesbrief an die achtundvierzig Verwefer des Landes Ditmarschen v. J. 1558.
696. Waitz a. O. II. 318.
697. Bolten III. 205.
698. Waitz a. O. p. 319. Das Schreiben der Lübecker an b. Hamburger vom 11. März befindet fich im Hamburger Archiv.
699. Bolten III. 311.
700. Schreiben der Achtundvierziger an b. Hamburger dat. Heide 11. März 1559 (Handschrift des Landesfekretärs H. Schröter) im Hamburger Archiv.
701. Intimatio Dithmaringensium vom Sonnabend nach Laetare (11. März) 1559 datiert auf einem großen Bogen Papier im Lüneburger Archiv.
702. Michelfen bitmarf. Urkundenb. p. 179.
703. ebendaf. p. 180 ff. N. 89 B und D.
704. ebendaf. p. 182. N. 89 C. Daß die Hanfeftäbte fich ebenfo wenig wie die Ditmarfcher burch die lügenhaften Verficherungen des Herzogs haben täufchen laffen, geht aus mehreren im Hamburger Archiv befindlichen Schreiben hervor. So berichten am 5. April b. J. die Lübecker an die Hamburger, baß obwohl fie über die Entfchließungen des Königs und ber Herzöge betreffs der Dit= marfcher nichts Gewiffes hätten erfahren können, fie boch in anbetracht der bebenklichen Sachlage die Lüneburger aufgefordert hätten, einen aus dem Rat nach Hamburg zu fchicken, um eine Vereinbarung mit ihnen zu treffen. Ebenfo fchreiben die Achtundvierziger am 21. April b. J. an die Hamburger, „ihre befonders günftigen Nachbarn", und bitten, ba bas Kriegsgefchrei täg= lich ftärker werde, fie bavon zu benachrichtigen, wieviel Reiter und Knechte gemuftert würden, und wieviel Fähnlein es fein könnten, auch fleißige Hut an ber Elbe zu halten und fie nicht im ftich zu laffen.
705. ebendaf. p. 184 Nr. 89 F. G. H.
706. ebendaf. p. 186 Nr. 89 K.
707. Bolten III. 307.
708. Walther Nordfriefifche Chronik p. 370.
709. Molbech Hiftorie u. f. w. p. 149.

710. Staatsbürgerl. Magazin Bd. VII. 698.
711. ebendaf. p. 700.
712. Michelsen ditmarf. Urkundenb. p. 187.
713. Molbech a. O. p. 152.
714. Michelsen a. O. p. 188.
715. Molbech a. O. p. 153.
716. Cilicius p. 80.
717. Michelsen a. O. p. 189.
718. Molbech a. O. p. 157.
719. Cilicius p. 75.
720. Michelsen a. O. p. 192.
721. Cilicius p. 78.
722. Michelsen a. O. p. 194.
723. Bolten III. 324.
724. Das Schreiben König Friedrichs und seiner Brüder aus der Hamburger
    Kommerzbibliothek mitgeteilt von Viethen p. 551.
725. Viethen p. 355.
726. Molbech a. O. p. 163. Cilicius p. 67.
727. Vgl. den Protest des Erzbischofs Georg von Bremen, mitget. von Viethen
    p. 389: „er habe sich eher eines Falles des Himmels versehen", fügt derselbe
    hinzu. Am 10. Mai schickten die Ditmarscher deshalb Boldes Johann und
    den Landessekretär Herm. Schröter nach Hamburg, um mündlich mit dem
    Rat daselbst zu verhandeln. (Schreiben der Achtundvierziger an Bürgerm.
    u. Rat b. Stadt Hamburg dat. Heide 10. Mai 1559 im Hamburger Archiv.)
728. Hamburger Archiv: Urschrift vom 12. Mai 1559.
729. Molbech a. O. p. 165. Anm. 125.
730. Waitz. a. O. p. 323. Vgl. die p. 209 mitgeteilten Auslassungen v. Claus
    Harms in dessen Publizistischen Aufsätzen.
731. Bolten III. 334.
732. Nesen Frederik II. Kronike p. 8.
733. Das betr. Schreiben (dat. Schöneselbe) im Hamburger Archiv.
734. Viethen p. 371.
735. Neoforus II. 178.
736. Bolten III. 349.
737. Walther Nordfriesische Chronik p. 207.
738. Viethen p. 360. Neoforus II. 185 nennt den Jähnrich Ketel Korring.
739. Michelsen ditmarf. Urkundenb. p. 201.
740. Walther Nordfries. Chronik p. 371.
741. Das Schreiben der Lübecker an d. Hamburger vom 30. Mai 1559, „eilend
    unter unserm Signet" im Hamb. Archiv.
742. Der Entwurf zu diesem Schreiben mit vielen Änderungen und durchstrichenen
    Stellen, dat. im Feldlager zu Albersdorf, befindet sich im Lübecker Archiv.
743. Cilicius p. 91. Christiani II. 119. 321.
744. Molbech Historie p. 179 nennt dies die Westseite, die genannten Orte liegen
    aber südlich von Meldorf. Nach Cilicius p. 93 folgte Moritz Ranzau dem
    Feldmarschall als Arrieregarde.
745. Cilicius p. 97. 99. Molbech (p. 186) giebt die Zahl der gefallnen Dit-
    marscher verschieden an, p. 190 spricht er von nur im ganzen 2—300 gefallnen
    Ditmarschern.
746. Cilicius p. 103.
747. Bolten III. 357.
748. Molbech nennt p. 191 Bolbeswurth statt Busenwurth; ein Ort jenes Namens
    existiert nicht und ist wohl eine Verwechslung mit der Bohlenbrücke. Übrigens
    berichtet derselbe, daß Graf Anton von Oldenburg der erste gewesen sei, welcher
    in Meldorf eingedrungen sei, was nach der gegebenen Schilderung aber un-
    möglich ist.
749. Michelsen ditmarf. Urkundenb. p. 202.
750. Molbech a. O. p. 197. Cilicius giebt die Zahl auf 400 an, ebenso nach ihm

Neokorus II. 201. Vielleicht sind es 400 Männer gewesen, die übrigen Weiber und Kinder.

751. Cilicius p. 107.
752. Michelsen das alte Ditmarschen u. s. w. p. 111. N. 45.
753. ebendas. p. 112. N. 46.
754. ebendas. p. 113. N. 46 A.
755. ebendas. p. 114. N. 46 B.
756. Molbech a. O. p. 203.
757. Cilicius p. 115. Molbech a. O. p. 207. Der König selbst giebt in einem Schreiben aus Kopenhagen vom 18. Juli 1559 an den Herzog von Braun= schweig, in welchem er sich über Äußerungen des braunschweigischen Rittmeisters Asканius von Halle bitter beschwert, eine Schilderung seiner persönlichen Teil= nahme an dem Treffen von Heide. (Vgl. Quellensamml. d. Gesellsch. u. s. w. II. 164).
758. Molbech a. O. p. 219.
759. Vgl. Ditmarscher Bote v. J. 1872. N. 61.
760. Molbech a. O. p. 220.
761. Gewöhnlich wird es ein offnes Schreiben genannt, es ist im Königl. Archiv noch vorhanden und nach Molbech (a. a. O.) mit einem kleinen unkennt= lichen Siegel, also vermutlich mit dem Pitzer, nicht mit dem großen Siegel der Achtundvierziger, versehen.
762. Michelsen bitmars. Urkundenb. p. 204.
763. Neokorus II. 221. Viethen p. 372. Molbech läßt (p. 222) den Johann Detlef weg, auch Neokorus spricht unmittelbar darauf von 5 Achtundvier= zigern, welche abgeschickt worden seien. Die Nachrichten desselben sind über= haupt, was man bei der Schilderung der letzten Fehde doch am wenigsten erwarten sollte, höchst ungenau und zum teil reine Übersetzung aus Cilicius und zwar so gedankenlos angefertigt, daß er mehrfach die Bezeichnung „unser" von dem Feinde gebraucht.
764. Derselbe wird kurz darauf bei Neokorus (p. 221) Hermann Averhoff genannt, vgl. Viethen p. 372.
765. Waitz a. O. II. 329.
766. Michelsen bitmars. Urkundenb. p. 205.
767. Neokorus II. 223.
768. Waitz a. O. II. 330.
769. Neokorus II. 225.
770. ebendas. p. 226.
771. Michelsen bitm. Urkundenb. p. 206.
772. ebendas. p. 207. Neokorus II. 236.
773. ebendas. p. 207. Gleichzeitige Abschrift im Lübecker Archiv.
774. ebendas. p. 209. Hiernach ist zu berichtigen, was Waitz II. p. 332 sagt: „die Ditmarscher besiegelten noch einmal mit dem alten Siegel ihre Unter= werfung cet." Vgl. Michelsen Urkundenb. p. 283: Kreditiv für den Landvogt Wolf Reimers vom 14. Febr. 1563.
775. Dahlmann bei Neokorus I. Anh. V. p. 610. Vgl. Westphalen Monum. ined. I. 1666 betreffs des bitmarsischen Wappenbildes:
Ense quid educto cataphractus? Marte rebelles
Holsatico victos denotat esse viros.
Was will mit dem gezogenen Säbel der Reiter da?
Daß die Rebellen
Durch holsteinische Kraft, zeigt er, im Streite besiegt.
776. Michelsen a. O. p. 209.
777. ebendas. p. 210.
778. ebendas. p. 214.
779. Bolten III. 409.
780. ebendas. p. 412.
781. Michelsen bitm. Urkundenb. p. 357.
782. Westphalen Monum. ined. III. 1798.

783. Vgl. das Landrecht vom J. 1567. Art. 3.
784. Bolten IV. p. 154. Neocorus (II. 244) nennt als ersten Landvogt im
     Süderteil M. Michael Boie, iur. utr. licent., der nach Bolten a. O. p. 495
     dem Jakob Harder erst i. J. 1567 folgte.
785. Vgl. den Schluß der Urkunde N. 109 bei Michelsen a. O. p. 232. Über
     die zu Rendsburg gefaßten Beschlüsse vgl. Bolten IV. p. 168.
786. Michelsen bitm. Urkundenb. p. 230.
787. ebendas. p. 227.
788. ebendas. p. 229. Eine andere Sache, welche damals zu Rendsburg verglichen
     wurde, einen Streit zwischen dem Lande Ditmarschen und Boie Hansen und
     Thomas Dankelsen betreffend (Michelsen a. O. p. 230), ist nicht weiter bekannt.
789. ebendas. p. 219.
790. Bolten IV. 170.
791. ebendal. p. 65.
792. Michelsen a. O. p. 220.
793. Bolten IV. 279.
794. ebendas. p. 281.
795. Cranz. Saxon. XI. 17.
796. Christiani schleßw. holst. Gesch. II. 376 ff.
797. ebendas. p. 872.
798. Michelsen bitm. Urkundenb. p. 235.
799. ebendas. p. 238.
800. ebendas. p. 239.
801. ebendas. p. 240.
802. Neocorus II. 318.
803. Falcks Staatsbürgerl. Magazin Bd. VIII. 114.
804. Bericht der landesherrlichen Verordneten an b. Herzog Johann vom 24. Sep=
     tember 1567 (mitgeteilt Staatsbürgerl. Magazin a. O. p. 115) und ebenso
     vom 29. Sept. b. J. (a. O. p. 117).
805. Zeitschr. b. Gesellsch. u. s. w. Bb. III. 318. Waitz a. O. II. 339.
806. ebendas. a. O.
807. Waitz a. O. II. 337.
808. Michelsen bitm. Urkundenb. p. 112.
809. Urkunden, die erste Teilung betreffend, verfaßt von dem Amtmann Hans
     Ranzau dat. Scheneseld 8. Nov. 1571, mitgeteilt im Staatsbürgerl. Magazin
     Bd. VIII. p. 121 ff.
810. Wolf Reimers war 1569 gestorben, ihm folgte Dr. Christian Boie (Neocorus
     II. 244 Anm. nennt Dr. Henning Boie, welcher Markus Swyns Nachfolger
     war). Vgl. Michelsen bitm. Urkundenb. p. 312.
811. Waitz a. O. p. 340.
812. So namentlich Gabriel Lange in dem Mittelteil. Vgl. Michelsen bitm. Urk.
     p. 317. Neocorus II. 282.
813. Staatsbürgerl. Magazin Bd. VIII. 121. Michelsen a. O. p. 259.
814. Michelsen a. O. p. 353.
815. In den betreffenden Urkunden bei Michelsen a. O. p. 339 ff. wird er Hans
     Tobig genannt; bei Neocorus II. 233: Johann Tope.
816. Michelsen a. O. p. 353; hier heißt Tope Hans Taub in dem Schreiben der
     Herzogin=Witwe.
817. Michelsen a. O. p. 351.
818. ebendas. p. 242 ist Thebe Ewelens mit 32 Morgen Landes, sein Bruder
     Johann mit 181 Morgen 8 Scheffel notiert.
819. ebendas. p. 278.
820. ebendas. p. 255: Schreiben des Königs Friedrich vom 16. Oktober 1560.
821. ebendas. p. 288 u. 289.
822. ebendas. p. 278.
823. Neocorus II. 233.
824. Waitz a. O. p. 347.
825. Michelsen a. O. p. 345 ff.

826. ebendaſ. p. 348.
827. ebendaſ. p. 350.
828. ebendaſ. p. 339.
829. ebendaſ. p. 342 ff.
830. Michelſen a. O. p. 352.
831. Boyſen Urkunden, b. Geſchichte Ditmarſchens betreffend, in der Zeitſchr. d.
    Geſellſch. u. ſ. w. Bd. XI. p. 28.
832. Waitz a. O. II. 341.

# Berichtigungen.

Seite 6 lies ſtatt Verzeichungen . . . Verzeichtuugen.
„    9 Zeile 27 iſt N. 13 zu ſetzen.
„   14  „  13 iſt N. 28  „   „
„   16 (123 ff.) lies ſtatt Marienbnrg . . . Marienburg.
„   32 lies ſtatt Weerl . . . Werl.
„   65 Anm. Die Wollerſen ſind eingewanderte Frieſen.
„   70 lies ſtatt Hammediefshovenwehl . . . Hammediefshornewehl.
„  129  „   „  braunſchweigiſch=lünebnrgiſch . . . braunſchweig=lüneburgiſch.
„  177 Anm. Das erwähnte Lied hat nicht Joh. Ruſſe zum Verfaſſer,
        Reimboth hat ſec. ſtatt ſR. (subscripsit) geleſen. (Kollationie=
        rung der Kopenhagener Handſchrift durch H. Gymnaſiall. Hoeck.)
„  184 Zeile 20 iſt N. 555 zu ſetzen.
„  250 iſt ſtatt 727 — 725 zu leſen.